**CE DOCUMENT A ÉTÉ MICROFILMÉ
TEL QU'IL A ÉTÉ RELIÉ**

RECHERCHES
SUR L'ORIGINE DE LA
PROPRIÉTÉ FONCIÈRE
ET DES
NOMS DE LIEUX HABITÉS
EN FRANCE
(PÉRIODE CELTIQUE ET PÉRIODE ROMAINE)

PAR

H. D'ARBOIS DE JUBAINVILLE
MEMBRE DE L'INSTITUT

Avec la collaboration de G. DOTTIN
SECRÉTAIRE DE LA RÉDACTION DE LA *Revue celtique*

PARIS
ERNEST THORIN, ÉDITEUR
LIBRAIRE DES ÉCOLES FRANÇAISES D'ATHÈNES ET DE ROME
DU COLLÈGE DE FRANCE ET DE L'ÉCOLE NORMALE SUPÉRIEURE
DE LA SOCIÉTÉ DES ÉTUDES HISTORIQUES
7, RUE DE MÉDICIS, 7

1890

PROPRIÉTÉ FONCIÈRE

NOMS DE LIEUX HABITÉS

EN FRANCE

OUVRAGES DE M. H. D'ARBOIS DE JUBAINVILLE

EN VENTE

Chez THORIN, libraire-éditeur, 7, rue de Médicis, Paris.

Histoire des ducs et des comtes de Champagne, six tomes en sept volumes, in-8° (1859-1867).   52 50
Ouvrage presque épuisé.

Essai d'un catalogue sur la littérature épique de l'Irlande, précédé d'une étude sur les manuscrits de la langue irlandaise conservés dans les Iles-Britanniques et sur le Continent, in-8°, 1884.   12 »

Inventaire sommaire des archives de la ville de Bar-sur-Seine, 1864, in-4°.   5 »

Résumé d'un cours de droit irlandais, professé au Collège de France pendant le premier semestre de l'année 1887-1888 (*Sources du droit celtique; Date du* Senchus Môr; *Divisions du* Senchus Môr, etc.), brochure in-8°.   1 50

Résumé d'un cours de droit irlandais, professé au Collège de France pendant le second semestre de l'année 1887-1888 et pendant le premier semestre de l'année 1888-1889 (*La saisie mobilière dans le* Senchus Môr), brochure in-8°.   1 50

Les premiers habitants de l'Europe, d'après les auteurs de l'antiquité et les recherches des linguistiques. Seconde édition, corrigée et considérablement augmentée par l'auteur, avec la collaboration de G. Dottin, secrétaire de la rédaction de la *Revue celtique*, 2 beaux volumes grand in-8° raisin.

En vente : Tome Ier, contenant : 1° Peuples étrangers à la race indo-européenne (habitants des cavernes, Ibères, Pélasges, Etrusques, Phéniciens); 2° Indo-Européens, 1re partie (Scythes, Thraces, Illyriens, Ligures). — Prix de ce volume :   10 »
N. B. — Le tome II paraîtra fin 1890.

Catalogue d'actes des comtes de Brienne, in-8°, 1872.   3 50

Cours de littérature celtique, t. I à IV. Prix de chaque vol. in-8°.   8 »
Tome Ier : Introduction à l'histoire de la littérature celtique.
Tome II : <i>Le cycle mythologique irlandais et la mythologie celtique</i>.
Tomes III et IV : <i>Les Mabinogion</i>, suivis en appendice d'une traduction et d'un commentaire des triades historiques et légendaires des Gallois et de divers autres documents, par J. Loth, professeur à la Faculté des lettres de Rennes, 2 vol. in-8°.
Ouvrage couronné par l'Académie française en 1890 (prix Langlois).

RECHERCHES

SUR L'ORIGINE DE LA

PROPRIÉTÉ FONCIÈRE

ET DES

NOMS DE LIEUX HABITÉS

EN FRANCE

(PÉRIODE CELTIQUE ET PÉRIODE ROMAINE)

PAR

H. D'ARBOIS DE JUBAINVILLE
MEMBRE DE L'INSTITUT

Avec la collaboration de G. DOTTIN
SECRÉTAIRE DE LA RÉDACTION DE LA *Revue celtique*

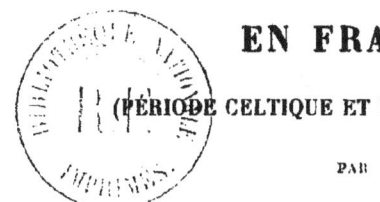

PARIS
ERNEST THORIN, ÉDITEUR
LIBRAIRE DES ÉCOLES FRANÇAISES D'ATHÈNES ET DE ROME
DU COLLÈGE DE FRANCE ET DE L'ÉCOLE NORMALE SUPÉRIEURE
DE LA SOCIÉTÉ DES ÉTUDES HISTORIQUES

7, RUE DE MÉDICIS, 7

1890

A LA MÉMOIRE DE

Jules QUICHERAT

A Monsieur Eugène de ROZIÈRE

PRÉFACE

Le travail qui suit se divise en deux parties. L'une traite spécialement de l'origine de la propriété foncière en France, c'est le premier livre; l'autre a pour objet de montrer qu'en France un grand nombre de noms de lieux habités sont dérivés d'un nom de propriétaire, c'est le second livre.

I

Il y a deux manières de chercher d'où vient la propriété foncière : l'une est d'examiner comment ce grand fait contemporain se peut justifier par la morale ou par le droit naturel, voire même par l'intérêt économique et politique des sociétés ; l'autre est d'étudier quels sont les faits antérieurs et successifs par lesquels ce fait moderne a été engendré. Cette seconde manière a été la nôtre.

Nous n'entendons, en aucune façon, contester le mérite de la première. Nous ne chercherons pas à vérifier si les philosophes, les orateurs, les élégants écrivains, qui exposent quelle est suivant eux la base rationnelle du droit de propriété foncière, n'attribuent pas quelquefois un caractère absolu et immuable à des doctrines qui sont le résultat de faits politiques et sociaux transitoires; nous ne discuterons pas la question de savoir si leurs doctrines ne sont pas la formule ou la négation d'un certain degré de civilisation, qu'un autre a précédé et qu'un autre suivra; nous ne demanderons pas si eux-mêmes, en donnant ou refusant un fondement moral au fait de la propriété foncière moderne, n'ont pas été souvent guidés par des idées préconçues et si ces idées ne sont pas le résultat de l'éducation, s'ils ne les doivent pas à l'influence du milieu déterminé où ils ont vécu.

Leur méthode, qu'on peut appeler philosophique et oratoire, est celle que préfèrent le plus grand nombre des esprits; elle a été suivie, dans un cours de philosophie du droit, par un des maîtres les plus éminents et les plus goûtés qui se soit assis dans une chaire française en notre siècle. Dans une de ses leçons, donnée le 29 mai 1849, mais restée inédite jusqu'en 1888, le spirituel et disert professeur met en présence deux formules qui sont la négation l'une de l'autre : la première est de Bentham, la seconde de Ballanche. Voici celle de Bentham : « La propriété et la loi sont nées ensemble et mour- » ront ensemble. Avant les lois, point de propriété. » Otez les lois, toute propriété cesse. » Ballanche répond : « La propriété est une institution divine. Les » déclamations du dernier siècle contre le tien et le » mien ne peuvent soutenir le regard de la raison, » malgré le secours que l'éloquence de Rousseau a » daigné leur prêter. L'homme fait le sol, *la terre* » *c'est lui* (1). » La thèse de Ballanche est celle qu'a défendue Edouard Laboulaye.

(1) *Trente ans d'enseignement au Collège de France*, 1849-1882. — Cours inédits de M. Edouard Laboulaye, publiés par ses fils, avec le concours de

PRÉFACE.

Le but qu'on se propose ici n'est pas de résoudre la question de savoir qui de Bentham ou de Ballanche a raison : il est de chercher à discerner comment, à l'origine de l'histoire, la notion de la propriété immobilière était conçue dans la région qui est aujourd'hui la France.

Dès la période de l'unité indo-européenne, les Indo-européens ont eu l'idée de la propriété mobilière et du vol qui en est la négation. La propriété mobilière — de la famille, plutôt que de l'individu comme aujourd'hui — était alors une des bases de l'organisation sociale ; les travaux des linguistes et les recherches des historiens du droit l'établissent ; mais il n'est pas prouvé que les premiers Indo-européens connussent la propriété foncière, telle du moins qu'on la conçoit ordinairement de nos jours en France.

On peut distinguer deux sortes de propriété foncière : 1° la propriété individuelle ou la propriété familiale dont dérive la propriété individuelle qui, aujourd'hui, en France, détient presque tout le sol ; 2° la propriété qui appartient à un groupe différent de la famille et plus vaste ; cette seconde espèce de propriété foncière existe encore de nos jours par exception en France sous forme 1° de propriété d'État, 2° de propriété appartenant à une personne morale inférieure, de propriété communale par exemple.

La propriété communale peut être l'objet de modes de jouissance très variés : un chemin qui appartient à une commune est affecté à la jouissance publique, sans distinction entre les habitants de la commune

---

M. Marcel Fournier, et avec une préface par M. R. Dareste, membre de l'Institut, p. 133, 159.

et les étrangers; les uns et les autres ont également le droit de passer dans le chemin communal. Une pâture communale est affectée à la jouissance commune des habitants, avec exclusion des étrangers; tous les habitants de la commune y font paître leurs bestiaux, les étrangers n'ont pas le droit d'y envoyer les leurs. Enfin une terre communale peut être partagée entre tous les habitants de la commune qui ont chacun la jouissance temporaire, viagère quelquefois, d'un lot à l'exclusion des autres habitants de la même commune ainsi que des étrangers; ils exploitent chacun séparément leur part sans préjudice du droit collectif de propriété appartenant à la commune, et ce droit de la commune est représenté par une légère redevance annuelle.

Il n'est pas ici question d'examiner si ce dernier mode d'exploitation de la terre est ou n'est pas en contradiction avec ce que Ballanche appelait « l'institution divine, » mais ce mode d'exploitation, aujourd'hui rare en France, présente une grande analogie avec le procédé généralement usité dans la Gaule barbare au moment où César en fit la conquête. Remplaçons la commune, propriétaire, par le peuple; au lieu des habitants de la commune qui jouissent chacun précairement d'un lot de la terre communale mettons les membres de l'aristocratie gauloise, et nous aurons une idée approximative de la condition de la terre dans la Gaule barbare quand elle perdit son indépendance au milieu du premier siècle avant notre ère. L'*ager publicus* romain, sans être exploité exactement aux mêmes conditions que la terre communale française offre avec elle beaucoup de ressemblance, il peut aussi être comparé à l'*ager* gaulois, et la comparaison serait également justifiée.

Nous avons déjà soutenu cette doctrine dans plusieurs mémoires; elle est en contradiction avec l'opinion d'un des hommes qui aujourd'hui, par leur talent et par leur caractère, honorent le plus la science et le professorat français. On trouvera, à la fin de cette préface, une réponse à plusieurs de ses critiques : cette réponse, destinée d'abord à une revue, sera plus à sa place ici; quant aux autres points sur lesquels notre savant confrère a contesté nos conclusions, on les verra discutés plus loin.

II

La seconde partie du présent ouvrage est une étude étymologique sur une partie des noms les plus anciens de lieux habités qu'on trouve en France. Par les plus anciens, nous entendons ceux de ces noms qui remontent à une date antérieure à la conquête franque. Nous disons lieux habités, parce que les noms de cours d'eau et de montagnes restent en dehors de notre travail. Les noms de cours d'eau et de montagnes, qui remontent à l'antiquité, appartiennent pour la plupart à une ou plusieurs langues antérieures à la conquête celtique et sont inexplicables pour nous; tandis que les noms des lieux habités sont souvent faciles à comprendre, quand les lois de la phonétique et les siècles n'en ont pas trop modifié les formes primitives et les organes.

L'étude des noms de lieux habités se rattache aux recherches sur l'origine de la propriété foncière par une doctrine qui est fondamentale en fait de toponymie française : les noms anciens de lieux habités sont pour la plupart tirés du nom porté par un propriétaire antique : il s'agit du premier propriétaire de bâtiments qui à la fois servaient à son habitation et étaient le centre d'une exploitation agricole dirigée par lui ou faite en tout cas par ses gens.

Pour la période franque, cette doctrine est d'une complète évidence : des diplômes nombreux nous donnent les formes géographiques de cette période ; les noms d'hommes francs sont bien connus, grâce aux diplômes, aux chroniques et à divers autres documents ; en mettant à profit ces textes on peut, sans de trop longues recherches, parvenir à reconnaître dans nos cartes de géographie les noms d'une quantité considérable de *villae*, de *villaria*, de *cortes*, fondées par les Francs, vainqueurs et conquérants, les noms d'une foule de *valles*, de *montes* où ces dominateurs barbares ont construit leurs demeures. Ils s'établissaient tantôt à côté des *villae* gallo-romaines détruites par les invasions précédentes, tantôt même sur les ruines déjà vieilles et innommées de ces *villae* antiques, tantôt peut-être près d'autres *villae* gallo-romaines encore debout et habitées par les descendants des anciens propriétaires, mais que réduisit à un territoire moins vaste le voisinage d'une nouvelle exploitation imposée par la conquête. La terre, dans la Gaule dépeuplée, avait probablement si peu de valeur, était si souvent sans emploi, que le vaincu n'a guère souffert de cette spoliation.

Voici quelques exemples de ces fondations franques.

Dans le département de Meurthe-et-Moselle : Gondreville est une ancienne *Gundulfi-villa*. Voilà son nom au huitième et au neuvième siècle ; or, Gundulfus est un nom d'homme franc déjà assez répandu au sixième siècle pour avoir été alors adopté, à l'exemple des vainqueurs, dans une famille sénatoriale gallo-romaine : on le voit par un duc Gundulfus, grand oncle maternel de l'évêque historien Grégoire de Tours (1).

Une charte en faveur de l'abbaye de Saint-Denis, en 766, est datée d'une localité appelée *Ansoaldo-villare* (2). On trouve un exemple du nom d'homme Ansoaldus dans l'*Histoire des Francs* de Grégoire de Tours. Il s'agit d'un grand seigneur de la cour ; c'est, pour employer la langue du temps, un des *proceres* du roi Chilpéric Ier, en 576 et les années suivantes (3). Plusieurs autres personnages du nom d'Ansoaldus se rencontrent dans divers documents mérovingiens. Tel est, au milieu du septième siècle, à la fin du règne de Dagobert Ier, un fonctionnaire royal qui protégeait l'église de Poitiers (4). Tels sont, un peu plus tard, sous Clovis III, un comte du palais en 691 (5), un évêque en 693 ou en 694 (6). La bonne orthographe de ce nom serait *Ansi-valdus*, il signifie « celui qui a la puissance des dieux dits *Anses*. » *Ansoaldo-villare* paraît être aujourd'hui Ansauvilliers (Oise). Il y a longtemps que dans ce village personne ne pense plus ni aux *Anses* ni à d'autres divinités de l'antique panthéon germanique.

En 693 ou en 694, Clovis III ordonne, par un jugement, la restitution d'une propriété foncière appelée

---

(1) *Historia Francorum*, l. VI, c. 11, édition Arndt, p. 255, l. 35 ; p. 256, l. 1-3.
(2) Tardif, *Monuments historiques*, p. 49.
(3) Grégoire de Tours, *Historia Francorum*, V, 3, édition Arndt, p. 195, l. 2.
(4) *Gesta Dagoberti*, c. 44 ; édit. Krusch, p. 421.
(5) Tardif, *Monuments historiques*, p. 691, col. 1.
(6) *Ibid.*, p. 26, col. 2.

Baddane-curtis (1). Baddane est le génitif féminin de Baddo. Baddo est le nom d'un envoyé de Frédégonde qui, en 587, fut accusé d'avoir tenté de faire assassiner le roi Gontran (2). Un diplôme royal de l'année 625 mentionne un autre Baddo, père de Dodo, abbé de Saint-Denis (3). *Baddane-curtis* paraît être aujourd'hui Bethencourt (Oise).

Bougival (Seine-et-Oise) est appelé *Baudechisilovallis* dans une charte de l'année 697. Baude-chisilo- est le thème du nom d'un grand personnage franc de la fin du sixième siècle ; pour ce nom, il y a plusieurs orthographes : Bate-chisilus (4), Baude-gysilus (5), Bade-gysilus (6), Badi-gysilus (7) : le personnage, d'abord maire du palais, 581, devint, vers 584, quoique marié, évêque du Mans. Un certain Baudegisilus, simple diacre, avait été envoyé par le roi Chilpéric, en 577, porter sur le tombeau de saint Martin, à Tours, une lettre avec demande d'une réponse que naturellement saint Martin ne donna pas ; il est peut-être le même que celui qui fut élevé à la dignité de maire du palais, puis à l'épiscopat. Le fondateur de Bougival avait, comme le diacre, le même nom que le maire-évêque. Ce nom ne doit pas avoir été rare à l'époque mérovingienne : Grégoire de Tours cite deux autres Baudegisilus, tous deux gens

---

(1) Lepage, *Dictionnaire topographique du département de la Meurthe*, p. 149.
(2) *Historia Francorum*, VIII, 44 ; IX, 13, édit. Arndt, p. 356, l. 11 ; p. 369, l. 13.
(3) Tardif, *Monuments historiques*, p. 4, col. 2.
(4) *Historia Francorum*, VI, 9 ; édit. Arndt, p. 255, l. 3.
(5) *Ibid.*, VII, 15 ; édit. Arndt, p. 300, l. 9.
(6) *Ibid.*, VIII, 39 ; édit. Arndt, p. 352, l. 1.
(7) *Ibid.*, X, 5, édit. Arndt, p. 413, l. 20.
(8) *Ibid.*, X, 5 ; édit. Arndt, p. 205, l. 1-7.

obscurs, l'un d'Anjou (1), l'autre de Nantes (2).

Le nom de Vaudémont (Meurthe-et-Moselle), apparaît pour la première fois au douzième siècle, où on le trouve écrit *Vadoni-mons*; mais ce nom de lieu est beaucoup plus ancien. Son premier terme est un nom hypocoristique franc. Un certain Waddo a été, au sixième siècle, maire du palais de Rigunthe, fille de Chilpéric Ier, roi des Francs, et femme de Récarède, roi des Wisigoths; il avait été comte de Saintes (3). On doit croire que le nom de Vaudémont remonte aux premiers siècles de la période franque; s'il datait du neuvième siècle, par exemple, l'ordre des termes serait différent et on aurait dit *Mons Wadonis*, comme on a dit *Monasterium Adremari* pour désigner l'abbaye dite plus tard de Montiéramey, qui a été fondée en 837 par le prêtre Adrémare.

Ce ne sont pas les Francs, ce sont les Gallo-Romains qui ont donné ces noms aux *villae* fondées par les conquérants. Les Francs auraient employé comme second terme des mots germaniques : ils auraient dit au lieu de *villa* et de *villare*, *heim;* au lieu de *cortis*, *hof;* au lieu de *mons*, *berg ;* au lieu de *vallis*, *thal;* je donne ces mots sous la forme allemande moderne, sans chercher à restituer la forme franque de l'époque mérovingienne. Les seconds termes latins : *villa*, *villare*, *cortis*, *vallis*, *mons*, attestent que nous sommes en présence d'une idée gallo-romaine identique à l'idée germanique; cette idée est que la manière la plus commode de désigner une maison nouvellement

---

(1) *De virtutibus sancti Martini*, IV, 14 ; édit. Krusch, p. 653, l. 6.
(2) *Ibid.*, IV, 27 ; édit. Krusch, p. 656, l. 14.
(3) Grégoire de Tours, *Historia Francorum*, l. VI, c. 45, édit. Arndt, p. 285, l. 18, 19.

bâtie est de lui donner le nom de son propriétaire.

Pour atteindre ce but, il y avait deux principaux procédés; outre le procédé de la composition, celui de la dérivation. C'est le procédé de la dérivation qui, sous la domination romaine, a été ordinairement préféré, exemple *Juliacus*, de Julius. Ce procédé était plus conforme au génie de la langue latine; mais sous la domination romaine on a aussi fait usage de la composition. Ce serait une erreur de croire que la conquête germanique, en introduisant en Gaule des noms de lieu composés dont le premier terme est un nom de propriétaire germain, ait importé dans notre patrie un procédé nouveau : ce procédé était usité antérieurement comme le prouvent les noms composés suivants qui désignent des localités de la Gaule dans des documents du temps de l'empire romain :

Claudio-magus, « champ de Claudius, » aujourd'hui Clion, Indre (1).

Nerio-magus, « champ de Nérius, » Neris (Allier) (2).

Arganto-magus, « champ d'Argantos, » Argenton-sur-Creuse (Indre) (3).

Caranto-magus, « champ de Carantos, » Cranton, commune de Campolibat (Aveyron) (4).

---

(1) Sulpice Sévère, *Dial.*, 2, 8. Cet auteur écrivait au commencement du cinquième siècle. J. Quicherat, *De la formation*, p. 50, traduit *Claudiomagus* par Cloué (Vienne), ce qui est phonétiquement inadmissible. M. Longnon, *Atlas historique*, p. 27, préfère Clion.

(2) *Vicani Neriomagienses*, inscription romaine; E. Desjardins, *Géographie de la Gaule d'après la Table de Peutinger*, p. 299. Sur le gentilice Nerius, voir ci-dessous, p. 155.

(3) *Table de Peutinger*, chez E. Desjardins, *ibid.*, p. 272. Arganto est le thème gaulois du nom d'homme écrit *Argant* dans le *Cartulaire de Redon*, p. 83.

(4) *Table de Peutinger*, chez E. Desjardins, *ibid.*, p. 312; cf. Longnon, *Atlas historique*, p. 26. Sur le nom pérégrin *Carantos*, voir ci-dessous, p. 109.

Germanico-magus, « champ de Germanicus, » Sainte-Sévère (Charente) (1).

Ic[c]io-magus, « champ d'Iccius, » Usson (Loire) (2).

Marco-magus, « champ de Marcus, » Marmagen (Prusse Rhénane) (3).

Eburo-dunum, « Forteresse d'Eburos, » Yverdun (Suisse) (4).

Velatu-durum, « forteresse de * Velatus ou Veladus, » Velleret-les-Belvoir (Doubs) (5).

Vitu-durum, « forteresse de Vitus, » Winterthür (Suisse) (6).

Eburo-briga, « château d'Eburos » (7), Avrolles (Yonne) (8).

De ces noms composés, dont le premier terme est un nom d'homme propriétaire, on ne peut séparer celui de *Caturigo-magus* (9), « champ des *Caturiges*, » où le nom de propriétaire qui a fourni le premier terme est un nom de peuple; c'est aujourd'hui Chorges (Hautes-Alpes) (10).

A ces exemples antiques on peut ajouter ceux que

---

(1) *Table de Peutinger*, chez E. Desjardins, *ibid.*, p. 274; cf. Longnon, *Atlas historique*, p. 28.

(2) *Table de Peutinger*, chez E. Desjardins, *ibid.*, p. 302; cf. Longnon, *Atlas historique*, p. 29. Sur le gentilice *Iccius*, voir ci-dessous, p. 148.

(3) *Table de Peutinger*, chez E. Desjardins, *ibid.*, p. 110; cf. Longnon, *Atlas historique*, p. 29. Sur le *cognomen* romain Marcus, voy. De-Vit, *Onomasticon*, t. IV, p. 340.

(4) *Table de Peutinger*, chez E. Desjardins, *ibid.*, p. 234. Sur le nom pérégrin *Eburus*, voir ci-dessous, p. 168.

(5) Velatudoro dans l'*Itinéraire d'Antonin*, p. 349, l. 1; cf. Longnon, *Atlas historique*, p. 32. Le nom pérégrin *Veladus* est conservé par une inscription de Nîmes (*C. I. L.*, XII, 3984).

(6) *Itinéraire d'Antonin*, p. 251, l. 5. Le nom pérégrin *Vitus* est attesté par une marque de potier trouvée à Vienne (Isère) (*C. I. L.*, XII, 5686, 942).

(7) *Itinéraire d'Antonin*, p. 361, l. 2.

(8) Longnon, *Atlas historique*, p. 28.

(9) *Table de Peutinger*, chez E. Desjardins, *ibid.*, p. 22.

(10) Longnon, *Atlas historique*, p. 27.

PRÉFACE.

donnent les documents du moyen âge; tels sont :

Turno-magus, « champ de Turnus (1), » aujourd'hui Tournon-Saint-Pierre (Indre-et-Loire) (2).

Ic[c]io-durum (3), « champ d'Iccius, » Izeures (Indre-et-Loire) (4), et Issoire (Puy-de-Dôme) (5).

Albio-durum (6), « forteresse d'Albius, » Augers, (Seine-et-Marne) (7).

Turno-durum (8), « forteresse de Turnus, » Tonnerre (Yonne).

Arto-dunum (9), « forteresse d'Artos *ou* Artus (10), » Arthun (Loire).

Curtio-dunum (11), « forteresse de Curtius, » Courson (Yonne) (12).

---

(1) *Vicus Tornomagensis*, chez Grégoire de Tours, *Hist. Francorum*, l. X, c. xxxi, éd. Arndt, p. 444, l. 4. Sur le *cognomen* Turnus, voir ci-dessous, p. 170.

(2) Longnon, *La Gaule au sixième siècle*, p. 294.

(3) 1° *Iciodoro*, Grégoire de Tours, *Historia Francorum*, l. X, c. xxxi, édition Arndt, p. 431, l. 20; *pagus Isiodorensis*, ibid., l. VI, c. xii, p. 257, l. 10; *vicus Iciodorensis*, dans le *Gloria Martyrum*, c. lviii, éd. Krusch, p. 528, l. 10. — 2° *Iciodorensis Vicus* dans le *Gloria confessorum*, c. xxix, éd. Krusch, p. 766, l. 4-5.

(4) Longnon, *La Gaule au sixième siècle*, p. 273-274.

(5) *Ibid.*, p. 499-500.

(6) *Albioderum*, chez Frédégaire, l. IV c. lxxxiii, éd. Krusch, p. 163, l. 18; comparez la *vallis Albi-drum* au comté de Riez (Basses-Alpes), dans une charte de la fin du dixième siècle; Bruel, *Recueil des chartes de Cluny*, t. III, p. 81.

(7) Longnon, *Atlas historique*, p. 163.

(8) *In Tornoderensi pago*, Grégoire de Tours, *Gloria confessorum*, c. 85; éd. Krusch, p. 803, l. 5 ; avec un *e* (mauvaise notation) à la première syllabe : *Ternoderensem castrum* dans *Historia Francorum*, l. V, c. 5, édit. Arndt, p. 196, l. 25 ; et *Ternoderensis castri* dans *Gloria confessorum*, c. 11, éd. Krusch, p. 754, l. 26 : cf. Quantin, *Dict. top. de l'Yonne*, p. 129.

(9) *In villa que Artidunus dicitur*, 943; Bruel, *Recueil des chartes de Cluny*, t. I, p. 598 : *in villa Arteuno*, 981; ibid., t. II, p. 623; *Artadunum*, 994; ibid., t. III, p. 386; *Artedunus villa*, vers 1080, Aug. Bernard, *Cart. de Savigny*, t. I, p. 414.

(10) Sur ce nom d'homme, voir livre II, chap. iii, § 3, au mot *Artia*.

(11) *Curcedonus*, Règlement de Saint-Aulaire, sixième siècle, cité par Quantin, *Dict. top. de l'Yonne*, p. 41.

(12) Longnon, *Atlas historique*, p. 176.

Liber[o]-dunum (1), « forteresse de Liber (2), » Liverdun (Meurthe-et-Moselle).

Donno-briga (3), « château de Donnos (4); » Deneuvre (Meurthe-et-Moselle), et Chatel-Deneuvre (Allier).

Vindo-briga, « château de Vindos (5), » aujourd'hui Vendeuvre (Vienne) (6), Vandoeuvre (Meurthe-et-Moselle) (7), Vendeuvre-sur-Barse, (Aube), Vendeuvre (Calvados) (8).

Entre ces formations antiques et celles de la période franque, il n'y a qu'une différence : elle consiste dans la langue à laquelle les termes appartiennent. Dans les formations de la période franque le premier terme des noms de lieu est germanique, tandis que dans les formations antérieures le premier terme est gaulois, comme Argantos, Artos, Carantos, Donnos, Eburos, Vindos, qui sont des noms gaulois d'hommes, ou il est romain comme Claudius, Albius,

---

(1) *Liber-dunum*, en 894; Lepage, *Dict. top. de la Meurthe*, p. 79.
(2) *C. I. L.*, XII, 2916; 5686, 480.
(3) *Ecclesia Donobrii*, 1120; *castrum quod dicitur Donobrium*, 1127; Lepage, *Dict. top. de la Meurthe*, p. 40. — *In fundis Donobrens*, 950; *vicaria Donobrens*, 954; *vicaria Donobrensis*, 966; chez Bruel, *Recueil des chartes de Cluny*, t. I, p. 736, 825; t. II, p. 286; cf. Longnon, *Atlas*, p. 143, 147.
(4) Sur ce nom pérégrin, voyez De-Vit, *Onomasticon*, t. II, p. 663.
(5) Sur le nom d'homme Vindos, voir Rhys, *Lectures*, 1ʳᵉ éd., p. 171.
(6) *Terra Sancti Petri Vindobriae*, 973-974; *Curtis Vindobria*, 988-1020; *Vindovria*, vers l'an 1000; Redet, *Dict. top. de la Vienne*, p. 431. Il a existé une *villa* de même nom dans la Côte d'Or; de là vient la *Finis Vendobrensis* de la *Chronique de Bèze*; Garnier, *Nomenclature*, p. 55, n° 239; cf. p. 41, n° 175.
(7) Pour cette localité, nous n'avons que l'orthographe prétendue savante *Vindopera* (971); *Vendopera*, même siècle; Lepage, *Dict. top. de la Meurthe*, p. 148. On trouve aussi *villa Vindopere* en 938, pour Vendeuvre (Vienne). Redet, *Dict. top. de la Vienne*, p. 431.
(8) Les Bretons, venus de Grande Bretagne sur le continent, au cinquième siècle, apportèrent le même procédé de formation, mais l'âge relativement moderne de leur langue leur imposa l'ordre inverse des composés : Plumaugat et Ploufragan (Côtes-du-Nord); Ploermel et Pleucadec (Morbihan) sont d'anciens Plebs Maelcat, Plebs Fracan, Plebs Arthmael, Plebs Catoc; Maelcat, Fracan, Arthmael, Catoc sont des noms d'hommes.

Curtius qui sont des gentilices romains, comme Germanicus, Liber et Marcus qui sont des *cognomina* romains.

La même différence entre le procédé antique et le procédé de la période franque se remarque pour le second terme des noms de lieux : dans les formations de la période franque, le second terme, *villa, villare, cortis, mons, vallis* est latin, tandis que dans les formations antérieures il est gaulois. Les noms communs gaulois *magus* « champ, » *dunum* et *durum* « forteresse, » *briga* « château » étaient encore usités comme mots indépendants et en dehors de la composition, quand ont été formés, tant à l'époque de l'indépendance celtique que sous l'Empire romain, les noms propres de lieux dont ces noms communs sont le second terme.

Alors les habitants de la plus grande partie de la Gaule parlaient gaulois. Ils parlaient gaulois, quand ils étaient libres et que César les subjugua; ils ont continué à parler gaulois pendant les premiers temps de l'Empire romain, et alors ils ont créé des composés hybrides comme *Claudio-magus, Marco-magus, Germanico-magus, Albio-durum, Curtio-dunum, Libero-dunum*, dont le premier terme est latin quoique le second soit gaulois. Mais quand, au cinquième siècle, la domination franque se superposa aux ruines de l'Empire romain, les habitants de la Gaule ne parlaient plus gaulois, leur langue était le latin; ce fut au latin qu'ils empruntèrent le second terme des noms de lieu composés qui sont encore, dans notre nomenclature géographique, les monuments de la grande révolution politique accomplie à cette date. Dans le second terme des formations nouvelles, pendant la période franque, les mots latins *villa*, *cortis*, *mons*, *vallis* supplantèrent les mots gaulois *magus*, *dunum*, *durum*, *briga*, en même temps qu'au premier terme les noms francs, comme Gundulfus, Ansevaldus, Baddo, Baudechisilus, etc., remplaçaient les gentilices romains Claudius, Albius, Curtius, etc., les *cognomina* romains, Germanicus, Liber, Marcus et autres.

III

Il n'y a donc pas à douter du rôle important que les noms d'hommes ont joué dans la formation des noms de lieux habités, et voilà comment il y a une liaison entre les deux livres dont cet ouvrage se compose, comment l'étymologie des noms de lieux offre un rapport intime avec les recherches sur l'origine de la propriété foncière.

Cependant le second livre, qui traite de l'étymologie des noms de lieu, n'a pas été engendré par le premier où est étudiée l'origine de la propriété foncière; la paternité de ce second livre remonte à un petit ouvrage dont l'auteur, aujourd'hui défunt, n'avait guère attaché d'importance, à la relation entre l'étymologie des noms de lieu et l'origine de la propriété foncière : ce petit ouvrage est le traité *De la formation française des anciens noms de lieu*, par Jules Quicherat, courte brochure, qui a paru en 1867.

Jules Quicherat, maître dont les élèves ne peuvent parler sans une noble fierté, était surtout remarquable comme professeur d'archéologie; autant il possédait à fond la matière de cet enseignement, autant il sentait vivement ce que cet enseignement pouvait avoir d'incomplet et de défectueux. Aussi est-il mort sans avoir pu se décider à publier ce cours qui aurait été son chef-d'œuvre. Quand les circonstances l'amenaient à étudier un sujet qu'il connaissait moins, il était plus facilement satisfait et il se décidait plus rapidement à publier ses travaux; telle est la loi psychologique qui a fait mettre au jour le court traité *De la formation française des anciens noms de lieu*. Ce petit volume, malgré d'inévitables lacunes et bien des défauts, porte à toutes les pages la vigoureuse empreinte du puissant esprit auquel nous le devons.

Beaucoup de gens penseront sans doute qu'en le recommençant je fais acte de grande témérité. Deux raisons m'ont déterminé cependant à publier le présent ouvrage : il est sur un grand nombre de points beaucoup plus complet que celui de Jules Quicherat; d'autre part, il y a chez mon savant maître un certain nombre de doctrines linguistiques qui à mes yeux sont arriérées. Ainsi il n'avait pas une notion très nette de la différence qui existe entre les composés et les dérivés; il réunit, dans le chapitre II intitulé : accidents particuliers de la désinence (p. 27), le suffixe *-acus* (p. 41) et les mots *dunum*, *magus* (p. 48-51), employés souvent comme second terme de composés. A ce chapitre II, dans lequel il comprend les noms de lieux formés à l'aide de ces deux mots, il oppose un chapitre III intitulé : des noms composés (p. 53); et les noms composés dont *dunum* et *magus* sont le second terme n'apparaissent pas dans ce chapitre.

Je n'admets pas, comme Jules Quicherat, que pendant la période romaine on ait formé des noms de lieu avec un suffixe *-iacus* : le suffixe *-iacus* date de la période mérovingienne. On peut être étonné de voir Jules Quicherat citer comme autorité, à l'appui de sa thèse (p. 34), la légende de saint Domitien où il est dit que le nom de lieu *Latiniacus* vient de Latinus (1). Cette légende n'est pas antérieure au neuvième siècle, et elle s'appuie sur un document évidemment faux, puisqu'il est daté de l'an Ier de l'empereur Valentinien, contrairement à l'usage romain et suivant celui des chancelleries carlovingiennes (2).

Dès le sixième siècle on a dû former des noms de lieu en ajoutant *-iacus* à un nom d'homme. Autrement Grégoire de Tours n'aurait pas rattaché le nom de *Martiniacus* à celui de saint Martin (3). L'usage du suffixe *-iacus* est attesté au milieu du septième siècle par le nom de *Daccognaca* ou *Daccugnaca* (pour *Dacconiaca*) *villa*, dans un diplôme de Clotaire III (4); ce nom de lieu est dérivé du nom d'homme hypocoristique franc Dacco; un personnage de ce nom, fils de Dagaricus, fut mis à mort en 578 (5). Un autre témoignage de l'époque mérovingienne est le nom de lieu écrit *Childriciaecas*, *Childriciagas* et *Childriciaegas* dans un diplôme de Childebert III en 709 (6); ce nom de lieu dérive du nom d'homme si connu Childericus, porté par trois rois

---

(1) Bolland, juillet, t. I, p. 51, col. 2; p. 52, col. 1.
(2) « Data octavo calendarum juliarum anno primo Valentiniani imperatoris. » (Bolland, juillet, t. I, p. 53, col. 1.)
(3) « Oratorium..... situm in villa Martiniacensim, in quo celebre ferebatur saepius orasse Martinum. » *Gloria confessorum*, ch. VIII, éd. Krusch, p. 753, l. 11 et 12.
(4) Tardif, *Monuments hist.*, p. 13, col. 2.
(5) Grégoire de Tours, *Historia Francorum*, l. V, ch. XXV, éd. Arndt, p. 220, l. 11.
(6) Tardif, *Monum. hist.*, p. 36.

francs dont le premier était père de Clovis et vivait au cinquième siècle. Le nom de Childericus n'était pas en usage seulement dans la famille royale : Grégoire de Tours parle d'un certain duc Childéric qui vivait à la fin du sixième siècle (1).

Le nom de lieu *Teodeberciaco*, dans la légende d'une monnaie mérovingienne (2), aurait été écrit Theudebercthiacus par un scribe plus exact que les monnoyers, et ce nom dérive du nom d'homme Theudebercthus porté par deux rois francs, 534-548 et 596-612.

Ainsi, créer des noms de lieu en développant des noms d'homme à l'aide du suffixe *-iacus* est un procédé de formation usité à l'époque mérovingienne. Les auteurs de l'époque carlovingienne le connaissaient, et ils l'ont formulé en en faisant une application inexacte et en prétendant en faire remonter l'usage au temps de l'empire romain : c'est ainsi que, suivant le biographe du roi Dagobert, le mot *Catulliacus*, nom primitif de Saint-Denis, près Paris, s'explique par Catulla, nom d'une matrone qui, au temps de Domitien, 81-96 de notre ère, aurait fait enterrer saint Denys et ses compagnons (3). *Catulliacus* vient de Catullius et non de Catulla.

Il y a donc certains points sur lesquels je ne partage pas la manière de voir de Jules Quicherat, c'est ce qui m'a décidé à étudier de nouveau le sujet qu'il avait traité lui-même il y a un peu plus de vingt ans avec une si légitime autorité. Je ne crois point

---

(1) *Historia Francorum*, VII, 3; VIII, 18; X, 22, éd. Arndt, p. 293, l. 1, 2; p. 337, l. 10; p. 434, l. 24.

(2) A. de Barthélemy, *Bibl. de l'Ec. des Chartes*, 6ᵉ série, t. I, p. 462, n° 634.

(3) Krusch, *Scriptorum rerum merovingicarum*, t. II, p. 401, l. 24-32.

en cela faire outrage à sa mémoire ; la vraie manière d'honorer un maître est de marcher sur ses traces et de chercher à faire faire des progrès nouveaux à la science que sa langue, glacée par la mort, ne peut plus professer. Le livre lui-même que je publie n'est ni complet ni parfait : je suis loin d'avoir épuisé le sujet ; mon unique prétention est d'avoir tracé, à côté des sillons ouverts par Jules Quicherat, quelques sillons nouveaux dans un champ à peu près friche que d'autres achèveront de défricher après nous.

Il y a plus de quarante ans que, sous la direction de Benjamin Guérard et assis à côté de mon excellent et malheureux camarade, Alfred Jacobs, j'ai commencé à étudier les textes géographiques du moyen âge mérovingien et carlovingien ; je considère mon livre comme un testament par lequel je lègue à ceux qui auront la patience de me lire le dernier résultat de mes travaux. Ils y trouveront beaucoup à reprendre et à rectifier, notamment en ce qui concerne le rapport des noms de lieu du haut moyen âge avec les noms de lieu modernes au double point de vue de la linguistique et de la géographie ; il me semble déjà entendre résonner à mes oreilles une sorte de murmure précurseur et des critiques que m'adresseront mes savants amis MM. G. Paris, P. Meyer, A. Longnon, l'abbé Rousselot, et de l'écho unanime qui leur répondra dans le monde si nombreux des érudits dont les loisirs sont consacrés à l'histoire locale. J'espère qu'un jour les nombreux travaux entre lesquels M. Longnon se partage lui laisseront le loisir de reprendre le même sujet pour remplacer mon œuvre par un travail définitif, et qu'en se servant peut-être un peu d'elle il la fera oublier : c'est le sort ordinaire des leçons et des livres. Un écrivain qui, au moyen âge, avait fréquenté l'université de Paris le constatait déjà :

« Dis-moi où sont maintenant tous ces maîtres
» que tu as bien connus quand ils vivaient et qu'ils
» brillaient par les études. Déjà d'autres touchent
» leurs appointements, et je ne sais si ces docteurs
» nouveaux pensent à leurs prédécesseurs. Ceux-ci,
» pendant leur vie, avaient l'air d'être quelque chose
» et maintenant on ne parle plus d'eux (1). »

Un grand nombre de ces vieux maîtres n'écrivaient point ; mais à quoi sert un livre qui, remplacé par un meilleur, ne se lit plus? Il a pu être quelque temps utile, comme l'œuvre obscure du laboureur qui trace des sillons et qui ainsi, travaillant pour sa part à l'alimentation annuelle de ses concitoyens, collabore à la vie d'une grande nation, puis meurt oublié. Tel est le sort de la plupart des livres d'érudition : dans l'avenir, leur seule notoriété est celle qu'assurent les recueils bibliographiques ; l'immortalité qu'ils confèrent à leurs auteurs peut être comparée à celle que donnent aux potiers de l'empire romain les *index* du *Corpus inscriptionum latinarum*.

Jubainville (Vosges), le 2 septembre 1889.

(1) « Dic mihi ubi sunt modo omnes illi domini et magistri, quos bene novisti, dum adhuc viverent et studiis florerent? Jam eorum praebendas alii possident et nescio utrum de eis recogitant. In vita sua aliquid esse videbantur, et modo de illis tacetur. » (*De Imitatione Christi*, liv. I, c. ,III § 5.)

POST-SCRIPTUM

En corrigeant les épreuves de cette préface, j'apprends que M. Fustel de Coulanges a été enlevé par la mort aux lettres, à l'attachement et à l'admiration de ses élèves. Il est dans la vie un âge où c'est sur des tombeaux qu'ordinairement le regard s'arrête, quand la pensée se reporte aux maîtres, souvent même aux compagnons de travail et aux émules qu'on a entendus, qu'on a aimés, dont on a plaint les malheurs ou quelquefois peut-être envié les succès. Cet âge sérieux, c'est le mien.

La bibliothèque d'un érudit est toujours une sorte de nécropole; les livres des morts y sont bien plus nombreux que ceux des vivants, et la plupart des titres ressemblent à des épitaphes; mais ce qui, dans ma bibliothèque, est surtout émouvant pour moi, c'est que presque sur chaque rayon il y a un livre écrit par un défunt que j'ai personnellement connu, qui a été pour moi soit un maître, soit un ami, quelquefois tous les deux : je ne puis jeter les yeux sur ses œuvres sans voir se dresser à côté de moi sa figure bienveillante et douce qui semble me sourire comme autrefois et m'encourager dans mes travaux, en attendant que j'aille le rejoindre dans une autre vie. Pardessus, B. Guérard, F. Guessard, Natalis de Wailly, Ad. Renier, Ch. Jourdain, E. Benoist, E. Desjardins, P. Paris, Henri Martin, Pitra et combien d'autres dont, en ce moment, le nom m'échappe, mais qui font battre mon cœur chaque fois que des travaux analogues aux leurs me ramènent à leurs livres. Ils n'avaient ni les mêmes croyances, ni le même genre de vie, mais tous étaient dominés par le même amour pour la science et pour la vérité historique ; et aujourd'hui leur carrière littéraire est terminée, comme va l'être bientôt la mienne.

Mais l'érudition ne meurt pas avec les érudits : elle continue à vivre avec les élèves ; à côté de mon nom on lira, dans le titre de ce livre, le nom de mon jeune et zélé collaborateur, M. G. Dottin, dont le concours a aidé mes recherches, et qui a rédigé les index de ce volume. Tous les professeurs auxquels j'ai dû le bienfait de l'instruction n'ont pas encore disparu de ce monde, et dans la dédicace de cet ouvrage, j'ai pu réunir au nom de M. J. Quicherat, mon maître défunt, celui du maître encore vivant qui m'a initié à l'étude historique du droit, il y a quarante ans, M. Eugène de Rozière, alors professeur à l'Ecole des Chartes, aujourd'hui toujours vigoureux et ferme en dépit des années, et un des membres les plus écoutés de l'Académie des inscriptions et belles-lettres.

Jubainville, le 30 septembre 1889.

RÉPONSE A M. FUSTEL DE COULANGES

I

M. Fustel de Coulanges a fait paraître dans la *Revue des questions historiques*, en avril dernier, la critique d'un petit mémoire que j'avais publié en 1887 dans les *Comptes rendus de l'Académie des inscriptions*, sous ce titre : *la Propriété foncière en Gaule*. Le savant académicien a eu l'attention de m'adresser un exemplaire de son travail (1) en l'accompagnant d'une lettre dont la grâce aimable et cordiale m'a profondément touché. Dans son texte imprimé, il parle de moi dans les termes les plus flatteurs : « L'un » des premiers érudits de notre temps, » dit-il, « M. d'Arbois de » Jubainville, dont les travaux sur le moyen âge et sur la litté- » rature irlandaise sont si hautement appréciés. »

Toutefois, je ne songe pas à tirer la moindre vanité de la gracieuse appréciation faite de mes écrits par un juge aussi compétent. Car je n'ai pas l'illusion de croire qu'il les ait lus. Mes écrits n'ont en général aucun rapport avec les sujets que M. Fustel de Coulanges a traités dans les beaux livres qui lui ont acquis en France une si légitime renommée. Les seuls lecteurs qu'aient trouvés mes livres ont été ceux qu'attirait l'intérêt du sujet, et même la plupart de ces lecteurs se bornent à de courtes recherches faites à l'aide des index dont chaque ouvrage est muni.

Tout autre a été la fortune des travaux de M. Fustel de Coulanges. Ils ont eu d'innombrables lecteurs et chacun d'eux, après avoir commencé un volume, n'a pu s'en détacher avant d'avoir atteint la dernière ligne. De ces lecteurs, j'ai été un des plus passionnés. Plusieurs, après avoir lu une première fois les livres de

---

(1) La critique de mon mémoire occupe les pages 83-93 d'une brochure intitulée : *Le problème des origines de la propriété foncière*, Bruxelles, Vromant, 1889, in-8°, 95 pages, qui est un tirage à part de la *Revue des questions historiques*.

M. Fustel de Coulanges, ont recommencé. Je suis de ces derniers. Je crains de n'avoir pas obtenu auprès de lui le même succès avec les vingt pages dont se compose ma notice sur la propriété foncière en Gaule dans les *Comptes rendus de l'Académie des inscriptions pour* 1887. Certainement M. Fustel de Coulanges l'a lue, car il la cite deux fois; mais il a fait cette lecture d'une façon quelque peu distraite, l'esprit préoccupé de questions étrangères à mon sujet, et certainement il ne m'a pas relu.

II

Voici ce que je dis au début de mon petit mémoire, p. 66 des *Comptes rendus de l'Académie des inscriptions pour* 1887 : « Ce que
» j'entends, c'est qu'en général chaque peuple gaulois avait sur
» tout son territoire un droit analogue à celui du peuple romain
» sur l'*ager publicus;* c'est qu'ordinairement en Gaule, vers le
» milieu du premier siècle avant notre ère, le particulier qui
» jouissait d'une portion plus ou moins considérable du sol de sa
» cité détenait cette portion à titre précaire. Il se trouvait légale-
» ment dans une situation analogue à celle des patriciens et des
» nobles romains, qui, après avoir occupé des parcelles plus ou
» moins étendues de l'*ager publicus*, en furent expulsés en partie
» par les lois agraires, quand ces lois déterminèrent le maximum
» de la fraction de l'*ager publicus* qu'un particulier pouvait pos-
» séder. »

Rien n'est plus banal que le fait de l'histoire romaine auquel je me réfère ici, et l'histoire de l'*ager publicus* romain peut être considérée dans ses traits généraux comme universellement connue. Cependant je vais, pour plus de clarté, insérer ici la traduction de quelques lignes du *Manuel des antiquités romaines* de MM. Mommsen et Marquardt :

« La partie la plus importante et la plus lucrative de la pro-
» priété de l'État romain consistait en l'*ager publicus* italique. Cet
» *ager publicus* remontait aux temps les plus anciens, il s'agrandit
» de plus en plus à mesure que se développait l'étendue des terri-
» toires soumis à la domination romaine, puis il alla se réduisant
» dans les derniers siècles de la république... Parmi les terres
» réunies par la conquête à l'*ager publicus*, celles qui n'étaient
» point cultivées étaient abandonnées à l'occupation dont le but
» était le défrichement à charge d'une redevance annuelle égale
» au dixième du produit en blé et au cinquième du produit des
» arbres à fruit. En outre, une condition de l'occupation était

» que l'Etat aurait toujours le droit de reprendre ces fonds de terre.
» On les appelait *agri occupatorii* ; leur transmission se faisait par
» héritage, donation et vente. Jamais on ne pouvait par usuca-
» pion les transformer en propriété privée. Ils restaient propriété
» de l'Etat à charge de redevance annuelle et le terme technique
» pour désigner la relation précaire établie entre eux et le déten-
» teur s'appelait *possessio* (1). »

Ainsi, les portions de l'*ager publicus* occupées par les patriciens et les nobles romains se transmettaient héréditairement. Voilà en Italie un des caractères distinctifs de l'espèce de biens immobiliers que je crois retrouver dans la Gaule barbare au moment où César en a fait la conquête. Or, M. Fustel de Coulanges m'attribue la doctrine que voici : en Gaule, suivant moi, « la règle » d'hérédité ne devait pas exister ; » voyez son tirage à part, p. 86, ligne 8. Je n'ai rien dit de pareil. J'ai simplement affirmé que M. Fustel de Coulanges tirait, suivant moi, une conséquence exagérée du passage de César, *De bello gallico*, où il est dit que les druides jugent les procès *de hereditate*. Suivant lui, un procès *de hereditate* suppose nécessairement la propriété foncière dans le sens où, en France, nous entendons ce mot. Mais *hereditas* n'est pas synonyme d'*heredium* qui est le terme technique du vieux droit romain pour désigner la propriété immobilière dans le sens qu'a cette expression en français aujourd'hui. *Hereditas*, c'est l'ensemble des biens quelconques du défunt; c'est ce qu'ont dit sous l'Empire romain deux jurisconsultes qui répètent la même formule : *Nihil est aliud hereditas quam successio in universum jus quod defunctus habuit* (2). *Hereditas nihil aliud est quam successio in universum jus quod defunctus habuerit* (3). Cicéron auparavant l'avait dit en d'autres termes : *Hereditas est pecunia quae morte alicujus ad quempiam pervenit jure* (4). Dans ce dernier texte, contemporain de César, *pecunia* est employé comme synonyme en quelque sorte d'*hereditas*. *Pecunia*, dans la langue de la loi des Douze Tables, est à peu près l'équivalent du mot français « fortune » : *Uti legassit super* PECUNIA *tutelave suae rei, ita jus esto* (5). Tel est le texte que savaient par cœur à l'Ecole de droit de Paris, il y a quarante-trois ans, tous les étudiants quelque peu studieux.

---

(1) *Handbuch der rœmischen Alterthümer*, 2ᵉ édit., t. V, p. 151, 152, 155.
(2) Gaius, *Ad edictum provinciale*, livre VI (Digeste, livre L, tit. XVI, § 24).
(3) Junianus, *Digesta*, livre VI (Digeste, livre L, titre XVII, § 62).
(4) Cicéron, *Topica*, § 29.
(5) Ulpien, *Liber regularum*, titre XI, § 14.

M. Fustel de Coulanges, craignant que depuis cette époque j'aie oublié le sens de ce mot *pecunia*, prend soin de me le rappeler. Je lui sais beaucoup de gré de cette attention, mais je ne croyais pas avoir, autant qu'il le pense, perdu la mémoire des leçons de mes maîtres Ducaurroy et Pellat. Par *pecunia*, on entend non seulement l'argent comptant, mais tout bien, soit meuble, soit immeuble. On doit cette observation à Ulpien (1) et à Hermogénien (2). L'hérédité peut donc comprendre des biens-fonds ; dans l'hérédité, il peut se trouver des *heredia* dont le défunt avait la pleine propriété, comme des *possessiones* sur lesquels, pendant une longue période de l'histoire romaine, il n'a pu avoir qu'un droit précaire. Mais il peut aussi dans l'hérédité ne se trouver aucun droit immobilier. L'hérédité peut consister exclusivement en meubles : ainsi, de ce que, suivant César, les druides jugeaient les contestations *de hereditate*, on ne peut conclure qu'il y eut dans la Gaule indépendante des *heredia*, c'est-à-dire des biens-fonds dont le défunt aurait eu la pleine et entière propriété.

J'ai dit en 1887, dans le passage des *Comptes rendus de l'Académie des inscriptions* reproduit plus haut : « Ordinairement en » Gaule, vers le milieu du premier siècle avant notre ère, le par-» ticulier qui jouissait d'une portion plus ou moins considérable » du sol de sa cité détenait cette portion à titre précaire. »

Voilà ma doctrine ; or, suivant M. Fustel de Coulanges (p. 83 de son tirage à part), j'ai voulu — parlant des Gaulois — « intro-» duire dans leur histoire l'indivision du sol. » J'ai eu tort évidemment, car, dit-il plus bas (p. 84), César « ne mentionne pas » cette indivision du sol. » Cependant, répète M. Fustel de Coulanges (p. 85), « M. d'Arbois de Jubainville a cru voir chez eux » (les Gaulois) l'indivision du sol. » J'ai même, suivant M. Fustel de Coulanges (p. 92), commis l'erreur de « supposer que l'Etat » gaulois fût le maître de tout le sol et le distribuât annuellement » entre les citoyens. » Les membres de phrase entre guillemets sont littéralement copiés dans la brochure de M. Fustel de Coulanges : les passages de mon mémoire auxquels ces membres de phrase font allusion existaient dans la pensée de M. Fustel de Coulanges quand il écrivait, mais ils ne se trouvent ni dans l'édition de mon mémoire qu'on peut lire dans les *Comptes rendus de l'Académie des inscriptions*, ni dans le tirage à part. Je n'ai parlé ni de l'indivision du sol gaulois, ni d'un partage annuel entre les

---

(1) *Ad Sabinum*, livre XLIX (Digeste, livre L, titre XVI, § 178).
(2) *Juris Epitome*, livre II (Digeste, livre L, titre XVI, § 222).

citoyens de la Gaule indépendante ; j'ai dit qu'en Gaule, au milieu du premier siècle, ordinairement les particuliers possesseurs du sol le détenaient, me semble-t-il, à titre précaire, à peu près comme les patriciens et les nobles romains possesseurs d'une grande grande partie de l'*ager publicus* avant les lois *Licinia* et *Sempronia*. Or, entre ces patriciens et ces nobles, il n'y avait ni partage annuel, ni jouissance indivise ; leur domaine s'appelle *ager occupatorius*, *arcifinalis* ou *arcifinius* (1) ; il n'a pas été officiellement divisé et délimité (2), mais il a des limites, *fines*, de fait.

III

Par quel phénomène psychologique M. Fustel de Coulanges a-t-il été amené à m'attribuer ainsi une doctrine qui n'est point la mienne ? On le comprend facilement quand on connaît l'ensemble de son œuvre littéraire et qu'on s'est rendu compte des lois qui dominent sa puissante intelligence, qui en font la force et qui lui ont assuré le succès ; ce succès, il le doit à la simplicité des idées qu'il conçoit et qu'il expose : les faits dont il parle sont multiples, présentent une infinie variété ; mais son vigoureux esprit les a disposés de manière à constituer le développement d'un tout petit groupe de doctrines très simples, et qui par conséquent sont exposées sans effort avec une merveilleuse clarté. Ouvrez la *Cité antique*, le premier en date des livres de M. Fustel de Coulanges, le type de ceux qu'il a écrits depuis, un des chefs-d'œuvre de la littérature française au dix-neuvième siècle. Ce livre est tout entier le développement d'une thèse qui peut se résumer en quelques lignes.

La société antique a commencé par la famille et la famille antique a pour base le culte des ancêtres. Ce culte se célèbre sur le foyer et sur le tombeau. La permanence de la famille suppose la permanence du foyer et du tombeau, par conséquent la propriété du sol où tous deux sont établis. La cité est une association de

---

(1) « Occupatorii autem dicuntur agri quos quidam arcifinales vocant, quibus agris victor populus occupando nomen dedit ; bellis enim gestis victores populi terras omnes ex quibus victos ejecerant publicavere..., deinde ut quisque virtute colendi quid occupavit, arcendo vicinum arcifinalem dixit. » (Siculus Flaccus, *De conditione agrorum*, chez Lachmann, *Gromatici veteres*, p. 138.)

(2) « Ager ergo divisus adsignatus est coloniarum. » (Frontin, *De agrorum qualitate*, édit. Lachmann, p. 2.)

familles, et c'est sur la famille qu'elle se modèle. A cet antique système, qui a pour principe une infinie multiplicité, l'empire romain substitua le despotisme unitaire d'un seul homme; et le christianisme, auquel la philosophie grecque a préparé les voies, a complété ce système nouveau en mettant le culte d'un seul Dieu, d'un Dieu universel à la place des dieux innombrables et spéciaux des familles et des cités.

Il y a dans cette doctrine une grande part de vérité, mais elle est inexacte en ce qu'elle est incomplète. L'idée d'un Dieu universel ne date pas seulement du christianisme; dans les plus anciens monuments de la littérature grecque, Zeus n'est le monopole ni d'une famille, ni d'une cité. La cité antique n'est pas exclusivement une institution religieuse : c'est la conquête à main armée et ce n'est pas la religion qui est l'origine de la propriété foncière indo-européenne. Si le père, le mari, le frère ont une situation si exclusivement dominante dans la famille antique, ils ne le doivent pas seulement à une conception religieuse; leur rôle sacerdotal n'est que l'accessoire de leur supériorité guerrière sur l'enfant, la femme et la sœur. M. Fustel de Coulanges n'a vu dans les textes antiques qu'un côté secondaire de l'histoire de la famille et de la cité; l'ensemble lui a échappé; une loi de son esprit l'empêchait de saisir cet ensemble; si cette loi de son esprit a été une cause de faiblesse au point de vue où se placent les érudits, elle a été sa force dans l'ordre littéraire, car elle a fait la merveilleuse simplicité d'un livre qui, s'il eût été complet, aurait été, comme on dit aujourd'hui, *touffu*, ce qui est bien près de confus, c'est-à-dire obscur pour le plus grand nombre des lecteurs, fatigant pour tous.

M. Fustel de Coulanges, en écrivant la *Cité antique,* a cru faire toujours œuvre d'historien ; il a fait œuvre de philosophe quand il s'est lancé dans des hypothèses préhistoriques qu'aucun texte ne justifie. Aucun document historique par exemple n'établit qu'il ait existé dans le monde indo-européen un temps où la famille ne vivait pas dans la société politique ; il n'y a pas de preuve que le mot indo-européen « père » soit plus ancien que le mot indo-européen « roi. »

IV

Quand M. Fustel de Coulanges est dominé par une idée, cette idée, dont un article ou un livre va être le développement, est plus puissante que ses lectures si variées et si attentives ; elle

l'emporte sur sa mémoire cependant si vigoureuse, elle est plus forte que son érudition, qui pourtant provoque chez tous ses lecteurs une si légitime admiration; de là certaines citations singulières qu'on peut recueillir dans ses écrits. Ainsi M. Fustel de Coulanges cite entre guillemets comme étant de moi des phrases que je n'ai jamais écrites : « A Rome, *modus agri* était l'expres-
» sion consacrée quand on parlait de l'*ager publicus.* » M. Fustel de Coulanges m'attribue cette phrase, page 92, note 1, de son tirage à part; or, voici ce que j'ai écrit, page 18 de mon mémoire :
« *Modus agrorum, modus agri* est à Rome le terme consacré dont
» se servent les lois agraires quand elles fixent la quantité de
» l'*ager publicus* que peut détenir un citoyen. » Après avoir substitué à mes expressions la phrase qui précède, M. Fustel de Coulanges continue : « Mais où a-t-il vu cela, » dit-il en parlant de moi. Or, voici comment je continuais ma rédaction : « On le
» voit par Tite-Live quand il parle de la loi *Licinia* de l'an 367
» avant J.-C., par le passage où Siculus Flaccus analyse la loi
» *Sempronia* de l'année 133 : dans ces textes latins, nous lisons
» que la loi *Licinia* était *de modo agrorum ne quis plus quingenta*
» *jugera agri possideret* (1) et que suivant Ti. Gracchus, auteur de
» la loi *Sempronia*, il ne fallait pas : *majorem modum possidere*
» *quam qui ab ipso possidente coli possit* (2). » J'ai donc répété ce que disaient Tite-Live et Siculus Flaccus; j'ai cité ces auteurs, et j'ai même indiqué pour l'un le livre et le chapitre, pour l'autre l'édition, le tome, la page; M. Fustel de Coulanges demande :
« Où a-t-il vu cela? »

Rendre inexactement mes doctrines et m'attribuer, en les plaçant entre guillemets, des phrases qui ne sont pas de moi; ajouter ensuite que l'opinion exprimée dans ces phrases manque de fondement c'est un acte dont les conséquences n'ont aucune gravité; ce qui est beaucoup plus sérieux, c'est quand la préoccupation exclusive d'une seule et unique idée oblitère la mémoire de M. Fustel de Coulanges au point de lui faire traduire les textes des auteurs anciens de la même façon qu'il a rendu ma pensée. Dans les *Topiques* de Cicéron, c. 10, § 43, il y a un passage ainsi conçu : *Si in Urbe de finibus controversia est, quia fines magis agrorum esse videntur quam Urbis, finibus regundis adigere arbitrum non possis*, c'est-à-dire : « Si à Rome il y a contestation sur des
» limites, le demandeur ne peut contraindre son adversaire à

---

(1) Tite-Live, l. VI, c. xxxv.
(2) Lachmann, *Gromatici veteres*, t. I, p. 136.

» paraître devant le juge en vertu de l'action *finium regundorum*, » parce que le mot *fines* paraît convenir plutôt aux champs qu'à » Rome (1). » Voici comment s'exprime M. Fustel de Coulanges (p. 88 de son tirage à part) : « Cicéron… écrit : Quand vous dites » *si de finibus controversia est*, c'est de limite de propriété qu'il » s'agit visiblement. » Les guillemets sont de M. Fustel de Coulanges. Evidemment, quand M. Fustel de Coulanges a fait cette traduction, il n'avait plus présent à l'esprit le passage précité du grand orateur romain; à ce moment d'oubli rien d'étonnant, mais ce qui pourra sembler bizarre, c'est que, traduisant ainsi, il croie devoir me donner des leçons de traduction : « M. de Jubain- » ville ne traduit pas très exactement les textes latins » (p. 92, n).

Les renvois au texte de César n'ont pas toujours plus d'exactitude que cette traduction de Cicéron. A la page 88 de son tirage à part, parlant de l'auteur des Commentaires *De bello gallico*, M. Fustel de Coulanges écrit : « Au milieu de ses récits de guerre, » il se trouve seulement sept paragraphes sur les mœurs des Gau- » lois et leurs institutions en temps de paix (VI, 11, 13, 15, 18, » 19, 21, 22). Or, dans ces sept chapitres, vous rencontrez trois » fois le mot *fines* avec le sens parfaitement certain de limites de » champs. » Dans ce passage, M. Fustel de Coulanges emploie paragraphe comme synonyme de chapitre, oubliant que chez César les paragraphes sont une subdivision des chapitres; cette observation a peu d'importance; ceci est plus sérieux : les chapitres de César concernant les mœurs des Gaulois sont les chapitres XI à XX du livre VI. Les chapitres suivants XXI et XXII concernent, quoi qu'en dise M. Fustel de Coulanges, non les Gaulois, mais les Germains. Des trois exemples du mot *fines*, « avec le sens par- » faitement certain de limites des champs, » comme dit M. Fustel de Coulanges, deux se trouvent dans le chapitre XXII; par conséquent dans un passage où il est question des Germains et non des Gaulois, en sorte que les trois exemples qui me sont opposés et qui se trouveraient dans les chapitres relatifs aux mœurs des Gaulois sont réduits à un (livre VI, chapitre XIII). Or c'est précisément celui dont le sens est à déterminer. On y reviendra plus loin (2).

---

(1) C'est resté la doctrine des jurisconsultes postérieurs. Ulpien, *Ad Edictum*, liv. XIX, dit que l'action *finium regundorum* : « Pertinet ad praedia rustica. » — Paul, *Ad Edictum*, liv. XXIII, a écrit, en parlant de la même procédure : « Hoc judicium locum habet in confinio praediorum rusticorum : urbanorum displicuit. » (Digeste, liv. X, tit. I, l. 2 pr.; l. 4, § 10.

(2) P. 117.

Nous croyons devoir arrêter ici cette discussion : il nous semble avoir montré quel est le défaut de la méthode d'un historien dont on ne peut cependant trop admirer l'érudition comme le talent littéraire. Il raisonne sur des lambeaux de phrases ou sur des mots isolés qu'après de longues et persévérantes lectures sa mémoire a conservés; il écrit sans avoir sous les yeux un texte complet, des fragments seuls lui sont présents à l'esprit; ces fragments mêmes, par un travail inconscient de sa vigoureuse intelligence, ont été transformés quelquefois au point d'être devenus méconnaissables. On peut admirer en lui un héritier de Montesquieu, mais il est difficile d'être à la fois le continuateur de ce grand penseur, de cet admirable écrivain, et d'observer partout, dans un travail d'érudition, les règles minutieuses auxquelles se sont assujettis autrefois les Bénédictins et, dans ce siècle-ci, le laborieux, sympathique mais glacial maître auquel on doit les prolégomènes du Polyptyque d'Irminon.

Paris, le 1ᵉʳ mai 1889.

LIVRE PREMIER

RECHERCHES SUR L'ORIGINE DE LA PROPRIÉTÉ FONCIÈRE
EN FRANCE.

CHAPITRE PREMIER.

NOTIONS GÉNÉRALES SUR L'HISTOIRE DE LA PROPRIÉTÉ FONCIÈRE EN FRANCE.

SOMMAIRE :

§ 1. Conquête de la Gaule par les peuples gaulois. — § 2. Le sol conquis est réparti entre les peuples conquérants ; il devient propriété d'Etat, l'aristocratie se le partage ensuite et en jouit à titre précaire. — § 3. La conquête romaine, le cadastre d'Auguste, ses effets sur la propriété foncière. — § 4. Origine de la commune rurale en France. — § 5. La propriété foncière en France d'Auguste à nos jours.

§ 1er. — *Conquête de la Gaule par les peuples gaulois.*

La propriété foncière en France tire son origine de la conquête. Pour atteindre cette origine, il faut remonter à l'époque inconnue où les Gaulois passant le Rhin vinrent s'établir à l'ouest de ce fleuve. Ce n'était peut-être guère plus tôt que l'an 500 avant notre ère. Alors, armés d'épées de fer et du *gaison*, redoutable javelot qu'ils lançaient du haut de leurs chars de guerre, les Gaulois entrèrent vainqueurs et conquérants dans la vaste contrée qui depuis deux mille ans, après tant de révolutions et de désastres, porte encore leur nom dans les livres des historiens.

Cette contrée, que nous appelons Gaule, était habitée déjà par une population qui avait atteint un degré élevé de civilisation, qui possédait des chevaux et des bœufs, qui connaissait le bronze et l'or. Cette population était probablement bien plus nombreuse que les conquérants. Nous ignorons son nom. Les Grecs ont connu les prédécesseurs des Gaulois, et distinguent chez eux deux groupes, les Ibères et les Ligures. Les principaux monuments de cette population antique semblent être aujourd'hui les cimetières où elle repose depuis plus de vingt siècles : c'est par les débris qu'elle y a enfouis que nous cherchons à nous faire d'elle une idée. Mais il est vraisemblable qu'outre ces monuments lugubres, cette population antique en a laissé d'autres, qui sont moins loin de nous et dont l'étude est moins funèbre : c'est nous-mêmes; car nous sommes, pour la plupart, les descendants des peuples oubliés dont les Gaulois, nos aïeux supposés, ont triomphé et qu'ils ont asservis avant d'être eux-mêmes conquis par les Romains. Nous sommes les petits-fils de cette plèbe vaincue, mais toujours vivante, que l'orgueil gaulois, au temps de César, traitait à peu près comme les Romains traitaient leurs esclaves : *pene servorum habetur loco.*

§ 2. — *Le sol conquis est réparti entre les peuples conquérants; il devient propriété d'État, l'aristocratie se le partage ensuite et en jouit à titre précaire.*

La conquête gauloise eut l'effet que produisait toute conquête dans les idées du monde antique : la spoliation des vaincus. Chez les anciens, la victoire conférait à la fois au vainqueur et le droit de souveraineté et le droit de propriété sur le territoire, sur les personnes et sur les biens mobiliers du peuple contre lequel avait tourné la fortune des armes. Les Gaulois devinrent donc propriétaires du sol conquis. Ils étaient divisés en un certain nombre de peuples. Nous connaissons, par César et par les auteurs postérieurs, romains et grecs, les noms d'un certain nombre de ces peuples. Chacun de ces peuples eut pour lot une portion du territoire conquis. Ainsi, à une époque plus ancienne, lorsque, arrivant du nord des Alpes, la race latine était venue s'établir au sud du Tibre, chacune des *gentes*, dont l'association devait plus tard donner naissance à la ville de Rome, avait reçu une portion de territoire dont elle eut d'abord la propriété collective (1). Ainsi, plus tard, Rome conquérante réunit à son domaine public le domaine des cités vaincues. Dans chacun des groupes de guerriers dont l'association constituait un peuple gaulois : *Arverni, Bituriges, Remi, Aedui*, etc., c'était la coopération des courages qui avait produit le succès des armes. Le sol, dont la conquête avait été le résultat de ce concours, resta propriété collective de chaque peuple. Il ne fut partagé qu'entre les peuples : le butin mobilier fut seul d'abord partagé entre les guerriers. Ce procédé est celui que paraissent avoir suivi, dans toute l'Europe, les conquérants indo-européens. La propriété collective du sol était le principe ; la propriété immobilière individuelle n'apparaissait qu'à l'état d'exception. A Rome, lorsque le roi légendaire Romulus fit le premier partage des terres, chaque chef de famille ne reçut que deux *jugera* ou cinquante ares, c'est-à-dire de quoi se créer un enclos autour de la maison des champs. Tel fut primitivement l'*heredium* romain. Le reste du territoire de Rome était affecté à une jouissance soit commune, soit précaire : en d'autres termes, constituait le domaine public.

L'*heredium* romain paraît identique à l'enclos, *faithce*, que la loi irlandaise nous montre attenant à la maison des membres de la noblesse irlandaise. Telle est aussi la *terra salica* du titre LXII de la loi des Francs Saliens. Dans la période historique primitive dont les Gaulois n'étaient pas encore sortis, quand César les assujettit au joug romain, le territoire de chaque peuple était affecté à la propriété collective de ce peuple, sauf peut-être le sol des maisons de ville, des maisons des champs, et l'enclos attenant à cha-

(1) Mommsen, *Rœmische Geschichte*, 6ᵉ édition, t. I, p. 35, 150.

cune de ces propriétés bâties. Cette situation peut sembler démocratique au plus haut point, quand elle est l'objet d'une observation superficielle. En réalité, rien ne se concilie mieux avec la constitution aristocratique des Etats et des fortunes. La propriété collective n'a pas pour conséquence nécessaire la jouissance collective ; la propriété collective qui appartient à l'Etat se combine facilement avec la jouissance individuelle au profit d'un petit nombre. L'exploitation du sol public par l'agriculture ou par le pâturage exige un capital que possèdent seuls les gens riches, c'est-à-dire les membres de l'aristocratie, car c'est par abus de langage que chez nous, dans l'usage vulgaire, on distingue naïvement de la richesse l'aristocratie. Les gens riches seuls avaient les bœufs ou les chevaux, les charrues nécessaires au labourage ; seuls, ils pouvaient faire l'avance de la semence et des salaires, loger et nourrir bêtes et gens jusqu'à la récolte ; seuls, ils avaient les troupeaux nécessaires pour exploiter le sol en le pâturant ; en sorte qu'en fait ils divisèrent entre eux le domaine public et en jouirent, comme s'il leur eût appartenu, à charge de redevances insignifiantes, tandis que, dans notre organisation moderne, ceux qui possèdent les mêmes capitaux sont obligés d'acheter ou de tenir à bail des particuliers la terre qu'ils labourent, les pâtures et les prés qui nourrissent leurs bestiaux, et ces particuliers ne leur font pas les conditions qu'une aristocratie obtient de l'Etat.

§ 3. — *La conquête romaine, le cadastre d'Auguste, ses effets sur la propriété foncière.*

Le système d'impôts qu'Auguste établit en Gaule eut pour effet la substitution de la propriété privée à la propriété collective ou publique de la terre. Il consolida la jouissance jusque-là précaire du sol par les membres de l'aristocratie, et transforma cette jouissance en une sorte de droit de propriété définitive.

César vainqueur avait frappé la Gaule d'un impôt de répartition, *tributum* ou *stipendium*, qui s'élevait à quarante millions de sesterces, c'est-à-dire un peu plus de huit millions de francs (1); chaque peuple ou Etat supportait, dans cet impôt, une part déterminée et se procurait les fonds comme il l'entendait. A ce système primitif, Auguste substitua le cens, c'est à-dire un impôt de quotité qui frappait à la fois les personnes et les terres; le montant total n'en était pas fixé d'avance; chaque particulier contribuable payait d'après un tarif uniforme, et les exonérations individuelles, quand elles avaient lieu, n'étaient pas compensées par une surtaxe des imposés; la perte qui en résultait était supportée par le fisc impérial (2). L'établissement du cens changea les rapports de chaque contribuable gaulois avec sa cité, et de chaque portion du sol avec celui qui la détenait : les particuliers détenteurs du sol cessèrent de verser dans la caisse de la cité la redevance annuelle qui était la condition de leur jouissance précaire; cette redevance fut remplacée par l'impôt dû au fisc romain; et, par l'effet de la loi fiscale romaine, ces particuliers furent substitués à la cité comme possesseurs légaux des parcelles territoriales qui, en fait, étaient entre leurs mains : payant l'impôt foncier au fisc, ils furent considérés comme investis d'une sorte de propriété foncière au lieu et place du peuple ou de la cité.

Le recensement qui servit de base à l'établissement de ce nouveau système d'impôts fut commencé par Auguste l'an 27 avant notre ère (3). Il paraît avoir été précédé d'un arpentage général de l'empire prescrit par Jules César et

---

(1) Eutrope, liv. VI, ch. xvii. Cf. Suétone, *Caesar*, ch. XXV, et le commentaire donné sur ces deux textes par Marquardt, *Handbuch der römischen Alterthümer*, 2ᵉ édit., t. V, p. 191, note 10.

(2) Suétone, *Auguste*, ch. XL : « Liviae pro quodam tributario Gallo roganti civitatem negavit, immunitatem optulit : affirmans, se facilius passurum fisco detrahi aliquid, quam civitatis Romanae vulgari honorem. »

(3) E. Desjardins, *Géographie historique et administrative de la Gaule romaine*, t. III, p. 154.

dirigé par quatre géomètres, à chacun desquels fut attribué un quart de cette vaste circonscription. La portion occidentale de l'empire, qui comprenait la Gaule, avait été confiée, dit-on, à un certain Didyme, dont le travail avait duré seize ans et trois mois; commencé l'année 44, il s'était terminé l'an 27 avant notre ère (1). Un des résultats géographiques de cette vaste entreprise fut la rédaction d'un livre publié sous le nom d'Agrippa, et qui était une sorte de géographie géométrique de l'empire romain; pour donner à cette œuvre une publicité plus grande, Agrippa et Auguste voulurent qu'une carte représentant l'empire romain fût peinte et exposée aux yeux du public, à Rome même, dans un portique (2). Cette grande opération géographique était inspirée par des préoccupations beaucoup plus administratives que scientifiques; elle jetait les bases du cadastre qui devait servir à l'assiette de l'impôt foncier.

La *Gallia comata* (3), ou la Gaule conquise par César, paraît avoir compris trois cent cinq peuples (4). Auguste trouva ce nombre trop considérable, il maintint, à quelques modifications près, une grande partie de ces peuples dans l'état de subordination où ils se trouvaient à l'égard d'autres peuples plus importants, et il divisa la *Gallia comata* en soixante circonscriptions financières, si nous nous en rapportons à Strabon; en soixante-quatre, si nous en croyons d'autres documents (5). On se sert souvent du mot

(1) Voyez les textes réunis chez Marquardt et Mommsen, *Handbuch der rœmischen Alterthümer*, 2° édit., t. V, p. 209-210. Les divisions de la cosmographie de Julius Honorius et de la cosmographie d'Ethicus ont pour base le partage de l'empire romain entre les quatre géomètres. Pour la section occidentale, voy. Riese, *Geographi latini minores*, p. 33-40, 78-86.
(2) Riese, *Geographi latini minores*, p. I-XVI, 1-8.
(3) On trouve déjà cette expression chez Catulle, 29, 3, c'est-à-dire dans une pièce contemporaine de la guerre des Gaules.
(4) C'est le chiffre donné par Josèphe, πέντε δὲ καὶ τριακοσίοις πληθύοντες ἔθνεσι. *De bello judaico*, liv. II, ch. XVI, édit. Didot, p. 119, l. 11 et 12. Ce chiffre exact est remplacé par des chiffres ronds chez Plutarque qui dit trois cents, ἔθνη δὲ ἐχειρήσατο τριακόσια. *César*, ch. XV, édit. Didot, p. 852, l. 43, 44, et chez Appien qui dit quatre cents, ἔθνη δὲ τετρακόσια. *De rebus gallicis*, ch. II, édit. Didot, p. 24.
(5) Marquardt et Mommsen, *Handbuch der rœmischen Alterthümer*,

civitas pour désigner ces circonscriptions ; mais cette expression désigne plutôt l'être moral, qui, créé par un fait politique, vivait sur chacune de ces circonscriptions, et, à proprement parler, cette circonscription elle-même s'appelait en latin *territorium* (1) ou *regio* (2). Le sol de la cité se divisait en *pagi*, et le *pagus* lui-même, dans le système romain, se subdivisait en *fundi*. Cette triple division du sol est la base du cadastre et de l'impôt foncier romains (3). On peut comparer la cité à notre département; le *pagus* (4), à notre arrondissement; le *fundus*, à notre commune. Pour constituer un *fundus*, il faut une certaine étendue de terrain, officiellement délimitée, qu'on appelle *ager*, et sur ce terrain, des bâtiments qu'on appelle *villa* (5).

2e édit., t. IV, p. 268. Cf. Desjardins, *Géographie de la Gaule romaine*, t. III, p. 156 et suiv.

(1) « Territorium est universitas agrorum intra fines cujusque civitatis. » Pomponius, *Liber singularis Enchiridii*; Digeste, lib. L, tit. xvi, l. 239, § 8.

(2) « Regiones autem dicimus, intra quarum fines singularum coloniarum aut municipiorum magistratibus jus dicendi coercendique est libera potestas. » Siculus Flaccus, chez Blume, Lachmann et Rudorff, *Die Schriften der rœmischen Feldmesser, Gromatici veteres*, t. I, p. 135, l. 4-7.

(3) « Forma censuali cavetur, ut agri sic in censum referantur : Nomen fundi cujusque; et in qua civitate et in quo pago sit; et quos duos vicinos proximos habeat. » Ulpien, *De censibus*, livre III, dans Digeste, livre L, tit. xv, l. 4.

(4) Il est déjà question des *pagi* de la Gaule chez César qui les oppose d'une façon générale aux cités: *In omnibus civitatibus atque pagis*, livre VI, ch. 10, et qui mentionne les *pagi* des Helvètes, livre I, ch. 12, 13, 27 ; ceux des Morini, livre IV, ch. 22 ; ceux des Arvernes, livre VII, ch. 64. Tacite parle de ceux des Sequani, *Annales*, I, 45, et de ceux des Aedui, *Histoires*, II, 61.

(5) « Locus... sine aedificio... rure... ager appellatur. Idemque ager cum aedificio fundus dicitur. Florentinus, libro VIII Institutionum, » dans Digeste, livre L, titre xvi, l. 211. — « Locus est non fundus sed portio aliqua fundi ; fundus autem integrum aliquid est, et plerumque sine villa locum accipimus... Sed fundus quidem suos habet fines. » Ulpien, livre LXIX, *Ad edictum*, dans Digeste, livre L, titre xvi, l. 60. — « Ager est locus qui sine villa est. » Ulpien, livre XVII, *Ad edictum*, dans Digeste, livre L, titre xvi, l. 27. — Les passages suivants de Caton, *De re rustica*, achèveront de faire comprendre le rapport qui existe entre *fundus* et *villa* : « Paterfamilias, ubi ad villam venit, ubi larem familiarem salutavit, fundum eodem die, si potest, circumeat; si non eo die, at postridie... Ita aedifices ne villa fundum quaerat neve fundus villam » (c. II, III). Le sens de cette maxime est que les bâtiments d'exploitation doivent avoir une importance proportionnée à celle du domaine. On la trouve reproduite chez Pline le Naturaliste.

§ 4. — *Origine de la commune rurale en France.*

On doit reconnaître dans le *fundus* romain l'origine de nos communes rurales. Les plus anciennes de ces communes, portant en général un nom formé avec un gentilice romain et avec le suffixe *acus*, comme *Juli-acus*, remontent à un *fundus* qui date de l'Empire romain (1), et dont les limites ont été primitivement fixées par les arpenteurs, *agrimensores*, employés à la confection du cens, sous le règne d'Auguste. Le premier propriétaire est un grand seigneur gaulois qui, ordinairement, en devenant citoyen romain, avait pris le gentilice de son protecteur romain. De ce gentilice vint le nom de son *fundus*. La *villa* construite dans ce *fundus* eut avec lui, pour premiers habitants, ses *obaerati*, ses clients qui, jadis, consacraient leur temps au soin des troupeaux, à l'agriculture et aux armes. Sous la domination romaine, cessant de combattre, ils ne furent plus que laboureurs et pâtres. Leur ancien chef, devenu leur propriétaire, leur partagea une partie de son domaine, à charge de redevances ; pour la pâture, le bois de chauffage et de construction, il leur donna l'usage collectif d'une autre portion : on appela *villa* leurs habitations groupées autour de la sienne ; à la *villa*, le village a succédé (2).

Cette nouvelle organisation de la propriété eut financièrement l'avantage de répartir la charge de l'impôt foncier entre les Gaulois les plus riches et, par conséquent, les

---

livre XVIII, ch. vi (7), § 32. Cf. Columelle, livre I, ch. iv. — Sur les modifications dont les fonds étaient susceptibles, voyez Pomponius, livre V, *Ad Sabinum*, dans Digeste, livre XXX, titre unique, l. 24, § 3. Cf. Ulpien, livre LXIX, *Ad edictum*, dans Digeste, livre L, titre xvi, l. 60.

(1) Je ne parle pas ici de celles de nos communes, évidemment peu nombreuses, qui remontent à un *vicus* ou à un *oppidum*.

(2) Un passage d'Apulée, *Métamorphoses*, l. VIII, nous donne un exemple d'une *villa* qui est déjà un village moderne : « Villae vero quam forte tunc praeteribamus coloni, multitudinem nostram latrones rati, satis agentes rerum suarum, eximieque trepidi, canes rabidos et immanes et quibusve lupis et ursis saeviores, quos ad tutelae praesidia curiose fuerant alumnati jubilationibus solitis et cujuscemodi vocibus nobis inhortantur.

plus solvables. L'impôt foncier était payé par les propriétaires des *fundi*. Le plaisir que leur fit éprouver l'acquisition du droit de propriété leur fit accepter, sans trop de peine, la charge d'un impôt probablement plus considérable que la redevance autrefois due à la cité. Quant à la plèbe, condamnée à cultiver le bien d'autrui, elle ne perdait rien à la révolution qui faisait partager entre les membres de l'aristocratie le droit au sol : ce droit jusque-là était resté en théorie dans les mains de chaque peuple ou de chaque État, et il cessait de lui appartenir; mais, au point de vue de la plèbe, il n'y avait pas de changement pratique : en effet, presque toujours, par la force des choses, l'aristocratie seule avait jusque-là joui de la terre.

La contenance moyenne de nos communes est aujourd'hui de treize à quatorze cents hectares. Il serait certainement téméraire d'affirmer qu'au temps d'Auguste telle fut l'étendue moyenne des *fundi*. Le *fundus* était une création arbitraire que l'homme pouvait modifier suivant les exigences de sa fortune et de sa fantaisie. Des *fundi*, reconnaissables à leur nom, sont aujourd'hui de simples sections de communes; les *villae*, qui leur servaient de centre, sont réduites à l'état de hameaux, ou même elles ont disparu sans laisser d'autres traces qu'un nom dans de vieux titres ou que des ruines innommées qu'étudient quelques archéologues. Des *villae* nouvelles ou, pour se servir d'une autre expression, des *cortes* de création plus récente ont surgi : monuments des grandes invasions qui amenèrent la chute de l'empire romain ou qui en furent la conséquence; leurs noms sont des composés dont le premier terme est un nom propre d'homme d'origine germanique, dont le second,-ville,-court,-mont,-val, appartient à la langue que parlaient les vaincus du cinquième siècle après notre ère. A côté de Clichy, *Clippiacus*, d'Antony, *Antoniacus*, noms d'anciens *fundi* formés à l'aide d'un gentilice romain et du suffixe gaulois -*acus*, témoins qui attestent, tout près de Paris même, la conquête de la Gaule par les

Romains, nous trouvons des noms de lieu : Billan-court, Clignan-court et Bougi-val, *Baudechisilo-vallis*, mots de formation hybride, mi-partie germains, mi-partie gallo-romains, qui rappellent la conquête franque et la création de *villae* nouvelles, faite sur les ruines de *villae* gallo-romaines, ou à côté d'elles en démembrant leur territoire.

Ce serait donc une opération fort délicate que de chercher à retrouver sur notre sol les limites exactes des *fundi* gallo-romains dont un grand nombre de nos communes ont conservé le nom. Mais je crois qu'il ne faut pas désespérer d'arriver un jour à ce résultat par une étude attentive, là surtout où les textes nous permettent d'atteindre les premiers siècles du moyen âge. Il est fort possible qu'un certain nombre de nos communes représentent exactement la circonscription de *fundi* gallo-romains. L'étendue n'est pas un obstacle. Nos communes, ai-je dit, contiennent de treize à quatorze cents hectares. Les *fundi* gallo-romains pouvaient avoir une étendue moyenne approchant de celle-là, puisqu'Ausone appelle *parvum herediolum* sa propriété de famille, dont la contenance dépassait mille *jugera*, c'est-à-dire deux cent cinquante hectares (1).

§ 5. — *La propriété foncière en France d'Auguste à nos jours.*

Les clients de chaque *eques* gaulois, installés par lui sur son *fundus*, c'est-à-dire sur la portion du territoire commun que le cens impérial lui avait attribuée, détinrent, partagée entre eux, une section, ordinairement la plus considérable, de ce *fundus*; une autre resta affectée à la jouissance directe du propriétaire nouveau que la puissance romaine avait créé. Une troisième section fut attribuée à la jouissance commune des habitants du *fundus*, logés autour du maître dans la *villa*. Ce qui subsiste de cette dernière section constitue aujourd'hui nos biens com-

---

(1) **Ausone**, idylle III, v. 9.

munaux ; la seconde est la *terra indominicata* du moyen âge ; quant à la première, c'est en elle que nous devons reconnaître l'origine de la plus grande partie de la propriété immobilière telle que nous la connaissons dans la France moderne.

Chacun des *obaerati*, des *clientes*, des *ambacti* eut un lot à cultiver. Fermier au point de vue du droit romain, il considérait peut-être son petit lot comme la part qui légalement lui revenait dans l'antique propriété collective de la cité. De là ce caractère mixte du colonat, où le tenancier, irrévocablement lié au *fundus*, et comme tel, en une certaine mesure, esclave, a cependant un droit sur le terrain qu'il cultive. Ce droit, qui remonte au droit collectif de la cité fut pendant des siècles en lutte avec celui que le propriétaire du *fundus* reçut de la loi romaine. On appelle ce dernier droit *domaine éminent;* le premier, celui du tenancier, est le *domaine utile.* Ces deux droits avaient pour objet le même immeuble. En France, aujourd'hui, le domaine utile subsiste seul. Le moyen âge avait, en général, fixé en argent les redevances qui grevaient le domaine utile au profit du domaine éminent. Du treizième siècle à 1789, la quantité de matières précieuses contenues dans les espèces monétaires diminua dans la proportion de vingt à un, et le pouvoir commercial de l'or et de l'argent s'abaissa dans la proportion de trois à un ; en sorte que, dans cette période, le poids des redevances pécuniaires annuelles qui grevaient le domaine utile au profit du domaine éminent s'était réduit, suivant un rapport que l'on peut comparer, à celui de soixante à un. Ainsi, le domaine éminent en France n'était plus guère qu'une institution honorifique, lorsqu'il disparut dans la tourmente révolutionnaire comme les feuilles des arbres que le vent des derniers mois d'automne emporte au loin quand les premières gelées ont achevé l'œuvre du soleil de juillet et d'août.

Tout autre a été l'histoire économique en Ecosse et en Irlande. Une législation aristocratique à outrance, de date toute récente, a fait considérer comme bail temporaire et non écrit le titre du tenancier. Elle a permis d'accroître indéfiniment sa redevance, que la loi française diminuait progressivement et finissait par supprimer ; elle a livré le tenancier à la merci du *landlord*, maître de l'expulser suivant son intérêt ou son caprice. Le domaine utile a disparu, et l'on ne connaît plus, en général, qu'une seule forme de la propriété, qui est le domaine éminent.

Le droit que réclament les tenanciers d'Irlande et d'Ecosse est le droit ancien : ils en ont été dépouillés par une révolution économique et législative, qui est l'opposé de celle dont la secousse politique de la fin du siècle dernier a été chez nous la conséquence logique et le couronnement.

CHAPITRE II.

RAPPORT DE LA PROPRIÉTÉ FONCIÈRE AVEC LA SOUVERAINETÉ DANS LE DROIT PUBLIC DE ROME ET DES GERMAINS. L'*ager publicus* ET LES LOIS AGRAIRES A ROME AVANT CÉSAR ET DE SON TEMPS.

SOMMAIRE :

§ 1. La notion de la propriété foncière dans la France moderne. Autres manières de concevoir la propriété foncière soit dans l'ancienne France, soit hors de France. Le domaine éminent, le domaine utile. — § 2. Le droit de souveraineté comprend-il le droit de propriété ? Réponse à cette question dans le droit public de Rome et des Germains. La *deditio*. Arioviste et les Burgundes en Gaule. — § 3. L'*ager publicus* romain et les lois agraires.

§ 1ᵉʳ. — *La notion de la propriété foncière dans la France moderne. Autre manière de concevoir la propriété foncière soit dans l'ancienne France, soit hors de France : le domaine éminent, le domaine utile.*

Nous avons de la propriété foncière, nous Français de la fin du dix-neuvième siècle, une notion qui est le résultat d'habitudes d'esprit toutes récentes, car la législation qui les a produites remonte à environ cent ans : cette notion n'est pas conforme aux doctrines reçues chez nos ancêtres à une date très rapprochée de nous. En France, la propriété foncière était conçue, au siècle dernier, tout autrement qu'aujourd'hui, et alors elle comportait certains démembrements qu'un droit nouveau a fait disparaître en prohibant le bail perpétuel, en déclarant la rente foncière rachetable ou même en la supprimant sans indemnité quand on la considérait comme féodale. Ainsi, des deux éléments de la propriété foncière en France sous l'ancienne monarchie, domaine éminent du seigneur ou, théoriquement, du propriétaire primitif, et domaine utile du tenancier, le second seul subsiste; il est théoriquement une émanation du premier; il est certainement plus ancien dans bien des cas; mais peu importe la solution qu'on donne à cette question historique; ce qui est certain, c'est qu'en France le domaine utile a, de nos jours, absorbé le domaine éminent.

Beaucoup de nos compatriotes, même instruits, paraissent ignorer combien est nouvelle la notion française moderne de la propriété foncière. L'ardeur de la discussion de ce qu'on appelle chez nous les questions sociales a créé dans leur esprit l'habitude de considérer comme une base nécessaire de la société la propriété foncière individuelle, telle que nos lois actuelles la définissent; quand ils vont dans certains pays étrangers où la propriété foncière n'a pas eu la même histoire que chez nous et où elle est comprise autrement, ils n'en peuvent croire leurs yeux. Rien n'est ridicule, par exemple, comme les observations des publicistes français qui vont se promener en Irlande. Là, il y a deux siècles, par une révolution opposée à la nôtre, le domaine éminent, quoique de date récente, a absorbé le domaine utile, dont l'origine se perdait dans la nuit des temps, et la généreuse équité du gouvernement anglais d'aujourd'hui cherche à rétablir le domaine utile au profit du tenancier spolié. Le voyageur français n'y comprend rien et croit assister à la réalisation des théories *à priori* émises par les socialistes du continent. — Il s'agit de donner à toute une nation, une réparation analogue à celle qu'en France obtinrent, il y a un demi-siècle, quelques milliers de vaincus, et qu'on appelle l' « indemnité des émigrés. »

Un peuple contemporain a beau être rapproché de nous géographiquement, on ne peut avoir l'intelligence de ses institutions présentes et des passions qui l'animent, si l'on ne se donne pas la peine d'étudier son histoire et si l'on n'arrive pas ainsi à se rendre compte de l'influence qui, dans ce peuple, est exercée sur chaque homme par la tradition. Combien sont puissants les souvenirs d'une nation, ces souvenirs, les uns brillants et doux, les autres pénibles et irritants qui, traduits par la langue passionnée des mères, passent de leur bouche dans l'oreille des enfants et deviennent le premier aliment de leur jeune intelligence. Il n'y a pas en Irlande une pierre ou un brin d'herbe qui ne rappelle à un Irlandais la spoliation si récente dont sa race a été victime.

Ainsi, pour se rendre compte des passions qui agitent aujourd'hui un peuple étranger, pour concevoir comment il comprend ses institutions présentes, il faut connaître son passé ; sans connaître son passé à lui, on ne peut apprécier en quelle mesure ses idées sont différentes des idées d'un peuple qui, comme nous, a derrière lui un passé différent. Si quelqu'un ne saisit pas bien ce en quoi la façon de penser des voisins qu'il veut observer s'éloigne de la sienne, l'étude qu'il prétend faire de leurs actes sera frappée de stérilité.

Quand, au lieu d'un peuple contemporain, c'est le monde antique que l'on veut étudier, il faut commencer par une préparation analogue et chercher à se rendre compte de ce en quoi se distinguent de nos doctrines modernes les doctrines analogues admises à ces âges reculés. Si à l'idée que nous exprimons actuellement en France par le mot de propriété foncière, on compare les idées similaires dans le droit romain, vers la fin de la République, à l'époque où la Gaule a perdu son indépendance, on est obligé de reconnaître entre ces idées romaines et la nôtre des différences importantes.

§ 2. — *Le droit de souveraineté comprend-il le droit de propriété ? La réponse à cette question en droit public romain et germanique. La* deditio ; *Arioviste et les Burgundes.*

Aujourd'hui la notion de la distinction entre la propriété et la souveraineté a fait des progrès considérables. Quand une province conquise est réunie au territoire d'un Etat vainqueur, cette province change de souverain ; mais la propriété privée reste dans les mains qui la détenaient avant la conquête. C'est une maxime du droit public européen. Si ce principe subit quelques exceptions, lorsqu'il s'agit de la propriété mobilière, c'est-à-dire si, dans une certaine mesure, la propriété mobilière du vaincu passe entre les mains du vainqueur par le pillage ou par l'indemnité de guerre qui est le rachat du droit au pillage, il est de principe que la propriété foncière privée tout entière et sans exception continue d'appartenir au vaincu. La propriété foncière publique du vaincu est la seule que la conquête fasse passer entre les mains du vainqueur.

Tel n'était pas le droit des Romains. On connaît la formule terrible de ce qu'ils appelaient *deditio*. Voici comment Tite-Live raconte la capitulation de Collatie, ville sabine, qui, dit-on, se rendit aux Romains au temps de Tarquin l'Ancien. Quand les délégués des habitants se présentèrent à lui, Tarquin leur demanda : « Etes-vous les ambassa- » deurs envoyés par le peuple collatin pour consentir à la » *deditio* du peuple collatin ? » — « Nous le sommes, » répondirent-ils. — « Le peuple collatin a-t-il le droit de » disposer de lui-même ? » reprit Tarquin. — « Il l'a, » répondirent les délégués. — « Donnez-vous, pour être en » mon pouvoir et en celui du peuple romain, vos personnes » et le peuple collatin, la ville, les champs, les eaux, les » limites, les temples, les meubles, toutes les choses di- » vines et humaines ? » — « Nous les donnons, » répondirent les députés. — « Et moi je les accepte, » répondit le roi. Cette formule se trouve répétée à peu près dans les mêmes termes par Tite-Live dans le récit des événements de l'an 343 av. J. C. (1). Il était de principe que le sol du territoire appartenant aux *dedititii*, c'est-à-dire aux vaincus qui s'étaient rendus sans conditions comme les Collatins, devenait « propriété » de l'Etat romain. La formule de la *deditio* ne doit pas être entendue en ce sens que Rome acquit simplement la souveraineté. A la souveraineté acquise par la conquête se joignait un droit de « propriété » absolue. Les champs conquis cessaient d'appartenir aux vaincus et entraient dans le domaine public romain. C'est encore la doctrine formulée par un des jurisconsultes les plus célèbres du temps d'Hadrien et de Marc-Aurèle au second siècle de notre ère : « Fait partie du domaine public le champ qui est pris à l'ennemi (2), » et cette règle persiste dans le droit de Justinien ; du livre de Pomponius, elle est passée dans un des grands recueils de droit compilés par ordre du prince byzantin (3).

Quand la capitulation était conditionnelle, il ne se suivait pas de là que le vaincu dût conserver la totalité de son territoire. Ainsi en l'an 486 avant notre ère la guerre avec les Herniques se termina par un traité qui leur enleva les deux tiers de leur territoire. C'est alors que fut présentée la première loi agraire. Elle proposait que le territoire conquis fût partagé moitié entre des Latins moitié entre des plébéiens romains (4).

(1) « Deditosque Collatinos ita accipio eamque deditionis formulam esse : rex interrogavit « Estisne vos legati oratoresque missi a populo collatino ut vos populumque collatinum dederetis ? » — « Sumus. » — « Estne populus collatinus in sua potestate ? » — « Est. » — « Deditisne vos, populumque collatinum, urbem, agros, aquam, terminos, delubra, ustensilia, divina humanaque omnia in meam populique romani dicionem ? » — « Dedimus. » — « At ego recipio. » Tite-Live, livre I, c. xxxviii (éd. Teubner-Weissemborn, t. I, p. 41). Cf. Mommsen et Marquardt, *Handbuch der römischen Alterthümer*, t. III, p. 55-56, 138-139, 723. Comparez ce que rapporte Tite-Live, livre VII, c. xxxi.

(2) « Publicatur enim ille ager qui ex hostibus captus sit. » Pomponius, *Ad Sabinum*, livre XXXVI.

(3) Digeste, livre XLIX, titre xv, loi 20, § 1.

(4) « Cum Hernicis foedus ictum, agri partes duae ademptae. Inde dimidium Latinis, dimidium plebi divisurus consul Cassius erat. » Tite-Live, livre II, c. xli ; éd. Teubner-Weissemborn, t. I, p. 102.

Telle était donc la doctrine des Romains sur le droit du vainqueur lorsque Jules César, de 58 à 51, fit la conquête de la portion de la Gaule restée jusque-là indépendante. Il régla en Gaule sa conduite sur cette doctrine. Nous voyons par exemple que deux Allobroges, Raucillus et Egus, fils d'Adbucillus, prince de la cité des Allobroges, reçurent de lui en présent des champs pris sur l'ennemi en Gaule. Grâce à ce cadeau et à des dons importants en argent, ils devinrent riches de pauvres qu'ils étaient d'abord (1).

Les Germains, qui avaient comme César la prétention de conquérir la Gaule et auxquels César venait disputer cette proie, avaient la même notion que lui du droit du vainqueur sur le sol du territoire habité et cultivé par le vaincu. Quand le général romain arriva en Gaule, Arioviste avait déjà *occupé* un tiers du territoire des *Sequani*, et il voulait en *occuper* un second tiers (2) ; or il ne faut pas se méprendre sur le sens du latin *occupare* dont César se sert et que nous avons tant bien que mal rendu par le français *occuper* ; *occupare agrum* en droit romain, c'est s'en mettre en possession par un acte d'exploitation agricole. A la même date, les *Aedui*, vaincus par les Germains, avaient perdu de la même façon que les *Sequani* la plus grande partie de leur territoire (3).

Etait-ce le tiers ou les deux tiers comme les *Sequani*, nous n'en savons rien. En tout cas, il est curieux de voir, cinq siècles plus tard, les Burgundes réaliser définitivement dans la même région l'entreprise où Arioviste échoua, et procéder d'une façon analogue à l'égard des anciens habitants du pays. En 443, les Burgundes prirent aux posses-

---

(1) « His... agros in Gallia ex hostibus captos praemiaque rei pecuniariae magna tribuerat locupletesque ex egentibus fecerat. » *De bello civili*, III, 59.

(2) « Ariovistus rex Germanorum... tertiam partem agri Sequani qui esset optimus totius Galliae occupavisset et nunc de altera parte tertia Sequanos decedere juberet. » *De bello gallico*, I, 31, § 10.

(3) « Multatos agris. » *De bello gallico*, VII, 54, § 4.

seurs romains une partie de leurs biens immobiliers (1), d'abord la moitié des terres tant arables que friches, bois et jardins (2). Ils avaient droit à un tiers des bâtiments comme hôtes en exécution d'une loi des empereurs Arcadius et Honorius en 398 (3); mais ils semblent bien en avoir pris moitié comme du reste (4). Vers l'année 500, la part des Burgundes dans les terres arables fut augmentée; on l'éleva de la moitié aux deux tiers pour tous les Burgundes qui n'avaient pas reçu de leur roi des dons immobiliers équivalents (5).

Ce chiffre des deux tiers enlevés aux anciens possesseurs semble copié sur l'exemple donné par Arioviste au premier siècle avant notre ère, quand, ayant pris aux *Sequani* un tiers de leurs terres, il voulut les contraindre à lui en livrer un second tiers, et sur l'exemple donné par les Romains quatre cents ans plus tôt qu'Arioviste, huit siècles avant les Burgundes, quand ils enlevèrent aux Herniques les deux tiers de leur territoire. Il y a toutefois une grande différence.

Lors de la conquête burgunde, ce n'est pas en un bloc les deux tiers d'une province que les Barbares occupent. Il y a autant de partages qu'il y avait d'exploitations agricoles ou de *villæ:* chacune est partagée entre l'ancien propriétaire romain et un Barbare nouveau venu qui prend moitié des

---

(1) « Sabaudia Burgundionum reliquiis datur cum indigenis dividunda. » *Chronique de Prosper*, sur l'année 443. « Eo anno Burgundiones partem Galliae occupaverunt terrasque cum Gallicis senatoribus diviserunt. » *Chronique de Marius*, à l'année 456.
(2) C'est ce que l'on doit conclure, semble-t-il, des titres XIII et XXXI de la loi des Burgundes. Ces titres appartiennent à la partie la plus ancienne de la loi, 488-490, et traitent, l'un des défrichements, l'autre des plantations de vignes, et supposent tous deux le principe de l'égalité du partage. Le même principe paraît rappelé par les paragraphes 2 et 3 du titre LIV qui est postérieur.
(3) *Code Théodosien*, livre VII, titre VIII, loi 5.
(4) « Similiter de curte et pomariis circa faramannos condicione servata, id est ut medietatem Romani estiment praesumendam. » *Loi des Burgundes*, tit. LIV, § 3.
(5) « Tempore quo populus noster mancipiorum tertiam et duas terrarum partes accepit. » *Loi des Burgundes*, titre LIV, § 1. Cf. Binding, *Geschichte des Burgundisch-romanischen Konigreichs*, p. 14 et suiv.

bâtiments et de l'enclos, moitié des friches et des bois, moitié d'abord, et deux tiers ensuite, des terres arables comprises dans l'exploitation. D'Arioviste aux Burgundes, il s'est écoulé cinq siècles. Dans cet intervalle, il s'est produit une grande modification dans les doctrines sur la valeur du lien que la jouissance plus ou moins prolongée du sol produit entre l'homme et la terre qu'il cultive et dont il récolte les produits. Les possesseurs romains étaient considérés comme ayant sur la terre un droit dont au moment de l'établissement des Burgundes, au cinquième siècle de notre ère, on ne crut pas possible de les dépouiller entièrement. Quand, au contraire, Arioviste prit aux *Sequani* un tiers de leur territoire, quand les *Sequani*, avec l'alliance d'Arioviste, s'emparèrent d'une grande partie des champs des *Aedui*, ne leur laissant guère que leurs villes (1), l'opération doit s'entendre en ce sens qu'une vaste région, sans exception ni réserve (2), fut détachée du territoire des *Sequani* et du territoire des *Aedui*, que les détenteurs gaulois furent chassés de cette région et qu'elle fut occupée par de nouveaux habitants et par de nouveaux cultivateurs en même temps qu'elle changea de souverain.

§ 3. — *L'*ager publicus *romains et les lois agraires.*

A Rome, le terrain conquis sur l'ennemi était propriété publique. Telle est l'origine de l'*ager publicus*, qui, après la conquête de l'Italie par les Romains, comprit une grande partie du sol de la péninsule et qui s'étendit ensuite hors d'Italie dans de vastes territoires. On ne pouvait sans une loi, sous la république romaine, détacher de l'*ager publicus*, à titre définitif, une portion quelconque du sol pour en attribuer à un Romain la propriété, ce que la loi romaine

---

(1) « Compulsos in oppida, multatos agris. » Cesar, *De bello gallico*, VII, 54, § 4.

(2) « Tertiam partem agri sequani... occupavisset, et nunc de altera parte tertia Sequanos decedere juberet. *Ibidem*, I, 31, § 10. »

appelait le *dominium ex jure Quiritium* (1). En règle générale, l'*ager publicus* n'était l'objet que d'une jouissance précaire, toujours révocable et grevée d'une redevance annuelle; cette jouissance s'appelait *possessio* par opposition au *dominium* qui était la pleine propriété. La *possessio* de l'*ager publicus* était, dans les premiers siècles de la république romaine, une sorte de monopole que se réservaient les patriciens et les familles nobles élevés par les fonctions publiques au niveau du patriciat. Ce monopole était un fait inévitable économiquement aussi bien que politiquement : seuls, les patriciens et les nobles avaient à leur disposition, soit en esclaves, soit en bestiaux, soit en argent, les capitaux nécessaires pour mettre en valeur les vastes domaines de l'Etat romain.

Avec le temps la *possessio* de l'*ager publicus* romain, persistant héréditairement dans les mêmes mains, se rapprocha peu à peu du *dominium*, ou, si l'on veut parler français, de la propriété. Mais les lois agraires dont la première fut présentée par le consul Cassius, l'an 486 avant notre ère, et dont la plus célèbre est la loi Sempronia présentée par Ti. Gracchus, l'an 133 avant notre ère, furent une protestation de l'ancien droit et du sentiment populaire contre le droit nouveau que l'aristocratie avait la prétention d'introduire à son profit. Les dernières lois agraires furent votées en 59 pendant le consulat de César, grâce à la puissante influence acquise par le futur dictateur qui, pendant les années suivantes, se créa par la conquête de la Gaule les titres définitifs à la domination du monde romain. César était le chef du parti démocratique et continuait à chercher la faveur populaire par les moyens qu'avaient employés les agitateurs les plus anciens. Les portions de l'*ager publicus* italique, détenues depuis longtemps par la noblesse romaine, étaient devenues entre les mains

---

(1) **Mommsen et Marquardt**, *Handbuch der römischen Alterthümer*, 2ᵉ éd., t. IV, p. 94 et suiv.; t. V, p. 151 et suiv. Cf. t. III, p. 731 et suiv.

de cette noblesse une sorte de propriété, à laquelle pendant le premier siècle avant notre ère on n'osait plus opposer le droit primitif de l'Etat, mais l'Etat empêchait cette quasi-propriété de s'étendre à des territoires nouveaux et voilà comment César fit partager l'*ager publicus* de Campanie (1), qui remontait à la seconde guerre punique et qui n'avait ainsi qu'un siècle et demi de date.

Les lois agraires (2) dont César obtint le vote en 59 étaient en quelque sorte une seconde édition d'une loi déjà présentée par son parti sous le consulat de Cicéron, en 63, quatre ans plus tôt et qu'avait fait échouer l'éloquence du grand orateur romain Quand la loi agraire de 63 fut présentée, l'*ager publicus* de Campanie était partagé entre des locataires qui seraient arrivés peu à peu à acquérir les mêmes droits que les nobles sur l'ancien *ager publicus* italique, sans la mesure qui les remplaça par les protégés de Jules César (3). Cicéron, dans un de ses discours contre le projet de loi de l'année 63, cherche à exciter la pitié en faveur de ces braves gens qui cultivent et possèdent tout l'*ager campanus*, qui y sont nés, qui y ont été élevés et que la colonisation expulsera sans leur laisser d'asile (4).

Ces considérations n'arrêtèrent point le parti démocratique ni son chef tout-puissant, et quand César arriva dans la Gaule barbare pour en faire la conquête, l'exécution de

---

(1) Sur l'histoire de l'*ager publicus* romain et des lois agraires jusqu'au premier consulat de César, voy. Mommsen et Marquardt, *Handbuch der römischen Alterthümer*, t. IV, 2ᵉ éd., p. 96-114.

(2) Ces lois paraissent avoir été au nombre de deux ; l'une ayant pour objet spécial l'établissement d'une colonie romaine à Capoue, l'autre contenant un règlement général sur la fondation des colonies. Celle-ci est appelée, du nom de ses rédacteurs : **Lex Mamilia, Roscia, Peducea, Alliena, Fabia.**

(3) Voyez les textes réunis par Mommsen, *Corpus inscriptionum latinarum*, t. X, p. 366, 368.

(4) « Sic enim dico : Si Campanus ager dividatur, exturbari et expelli plebem ex agris, non constitui et collocari. Totus enim ager Campanus colitur et possidetur a plebe et a plebe optima et modestissima... Atque illi miseri nati in illis agris et educati... quo se subito conferant non habent. » *De lege agraria oratio secunda*, c. XXXI, § 84.

ses lois agraires commençait, au grand désespoir de la noblesse romaine (1). Pendant ses campagnes en Gaule, César n'oubliait pas Rome ; ses *Commentaires* en offrent plusieurs traces et il y a un passage où ses préoccupations agraires se sont fait jour clairement. Ce passage fait partie de la description des mœurs des Germains. « Personne parmi eux, » dit César, « n'a une quantité de champ déterminé ou des limites qui lui appartiennent en propre, mais chaque année, les magistrats et les princes attribuent aux familles et aux parents par les femmes, qui se sont associés entre eux, la quantité de champs qu'ils jugent à propos, dans l'endroit qui leur parait convenable, et l'année suivante ils les obligent à se rendre ailleurs (2). » Après avoir ainsi décrit des mœurs si différentes de celles de Rome, César se demande la cause qui les a fait établir, et mettant dans la bouche des Germains ses propres doctrines, il leur fait dire que le but de ces institutions est d'empêcher qu'il ne se crée en Germanie de vastes domaines et que les gens puissants ne chassent les petits de leurs possessions. *Ne latos fines parare studeant potentioresque humiliores possessionibus expellant. Latos fines*, ce sont déjà ces *latifundia* dont parlent les moralistes du temps de l'empire romain : *latifundia perdidere Italiam* (3). Quant à la spoliation des pauvres par les riches, c'est un des motifs par lesquels on justifiait la loi agraire de Ti. Gracchus. La loi Licinia, en 367 av. J.-C., avait fixé à cinq cents *jugera*, c'est-à-dire à cent vingt-six hectares, la portion de l'*ager publicus* que pouvait détenir, à titre de *possessio*, un citoyen romain. Cette loi fut quelque temps exécutée, et l'on voyait souvent, à côté du riche possesseur de cinq cents *jugera*, des voisins pauvres jouissant chacun d'une portion beaucoup moins étendue. Mais peu à peu ces petites fermes passèrent malgré la loi entre les mains de riches voisins qui

---

(1) Cicéron, *Ad Atticum*, livre II, ép. XVIII, § 2.
(2) *De bello gallico*, VI, 22.
(3) Pline, livre XVIII, § VII.

les achetèrent d'abord par personnes interposées, ensuite ostensiblement. Telle fut la cause de la loi agraire de Ti. Gracchus en 133 avant J.-C. Nous l'apprenons par Plutarque (1) et surtout par Salluste, contemporain, comme on le sait, de Jules César. Salluste raconte qu'après la chute de Carthage en 146 avant J.-C., la noblesse romaine triomphante abusa de son pouvoir. Le peuple était accablé par le service militaire et par la pauvreté. Les généraux s'emparaient du butin fait à la guerre et le partageaient avec quelques amis ; pendant ce temps, les pères et les jeunes enfants des soldats étaient chassés de leurs maisons par des voisins plus puissants qu'eux : *uti quisque potentiori confinis erat sedibus pellebatur* (2), ce sont presque les expressions dont César se sert dans le passage des *Commentaires* cité plus haut. Plus tard, Horace, un des familiers d'Auguste, c'est-à-dire du continuateur de César, exprime en vers la même idée ; il peint le pauvre expulsé par un riche voisin ; « on voit partir la femme et le mari ;
» ils portent dans leur sein les dieux paternels et des en-
» fants en haillons (3). »

César, dans sa description des mœurs des Gaulois, s'attache à mettre en relief les différences entre cette nation barbare et les usages romains. Il est naturel que trouvant chez tous les peuples de la Gaule cet *ager publicus* qui, à Rome, occupait si vivement le parti démocratique, il ait cru inutile d'en parler. En quoi l'énonciation d'un fait aussi banal pouvait-il piquer la curiosité de ses lecteurs ?

Pour bien comprendre ce qu'était en Gaule la propriété

---

(1) *Vie de Tib. Gracchus*, ch. VIII.
(2) Jugurtha, 41.
(3) Quid quod usque proximos
 Revellis agri terminos et ultra
 Limites clientium,
 Salis avarus ? Pellitur paternos.
 In sinu ferens deos,
 Et uxor et vir sordidosque natos.

Horace, *Odes*, II, 18, vers 23-28.

foncière au temps de la conquête, il faut commencer par se rendre compte de l'organisation de la société politique dans le même pays, à la même date. Les lois qui règlent la condition de la terre sont toujours une conséquence des lois qui fixent la condition des hommes.

CHAPITRE III.

La gaule barbare au moment de la conquête par césar.
inégalité des peuples et des hommes.

Sommaire :

Section I. Les peuples, distingués en *principes* et en *clientes*. — Section II. Les hommes : A. Rois ; — B. Magistrats et *principes* ; — C. Sénats ; — D. *Equites* ; — E. *Clientes* ; — F. Comparaison avec la Féodalité française ; — G. Caractères distinctifs de la Féodalité celtique.

Section première.

Les peuples, *distingués en* principes *et en* clientes.

Dans la Gaule indépendante, à l'arrivée de César, l'an 58 avant notre ère, nous ne comprendrons pas l'Aquitaine, qui appartient ethnographiquement à l'Espagne et qui n'a fait partie de la Gaule que lorsque celle-ci est devenue une circonscription administrative de l'Etat romain. Sans doute l'auteur des *Commentaires* nous dit que l'Aquitaine est en Gaule ; mais, en s'exprimant ainsi, il n'énonce pas plus un fait politique qu'un fait ethnographique. Il parle en conquérant. Dans sa bouche, le mot *Gaule* exprime déjà une conception administrative : de cette conception, due probablement à son génie, il donne connaissance à ses compatriotes pour leur apprendre comment ils devront gouverner le pays vaincu.

Quand César commence au nord des Alpes sa première

campagne, la Gaule indépendante est divisée en deux parties qui, chacune, forment un groupe politique séparé : la Celtique et la Belgique. Dans la Celtique sont concentrés ceux des Gaulois encore libres qui ont les premiers passé le Rhin, peut-être vers l'an 500 avant notre ère. La Belgique est habitée par d'autres Gaulois qui plus récemment, peut-être vers l'année 250, ont été, par les Germains, chassés de la région située à l'est du Rhin, leur séjour primitif. Par une exception due à un phénomène géographique, les *Helvetii*, quoique tout nouveaux venus, paraissent compris dans la Celtique dont ils sont voisins, sans communication immédiate avec les Belges. Des nécessités topographiques l'emportent ici sur l'ethnographie.

Dans chacun des deux groupes politiques entre lesquels la Gaule se divise, il y a un peuple qui a exercé la suprématie sur les autres peuples du même groupe pendant l'âge précédent, et qui prétend la conserver. Ce peuple, en Celtique, ce sont les *Arverni;* en Belgique, ce sont les *Suessiones*. Mais les *Arverni* et les *Suessiones* ont des ennemis qui se placent sous la direction d'un ou de plusieurs peuples rivaux. Ceux-ci demandent l'appui des Romains, qui en profitent pour imposer leur domination à tout le pays en ne laissant à leurs protégés qu'une indépendance nominale avec le titre honorifique d'alliés, *foederati* (1).

(1) Les *Aedui* et les *Remi* reçurent le titre de *foederati*. Ils avaient été, les uns en Celtique, les autres en Belgique, chefs du parti romain pendant les campagnes de César. Le même honneur fut conféré aux *Lingones* et aux *Carnutes*. Les *Lingones* dominaient sur un territoire très vaste, puisque les *Tricasses* (Troyes), et les *Catuellauni* (Châlons-sur-Marne), paraissent avoir été leurs sujets et que, par conséquent, le pays qui s'étend de Dijon à Châlons-sur-Marne était soumis à leur autorité. Sans avoir un rôle aussi éclatant que les *Aedui* ou les *Remi*, ils furent du nombre des plus fidèles alliés de César. Dès l'année de sa première campagne, en 58, ils lui fournissent du froment (*De bello gallico*, I, 40); en 52, ils sont un des trois peuples (*Remi, Lingones, Treveri*) qui refusent de prendre part à l'insurrection générale de la Gaule (VII, 63); en 51, leurs cavaliers sont mentionnés parmi les cavaliers gaulois qui donnent leur concours aux opérations militaires des Romains (VIII, 11).

Quant aux *Carnutes*, la concession du titre de *foederati* qu'ils obtinrent

L'histoire de la Gaule, à l'époque de la conquête, présente une analogie curieuse avec celle de l'Allemagne pendant les derniers siècles. En Allemagne dominait la maison d'Autriche, comme en Celtique les *Arverni* et en Belgique les *Suessiones*. La politique française consista à soutenir les ennemis de cette maison, comme la politique romaine à soutenir ceux des *Arverni* et des *Suessiones*; mais, entre les mains inexpérimentées des hommes d'Etat français, l'arme qui, aux mains des Romains, était devenue l'instrument de la conquête, a créé dans le vieil empire germanique une puissance beaucoup plus redoutable à la France que n'avait jamais été celle des princes autrichiens. Les rois de Prusse, chefs en Allemagne du parti protestant que la France soutenait jadis contre l'Autriche, n'ont pas marché jusqu'au bout sur la trace des magistrats qui, par haine pour les *Arverni* et les *Suessiones*, ont jeté les *Aedui*, les *Remi* et leurs clients dans les bras des Romains.

La Celtique et la Belgique, au moment où César en fait la conquête, sont divisées en un certain nombre d'Etats que César appelle *civitates*. Ces Etats ne sont point égaux entre eux. Certains, plus importants, ont les autres dans leur clientèle. Toutefois, les Etats clients conservent leur autonomie; ils ont leur armée distincte de celle de l'Etat dominant. Ils sont en quelque sorte les membres d'une ligue dont l'Etat dominant est chef. Il ne faut pas confondre les *Etats* clients avec les *peuples* clients qui ont cessé de former un Etat séparé et dont l'armée est fondue dans celle de l'Etat sous l'autorité ou *imperium* duquel ils se sont placés. Ces clients de second ordre ou sujets ne reçoivent pas dans les *Commentaires* de César le titre d'Etat, *civitas*, donné par l'auteur aux clients de premier ordre ou alliés.

En Celtique, l'Etat qui, au temps de César, a la clientèle la plus considérable est celui des *Aedui* qui, en con-

peut avoir été la conséquence de ce que pour être agréables aux Romains, ils s'étaient placés dans la clientèle des *Remi* (*De bello gallico* VI, 4). On étendit à eux la dignité de *foederati* accordée aux *Remi*.

séquence, possède sur la Celtique ce que César appelle le principat (1). L'Etat des *Aedui* est rival des *Arverni* que les Romains ont vaincus et contre lesquels les Romains le protègent. Des Etats de la Celtique qui s'étaient placés dans la clientèle des *Aedui*, nous connaissons les *Bituriges* (2), les *Senones* (3), les *Parisii* (4), les *Boii* (5), qui, dans la guerre entreprise par Vercingétorix, fournirent chacun un contingent séparé, et reçurent directement les ordres du conseil des *principes* de la Gaule. On demanda aux *Bituriges* 12,000 hommes, autant aux *Senones*, 10,000 aux *Parisii*, 2,000 aux *Boii;* aussi ces quatre peuples obtiennent-ils chez César la qualification de *civitas*.

Mais, en outre des Etats clients dont nous connaissons quatre, les *Aedui* avaient d'autres clients qui étaient en quelque sorte des sujets dont le contingent militaire se confon-

---

(1) César, s'adressant au roi germain Arioviste, prétend que les *Aedui* ont obtenu « omni tempore totius Galliae principatum » (*De bello gallico*, I, 43, § 7). C'est une exagération contredite par les faits puisque les *Arverni* avaient eu ce principat. Dans les idées reçues en Gaule à cette époque, il est nécessaire qu'un peuple ait le principat. Chez les *Aedui*, un parti soutient que si les *Aedui* ne peuvent obtenir le principat de la Gaule, *principatum Galliae*, il faut accepter le principat des Arvernes, car la domination des Gaulois vaut mieux que celle des Romains (*De bello gallico*, I, 17, § 3. Remarquons bien que, dans ces passages, Gaule et gaulois veulent dire Celtique et Celte, à l'exclusion de la Belgique).

(2) « Bituriges ad Aeduos quorum erant in fide legatos mittunt. » *De bello gallico*, VII, 5, § 2. Il s'agit vraisemblablement ici des *Bituriges Cubi*, dont la ville principale est *Avaricum*. César ne parle pas, semble-t-il, des *Bituriges Vivisci* qui, sous l'empire romain, ont Bordeaux pour capitale. Peut-être cependant le mot *Bituriges* désigne-t-il à la fois chez César les *Bituriges Vivisci* et les *Bituriges Cubi*.

(3) « Senones... Caesarem... adeunt per Aeduos quorum antiquitus erat in fide civitas. » (*De bello gallico*, VI, 4, § 1-3.)

(4) « Concilium Lutetiam Parisiorum transfert. Confines erant hi Senonibus civitatemque patrum memoria conjunxerat. » (*De bello gallico*, VI, 3, § 5.)

(5) « Boios potentibus Aeduis quod egregia virtute erant cogniti ut in finibus suis collocarent concessit ; quibus illi agros dederunt quosque postea in parem juris libertatisque condicionem atque ipsi erant receperunt. » *De bello gallico*, I, 28. Les *Boii* payaient tribut, *stipendium*, aux *Aedui*. Quand Vercingétorix attaqua Gorgobina, *oppidum* des *Boii* (quos ibi helvetico proelio victos Caesar collocaverat, Aeduisque attribuerat), César vint à leur secours, « ne *stipendiariis* Aeduorum expugnatis cuncta Gallia deficeret » (*De bello gallico*, VII, 10, § 1.)

dait avec le leur. Ces derniers ne reçurent pas d'ordres directs quand le conseil des *principes* de la Gaule, conformément aux instructions de Vercingétorix, prescrivit la levée d'une armée pour secourir *Alesia*. C'étaient les *Segusiavi*, les *Ambivareti*, les *Aulerci Brannovices* et les *Brannovii*. L'effectif imposé à ces quatre peuples se confondait avec celui des *Aedui* fixé en bloc à 35,000 hommes. Au début de la guerre, le plus important de ces clients de second ordre des *Aedui*, le peuple des *Segusiavi*, avait été compris par Vercingétorix, dans l'ordre donné aux *Aedui*, de fournir 10,000 fantassins pour attaquer les *Allobroges* (1). Ces fantassins, tant *Segusiavi* qu'*Aedui*, avaient été placés sous le commandement d'un chef appartenant à la tribu dominante des *Aedui*, malgré l'antipathie naturelle de Vercingétorix pour ce peuple rival du sien (2).

On sait que les *Aedui* étaient, dès le second siècle avant notre ère, les alliés du peuple romain (3). Ils restèrent les alliés de César pendant toute la guerre des Gaules, sauf durant la grande insurrection de l'année 52. Sous l'empire romain, ils portent encore le titre d'alliés, *foederati*, donné alors en Gaule à trois autres peuples seulement : les *Remi*, les *Lingones*, les *Carnutes*.

Les *Arverni*, rivaux des *Aedui*, apparaissent dans l'histoire comme ennemis du peuple romain. C'est en l'année 121 avant notre ère. Leur clientèle atteignait à cette date : au sud, Narbonne, les Pyrénées et le territoire de Marseille ; à l'ouest, l'Océan ; à l'est, le Rhin (4) ; les *Allo-*

---

(1) « Aeduis Segusiavisque... decem millia peditum imperat. » (*De bello gallico*, VII, 64, § 4.)

(2) « His praefecit fratrem Eporedorigis. » (*De bello gallico*, VII, 64, § 5.)

(3) « Quodque Aeduorum agros sociorum populi romani vastassent. » Tite-Live, *Epitome du livre LXI*. Les événements dont il s'agit dans ce texte se rapportent à l'année 122 avant notre ère. Mommsen, *Rœmische Geschichte*, 6ᵉ édit., t. II, p. 162. Cf. Desjardins, *Géographie historique et administrative de la Gaule romaine*, t. II, p. 274.

(4) « Διέτειναν δὲ τὴν ἀρχὴν οἱ Ἀρουερνοι καὶ μέχρι Ναρβῶνος καὶ τῶν ὅρων τῆς Μασσαλιώτιδος, ἐκράτουν δὲ καὶ τῶν μέχρι Πυρήνης· ἐθνῶν καὶ μέχρι Ὠκεανοῦ καὶ Ῥήνου. » Strabon, liv. IV, ch. II, § 3, édit. Didot, p. 159, l. 9-12. Mommsen,

broges, alors, devaient être leurs clients (1). Au temps de César, la clientèle des *Arverni* est bien réduite ; leurs clients méridionaux sont tombés sous la domination romaine et forment la Province ; les peuples du nord, qui avaient été placés originairement dans la clientèle des *Arverni* en conservant leur indépendance, et plutôt comme alliés que comme sujets, paraissent avoir brisé en grande partie ce lien.

On vit même les *Sequani*, un des principaux clients septentrionaux des *Arverni*, supplanter les *Arverni* comme chefs du parti opposé aux *Aedui* pendant les premières années du séjour de César en Gaule (2). Plusieurs des peuples ennemis des *Aedui*, après avoir été successivement clients des *Arverni* et des *Sequani*, voulant s'assurer l'amitié des Romains, demandèrent l'appui d'un peuple allié de Rome, et se placèrent dans la clientèle des *Remi* (3), peuple belge, mais immédiatement voisin de la Celtique ; de ce nombre furent les *Carnutes* (4).

Dès les premiers succès de César, il ne resta guère aux *Arverni* d'autres clients que leurs sujets, c'est-à-dire les peuples dont le contingent militaire se confondait avec le

---

Rœmische Geschichte, 6ᵉ édit., t. II, p. 162. Desjardins, *Géographie historique et administrative de la Gaule romaine*, t. II, p. 217, 274. Les *Sequani*, clients des *Arverni*, atteignaient le Rhin.

(1) « Allobroges deinde et Arverni cum adversus eos similes Aeduorum querelae, opem et auxilium nostrum flagitarent. » Florus, livre I, ch. xxxvi, ou liv. III, ch. ii. Edition d'Otto Iahn, p. 159, l. 21-23. Nous pouvons encore citer les *Ruteni* (Bello superatos esse Arvernos et Rutenos) comme clients des *Arverni*, au deuxième siècle avant J.-C. (*De bello gallico*, I, 45, § 2), et les *Carnutes* (*De bello gallico*, VI, 4, § 2 ; 12, § 7).

(2) « Galliae totius factiones esse duas, harum alterius principatum tenere Aeduos, alterius Arvernos. Hi, cum tantopere de potestatu inter se multos annos contenderent, factum esse uti ab Arvernis Sequanisque Germani mercede arcesserentur. » (*De bello gallico*, I, 31, § 3-4.) « Sequani principatum dimiserant, in eorum locum Remi successerant. » (*De bello gallico*, VI, 12, § 6, 7.)

(3) « Ii, qui propter veteres inimicitias nullo modo cum Aeduis conjungi poterant, se Remis in clientelam dicabant. » (*De bello gallico*, VI, 12, § 7.)

(4) « Eodem Carnutes legatos obsidesque mittunt, usi deprecatoribus Remis, quorum erant in clientela. » (*De bello gallico*, VI, 4, § 2.)

leur et sur lesquels ils exerçaient une autorité appelée par César *imperium*. Quand le conseil des *principes* de la Gaule convoqua l'armée qui devait inutilement tenter de secourir Alésia, il prescrivit une levée de 35,000 hommes chez les *Arverni*, y compris les *Eleuteti*, les *Cadurci*, les *Gabali* et les *Vellavi* (1). Cependant les *Cadurci* semblent avoir été, dans une certaine mesure, indépendants, puisque César leur donne dans un endroit le titre de *civitas* (2), que dans un autre endroit nous voyons marcher, distinct des troupes arvernes, un corps de *Ruteni* et de *Cadurci* (3).

Les *Arverni*, après la conquête romaine, conservèrent une situation privilégiée, l'exemption d'impôts, une administration et une juridiction locale indépendante avec le titre de libres *liberi*, mais ils perdirent leur suprématie sur les *Cadurci*, les *Gabali* et les *Vellavi* qui devinrent autant de cités immédiatement subordonnées aux magistrats romains. Les *Eleuteti* seuls semblent être restés soumis aux *Arverni* sous la domination des Romains.

Dans la Gaule Belgique, les *Suessiones* ont eu, avant l'arrivée de César, une situation dominante analogue à celle des *Arverni* dans la Celtique. Leur roi Divitiacus, quelque temps avant l'arrivée de César, a étendu son autorité sur une grande partie des régions voisines du pays des *Suessiones* et même sur la Grande-Bretagne. En 57, Galba, successeur de Divitiacus, est général en chef de l'armée des Belges coalisés contre les Romains (4). Jusqu'à cette date, les *Remi* ont vécu sous la domination des *Suessiones*; ils ont été soumis au même droit, aux mêmes lois, ont obéi au même commandement, et au même magistrat qui est le roi des *Sues-*

---

(1) « Parem numerum Arvernis, adjunctis Eleutetis, Cadurcis, Gabalis, Vellavis qui sub imperio Arvernorum esse consuerunt. » (*De bello gallico*, VII, 75, § 2.)

(2) « Celeriter sibi Senones, Parisios, Pictones, Cadurcos... adjungit... his civitatibus obsides imperat. » (*De bello gallico*, VII, 4, § 6.)

(3) « Rutenos Cadurcosque ad fines Volcarum Arecomicorum depopulandos mittit. » (*De bello gallico*, VII, 64, § 6.)

(4) *De bello gallico*, II, 4, § 7.

siones (1). Alors les *Remi* se révoltent contre les *Suessiones*, demandent le secours des Romains qui sont vainqueurs, qui contraignent les *Suessiones* à se rendre à discrétion et qui leur font grâce sur la demande des *Remi* (2). Mais les rôles sont renversés ; de maîtres, les *Suessiones* deviennent sujets ; ils passent sous la domination des *Remi* qui, autrefois, leur obéissaient (3) et sous la protection desquels viennent se placer même des peuples de la Celtique autrefois clients des *Arverni*. Telle est l'origine de la haute fortune qu'a eu depuis la ville de Reims ; de là son rang de métropole dans l'ordre administratif sous les Romains, dans l'ordre religieux jusqu'à nos jours, et même dans l'ordre industriel et commercial où elle a encore maintenant, sur Soissons, la suprématie acquise avec l'aide du conquérant des Gaules, il y a près de deux mille ans.

Les deux grandes clientèles des *Arverni* et des *Aedui* paraissent s'être partagé la Gaule celtique avant l'arrivée de César. Nous ne voyons pas que les *Arverni* aient eu aucun Belge parmi leurs clients, et quant aux *Aedui*, s'ils entraînent les *Bellovaci* dans leur clientèle, c'est une nouveauté, résultat de l'ambition des *Bellovaci*, qui veulent, comme les *Remi*, se soustraire à la suprématie des *Suessiones* (4).

(1) « Suessiones... fratres consanguineosque suos, qui eodem jure et iisdem legibus utantur, unum imperium, unumque magistratum cum ipsis habeant. » (*De bello gallico*, II, 3, § 5.)

(2) « Petentibus Remis, ut conservarentur, impetrant. » (*De bello gallico*, II, 12, § 5.)

(?) « In fines Suessionum qui Remis erant attributi. » (*De bello gallico*, VIII, 6, § 2.)

(4) Quand Diviciacus, celui des chefs des *Aedui* qui est le plus dévoué aux Romains, vient demander à César la grâce des *Bellovaci* vaincus, il prétend que les *Bellovaci* ont été de tout temps les alliés des *Aedui* ; « Bellovacos omni tempore in fide atque amicitia civitatis Aeduae fuisse » (*De bello gallico*, II, 14, § 2). Il exagère évidemment la durée de la période pendant laquelle les *Bellovaci* ont accepté ce que César appelle ailleurs le principat des *Aedui*. Il est inadmissible qu'à l'époque où le roi des *Suessiones* était le plus puissant de la Gaule et avait mis sous son autorité la plus grande partie de la Belgique et de la Grande-Bretagne : Diviciacum totius Galliae potentiorem qui cum magnae partis harum regionum etiam Britanniae

Les *Suessiones* étaient évidemment le peuple de la Belgique qui, avant César, avait dans cette région la clientèle la plus considérable. Après eux venaient les *Nervii* et les *Treveri*. Cinq petits peuples formaient la clientèle des *Nervii*, dont ils étaient en quelque sorte les sujets; ils étaient, nous dit César, soumis à leur commandement. César nous apprend leurs noms : *Ceutrones, Grudii, Levaci, Pleumoxii, Geidumni* (1).

Les *Treveri* avaient sur leurs clients beaucoup moins d'autorité. C'étaient les *Eburones* et les *Condrusi* (2), et probablement aussi deux peuples moins connus, les *Caeroesi* et les *Paemani*. On réunissait ces quatre peuples sous la domination générique de *Germani* (3), ce qui ne veut pas dire qu'ils fussent Germains dans le sens ethnographique exclusivement admis de nos jours (4). Ces peuples, clients des *Treveri*, n'étaient pas soumis à leur commandement. Lors de la coalition des Belges contre les Romains, en 57, ils entrèrent dans cette ligue qui accepta pour chef le roi des *Suessiones*, et ils firent défection aux *Treveri* dont la cavalerie se joignit à l'armée romaine (5). Ils étaient fort nombreux, puisque leur effectif fut fixé en bloc à 40,000 hommes. C'était le plus considérable, après ceux des *Bello-*

---

imperium obtinuerit (*De bello gallico*, II, 4, § 7), les *Bellovaci*, ses voisins les plus proches, n'aient pas été soumis à sa domination.

(1) « Facile hac oratione Nerviis persuadet. Itaque confestim dimissis nuntiis ad Ceutrones, Grudios, Levacos, Pleumoxios, Geidumnos, qui omnes sub eorum imperio sunt. » (*De bello gallico*, V, 39, § 1.)

(2) « In fines Eburonum et Condrusorum qui sunt Treverorum clientes pervenerant. » (*De bello gallico*, IV, 6, § 4.)

(3) « Condrusos, Eburones, Caeroesos, Paemanos, qui uno nomine Germani appellantur. » (*De bello gallico*, II, 4, § 10.) « Segni Condrusique ex gente et numero Germanorum qui sunt inter Eburones Treverosque. » (*Ibid.*, VI, 32, § 1.)

(4) Ces peuples n'étaient pas plus Germains dans le sens ethnographique que les *Oretani*, « qui et Germani cognominantur » en Espagne (Pline, liv. III, § 25) ou que les *Treveri* et les *Nervii* qui se vantaient d'avoir une origine germanique, comme Tacite nous l'apprend (*Germania*, 28).

(5) « Equites Treveri quorum inter Gallos virtutis opinio est singularis qui auxilii causa ab civitate ad Caesarem missi venerant. » (*De bello gallico*, II, 24, § 4.)

vaci, 60,000 hommes; des *Suessiones* et des *Nervii*, chacun 50,000. Cette comparaison nous montre quelle aurait dû être en Belgique la puissance des *Treveri*, si leurs clients leur avaient été fidèles. De ces clients, dont quatre nous sont connus, les plus importants étaient les *Eburones*.

Il fallait que les *Eburones* fussent non seulement belliqueux mais en état de mettre sous les armes un nombre de guerriers considérable, puisqu'ils détruisirent un corps de troupes romaines composé de quinze cohortes ou d'une légion et demie. Cependant leur état de subordination à l'égard des *Treveri* nuisait à leur considération. Voilà pourquoi César les appelle une cité peu connue et de mince dignité (1). La cause qui provoqua leur seconde prise d'armes contre les Romains atteste l'influence que les *Treveri* avaient conservée chez eux. Ils vinrent attaquer les Romains sur le conseil d'Indutiomarus, chef du parti qui, chez les *Treveri*, était hostile à César (2). C'était en 54, trois ans après la guerre de l'année 57, où les *Treveri* avaient envoyé leur cavalerie dans le camp romain, tandis que leurs clients étaient dans le parti opposé.

La maxime de l'égalité des peuples était aussi étrangère à la politique de César qu'à celle des Gaulois. Nous avons vu César placer sous la domination des *Remi* les *Suessiones* vaincus. Il y a un autre exemple du même procédé. César, content des services de Commius, roi des *Atrebates*, fit sortir ce peuple de la catégorie des *dedititii* ou sujets de Rome pour le faire entrer dans celle des peuples libres, et mit dans sa dépendance les *Morini* (3). En général, le principat

---

(1) « Civitatem ignobilem atque humilem Eburonum. » (*De bello gallico*, V, 28, § 1.)

(2) « Indutiomari Treveri nuntiis impulsi. » (*De bello gallico*, V, 26, § 2.)

(3) « Quibus ille pro meritis civitatem ejus immunem esse jusserat, juraque legesque reddiderat atque ipsi Morinos attribuerat. » (*De bello gallico*, VII, 76, § 1). Les Atrebates avaient fait partie de la ligue des Belges en 57 (*De bello gallico*, II, 4, 16, 23). Ils furent évidemment *dedititii* à la fin de cette campagne. César leur imposa Commius comme roi et l'envoya en ambassade en Bretagne en 55 (*De bello gallico*, IV, 21), §§ 6-7. Les *Morini* furent conquis par Labiénus la même année (*De bello gallico*, IV, 38).

des *Aedui* en Gaule fut le résultat de la politique romaine. Cette politique n'était qu'une façon particulière d'appliquer le système gaulois du principat, que le parti opposé aux Romains, entendait appliquer différemment : Vercingétorix proposa aux *Allobroges* le « principat » de la province romaine (1), et quand l'assemblée générale de la Gaule insurgée élut, à Bibracte, Vercingétorix général en chef, les *Aedui* virent avec douleur que le « principat » leur était enlevé et retournait aux *Arverni* (2).

Un détail de la politique de César après la prise d'Alésia et la capture de Vercingétorix montre combien le général romain entendait peu changer, au moins dans la forme, le système général de l'organisation gauloise : les *Aedui* l'avaient trahi, les Arvernes avaient été à la tête de l'insurrection qui avait semblé sur le point de terminer par un désastre six années de victoires. Or César, qui livra, en règle générale, les Gaulois captifs à ses soldats, avec droit d'en disposer comme esclaves, fit exception pour les prisonniers *Arverni* et *Aedui* qui furent, la plupart, renvoyés chez eux. Les *Arverni*, comme peuple, restèrent *liberi* avec une sorte d'indépendance municipale et l'exemption d'impôts, les *Aedui* non seulement gardèrent leurs magistrats, jouirent de l'exemption des impôts, mais demeurèrent *foederati*, conservèrent le titre d'alliés des Romains dont ils avaient abandonné la cause au moment du danger. Au contraire, la plupart des peuples de la Gaule, dont le tort unique avait été de se laisser entraîner par les *Arverni* et par les *Aedui*, furent compris dans la catégorie infime des *dedititii* et frappés d'impôt au profit de l'Etat romain : tant le respect des privilèges consacrés par l'usage l'emportait sur l'équité ! Ainsi le voulait la politique.

Nous ne pouvons pas donner d'une façon absolument cer-

---

(1) « Imperium totius provinciae. » (*De bello gallico*, VII, 64, § 8.)
(2) « Magno dolore Aedui ferunt se dejectos principatu. » (*De bello gallico*, VII, 63, § 8.)

taine la liste des Etats dont la Gaule se composait au temps de César. Au commencement de l'empire romain, leur nombre s'élevait à soixante ou soixante-cinq. Les *Commentaires* en nomment un nombre moindre, quarante-quatre seulement (1). Il est possible que cette différence soit, dans une certaine mesure, le résultat d'omissions commises par César; mais nous n'avons aucune raison pour supposer qu'Auguste ait diminué dans la Gaule conquise le nombre des cités ou états. Il est même certain qu'il en a créé de nouveaux. Tels sont les *Vellavi* et les *Gabali*, qu'il a fait sortir de la dépendance des *Arverni*; les *Tricasses* et les *Catuellauni*, affranchis de la domination des *Lingones* (2); les *Silvanectes* et les *Meldi*, enlevés aux *Suessiones* (3); les *Segusiavi*, détachés du territoire des *Aedui* et attribués à celui de la colonie de Lyon; les *Aulerci Brannovices*, sujets des *Aedui*, qui forment une cité dont la capitale est Autessiodurum (4). Auguste, s'attachant surtout à diminuer l'influence exagérée que certains peuples avaient acquise, ne maintint pas les agrandissements de territoires accordés par César à des protégés. Il ôta aux *Remi* le territoire des *Suessiones*

(1) Aedui, Ambiani (VII, 75; VIII, 7), Ambibarii (VII, 75), Ambiliati (III, 9, 10), Andes (VII, 4), Arverni, Atrebates, Aulerci Cenomanni et Aulerci Eburovices (VII, 75), confondus ailleurs sous le nom d'Aulerci (II, 34; III, 29; VII, 4; VIII, 7), Bellovaci (II, 4, 15; V, 24; VII, 59, 75; VIII, 7, 21), Bituriges (VII, 15, 75; VIII, 11), Boii (VII, 17, 75), Cadurci (VII, 4; VIII, 32), Caleti (VII, 75; VIII, 7), Carnutes (V, 25, 56; VII, 43, 75; VIII, 31, 38), Curiosolites (II, 34; III, 7; VII, 75), Diablintes (III, 9, 10), Eburones (V, 24, 27, 28; VI, 34; VIII, 38), Elvetii (I, 2, 4, 9, 12; VII, 75), Esubii (II, 34; III, 7; V, 24), Lemovici (VII, 4, 75), Lexovii (III, 9, 10, 29; VII, 75), Lingones (VIII, 11), Mediomatrici (VII, 75), Menapii (III, 9, 10), Morini (III, 9, 10; V, 24; VII, 75, 76), Namnetes (III, 9, 10), Nervii (II, 28; V, 24; VII, 75), Nitiobroges (VII, 75), Osismi (II, 34; III, 9, 10; VII, 75), Parisii (VI, 3; VII, 4, 75), Petrucorii (VII, 75), Pictones (VII, 4, 75; VIII, 26), Rauraci (VII, 75), Redones (II, 34; VII, 75), Remi, Ruteni (VII, 7, 75), Santoni (VII, 75), Senones (V, 54, 56; VI, 5; VII, 4, 75), Sequani (I, 3, 31; VII, 75), Suessiones (II, 13; VIII, 6), Treveri (II, 24; V, 3, 4; VI, 8; VIII, 25), Turoni (VII, 4, 75), Veliocasses (VII, 75; VIII, 7), Venelli (II, 34; VII, 75).

(2) Longnon, *Atlas historique de la France*, texte explicatif des planches, page 6.

(3) Longnon, *ibid.*, p. 7.

(4) Longnon, *ibid.*, p. 4.

et aux *Atrebates* celui des *Morini*. Il n'y a donc pas contradiction entre le chiffre de quarante-quatre cités ou Etats fourni par les *Commentaires* de César et celui de soixante ou soixante-cinq au début de l'empire romain.

Nous savons par Josèphe le chiffre officiel, semble-t-il, du nombre des peuples de la Gaule indépendante, Aquitaine comprise. Il est de trois cent cinq (1). En retranchant pour l'Aquitaine les trente peuples dont Pline fait l'énumération (2), il reste deux cent soixante-quinze peuples comme total pour la Belgique et la Celtique. Déduisons les quarante-quatre peuples qui constituent des Etats, nous trouvons deux cent trente et un peuples sujets, c'est-à-dire un peu plus de cinq par peuple autonome et dominant à l'époque de César.

SECTION II.

Les hommes.

A. — *Rois.*

Chez les Gaulois, l'égalité des hommes n'est pas plus un dogme politique que l'égalité des peuples. Cependant la plupart des Etats gaulois sont des républiques. Mais les républiques établies sur les ruines des monarchies sont en général aristocratiques. Cette loi est confirmée par l'exemple de la Gaule.

En Celtique, à l'arrivée de César, il n'y a plus que deux rois : l'un Teutomatus ou son père et prédécesseur Ollovico, sur la frontière de l'Aquitaine, chez les *Nitiobroges* (3);

---

(1) « Πέντε δὲ καὶ τριακοσίοις πληθύοντες ἔθνεσι. » (*De bello judaico*, livre II, ch. XVI, édit. Didot, p. 119, l. 11, 12.) Ce chiffre précis a été remplacé par un nombre rond chez Plutarque qui dit trois cents, « ἔθνη δὲ ἐχειρήσατο τριακόσια » (*César*, 15, édit. Didot, p. 852, l. 43, 44), et chez Appien qui dit quatre cents, « ἔθνη δὲ τετρακόσια » (*De rebus gallicis*, ch. II, édit. Didot, p. 24).

(2) *Histoire naturelle*, liv. IV, § 108. à partir du mot *Sediboviates*. Les peuples dont les noms précèdent appartiennent à la Celtique de César dont Auguste les a démembrés.

(3) *De bello gallico*, VII, 31, § 5, 46 ,§ 5.

l'autre Moritasgus, dans le nord, chez les *Senones* (1) ; or dans ce dernier peuple, Cavarinus, pour succéder à Moritasgus, son frère, qui lui-même succédait à ses ancêtres, a besoin de la protection de César ; malgré cet appui si puissant, une assemblée publique le condamne à mort et il n'échappe au supplice que par la fuite (2). Partout ailleurs la royauté parait avoir péri antérieurement au début de la guerre des Gaules. Comme exemple, nous pouvons citer cinq peuples : les *Arverni*, les *Sequani*, les *Helvetii*, les *Carnutes*, les *Aedui*.

César est notre autorité. Chez les *Arverni* le fameux roi Bituitus, qui a été au siècle précédent vaincu par les Romains, n'a pas de successeur ; le père de Vercingétorix, Celtillus, accusé de prétendre à la royauté, a payé cette ambition de sa vie (3). Chez les *Sequani*, Casticus, fils du dernier roi, n'a pas obtenu la couronne et cherche en vain à se la faire donner (4). Chez les *Helvetii*, Orgetorix, accusé de prétendre à la royauté, est traduit devant le tribunal suprême de l'Etat et aurait été condamné au supplice du feu si une mort subite et probablement volontaire ne l'eût soustrait au jugement (5). Chez les *Carnutes*, le conquérant romain fait rendre à Tasgetius la royauté de ses aïeux, en 56 avant notre ère. Tasgetius règne un peu plus de deux ans, puis ses ennemis le tuent publiquement avec l'approbation de la plus grande partie de leurs concitoyens (6).

(1) *De bello gallico*, V, 54. Cf. note 7.
(2) « Cavarinum, quem Caesar apud eos regem constituerat, cujus frater Moritasgus adventu in Galliam Caesaris cujusque majores regnum obtinuerant, interficere publico consilio conati. » (*De bello gallico*, V, 54, § 2.)
(3) *De bello gallico*, VII, 4, § 1.
(4) « Orgetorix persuadet Castico, Catamantaloedis filio, sequano, cujus pater regnum in Sequanis multos annos obtinuerat et a senatu populi romani amicus appellatus erat, ut regnum in civitate sua occuparet, quod pater ante habuerat. » (*De bello gallico*, I, 3, § 4.)
(5) *De bello gallico*, I, 4.
(6) *De bello gallico*, V, 25, 29 ; VI, 2, 4. Acco avait pris l'initiative de ce meurtre ; César le fit périr sous les verges puis décapiter (VI, 44, § 2; cf. VIII, 38, § 5).

Chez les *Aedui*, l'ambitieux Dumnorix prétend aussi à la royauté ; mais comme il sait que cette institution est antipathique à ses concitoyens, c'est par l'appui de l'étranger qu'il compte s'assurer le succès. Il arrivera, pense-t-il d'abord, avec l'aide des *Helvetii* (1) ; et après la défaite de ce peuple, quand il a vu César créer des rois chez les *Carnutes* et les *Senones*, il espère obtenir du général romain la même faveur et il a l'imprudence de s'en vanter dans l'assemblée des *Aedui*, propos qui provoque un mécontentement général parmi ses concitoyens (2). César le fait tuer, et dans cette circonstance, sa politique est d'accord avec l'opinion dominante contre laquelle il s'était inutilement mis en lutte lorsqu'il avait donné des rois aux *Senones* et aux *Carnutes*.

Pour rendre un peu de popularité à la royauté en Celtique, il fallut le grand soulèvement de l'année 52 et la nécessité universellement sentie d'un chef militaire unique et tout-puissant ; on proclama roi Vercingétorix (4). Mais ce changement d'opinion fut éphémère. Au bout de quelques mois, le nouveau roi est déjà accusé de trahison. On prétend qu'il voudrait tenir de César plutôt que des Gaulois le titre que ceux-ci lui ont conféré (5). Nous savons le reste de sa tragique histoire. L'impopularité du titre qu'on lui avait donné a pu être une des causes du désastre final. Généralement, en Celtique, à cette époque, on n'aime pas les rois.

En Belgique, la royauté paraît moins antipathique à la masse de la population. Lors de la coalition formée contre César, en 57, un roi est choisi pour général en chef ; c'est

---

(1) *De bello gallico*, I, 3, 9, 18.
(2) « In concilio Aeduorum Dumnorix dixerat sibi a Caesare regnum civitatis deferri, quod dictum Aedui graviter ferebant. » (*De bello gallico*, V, 6, § 2.)
(3) *De bello gallico*, V, 7, § 7-9. C'était en 54.
(4) « Rex ab suis appellatur. » (*De bello gallico*, VII, 4, § 4.)
(5) « Regnum illum Galliae malle Caesaris concessu quam ipsorum habere beneficio. » (*De bello gallico*, VII, 20, § 2.)

Galba, qui règne sur les *Suessiones* (1). Les *Eburones*, ce peuple obscur qui tue aux Romains une légion et demie, c'est-à-dire un corps d'au moins cinq mille hommes, sont gouvernés par deux rois qui ont soulevé leur peuple contre les Romains (2). Il y eut en Belgique un roi créé par César, comme en Celtique Cavarinus et Tasgetius; ce fut Commius, chez les *Atrebates* (3). Mais Commius fut plus heureux que ses collègues nommés par César chez les *Senones* et chez les *Carnutes;* son autorité fut respectée de ses concitoyens; il devint un prince national, prit part aux insurrections de 52 et de 51 (4); ce furent les Romains, et non ses concitoyens, qui lui ôtèrent le pouvoir (5).

Quoi qu'il en soit, même en Belgique, la royauté est une exception. La plupart des Etats de la Gaule indépendante sont des républiques à la tête desquelles nous voyons des magistrats (6), un sénat, et au-dessous d'eux des citoyens divisés en deux catégories : les *equites*, cavaliers ou chevaliers, qui combattent à cheval, et la plèbe ou multitude, *plebs*, *multitudo*, qui fournit aux armées l'infanterie.

B. — *Magistrats et* principes.

Les magistrats des *Helvetii* prennent la défense de la loi à laquelle Orgétorix veut se soustraire et réunissent contre lui les citoyens en armes (7). Il y a aussi des magistrats

---

(1) *De bello gallico*, II, 4, § 7.
(2) « Initium repentini tumultus ac defectionis ortum est ab Ambiorige et Catuvolco, qui, cum ad fines regni sui... » (*De bello gallico*, V, 26, §§ 1-2.) « Catuvolcus, rex dimidiae partis Eburonum. » (*De bello gallico*, VI, 31, § 5.)
(3) « Commium, quem ipse Atrebatibus superatis regem ibi constituerat, » (*De bello gallico*, IV, 21, § 7.)
(4) *De bello gallico*, VII, 75, 76, 79; VIII, 6, 7, 10.
(5) *Ibid.*, VIII, 21, 23, 47, 48.
(6) César, VI, 20, §§ 2-3, parlant en général de l'administration des cités de la Gaule, désigne l'autorité suprême par le mot *magistratus* employé une fois au singulier, une fois au pluriel.
(7) « Cum civitas ob eam rem incitata armis jus suum exsequi conaretur,

chez les *Aedui*. On prétend que chez eux, Dumnorix s'est acquis sur le peuple une influence qui surpasse l'autorité des magistrats (1).

Parmi ces magistrats des cités, il y en a un qui est investi d'une autorité supérieure à celle des autres et que César appelle magistrat suprême, *summus magistratus* (2), ou plus brièvement *magistratus* (3). Chez les *Aedui* et chez les *Lexovii*, le magistrat suprême se nommait, en gaulois, *vergobretos ;* il était annuel et unique (4). Nous connaissons

multitudinemque hominum ex agris magistratus cogerent. » (*De bello gallico*, I, 4, § 3.)

(1) « Esse nonnullos quorum auctoritas apud plebem plurimum valeat, qui privatim plus possent quam ipsi magistratus. » (*De bello gallico*, I, 17, § 1. Cf. Intermissis magistratibus, *ibid.*, VII, 33, 4.)

(2) *De bello gallico*, I, 16, § 5: VII, 33, § 2.

(3) *De bello gallico*, I, 19, § 1; VII, 32, § 1; 37, § 6; 55, § 4. Dans I, 19, § 3-4; le *magistratus* qui accuse Dumnorix est Liscus, vergobret, comme on le voit aux chap. 16 et 17.

(4) « Convocatis eorum principibus... in his Diviciaco, et Lisco qui summo magistratui praeerat quem vergobretum appellant Aedui, qui creatur annuus et vitae necisque in suos habet potestatem. » (*De bello gallico*, I, 16, § 5.) M. Mowat a soutenu qu'il fallait lire *praeerant* et qu'il y avait deux vergobrets comme à Rome deux consuls ; mais cette doctrine est contredite par le passage de César, VII, 32, § 3, où les *principes* des *Aedui* racontent que : « Cum singuli magistratus antiquitus creari atque regiam potestatem annum obtinere consuessent, duo magistratum gerant et se uterque eorum legibus creatum esse dicat. » César annule une des deux élections. De ces textes il ne faut pas séparer le passage suivant de Strabon, liv. IV, ch. IV, § 3, édit. Didot, 164, l. 6-9 : « Ἕνα δ'ἡγεμόνα ᾑροῦντο κατ' ἐνιαυτὸν τὸ παλαιόν, ὡς δ'αὕτως εἰς πόλεμον εἷς ὑπὸ τοῦ πλήθους ἀπεδείκνυτο στρατηγός. » Ainsi, outre le magistrat annuel, chaque état avait, en cas de guerre, nous dit Strabon, un général élu par la multitude. C'est elle qui élit Vercingétorix (*De bello gallico*, VII, 21, § 1.) Les *Commentaires* nomment, outre Vercingétorix, sept de ces généraux : Divico qui commandait les *Helvetii* quand, en 107, ils battirent et tuèrent le consul L. Cassius Longinus (*De bello gallico*, I, 13, § 2. Cf. Mommsen, *Rœmische Geschichte*, 6ᵉ édit., t. II, p. 174, 175); Eporedorix, sous les ordres duquel les *Aedui*, s'étaient fait battre par les *Sequani* avant l'arrivée de César en Gaule (*De bello gallico*, VII, 67, § 7); Boduognatus, général des *Nervii* en 57 (Duce Boduognato qui summam imperii tenebat. *Ibidem*, II, 23, § 4); Camulogenus, général des *Aulerci* et de leurs alliés en 53 (Summa imperii traditur Camulogeno Aulerco. *Ibid.*, VII, 57, § 3. Dux hostium Camulogenus, VII, 62. § 5); Sedulius, général des *Lemovices* la même année (Sedulius, dux et princeps Lemovicum occiditur. *Ibid.*, VII, 88); Correus, général des *Bellovaci* en 52 (Bellovacos... duce Correo Bellovaco. *Ibid.*, VIII, 6; cf. 17), et Dumnacus, qui, la même année, commandait les *Andecavi* (A Dumnaco, duce Andium, *Ibid.*, VIII, 26). Chez les

les noms de trois vergobrets des *Aedui*. L'un est Liscus, investi de cette fonction en l'année 58 (1). Valetiacus la remplit en 53; son frère Cotus prétendit lui succéder en 52; mais le parti opposé lui préféra Convictolitavis, qui l'emporta grâce à l'intervention de César, et qui cependant se laissa entraîner du côté de Vercingétorix (2).

Nous apprenons par une monnaie le nom de Cattos, *vergobretos* chez les *Lexovii* (3).

Tel est le mot gaulois que César rend par *summus magistratus*. On n'a pas encore déterminé d'une manière précise en quoi consiste la situation qu'il désigne par le mot de *principatus*. Chez les *Aedui*, Dumnorix, en l'an 61, obtenait le *principatus* (4). César paraît lui avoir ôté cette dignité (5). En 53, Eporedorix, jeune homme de haute naissance, et Viridomarus, d'origine moins distinguée, mais protégé de César, prétendent tous deux au *principatus* chez le même peuple, et lors de l'élection du *vergobretos*, l'un avait donné son appui à Convictolitavis, l'autre à Cotus, concurrent de ce dernier (6).

Aedui, le vergobret ne pouvait commander l'armée parce qu'il lui était interdit de sortir du territoire de la cité (*Ibid.*, VII, 33, § 2). Il est possible que la même loi existât chez d'autres peuples et ainsi s'expliquerait l'élection d'un général en cas de guerre par la multitude, comme nous l'apprend Strabon. Cette distinction entre l'autorité civile et l'autorité militaire n'existait pas à Rome.

(1) *De bello gallico*, I, 16, § 5.
(2) *De bello gallico*, VII, 32, 37, 42, 55, 67.
(3) Cette monnaie a fourni le sujet d'intéressantes dissertations à MM. Mowat, Charles Robert et Emile Ernault. Nous adoptons l'opinion des deux derniers.
(4) « Qui eo tempore principatum in civitate obtinebat. » (*De bello gallico*, I, 3, § 5.)
(5) « Dumnorigem... odisse etiam suo nomine Caesarem et Romanos quod eorum adventu potentia ejus deminuta et Divitiacus frater in antiquum locum gratiae atque honoris sit restitutus. » (*De bello gallico*, I, 18, § 8.)
(6) « His erat inter se de principatu contentio, et in illa magistratuum controversia, alter pro Convictolitavi, alter pro Coto summis opibus pugnaverant. » (*De bello gallico*, VII, 39, § 2.) César les appelle collectivement princes de la cité : « Principes civitatis Eporedorix et Viridomarus. » (*De bello gallico*, VII, 38, § 2.) La *magistratuum controversia* dont il est question au chap. 39 est celle dont il a été traité aux chap. 32 et 33 du même livre.

En 54, Indutiomarus et Cingétorix se disputent le *principatus* chez les *Treveri*, et César, après des démarches en faveur du second, semble les laisser tous deux au pouvoir concurremment jusqu'à l'année suivante où, Indutiomarus étant tué, Cingétorix est investi du *principatus* et du commandement, — probablement militaire (1). — Plus tard, dans le *De bello civili*, il est question d'un certain Adbucillus qui avait obtenu le *principatus* chez les Allobroges pendant un grand nombre d'années (2).

Si l'on se bornait à étudier les textes que nous venons de citer, le mot *principatus* pourrait sembler indiquer une magistrature qui aurait dû régulièrement être occupée par un seul individu dans chacun des trois peuples dont il vient d'être question, c'est-à-dire chez les *Aedui*, chez les *Treveri* et chez les *Allobroges*. Mais cette explication présente une difficulté. C'est que, précisément pour chacun de ces trois peuples, César, dans d'autres textes, nous fait connaître l'existence simultanée de plusieurs *principes*.

Prenons d'abord les *Aedui*.

Avant l'arrivée de César en Gaule, au moment même où Dumnorix avait le *principatus* chez les *Aedui*, ceux-ci vaincus sont contraints à livrer comme otages les fils de leurs *principes* aux *Sequani* qui, avec l'aide d'Arioviste, les ont, en 61, battus dans plusieurs combats (3). César, en 58, a dans son camp un grand nombre de *principes* des *Aedui*; il les convoque à une assemblée (4). En 53, il reçoit une ambassade composée de *principes* des *Aedui* (5).

---

(1) « Duo de principatu inter se contendebant, Indutiomarus et Cingetorix. » (*De bello gallico*, V, 3, § 2.) « Cingetorigi... principatus atque imperium est traditum. » (*De bello gallico*, VI, 8, § 9.)

(2) « Qui principatum in civitate multis annis obtinuerat. » (*De bello civili*, III, 59.)

(3) « Obsides ab iis principum filios acciperent. » (*De bello gallico*, VI, 12, § 4.)

(4) « Convocatis eorum principibus quorum magnam copiam in castris habebat. » (*De bello gallico*, I, 16, § 5.)

(5) « Legati ad eum principes Aeduorum veniunt. » (*De bello gallico*, VII, 32, § 2.)

On peut faire la même observation chez les *Treveri*.

A l'instant même où Indutiomarus et Cingétorix se disputent le *principatus* chez les *Treveri*, César, qui préfère Cingétorix, convoque les *principes* des *Treveri* et obtient d'eux qu'ils se mettent du côté de Cingétorix (1).

La même pluralité dans le principat se rencontre chez les *Allobroges* : en 52, Vercingétorix, cherchant à les gagner, promet de l'argent à leurs *principes* (2), et cependant nous lisons ailleurs que chez les *Allobroges*, Adbucillus avait eu le *principatus* pendant un grand nombre d'années (3).

Les *Remi* donnent lieu à une remarque analogue. En 57, César leur ordonne de lui amener comme otages les fils de leurs *principes* (4); six ans plus tard, les *Remi* perdent dans une bataille Vertiscus, *princeps* de leur cité, qui commandait leur cavalerie (5). Conclurons-nous de là que la constitution des *Remi* était changée et qu'en 51 le nombre des *principes* était réduit à un? Il nous semble que non. Vertiscus est un des *principes* qui momentanément a plus d'influence que tous les autres, puisqu'il est parvenu à se faire donner le commandement de la cavalerie.

Il y a dans chaque peuple gaulois un certain nombre de personnages influents; ils sont riches, commandent à une *gens*, à un clan puissant, à une clientèle nombreuse. César les appelle *principes*. Tels sont les *principes* des *Aedui*, des *Treveri*, des *Allobroges* et des *Remi* dont nous venons de parler. Tels sont ceux des *Arverni* qui résistent inutilement à Vercingétorix (6); ceux des *Bellovaci* qui entraînent ce

---

(1) « Principibus Treverorum ad se convocatis, hos singillatim Cingetorigi conciliavit. » (*De bello gallico*, V, 4, § 3.)

(2) « Horum principibus pecunias. » (*De bello gallico*, VII, 64, § 8.)

(3) « Adbucilli filii, qui principatum in civitate multis annis obtinuerat. » (*De bello civili*, III, 59.)

(4) « Principum liberos ad se adduci jussit. » (*De bello gallico*, II, 5, § 1.)

(5) « Amisso Vertisco, principe civitatis, praefecto equitum. » (*De bello gallico*, VIII, 12, § 4.)

(6) « Prohibetur ab Gobannitione patruo suo reliquisque principibus. » (*De bello gallico*, VII, 4, § 1.)

peuple à combattre les Romains en 57 (1), et qui donnent leur consentement au soulèvement de l'année 51 (2); ceux des *Nervii* qui, avec les généraux du même peuple, ont, en 54, une entrevue avec Cicéron, lieutenant de César, et cherchent à le tromper (3). Tels sont les *principes* de toutes les cités de la Gaule (4) que César, près de s'embarquer pour la Grande-Bretagne, réunit au *portus Itius* en 54; les *principes* des cités qui viennent demander à César son appui contre Arioviste en 58 (5) et ceux qui se trouvent auprès de Vercingétorix en 53 (6). Tels sont : les *principes Galliae* dont il est question dans d'autres passages des *Commentaires* (7). La seule circonstance où ils paraissent remplir une fonction publique officielle se présente lorsqu'ils se rendent à une assemblée générale de la Gaule. Alors César leur donne, dans un passage, la qualification de *legati* (8), que nous pouvons traduire par « députés. » Mais ordinairement *princeps* veut dire, ce semble, homme influent, non fonctionnaire, — qui, quelquefois, parvient à se faire nommer général ; — *princeps* s'oppose à *magistratus* (9).

(1) « Impulsos a suis principibus. » (*De bello gallico*, II, 14, § 3.)
(2) « Omnium principum consensu. » (*De bello gallico*, VIII, 7, § 6.) « Neminem vero tantum pollere ut invitis principibus... » (*Ibid.*, VIII, 22, § 2.)
(3) « Tunc duces principesque Nerviorum. » (*De bello gallico*, V, 41.) Je ne cite pas ici les passages où il est question des *principes* de plusieurs peuples à la fois. On ne peut démontrer que les *principes* dont ces passages font mention soient plusieurs pour chaque peuple ; exemple : les *principes* des *Esubii*, des *Curiosolites* et des *Veneti* qui se liguent contre César en 56 (*ibid.*, III, 8, § 3); les *principes* des *Ambiani*, des *Aulerci*, des *Caleti*, des *Veliocasses*, des *Atrebates*, qui ont pris parti contre les Romains en 51 : « Complures principes esse belli auctores. » (*Ibid.*, VIII, 7, § 4.)
(4) « Principes ex omnibus civitatibus. » (*De bello gallico*, V, 5, § 3.)
(5) *De bello gallico*, I. 31, § 1.
(6) *Ibid.*, VII, 28, § 6.
(7) « Principibus Galliae evocatis. » (*De bello gallico*, IV, 6, § 5.) « Principes Galliae sollicitare. » (*Ibid.*, V, 6, § 4.) « Indictis inter se principes Galliae conciliis. » (*Ibid.*, VII, 1, § 4.)
(8) « Totius fere Galliae legati principes civitatum. » (*De bello gallico*, I, 30, § 1.)
(9) Une manière de voir différente de la nôtre a été soutenue par M. Deloche dans son savant mémoire intitulé : *Etudes sur la géographie histori-*

Le titre de *princeps* ne désigne pas une magistrature, quand même il est employé au singulier comme pour Sedulius, général des *Lemovices* en 53 (1). C. Valerius Procillus, que César appelle *princeps* de la province de Gaule (2), est simplement un des hommes qui exercent le plus d'influence dans cette province ; à Valerius Procillus on peut comparer, chez les *Helvii*, c'est-à-dire chez un peuple de la province de Gaule, Valerius Donnotaurus qui, suivant César, est *princeps* de la cité (3).

Principatus au singulier, cette situation qu'à occupée Dumnorix chez les *Aedui*, que se disputent chez le même peuple Eporedorix et Viridomarus, chez les Trévères Indutiomarus et Cingétorix, dont a joui Adbucillus chez les Allobroges, c'est la primauté parmi les *principes*, probablement une sorte de prépondérance au Sénat. Cette primauté peut durer plusieurs années, tandis que la magistrature est annuelle. Résultat d'une influence personnelle, elle peut être fixée sur la même tête que le commandement des troupes, qui est décerné annuellement par le suffrage populaire (4).

que *de la Gaule*, p. 43 et suiv. Suivant lui, le *princeps* est un magistrat. Mais le passage en apparence décisif des *Commentaires*, VI, 23, sur lequel M. Deloche appuie sa thèse, concerne la Germanie et non la Gaule. Le *principatus Galliae* qu'avait eu Celtillus avant César (*Ibid.*, VII, 4) était l'influence exercée en Gaule par Celtillus quand il était le plus puissant des Arvernes et que les Arvernes avaient la suprématie en Gaule (*De bello gallico*, VII, 4). Les passages relatifs aux *Aedui* (*De bello gallico*, VII, 38, 39) cités plus haut (p. 45, n. 6) établissent nettement la distinction entre la magistrature et le *principatus*. Au même moment, chez les *Aedui*, Eporedorix et Viridomarus étaient *principes*, Convictolitavis et Cotus se présentaient chacun investis du *magistratus* unique et annuel auquel était attaché la puissance royale. Il ne paraît pas qu'il y ait grande ressemblance entre les *principes* des cités de la Gaule au temps de César, et le *principalis* qui, au commencement du cinquième siècle, est dans certaines cités de la Gaule le chef de l'administration (*Code Théodosien*, liv. XII, t. I, l. 170).

(1) « Sedulius, dux et princeps Lemovicum. » (*De bello gallico*, VII, 88, § 4.)

(2) « C. Valerium Procillum, principem Galliae provinciae. » (*De bello gallico*, I, 19, § 3.)

(3) « Gaio Valerio Donnotauro, Caburi filio, principe civitatis. » (*De bello gallico*, VII, 65, § 2.)

(4) Sur l'élection annuelle du chef de l'armée par le peuple, voy. Strabon,

C. — Sénats.

A côté du magistrat, nous trouvons le sénat. C'est une institution commune à la Celtique et à la Belgique. Parmi les sénats de la Celtique, le sénat des *Aedui* est celui sur lequel César nous donne les indications les plus précises. En l'année 52, au moment où Convictolitavis et Cotus se disputent chez les *Aedui* la dignité suprême de *vergobretos*, une partie du sénat se met du côté de Cotus, l'autre soutient Convictolitavis; César, voulant juger la question, fait venir le sénat à Decetia (1). Quand, la même année, les *Aedui* se laissent entraîner dans le soulèvement dirigé par Vercingétorix, la résolution d'abandonner la cause romaine est prise dans une assemblée du sénat à Bibracte; la plus grande partie des sénateurs s'y trouvent; quelques-uns seulement, restés fidèles à César, font défaut (2).

Quatre autres sénats de la Celtique sont mentionnés par les *Commentaires*.

Lors de la grande insurrection des cités du nord-ouest, en 56, le sénat des *Veneti* se met à la tête du mouvement; et, pour jeter la terreur parmi les ennemis du peuple romain, César vainqueur fait mettre à mort tous les sénateurs prisonniers (3). Les sénateurs des *Aulerci Eburovices* et des *Lexovii* ne veulent pas prendre parti contre les Romains ; ils sont massacrés par leurs concitoyens (4). L'année suivante, quand chez les *Carnutes* le parti hostile aux Romains, uni à celui qui ne voulait plus de roi, eut chassé le roi Cavarinus que César avait nommé, le général romain envoya au sénat des *Carnutes* l'ordre de se présen-

---

liv. IV, ch. IV, § 3, édition Didot, p. 164, ligne 6-9), et ci-dessus, p. 44, note 4.

(1) *De bello gallico*, VII, 32, 33.
(2) *Ibid.*, VII, 55, § 4.
(3) « Omni senatu necato. » (*De bello gallico*, III, 16, § 4.)
(4) « Aulerci Eburovices Lexoviique, senatu suo interfecto, quod auctores belli esse nolebant. » (*De bello gallico*, III, 17, § 3.)

ter tout entier devant lui, mais le sénat se garda bien de venir (1). Voilà donc cinq peuples dont les sénats apparaissent chez César : *Aedui*, *Veneti*, *Aulerci Eburovices*, *Lexovii*, *Carnutes*, et qui appartiennent à la Celtique.

En Belgique, trois sénats sont mentionnés : ceux des *Remi*, des *Nervii*, des *Bellovaci*. Quand, seuls avec les *Treveri* et les *Leuci*, les *Remi* prennent parti pour les Romains en 57, César ne se contente pas des promesses que deux ambassadeurs des *Remi* lui apportent ; il exige que tout le sénat des *Remi* vienne le trouver (2). Dans la guerre qu'il fait aux coalisés, l'armée des *Nervii* est presque entièrement détruite ; de six cents sénateurs, trois seulement survivent (3). Plus tard, lors du dernier effort de la Gaule contre le vainqueur de Vercingétorix, le Bellovaque Correus perd la vie en se mettant à la tête d'un inutile soulèvement ; les sénateurs des *Bellovaci* soutiennent que la guerre s'est faite malgré eux (4).

Le nombre total des sénats gaulois, tant Celtiques que Belges, dont il est question dans les *Commentaires* est de huit.

Un des faits que nous venons de citer nous montre que les sénats des Etats gaulois étaient fort nombreux : chez les *Nervii* il y avait six cents sénateurs. Nous voyons ailleurs, chez les *Aedui*, les lois défendre que deux personnes de la même famille fissent en même temps partie du sénat (5). Il semble que ces deux faits nous mettent en présence d'une organisation analogue à celle de Rome primitive. En Gaule, la race dominante dans chaque *civitas*

---

(1) « Cum is omnem ad se senatum venire jussisset, dicto audientes non fuerunt. » (*De bello gallico*, V, 54, § 3.)

(2) « Omnem senatum ad se convenire. » (*De bello gallico*, II, 5, § 1.)

(3) « Ex sexcentis ad tres senatores. » (*De bello gallico*, II, 28, § 1.)

(4) « Numquam enim senatum tantum in civitate illo vivo quam imperitam plebem potuisse. — Neminem vero tantum pollere ut... resistente senatu. » (*De bello gallico*, VIII, 21, § 4; 22, § 2.)

(5) « Cum leges duo ex una familia... in senatu esse prohiberent. » (*De bello gallico*, VII, 33, § 3.)

se compose d'un certain nombre de *gentes* représentées chacune au sénat par son chef qui, dans cette assemblée, ne peut jamais disposer de plus d'une voix ; le nombre des *gentes* est probablement de six cents chez les *Nervii ;* voilà pourquoi le sénat des *Nervii* compte six cents membres. Le sénat romain en avait originairement trois cents, correspondant à autant de *gentes* groupées elles-mêmes en trois tribus de cent *gentes* chacune (1).

D. — *Equites*.

L'organisation militaire était constituée primitivement, à Rome, sur les mêmes bases que le sénat ; chaque *gens* devait un cavalier, *eques*, et dix fantassins ; dans chaque *gens*, il y avait deux groupes : le premier, peu nombreux, qui exerçait la suprématie, fournissait le sénateur et le cavalier ; le second groupe, qui acceptait la suprématie du premier, fournissait les fantassins, dix fois plus nombreux que les cavaliers. Chaque peuple gaulois avait, ce semble, une organisation analogue : il était formé de *gentes* ou clans, au-dessus de chacun desquels s'élevait une famille plus noble et plus riche que les autres, c'est-à-dire un petit groupe aristocratique qu'entouraient des clients de race moins distinguée et de moindre fortune.

L'ensemble de ces petits groupes aristocratiques dominant le reste de chacune des *gentes* est ce qui constitue, dans la doctrine de César, la classe des *equites*, chevaliers ou cavaliers, rivaux des druides et qui se partagent avec eux, en Gaule, la considération et le pouvoir (2). Cette classe fournit les sénateurs en même temps que les *equites* ; mais chez César, le côté stratégique domine : César a eu moins affaire

---

(1) Mommsen, *Roemische Geschichte*, livre I. c. IV, v ; 6ᵉ édit., t. I, p. 41 et suiv., 64 et suiv., 74 et suiv.

(2) « In omni Gallia eorum hominum qui aliquo sunt numero atque honore, genera sunt duo .. de his duobus generibus alterum est druidum, alterum equitum. » (*De bello gallico*, VI, 13, § 1, 3.)

aux sénats qu'à la cavalerie gauloise qui lui a fourni d'utiles auxiliaires et dans laquelle il a aussi trouvé, sur les champs de bataille, de redoutables ennemis.

En arrivant dans la Gaule transalpine, il n'avait que de l'infanterie. Il prit sa cavalerie dans le pays. Dès la première année, elle fut de quatre mille hommes, fournis une partie par la province romaine, mais le reste par les *Aedui* et leurs alliés ou clients (1); c'était en 58. En 55, le chiffre était le même (2); César en emmena moitié en Bretagne et laissa le reste à Labiénus, sur le continent (3).

Lors de la grande insurrection de l'année 52, le patriotisme fit faire aux Gaulois contre les Romains un effort beaucoup plus grand que celui que le conquérant avait exigé d'eux pour assurer le succès de ses armes. Quand les *Aedui* eurent abandonné les Romains et que tous les Etats gaulois, sauf les *Remi*, les *Lingones* et les *Treveri*, se furent laissés entraîner dans le parti national, Vercingétorix put compter sur quinze mille cavaliers (4).

Une fois sur le point d'être enfermé dans Alésia, il renvoya sa cavalerie et garda son infanterie au nombre de quatre-vingt mille hommes, chiffre très inférieur au total des forces de pied dont la Gaule pouvait disposer. Mais Vercingétorix n'en avait pas voulu davantage (5). La composition de l'armée de secours que les Gaulois lui envoyèrent peut montrer dans quelles proportions la population militaire de la Gaule se répartissait entre l'aristocratie et la classe inférieure. L'assemblée générale craignit

---

(1) « Caesar equitatum omnem ad numerum quattuor milium quem ex omni provincia et Aeduis atque eorum sociis coactum habebat praemittit. » (*De bello gallico*, I, 15, § 1.)

(2) « Equitatus totius Galliae convenit numero milium quattuor. » (*De bello gallico*, V, 5, § 3.)

(3) *De bello gallico*, V, 8, § 1.

(4) « Omnes equites quindecim milia numero celeriter convenire jubet. » (*De bello gallico*, VII, 64, § 1.)

(5) « Peditatu quem ante habuerat se fore contentum dicit. » (*De bello gallico*, VII, 64, § 1.) « Omnem ab se equitatum noctu dimittere, VII, 71, § 1. Milia hominum delecta LXXX una secum interitura demonstrat. » (*Ibid.*, § 3.)

qu'une armée trop considérable ne pût être ni conduite ni approvisionnée ; elle réduisit le nombre des cavaliers à environ moitié : de quinze mille à huit mille, et elle réunit deux cent cinquante mille fantassins (1). C'est trente et un fantassins pour un cavalier, trois fois plus que dans la Rome primitive où l'on comptait dix fantassins seulement pour un cavalier.

E. — *Clientes*.

Le grand vice qu'offrait la constitution politique de chacun des Etats gaulois consistait dans le système de la *gens* ou du clan et de la clientèle, et dans la compétence restreinte des tribunaux.

La Loi des Douze Tables, qui remonte au milieu du cinquième siècle avant notre ère, débute par une procédure qui appartient déjà, on peut le dire, malgré sa haute antiquité, à la civilisation moderne ; il s'agit de la citation à comparaître devant le magistrat : la comparution sera forcée ; le juge, sans le consentement du défendeur, rendra, quoique l'intérêt privé soit seul en jeu, une sentence dont l'exécution sera assurée par la force publique.

Dans le droit primitif des Indo-Européens, cette procédure est inconnue, il n'y a de juridiction obligatoire que lorsqu'il s'agit de crimes contre la sûreté de l'Etat ; c'est alors que le magistrat intervient. Alors l'accusé, contraint à comparaître devant le tribunal qu'a institué la coutume, c'est-à-dire ordinairement devant le peuple ou devant le roi, est, en cas de condamnation, frappé d'une peine que la puissance publique fait exécuter.

Mais la puissance publique se désintéresse des questions qui ne touchent pas aux droits et à la sûreté de l'Etat ; et, à cette période reculée, les crimes et les délits contre les

---

(1) « Coactis equitum VIII milibus et peditum circiter CCL. » (*De bello gallico*, VII, 76, § 3.)

particuliers, même le meurtre et l'assassinat, sont considérés comme aussi indifférents à l'Etat que les contestations civiles : la mort violente d'un homme est affaire qui concerne sa famille et non la société. A plus forte raison, le vol d'un objet appartenant à un particulier n'est pas du nombre des crimes que les magistrats ont reçu mission de châtier. Par conséquent, celui qui est accusé de vol n'est pas obligé de se soumettre à la juridiction du tribunal public; à ce point de vue, pas de différence entre lui et la personne à laquelle on réclame le paiement d'une créance quelconque ou la restitution d'un objet emprunté.

Cette manière de distinguer entre l'intérêt public et l'intérêt privé, cette indifférence de l'Etat à l'égard du second, nous explique la constitution de la société en Gaule, à l'époque de la conquête romaine, sous un double aspect; elle nous fait comprendre l'origine de la juridiction des Druides et le grand développement du système de la clientèle. Il y avait deux façons de résoudre les contestations privées : l'une était de s'adresser à un tribunal arbitral, à des hommes investis de la confiance des parties et dont les deux adversaires promettaient d'accepter la sentence; l'autre consistait à employer la force : la famille de celui qui avait été tué prenait les armes, obtenait l'aide du chef dans la clientèle duquel elle était placée (1), se faisait soutenir par ses clients si elle en avait au-dessous d'elle, puis elle tuait le meurtrier quand il ne lui payait pas la composition pour meurtre; le volé, accompagné de ses parents, de ses clients, ou de son patron s'il était lui-même dans la clientèle d'un autre, cherchait à reprendre l'objet volé et à enlever en outre d'autres objets équivalant comme prix à l'indemnité pour vol, fixée par l'usage; en cas d'insolvabilité du voleur, ce qui était le plus fréquent, le volé, s'il le pouvait, s'emparait de la personne du vo-

---

(1) « Suos enim quisque opprimi et circumveni non patitur. » (*De bello gallico*, livre VI, c. II, § 4).

leur, et la coutume lui reconnaissait sur ce malheureux le droit de vie et de mort (1).

Quand on n'avait pas recours à la force, le tribunal arbitral auquel on s'adressait ordinairement en Gaule, au temps de César, était celui des Druides (2) : cela résultait de leur réputation de science et de leur prestige religieux. Parmi les Gaulois, un certain nombre avaient été leurs élèves, ou leur confiaient eux-mêmes l'éducation et l'instruction de leurs enfants ; tous les Gaulois les considéraient comme investis d'une puissance surnaturelle et en quelque sorte divine, qui leur faisait prévoir l'avenir et connaître dans le présent les choses les plus secrètes : il était logique de les prendre pour arbitres quand, dans une contestation, on voulait éviter l'effusion du sang (3). Mais s'adresser à cet arbitrage n'était pas obligatoire.

Lorsqu'on recourait à la force, il est clair que les chances les plus nombreuses étaient du côté de celui qui pouvait mettre en ligne le plus grand nombre de combattants : de là l'utilité de la clientèle, qui donnait aux parents de la partie lésée des auxiliaires quelquefois très nombreux et qui pouvait d'autre part assurer l'impunité du coupable en lui donnant un appui. On connaît par César l'histoire d'Orgétorix qui, accusé de haute trahison, se présenta devant le tribunal national en amenant avec lui ses parents, ses esclaves, ses clients et ses débiteurs ; il inspira ainsi à ses

---

(1) Naturellement le meurtrier et le voleur cherchaient à se défendre et appelaient à leur aide leur famille et leur patron. De là ces guerres continuelles dont parle César, VI, 15, § 1 : Hi [equites] cum est usus atque aliquod bellum incidit (quod fere ante Caesaris adventum quotannis accidere solebat uti aut ipsi injurias inferrent aut illatas propulsarent) omnes in bello versantur.

(2) Caesar, *De bello gallico*, VI, 13, § 5 : « Nam fere de omnibus controversiis publicis privatisque constituunt ; et, si quod est admissum facinus, si caedes facta, si de hereditate, de finibus controversia est, iidem decernunt ; praemia poenasque constituunt. » — Les druides ne jugeaient, comme on dit, qu'au civil, même en cas de crime, où ils fixaient le chiffre de la composition due par le condamné et ne prononçaient pas de peine dans le sens français du mot en droit criminel.

(3) *De bello gallico*, VI, 13, 14 ; Cicéron, *De divinatione*, livre I, § 90. Diodore de Sicile, l. V, c. 31, § 5 ; éd. Didot, p. 273, l. 4-15.

juges une terreur si grande qu'ils n'osèrent d'abord entamer son procès (1).

La majorité du sénat des cités gauloises était impuissante contre le sénateur ou le chevalier qui réunissait autour de lui, grâce à l'appui de sa *gens* et de ses clients, une force armée supérieure à celle dont la majorité du sénat pouvait disposer. Chez les *Helvetii*, le chiffre total de la population s'élevait à 263,000 âmes, dont un quart, soit environ 65,000 ou 66,000, en état de porter les armes (2) ; les « gens » d'Orgétorix, sa *gens* ou son clan, c'est-à-dire ses parents et ses esclaves, débiteurs et clients non compris, étaient au nombre de 10,000 hommes, près du sixième de la population guerrière totale ; Orgétorix entreprit de tenir tête à l'autorité légale, et, après un succès momentané, il ne put échapper à une défaite certaine qu'en perdant la vie.

D'autres, par leur clientèle, furent maîtres de leur cité. Quand en 51, Correus, après avoir soulevé en vain les Bellovaques contre les Romains, eut succombé dans la lutte, les sénateurs bellovaques soutinrent que cette révolte avait eu lieu malgré eux, et ils obtinrent grâce de César (3). L'année précédente, Vercingétorix avait pris les armes contrairement à la volonté des *principes* de sa cité (4) et l'avait emporté sur eux à l'aide des clients qu'il avait réunis (5).

C'était l'anarchie ; elle a fait le succès des Romains. La brillante entreprise de Vercingétorix a été, par son succès momentané, un des symptômes les plus caractéristiques

---

(1) « Orgetorix ad judicium omnem suam familiam, ad hominum milia decem, undique coegit, et omnes clientes obaeratosque suos, quorum magnum numerum habebat, eodem conduxit; per eos, ne causam diceret, se eripuit. » (*De bello gallico*, livre I, 4, § 2.)

(2) *De bello gallico*, I, 29, § 2.

(3) *Ibid.*, VIII, 21, 22.

(4) « Prohibetur a Gobannitione patruo suo reliquisque principibus. » (*De bello gallico*, VII, 4, § 2.)

(5) « In agris habet dilectum egentium ac perditorum. » (*De bello gallico*, VII, 4, § 3.)

de la défectueuse organisation sociale qui a rendu définitive la défaite des Gaulois.

Il est question de la clientèle des chefs gaulois dans un certain nombre d'autres passages du *De bello gallico*. Nous les citons en note. On y voit, par exemple, qu'une ville entière pouvait être comprise dans la clientèle d'un chef. Telle était Uxellodunum chez les *Cadurci*, cet *oppidum* dont le siège par César fut un des événements principaux de la campagne de 51 (1).

Quand le chef considérait ou prétendait considérer la cause du client comme légitime, il lui donnait sa protection : rien n'était dangereux comme de faire tort au client d'un chef puissant; de là, la multiplication de la clientèle, qui était, pour les hommes de condition inférieure, une garan-

---

(1) Dumnorigem... magnum numerum equitatus suo sumptu semper alere et *circum se habere* » (I, 18, § 5).

« Equitum... ut quisque est genere copiisque amplissimus, ita plurimos *circum se* ambactos clientesque *habet*. Hanc unam gratiam potentiamque noverunt » (*De bello gallico* VI, 15, § 2). — La même organisation existait chez les Gaulois d'Italie : « Περὶ δὲ τὰς ἑταιρείας μεγίστην σπουδὴν ἐποιοῦντο, διὰ τὸν φοβερώτατον καὶ δυνατώτατον εἶναι παρ' αὐτοῖς τοῦτον ὃς ἂν πλείστους ἔχειν δοκῇ τοὺς θεραπεύοντας, καὶ συμπεριφερομένους αὐτῷ » (Polybe, l. II, c. XVII, § 12). Cf. *circum se habere* et συμπεριφερομένους. Le mot grec, comme les trois mots latins, traduit le gaulois *ambactos = ambi-acto-s*.

« Paulo supra hanc memoriam servi et clientes, quos ab iis dilectos esse constabat, justis funeribus confectis, una cremabantur » (*De bello gallico*, VI, 19, § 4).

« Vercingetorix, Celtilli filius, arvernus, summae potentiae adulescens (cujus pater principatum Galliae totius obtinuerat, et ob eam causam, quod regnum appetebat, ab civitate erat interfectus) convocatis suis clientibus, facile incendit » (VII, 4, § 1).

« [Aeduorum] civitatem esse omnem in armis, divisum senatum, divisum populum; suas cujusque eorum clientelas » (VII, 32, § 5).

« Litaviccus cum suis clientibus, quibus more Gallorum nefas est etiam in extrema fortuna deserere patronos, Gergoviam profugit » (VII, 40, § 7).

« Luctorius... oppidum Uxellodunum quod in clientela fuerat ejus... occupat » (VIII, 32, § 2).

Aux fragments VI, 19, § 4, et VII, 4, § 1, comparez le fragment suivant, III, 22, 1-3 : « Adiatunnus... cum sexcentis devotis, quos illi soldurios appellant (quorum haec est condicio, uti omnibus in vita commodis una cum his fruantur quorum se amicitiae dediderint; si quid iis per vim accidat, aut eundem casum una ferant, aut sibi mortem consciscant; neque adhuc hominum memoria repertus est quisquam, qui, eo interfecto, cujus se amicitiae devovisset, mori recusaret). »

tie de sécurité beaucoup plus qu'un état de servitude (1).

Entre le système de la clientèle gauloise et la féodalité française du moyen âge, il y a une grande analogie, mais aussi de grandes différences.

F. — *La féodalité française repose sur le principe de la propriété individuelle du sol, et ce principe n'existe pas chez les Celtes.*

La féodalité si puissante au moyen âge en France, dans les Etats voisins, même en Orient, et qui jouait encore chez nous un rôle si brillant au siècle dernier, était fondée sur la propriété immobilière. La France féodale nous apparaît comme un vaste ensemble de domaines fonciers systématiquement étagés les uns au-dessus des autres. Les relations de suprématie et de subordination qui relient entre eux le suzerain et le vassal sont la conséquence de relations identiques entre le domaine du premier et le domaine du second. Ces relations se répétant de degré en degré, on peut se figurer la France féodale comme une sorte de pyramide, au sommet de laquelle la royauté repose sur les grands fiefs : duchés de Normandie, de Bourgogne et de Guyenne, comtés de Flandre, de Champagne et de Toulouse ; les grands fiefs s'appuient sur des fiefs secondaires mouvant d'eux en plus grand nombre ; ces derniers sur d'autres moins importants et dont le nombre est encore bien plus considérable.

Un fief consiste en une habitation grande ou petite, avec des dépendances plus ou moins étendues ; c'est d'abord un château magnifique avec une vaste province, c'est en-

---

(1) « Ne quis ex plebe contra potentiorem auxilii egeret. Suos enim quisque opprimi et circumveni non patitur; neque, aliter si faciat, ullam inter suos habet auctoritatem. » (*De bello gallico*, VI, 11, § 4.) La société germanique était organisée d'après les mêmes principes ; celui qui tuait le client d'un homme puissant était exposé à une vengeance d'autant plus redoutable que la clientèle du patron était plus nombreuse, plus habile au maniement des armes et bien commandée ; c'est une des raisons pour lesquelles dans la loi salique le *wehrgeld* des leudes royaux est si élevé.

suite un château moins beau dont dépend un petit comté ou une baronnie ; plus bas c'est une maison forte qui domine un village, enfin c'est une chaumière avec un petit champ ; à chacune de ces propriétés s'attachent des droits ou des charges, de là le rang occupé dans la société féodale par l'homme auquel le fief appartient.

Soit le comté de Champagne : c'est un des grands fiefs du royaume de France ; si Thibaut le Chansonnier est vassal du roi saint Louis, c'est que Thibaut le Chansonnier a hérité du comté de Champagne. Du comté de Champagne dépend le comté de Brienne ; Gautier IV, prenant possession du comté de Brienne au temps où Thibaut le Chansonnier était comte de Champagne, devient par là vassal de Thibaut le Chansonnier. A son tour, le comté de Brienne a, comme on dit, une mouvance : de lui meut, par exemple, la seigneurie d'Epagne, qui est un simple village où une petite maison forte sert d'abri à un modeste feudataire, à un petit gentilhomme ; celui-ci, à cause de sa maison forte et de sa seigneurie, dépendance du comté de Brienne, est vassal de Gautier IV, comte de Brienne. Au pied de la petite maison forte du seigneur d'Epagne, on voit rangées de pauvres cabanes en bois couvertes de chaume ; des vilains les habitent et, à cause de ces masures, ils sont les vassaux du seigneur d'Epagne.

Que les vilains d'Epagne abandonnent leur misérable chaumière, que, mécontents, ils partent, laissant au seigneur d'Epagne l'immeuble qui a créé le lien féodal entre eux et lui, ils sont dégagés et cessent d'être ses vassaux. De même, le seigneur d'Epagne peut remettre sa terre aux mains de Gautier IV, comte de Brienne, et briser ainsi le lien qui l'unit à son suzerain. A leur tour, le comte de Brienne, le comte de Champagne ont chacun, à l'égard de leur suzerain, le même droit. La propriété territoriale est la base de la féodalité française au moyen âge ; et, dans les temps modernes, ce principe a persisté jusqu'à la Révolution.

La féodalité celtique se fonde sur un principe tout différent. En général, chez les Celtes, la propriété immobilière est collective ; le sol appartient au peuple, c'est principalement un vaste pâturage semé çà et là d'ilots cultivés ; en droit, il est commun à tous les citoyens, et par conséquent les chefs du peuple, les membres influents de l'aristocratie, qui, de fait, en ont principalement la jouissance, mais qui n'en ont pas la propriété, n'ont sur lui aucun droit réel, ils ne peuvent donc transformer le sol en salaire, ils ne peuvent en disposer pour payer le dévouement de leur clientèle ; c'est par le don ou le prêt d'objets mobiliers qu'ils se créent des vassaux.

Cette doctrine n'est pas imaginaire, ce ne sont pas des raisonnements arbitraires qui nous ont conduit à la soutenir, elle résulte des textes. Un des plus anciens auteurs qui nous ait laissé des indications un peu précises sur les mœurs des Gaulois est Polybe; il écrivait au second siècle avant notre ère ; nous lui devons d'intéressants détails sur les guerres soutenues par les Romains contre les Gaulois en Italie à partir des premières années du quatrième siècle avant J.-C. Or, suivant lui, ces Gaulois qui prirent Rome, et qui depuis la firent longtemps trembler, se nourrissaient principalement de viande, et chez eux la fortune de chacun consistait exclusivement en or et en troupeaux (1). Ce qu'ils mangeaient, c'était surtout la chair de leur bétail (2) ; ils vivaient de l'élevage du bétail, et, sans ignorer l'agriculture, ils demandaient aux céréales une très petite partie de leur alimentation. Ce fut seulement après la conquête romaine que la culture du sol prit en Gaule une place importante. « Autrefois, » nous dit Strabon en l'an 19 de notre ère, environ un siècle et demi après Polybe, « autrefois les Gaulois étaient guerriers plutôt que laboureurs, aujour-

---

(1) « Ὕπαρξίς γε μὴν ἑκάστοις ἦν θρέμματα καὶ χρυσός » (Polybe, livre II, c. XVII, § 11 ; cf. § 10). Seconde édition de Didot, p. 80.
(2) « Κρεωφαγεῖν » (Polybe, ibid., § 10).

d'hui ils sont forcés de cultiver la terre (1). » La conquête romaine donna la paix : on vit se développer l'agriculture, tandis que se transformait en propriété individuelle le domaine collectif de chaque peuple, *ager publicus*.

G. — *La féodalité celtique dans l'antiquité.*

Dès l'époque reculée à laquelle nous fait remonter la description des mœurs des gaulois chez Polybe, — que cette époque soit, comme cet auteur le semble dire, celle de la prise de Rome par les Gaulois, 390 avant J.-C., que ce soit la fin du troisième siècle avant J.-C., date à laquelle a été écrite l'histoire romaine de Fabius Pictor, source probable de ce passage de Polybe, peu importe, — à l'époque dont il s'agit, une sorte de féodalité celtique existait, fondée, comme nous le disons, sur le don ou le prêt d'objets mobiliers, c'est-à-dire évidemment de bestiaux dans la plupart des cas. De là, chez les Gaulois, des groupes d'hommes réunis chacun sous l'autorité d'un chef, comme nous le raconte Polybe. « Parmi les Gaulois, » dit-il, « celui qui se fait le plus craindre, celui qui exerce la plus grande puissance, est celui qui se montre entouré du nombre le plus considérable de serviteurs. » Je traduis par « serviteurs » le mot grec θεραπεύοντας ; mais il y a dans la phrase grecque une autre expression qui relève singulièrement la dignité de ces serviteurs gaulois : Ces hommes, nous dit Polybe, forment avec leur chef une association de camarades, ἑταιρεία (2).

A une autre extrémité du monde celtique, en Irlande, le mot consacré par l'usage pour désigner un vassal signifie

---

(1) « Οἱ δ'ἄνδρες μαχηταὶ μᾶλλον ἢ γεωργοί, νῦν δ'ἀναγκάζονται γεωργεῖν, καταθεμένοι τὰ ὅπλα » (Strabon, livre IV, c. I, § 2, édit. Didot, p. 147, l. 51-52).

(2) « Περὶ δὲ τὰς ἑταιρείας μεγίστην σπουδὴν ἐποιοῦντο, διὰ τὸ καὶ φοβερώτατον καὶ δυνατώτατον εἶναι παρ' αὐτοῖς τοῦτον, ὃς ἂν πλείστους ἔχειν δοκῇ τοὺς θεραπεύοντας καὶ συμπεριφερομένους αὐτῷ » (Polybe, livre II, c. XVII, § 12, 2ᵉ édit. Didot, p. 80). Le grec συμπεριφερόμενος est la traduction du gaulois *ambactus*. César exprime la même idée par *circum se habere* (VI, 16, 2).

en même temps « associé, » ce mot est *céle*. Il appartient au vocabulaire de l'ecclésiastique irlandais qui, au neuvième siècle, a glosé les épîtres de saint Paul. Chez ce glossateur le mari est le *céle* de sa femme, la femme est le *céle* de son mari (1) ; les membres d'une paroisse chrétienne qui se réunissent pour manger les agapes sont *céle* l'un de l'autre (2). Or, dans la langue du droit irlandais, le vassal est le *céle* de son suzerain ; *céle* veut dire « vassal » dans le *Senchus Mór*. Les jurisconsultes irlandais distinguent le *soer-chéle* (3) ou « vassal franc » du *doer-chéle* (4) ou « vassal dépourvu de liberté ; » la première de ces expressions glose au neuvième siècle le *libertus Domini* « affranchi du Seigneur » de saint Paul (5).

La « vassalité » s'appelle *céilsine*, au moyen âge dans le *Senchus Mór* et dans les autres écrits des vieux jurisconsultes irlandais, et au neuvième siècle le glossateur irlandais de saint Paul emploie le composé *co-céilsine* pour expliquer à ses compatriotes le latin *societas* dans le passage où saint Paul parle de l'association formée entre lui et les apôtres pour la prédication de l'Evangile (6). Il y eut dès lors, entre saint Paul et les apôtres, une sorte de camaraderie, tel est le sens du mot irlandais *céilsine* : saint Paul et les apôtres furent des camarades, *céli*. Or, *céilsine* est l'expression consacrée pour désigner les rela-

---

(1) Manuscrit de Wurzbourg, f° 9 *d*, glose sur la première aux Corinthiens, c. VII, verset 5 ; chez Zimmer, *Glossae hibernicae*, p. 64. *Céle* veut dire mari dans le *Senchus Mór* (*Ancient laws of Ireland*, I, 52, 250 ; II, 386, 396, 400).

(2) Manuscrit de Wurzbourg, f° 11 *d*, glose sur la première aux Corinthiens, c. II, verset 33, chez Zimmer, p. 72.

(3) Glose du *Senchus Mór* (*Ancient laws of Ireland*, II, 204, ligne 24).

(4) *Daer-cheile*, O'Donovan, supplément à O'Reilly.

(5) *Sóirchele do Dia* (*Ad Corinthios*, I, c. VII, verset 22, ms. de Wurzbourg) texte, bien lu par Zeuss-Ebel, *Gr. C²*, 31, mal lu par Zimmer, *Glossae hibernicae*, 60, corrigé par Whitley Stokes, *Literarisches Centralblatt*, 1883, p. 1673, col. 1, ligne 18, correction admise par M. Zimmer, *Supplementum*, p. 8.

(6) Ms. de Wurzbourg, f° 19 a, glose sur l'épître aux Galates, ch. II, v. 9, chez Zimmer, p. 119. Le mot *céilsine* se trouve dans le *Senchus Mór*, aux passages publiés dans *Ancient laws*, II, 206, 268, 282.

tions que la vassalité créait entre le chef irlandais et les subordonnés attirés par ses largesses. Les formes égalitaires qui déguisaient la rudesse de la hiérarchie sociale irlandaise au moyen âge étaient si puissantes que les relations du vassal au suzerain étaient considérées comme établissant entre eux une sorte de camaraderie. Déjà la vassalité était une camaraderie, suivant Polybe, chez les Gaulois du sud des Alpes à l'époque reculée où ils se sont emparés de Rome, 390 ans avant J.-C.

Nous retrouvons le vasselage à l'époque de César dans la Gaule transalpine, avec cette différence toutefois que, si nous en croyons le grand capitaine, la condition des vassaux aurait été fort dure. La plèbe, dit-il, vit dans une situation qui est presque celle des esclaves, elle ne prend l'initiative de rien, elle n'est appelée à aucun conseil. La plupart de ses membres, accablés soit par les dettes, soit par de lourds impôts, soit par l'injustice des grands, se soumettent eux-mêmes à la servitude en prenant pour maîtres les nobles qui ont sur eux les mêmes droits que sur des esclaves (1).

Il y a certainement là beaucoup d'exagération, puisque nous savons par Strabon que dans chaque peuple Gaulois, le chef de l'armée était élu par la plèbe (2), et que conformément à cette théorie, nous voyons, chez César, la plèbe Arverne élever Vercingétorix à l'autorité suprême pour faire la guerre aux Romains. Parmi les vassaux des nobles, on doit distinguer deux classes, les hommes libres et ceux qui ne le sont pas. Tous les débiteurs des nobles n'étaient pas réduits à une condition analogue à celle de l'esclave romain. Orgétorix, accusé de haute trahison et menacé du dernier supplice, se rend devant ses

---

(1) « Plerique cum aut aere alieno, aut magnitudine tributorum, aut injuria potentiorum premuntur, sese in servitutem dicant nobilibus, quibus in hos eadem omnia sunt jura quae dominis in servos. » (*De bello gallico*, VI, 13, 2.)

(2) Voir plus haut, p. 44, n. 4.

juges, accompagné non seulement de dix mille parents et esclaves, mais aussi d'un grand nombre de clients et de débiteurs qui n'étaient par conséquent ni ses parents ni ses esclaves : le procès est suspendu (1). César se plaint de ce qu'un des obstacles à la conquête de la Gaule par les Romains était la puissance des gens assez riches pour prendre, moyennant salaire, des hommes à leur service (2). Ces hommes étaient des guerriers libres qui vendaient leur concours. Les clients et les débiteurs qui firent suspendre le procès d'Orgétorix étaient des hommes libres qui avaient accepté un suzerain et qui lui devaient leur appui. Tels sont aussi « ces pauvres et ces hommes perdus, » — *delectum egentium et perditorum*, dit César, — que Vercingétorix, banni par l'aristocratie arverne, joint à sa clientèle et avec l'aide desquels, devenu maître de l'Etat, il exile à son tour ceux qui l'avaient chassé (3).

Il est évident que les chefs gaulois avaient deux catégories de vassaux : les uns, compagnons de leurs combats, tenaient, quoique pauvres, un rang presque égal au leur; les *sóer-chéli* de l'Irlande, vassaux francs, dont le nom glose le *libertus Domini* de saint Paul, leur ressemblent beaucoup; les autres étaient des bergers, des ouvriers ruraux, dont la condition était analogue à celle des esclaves romains : on peut leur comparer les vassaux non libres, *doer-chéli*, de l'Irlande. Ce sont les vassaux francs, *sóer-chéli*, que César a en vue quand, parlant des habitudes belliqueuses de la noblesse gauloise, il dit que chez elle : « Plus un homme se distingue par la naissance et les richesses, plus est grand le nombre des *ambacti* et des clients qui l'entourent à la guerre (4). » *Ambactus* est un

---

(1) « Omnem suam familiam,... omnes clientes et obaeratos suos, quorum magnum numerum habebat, eodem conduxit... » (*De bello gallico*, I, 4, § 2.)
(2) « Quod in Gallia a potentioribus atque iis, qui ad conducendos homines facultates habebant, vulgo regna occupabantur. » (*De bello gallico*, II, 1, § 4.)
(3) *De bello gallico*, VII, 4, §§ 2-4.
(4) « Atque eorum ut quisque est genere copiisque amplissimus, ita plu-

mot gaulois dont « client » est la glose (1). Diodore de Sicile, écrivant après César, mais copiant un auteur plus ancien que César de plus d'un demi-siècle, parle aussi de ces compagnons de guerre des chefs gaulois : « Ceux-ci, » dit-il, « emmènent avec eux des domestiques, qui sont des hom- » mes libres, mais pauvres, et qui leur servent de cochers » et de satellites dans les combats (2). » Diodore ici reproduit probablement la relation de Poseidonios d'Apamée qui avait visité la Gaule vers l'an 100 avant notre ère; il s'accorde avec le passage plus ancien de Polybe que nous avons cité, au commencement de ce paragraphe (3) et qui parle de « camaraderie » entre les vassaux et les chefs gaulois.

Ainsi en Gaule, au premier siècle avant notre ère, antérieurement à la conquête romaine, il existait une sorte d'organisation féodale; elle était distincte de l'Etat : à côté des magistrats de la cité, quelquefois en opposition avec eux, vivaient des grands seigneurs entourés d'une foule de vassaux. Avec l'aide de ces vassaux, de hauts personnages comme Orgétorix et Correus, tenaient tête aux magistrats; en outre, ils avaient le concours de leurs vassaux dans les guerres privées, fréquentes, que causait l'absence de toute juridiction établie par la loi pour réprimer les crimes et délits contre les particuliers (4).

---

rimos circum se ambactos clientesque habet. » (*De bello gallico*, VI, 15, § 2.)

(1) Le mot *ambactus* a été employé par Ennius, 239-169 avant Jésus-Christ. Il paraît donc avoir été porté de la Gaule Cisalpine à Rome, au plus tard vers le commencement du second siècle avant notre ère. Festus, qui nous a conservé cette citation d'Ennius, en nous disant que le mot est gaulois, traduit *ambactus* par *servus*. Il ne faut pas entendre cette traduction dans le sens littéral; elle est seulement approximative. Le gaulois *ambactus* n'avait pas, en latin, d'équivalent exact ; sa valeur était intermédiaire entre *servus* et *cliens*; le lien qui attache l'*ambactus* au chef est moins étroit que celui qui attache le *servus* au maître, moins lâche que celui qui attache le client romain au patron.

(2) « ' Ἐπάγονται δὲ καὶ θεράποντας ἐλευθέρους ἐκ τῶν πενήτων καταλέγοντες, οἷς ἡνιόχοις καὶ παρασπισταῖς χρῶνται κατὰ τὰς μάχας. » (Diodore de Sicile, V, 29, § 2, éd. Didot, I, 271.)

(3) Voyez ci-dessus, p. 58, n. 1.

(4) « Alterum genus est equitum. Hi, cum est usus atque aliquod bellum

Mais les dons par lesquels les suzerains gaulois, au milieu du premier siècle avant Jésus-Christ, tenaient ces vassaux dans leur dépendance n'étaient pas immobiliers. Ces grands seigneurs n'avaient pas d'immeubles dont ils pussent disposer. La propriété rurale en Gaule était encore indivise dans chaque peuple ; la propriété bâtie était la seule que jusque-là les individus se fussent attribuée, et la nature de leurs droits sur elle n'est pas déterminée.

Toutefois la terre cultivée en Gaule, bien qu'appartenant à chaque peuple, à la date où écrit César, est l'objet d'une jouissance analogue, en une certaine mesure, à la jouissance que justifie la propriété individuelle ; les sénateurs et les chevaliers jouissent précairement de la terre cultivée ; ils paient pour elle une redevance à l'Etat, et c'est pour eux que cette terre est labourée et moissonnée par la plèbe réduite presque en esclavage. Quant aux prés, pâtures et bois, ils sont livrés à la jouissance commune (1) ; mais c'est principalement aux sénateurs et aux chevaliers qu'appartiennent les bestiaux qui y trouvent leur nourriture.

---

incidit (quod fere ante Caesaris adventum quotannis accidere solebat, uti aut ipsi injurias inferrent, aut illatas propulsarent), omnes in bello versantur. » (*De bello gallico*, VI, 15, § 1.)

(1) C'est en partie l'histoire de l'*ager publicus* romain. Quand, à Rome, la propriété immobilière individuelle n'existait pas et que la fortune de chacun consistait en esclaves et en troupeaux, le mot *pecunia* « troupeaux » fut l'expression créée pour désigner la fortune de chaque particulier, esclaves (*familia*) déduits ; ce sens subsista quand les immeubles furent entrés dans le domaine privé, et alors on entendit que les immeubles comme les meubles étaient compris dans la *pecunia* de chacun. (Hermogénien au Digeste, livre L, t. XVI, loi 222. Comparez l'article de la loi des Douze Tables : « Uti legassit super pecunia [familiaque] tutelave suae rei, ita jus esto. » On cite ordinairement ce texte d'après Ulpien. Le mot *familia*, oublié par Ulpien ou par ses copistes, nous a été conservé par Cicéron.)

CHAPITRE IV.

L'AGRICULTURE ET LES LIEUX HABITÉS DANS LA GAULE BARBARE AU MOMENT DE SA CONQUÊTE PAR CÉSAR.

Sommaire :

§ 1er. L'agriculture. — § 2. Les lieux habités : A. *Vici*, — B. *Oppida*. — C. *Aedificia*.

§ 1er. — *L'agriculture.*

Cicéron, dans sa *République*, prétend qu'aux yeux des Gaulois il est honteux de produire le blé par le travail des mains, et en conséquence, dit-il, les Gaulois vont armés moissonner les champs d'autrui (1). Le grand orateur commet là une grande exagération. Entendue en un sens absolu, sa doctrine ne peut se concilier avec les faits que nous apprennent Polybe et César.

Si nous nous en rapportons à Polybe, les Gaulois qui ont pris Rome au quatrième siècle, ou plus exactement ceux qui habitaient l'Italie du Nord au troisième siècle, se nourrissaient principalement de viande, mais il ne se suit pas de là qu'ils dédaignassent l'agriculture : le

---

(1) « Galli turpe ducunt frumentum manu quaerere, itaque armati alienos agros demetunt. » (*De re publica*, livre III, c. ix, § 15.) — La source de ce passage paraît être la même que celle de Strabon, quand il a écrit dans sa description de la Gaule : « Οἱ δ'ἄνδρες μαχηταὶ μᾶλλον ἢ γεωργοί » (Poseidonios? vers 100 av. J.-C.). — La suite du texte de Strabon est de source plus récente : « Νῦν δὲ ἀναγκάζονται γεωργεῖν καταθέμενοι τὰ ὅπλα » (Strabon, livre IV, c. 1, § 2, édit. Didot, p. 147, l. 51-52, écrit vers l'an 20 de J.-C.).

contraire est même établi, puisque, l'auteur grec le dit formellement : ils cultivaient la terre. La guerre et l'agriculture étaient, suivant lui, les seuls arts qu'ils connussent, et la simplicité de leur vie était si grande qu'ils couchaient sur de la litière (1). Polybe, dans ce passage, copie le récit de Fabius Pictor; ce dernier, qui écrivait à la fin du troisième siècle, décrit probablement les mœurs des Gaulois italiens de son temps.

Au troisième siècle avant J.-C., les Gaulois d'Italie mangeaient de la viande, donc ils élevaient du bétail; des deux éléments dont chez eux alors se constituait la fortune et qui étaient le bétail et l'or, le bétail est celui que l'historien grec nomme le premier (2). César nous parle aussi du bétail élevé par les Gaulois auxquels il fit la guerre (3), mais nous ne pouvons savoir si la nourriture

---

(1) « Διὰ γὰρ τὸ στιβαδοκοιτεῖν καὶ κρεωφαγεῖν, ἔτι δὲ μηδὲν ἄλλο πλὴν τὰ πολεμικὰ καὶ τὰ κατὰ γεωργίαν ἀσκεῖν ἁπλοῦς εἶχον τοὺς βίους · οὔτ' ἐπιστήμης ἄλλης, οὔτε τέχνης παρ' αὐτοῖς τὸ παράπαν γινωσκομένης » (Polybe, livre II, c. XVII, § 10, 2ᵉ édit. de Didot, p. 80).

(2) « Ὕπαρξίς γε μὴν ἑκάστοις ἦν θρέμματα καὶ χρυσός » (Polybe, livre II, c. XVII, § 11).

(3) Nous citerons les exemples suivants : Dans la campagne de l'année 56, César s'empare des troupeaux des *Morini* et des *Menapii* : « Cum jam pecus atque extrema impedimenta ab nostris tenerentur. » (*De bello gallico*, III, 29, 2.) En l'année 53, il prend aux *Nervii* et donne à ses soldats une grande quantité de bestiaux et d'hommes : « Magno pecoris atque hominum numero capto atque ea praeda militibus concessa » (*Ibid.*, VI, 3, 2). Il entre dans le pays des *Menapii*; un grand nombre de bestiaux et d'hommes tombent en son pouvoir : « Magno pecoris atque hominum numero potitur » (*Ibid.*, VI, 6, 1). Les Germains appelés par César s'emparent des nombreux troupeaux que possédaient les *Eburones* : « Magno pecoris numero... potiuntur » (*Ibid.*, VI, 35, 6). Au siège d'Avaricum, en 52, les Romains trouvent des bestiaux dans la campagne » (*Ibid.*, VII, 17, 3 ; cf. 20, 10). La même année, César s'empare d'une certaine quantité de bestiaux : « Pecoris copiam nactus » sur les bords de la Loire (*Ibid.*, VII, 56, 5); les défenseurs d'Alésia ont du bétail (VII, 71, 7). En 51, César prend aux *Eburones* leurs troupeaux (*ibid.*, VIII, 24, 4), et il trouve des bestiaux à *Uxellodunum*, chez les *Cadurci* (*ibid.*, VIII, 41, 6). Après la conquête, les Gaulois fournissaient de manteaux de laine et de salaisons Rome et une grande partie de l'Italie au commencement de l'ère chrétienne : « Οὕτω δ'ἐστὶ δαψιλῆ, καὶ τὰ ποίμνια καὶ τὰ ὑοφόρβια ὥστε τῶν σάγων καὶ τῆς ταριχείας ἀφθονίαν μὴ τῇ Ῥώμῃ χορηγεῖσθαι μόνον ἀλλὰ καὶ τοῖς πλείστοις μέρεσι τῆς Ἰταλίας » (Strabon, livre IV, c. IV, § 3, éd. Didot, p. 164, l. 2-5).

animale avait chez les Gaulois du temps de César l'importance que d'après Polybe on devrait lui attribuer chez ceux du troisième siècle. Il est cependant vraisemblable que, dans la Gaule vaincue par César, l'agriculture et le froment tenaient plus de place que dans le monde celtique plus ancien de l'Italie du Nord auquel se rapporte le texte de Polybe.

Le degré de civilisation auquel étaient parvenus les Gaulois transalpins du Ier siècle av. J.-C. comportait un développement de l'agriculture qui faisait contraste avec le genre de vie des Germains. « Ceux-ci, » nous dit César, « ne mangent pas beaucoup de froment et vivent principalement du lait et de la chair de leurs bestiaux (1); » les Germains, ajoute César, s'appliquent peu à l'agriculture (2) : tandis qu'il nous représente la plupart des Gaulois comme occupés de travaux agricoles (3). De crainte de manquer de blé, le général romain n'ose pénétrer en Germanie (4); au contraire, en Gaule, il fait habituellement sans difficulté les approvisionnements de blé nécessaires à la nourriture de son armée.

César naturellement parle beaucoup plus de ses approvisionnements que de ceux des Gaulois. Cependant son récit nous montre les Helvètes faisant les semailles les plus considérables qu'ils peuvent pour se procurer le blé dont ils auront besoin dans la grande expédition qu'ils projet-

---

(1) « Neque multum frumento, sed maximam partem lacte atque pecore vivunt. » (*De bello gallico*, IV, 1, § 8.)

(2) « Agriculturae non student. » (*De bello gallico*, VI, 22, § 1.) — « Minime omnes Germani agriculturae student » (*ibid.*, VI, 29, § 1).

(3) « Magnaque praetera multitudo undique ex Gallia perditorum hominum latronumque convenerat, quos spes praedandi studiumque bellandi ab agricultura et cotidiano labore revocabat. » (*De bello gallico*, III, 17, 1.) De ce passage on ne doit pas toutefois séparer celui où Strabon, un peu plus de soixante et dix ans plus tard, présente les progrès de l'agriculture en Gaule comme le résultat de la conquête romaine : « Ἄνδρες μαχηταὶ μᾶλλον ἢ γεωργοί · νῦν δ'ἀναγκάζονται γεωργεῖν καταθέμενοι τὰ ὅπλα » (livre IV, c. 1, § 2, édit. Didot, p. 147, l. 51-52). Cf. ci-dessus, p. 68, n. 1.

(4) « Constituit non progredi longius. » (*De bello gallico*, VI, 29, § 1.)

tent (1); au moment de partir, ils brûlent le froment qu'ils ne peuvent emporter (2); quand, vaincus, ils retournent chez eux, c'est du froment qu'il leur faut pour vivre, et les Allobroges le leur fournissent par ordre du vainqueur (3).

La suite de son récit nous apprend que les approvisionnements des défenseurs d'Alésia et d'Uxellodunum consistaient en froment comme en bétail (4). Mais c'est au siège d'Alésia surtout que la réserve de froment réunie par les Gaulois paraît avoir été considérable : il y avait de quoi nourrir quatre-vingt mille hommes pendant un mois, un peu plus longtemps même, avec de l'économie (5); et quand cette réserve fut épuisée (6), on eut beau se défaire des bouches inutiles, condamner à mourir de faim les vieillards, les enfants et les femmes, et joindre à cette cruauté des prodiges de valeur, il fallut se rendre.

Antérieurement à ce siège célèbre, quand les Belges rassemblèrent contre César une armée de plus de trois cent mille hommes, c'est-à-dire un effectif environ décuple du sien qui était de huit légions, une circonstance imprévue les mit dans l'impossibilité de tirer parti de cette énorme supériorité numérique : le froment leur manqua, et après

---

(1) « Sementes quam maximas facere ut in itinere copia frumenti suppeteret. » (De bello gallico, I, 3, § 1.)

(2) « Frumentum omne, praeterquam quod secum portaturi erant comburunt. » (De bello gallico, I, 5, § 3.)

(3) « Allobrogibus imperavit ut iis frumenti copiam facerent. » (De bello gallico, I, 28, § 3.)

(4) Au siège d'Alésia, Vercingétorix déclare : « Se exigue dierum triginta habere frumentum... Pecus cujus magna erat copia ab Mandubiis compulsa, viritim distribuit, frumentum parce et paulatim metiri instituit. » (De bello gallico, VII, 71, § 4.) — Avant le siège d'Uxellodunum, Drapes et Lucterius : « Magnum numerum frumenti comparant » (ibid., VIII, 34, § 3). — Quand la source où les assiégés se fournissaient d'eau est coupée : « Non tantum pecora atque jumenta, sed etiam magna hostium multitudo siti consumebatur » (ibid., VIII, 41, § 6). — Quand César, l'année précédente, avait pris Avaricum, il avait trouvé du froment et d'autres approvisionnements : « Summamque ibi copiam frumenti et reliqui commeatus nanctus » (ibid., VII, 32, § 1). Le bétail est probablement l'élément fondamental du reliquus commeatus.

(5) De bello gallico, VII, 71, § 4.

(6) « Consumpto omni frumento. » (De bello gallico, VII, 77, § 1.)

avoir tenu conseil, ils conclurent que le plus sage était de retourner chacun chez soi (1). Voilà comment les Gaulois apprirent l'utilité des approvisionnements. Aussi, lorsque l'année suivante les *Esubii*, les *Curiosolites* et les *Veneti* se préparèrent à la guerre, ils transportèrent des champs le froment dans les *oppida* (2). Cet exemple fut suivi plus tard à Alésia et à Uxellodunum.

Pour nourrir son armée, César trouvait du froment dans toutes les parties de la Gaule celtique et de la Belgique.

Dans la Gaule celtique, il s'en procure chez les *Aedui*, chez les *Sequani* et chez les *Lingones* (3), c'est-à-dire dans la région orientale de cette contrée. L'armée romaine en trouve aussi à l'ouest : P. Crassus, prenant avec la septième légion ses quartiers d'hiver chez les *Andecavi* que César appelle *Andes*, et ne pouvant réunir chez eux les approvisionnements nécessaires, envoie chercher le reste, notamment du froment, chez les *Esubii*, les *Curiosolites* et les *Veneti* (4). La région centrale de la Celtique fournit aussi du froment aux Romains : César fait observer qu'*Avaricum* est situé au milieu d'une campagne très fertile (5), et quand il a commencé le siège de cette place, Vercingétorix entame les hostilités en faisant attaquer les détachements romains qui vont chercher aux environs du fourrage et du fro-

---

(1) « Ipsos res frumentaria deficere coepit, concilio convocato constituerunt optimum esse, domum suam quemque reverti. » (*De bello gallico*, II, 10, § 4.)

(2) « Frumenta ex agris in oppida comportant. » (*De bello gallico*, III, 9, § 8.)

(3) Arioviste veut couper les vivres à César : « Uti frumento commeatuque qui ex Sequanis et Aeduis supportaretur, Caesarem intercluderet. » (*De bello gallico*, I, 48, § 2.) Dans la même campagne, César s'approvisionne chez les *Sequani* et les *Lingones* : « Frumentum Sequanos... Lingones subministrare » (*ibid.*, I, 40, § 11). Plus tard : « Q. Tullium Ciceronem et P. Sulpicium Cabilloni et Matiscone in Aeduis ad Ararim rei frumentariae causa collocat » (*ibid.*, VII, 90, § 7).

(4) « Praefectos tribunosque militum complures in finitimas civitates frumenti causa dimisit, quo in numero est T. Terrasidius missus in Esubios. M. Trebius Gallus in Curiosolitas, Q. Velanius cum T. Silio in Venetos. » (*De bello gallico*, III, 7, §§ 3-4.)

(5) « Agri fertilissima regione. » (*De bello gallico*, VII, 13, § 3).

ment (1). Pendant quelques jours, les soldats romains furent réduits à ne se nourrir que de viande. Pour leurs estomacs italiens, c'était la famine poussée à ses extrêmes limites; mais, suivant leur général, ils ne montrèrent jamais plus de grandeur d'âme; dans cette rude épreuve, ils ne firent pas entendre une plainte, il ne sortit pas de leur bouche une parole indigne de la majesté du peuple romain et de leurs précédentes victoires (2). Cette disette momentanée fut le résultat des opérations militaires faites par Vercingétorix ; car la région était abondamment pourvue de froment.

La Gaule Belgique produisait aussi du froment. Les *Leuci* en fournissent aux Romains, pendant la guerre contre Arioviste, 58 (3). Dès le début de la première campagne de Belgique, 57, les *Remi* promettent du froment à César (4). A la fin de la campagne de l'année 54, César, sachant que le froment n'avait été généralement récolté qu'en petite quantité dans la Gaule, disperse ses légions afin qu'elles trouvent partout sur place les vivres nécessaires; il met dans la Belgique sept légions et demie, dont une chez les *Morini*, une chez les *Nervii*, une chez les *Remi*, une et demie chez les *Eburones*, trois chez les *Bellovaci* (5) ; il avait alors à Samarobriva, chez les *Ambiani*, une réserve de froment recueilli sans doute dans les environs (6). D'autres faits de guerre établissent l'importance de la culture du froment chez les Belges. Ainsi, dans la campagne de l'an-

---

(1) « Omnis nostras pabulationes frumentationesque observabat, dispersosque... adoriebatur. » (*De bello gallico*, VII, 16, § 3.)
(2) « Usque eo ut complures dies frumento milites caruerint, et pecore ex longinquioribus vicis adacto extremam famem sustentarent. Nulla tamen vox est ab eis audita, populi romani majestate et superioribus victoriis indigna. » (*De bello gallico*, VII, 17, § 3.)
(3) « Frumentum... Leucos... subministrare. » (*De bello gallico*, I, 40, § 11.)
(4) « Paratos esse... frumento ceterisque rebus juvare. » (*De bello gallico*, II, 3, § 3.)
(5) *De bello gallico*, V, 24, § 2.
(6) « Samarobrivae... frumentum omne quod eo tolerandae hiemis causa devexerat relinquebat. » (*De bello gallico*, V, 47, § 2.)

née 55, les Romains dévastent les champs des *Menapii* et coupent leur froment (1). Pendant l'année 54, des cavaliers germains vont chercher du froment chez les *Ambivariti*, sur la rive gauche de la Meuse (2). Quand, en l'année 53, César fit saccager le pays des *Eburones*, les froments de ce malheureux peuple furent partie mangés, partie détruits (3).

Il y avait cependant en Belgique, à côté des champs de blé, de nombreuses forêts. L'une d'entre elle existe encore sous le nom que lui donne César; c'est la forêt d'Ardenne, autrefois *Arduinna*; elle commençait au Rhin à l'est, couvrait une partie du territoire des *Treveri*, atteignait à l'ouest celui des *Remi*, au nord celui des *Nervii* et l'Escaut; c'était la plus grande de toute la Gaule (4); on l'honorait comme une divinité et après la conquête romaine elle fut assimilée à Diane (5). La Gaule renfermait bien d'autres forêts, principalement en Belgique. Ainsi César, lors de sa dernière campagne, en 51, trouve les *Bellovaci* et leurs alliés campés sur une colline, au milieu d'une forêt qu'un marais enveloppait (6). Les forêts des *Eburones* (7), celles des *Menapii* (8), des *Morini* (9) et des *Nervii* (10), tiennent une grande place dans le récit des opérations militaires qui eurent lieu chez ces quatre peuples.

Les forêts de la Celtique paraissent avoir été moins

---

(1) « Omnibus eorum agris vastatis, frumentis succisis. » (*De bello gallico*, IV, 38, § 3.)

(2) « Magnam partem equitatus... praedandi frumentandique causa ad Ambivaritos trans Mosam missam. » (*De bello gallico*, IV, 9, § 3.) « Qui frumentandi causa ierant trans Mosam » (*ibid.*, IV, 12, § 1; cf. IV, 16, § 2).

(3) « Frumenta non solum a tanta multitudine jumentorum atque hominum consumebantur sed, etiam anni tempore atque imbribus procubuerant. » (*De bello gallico*, VI, 43, § 3.)

(4) *De bello gallico*, V, 3, § 4; VI, 29, § 4; 31, § 2; 33, § 3.

(5) *Corpus inscriptionum latinarum*, t. VI, n° 46; cf. Brambach, *Inscriptiones rhenanae*, n° 589.

(6) *De bello gallico*, VIII, 7, § 4; cf. c. 12, § 1; 18, § 1; 19, § 1.

(7) *Ibid.*, V, 32, § 1; 37, § 7; VI, 30, § 3; 34, § 2; 37, § 2.

(8) *Ibid.*, III, 28, 29; IV, 38; VI, 5.

(9) *Ibid.*, III, 28, 29.

(10) *Ibid.*, II, 18, 19; V, 39, 52.

considérables. Cependant le récit de César nous en montre chez les *Arverni* près de Gergovia (1); chez les *Bituriges*, près d'Avaricum (2); chez les *Cadurci*, dans le voisinage d'Uxellodunum (3); chez les *Carnutes*, qui, fuyant devant César, se réfugient dans les bois et en sont chassés par les rigueurs de l'hiver (4); chez les *Senones* dont les bois servent d'asile aux soldats vaincus de Camulogenus (5); chez les *Sequani* dont les bois abritent les *Tigurini* qui échappent aux légions de César (6) : ces bois des *Sequani* deviennent ensuite par leur étendue une cause d'effroi pour les Romains au début de la guerre contre Arioviste (7).

Mais les forêts de la Gaule semblent avoir été considérées comme dépourvues de valeur. La portion du territoire à laquelle on attribue du prix au temps de César est celle qui est cultivée, ce sont les champs, *agri*. Ainsi, quand au conseil de guerre tenu par les défenseurs d'Alise, peu de temps avant la capitulation, l'Arverne Critognatus rappelle la guerre des Cimbres et les maux affreux qu'elle avait amenés, il ajoute que ce peuple est parti laissant aux Gaulois leurs lois, leurs champs, *agros*, et leur liberté, et que dans ces champs les Romains veulent s'établir pour imposer au peuple qui les habite une servitude sans fin (8); des forêts de la Gaule, Critognatus ne dit pas un mot.

Les Germains contemporains de César ont pris ou veulent prendre aux Gaulois non pas des forêts, mais des champs; ils aiment les champs des Gaulois (9); une des raisons pour lesquelles César force les Helvètes vaincus à retourner dans leur pays est, dit-il, la crainte que séduits

---

(1) *De bello gallico*, VII, 44, § 3; 45, § 5.
(2) *Ibid.*, VII, 16, § 1; 18, § 3.
(3) *Ibid.*, VIII, 35, § 3.
(4) *Ibid.*, VIII, 5, § 4.
(5) *Ibid.*, VII, 62, § 9.
(6) *Ibid.*, I, 12, § 3.
(7) *Ibid.*, I, 39, § 6.
(8) *Ibid.*, VII, 77, § 5.
(9) « Agros... Gallorum... adamassent. » (*De bello gallico*, I, 31, § 5.)

par la bonne qualité de leurs champs, les Germains ne viennent s'y établir (1). Arioviste, lisons-nous ensuite, a forcé les *Sequani* à lui abandonner le tiers de leur *ager* qui est le meilleur de toute la Gaule ; et au moment où les Gaulois terrifiés sollicitent l'intervention de César, le roi barbare vient d'enjoindre aux malheureux *Sequani* de lui céder un second tiers de cet *ager* (2). Quand Arioviste, vaincu par les Romains, a été contraint de s'enfuir, on voit apparaître d'autres Germains qui demandent des champs, *agros*, et César leur répond qu'il n'y en a pas de vacants (3).

Ce sont aussi les champs et non les bois qu'entre peuples gaulois on se dispute. Ainsi, avant l'arrivée de César, les *Sequani*, grâce à l'appui d'Arioviste, s'étaient emparés d'une partie des champs des *Aedui* (4). Les *Bellovaci* parlent à César avec envie des champs fertiles que possèdent les *Suessiones*, leurs voisins (5).

Les *Aedui*, ayant besoin d'auxiliaires dans leur lutte contre les *Sequani*, espèrent en trouver parmi les *Boii* que l'audace entreprenante des *Helvetii* avait entraînés en Gaule. Ils établissent ces *Boii* dans leur territoire et leur donnent, moyennant une redevance annuelle, des champs, *agros* (6), où ceux-ci fondent un Etat gaulois nouveau.

Le récit des opérations militaires, qui sont le principal objet des *Commentaires* de César, nous offre de fréquentes mentions des champs des Gaulois. Ainsi, dans la Celtique,

---

(1) « Ne propter bonitatem agrorum, Germani... in Helvetiorum fines transirent. » (*De bello gallico*, I, 28, § 4.)

(2) Tertiam partem agri Sequani qui esset optimus totius Galliae occupavisset et nunc de altera parte tertia Sequanos decedere juberet. » (*De bello gallico*, I, 31, § 10.)

(3) *De bello gallico*, IV, 7, § 4 ; 8, § 2.

(4) « Partem finitimi agri per vim occupatam possiderent. » (*De bello gallico*, VI, 12, § 4). Le même fait est rappelé plus loin par l'expression *multatos agris*, VII, 54, § 4.

(5) « Suessiones... feracissimos agros possidere. » (*De bello gallico*, II, 4, § 6.)

(6) « Quibus illi agros dederunt. » (*De bello gallico*, I, 28, § 5.) César appelle les Boii, « stipendiarii Aeduorum » (*De bello gallico*, VII, 10, § 1.)

nous voyons les *Helvetii* ravager les champs des *Aedui* (1), les *Veneti* transporter des champs le froment dans les *oppida* (2). César invite les *Aedui* à venir en Belgique ravager les champs des *Bellovaci* (3) ; dans la même partie de la Gaule, son armée dévaste les champs des *Morini* et des *Menapii* (4) ; les *Menapii* qui avaient des champs sur les deux rives du Rhin abandonnent aux Germains ceux qui étaient sur la rive droite (5) ; Indutiomarus, chef des *Treveri*, annonce qu'il viendra ravager les champs des *Remi* (6); César dévaste ceux des *Nervii* et par là les contraint à la soumission (7).

Alors donc l'agriculture était un facteur important de la civilisation Gauloise, et la Gaule avait sur la Germanie une grande supériorité agricole ; ajoutons que, si l'on en croit César, le développement de l'agriculture en Grande-Bretagne, à cette date, était dû à la colonisation de cette île par les Gaulois du continent (8).

§ 2. — *Les lieux habités.*

A. — *Vici.*

Si nous nous en rapportons à Polybe, les Gaulois qui envahirent l'Italie au quatrième siècle groupaient leurs habitations en villages sans murailles (9). Nous devons inter-

---

(1) « In Aeduorum fines pervenerant, eorumque agros populabantur. » (*De bello gallico*, I, 11, § 1.)
(2) *De bello gallico*, III, 9, § 8.
(3) *Ibid.*, II, 5, § 3.
(4) « Vastatis omnibus eorum agris. » (*De bello gallico*, III, 29, § 3, § 3.)
(5) *De bello gallico*, IV, 4, § 3.
(6) *Ibid.*, V, 56, § 5.
(7) « Vastatisque agris, in deditionem venire atque obsides sibi dare coegit. » (*De bello gallico*, VI, 3, § 2.)
(8) « Britanniae... incolitur... maritima pars ab iis qui praedae ac belli inferendi causa ex Belgio transierunt... et bello illato ibi permanserunt atque agros colere coeperunt. » (*De bello gallico*, V, 12, § 1-2.) « Interiores plerique frumenta non serunt » (*Ibid.*, V, 14, § 2).
(9) « Ὤκουν δὲ κατὰ κώμας ἀτειχίστους » (Polybe. livre II, c. XVII, § 9 ; 2ᵉ éd. Didot, p. 80.

prêter ce texte en ce sens que tel était encore l'usage des Gaulois d'Italie au temps de Fabius Pictor, à la fin du troisième siècle. Dans ces villages sans murailles de la Gaule Cisalpine, dont parle Polybe, nous devons reconnaître des groupes d'habitations analogues aux *vici* transalpins dont il est souvent question chez César.

Ainsi, au début de la guerre, en 58, les *Helvetii* ont quatre cents *vici* qu'ils brûlent avant de quitter leur pays (1) et que César vainqueur leur ordonne de rebâtir (2); les *Allobroges* ont des *vici* sur la rive droite du Rhône et les *Helvetii* les détruisent (3). Les Belges coalisés en l'année 57 brûlent tous les *vici* des *Remi* qu'ils peuvent atteindre (4). L'année suivante, Servius Galba avec huit cohortes de la douzième légion s'établit pour hiverner dans un *vicus* des *Veragri* qui est appelé *Octodurus*; il prend pour lui et pour ses soldats une partie du *vicus* et il en chasse les habitants qu'il oblige à se réfugier dans l'autre partie de ce *vicus* (5). La même année, César brûle les *vici* des *Morini* et des *Menapii* (6). Les *Menapii* avaient des *vici* sur les deux rives du Rhin (7); en l'année 53, César brûle ceux qui étaient sur la rive gauche (8); il traite de même ceux des *Eburones* (9). Vercingétorix, au début de la grande lutte de l'année 52, prescrit de brûler les *vici* où les Romains pour-

---

(1) *De bello gallico*, I, 5, § 1. Quatre cents *vici* pour 263,000 habitants supposent par *vicus* 656 habitants, s'il n'y avait pas d'habitants dans les édifices agricoles isolés. Les *Raurici*, les *Tulingi* et les *Latovici* avaient aussi des *vici* qu'ils brûlent (*ibid.*, § 4).
(2) *Ibid.*, I, 28, § 3.
(3) *Ibid.*, I, 11, § 5.
(4) *Ibid.*, II, 7, § 3.
(5) *Ibid.*, III, 1, § 4-6. Le nom d'*Octodurus* désigne, à proprement parler, un point fortifié; mais il n'y avait probablement de fortifié que l'habitation d'un chef et cette habitation avait donné son nom à un groupe d'habitations moins importantes qu'aucune enceinte ne protégeait. Tels étaient, au moyen âge, les villages bâtis autour des châteaux.
(6) *Ibid.*, III, 29, § 3.
(7) *Ibid.*, IV, 4, § 3.
(8) *Ibid.*, VI, 6, § 1.
(9) *Ibid.*, VI, 43, § 2.

ront trouver du fourrage (1); pendant le siège d'Avaricum, c'est dans les *vici* épargnés par les Gaulois que César trouve le bétail nécessaire à la nourriture de son armée (2). Durant la dernière campagne, en 51, les *Carnutes* abandonnent leurs *vici* (3).

Ainsi, les Gaulois, au temps de César, possédaient un certain nombre de *vici*, c'est-à-dire de villages ou de bourgs non clos de murs et semblables à ceux qui faisaient l'habitation exclusive de leurs compatriotes italiens du troisième siècle dont Polybe nous parle. Mais ce n'était pas tout. Ils avaient des villes fortes que César appelle *oppida* ordinairement, et quelquefois *urbes*. Ils avaient aussi des maisons isolées, *aedificia*.

B. — *Oppida*.

L'usage des lieux fortifiés appelés *oppida* par les Romains existait déjà en Gaule au temps de la guerre des Cimbres, c'est-à-dire à la fin du second siècle avant notre ère (4); au siège d'Alésia, Critognatus rappelle à ses compatriotes qu'à l'époque où les Cimbres et les Teutons avaient envahi la Gaule, les guerriers gaulois, réfugiés dans les *oppida* et souffrant les plus extrêmes rigueurs de la faim, avaient été réduits à se nourrir de chair humaine (5).

César distingue deux sortes d'*oppida*. Les *oppida* des Bretons consistent en une portion de forêt dont une levée de terre garnie de palissades et précédée d'un fossé interdit l'accès; c'est un lieu de refuge momentané où l'on cherche un abri contre les incursions de l'ennemi (6). Mais les

---

(1) *De bello gallico*, VII, 14, § 5.
(2) *Ibid.*, VII, 17, § 3.
(3) *Ibid.*, VIII, 5, § 1.
(4) La défaite du consul M. Julius Silanus, envoyé pour protéger le territoire des Allobroges, eut lieu l'année 109 avant notre ère.
(5) *De bello gallico*, VII, 77, § 12.
(6) « *Oppidum* autem Britanni vocant cum silvas impeditas vallo atque fossa munierunt, quo incursionis hostium vitandae causa convenire consuerunt. » (*De bello gallico*, V, 21, § 3.)

oppida de la Gaule sont de vraies villes : des murailles percées de portes les entourent; elles contiennent des maisons où vit une population stable, ce qui ne les empêche pas d'offrir, en cas de guerre, un refuge aux habitants des campagnes voisines, non seulement pour eux-mêmes, mais aussi pour leurs troupeaux, leurs approvisionnements et le reste de leur avoir mobilier.

Deux passages intéressants des *Commentaires* de César nous expliquent comment les Gaulois construisaient les murailles qui interdisaient l'entrée de leurs *oppida* (1). Les portes dont ces murailles étaient percées se fermaient en cas de guerre, comme celles des *oppida* possédées par les *Aulerci Eburovices* et les *Lexovii* en l'année 56 (2); dans le récit du siège d'Avaricum, il est souvent question des portes percées dans les murailles de cet *oppidum* (3). Derrière les murailles des *oppida*, il y a des maisons : en 51, César faisant camper son armée dans l'*oppidum* de Cenabum, chez les *Carnutes*, y loge une partie de ses soldats dans les maisons des Gaulois (4); l'incendie des *oppida* exécuté chez les Helvètes en 58 (5), prescrit d'une façon générale par Vercingétorix, en l'année 52 (6), suppose des maisons dans les *oppida* ; et ce qui l'établit d'une façon formelle, ce sont les expressions dont se sert l'auteur latin pour nous faire connaître comment

---

(1) Dans le premier, il est question de l'*oppidum*, où se réfugièrent les *Aduatuci* : « Quod cum ex omnibus in circuitu partibus altissimas rupes despectusque haberet, una ex parte leniter acclivis aditus in latitudinem non amplius ducentorum pedum relinquebatur; quem locum duplici altissimo muro munierant; tum magni ponderis saxa et praeacutas trabes in muro collocabant. » (*De bello gallico*, II, 29.) L'autre passage, plus détaillé, se trouve au livre VII, c. 23; il est trop long pour être rapporté ici.

(2) « Aulerci Eburovices Lexoviique... portas clauserunt. » (*De bello gallico*, III, 17, § 3.)

(3) *De bello gallico*, VII, 24, 25, 28, 47, 50.

(4) « Caesar... in oppido Carnutum Cenabo castra ponit atque in tecta partim Gallorum partim quae collectis celeriter stramentis (tentoriorum integendorum gratia) erant inaedificata milites compegit. » (*De bello gallico*, VIII, 5, § 1.)

(5) *De bello gallico*, I, 5, § 2; cf. 28, § 3 : « Oppida sua omnia numero ad duodecim incendunt. »

(6) « Oppida incendi oportere. » (*De bello gallico*, VII, 14, § 9.)

chez les Bituriges cet ordre fut exécuté. En un jour, chez ce peuple, on brûla plus de vingt villes, *urbes* (1). *Urbs*, en Gaule, est synonyme d'*oppidum* : voilà pourquoi les trois *oppida* d'Avaricum, de Gergovia et d'Alésia sont désignés chez César, non seulement par le nom d'*oppidum*, mais aussi par celui d'*urbs* (2).

Le mot latin *urbs* suppose non seulement des maisons, mais une population permanente qui les habite en temps de paix. Cette population permanente des *oppida* apparaît dans le passage où César, racontant un usage de la Gaule, dit que les marchands dans les *oppida* sont entourés de la foule qui les questionne sur les pays d'où ils viennent, et qui leur fait raconter les nouvelles qu'ils y ont apprises (3). C'est la population permanente des *oppida* qui attire dans ces *oppida* les négociants romains pendant les campagnes de César, par exemple à *Cenabum*, chez les *Carnutes* (4), à *Cabillonum* (5) et à *Noviodunum* (6) chez les *Aedui* ; ces négociants furent massacrés dans l'insurrection de l'année 52.

Les *oppida* sont beaucoup moins nombreux que les *vici* : chez les *Helvetii*, on compte quatre cents *vici* contre douze *oppida* : un *oppidum* pour trente-trois *vici*. Comme chez les *Helvetii*, il y a, chez les *Suessiones*, douze *oppida* ; on en trouve plus de vingt chez les *Bituriges*.

Les peuples de la Gaule, tant Celtique que Belgique où

---

(1) « Uno die, amplius viginti urbes Biturigum incenduntur. » (*De bello gallico*, VII, 15, § 1.)

(2) Pour *Avaricum*, voyez *De bello gallico*, VII, 15, § 3, 4. Pour *Gergovia*, *ibid.*, VII, 36, § 1 ; 47, § 4. Pour *Alesia*, VII, 68, § 3.

(3) « Hoc gallicae consuetudinis uti... mercatores in oppidis vulgus circumsistat quibusque ex regionibus veniant quasque ibi res cognoverint pronuntiare cogant. » (*De bello gallico*, IV, 5, § 2.)

(4) « Cenabum... cives romanos qui negotiandi causa ibi constiterant..., interficiunt, bonaque eorum diripiunt. » (*De bello gallico*, VII, 3, § 1.)

(5) « Ex oppido Cabillono educunt... qui negotiandi causa ibi constiterant. » (*De bello gallico*, VII, 42, § 5.)

(6) « Interfectis Novioduni custodibus quique eo negotiandi causa convenerant. (*De bello gallico*, VII, 55, § 5.)

nous pouvons signaler des *oppida* sont au nombre de vingt-cinq, savoir dix-neuf dans la Celtique : *Aedui*, *Ambarri*, *Arverni*, *Aulerci*, *Bituriges*, *Biri*, *Cadurci*, *Carnutes*, *Curiosolites*, *Elvetii*, *Esubii*, *Lexovii*, *Mandubii*, *Parisii*, *Pictones*, *Raurici*, *Senones*, *Sequani*, *Veneti*; six dans la Belgique : *Aduatuci*, *Bellovaci*, *Eburones*, *Nervii*, *Remi*, *Suessiones*, plus un peuple d'Aquitaine, les *Sontiates*.

Nous suivrons l'ordre alphabétique :

Aduatuci. Ils avaient des *oppida* dont César ne nous fait point connaître le nombre. L'auteur latin leur attribue aussi des *castella* qui seraient des points fortifiés d'une importance moindre. Ils abandonnèrent à l'ennemi tous leurs *castella* et même leurs *oppida*, à l'exception d'un qui était assez considérable pour que l'on ait pu, après plusieurs combats meurtriers dans l'un desquels quatre mille guerriers Aduatuques périrent, y faire encore cinquante-trois mille prisonniers. César donne des détails intéressants sur la double muraille de cette forteresse et parle deux fois des portes dont cette muraille était percée (1).

Aedui. Ce peuple possédait un nombre d'*oppida* qui n'est pas indiqué et dont quelques-uns furent pris par les *Helvetii* en 58 (2). Cependant il ne paraît pas que les Germains ou les *Sequani* en eussent enlevé aucun aux *Aedui* dans la guerre des années précédentes (3). Trois *oppida* des *Aedui* sont nommés par César ; ce sont *Bibracte*, *Cabillonum* et *Noviodunum*. — *Bibracte* était le plus important des trois : c'était même le plus grand, le plus riche, le mieux approvisionné de tous les *oppida* de ce peuple. Nous voyons le général romain à la poursuite des *Helvetii* se détourner de sa route dans l'espérance de trouver à Bibracte le froment nécessaire à la nourriture de ses soldats (4). Bibracte chez

---

(1) *De bello gallico*, II, 29-33; cf. p. 80, note 1.
(2) « Oppida expugnari non debuerint. » (*De bello gallico*, I, 11, § 3.)
(3) « Compulsos in oppida. » (*De bello gallico*, VII, 54, § 4.)
(4) « Cum exercitui frumentum metiri oporteret, et quod a Bibracte, oppido Aeduorum longe maximo et copiosissimo, non amplius passuum octodecim aberat..., Bibracte iri contendit. » (*De bello gallico*, I, 23, § 1.)

les *Aedui* semble avoir été une sorte de capitale (1) : quand en l'année 52, les *Aedui* abandonnent la cause romaine et se laissent entraîner dans le parti opposé dont Vercingétorix est le chef, un des faits principaux par lesquels le changement des esprits se manifeste est la réception à *Bibracte* de Litaviccus, partisan de Vercingétorix, et quelque temps auparavant obligé à se réfugier à Gergovie chez les Arvernes (2) ; Convictolitavis, magistrat suprême de la cité, c'est-à-dire vergobret, et une grande partie du sénat des Aedui viennent trouver Litaviccus à Bibracte ; c'est de là qu'ils envoient des ambassadeurs à Vercingétorix ; c'est là qu'on amène à Convictolitavis les otages que César s'était fait livrer par les peuples de la Gaule, comme garantie de leur fidélité (3) ; une assemblée générale de toute la Gaule y est convoquée et s'y réunit, et Vercingétorix y est élu général en chef (4) ; quelques mois après, César, vainqueur de Vercingétorix, prend, à *Bibracte*, ses quartiers d'hiver (5). — *Cabillonum* paraît avoir été moins important : quand les *Aedui* commencèrent à se tourner du côté de Vercingétorix, en 52, un de leurs premiers actes fut de chasser les négociants romains de l'*oppidum* de *Cabillonum* où ils s'étaient établis et de les massacrer en route (6) ; c'est aujourd'hui Châlon-sur-Saône. — *Noviodunum*, autre *oppidum* des *Aedui*, probablement Nevers, était en quelque sorte en 52 la capitale romaine de toute la Gaule ; César y avait placé ses approvisionnements de froment, la caisse centrale de l'armée, les chevaux achetés pour sa cavalerie, les otages qui lui garantissaient la fidélité des peuples vaincus ; des marchands romains s'y étaient installés ; une garnison protégeait le tout ; cette garnison fut massacrée par

---

(1) « Bibracti quod est oppidum apud eos maximae auctoritatis. » (*De bello gallico*, VII, 55, § 4.)
(2) *De bello gallico*, VII, 40, § 7.
(3) *Ibid.*, VII, 55, § 4, 6.
(4) *Ibid.*, VII, 63, § 5.
(5) *Ibid.*, VII, 90, § 8 ; VIII, 2, § 1.
(6) *Ibid.*, VII, 42, § 5, 6.

les Gaulois qui s'emparèrent de l'*oppidum* et de ce qu'il contenait, et livrèrent l'*oppidum* aux flammes (1).

Les *Ambarri*, clients des *Aedui*, avaient des *oppida* que les *Helvetii* attaquèrent pendant la campagne de l'année 58 (2).

Arverni. Chez eux était le fameux oppidum de *Gergovia* près Clermont-Ferrand, assiégé, pris par César en 52 ; César qualifie ordinairement cette localité d'*oppidum* ; mais il l'appelle aussi *urbs* (3).

Aulerci Eburovices. Ce peuple avait des *oppida* dont il fit fermer les portes en 56, quand il se prépara à la guerre contre les Romains (4).

Bellovaci. Dans la campagne de l'année 57, les *Bellovaci* paraissent avoir abandonné, sans aucun essai de résistance, leur territoire aux Romains, sauf l'*oppidum* de *Bratuspantium* où ils s'étaient réfugiés tous. Or ils pouvaient mettre cent mille hommes sous les armes (5), ce qui suppose une population de quatre cent mille âmes réunie dans l'enceinte de *Bratuspantium*. Mais probablement ils manquaient de vivres, aussi demandèrent-ils la paix, en sorte qu'en approchant, les Romains virent sur les remparts, au lieu de guerriers, des femmes et des enfants qui leur tendaient des mains suppliantes (6).

Bituriges. Ce peuple avait beaucoup d'*oppida* (7). César en nomme deux : *Avaricum* et *Noviodunum*. Il donne au premier non seulement la qualification d'*oppidum*, mais

---

(1) *De bello gallico*, VII, 55. César, *ibid.*, VII, 33, § 2 ; 90, § 7, mentionne deux autres localités dépendant des *Aedui*. C'est d'abord *Decetia* ; il y réunit, en 52, le sénat des *Aedui* et y tint une sorte d'assemblée générale de la cité. Il ne nous dit pas si *Decetia* était un *oppidum* ou un *vicus*. — La même observation peut être faite au sujet de *Matisco*, Mâcon, où une partie des troupes romaines prirent leurs quartiers d'hiver à la fin de l'année.

(2) *De bello gallico*, I, 11, § 4 ; 14, § 3.
(3) *Ibid.*, VII, 36, § 1 ; 47, § 4.
(4) *Ibid.*, III, 17, § 3.
(5) *Ibid.*, II, 4, § 5.
(6) *Ibid.*, II, 13, § 3.
(7) « Cum latos fines et complura oppida haberent. « (*De bello gallico*, VIII, 2, § 2.)

aussi celle de ville, *urbs;* c'était à peu près la plus belle de toute la Gaule. On évaluait à quarante mille personnes la population abritée derrière ses murs ; toutes, sauf huit cents, furent massacrées par les Romains irrités de leur révolte (1). Parmi les *oppida* des Bituriges, Avaricum ne méritait pas seul le titre d'*urbs;* plus de vingt autres, nous dit César, étaient des villes, *urbes*, et on fit le sacrifice de les brûler pendant la grande insurrection de l'année 52 (2). Malheureusement César ne nous dit pas le nom de ces vingt villes ou *oppida* des *Bituriges*, un seul excepté, qui s'appelait *Noviodunum* et dont les Romains s'étaient emparés au début de la campagne (3).

Boii. Ce petit peuple, dont l'établissement en Gaule date de l'année 58, avait un *oppidum* qui s'appelait *Gorgobina*. Vercingétorix voulut le prendre (4). César lui fit lever le siège (5).

Cadurci. Chez eux se trouvait l'oppidum d'*Uxellodunum*, qui était dans la clientèle de Lucterius c'est-à-dire dont les habitants étaient clients de ce chef gaulois lorsqu'il prit les armes contre les Romains, en l'année 51. Le continuateur de César raconte longuement comment cette place fut approvisionnée, assiégée, défendue et prise, et comment César, dont il vante la clémence politique, laissa la vie aux vaincus, mais ordonna de couper les mains à tous ceux d'entre eux qui avaient porté les armes, et fit ainsi de chacun d'eux un témoin de sa vengeance (6).

Carnutes. En l'année 51, terrifiés par l'annonce de la prochaine arrivée de César, ils abandonnent les *oppida* où ils s'étaient réunis, se dispersent dans les bois et finissent

---

(1) « Pulcherrimam prope totius Galliae urbem quae praesidio et ornamento sit civitati. » (*De bello gallico*, VII, 15, § 4 ; c. 28, § 4.)

(2) « Uno die amplius viginti urbes Biturigum incenduntur. » (*De bello gallico*, VII, 15, § 1.)

(3) *De bello gallico*, VII, 12, 13.
(4) *Ibid.*, VII, 9, § 6.
(5) *Ibid.*, VII, 12, § 1.
(6) *Ibid.*, VIII, 32-44.

par se réfugier chez les peuples voisins. César explique à ce propos que les *Carnutes* avaient un certain nombre d'*oppida*, qu'à la suite des revers subis par eux l'année précédente (1) ils en avaient abandonné une partie, s'étaient concentrés dans les autres et dans plusieurs *vici*, et habitaient fort à l'étroit de petites maisons construites à la hâte pour résister aux rigueurs de l'hiver (2). Il n'y a qu'un de leurs *oppida* dont le nom nous soit connu : *Cenabum*, où s'étaient établis des négociants romains dont le massacre donna le signal de la grande insurrection de l'année 52 (3). César, irrité, parut presque immédiatement sous les murs de *Cenabum*. Après en avoir fait brûler les portes, il pénétra avec son armée dans l'intérieur des fortifications. Pour venger les citoyens romains qui avaient été mis à mort dans cet *oppidum*, ses soldats massacrèrent non seulement les hommes, mais encore les femmes et les enfants. Après avoir enlevé le butin, les Romains livrèrent les maisons aux flammes (4). L'année suivante, César revint dans cet *oppidum* avec deux légions qu'il y fit camper. Les Gaulois avaient rebâti les maisons brûlées l'année précédente. Une partie des soldats s'y logea; les autres s'établirent dans des cabanes construites à la hâte (5).

Curiosolites. C'est un des trois peuples qu'en l'année 56 César nous montre fortifiant leurs *oppida* et y réunissant des approvisionnements de froment (6).

Eburones. Quand César, en l'année 53, eut entrepris de

---

(1) *De bello gallico*, VII, 11.

(2) « Desertis vicis oppidisque, quae tolerandae hiemis causa constitutis repente exiguis ad necessitatem aedificiis incolebant (nuper enim devicti complura oppida dimiserant), dispersi profugiunt. » (*De bello gallico*, VIII, 5, § 1.)

(3) *De bello gallico*, VII, 3, § 1; 17, § 7.

(4) « Oppidum diripit atque incendit. » (*De bello gallico*, VII, 11, § 9; cf. 28, § 4).

(5) « In oppido Carnutum *Cenabo* castra ponit atque in tecta partim Gallorum, partim quae collectis celeriter stramentis... erant inaedificata, milites compegit. » (*De bello gallico*, VIII, 5, § 2.)

(6) « Oppida muniunt... frumenta ex agris in oppida comportant. » (*De bello gallico*, III, 9, § 8; cf. 6, § 4; 8, § 3.)

détruire ce peuple obscur (1), qui lui avait infligé l'humiliation d'exterminer un corps de troupes de quinze cohortes ou d'une légion et demie, il ne trouva pas d'*oppidum* qui lui résistât (2). Il ne nomme qu'un de ces *oppida*, auquel il donne le titre de *castellum*; c'est *Aduatuca*, point central de la contrée. César y plaça ses bagages sous la garde d'une légion (3).

Elvetii, vulgairement *Helvetii*. Ce peuple possédait, comme les *Suessiones*, douze *oppida* qu'il brûla, croyant les abandonner pour toujours. César obligea les Helvetii d'y retourner et de les rebâtir; mais il ne nous donne les noms d'aucune de ces places fortes (4).

Esubii. C'est un des trois peuples que César nous montre fortifiant et approvisionnant leurs *oppida*, au commencement de la campagne de l'année 56 (5).

Lexovii. Ce peuple prit les armes contre les Romains en l'année 56; après avoir massacré tous les sénateurs qui s'opposaient à la guerre, les *Lexovii* fermèrent les portes de leurs *oppida* (6).

Mandubii. Chez eux était *Alesia*, place assez vaste pour renfermer les quatre-vingt mille soldats de Vercingétorix. C'est un des *oppida* que César appelle *urbs*. Tout le monde connaît l'histoire du siège célèbre de cette place, dont la prise rendit définitive la conquête de la Gaule (7).

Nervii. César vainqueur et leur ayant, prétend-il, tué cinquante-neuf mille cinq cents guerriers sur soixante mille qu'ils avaient, leur laissa leur territoire et leurs

---

(1) « Civitatem ignobilem atque humilem. » (*De bello gallico*, V, 28, § 1.) Sur le sens de ces mots, voyez ci-dessus, p. 37.

(2) « Non oppidum, non praesidium, quod se armis defenderet. » (*De bello gallico*, VI, 34.)

(3) « Impedimenta omnium legionum Aduatucam contulit. Id castelli nomen est. Hoc fere est in mediis Eburonum finibus. » (*De bello gallico*, VI, 32, § 3, 4.)

(4) *De bello gallico*, I, 5, § 2; 28, § 3.
(5) *Ibid.*, III, 9, § 8.
(6) *Ibid.*, III, 17, § 3.
(7) *Ibid.*, VII, 68-89.

oppida dont il ne s'est pas soucié de nous faire connaître les noms (1).

Parisii. Ils avaient un *oppidum* que les manuscrits des *Commentaires* de César appellent *Lutetia*. Les Gaulois y mirent eux-mêmes le feu (2). L'année précédente, César y avait réuni l'assemblée générale des Gaulois (3).

Pictones. Chez eux se trouvait l'*oppidum Lemonum*, où Duratius, partisan des Romains, fut inutilement assiégé en 51, par Dumnacus, chef des *Andecavi* (4).

Raurici. Entraînés par l'exemple des *Helvetii*, ils brûlent comme eux leurs *oppida* en 58 (5).

Remi. Lors de la coalition des Belges contre les Romains, en 57, les *Remi* offrent à César de recevoir ses troupes dans leurs *oppida* (6). César nous apprend le nom d'une de ces places fortes : c'est *Bibrax*. Les Belges coalisés assiégèrent cet *oppidum* ; mais l'arrivée du général romain les contraignit à battre en retraite (7). Plus bas, César nous parle d'une autre localité située chez les *Remi*, *Durocortorum*, où il tint une assemblée générale de la Gaule en 53. Mais il ne nous dit pas si c'était un *oppidum* ou un simple *vicus* (8).

Senones. En 53, Acco qui s'est mis à la tête de la résistance contre les Romains chez les *Senones*, ordonne à la multitude de se réunir dans les *oppida* (9); mais l'arrivée rapide de César empêcha la réalisation de cette mesure. Les *Commentaires* nous font connaître les noms de trois

---

(1) *De bello gallico*, II, 28.
(2) « Lutetiam..., oppidum Parisiorum quod positum est in insula fluminis Sequanae... Lutetiam incendi pontesque ejus oppidi rescindi jubent. » (*De bello gallico*, VII, 57, § 1; 58, § 8.) Les manuscrits de l'*Itinéraire d'Antonin* offrent *Luticia*, *Lutecia*, *Lutitia*, *Lotica*.
(3) *De bello gallico*, VI, 3, § 4.
(4) *Ibid.*, VIII, 26, 27.
(5) *Ibid.*, I, 5, § 4.
(6) « Oppidis recipere. » (*De bello gallico*, II, 3, § 3.)
(7) *De bello gallico*, II, 6, 7.
(8) *Ibid.*, VI, 44, § 1.
(9) « Jubet in oppida multitudinem convenire. » (*De bello gallico*, VI, 4, § 1.)

de ces *oppida* : 1° *Melodunum*, ou en adoptant une autre leçon, *Metiosedum*, dans une île de la Seine; Labienus s'en empara dans la campagne de l'année 52 (1); 2° *Vellaunodunum*, pris par César dans la même campagne, après un siège de trois jours (2); 3° *Agedincum* auquel les *Commentaires* ne donnent ni la qualification d'*oppidum*, ni celle de *vicus*, mais qui doit avoir été un *oppidum* important, puisqu'en 53 six légions y prirent leurs quartiers d'hiver (3) et puisqu'en 52 nous voyons César y laisser deux légions et tout le bagage de l'armée romaine (4).

Sequani. En 58, au moment où César entreprit sa campagne contre Arioviste, tous leurs *oppida* étaient au pouvoir du roi germain (5). Voilà du moins ce que César rapporte, et par une contradiction singulière il nous montre, quelques lignes plus loin, Arioviste s'avançant avec ses troupes pour aller occuper *Vesontio*, le principal *oppidum* des *Sequani* où se trouvait un grand approvisionnement de munitions de guerres. César prévient Arioviste, s'empare de *Vesontio*, y met garnison et y reste plusieurs jours (6).

Sontiates, peuple de l'Aquitaine; son *oppidum* fut pris par Crassus, en 56 (7).

Suessiones. Ils avaient, comme les *Helvetii*, douze *oppida* (8). Un s'appelait *Noviodunum* ; César l'assiégea en 57 ; il fait remarquer que le fossé était large et le mur élevé, cependant les défenseurs effrayés se rendirent (9).

Veneti. Ce peuple est, en 56, à la tête de l'insurrection des cités armoricaines. Il fortifie ses *oppida* et y transporte

---

(1) *De bello gallico*, VII, 58. Cf. 60, 61.
(2) *Ibid.*, VII, 11, § 1.
(3) *Ibid.*, VI, 44, § 3.
(4) *Ibid.*, VII, 10, § 4; 57, § 1; 62, § 10. Cf. 59, § 4.
(5) « Qui intra fines suos Ariovistum recepissent, quorum oppida omnia in potestate ejus essent. » (*De bello gallico*, I, 32, § 5.)
(6) *De bello gallico*, I, 38.
(7) *Ibid.*, III, 21, 22.
(8) *Ibid.*, II, 4, § 8.
(9) *Ibid.*, II, 12.

des approvisionnements de froment (1). La plupart de ces *oppida* étaient situés sur le bord de la mer, dans des presqu'îles qui devenaient inaccessibles lorsque la marée montait (2). Quand la guerre commença, les habitants se réfugièrent chacun dans les *oppida* les plus rapprochés (3) ; César en prit plusieurs (4). Puis les *Veneti* furent vaincus dans une bataille navale, alors ils reconnurent qu'ils ne pouvaient plus défendre leurs *oppida* et la résistance cessa (5).

C. — Aedificia.

Outre les *vici* et les *oppida*, les Gaulois possédaient des *aedificia* épars dans la campagne. La distinction est nettement apparente dans un grand nombre de passages des *Commentaires*; par exemple à propos des *Helvetii* (6), des *Menapii* (7). Le plan de campagne de Vercingétorix en 52 applique cette distinction à la Gaule entière; il a pour objet de réduire les Romains par la famine : « Il faut brûler les *vici* et les *aedificia* où l'ennemi pourrait trouver du fourrage, il faut brûler les *oppida* quand on n'est pas sûr de les empêcher de tomber entre les mains de l'ennemi avec les approvisionnements qu'ils contiennent (8). »

Parmi les *aedificia* on peut distinguer deux catégories : la première comprend les maisons de maître, les habita-

---

(1) *De bello gallico*, III, 9, § 8.
(2) *Ibid.*, III, 12, § 1.
(3) « Seque in proxima oppida recipiebant. » (*De bello gallico*, III, 12, § 4.)
(4) « Compluribus expugnatis oppidis. » (*De bello gallico*, III, 14, § 1.)
(5) « Neque quemadmodum oppida defenderent, habebant. » (*De bello gallico*, III, 16, § 3.)
(6) Oppida sua omnia numero ad duodecim, vicos ad quadringentos, reliqua privata aedificia incendunt. » (*De bello gallico*, I, 5, § 2.)
(7) « Ad Rhenum pervenerunt, quas regiones Menapii incolebant, et ad utramque ripam fluminis agros, aedificia vicosque habebant. » (*De bello gallico*, IV, 4, § 3.)
(8) « Vicos atque aedificia incendi oportere..., quo pabulandi causa adire posse videantur... praetera oppida incendi oportere, quae non munitione et loci natura ab omni sint periculo tuta. » (*De bello gallico*, VII, 14, § 5, 9.)

tions qui ont précédé les châteaux modernes. Le château ne se conçoit pas aujourd'hui sans ce qu'on appelle un parc, un bosquet. Il en était de même au premier siècle avant notre ère, quand César fit la conquête de la Gaule ; il nous le raconte à propos de la tentative inutile qu'il fit en 53 pour s'emparer de la personne d'Ambiorix, chef des *Eburones* : Ambiorix fut surpris par un parti de cavalerie que César envoyait à sa recherche dans un *aedificium* entouré d'un bois, « comme sont, » ajoutent les *Commentaires*, « presque toutes les demeures des Gaulois (1), » lisons : des membres de l'aristocratie gauloise.

D'autres *aedificia* étaient des bâtiments d'exploitation habités par des cultivateurs. Quand César, en 51, fit sa dernière expédition contre les *Bellovaci*, il envoya en avant des éclaireurs et ceux-ci lui rapportèrent que dans les *aedificia* ils avaient trouvé peu de monde ; les *Bellovaci* qu'ils avaient rencontrés dans les *aedificia* n'étaient pas des ouvriers agricoles restés pour cultiver les champs, ceux-là étaient partis, et dans les *aedificia* il n'y avait que des émissaires envoyés pour espionner les Romains (2).

Dans ces *aedificia* étaient logés non seulement les ouvriers employés à la culture, mais aussi, avec eux, les bestiaux et les récoltes. Quand, en 51, César vient à l'improviste attaquer les *Bituriges*, sa cavalerie surprend les habitants des campagnes avant qu'ils n'aient pu se réfugier dans les *oppida* (3). Et comment ce résultat a-t-il été obtenu? César avait défendu à ses soldats de mettre le feu aux *aedificia*. De là double avantage ; les incendies ne prévenaient pas la population de l'approche des Romains, et les approvisionnements contenus dans les

---

(1) « Aedificio circumdato silva, ut sunt fere domicilia Gallorum. » (*De bello gallico*, VI, 30, § 3.)

(2) « Paucos in aedificiis esse inventos, atque hos non qui agrorum colendorum causa remansissent (namque esse undique diligenter demigratum), sed qui speculandi causa essent remissi. » (*De bello gallico*, VIII, 7, § 3.)

(3) « Accidit... ut sine timore ullo rura colentes prius ab equitatu opprimerentur quam confugere in oppida possent. » (*De bello gallico*, VIII, 3, § 1.)

aedificia donnaient à César l'assurance que les chevaux trouveraient le fourrage nécessaire, ses soldats le froment dont ils avaient besoin (1). Ordinairement César faisait la guerre d'une tout autre façon; il avait pour ses soldats des approvisionnements préparés d'avance ou fournis par les alliés; il trouvait dans les champs et les prés la nourriture de ses chevaux : il n'avait par conséquent aucune raison pour ménager les *aedificia* de l'ennemi.

En 56, César dévaste tous les champs des *Morini* et des *Menapii*; il brûle leurs *vici* et leurs *aedificia* (2). L'année suivante les *Menapii* reprennent les armes; deux lieutenants de César saccagent leurs champs, coupent leur froment, brûlent leurs *aedificia* (3). Cette opération est renouvelée contre le même peuple en 53 : César brûle les *aedificia* et les *vici* des *Menapii* et leur prend une grande quantité de bestiaux et d'hommes (4). Les *Eburones* subissent aussi ce dur traitement : tous les *vici* et tous les *aedificia* que l'armée romaine trouve sur sa route sont brûlés (5).

Quand les Gaulois faisaient la guerre aux Gaulois ils procédaient avec la même rigueur : en l'année 57, les *Remi* refusèrent de prendre part à la coalition des Belges contre les Romains; l'armée confédérée se mit à dévaster les champs des *Remi*, à brûler leurs *vici* et leurs *aedificia* (6).

Ces *aedificia* de la Gaule jouent dans l'histoire militaire un rôle identique à celui des *villae* de l'Italie et des autres

---

(1) « Namque etiam illud vulgare incursionis hostium signum, quod incendiis aedificiorum intellegi consuevit, Caesaris erat interdicto sublatum, ne aut copia pabuli frumentique, si longius progredi vellet, deficeretur, aut hostes incendiis terrerentur. » (*De bello gallico*, VIII, 3, § 2.)

(2) « Vastatis omnibus eorum agris, vicis aedificiisque incensis. » (*De bello gallico*, III, 29, § 3.)

(3) « Omnibus eorum agris vastatis, frumentis succisis, aedificiis incensis. » (*De bello gallico*, IV, 38, § 3.)

(4) « Aedificia vicosque incendit, magno pecoris atque hominum numero potitur. » (*De bello gallico*, VI, 6, § 1.)

(5) « Omnes vici atque omnia aedificia, quae quisque conspexerat, incendebantur. » (*De bello gallico*, VI, 43, § 2.)

(6) « Agros Remorum depopulati, omnibus vicis aedificiisque, quos adire potuerant, incensis. » (*De bello gallico*, II, 7, § 3.)

parties de l'empire romain. Ainsi, à la fin du troisième siècle avant notre ère, quand Annibal porta la guerre en Italie, une partie de la péninsule était déjà couverte de *villae* : Tite-Live nous montre le général carthaginois campé sur les bords du Vulturne; la partie la plus séduisante de la campagne italienne est en flammes; de distance en distance on voit la fumée des *villae* incendiées (1); c'était en l'année 217 avant notre ère. Deux ans après un consul voulant affamer l'ennemi enjoint de rentrer les froments dans les places fortes, avant le 1ᵉʳ juin; en cas d'inexécution de cet ordre, il dévastera les champs, saisira et fera vendre les esclaves, brûlera les *villae* (2). Un siècle et demi plus tard, une autre guerre moins flatteuse pour la vanité des vainqueurs du monde vient porter la terreur dans Rome : presque à ses portes, le gladiateur Spartacus tient tête aux légions; il ne se contente pas de dévaster les *villae* et les *vici* (3); il s'attaque aux *urbes*; ceci se passait en l'année 73 avant J.-C. De même dans l'Afrique romanisée, lorsque la guerre civile y porta la dévastation dans les années 47 et 46, on brûlait les *villae*; cet acte de guerre était inséparable de la dévastation des champs, de la destruction des *oppida* (4).

Au premier siècle de notre ère, quand de barbare la Gaule est devenue romaine, les *villae* ont en Gaule remplacé les *aedificia*. Tacite, racontant la guerre de l'année 70, fait briller à nos yeux le feu des *villae* incendiées qui annonce l'arrivée d'une armée victorieuse (5); c'était près de la rive gauche du Rhin, à peu de distance de Cologne. Il

---

(1) « Exurebatur amoenissimus Italiae ager, villaeque passim incendiis fumabant. » (Tite-Live, XXII, 14.)

(2) « Villas incensurum. » (Tite-Live, XXIII, 32.)

(3) « Nec villarum atque vicorum vastatione contenti. » (Florus, livre II, c. 8, ou III, c. 20. Edition d'Otto Iahn, p. 86, l. 22.)

(4) « Villas exuri, agros vastari... oppida castellaque dirui. » (*De bello africano*, c. 26.)

(5) « Vastatione incendiisque flagrantium villarum venire victorem exercitum intellegebatur. » (*Historiae*, IV, 34.)

y avait alors des *villae* jusque dans l'île des Bataves ; Civilis en possédait, et quand, en 71, Cerialis alla saccager ce pays, il épargna les *villae* de Civilis, pour rendre le chef ennemi odieux à ses concitoyens (1). A cette époque, en Gaule, les fortunes privées n'étaient plus exclusivement mobilières : ainsi qu'à Rome la *villa*, et le *fundus* ou la terre que la *villa* suppose, en étaient la base principale, comme le dit Horace environ dix ans avant notre ère :

Vos sapere et solos aio bene vivere, quorum
Conspicitur nitidis fundata pecunia villis (2).

Dès le début du premier siècle de notre ère, les *aedificia*, habitation des chefs gaulois chez César, ont été transformés en *villae*. Sacrovir a poussé les *Aedui* à la révolte ; il s'est emparé d'Augustodunum, c'est-à-dire de la « forteresse d'Auguste, » d'Autun, ville alors nouvelle dont le nom même est un témoignage de la grande révolution qui s'est produite, ville qui déjà possède des écoles où les fils des nobles gaulois se transforment en Romains ; il est vaincu ; il gagne dans sa fuite une *villa* près d'Autun et c'est là qu'il se donne la mort, l'an 21 de notre ère (3). Un demi-siècle plus tard, Julius Sabinus aussi malheureux que Sacrovir veut échapper à la mort ; il se rend dans une *villa* du pays des *Lingones*, y met le feu et s'enfuit : on croira, pense-t-il, qu'il a péri dans les flammes (4).

La *villa* où Sacrovir va se tuer, en 21, comme celle où se réfugiera, en 71, Julius Sabinus, remplace, grâce à la civilisation gallo-romaine, l'*aedificium*, demeure ordinaire des membres de l'aristocratie gauloise soixante-treize ans avant le suicide de Sacrovir. En l'an 53 avant notre ère,

---

(1) « Agros villasque Civilis intactas nota arte ducum sinebat. » (Tacite, *Historiae*, V, 23.)

(2) Horace, *Epist.*, livre I, 15, v. 45, 46.

(3) « Sacrovir primo Augustodunum, dein metu deditionis in villam propinquam cum fidissimis pengit. Illic sua manu, reliqui mutuis ictibus occidere. » (Tacite, *Annales*, III, 46.)

(4) « Sabinus... villam, in quam perfugerat, cremavit. » (Tacite, *Historiae*, IV, 67.)

les soldats romains qui venaient tuer Ambiorix le surprirent dans une maison ronde, construite en charpente et en osier (1), couverte de paille; un bois entourait cette maison (2), bâtie sur un sol qui, théoriquement au moins, était la propriété du peuple des Eburons. Au siècle suivant la *villa* du chef gaulois s'élève au milieu d'une vaste pièce de terre, d'un *fundus* qui lui appartient et que ses clients et vassaux cultivent; des constructions rectangulaires en maçonnerie, couvertes en tuiles, commencent à remplacer les maisons circulaires de bois à toit de chaume conique qu'habitaient les Gaulois au temps de l'indépendance.

Fundus et *villa* sont deux termes corrélatifs. *Fundus* est la portion du sol qui forme une exploitation agricole appartenant à un propriétaire déterminé. *Villa* est le groupe des bâtiments où le propriétaire du *fundus* se loge et qui servent à l'exploitation. Il n'y a pas de *villa* sans *fundus*, ni de *fundus* sans *villa*. Supprimez la *villa*, le *fundus* est réduit à l'état d'*ager* ou de *locus*. Supprimez le *fundus*, la *villa* n'est plus qu'un *aedificium* (3).

La division du sol de l'empire en cités, subdivisées en *pagi*, formant eux-mêmes un certain nombre de *fundi*, tel est le principe fondamental du cadastre qui, sous l'empire romain, servait de base à l'impôt foncier : « *Forma cen-*

---

(1) Τοὺς δ'οἴκους, ἐκ σανίδων καὶ γέρρων ἔχουσι μεγάλους θολοειδεῖς, ὄροφον πολὺν ἐπιβάλλοντες (Strabon, livre IV, ch. IV, § 3, édit. Didot, p. 163-164). Casas quae more gallico stramentis erant tectae. (*De bello gallico*, V, 43, § 1.)

(2) Caesar, *De bello gallico*, VI, 30, § 3 : « aedificio circumdato silva. »

(3) Voir les citations d'Ulpien et de Florentinus réunies au Digeste (livre L, titre XVI, lois 27, 60, 211) : « Ager est locus qui sine villa est. Locus non est fundus, sed portio aliqua fundi. Fundus autem integrum aliquid est, et plerumque sine villa locum accipimus. Locus... sine aedificio rure... ager appellatur; idemque ager cum aedificio fundus dicitur. » — Il y a, dans le diplôme n° 25 de Tardif, p. 20, col. 2 (689-690), un passage conforme à la définition légale : « Locus non est fundus sed portio aliqua fundi. » Voici le texte mérovingien : « In loco qui dicitur Siliacos qui fuit Arulfo quondam et ibidem usque nunc ad ipso Latiniaco aspexit. » Les bâtiments construits sur le *fundus Siliacus* ont été détruits, et ce *fundus* a été réuni au *fundus Latiniacus* de manière à ne former avec lui qu'une seule exploitation rurale : en conséquence, le *fundus Siliacus* n'a plus été qu'un *locus*.

suali cavetur, ut agri sic in censum referantur : nomen fundi cujusque, et in qua civitate, et in quo pago sit, et quos duos proximos habeat (1). » Ulpien, à qui nous empruntons ce texte, est mort en 228. Mais le principe énoncé par ce juriconsulte est beaucoup plus ancien que lui. La *Table alimentaire de Veleia*, qui remonte à l'année 104 de notre ère, est rédigée conformément à la règle qu'énonce Ulpien : « *C. Volumnius Memor et Volumnia Alce... professi sunt fundum Quintiacum-Aurelianum... qui est in Veleiate pago Ambitrebio, adfinibus M. Mummeio Persico, Satrio Severo et populo.* »

La division du sol de la Gaule en *fundi* date évidemment de l'introduction du cens commencée par Auguste en l'an 27 avant notre ère. Dès que les *pagi* gaulois, chacun propriété collective d'un peuple, furent subdivisés en *fundi*, les *aedificia* que César avait trouvés en Gaule épars dans l'*ager* des divers peuples se transformèrent en *villae*. De ces *villae*, celle qui est le plus anciennement signalée par un texte est celle de Sacrovir sous Tibère, l'an 21 de notre ère. Mais on doit croire que la plupart des noms de lieu en *-acus* remontent à l'époque où la politique d'Auguste imposa aux Gaulois les institutions financières de Rome, par conséquent la théorie du *fundus* qui n'en peut être séparée (2) ; ordinairement les noms de lieu en *-acus* proviennent de gentilices quand un *i* précède le suffixe ; ils dérivent de *cognomina* dans le cas contraire. Ces gentilices et ces *cognomina* sont ceux du premier propriétaire, qui avait pris un gentilice quand il avait obtenu droit de cité romaine, qui se contentait d'un *cognomen* quand il était resté barbare.

---

(1) Ulpien, *De censibus*, III ; au Digeste, L, xv, 4 ; cf. Mommsen et Marquardt, *Handbuch der römischen Alterthümer*, 2e édit., t. V, p. 221.

(2) Auguste fit un premier recensement de la *Gallia Comata* (Aquitaine, Celtique, Belgique) en l'an 27 avant J.-C. Voir plus haut, p. 7, 8. Un second recensement eut lieu en Gaule sous son règne par les soins de Drusus, 12-8 avant Jésus-Christ. Voir les textes réunis par M. E. Desjardins, *Géographie politique et administrative de la Gaule romaine*, t. III, p. 185.

Les noms composés dont le second terme est *villa*, *cortis*, *vallis*, *mons*, appartiennent à un autre âge. Ils datent de la conquête germanique; leur premier terme est le nom du propriétaire barbare qui a fondé la *cortis* ou la *villa*, qui s'est construit une habitation sur le *mons* ou dans la *vallis*. Au septième siècle, où ces noms commencent à paraître dans les chartes, il n'est plus question du *census* romain ni des *fundi*; à l'ordre politique nouveau correspondent des noms géographiques formés d'après des lois linguistiques nouvelles. Ils sont les monuments de la civilisation qui a succédé à la civilisation romaine, mais de celle-ci les noms de lieux en -*acus* ne sont pas les moindres débris (1).

A la même époque, dans les chartes mérovingiennes du septième et du huitième siècle, et, plus tard, dans les chartes carlovingiennes, en Gaule, l'ancien nom du *fundus* persiste souvent, avec sa désinence masculine, associé au mot *villa*, avec lequel il ne s'accorde point; exemple : *villa Latiniaco*, dans un diplôme de Thierry III, 688-689 (2); *villa cui vocabulum est Prisciniacus*, dans un acte de 682 ou 683 (3); *villa quae dicitur Masciacus*, dans un diplôme de Louis le Débonnaire en 820 (4). Mais, en Italie, les chartes de Ravenne, à la même époque, attestent par de nombreux exemples le maintien de l'usage romain : *Fundus*

---

(1) Les imitations barbares du procédé romain, comme *Teodeberciacus* ou *Landericiacae* (sous-entendu *villae*), doivent être soigneusement démêlées des formations antiques. Il y a un point sur lequel le procédé linguistique employé par les Germains est identique à celui dont les Romains avaient fait usage avant eux : les uns et les autres ont emprunté au peuple vaincu le dernier élément du nom de lieu. Dans le composé *Bougi-val*, par exemple, à l'époque mérovingienne, *Baudechisilo-vallis*, chez Tardif, *Monuments historiques*, p. 32, col. 2 (acte de l'année 697), le dernier terme *vallis* est latin, tandis que le premier terme est francique. Ainsi, dans le dérivé *Quintiacus*, qui remonte à l'empire romain et dont un exemple a été conservé par un texte du deuxième siècle de notre ère, le dernier élément est le suffixe gaulois -*aco-s*, tandis que le premier élément est le mot latin *Quinctius*.

(2) Tardif, *Monuments historiques*, p. 20.
(3) Tardif, *ibid.*, p. 19.
(4) Tardif, *ibid.*, p. 80.

Antonianus (1), *fundus Flavinianus* (2), *fundorum corum vocabula sunt Valliano...* (3). En France, on aurait dit : *villa Antoniacus, villa Flaviniacus, villarum quorum vocabula sunt Valliaco...* Le mot *fundus* appartient à la langue financière de l'administration romaine, et, à Ravenne, cette administration a duré plus longtemps qu'en France : la prise de Ravenne par les Lombards ne date que du milieu du huitième siècle ; or c'est dès le cinquième siècle qu'en Gaule les Burgundes, les Goths et les Francs se sont établis sur les ruines de l'Empire Romain ; voilà pourquoi on a continué à se servir du terme administratif romain *fundus* dans les actes, à Ravenne, longtemps après qu'en France, ce mot était tombé en désuétude.

(1) Fantuzzi, *Monumenti Ravennati*, p. 57, acte du temps de l'archevêque Honestus, 971-983.

(2) *Ibid.*, p. 63, acte du temps de l'archevêque Sergius, 752-770.

(3) *Ibid.*, p. 102, acte de l'année 903. On peut aussi comparer au *fundo qui vocatur savinianum*, d'une charte de Ravenne en 955 (Fantuzzi, p. 136), la formule *in villa Saviniaco* du cartulaire d'Ainay, à Lyon, en 989 (Aug. Bernard, *Cart. de Savigny*, t. II, p. 632).

CHAPITRE V.

PREUVES DU CARACTÈRE PRÉCAIRE DE LA POSSESSION DU SOL PAR LES PARTICULIERS DANS LA GAULE BARBARE, AU MOMENT OU CÉSAR EN FIT LA CONQUÈTE (58-51 av. J.-C.).

Sommaire :

§ 1. Position de la question. — § 2. La propriété foncière individuelle n'existait pas encore chez les Gaulois d'Italie à la fin du troisième siècle avant Jésus-Christ. — § 3. La propriété foncière individuelle est inconciliable avec l'émigration des *Helvetii* l'an 58 avant Jésus-Christ. — § 4. La propriété foncière individuelle est inconciliable avec l'établissement des *Boii* dans le territoire des *Aedui*. — § 5. L'absence de propriété foncière individuelle en Gaule explique le système particulier de communauté entre époux que César constate chez les Gaulois. — § 6. Objection tirée d'un passage de César où il est question de la juridiction des druides. — § 7. Conclusion. L'*ager publicus* romain et l'*ager publicus* gaulois. La propriété bâtie en Gaule pendant la guerre de la conquête.

§ 1er. — *Position de la question.*

Il a été dit plus haut qu'à l'époque où la Gaule a été conquise par César, la propriété rurale dans ce pays était restée collective. Cette doctrine a besoin d'être précisée. Le terme de *propriété collective* a le défaut d'être moderne, et, pour rendre avec netteté les croyances et les institutions des anciens, il faut ou se servir de périphrases, ou conserver les expressions reçues dans l'antiquité. Ce qu'on doit entendre, c'est qu'en général chaque peuple gaulois avait sur tout son territoire un droit analogue à celui du peuple romain sur l'*ager publicus*; c'est qu'ordinairement en Gaule, vers le milieu du premier siècle avant notre ère, le particulier qui jouissait d'une portion plus ou moins considérable du sol de sa cité détenait cette portion à titre précaire. Il se trouvait légalement dans une situation analogue à celle des patriciens et des nobles romains qui, après avoir occupé des parcelles plus ou moins étendues de l'*ager publicus*, en furent expulsés en partie par les lois agraires, quand ces lois déterminèrent le maximum de la fraction de l'*ager publicus* qu'un particulier pouvait posséder.

§ 2. — *La propriété foncière individuelle n'existait pas encore chez les Gaulois d'Italie à la fin du troisième siècle avant Jésus-Christ.*

Le plus ancien texte que nous ayons sur la constitution de la propriété chez les Gaulois appartient à Polybe (livre II, chap. XVII, § 11). C'est un des traits de la description, que le grand historien nous fait, des mœurs apportées par les Gaulois dans les régions voisines du Pô quand, dit-il, ils vinrent s'y établir après la chute de la domination étrusque en Campanie. On sait que la domination étrusque en Campanie cessa vers la fin du cinquième siècle avant Jésus-Christ. Il est clair, donc, que Polybe, dans le passage en question, veut parler des Gaulois d'Italie au commencement du quatrième siècle avant notre ère. Mais cette peinture est empruntée par le célèbre auteur grec à un historien de la fin du troisième siècle. Les écrivains grecs du quatrième siècle ne sont pas ici la source de Polybe. Au quatrième siècle, les Grecs connaissaient fort mal l'Italie du Nord : Héraclide de Pont, disciple d'Aristote, croyait que Rome était une ville grecque, et il confond avec les Hyperboréens de la mythologie les Celtes qui prirent cette ville en 390 (1).

La source probable de Polybe dans le passage dont il

---

(1) Plutarque, *Camille*, XXII, 2.

s'agit est le grand ouvrage que Fabius Pictor avait composé et qui est connu sous le titre latin de *Graecae historiae* ou *Graeci annales*. Cet ouvrage connu de Polybe, qui le cite plusieurs fois (1), était postérieur de près de deux siècles à la conquête de l'Italie du Nord par les Gaulois ; il datait de la fin du troisième siècle, et les mœurs gauloises qui s'y trouvaient dépeintes étaient par conséquent celles de la fin du troisième siècle. Fabius Pictor, qui vécut de 254 à 200 environ avant Jésus-Christ, avait pris part à une campagne des troupes romaines dans la Gaule cisalpine, en 225 (2) : il pouvait donc parler en connaissance de cause des habitants de cette région.

Or, voici en quels termes le texte dont nous parlons, et qui doit être emprunté à Fabius Pictor, nous fait connaître la constitution de la propriété individuelle chez les Gaulois d'Italie. Polybe vient de dire que les villages habités par ces Gaulois n'étaient pas clos de murs, que leur genre de vie était d'une simplicité extrême. Il continue : « La fortune de chacun d'eux consistait en troupeaux et en or, parce que ces objets seuls peuvent facilement, quand les circonstances l'exigent, être emmenés partout et changés de place à volonté (3). » Ainsi, chez les Gaulois d'Italie au troisième siècle, la fortune immobilière était inconnue aux particuliers. Si les Gaulois d'Italie n'avaient pas organisé à leur profit, dans ce pays nouvellement conquis, la propriété individuelle du sol, c'est qu'ils n'avaient point apporté de leur pays d'origine la notion de cette propriété.

---

(1) Polybe, livre I, ch. xiv, § 1, dit que ses sources, pour la première guerre punique, sont Philinos [auteur sicilien] et Fabius [Pictor]. Il s'est encore servi de Fabius Pictor pour la deuxième guerre punique, comme on le voit au livre III, ch. viii et ix (éd. Didot. p. 10, 125). Le texte concernant les mœurs des Gaulois se trouve entre le récit de la première guerre punique et celui de la deuxième (éd. Didot, p. 80).

(2) Hermann Peter, *Veterum historicorum romanorum relliquiae*, p. LXIX et suiv.

(3) Ὕπαρξίς γε μὴν ἑκάστοις ἦν θρέμματα καὶ χρυσὸς διὰ τὸ μόνα ταῦτα κατὰ τὰς περιστάσεις ῥᾳδίως δύνασθαι πανταχῇ περιαγαγεῖν καὶ μεθιστάναι κατὰ τὰς αὐτῶν προαιρέσεις (Polybe, livre II, ch. xvii, § 11).

En règle générale, un peuple qui vient s'établir par la conquête et la colonisation dans un pays, y importe sa législation. Les Anglais et les Français des derniers siècles et du siècle courant ont introduit en Amérique et en Afrique la théorie juridique de la propriété individuelle du sol, telle qu'ils la concevaient dans leur patrie. Ils ont, les uns et les autres, constitué dans leurs colonies, la propriété immobilière suivant les règles usitées dans leur pays d'origine.

Mais les Gaulois n'ont pas apporté en Italie la théorie de la propriété individuelle du sol ; près de deux siècles après leur arrivée en Italie, cette théorie leur faisait encore défaut. Donc, à la date où ils sont venus s'établir en Italie, c'est-à-dire au commencement du quatrième siècle avant notre ère, ils n'avaient pas cette théorie. Ainsi, au commencement du quatrième siècle, les Gaulois qui de Germanie et de Gaule vinrent conquérir l'Italie septentrionale ne pratiquaient pas la propriété individuelle du sol. La pratiquaient-ils en Gaule à l'époque de César, trois siècles et demi plus tard ? On doit, ce semble, répondre à peu près négativement à cette question, et il y a pour cela plusieurs raisons.

§ 3. — *La propriété foncière individuelle est inconciliable avec l'émigration des* Helvetii *l'an 58 avant J.-C.*

D'abord l'émigration des *Helvetii* en l'an 58 avant notre ère ne peut s'accorder avec la propriété individuelle du sol.

L'assemblée générale des *Helvetii* décide que toute la population helvétique, au nombre de deux cent soixante-trois mille âmes, abandonnera sa patrie et ira s'établir à l'autre extrémité de la Gaule, sur les bords de l'Océan (1). Si l'assemblée générale des *Helvetii* prend cette résolution, ce

---

(1) *De bello gallico*, I, 2, 3, 5, 28, 29.

n'est point par contrainte ; ce n'est pas qu'un ennemi plus puissant chasse les *Helvetii* de leur patrie ; en effet, quand ils en furent partis, personne ne vint les y remplacer. Non ; ils espèrent trouver ailleurs un territoire plus fertile et satisfaire leur goût pour les aventures glorieuses (1).

Ce n'est pas un entraînement passager. La décision est prise en l'année 61 ; trois ans sont consacrés aux préparatifs (2). Puis, en 58, les *Helvetii* partent (3), et, si l'armée romaine ne se fût portée à leur rencontre, ils ne seraient pas rentrés dans leur pays. Les *Helvetii* perdirent, dans la lutte contre César, plus des deux tiers de leur effectif, et ce fut alors seulement que les survivants se décidèrent à rentrer dans le pays qu'ils avaient abandonné (4).

Se figure-t-on le conseil général d'un département français, fût-ce un des moins fertiles (la Lozère ou les Hautes-Alpes), votant l'émigration en masse de ses habitants, par exemple en Afrique, la population exécutant cette décision et le département abandonné restant vide d'habitants ? Le droit de propriété tel que nous l'entendons et l'attachement de chaque propriétaire pour le lambeau de terre qu'il possède serait un obstacle insurmontable à cette résolution étrange et à son exécution. Le Français qui aujourd'hui quitte son pays pour aller s'établir en Algérie ou à l'étranger, n'est à peu près jamais propriétaire foncier. D'ordinaire, le paysan français n'émigre point, et c'est parce qu'il est propriétaire de champs ; le paysan français qui, par exception, transporte son domicile en Algérie, ne se décide à prendre ce grand parti qu'après s'être ruiné. Si le paysan anglais, part facilement pour les Etats-Unis ou pour l'Australie c'est parce qu'il ne possède aucun immeuble et qu'aucun lien ne l'attache au sol qu'il cultive, pauvre et mécontent, dans l'intérêt d'autrui.

(1) *De bello gallico*, I, 2, 10.
(2) Ce chiffre de trois ans paraît attester l'usage de l'assolement triennal.
(3) *De bello gallico*, I, 2, 3, 6, 8.
(4) *Ibid.*, I, 29.

§ 4. — *La propriété foncière individuelle est inconciliable avec l'établissement des* Boii *dans le territoire des* Aedui.

Le second fait que nous avons à expliquer est l'installation des *Boii* dans une portion du territoire des *Aedui*. Ces *Boii* appartenaient à la grande nation de ce nom, établie à l'est du Rhin, principalement entre le Danube et les Alpes. Au nombre de trente-deux mille (hommes, femmes et enfants), ils avaient pris part à l'expédition des *Helvetii* en Gaule, et, défaits comme eux par César, ils avaient perdu, comme leurs compagnons de guerre, un peu plus des deux tiers de leur effectif : leur nombre devait être réduit à environ dix mille âmes. César avait décidé que les vaincus devaient retourner chacun chez eux : les *Boii* étaient donc condamnés à regagner les régions transrhénanes.

Mais les *Aedui* ne consentirent pas à les laisser partir : ils voulurent profiter de l'occasion pour augmenter le nombre de leurs clients et pour donner à leur puissance en Gaule une base plus solide. Avec l'autorisation du général romain, ils établirent dans une portion de leur territoire ces *Boii* vaincus, leur permirent de s'y organiser en une cité, en un petit Etat dépendant de la cité ou de l'Etat des *Aedui*, mais sur le pied d'une sorte d'égalité (1). Le signe de la dépendance des *Boii* fut une redevance annuelle, *stipendium* (2), qu'ils payèrent aux *Aedui* : César, dans le récit de sa campagne contre Vercingétorix, en 52, donne aux *Boii* l'épithète de *stipendiarii Aeduorum* (3) ; ce *stipendium* exigé des *Boii* par les *Aedui* repré-

---

(1) « [Caesar] Boios, petentibus Aeduis, quod egregia virtute erant cogniti, ut in finibus suis collocarent, concessit; quibus illi agros dederunt, quosque postea in parem juris libertatisque condicionem atque ipsi erant, receperunt. » (*De bello gallico*, I, 28, § 5.)

(2) Marquardt, dans *Handbuch der römischen Alterthümer*, t. V, 2ᵉ édit., p. 183, n. 5 ; cf. 184. Voir aussi p. 162. Consulter enfin t. IV, p. 80.

(3) *De bello gallico*, VII, 10, § 1.

sentait la rente due à la cité des *Aedui* pour la portion d'*ager publicus* dont les *Aedui* avaient abandonné la jouissance aux *Boii*.

L'état de dépendance où sont placés les *Boii* ne les empêche pas d'avoir en Gaule une personnalité politique distincte de celle des *Aedui*, leurs suzerains. Ils ont, en 52, un *oppidum*, et Vercingétorix en entreprend le siège (1), que César en personne fait lever (2). Bien que peu nombreux et faibles, ils constituent, nous dit César, une cité, qui lui fournit des vivres (3) au début de la guerre contre Vercingétorix. Peu après, les *Boii* se laissent entraîner dans le grand mouvement patriotique qui soulève la Gaule presque entière contre les Romains; il leur est enjoint de fournir à l'armée nationale un contingent de deux mille soldats (4); ce contingent est distinct de celui qui est imposé aux *Aedui* et à leurs sujets, parce que, bien que subordonnés (*stipendiarii*) des *Aedui*, ils sont à leur égard sur le pied d'une sorte d'égalité (*parem juris libertatisque condicionem*) (5). Vaincus, les *Boii*, sauf le *stipendium* qu'ils payent aux *Aedui*, sont en Gaule dans une situation identique à celle des Germains conquérants avant la défaite d'Arioviste par César.

Arioviste vainqueur s'est emparé du tiers du territoire des *Sequani*, et d'une partie de celui des *Aedui*, où il a établi 120,000 Germains (6); 24,000 autres Germains viennent d'arriver, et, pour leur donner un établissement, il va

---

(1) *De bello gallico*, VII, 9, § 6.
(2) *Ibid.*, VII, 10, §§ 3, 4; 12, § 1.
(3) « De re frumentaria Boios atque Aeduos adhortari non destitit : quorum alteri, quod nullo studio agebant, non multum adjuvabant ; alteri non magnis facultatibus, quod civitas erat exigua et infirma, celeriter quod habuerunt consumpserunt. Summa difficultate rei frumentariae affecto exercitu, tenuitate Boiorum... » (*De bello gallico*, VII, 17, § 2, 3.)
(4) « Boiis [bina] milia. » (*De bello gallico*, VII, 75, § 3.)
(5) *De bello gallico*, I, 28, § 5. Cf. VII, 10, § 1.
(6) « Nunc esse in Gallia ad centum et viginti milium numerum. » (*De bello gallico*, I, 31, § 5.) « Ariovistus... tertiam partem agri Sequani... occupavisset... » (*Ibid.*, § 10.) « Aeduos... multatos agris. » (*De bello gallico*, VII, 54, § 4.)

prendre aux *Sequani* un second tiers de leur territoire (1). Ce n'est pas seulement de la souveraineté; c'est de la jouissance du sol que les *Sequani* et les *Aedui* sont dépouillés. Les Germains sont les plus forts; ils ont vaincu les *Aedui*, dont les sénateurs et les chevaliers ont presque tous péri dans les combats, et les *Sequani*, bien qu'alliés des Germains, sont réduits par Arioviste presque à l'état de sujets.

Comment les *Aedui*, après avoir associé leur cause à celle de César vainqueur des *Boii*, sont-ils amenés à concéder à ce peuple vaincu des avantages qui sont presque les mêmes que ceux qu'Arioviste vainqueur a violemment exigés? Ce n'est pas le procédé ordinaire des peuples victorieux. Au sort des *Boii*, vaincus en Gaule l'an 58 av. J.-C., comparons celui d'autres vaincus, dans le même pays, trois siècles et demi plus tard.

Constance Chlore, vainqueur, amène de Germanie en Gaule des Germains prisonniers; il en fait des colons qui labourent et moissonnent les terres des propriétaires gallo-romains : « Le Chamave et le Frison labourent pour moi, » dit en 296 un panégyriste de Constance Chlore, « et, grâce à tes victoires, César invincible, les parties inhabitées des territoires d'Amiens, de Beauvais, de Troyes, de Langres reverdissent par le travail du cultivateur barbare (2). » Le même auteur nous peint un peu plus haut les portiques des cités encombrés par la foule des barbares captifs : « Les hommes s'agitent partagés entre la surprise de la défaite et leur naturelle fierté; les vieilles mères témoignent aux fils,

---

(1) « Nunc de altera parte tertia Sequanos decedere juberet, propterea quod paucis mensibus ante. Harudum milia hominum viginti quatuor ad eum venissent, quibus locus ac sedes pararentur. » (*De bello gallico*, I, 31, § 10.)

(2) « Arat ergo nunc mihi Chamavus et Frisius. » (*Incerti panegyricus Constantio Cæsari*, IX, édit. Teubner-Bæhrens, p. 138, l. 17-18.) « Per victorias tuas, Constanti Caesar invicte, quicquid infrequens Ambiano et Bellovaco et Tricassino solo Lingonicoque restabat, barbaro cultore revirescit. » (*Ibid.*, XXI, p. 147, l. 26-29.) Cf. Fustel de Coulanges, *Recherches sur quelques problèmes d'histoire*, p. 49.

les jeunes femmes aux maris le mépris que méritent les lâches; mais les jeunes garçons et les jeunes filles réunis dans les mêmes chaînes parlent familièrement à demi-voix sur un ton tout différent. Prince, vous les avez partagés entre les habitants de vos provinces; ils vont servir ces maîtres, et ils attendent qu'on les conduise aux solitudes qu'ils doivent cultiver (1). » Ces barbares vaincus sont réduits en esclavage; c'est en qualité d'« esclaves » (*serviendo*) qu'ils vont remettre en culture des champs abandonnés, les mêmes champs peut-être que leurs dévastations avaient rendus incultes (2).

Les *Boii* sont traités tout autrement. Ils ne deviennent ni les esclaves, ni les domestiques, ni les fermiers d'aucun particulier. Les *Aedui*, dans la guerre contre Arioviste, avaient perdu beaucoup de monde (3); ils n'étaient plus en état de cultiver tout leur territoire, ils en détachent un vaste canton qu'ils livrent aux *Boii*. Ce n'est point de particuliers, c'est de la cité des *Aedui* que les *Boii* tiennent le territoire qui leur est attribué, et c'est à elle qu'ils payent la redevance annuelle appelée par César *stipendium*. C'est donc la cité des *Aedui* qui est propriétaire de ce territoire; les détenteurs dépossédés au profit des *Boii* n'avaient sur ce territoire qu'un droit analogue à celui des nobles romains sur les portions de l'*ager publicus* dont ils avaient la jouissance au temps des lois agraires.

Ces détenteurs en avaient joui à charge de payer à la cité la redevance annuelle qui est imposée aux *Boii*. La redevance annuelle due par ces détenteurs avait été com-

---

(1) « Totis porticibus civitatum sedere captiva agmina barbarorum, viros attonita feritate trepidantes, despicientes anus ignaviam filiorum, nuptas maritorum, vinculis copulatos pueros ac puellas familiari murmure blandientes, atque hos omnes provincialibus vestris ad obsequium distributos, donec ad destinatos sibi cultus solitudinum ducerentur. » (*Incerti panegyricus Constantio Caesari*, IX, édit. Teubner-Bæhrens, p. 138, l. 8-15.)

(2) « Ut, quae fortasse ipsi quondam depraedando vastaverant, culta redderent serviendo. » (*Ibid.*, VIII, p. 138, l. 3-5.)

(3) « Magnam calamitatem pulsos accepisse : omnem nobilitatem, omnem senatum, omnem equitatem amisisse. » (*De bello gallico*, I, 31, § 6.)

prise dans les *vectigalia* que Dumnorix avait pris à bail de la cité des *Aedui* avant la campagne de César contre les *Helvetii* (1).

Quand, par la conquête, le Germain vainqueur s'empare d'une portion du territoire gaulois, il expulse les Gaulois qui la cultivent, parce qu'il ne fait pas de distinction entre la souveraineté et la propriété du vaincu; c'est aussi la doctrine du Romain victorieux. Mais la législation romaine conçoit pour le citoyen de Rome un droit de propriété foncière qu'elle distingue de la souveraineté de l'Etat : à côté de l'*ager publicus*, le domaine privé; or, cette conception n'existe ni chez les Germains, ni chez les Gaulois : le Germain, au temps de César, ne met pas de différence entre le droit individuel du vaincu et le droit individuel du citoyen sur la terre; à la même époque, le Gaulois comprend à peu près comme le Germain la relation juridique entre le champ et le possesseur, que ce possesseur soit un étranger vaincu ou le citoyen d'un état victorieux.

Nous avons de la propriété foncière des citoyens une idée analogue à la notion du *dominium* romain. Supposons qu'en France un gouvernement dépouille et expulse d'un arrondissement toute la population française qui l'habite et y établisse une population étrangère, de même langue que nous si l'on veut, venue de la Belgique wallonne ou de la Suisse romande : — tels étaient les *Boii* parlant gaulois comme les *Aedui* : — cette hypothèse est absurde, parce que, chez nous, c'est aux particuliers et non à l'Etat qu'en général appartient la propriété du sol.

§ 5. — *L'absence de propriété foncière individuelle en Gaule explique le système particulier de communauté entre époux que César constate chez les Gaulois.*

Nous arrivons à un troisième texte qui semble confirmer

---

(1) « Omnia Aeduorum vectigalia parvo pretio redempta habere. » (*De bello gallico*, I, 18, § 3.)

cette doctrine, qu'en général le territoire de la Gaule était *ager publicus* à la date de la conquête. Nous commencerons par rappeler le passage de Polybe : « La propriété de chacun des Gaulois consistait en troupeaux et en or (1). » Or César, exposant en termes très brefs les principaux traits de la législation des Gaulois, nous fait connaître ainsi qu'il suit le régime des biens entre époux : « Les hommes reçoivent de leur femme une dot et, après estimation, mettent en commun avec cette dot, des biens d'une valeur égale pris sur leur avoir. Ces biens mis en commun sont l'objet d'un compte; on conserve les fruits ; le survivant des deux époux reçoit les deux parts avec les fruits produits par elles pendant le mariage (2). »

Ce contrat qui, à première vue, peut sembler bizarre, devient quelque chose de rationnel et de très simple si, s'inspirant du texte de Polybe, on suppose que la dot des femmes et la portion de l'apport des maris mise en commun avec cette dot consistent en troupeaux et que les fruits qui viennent s'y ajouter sont le croît des troupeaux. La convention dont il s'agit offre une grande analogie avec notre cheptel du Code civil. On garde les fruits, c'est-à-dire le croît ; cela ne veut pas dire qu'on garde les bestiaux jusqu'à les laisser mourir de vieillesse. Cela signifie qu'on élève les veaux et les génisses, et que, pour les abattre, on attend l'âge où, devenus adultes, ils peuvent atteindre, après engraissement, la valeur la plus élevée, soit comme bœufs après avoir servi à la culture, soit comme vaches après avoir donné plusieurs veaux. Admettons qu'un troupeau ainsi administré vienne à doubler tous les trois ans, ce qui peut fort bien arriver, sauf le cas

---

(1) Ὑπαρξίς γε μὴν ἑκάστοις ἦν θρέμματα καὶ χρυσός (Polybe, livre II, ch. XVII, § 11).

(2) « Viri, quantas pecunias ab uxoribus dotis nomine acceperunt, tantas ex suis bonis aestimatione facta cum dotibus communicant. Hujus omnis pecuniae conjunctim ratio habetur fructusque servantur : uter eorum vita superavit, ad eum pars utriusque cum fructibus superiorum temporum pervenit. » (César, *De bello gallico*. VI, 19, § 1, 2.)

d'épidémie, de disette ou de guerre; avec deux vaches au début, ou aura, au bout de trente ans, un troupeau de plus de 2,000 têtes, à condition qu'on puisse le nourrir (1).

On comprend ce procédé; un troupeau ainsi traité donne tous les ans un produit en laitage, en fumier, en bêtes qu'il faut abattre, parce que l'âge qu'indique une bonne administration est atteint, ou parce qu'un accident, une difficulté quelconque rend l'élevage impossible. De ce produit, le ménage vivra. Mais que la dot consiste en terre et que l'apport associé à la dot par le mari soit encore de la terre; tant que le mariage durera, on ne touchera pas au revenu de ces terres; les blés et les pailles seront emmagasinés dans des greniers, et on les y conservera jusqu'à la mort de l'un des conjoints, ou, si on les vend, on en gardera soigneusement le produit dans un coffre-fort sans jamais y toucher : on mourra de faim à côté. De telles hypothèses peuvent être émises dans le silence du cabinet par des savants qui vivent entre leur imagination et leurs livres, mais elles sont impraticables et ne peuvent avoir été la loi à laquelle, dans un grand peuple, tous les ménages aisés aient dû soumettre leur existence journalière.

Gouverner un troupeau comme nous l'entendons suppose une économie qui n'est compatible qu'avec la fortune; mais quels étaient ces maris auxquels les femmes apportaient des dots et qui mettaient en commun avec cette dot un capital égal? Ils n'appartenaient point à la plèbe réduite presque à l'esclavage, accablée par le poids des dettes et des impôts (2). Ces maris, ce sont des membres de l'aristocratie, ce sont des sénateurs et des chevaliers; c'est un groupe de population très riche et peu nombreux, puisque Vercingétorix, voulant réunir contre César tous les cheva-

---

(1) Voici la progression : le premier chiffre indiquera les années, le second le nombre des têtes : 1, 2; 3, 4; 6, 8; 9, 16; 12, 32; 15, 64; 18, 128; 21, 256; 24, 512; 27, 1024; 30, 2048.

(2) « Plebes paene servorum habetur loco... plerique cum aut aere alieno aut magnitudine tributorum... premuntur... » (*De bello gallico*, VI, 13, § 1, 2.)

liers de la Gaule insurgée contre Rome, n'en a pas trouvé plus de quinze mille à convoquer (1). Comment ont-ils créé la fortune qui leur a permis de transformer en débiteurs une grande partie des membres de la plèbe? C'est par la sage administration de leurs troupeaux, c'est en conservant les fruits, c'est-à-dire le croît, le croît des troupeaux apportés en dot par les femmes et celui de troupeaux d'une valeur égale pris sur l'avoir des maris.

§ 6. — *Objection tirée d'un passage de César où il est question de la juridiction des Druides.*

A notre doctrine il a été fait plusieurs objections par un savant professeur de la Faculté des lettres de Paris. Le talent littéraire de cet habile critique est égal à son érudition. Aussi semble-t-il nécessaire de répondre ici à la principale de ses objections. Cette objection est fondée sur une interprétation erronée d'un passage de César, dont il est impossible de tirer aucun argument ni pour ni contre la thèse soutenue ici.

César vient de parler de l'enseignement des druides ; de ce sujet il passe à leur juridiction. Voici comment il s'exprime : *Fere de omnibus controversiis* PUBLICIS PRIVATIS*que constituunt ; et, si quod est admissum facinus, si caedes facta, si de hereditate, si de finibus controversia est, idem decernunt, praemia poenasque constituunt ; si qui aut* PRIVATUS *aut* POPULUS *eorum decreto non stetit, sacrificiis interdicunt* (2). Voici la traduction que nous proposons : « Les druides » jugent presque toutes les contestations, qu'elles con» cernent soit un *peuple*, soit un *particulier* ; si quelque » crime a été commis, s'il a été fait un meurtre, s'il y a » contestation sur héritage ou sur limites ce sont encore eux

---

(1) « Omnes equites, quindecim milia numero, celeriter convenire jubet. » (*De bello gallico*, VII, 64, § 1.)
(2) *De bello gallico*, VI, 13, § 5.

» qui décident et qui fixent le montant de la composition
» pécuniaire à recevoir par le demandeur et à payer par le
» défendeur ; si soit un *particulier* soit un *peuple* ne se
» conforme pas à leur décision, ils l'excluent des sacrifi-
» ces. » M. Fustel de Coulanges rend ainsi ce passage :
« Il (César) dit que les druides jugent presque tous les pro-
» cès aussi bien au *criminel* qu'au *civil*. Puis il fait l'énu-
» mération de ces débats portés devant les druides : au
» criminel il cite le meurtre ; au civil il mentionne le pro-
» cès sur héritage ou sur des limites : *Si de hereditate, si
» de finibus controversia est*. Dès qu'il y a en Gaule des
» procès sur héritage et sur des limites, c'est que les Gau-
» lois ont la règle de l'hérédité et l'usage des limites, c'est-
» à-dire la propriété héréditaire du sol (1). »

M. Fustel de Coulanges paraît n'avoir pas compris
ce que César a voulu dire. D'abord, suivant le docte
professeur, quand César a écrit en parlant des druides :
Fere de omnibus controversiis PUBLICIS PRIVATIS*que constituunt*, cela signifie « que les druides jugent presque tous
» les procès aussi bien au *criminel* qu'au *civil*. » Dans
cette traduction de M. Fustel de Coulanges, il y a un
contre sens. Pour bien comprendre le membre de phrase
ainsi traduit par M. Fustel de Coulanges, et qui est la
première des cinq lignes de César reproduites plus haut,
il faut en rapprocher le dernier membre de phrase qui est
pour ainsi dire le pendant du premier : *Si qui aut* PRIVATUS
aut POPULUS *eorum decreto non stetit, sacrificiis interdicunt ;*
« si, soit un particulier, soit un peuple, ne se conforme
pas à leur décision ils l'excluent du sacrifice. »

A *publicis*, dans le premier membre de phrase, correspond *populus* dans le second membre de phrase, comme à
privatis, dans le premier, *privatus* dans le second. Evidemment, *controversia publica* veut dire « contestation concer-

---

(1) *Le problème des origines de la propriété foncière*, Bruxelles, Alfred
Vromant, 1889, in-8°, p. 84-85.

nant un peuple. » M. Fustel de Coulanges croit que *controversiae publicae* est synonyme de *judicia publica*. Il en conclut qu'en français *controversia publica* doit être traduit par « procès au criminel. » « On sait, » dit le savant auteur « que, dans la langue du droit, les *judicia publica* » sont les jugements criminels, littéralement ceux qui » portent sur l'un des crimes que l'autorité publique pour-» suit » (p. 84, note).

Nous allons examiner deux questions ; la première est de savoir si César, en se servant des mots *controversiae publicae* a eu l'intention d'exprimer l'idée qui est rendue ordinairement en droit romain par les mots *judicia publica* ; la seconde est de savoir si, même en ce cas, la traduction « procès au criminel » rendrait clairement la doctrine de l'historien romain.

Controversia, en latin, est le terme technique pour désigner les procès civils par opposition aux procès criminels. On a souvent cité pour la détermination de ce sens, un passage de Cicéron, *pro Caecina*, c. 2, § 6 : *Omnia judicia aut distrahendarum controversiarum, aut puniendorum maleficiorum caussa reperta sunt*, et on en rapproche un passage du *De oratore*, livre II, c. 24, § 104 : *Sive ex crimine caussa constat ut facinoris, sive ex controversia ut hereditatis*. *Controversia* est donc l'opposé de *judicium publicum*.

Théoriquement, à l'origine du droit, il n'y a de *judicium publicum* que pour les crimes commis contre l'Etat, tels que la haute trahison, *laesa majestas* ; plus tard, à Rome, certains crimes contre les particuliers, tels que le meurtre, ont été compris dans la nomenclature des actes qui donnent lieu à des *judicia publica*, tandis que les autres, tels que le vol, restaient ce que le Digeste appelle *privata delicta* (1).

César, en employant le terme de *controversia* dans le

---

(1) Livre XLVII, titre I, *De privatis delictis*. Cf. livre XLVIII, titre I, *De publicis judiciis*.

passage précité, exclut l'idée romaine de *judicium publicum*, et on ne peut dire qu'il ait employé cette expression au hasard, car il insiste quelques lignes plus loin. Après avoir dit que tous les ans, à une date déterminée, les druides se réunissent dans le territoire de Chartres, il ajoute : « là, de toutes parts s'assemblent tous ceux qui ont des contestations : *qui controversias habent.* »

Les Gaulois vivaient encore sous le régime de la composition pécuniaire, et les druides, même en ce que nous appelons aujourd'hui matière criminelle, ne prononçaient que des condamnations civiles. Les druides ne pouvaient donc rendre des jugements lorsqu'il s'agissait de *judicium publicum* dans le sens primitif et restreint du mot, c'est-à-dire quand quelqu'un était accusé de haute trahison si nous pouvons rendre ainsi le latin *laesae majestatis*. Voilà pourquoi César appelle *controversiae*, c'est-à-dire procès civils, les contestations jugées par les Druides.

C'est un procès de haute trahison — *lesae majestatis* comme on aurait dit à Rome — qui, au début des *Commentaires*, est intenté à Orgetorix, accusé de prétendre à la royauté; une condamnation à mort doit s'ensuivre; il doit être brûlé; dans le récit de cette affaire il n'est pas dit un mot des druides ni du voyage à Chartres. Le procès doit se plaider sur le territoire helvétique; c'est évidemment l'assemblée du peuple qui doit le juger (1).

On doit interpréter de même le passage où il est dit que les *Senones* veulent mettre à mort Cavarinus que, sans leur consentement, César leur a imposé comme roi : *interficere publico consilio conati* (2). Le *publicum consilium* dont parle César est l'assemblée du peuple des Sénons qui voulant conserver ses institutions républicaines a condamné à mort l'usurpateur Cavarinus. Le pays des Sénons est tout près de celui de Chartres où se tient annuellement l'assemblée

---

(1) *De bello gallico*, 1, 4.
(2) *Ibid.*, I, 54.

des druides et cependant le peuple des Sénons n'a point fait appel à la juridiction druidique. Et pourquoi cela? C'est que les druides ne jugeaient que des *controversiae*, c'est-à-dire des procès civils. Les procès criminels échappaient à leur compétence. Mais les procès, pour ce que nous appellerions des crimes contre les personnes, contre les propriétés, par exemple pour meurtre et pour vol, ne pouvaient alors en Gaule donner lieu qu'à des réparations civiles et appartenaient à la catégorie des *controversiae*, les Druides pouvaient les juger.

M. Fustel de Coulanges se trompe donc certainement quand il suppose que César, en employant la formule *controversiae publicae*, a voulu parler de *judicia publica*. Mais même en admettant un instant que cette supposition soit exacte, la traduction de *controversiae publicae* par « procès au criminel » opposés aux procès civils, *controversiae privatae*, est très dangereuse et donne au lecteur une idée fausse du droit criminel antique. En effet, la poursuite pour vol, en droit romain, n'a jamais donné lieu à un *judicium publicum*; cependant elle pouvait avoir pour effet, dans l'ancien droit romain, de faire livrer par le juge la personne du coupable au volé dont le voleur devenait l'esclave et qui avait sur lui droit de vie ou de mort : tel était le résultat de la condamnation pour *furtum manifestum*. Il en était de même dans la Gaule barbare : en Gaule, le voleur, c'est-à-dire l'insolvable qui s'était emparé d'un objet mobilier appartenant à autrui, et qui, naturellement, ne pouvait payer la composition pécuniaire, devenait l'esclave du volé, et souvent ce dernier se débarrassait de lui en le faisant brûler vif (1). Ainsi M. Fustel de Coulanges, expliquant *controversia publica* par *judicium publicum*, qu'il rend par les mots français « procès au criminel », n'a pas le droit de comprendre parmi ces procès la procédure motivée par un acte (le *furtum manifestum*) qui a pour conséquence une

---

(1) *De bello gallico*, VI, 16, § 5.

condamnation à une peine équivalente soit à nos travaux forcés à perpétuité soit à notre condamnation à mort.

Mais qu'est-ce qu'un procès au criminel? qu'est-ce qu'un crime dans la langue du droit français? « L'infraction que » les lois punissent d'une peine afflictive ou infamante est » un crime. » (*Code pénal*, article 1, § 3.) « Les peines » afflictives et infamantes sont : 1° la mort ; 2° les travaux » forcés à perpétuité ; 3° la déportation ; 4° les travaux » forcés à temps ; 5° la détention ; 6° la réclusion » (*Code pénal*, article 7). Donc, suivant ces définitions, le *furtum manifestum* est un crime. Par conséquent il est certain qu'en traduisant en français *judicia publica* par « procès au criminel, » on amène le lecteur à comprendre dans les *judicia publica*, les poursuites pour *furtum manifestum* que le droit romain, conforme au droit indo-européen le plus ancien, n'y comprenait point. C'est ici le cas de rappeler une observation du jurisconsulte Macer, insérée au Digeste, livre XLVIII, titre I, loi 1 : *non omnia judicia in quibus crimen vertitur publica sunt, sed ea tantum quae ex legibus publicorum judiciorum veniunt.*

Erreur donc sur le sens de *judicium publicum*, comme de *controversia*. M. F. de Coulanges continue : « il (César) fait » une énumération de ces débats portés devant les druides ; » au criminel il cite le meurtre, au civil il mentionne les » procès sur un héritage ou sur des limites : *Si de heredi-» tate, si de finibus, controversia est.* Dès qu'il y a en » Gaule des procès sur l'héritage ou sur les limites, c'est » que les Gaulois ont la règle d'hérédité et l'usage des » limites, c'est-à-dire la propriété héréditaire du sol. César » dit ailleurs que les Germains n'ont pas de *fines*, il dit ici » que les Gaulois en ont » (p. 84-85).

Il y a sur ce passage plusieurs observations à présenter. L'opposition que fait ici M. Fustel de Coulanges entre le criminel et le civil dans la juridiction druidique n'existe que dans son imagination. Après un meurtre, les druides ne jugeaient que ce que notre *Code d'instruction cri-*

minelle, article 2, appelle l'action civile par opposition à l'action publique, et ce que le même code, article 1, définit : « l'action en réparation du dommage causé par un crime. »

D'autre part, César, dans le passage dont il s'agit, n'a pas distingué en deux catégories, l'une criminelle, l'autre civile, les causes de procès qu'il énumère : crime quelconque, meurtre, héritage, limite. Il annonce qu'il veut parler de procès concernant soit un peuple, soit un particulier; il termine en disant que si le peuple ou le particulier condamné n'exécute pas le jugement, ce particulier ou ce peuple sera exclus des sacrifices ; mais il ne dit nulle part qui est demandeur ni qui est défendeur, qu'il s'agisse de crime, de meurtre, d'héritage ou de limites. Affirmer que lorsqu'il s'agit de crime, notamment de meurtre, le peuple sera partie dans l'affaire, que lorsqu'il s'agira d'héritage ou de limites ce sera un particulier, c'est une hypothèse arbitraire que rien ne justifie.

« Les Gaulois ont, » continue M. Fustel de Coulanges, « la règle d'hérédité et l'usage des limites, c'est-à-dire la » propriété héréditaire du sol. » Mais, dans le texte de César, rien ne dit que l'hérédité dont il s'agit eût pour objet la propriété du sol. L'hérédité réclamée par un particulier contre un autre particulier pouvait avoir pour objet soit un meuble soit un droit temporaire ou précaire sur le sol. L'hérédité réclamée par un particulier contre un peuple pouvait avoir pour objet une fonction héréditaire, par exemple la royauté (1). Pourquoi prétendre déterminer l'objet de cette *hereditas*, dire que cet objet est nécessairement la propriété du sol quand César ne le dit point?

Les limites, *fines*, si elles étaient réclamées par un peuple contre un autre peuple pouvaient être des limites d'Etats; réclamées par un particulier contre un particulier, elles pouvaient être une limite de champ, de cour ou de verger; mais sur ce champ, sur cette cour, sur ce verger,

---

(1) Cf. *Regni hereditas, heres regni* dans la *Guerre d'Alexandrie*, c. 66.

quel était le droit réel prétendu par les plaideurs? On voit tous les jours dans la France de notre temps des procès pour limites entre fermiers ; à Rome l'*ager occupatorius* ou *arcifinius*, c'est-à-dire celui dont, à l'origine et pendant des siècles, la détention par le possesseur a été précaire, c'est-à-dire celui qui faisait partie de l'*ager publicus* et dont les lois agraires ont plusieurs fois expulsé les détenteurs, ce champ, auquel nous comparons le champ gaulois, avait des limites, *fines : De fine similis est controversia... sed de fine disconvenit per flexus quibus arcifinii agri continentur* (1).

Il n'y a donc rien à tirer du texte de César contre la doctrine que nous exposons. Ce texte ne prouve pas que la propriété foncière individuelle, telle que nous la concevons aujourd'hui en France, existât dans la Gaule barbare quand cette contrée a été conquise par les Romains.

§ 7. — *Conclusion. L'*ager publicus *romain et l'*ager publicus *gaulois. La propriété bâtie en Gaule pendant la guerre de la conquête.*

En Gaule, à l'époque de la conquête romaine, le détenteur de la terre n'a pas de titre à opposer à l'Etat. La conséquence est qu'il ne s'attache pas à la terre. Voilà pourquoi les *Helvetii* abandonnent leur territoire ; voilà pourquoi les *Aedui* cèdent aux *Boii* une partie du leur. Cela nous montre que le droit de l'Etat avait en Gaule un caractère beaucoup plus pratique et beaucoup moins platonique à l'époque de la conquête romaine, que dans l'Italie du même temps. Un signe du droit de l'Etat en Italie avait été une redevance annuelle, *vectigal*, imposée au propriétaire. Une loi, de la fin du deuxième siècle avant J.-C., avait aboli cette redevance en Italie. Mais, au temps de César, les *Aedui* la percevaient chez eux. Dumnorix l'avait prise à

(1) Frontin, chez Lachman, *Gromatici veteres*, p. 13.

ferme en même temps que les impôts indirects (1). Quand les *Boii* reçurent la concession d'une partie du territoire des *Aedui*, ce fut à charge de payer la même redevance, et ce fut ainsi qu'ils devinrent, comme le dit César, *stipendiarii* des *Aedui* : *stipendium* est un synonyme de *vectigal*.

On se demandera pourquoi les Gaulois détenteurs de l'*ager publicus* appartenant à leur cité auraient eu une situation plus précaire que celle des citoyens romains détenteurs de l'*ager publicus* de Rome en Italie. Cette différence s'explique par la date récente de l'établissement de chaque peuple gaulois sur le territoire qu'il occupait à l'arrivée de César et par l'incertitude qui y régnait sur l'avenir, tandis que l'origine de l'*ager publicus* de Rome remontait à sept siècles, et que les citoyens de Rome n'en prévoyaient pas la fin.

La migration des *Volcae Arecomici* n'était pas terminée à la fin du troisième siècle, puisque, au moment du passage d'Annibal, une partie d'entre eux habitait encore à l'est du Rhône (2), et qu'ils avaient disparu de cette région quand les Romains conquérants mirent un terme aux déplacements de peuples en Gaule. La venue des *Helvetii* dans le pays qui est aujourd'hui la Suisse était un fait encore tout récent en l'an 58 avant notre ère, car l'histoire nous a conservé le souvenir de leur établissement antérieur de l'autre côté du Rhin (3). L'arrivée des Belges à l'ouest du Rhin ne pouvait pas être bien ancienne à l'époque de César, puisqu'on en gardait le souvenir en Gaule, et on sait combien le souvenir des migrations s'efface vite chez les peuples qui n'écrivent pas. Le plus ancien événement connu de l'histoire des Belges en Gaule est leur résistance aux Cimbres et aux Teutons à la fin du deuxième siècle avant notre ère. Il n'est pas probable que leur arrivée sur

---

(1) « Compluris annos portoria reliquaque omnia Aeduorum vectigalia parve pretio redempta habere. » (*De bello gallico*, I, 18, § 3.)
(2) Tite-Live, XXI, 26.
(3) Tacite, *Germania*, 28.

la rive gauche du Rhin soit antérieure au troisième siècle avant J.-C. Le grand territoire qui devint belge à cette date était précédemment occupé par des Celtes ou Gaulois, dans le sens restreint du mot, qui furent rejetés vers le midi ; et ainsi s'explique par exemple l'établissement des *Sequani* dans le bassin du Rhône : les *Sequani* semblent avoir été originairement les habitants des bords de la Seine (*Sequana*). En tout cas, il dut y avoir en Gaule, au troisième siècle, un grand nombre de peuples contraints à se déplacer, puisqu'à cette époque le domaine du groupe appelé *celtique* ou *gaulois*, dans le sens restreint de ces mots, fut réduit aux deux tiers environ de l'espace qu'il avait précédemment occupé (1).

Ainsi, à l'arrivée de César, le territoire habité par chaque peuple ne devait pas être en sa possession depuis beaucoup plus d'environ deux siècles. Il était donc naturel que la détention de chacune des parcelles de ce territoire par les membres de l'aristocratie, seuls en état d'en tirer parti, eût conservé un caractère précaire qui alors, en Italie, s'était peu à peu effacé, non en théorie, mais en fait ; ce caractère précaire de la détention du sol par les particuliers en Gaule, explique la facilité avec laquelle les *Helvetii* prirent le parti d'émigrer en masse et la libéralité avec laquelle les *Aedui* abandonnèrent une portion de leur territoire aux *Boii*.

On ne trouve guère, dans le *De bello gallico*, qu'un seul exemple où des Gaulois montrent de l'attachement pour des propriétés immobilières privées. Cet exemple est donné par les *Bituriges*, qui refusent de laisser brûler *Avaricum*, leur ville principale, et qui, par là, contraignent Vercingétorix a changer son plan de campagne contre les Ro-

---

(1) « Cum ab his quaereret, quae civitates quantaeque in armis essent et quid in bello possent, sic reperiebat : plerosque Belgas esse ortos ab Germanis Rhenumque antiquitus traductos propter loci fertilitatem ibi consedisse, Gallosque, qui ea loca incolerent, expulisse solosque esse qui patrum nostrorum memoria omni Gallia vexata Teutonos Cimbrosque intra fines suos ingredi prohibuerint. » (*De bello gallico*, II, 4, § 1, 2.)

mains. César nous les montre prosternés aux pieds des représentants de la nation gauloise : ils prétendent que leur ville est presque la plus belle de toute la Gaule, qu'elle est la défense et l'ornement de leur cité ; finalement, ils obtiennent gain de cause. Ces *Bituriges*, qui se jettent aux pieds de leurs collègues dans l'assemblée générale de la Gaule, étaient de grands seigneurs, propriétaires des principales maisons d'*Avaricum*, tandis que, près d'eux, une plèbe sans influence habitait des maisons plus modestes, ou même pauvres. Vercingétorix eut pitié de ces misérables que l'incendie devait ruiner, et accorda ce que demandait l'aristocratie biturige (1). Ainsi, la propriété immobilière privée existait dans l'enceinte fortifiée d'*Avaricum*, et Vercingétorix la respecta. Cette propriété urbaine est inconnue aux Gaulois Italiens de Polybe, qui n'habitent que des villages dépourvus de murailles (2); tel est l'unique progrès qu'eût fait la notion de la propriété immobilière entre la période décrite par l'historien grec, fin du troisième siècle, et celle où nous transportent les *Commentaires* de César, au milieu du premier siècle avant J.-C.

Un progrès nouveau s'accomplit quand, après la conquête romaine, vers la fin du premier siècle avant J.-C., les portions de territoire occupées par les grands seigneurs gaulois furent assimilées aux *fundi* italiens, et quand ces grands seigneurs, devenus citoyens romains, donnèrent à ces *fundi* des noms dérivés des gentilices qu'ils avaient adoptés.

---

(1) « Datur petentibus venia, dissuadente primo Vercingetorige, post concedente et precibus ipsorum et misericordia volgi. » (*De bello gallico*, VII, 15, § 6.)

(2) « Ὤκουν δὲ κατὰ κώμας ἀτειχίστους. » (Polybe, II, XVII, § 9.)

LIVRE II

RECHERCHES SUR L'ORIGINE DES NOMS DE LIEUX
HABITÉS EN FRANCE.

CHAPITRE PREMIER.

ORIGINE DES NOMS DE LIEUX HABITÉS EN FRANCE. — PRINCIPES GÉNÉRAUX APPUYÉS PRINCIPALEMENT SUR DES TEXTES CONTEMPORAINS DE LA RÉPUBLIQUE ET DE L'EMPIRE ROMAIN.

Sommaire :

§ 1. La propriété du sol devient individuelle. Les *fundi* dans la Gaule romaine; le *fundus Sabiniacus*. — § 2. Les noms de *fundi* formés à l'aide du suffixe latin -*ánus* dans la Table alimentaire de Veleia. — § 3. Les noms d'hommes en Gaule après la conquête. — § 4. Les noms de *fundi* en -*ánus* dans la Table alimentaire auxquels correspondent des noms de *fundi* gallo-romains dérivés des mêmes gentilices, mais avec le suffixe gaulois -*ácus*. — § 5. Les noms de *fundi* dérivés de gentilices chez les populations celtiques sont postérieurs à la conquête romaine. — § 6. Quatre espèces de noms de lieux habités en Gaule, chez César. — § 7. Cinq espèces de noms de lieux habités dans les pays celtiques, suivant les documents du temps de l'Empire. — § 8. Le suffixe -*ácus* placé à la suite du gentilice pour former des noms de lieux, dans les documents du temps de l'Empire. — § 9. Comparaison entre les noms de lieux formés en France à l'aide du suffixe -*ácus* et quelques noms de lieux en -*ánus* dans diverses parties de l'Empire romain. — § 10. Noms de *fundi* formés à l'aide de surnoms dans les pays celtiques et qui se rencontrent dans des documents écrits au temps de l'Empire romain. — § 11. Examen de la question de savoir s'il y a en France des noms de lieux en -*ácus* dérivés de noms communs. — § 12. Etude sur divers noms de lieu d'origine celtique ou gallo-romaine qui n'offrent pas le suffixe -*ácus* et qui apparaissent pour la première fois dans les documents de la période mérovingienne et de la période carlovingienne.

§ 1er. — *La propriété du sol devient individuelle. Les* fundi *dans la Gaule romaine. Le* fundus *Sabiniacus.*

La division de la Gaule en *fundi* ou propriétés immobilières individuelles date de l'époque romaine; cela résulte des noms qu'un grand nombre de ces *fundi*, devenus souvent aujourd'hui territoires de communes, ou réduits à la condition de hameaux, ont conservés. Ces noms sont dérivés de gentilices romains. Pour le moment, un **exemple** suffira au lecteur.

Il y a en France plus de cinquante communes et de trente écarts dont le nom moderne Savigna, Savignac, Savignat, Savigné, Savigneux, Savigny, Sevignac, Sevigny, s'explique par un primitif *Sabiniacus* dérivé d'un gentilice *Sabinius*, usité en Gaule et dans d'autres parties de l'empire romain (1). L'origine latine de Sabinius et de *Sabiniacus* est évidente.

Nous trouvons d'abord le mot *Sabinus*, nom d'un des peuples italiotes qui ont fourni à la population de Rome le plus fort contingent; l'addition du suffixe *-io-* au thème *Sabino-* de ce nom ethnique a transformé *Sabinus* en un nom de famille ou gentilice. *Sabinius*, transporté en Gaule par la conquête romaine, et pris comme nom par des Gaulois romanisés, a donné, grâce au suffixe gaulois *-aco-s*, un dérivé *Sabiniacus*, qui a servi à désigner la part de chaque *Sabinius* dans la propriété collective de son peuple ou de sa cité; et, après vingt siècles, après des révolutions multipliées qui ont toutes eu leur contre-coup dans la géographie, on peut recueillir, dans le dictionnaire des postes de France, plus de quatre-vingts exemples du nom que

---

(1) M. Sabinius Candidus, à Nimègue. Brambach, n° 72.
T. Sabinius, à Clèves. Brambach, 143.
Fl. Sabinius Attillus, à Huttich. Brambach, 1342.
Sabin[ia] Marcella, à Münchweiler. Mommsen, *Inscriptiones helveticae*, 166.
L. Sabinius Severus, à Colias (Gard). (*C. I. L.*, XII, 2579.)
Sabinius Quintilianus, à Nimes. (*C. I. L.*, XII, 3866.)
Sabinius Veratianus, à Vaison (Vaucluse). (*C. I. L.*, XII, 5843.)
Voilà donc pour la Gaule sept exemples du gentilice Sabinius.
Le nombre des hommes dont le gentilice est *Sabinius* est de dix-neuf dans le tome III du *Corpus inscriptionum latinarum*; de un dans le tome V et dans le tome VII; de trois dans le tome IX; de deux dans le tome X. Les femmes dont le gentilice est *Sabinia* sont six dans le tome III, deux dans le tome V, deux dans le tome IX, une dans le tome X, etc. Sur le *cognomen* Sabinus, voyez Pauly, *Real-Encyclopaedie*, t. VI, p. 626.

donnèrent à leurs *fundi* les Gallo-Romains du nom de Sabinius, quand ils devinrent propriétaires des petits territoires encore désignés par les diverses formes modernes du nom de lieu *Sabiniacus*, dérivé du gentilice Sabinius. Ces petits territoires, appelés aujourd'hui Savigna, Savignac, Savigny, Savigné, etc., appartiennent à toutes les parties de la France, depuis l'Ariège jusqu'aux Ardennes, depuis les Basses-Pyrénées jusques aux Côtes-du-Nord, depuis la Gironde jusqu'à la Haute-Savoie (1).

§ 2. — *Les noms de* fundi *formés à l'aide du suffixe latin* -ânus *dans la table alimentaire de Veleia.*

La *Tabula Alimentaria* de Veleia, dont M. Ernest Desjardins a publié une savante édition (2), nous montre clairement comment se créaient ordinairement dans l'empire romain les noms de *fundi*. En l'an 104 de notre ère, l'empereur Trajan voulut établir à Veleia (3) un fonds de secours au profit des enfants pauvres ; il prêta aux propriétaires fonciers de la ville, moyennant hypothèque, un capital, à charge par eux de payer chaque année l'intérêt, et cet intérêt devait être employé en allocations annuelles aux enfants sans fortune. Les noms des propriétaires emprunteurs et des fonds de terre hypothéqués furent inscrits sur une table de bronze qu'un hasard heureux nous a conservée. La plupart de ces *fundi* portent des noms terminés en -*ânus* et dérivés de gentilices romains bien connus. En voici quelques exemples :

Acilianus, d'*Acilius*.
Aemiliánus, d'*Aemilius*.
Afranianus, d'*Afranius*.

(1) L'équivalent italien est Savignano, forme moderne du latin *Sabinianus*.
(2) Depuis l'époque où ce mémoire a été écrit, une nouvelle édition a paru dans le *C. I. L.*, t. XI, p. 205-231.
(3) Veleia était situé près de Plaisance, au sud du Pô, dans la Gaule cisalpine. On verra cités plus bas quelques noms de *fundi* en -*acus* qui attestent la présence d'éléments gaulois dans le territoire de cette ville.

LIVRE II. CHAPITRE Ier. § 2.

Antonianus, d'*Antonius*.
Appianus, d'*Appius*.
Atilianus, d'*Atilius*.
Aurelianus, d'*Aurelius*.
Caecilianus, de *Caecilius*.
Calidianus, de *Calidius*.
Cassianus, de *Cassius*.
Cornelianus, de *Cornelius*.
Domitianus, de *Domitius*.
Ennianus, d'*Ennius*.
Fabianus, de *Fabius*.
Furianus, de *Furius*.
Gellianus, de *Gellius*.
Granianus, de *Granius*.
Julianus, de *Julius*.
Junianus, de *Junius*.
Latinianus, de *Latinius*.
Licinianus, de *Licinius*.
Lucilianus, de *Lucilius*.
Manlianus, de *Manlius*.
Marcilianus, de *Marcellius* ou de *Marcilius*.
Marianus, de *Marius*.
Mucianus, de *Mucius*.
Munatianus, de *Munatius*.
Numerianus, de *Numerius*.
Octavianus, d'*Octavius*.
Papirianus, de *Papirius*.
Petronianus, de *Petronius*.
Propertianus, de *Propertius*.
Statianus, de *Statius*.
Valerianus, de *Valerius*.
Velleianus, de *Velleius*.
Vibianus, de *Vibius*.
Virianus, de *Virius* (1).

(1) Les premiers de ces gentilices sont chacun l'objet d'un article dans la

Les *fundi* désignés par ces noms ne doivent pas ces noms aux propriétaires qui les hypothèquent à l'empereur en l'an 104 de notre ère, ils les ont reçu de propriétaires plus anciens. Ainsi le *fundus Acilianus* appartenait au temps de Trajan à M. Virius Nepos ; le *fundus Aemilianus* à *Valeria Ingenua*, le *fundus Afranianus* à C. Dellius Proculus, le *fundus Appianus* à Cornelia Severa, un *fundus Atilianus* à M. Antonius Priscus, un autre à C. Coelius Verus, un autre encore à L. Granius Priscus, etc. C'est par hasard et par exception que M. Antonius Priscus et ses parents se trouvent propriétaires de quelques *fundi Antoniani*, et C. Vibius d'un *fundus Vibianus*. Depuis le lotissement primitif les *fundi* ont changé de mains, et, malgré les mutations, leur nom d'origine leur a été conservé. En Gaule, les noms d'un nombre considérable de *fundi* offrent à l'observation la même stabilité persistant depuis l'empire romain jusqu'à nos jours. Pour le bien comprendre, il faut résumer en quelques mots l'histoire de l'onomastique en Gaule pendant les premiers temps qui ont suivi la conquête romaine.

§ 3. — *Les noms d'hommes en Gaule après la conquête.*

Les Gaulois indépendants ne faisaient usage ni de prénoms, ni de gentilices : en d'autres termes, les noms de famille leur étaient inconnus. Chacun d'eux avait un nom auquel, en cas de besoin, pour éviter la confusion, il joignait soit un surnom, ex. *Licnos Contextos* (1), soit plutôt le nom de son père au génitif en le faisant suivre du mot *cnos* « fils » : *Ategnatos Druti-cnos*, « Ategnatos, fils de Drutos (2) ; » Κασσίταλος Οὐέρσικνος, « Cassitalos, fils de Ver-

---

partie déjà publiée du *Totius latinitatis onomasticon*, t. I-IV, que nous devons à la patience érudite de M. Vincent De-vit. On peut consulter sur les derniers Pauly, *Real Encyclopaedie*, t. V et VI.

(1) Inscription d'Autun.
(2) Inscription de Todi.

sos (1); » *Iccavos Oppiani-cnos*, « Iccavos, fils d'Oppianus (2), » *Andecamulos Toutissi-cnos*, « Andecamulos, fils de Toutissos (3); » *Bratronos Nantoni-cnos*, « Bratonos, fils de Nantonos (4). » Quelquefois même on supprimait le mot *cnos* en laissant le nom du père au génitif : *Doiros Segomari*, « Doiros, fils de Segomaros (5); » *Martialis Dannotali*, « Martialis, fils de Dannotalos (6). »

Quand, après la conquête, les membres de l'aristocratie gauloise voulurent s'agréger à la race conquérante, ils ne se bornèrent pas à revêtir la toge et à parler latin; ils adoptèrent aussi le système onomastique des Romains, ils prirent par conséquent un prénom, un gentilice et un surnom. Pour arriver à ce résultat, ils ne suivirent pas tous le même procédé; quatre systèmes différents se firent concurrence : — 1° Le plus répandu fut celui des copistes; ils prirent à Rome les trois éléments onomastiques par lesquels ils prétendaient distinguer leur personnalité : leur prénom, leur nom et leur surnom furent tous trois romains; on ne peut ordinairement, dans les textes, distinguer ces Gaulois des Romains établis en Gaule. — 2° Quelques-uns montrèrent plus d'originalité : demandant à Rome un prénom et un surnom, ils se firent un gentilice avec un nom Gaulois, probablement celui de leur père, en y ajoutant la désinence *ius*. — 3° D'autres, empruntant à Rome un prénom et un nom ou gentilice, firent de leur nom gaulois un surnom. — 4° D'autres enfin ne prirent à Rome

---

(1) Inscription de Nimes.
(2) Inscription de Volnay.
(3) Inscription de Nevers.
(4) Inscription de Paris, que M. Mowat a le premier interprétée.
(5) Inscription de Dijon.
(6) Inscription d'Alise; deux inscriptions gauloises nous offrent un système intermédiaire entre celui-ci et l'adoption du système onomastique romain. Le Gaulois fait suivre son nom d'une espèce de gentilice formé avec le nom de son père et la désinence *-eos*. Ex. : 1° Βίμμος Λιτουμάρεος. Λιτουμάρεος est un dérivé de *Litumaros*; Héron de Villefosse, *Inscriptions de saint Remy*. 2° Σεγόμαρος Οὐιλλόνεος. *Inscription de Vaison*, aujourd'hui au musée Calvet d'Avignon. Οὐιλλόνεος paraît dérivé d'un nom propre *Villo*.

que le prénom, et le firent suivre de deux noms gaulois, employés l'un comme nom, l'autre comme surnom.

Du premier système, — emprunt à Rome des trois éléments : prénom, nom, surnom, — un exemple ancien et connu est celui de C. Valerius Procillus, un des agents de César pendant la conquête des Gaules : C. Valerius Procillus était gaulois d'origine et le second citoyen romain de sa famille (1); son surnom Procillus est dérivé du latin *procus*, comme le gentilice romain *Procilius*, nom d'un tribun du peuple qui fut historien et qui était contemporain de Cicéron (2); le prénom et le nom de C. Valerius Procillus sont ceux de C. Valerius Flaccus, propréteur de la Gaule Narbonnaise en 83 (3), à qui son père avait dû le titre de citoyen romain. On peut lui comparer *C. Julius Magnus*, dont l'origine gauloise est attestée par le surnom de son père *Eporedirix*, et dont une inscription votive, à Bourbonne-les-Bains, a conservé le souvenir (4).

Le procédé suivi par des hommes obscurs comme *C. Valerius Procillus*, et *C. Julius Magnus*, fut celui de membres plus illustres de l'aristocratie gallo-romaine qui de même empruntèrent aux Romains les trois éléments de leur onomastique. Julius Florus, de Trèves, un des chefs de l'insurrection gauloise en l'an 21 de notre ère, en est un témoin, bien que Tacite ne nous ait pas conservé son prénom (5), probablement Caius. Tel est encore Caius Julius Vindex, gaulois d'origine, de race royale, dont le père avait été élevé à la dignité de sénateur, et qui fut lui-même légat impérial en Gaule; il est célèbre par sa révolte contre Néron, l'an 68 de notre ère (6).

---

(1) *De bello gallico*, I, 47.
(2) Teuffel, *Geschichte der römischen Literatur*, 3ᵉ édition, p. 299, 300. Cf. Pauly, *Real Encyclopaedie*, VI, 61.
(3) Desjardins, *Géographie historique et administrative de la Gaule romaine*, t. II, p. 329.
(4) *Revue archéologique*, nouvelle série, t. XXXIX (1880), p. 80, article de M. Chabouillet.
(5) *Annales*, III, 43.
(6) Dion Cassius, LXIII, 2. Suétone, *Néron*, 40.

Voici des exemples du second système qui consiste à intercaler entre deux éléments romains, l'un prénom, l'autre surnom, un gentilice en -*ius* dérivé d'un nom gaulois, probablement du nom du père ou d'un ancêtre :

L. Carantius Atticus (1), M. Carantius Macrinus (2) et L. Carantius Gratus (3). Carantius dérive du nom gaulois Carantos, « ami, parent, » écrit Carantus dans la période romaine et conservé par quatre inscriptions, l'une de la Grande-Bretagne, les autres des contrées rhénanes (4). Le même nom gaulois forme le premier terme du composé *Caranto-magus*; celui-ci, vers la fin du troisième siècle, date de la table de Peutinger, était le nom porté par une station romaine qu'on croit reconnaître dans Cranton, commune de Compolibat (Aveyron) (5).

C. Carantinius Maternus (6). Carantinius est dérivé de Carantinus et nous avons un exemple de Carantinus employé comme nom d'homme, c'est le nom d'un potier (7).

C. Mogillonius Priscianus (8). Mogillonius est dérivé de Mogillo (9) qui est une variante de Magilo ; celui-ci se trouve quelquefois dans les inscriptions d'Espagne (10).

C. Meddignatius Severus (11). Meddignatius est dérivé de Meddi-gnatos dont le second terme est un adjectif gaulois signifiant « habitué à » et fréquent dans les composés.

Passons au troisième système : emprunter prénom et gentilice à Rome en faisant du nom gaulois un surnom. On peut citer d'abord le grand-père de l'historien Trogue Pompée. C'était un gaulois du peuple des Voconces, il

---

(1) Brambach, *Corpus inscriptionem rhenanarum*, n° 713.
(2) Allmer, *Inscriptions antiques de Vienne*, I, 404.
(3) *C. I. L.*, III, 3916.
(4) *C. I. L.*, t. VII, n° 1033; Brambach, n°⁸ 921, 1321, 1769.
(5) Longnon, *Atlas historique de la Gaule*, 1ʳᵉ livraison, p. 26.
(6) Brambach, 1329.
(7) Allmer, *Inscriptions antiques de Vienne*, t. IV, p. 74.
(8) Brambach, 1425.
(9) *C. I. L.*, XII, 3407.
(10) *Ibid.*, II, 809, 865, 2633, 3051.
(11) Brambach, 1336.

s'appelait *Trogus*. Cn. Pompius le fit citoyen romain ; ce Cn. Pompeius est le célèbre Pompée, Pompeius Magnus, propréteur en Espagne, de 76 à 74, ou de 75 à 73. Il eut à traverser la Gaule pour se rendre en Espagne et pour en revenir ; il en tira peut-être des approvisionnements et des troupes. C'est alors qu'il donna droit de cité romaine au gaulois Trogus. Dès lors, Trogus s'appela Cn. Pompeius Trogus. L'historien paraît avoir eu la même onomastique (1). Un autre exemple de ce procédé nous est connu par César : l'auteur des *Commentaires* nous parle de C. Valerius Caburus, élevé à la dignité de citoyen romain par le propréteur C. Valerius Flaccus et qui avait adopté le prénom et le nom de son bienfaiteur en y ajoutant comme surnom son propre nom gaulois Caburus, en 83 (2). Tite-Live nous apprend que le premier prêtre de l'autel construit en l'honneur de Jules César fut l'Eduen C. Julius Vercondaridubnus (3). Nous citerons ensuite :

C. Antestius Lutu-marus (4).
M. Antestius Vogi-toutus (5).
P. Decius Esu-nertus (6).
C. Julius Comatu-marus (7).
G. Julius Vogi-toutus (8).
Q. Valerius Esu-nertus (9).
L. Valerius Tarvius (10).

Nous arrivons enfin au quatrième système : prénom romain, nom et surnom gaulois. Exemples :

---

(1) Justin, XLIII, 5, 11, et Teuffel, *Geschichte der rœmischen Literatur*, 3ᵉ édition, p. 558.
(2) *De bello gallico*, I, 47.
(3) *Epitome*, 139. Edition d'Otto Jahn, p. 108.
(4) *C. I. L.*, III, 4724.
(5) *Ibid.*, III, 4724.
(6) Mommsen, *Inscriptiones Helveticae*, n° 80.
(7) *C. I. L.*, III, 337.
(8) *Ibid.*, III, 4908.
(9) *Ibid.*, VII, 1334, 61.
(10) *Ibid.*, III, D. 41.

C. Commius Bitutio (1). Commius est chez César le nom d'un roi des Atrébates (2).

Q. Solimarius Bitus (3). Solimarius est dérivé du nom gaulois Solimarus (4).

L. Carantius Cinto (5). On a déjà vu (p. 132) que Carantius vient du nom gaulois Carantos.

Sextus Nertomarius Nertonius (6). Nertomarius est tiré du nom gaulois Nertomâros, « grand par la force. » Les surnoms Bitutio, Bitus, Cinto, Nertonius sont gaulois.

§ 4. — *Les noms de* fundi *en* -ânus *dans la Table alimentaire auxquels correspondent des noms de* fundi *gallo-romains dérivés des mêmes gentilices, mais avec le suffixe gaulois* -âcus.

Les membres de l'aristocratie gallo-romaine s'étant procuré des gentilices par les divers procédés que nous venons d'exposer, tirèrent habituellement de ces gentilices les noms de leurs *fundi* en ajoutant à ces gentilices, non pas le suffixe *ănus*, suivant l'usage romain, mais le suffixe *ăcus* par *ā* long. On sait que les suffixes *ăcus* par *ă* bref et *ăcus* par *ă* long sont d'un emploi rare en latin, tandis que le suffixe *ăcus*, mieux *ăco-s*, par *ā* long, est d'un usage très fréquent dans les langues celtiques (7).

Le plus ancien exemple connu d'un mot où le suffixe celtique *ăcus* apparaisse avec indication de sa quantité, nous est donné à deux reprises par Virgile :

> Fluctibus et fremitu assurgens Benace marino (8).
> Quos patre Benaco, velatus arundine longa (9).

(1) Herzog, n° 206.
(2) *De bello gallico*, l. IV, c. 21, 27, etc.
(3) Brambach, 855.
(4) *Ibid.*, 1380, 1439, 1778.
(5) Allmer, III, 414.
(6) Brambach, 29.
(7) *Grammatica celtica*, 2ᵉ éd., p. 806, 809, 849. Cf. p. 15.
(8) *Géorgiques*, l. II, vers 159.
(9) *Enéide*, l. X, vers 205.

Bēnăcus, variante de **bennăcus*, en vieil irlandais *bennach*, « cornu, » « aux promontoires multiples, » est le lac de Garde, dans la Gaule cisalpine ; comparez le nom de *Benn Etair*, « corne » ou « promontoire d'Etar, » porté autrefois par le promontoire qui borde au nord la baie de Dublin. La quantité attribuée deux fois par Virgile au suffixe -*ăcus* dans *Bēnăcus* doit une grande autorité à la date où écrivait le célèbre poète et à sa patrie. A l'époque où vivait Virgile, la langue latine distinguait nettement l'*ā* long de l'*ă* bref. Virgile, originaire de Padoue, devait savoir, autrement que par l'écriture, la quantité des voyelles du nom porté de son temps par le lac de Garde, et n'a pu commettre d'erreur sur ce point de prosodie. Enfin, aucun obstacle ne l'eût empêché de respecter cete quantité : *Benăcus* par *ă* bref eût pu entrer dans un vers comme *Benăcus* par *ā* long (1).

La même quantité se trouve pour le même mot chez Claudien :

> Quas Benacus alit, quas excipit amne quieto
> Mincius... (2).
> Benacumque putat littora rubra lacum (3).

Et chez Sidoine Apollinaire le vers :

> Si quis Avitacum dignaris visere nostram (4).

nous offre encore de même un *ă* long dans le suffixe -*ăcus*. Toutefois, on ne peut voir là que le respect de la tradition. Pendant les derniers temps de l'empire romain, la distinc-

---

(1) On ne peut tirer aucune conclusion des vers de Juvénal : Bebriaci campo spolium affectare palati (*Satires*, II, 106), et de Martial : Accipe Mattiacas quo tibi calva pilas (*Epigrammes*, XIV, 27). *Bebriacus* et *Mattiacus* ont pris la quantité que le vers exigeait. Originaires l'un de l'Italie méridionale et l'autre d'Espagne, Juvénal et Martial ont pu, sans se sentir l'oreille blessée, donner une quantité inexacte à l'*ă* du suffixe celtique -*acus*, et le faire bref comme dans *Actiacus*, *Aegyptiacus*.

(2) *Epithalamium dictum Palladio et Celerinae*, v. 107. Edition Jeep, p. 75.

(3) *Carmina minora*, XIII, v. 18. Edition Jeep, p. 144.

(4) *Carmen*, XVIII, v. 1. Migne, *Patrologia latina*, t. LVIII, col. 723, B.

tion entre l'*a* bref et l'*a* long avait disparu de la prononciation. Bien qu'écrivant en Gaule, Ausone, qui vivait au quatrième siècle, fait bref, contrairement aux lois anciennement respectées de la quantité celtique, l'*a* du suffixe *-acus* dans les deux vers pentamètres :

> Pauliacus tanti non mihi villa foret.
> Villa Lucani- — mox potieris — -aco (1).

On peut donc se demander s'il y a lieu d'attacher grande importance aux vers précités de Claudien et de Sidoine Apollinaire, qui sont postérieurs à Ausone, et surtout à l'exemple de Fortunat, poëte du sixième siècle, qui a comme eux fait long l'*a* du suffixe gaulois *-acus*, témoin son vers :

> Antonnacensis castelli promptus ad arces (2).

Mais la quantité de l'*a* de ce suffixe est établie d'une manière incontestable par l'accord de Virgile avec une inscription de Nîmes et avec une loi phonétique des dialectes bretons. Virgile, avons-nous dit, qui écrivait à une époque où les Romains prononçaient l'*a* long autrement que l'*a* bref, fait long l'*a* du suffixe gaulois *-acus* dans *Benacus*. Or, l'inscription de Nîmes sur laquelle nous nous appuyons distingue les longues par un apex (3). L'*o* d'*uxóris* y est surmonté d'un apex, de même l'*a* de *Mánibus* « aux Mânes, » celui du *cognomen Vitális*, et enfin, c'est là que nous voulons arriver, le premier *a* de *Togiáciae*. Ce dernier mot est le génitif du gentilice *Togiácia*, dérivé de *Togiácus* (4), lequel vient lui-même d'un thème *Togio-* masculin du nom propre féminin *Togia* (5). *Togiácus* avait l'*a* long. Nous

---

(1) *Epistola* V, vv. 16 et 36. Edit. Schenkl, p. 163.

(2) *De navigio suo* : *Carminum*, lib. X, c. 9, v. 63. Edition de Frid. Leo, p. 243.

(3) Herzog, *Galliae narbonensis... historia*, t. II, p. 34, n° 136. Communication de M. Mowat à la Société de Linguistique dans la séance du 27 janvier 1882. *Bulletin*, n° 23, p. LX.

(4) Gruter, 845. 5.

(5) *C. I. L.*, t. III, n° 5470. *Togia* dérive de *Togus* : *Togorum libertus*, *C. I. L.*, III, 4169.

retrouvons cet *á* long du suffixe *ácus* dans des documents postérieurs d'une haute autorité.

Les langues néo-celtiques du rameau breton ont conservé la distinction de l'*ă* bref et de l'*ā* long dont le bas-latin avait perdu le sentiment. Chez elles, la plus ancienne notation de l'*ā* long est *o*, qui devient plus tard en breton de France *eu*, *e*, en gallois *au*, *aw*, tandis que l'*ă* bref reste *a*; or les notations *eu*, *e* en breton, *au*, *aw* en gallois sont celles que ces deux langues emploient pour représenter l'*á* du suffixe celtique *ácus*. Un exemple curieux en est donné vers le neuvième siècle par Nennius dans sa nomenclature des cités de la Grande-Bretagne; il y rend par *Ebrauc* le latin *Eburácus*, ancien nom de la ville d'York (1), dérivé du nom d'homme Eburus. Un autre exemple, fourni par des documents postérieurs d'environ trois siècles, est le nom de la région alors appelée *Brecheniauc* (2). *Brecheniauc* est dérivé de *Brachan*, nom d'homme, au moyen du gentilice fictif **Bracanius* et du suffixe *-ácus* ajouté à ce gentilice fictif suivant un procédé emprunté aux usages de la période romaine et employé après la chute de l'empire romain en Grande-Bretagne comme en Gaule.

Quand, au cinquième siècle, des habitants de la Grande-Bretagne, chassés par l'invasion anglo-saxonne, vinrent se réfugier sur le continent, ils apportèrent avec eux le suffixe *-ácus* par *ā* long, aujourd'hui dans leur langue, dans le breton de France, *-ek* ou *-euk*; mais ils trouvèrent sur le territoire conquis par eux une population gallo-romaine qui désignait certaines localités par des noms de lieux créés sous la domination romaine à l'aide de gentilices romains

---

(1) La leçon *Ebroauc* que préfèrent Petrie, *Monumenta historica Britannica*, I, p. 77 A, et Giles *History of the ancient Britons*, t. II, p. 335, doit ce semble être corrigée en *Eborauc*. Dans la même nomenclature se trouve le nom de *Cair Caratauc*, chez Geoffroy de Monmouth *Kaer-Caradauc*, composé dont le second terme représente le génitif britanno-latin *Carataci*. Sur *Eburacus* voir plus bas, § 10.

(2) *Liber Landavensis* et manuscrit du Musée britannique, Cottonien, Vesp. A, 14, cités dans la *Grammatica Celtica*, deuxième édition, p. 807.

et du suffixe gaulois -*ácus* : *Avitiácus*, *Pauliácus*, *Campaniácus*, et autres noms de lieux, dérivés d'*Avitius*, de *Paulius*, de *Campanius*, etc. Les Gallo-Romains d'Armorique avaient dans ces mots remplacé par l'*a* commun du bas-latin l'*á* long primitif du suffixe *ácus*; de cet *a* commun du bas-latin, les Bretons conquérants firent un *a* bref, et de là est venue dans ces mots la prononciation bretonne -*ac* : *Avizac* (1), *Poliac* (2), *Kempeniac* (3) au neuvième siècle, aujourd'hui Avessac (Loire-Inférieure), Peillac (Morbihan), Campénéac (Morbihan). *Brittiacus*, dérivé de *Brittius* (4), est écrit, au onzième siècle, *Brithiac* dans le *Cartulaire de Landévennec*; aujourd'hui il est devenu Briec par analogie avec la désinence -*ec* = *ácos* par *á* long des noms de lieux créés par les Bretons comme *Beuzec* = * *Bodiácos*, *Gouezec* = * *Védácos*, — tous deux noms d'hommes à l'origine; — mais c'est un phénomène tout récent qui, dans Briec, a fait triompher sur la prononciation gallo-romaine des bas temps, la prononciation néo-celtique de l'*á* long dans le suffixe *ácus*, tandis que la prononciation gallo-romaine de la fin de l'empire persiste encore aujourd'hui dans Avessac, Campénéac, Peillac, mots merveilleusement conservés : la langue bretonne a été pour eux une sorte d'écrin qui les a protégés contre les révolutions phonétiques du français, depuis le cinquième jusqu'au onzième siècle ; sans cette sauvegarde, l'*a* et le *c* seraient perdus : on dirait Avecé, Champigné, Pouillé.

La langue latine possède, comme le celtique, un suffixe -*ăcus* par *ă* long, et parallèlement on y trouve un suffixe *ăcus* par *ă* bref. Et d'abord, par *ă* bref : tout le monde a

---

(1) Le *Cartulaire de Redon* nous offre cette orthographe, pp. 65, 73, 89, 95, 151, 159. On trouve aussi : *Avesiacus*, p. 49; *Aviciacus*, p. 192; *Avezac*, p. 291.

(2) *Poliacenses homines*, *Cartulaire de Redon*, p. 81.

(3) *Cartulaire de Redon*, p. 81.

(4) Le tome X du *C. I. L.* en offre douze exemples ; c'est une variante de *Bruttius*; on trouve aussi *Brittius* avec un seul *t*; mais il faut **un double *t* pour expliquer le *th* de *Brithiac*.**

entendu parler de la *victoria Actiăca*, du *triumphus Actiăcus*, du *bellum Actiăcum* (1). Ovide fait bref l'*a* du suffixe, par exemple :

Frondibus Actiacis comtos redimita capillos (2).

Nous citerons aussi l'adjectif *Aegyptiăcus*.

Le suffixe *ăcus* par *ā* long existait de même en latin : la *cloāca maxima* (3) est un des plus anciens monuments de Rome ; la bonne orthographe de son nom, *clouaca*, nous a été conservée par une inscription (4), et la quantité par un vers d'Horace :

Illud idem in rapidum flumen jacerotve cloacam (5).

Toutefois l'usage n'existait pas chez les Romains de se servir des suffixes -*ăcus* et -*ācus* pour former des dérivés de gentilices qu'on aurait employés à désigner des *fundi*. Mais ajouter le suffixe celtique -*ăcus* au gentilice, et créer ainsi les mots qui servent à la dénomination des *fundi* est la coutume générale des Celtes soumis à Rome en Gaule et hors de Gaule. Comme les gentilices de ces Celtes sont la plupart du temps empruntés au latin, il résulte de là qu'ordinairement le nom donné par le Celte romanisé à la terre dont il est propriétaire est un mot hybride composé de deux éléments, le premier latin, le second celtique.

Ainsi le Gaulois qui a pris le gentilice romain *Antonius*, au lieu d'appeler son fonds de terre *Antonianus*, nom plusieurs fois inscrit sur la table alimentaire de Veleia (6), a fait usage de l'adjectif *Antoniacus*. Un *fundus Antoniacus* était,

---

(1) Ces expressions se trouvent chez Suétone et chez Velleius Paterculus.
(2) *Fastes*, I, 711.
(3) Tite-Live, livre I, ch. 56, § 2.
(4) *C. I. L.*, I, n° 1178.
(5) *Satires*, livre II, v. 242. Cf. Corssen, *Ueber Aussprache*, etc., deuxième édition, t. II, p. 195.
(6) On trouve aussi *fundus Antonianus* dans les chartes de Ravenne, Fantuzzi, *Monumenti Ravennati*, p. 57. L'acte est du temps de l'archevêque Honestus ou Aunestus, 971-983.

au onzième siècle, *Antoniacus villa* que mentionne en 1030 une charte émanée du roi Robert (1); c'est aujourd'hui Antony (Seine). On doit expliquer de même les noms d'Antogny (Indre-et-Loire), Antoigné (Maine-et-Loire), Antoigny (Orne). Antoigné (Maine-et-Loire) paraît être la *villa Antoniacus*, d'un diplôme de l'année 775 (2); et Antogny (Indre-et-Loire), est appelé *villa Antoniacus* dans un diplôme de l'année 925 (3). Le gentilice Antonius n'était pas rare en Gaule dans la période romaine. Peut-être les premiers Gaulois qui l'ont porté étaient-ils des protégés du célèbre Marc Antoine qui a fait un séjour en Gaule, près de César, de l'an 55 à l'an 51 avant notre ère; et qui, plus tard, devenu triumvir, eut la Gaule dans son lot. M. Allmer a recueilli neuf exemples du gentilice Antonius dans ses *Inscriptions antiques de Vienne* (4). M. Mommsen en a signalé deux dans les inscriptions romaines de la Suisse (5). M. Brambach en indique trois dans celles de la rive gauche du Rhin (6). M. de Boissieu en a réuni douze dans ses *Inscriptions antiques de Lyon* (7). Antonius Primus, qui battit Vitellius à Bedriacum l'an 70 de notre ère, était né à Toulouse, et de son surnom gaulois *Beccus*, identique au mot gaulois qui est devenu « bec » en français, on peut conclure qu'Antonius Primus était d'origine gauloise (8). Il est donc naturel que nous trouvions en France des *fundi Antoniaci*.

Naturellement le gentilice Julius, celui du conquérant

---

(1) Tardif, *Monuments historiques*, p. 264, col. 2. J'ignore si c'est du même Antoniacus qu'il est question en 829 dans le diplôme de Louis le Débonnaire, auquel M. Sickel a donné le n° 260, *Acta Karolinorum*, t. II, p. 163.

(2) Dom Bouquet, t. V, p. 737 c.; cf. Mabille, *La Pancarte noire de Saint-Martin de Tours*, p. 69, 106, 107, 151, 218; et Sickel, *Acta Karolinorum*, t. II, p. 27, n° 42.

(3) D. Bouquet, t. IV, v. 325. Cf. Mabille, *La Pancarte noire de Saint-Martin de Tours*, pp. 99, 185, 186, 218.

(4) Voyez l'index au t. IV, p. 503. Cf. *Bulletin épigr.*, t. II, p. 371, n° 415.

(5) *Inscriptiones Helveticae*, n° 24.

(6) *Inscriptiones Rhenanae*, n°° 199, 583, 602.

(7) Voyez l'index, p. 501.

(8) Suétone, *Vitellius*, 18.

de la Gaule, et d'Auguste son fils adoptif, est plus fréquent en Gaule que celui d'Antonius.

Tout le monde a entendu parler du trévire Julius Florus et de l'éduen Julius Sacrovir, chefs des Gaulois insurgés contre l'empire romain sous le règne de Tibère, l'an 21 de notre ère (1).

M. Allmer, dans ses *Inscriptions de Vienne*, a réuni quatre-vingt-quatre exemples du gentilice Julius (2). On en trouve quarante-neuf dans les *Inscriptions antiques de Lyon* de M. de Boissieu. M. Mommsen nous en donne trente-deux, recueillis en Suisse (3). Dans ces relevés on a laissé de côté les femmes. De ce gentilice dérive le nom de *fundus* gallo-romain *Juliacus*, correspondant au *Julianus* de la table alimentaire de Veleia. De *Juliacus* nous viennent dix noms de communes : quatre Juillac (Charente, Corrèze, Gers, Gironde); trois Juillé (Charente, Sarthe, Deux-Sèvres); un Juilley (Manche); deux Juilly (Côte-d'Or, Seine-et-Marne); un Jullié (Rhône); trois Jully (Aube, Saône-et-Loire, Yonne). A ces dix noms de communes il faut ajouter treize noms identiques de hameaux.

Enfin, en Prusse rhénane, se trouve la plus connue des localités qui appartiennent à ce groupe : Juliers, en allemand Jülich, connu au quatrième siècle sous le nom de Juliacus, comme l'attestent Ammien Marcellin, l'*Itinéraire d'Antonin* et la *Table de Peutinger* (4). On a cru que Jules César était le fondateur de Juliers. Mais l'obscur Julius, qui a donné son nom à un *fundus* de la *Colonia Agrippina*, et qui a eu l'heureuse fortune qu'une ville bâtie sur ce *fundus* ait conservé ce nom jusqu'à nos jours, ne doit en aucun cas être confondu avec le célèbre conquérant de la Gaule. Peut-être est-ce un de ces Ubiens qu'en l'an 39

---

(1) Tacite, *Annales*, III, 40.
(2) Voyez l'index au t. IV, p. 506.
(3) *Inscriptiones Helveticae*, pp. 119, 120.
(4) Voyez les textes réunis par E. Desjardins, *Géographie de la Gaule d'après la table de Peutinger*, p. 107.

avant J.-C. M. Vipsanius Agrippa, depuis gendre d'Auguste, fit passer de la rive droite du Rhin sur la gauche dans les environs de la ville actuelle de Cologne (1), ou c'est un de ces vétérans que quatre-vingt-dix ans plus tard, en l'an 50 de J.-C., l'impératrice Agrippine, femme de Claude, envoya fonder une colonie dans ce nouveau territoire des *Ubii* (2). *Colonia Agrippina* est aujourd'hui Cologne (3). Les inscriptions de Cologne réunies par Brambach nous montrent le gentilice Julius douze fois répété dans les noms d'hommes :

C. Julius Baccus, n° 310 ;
T. Julius Tuttius, n° 311 ;
C. Jul[ius] Maternus, n° 319 ;
Jul[ius] Primus, n° 329 ;
Q. Julius Flavos, n° 332 ;
C. Julius Verecundus, n° 363 ;
Julius Antoninus, n° 368 ;
Julius Verinus, n° 371 ;
C. Jul[ius] Speratus, n° 374 ;
T. Julius Fortunatus, n° 386 ;
C. Julius Mansuetus, n° 405 ;
C. Julius Firminus, n° 433.

Il est possible que parmi ces douze individus se trouve ou le premier propriétaire, ou un descendant du premier propriétaire du *fundus Juliacus* sur lequel s'élève aujourd'hui la ville de Juliers.

La variante romaine *Julianus* de *Juliacus* paraît avoir donné Juillan, nom d'une commune des Hautes-Pyrénées, et trois noms de hameaux : Juillan (Vaucluse), Julhans (Bouches-du-Rhône), Jullians (Vaucluse).

---

(1) Tacite, *Germania*, 28. Cf. E. Desjardins, *Géographie historique et administrative de la Gaule Romaine*, t. III, p. 36-37.
(2) Tacite, *Annales*, XII, 27.
(3) E. Desjardins, *Géographie de la Gaule d'après la Table de Peutinger*, pp. 49-52.

Du gentilice *Cassius* est dérivé à Veleia le nom du *fundus Cassianus* (1). Mais sur le territoire d'une ville gallo-romaine d'Italie, Mediolanum, aujourd'hui Milan, le même gentilice a donné le dérivé *Cassiacus*, d'où le nom du *rus Cassiacum* dont le propriétaire Verecundus offrit asile à saint Augustin l'an 386 ou 387 de notre ère. Cette localité s'appelle aujourd'hui en italien *Cassago* (2). *Cassiacus*, que nous trouvons ensuite en France au septième siècle dans une charte de Vigile, évêque d'Auxerre (3), au huitième dans le testament de Widerad, abbé de Flavigny (4), et dans un diplôme de Charlemagne (5), est la forme primitive du nom de quinze communes de France, savoir : un Chassé (Sarthe); cinq Chassey (Côte-d'Or, Jura, Meuse, Saône-et-Loire, Haute-Saône); un Chassiecq (Charente); un Chassieu (Isère); quatre Chassy (Cher, Nièvre, Saône-et-Loire, Yonne); trois Chessy (Aube, Rhône, Seine-et-Marne) (6); comme *Cassago*, chacune d'elles tire son nom d'un ancien *fundus* gallo-romain, dont le premier propriétaire portait le gentilice Cassius. Dans les *Inscriptions antiques de Vienne* de M. Allmer figurent dix-sept Cassius (7); M. Mommsen en a relevé quatre dans les inscriptions latines de la Suisse; on en trouve six dans les *Inscriptions de Lyon* de M. de Boissieu. C'était donc un nom d'homme fort répandu en Gaule pendant la période romaine.

Le gentilice *Latinius* n'est pas très commun dans les inscriptions romaines. Cependant un homme de ce nom

---

(1) Voir aussi dans une charte de Ravenne, sous l'archevêque Gratius, 784-794, un *fundus Cassianus*, Fantuzzi, p. 64.
(2) De-vit, *Totius latinitatis onomasticon*, t. I, p. 156. Le *Cassiciaco* des *Confessions*, livre IX, § 5, doit être corrigé en *Cassiaco*.
(3) Pardessus, *Diplomata*, t. II, p. 153 ; Quantin, *Cartulaire général de l'Yonne*, t. I, p. 19.
(4) Pardessus, *Ibid.*, t. II, p. 400.
(5) D. Bouquet, t. V, p. 737 c. C'est le n° 42 des Actes de Charlemagne chez Sickel, *Acta Karolinorum*.
(6) Nous ne parlons pas des hameaux, au nombre de onze.
(7) Voy. l'index au t. IV, p. 504.

paraît avoir fait un vœu au dieu Pœninus (1). Le nom d'une femme appelée Latinia se lit dans une inscription d'Altenberg (Prusse rhénane) (2). M. Latinius figure dans une inscription d'Espagne (3). Le monument funèbre élevé par P. Latinius Primus à P. Latinius Lepidus son père existe encore aujourd'hui à l'évêché de Tortone, dans la partie occidentale de la vallée du Pô (4). Le même gentilice est offert par un nom de femme, Latinia Dextra, peu loin de là, dans une inscription d'Acqui (5). Quatre parents dont le gentilice était Latinius apparaissent dans deux inscriptions de Bénévent (6). P. Latinius Lucanus d'Atena, en Lucanie, dédia un autel à Esculape (7). On se bornera à ces exemples ; ils suffisent pour établir l'existence du gentilice *Latinius* duquel sont dérivés à la fois le nom du *fundus Latinianus* à Veleia, et en Gaule celui de plusieurs *fundi Latiniaci*. L'un est aujourd'hui Lagny (Seine-et-Marne) mentionné, dès le septième siècle, dans un diplôme du roi Thierry III (8). Nous citerons ensuite Lagny-le-Sec (Oise), appelé d'abord, comme le précédent, *Latiniacus ;* son nom apparaît en 862 dans un diplôme de Charles le Chauve (9). Nous terminerons par Lagnieu (Ain). Sur l'autorité de la vie de saint Domitien qui paraît dater du neuvième siècle, M. Jules Quicherat admet que ce village tire son nom primitif, *Latiniacus*, d'un ancien propriétaire appelé *Latinus* : lisons *Latinius* (10). Le biographe a écrit *Latinus* parce que de son temps l'usage des gentilices n'existait

(1) Mommsen, *Inscr. Helv.*, 46.
(2) Brambach, n° 303.
(3) *C. I. L.*, II, 1501.
(4) *Ibid.*, V, 7388.
(5) *Ibid.*, V, 7512.
(6) *Ibid.*, IX, 1856 et 1857.
(7) *Ibid.*, X, 330.
(8) Tardif, *Monuments historiques*, p. 20, col. 1 : *Villa noncopanti Latiniaco, que ponitur in pago Meldequo.* Ce diplôme a été rédigé en 688 ou 689 ; cf. *ibid.*, p. 32, col. 2 ; p. 38, col. 1 ; p. 85, col. 1.
(9) Tardif, *Monuments historiques*, p. 117.
(10) Quicherat, *De la formation française des anciens noms de lieu*, p. 34.

plus, et parce que, dans la période mérovingienne, l'usage s'était introduit de former des noms de lieux en ajoutant à des noms d'hommes barbares la désinence *iacus* : *Teodeberciacus*, de Theodeberethus ; *Landericiacus*, de Landericus. Sous l'empire romain, on aurait dit *Theodebercthacus*, *Landericacus*, comme *Eburacus* « York » (Angleterre), d'Eburus ; comme *Avitacus* « Aydat » (Puy-de-Dôme), d'Avitus ; et par conséquent Latinus aurait donné le dérivé *Latinacus*, dans le patois de l'Ain Laneu, en français Lanay, Laney, Lany, et non Lagneu, ni Lagny.

Dans les tables des Inscriptions antiques de Vienne de M. Allmer, on voit apparaître six hommes dont le gentilice est *Aurelius*, et quarante et un qui portent le gentilice *Valerius*. Rien donc d'étonnant si on trouve en Gaule des *fundi Aureliaci* et *Valeriaci* parallèles aux *fundi Aurelianus* et *Valerianus* de Veleia (1). Aureillac (Gard), Aurillac (Cantal), Orlhac (Lot), Orly (Seine), sont d'anciens *fundi Aureliaci* (2). Vallery (Yonne) et Vallèry (Haute-Savoie) sont d'anciens *fundi Valeriaci* (3). Du premier, la variante romaine en *ânus* nous est conservée par deux Aureilhan (Landes et Hautes-Pyrénées).

Du gentilice romain *Marcellius*, connu par plusieurs inscriptions (4), sont venus à la fois le nom du *fundus Marcilianus*, à Veleia, et celui de nombreux *fundi* gaulois appelés *Marciliacus* ou *Marcilliacus*. La première orthographe est celle de la vie de saint Didier, évêque de Cahors, écrite au septième siècle, et qui raconte la fondation du *coenobium*

---

(1) *Locus Valerianus* en 926, dans une charte de la cathédrale d'Asti (*Historiae patriae monumenta*, t. I, col. 127 c.

(2) Voyez Quicherat, *De la formation française des anciens noms de lieu*, p. 35. Orly (Seine), est désigné par le nom d'*Auriliacus* dans des diplômes de Charlemagne et de Charles le Chauve, *Cartulaire de Notre-Dame de Paris*, t. I, pp. 240, 251. Ce nom de lieu se trouve aussi en Italie : *Curtem que vocatur Aureliacus*, 896, 973 ; Fantuzzi, pp. 97, 180, cf. p. XLVIII.

(3) Quantin, *Dictionnaire topographique du département de l'Yonne*, p. 133.

(4) C. I. L., V, 5642 (*Additamenta*, p. 1085), 6038, 6542 ; Allmer, *Inscriptions de Vienne*, III, 449.

Marciliacense (1). La seconde est celle d'un diplôme de Louis le Débonnaire remontant à l'année 834 (2). Aujourd'hui les noms de trente-trois communes nous conservent ce dérivé gallo-romain sous des formes plus modernes : Marcillac, Marcillat, Marcillé, Marcilly. En y ajoutant vingt-sept hameaux, on trouve en France soixante noms de lieux qui dérivent du gentilice *Marcellius*.

§ 5. — *Les noms de* fundi *dérivés de gentilices chez les populations celtiques sont postérieurs à la conquête romaine.*

Les noms de *fundi* dérivés de gentilices d'origine romaine ne peuvent être antérieurs à la conquête. On en dira autant des noms de lieux tirés des gentilices d'origine celtique. Un gentilice d'origine celtique est *Carantius*; on en a donné quatre exemples : L. Carantius Atticus, M. Carantius Macrinus, L. Carantius Gratus et L. Carantius Cinto (3); de *Carantius* vient *Carantiacus*, nom porté par au moins dix-neuf *fundi* de la Gaule, savoir les neuf communes suivantes : Carancy (Pas-de-Calais); Charancieu (Isère); deux Charancey (Côte-d'Or et Moselle); Charency (Jura); deux Cherancé (Mayenne et Sarthe); Cherencé-le-Héron et Cherencé-le-Roussel (Manche), et dix hameaux. On a parlé ensuite du gentilice *Carantinius* (4), dont le dérivé est *Carantiniacus*, d'où Charantigny (Aisne) (5); enfin du gentilice *Solimarius* (6), d'où le *Solimariaca* de l'*Itinéraire* entre Neufchâteau (Vosges) et Toul (Meurthe-et-Moselle).

---

(1) D. Bouquet, III, 531 c.
(2) D. Bouquet, VI, 595 E; cf. Sickel, *Acta Karolinorum*, t. II, p. 183, n° 322. Dans ce document il s'agit d'une *villa Marcilliacus* située dans le diocèse de Langres.
(3) Voyez plus haut, p. 132.
(4) Voyez plus haut, p. 132.
(5) Hameau de la commune de Villemontoire; Matton, *Dictionnaire topographique du département de l'Aisne*, p. 58.
(6) Voyez plus haut, p. 134.

Comme les noms de *fundi*, précédemment cités, et qui dérivent de gentilices d'origine latine, les noms de *fundi* dérivés de gentilices d'origine celtique sont postérieurs à la conquête romaine, puisque, avant cette conquête, les Gaulois n'ont pas eu de gentilices.

Il est vrai que parmi les noms d'hommes gaulois du temps de l'indépendance, quelques-uns se terminaient en *-ius* ou en *-is* et auraient pu donner des dérivés en *-iacus*. Sur soixante-deux noms celtiques d'hommes, tant de Gaule que de la Grande-Bretagne, que l'on peut relever dans les *Commentaires* de César, un se termine en *-is*, c'est *Convictolitavis*, et dix se terminent en *-ius* : *Andecumborius, Carvilius, Commius, Iccius, Lucterius, Mandubratius, Nammeius, Sedulius, Tasgetius, Verucloetius*. Trois au moins de ces noms persistent sous la domination romaine. — On peut laisser de côté Carvilius, nom d'un des quatre rois de Kent en l'an 54 de notre ère, car il y avait à Rome, dès le troisième siècle avant Jésus-Christ, une famille noble de ce nom; les *Carvilius* que l'on rencontre plus tard peuvent se rattacher à elle. — Mais les Commius, Sedulius et Iccius des commentaires de César n'ont pas à Rome d'homonymes plus anciens. C'est donc à ces trois noms gaulois qu'on doit rattacher les gentilices romains identiques qui apparaissent postérieurement; c'est d'eux que viennent les gentilices romains Commius, Sedulius, Iccius.

Commius, roi des Atrebates, fut envoyé par César en Grande-Bretagne l'an 55 avant Jésus-Christ. Son nom a été employé comme gentilice sous l'Empire romain (1). Telle a été aussi la fortune du nom de Sedulius, que porta un chef obscur des Lemovices, mort les armes à la main, sous les murs d'Alésia, 52 ans avant notre ère; un poëte chrétien du cinquième siècle a donné à ce nom une certaine célébrité; nous avons encore les œuvres de ce poëte; un païen du même nom a élevé à ses dieux un monument

---

(1) Voyez plus haut, p. 134.

trouvé à Cannstatt, en Wurtemberg, et dont l'inscription a été plusieurs fois publiée (1); elle date de l'empire romain.

Iccius n'est pas seulement le nom d'un Rème envoyé en ambassade à César, par ses concitoyens, l'an 57 avant J.-C. Vingt et quelques années plus tard, Horace connut un autre Iccius auquel le célèbre poète latin adressa une ode et une épître (2). Le gentilice Iccius se trouve aussi sous l'empire dans une inscription de Nimes (3), et il avait une variante *Icius* qui a pris place dans la géographie gallo-romaine comme premier terme des composés *Icio-magus*, aujourd'hui Usson (Loire) (4), et *Icio-durum*, nom porté par deux localités différentes, l'une en Touraine, aujourd'hui Izeures (Indre-et-Loire) (5); l'autre en Auvergne; aujourd'hui Issoire (Puy-de-Dôme) (6).

Quelques-uns de ces noms gaulois mentionnés chez César peuvent avoir donné à la France des noms de lieux dérivés en *-acus* qui offrent la désinence *-i-acus*. Ainsi les noms de Congé-sur-Orne (Sarthe), Congis (Marne), peuvent représenter un primitif* *Commiacus*. La *domus Iciacensis*, en Auvergne, aujourd'hui Yssac (Puy-de-Dôme), dont parle Grégoire de Tours (7), a été construite sur un *fundus Iciacus* dont le nom est dérivé d'*Icius*, variante d'*Iccius*, comme il a été dit plus haut; les noms d'Issy (Seine) (8), d'Issy-l'Évêque (Saône-et-Loire), et d'Issé (Loire-Inférieure),

---

(1) Brambach, 1575.
(2) *Odes*, livre I, 29, 1. *Epîtres*, I, 12, 1. Cf. *De bello gallico*, l. II, c. 3, § 2.
(3) Herzog, t. II, p. 42, n° 200.
(4) Dans la Table de Peutinger on a écrit *Icidmago* pour *Iciomago*. Desjardins, *Géographie de la Gaule d'après la Table de Peutinger*, p. 302-304. Cf. Longnon, *Atlas historique de la France*, p. 29.
(5) Grégoire de Tours, *Historia Francorum*, livre X, c. 31, édition Arndt, p. 414, l. 20; Longnon, *Géographie de la Gaule au sixième siècle*, p. 273.
(6) Grégoire de Tours, *Gloria confessorum*, c. 29, édition Arndt et Krusch, p. 766, l. 4. Longnon, *Géographie de la Gaule au sixième siècle*, p. 499, 500.
(7) *Gloria martyrum*, c. 65, édit. Arndt, p. 432, l, 22.
(8) *Fiscus... Isciacus* dans un diplôme faux du roi Childebert I**er**, dont le manuscrit le plus ancien est du neuvième siècle. Tardif, *Monuments historiques*, p. 2; Pertz, *Diplomatum imperii tomus primus*, p. 7, ligne 33.

peuvent avoir la même origine. Le nom gaulois d'Iccius est donc encore vivant dans la géographie de la France. Mais il ne doit cette bonne fortune qu'à la chance heureuse qu'il a eue d'être conservé comme gentilice à l'époque romaine.

La nomenclature des noms de lieux de la Gaule qui se terminent en -*acus* et en -*iacus* est le reflet de la nomenclature des noms d'hommes usités en Gaule pendant l'empire romain et nullement de celle des noms d'hommes antérieurs à la conquête. Si elle était le produit des noms d'hommes antérieurs à la conquête, elle conserverait un des caractères qui distingue la liste de ces noms.

Une observation préalable est nécessaire pour faire comprendre ce dont il s'agit. Sont terminés en -*iacus* les noms de lieux qui dérivent de noms d'hommes en -*ius* et peut-être en -*is*; différente est l'origine des noms de lieux qui n'ont pas d'*i* devant -*acus*. Or les noms celtiques d'hommes en -*ius* ou en -*is* sont, avant la conquête romaine, les moins nombreux; il y en a chez César onze sur soixante-deux, entre le cinquième et le sixième de la totalité; cette proportion est vraisemblablement celle qui existait dans les noms d'homme gaulois avant la conquête romaine : un cinquième ou un sixième se terminait en *i-s* ou en *io-s* = *iu-s* et auraient pu donner des dérivés en -*iacus*, quatre cinquièmes ou cinq sixièmes se terminaient autrement et auraient forcément donné des dérivés en -*acus* sans *i* avant l'*a* d'-*acus*. Si les noms de lieux de la Gaule en -*acus* dérivaient des noms d'hommes gaulois antérieurs à la conquête, nous devrions en Gaule, parmi les noms de lieu en -*acus*, en trouver un cinquième ou un sixième seulement avec *i* devant l'*a* d'*acus*; dans les quatre cinquièmes ou les cinq sixièmes, le suffixe -*acus* serait précédé d'une lettre autre que *i*. Mais c'est la proportion inverse qu'on rencontre dans la nomenclature géographique de la Gaule romaine.

Si à l'aide du récent travail de M. Longnon sur la géographie de la Gaule romaine, on dresse la liste des localités qui, sous l'empire romain, ont porté des noms terminés en *-acus*, on en trouve quarante-quatre, sur lesquels huit seulement n'offrent pas d'*i* avant ce suffixe : *Antunnacus, Aunedonnacus, Avitacus, Bagacus, Camaracus, Cunnacus, Solonacus, Turnacus*. Ces huit mots supposent des noms d'hommes dont le thème était consonnantique ou se terminait en *o* précédé d'une consonne. Les trente-six autres noms de lieux en *-acus* de la Gaule romaine offrent la désinence *-iacus*, et s'expliquent par des noms d'hommes qui avaient une terminaison différente de celle des premiers, c'est-à-dire le suffixe *-ius* des gentilices romains. Ainsi les quatre cinquièmes des noms de lieux en *-acus* que M. Longnon a recueillis dans les monuments de la domination romaine en Gaule dérivent de noms d'hommes en *-ius*. La proportion est inverse de celle que nous devrions rencontrer si les noms de lieux en *-acus* de la période romaine avaient pour base des noms d'hommes antérieurs à la conquête.

La liste des noms de lieu de la Gaule au sixième siècle, dressée par M. Longnon, donne lieu à une observation analogue ; quarante-cinq se terminent en *-i-acus*, il y en a huit qui, devant le suffixe *-acus*, nous offrent une lettre autre que *i*. Sur un total de cinquante-trois, c'est un sixième environ qui n'ont pas d'*i* devant le suffixe *-acus*, tandis que les noms celtiques d'hommes recueillis par César devraient donner un sixième ou un cinquième de dérivés en *-iacus* et cinq sixièmes ou quatre cinquièmes de dérivés où le suffixe *-acus* serait précédé d'une lettre autre que *i*.

La table géographique du tome VII du *Recueil des historiens de la France*, qui contient des documents relatifs aux fils de Louis le Débonnaire, entre autres une nombreuse collection de diplômes, nous offre une quantité considérable de noms de lieux de la Gaule au neuvième siècle. J'en ai compté quatre cent quatre-vingt-dix-sept qui se terminent en *-acus* ; sept huitièmes, soit quatre cent trente-neuf, ont un *i* devant ce suffixe, un huitième, soit cinquante-huit seulement, n'ont pas d'*i* avant *-acus*.

Ces relevés suffisent pour établir que les noms géographiques en *-acus* de la Gaule ne tirent pas leur origine des noms d'hommes antérieurs à la conquête romaine. Si les noms de lieux en *-acus* de la Gaule remontaient à la période de l'indépendance, ce serait le plus petit nombre de ces noms, un cinquième au plus, qui nous offrirait un *i* avant l'*a* d'*acus*; au contraire, les plus nombreux de beaucoup nous offrent cet *i* qu'explique la désinence ordinaire du gentilice romain.

§ 6. — *Quatre espèces de noms de lieux habités en Gaule chez César.*

Les noms de lieux habités dans la Gaule indépendante qui sont mentionnés par César ne semblent presque aucuns être tirés de noms d'hommes. Parmi ces noms de lieux habités on peut distinguer quatre sections :

La première comprend les noms à sens topographique. Il y en a un qui exprime une relation avec un cours d'eau. Le nom d'*Avaricum*, « Bourges, » situé sur l'Evre (1), vient d'*Avara*, ancien nom de l'Evre ; ainsi, plus tard, le nom d'*Autricum*, « Chartres, » est dérivé d'*Autura*, ancien nom de l'Eure. On peut comparer *Genava*, « Genève, » qui signifie, à proprement parler, « bouche, » parce que cette ville se trouve à l'endroit où le lac Léman vomit le Rhône.

La seconde section des noms de villes de la Gaule indépendante mentionnés par César se rapporte aux produits du sol ou, plus spécialement, à la faune locale : tels *Bibracte* et *Bibrax*, dont les noms dérivent du gaulois **bebros*, en latin *fiber*, mais en français *bièvre*, qui vient du gaulois ; le bièvre ou castor a précédé l'homme dans ces deux localités. *Cabillonum*, paraissant dérivé de *caballus*, « cheval, »

---

(1) *Grammatica celtica*, 2ᵉ édit., p. 779-806.

désigne, ce semble, une ville dont la principale industrie était l'élève du cheval.

La troisième section doit son origine à des idées religieuses : comme plus tard *Lugudunum* est la forteresse du dieu *Lugus*, *Nemetocenna* est chez César, soit un dérivé de *nemeton*, « temple, » soit un composé dont *nemeton* est le premier terme.

Les noms des lieux habités compris dans la quatrième section sont formés de deux termes, un adjectif placé le premier et un nom qui est le second terme d'un composé. Ce composé exprime l'opinion que les fondateurs avaient de leur nouvel établissement; ainsi *Uxellodunum* veut dire « haute forteresse; » *Vellaunodunum*, « bonne forteresse; » *Noviodunum*, « forteresse neuve; » c'est l'opposé du vieil irlandais *Sen-dún*, aujourd'hui *Shandon* ou *Shannon*, dont le sens est « vieille forteresse (1). »

§ 7. — *Cinq espèces de noms de lieux habités dans les pays celtiques suivant les documents du temps de l'empire.*

Si des noms de lieu de la Gaule qu'on lit chez César nous passons aux noms de lieux qui, appartenant à des pays celtiques, sont contenus dans les textes contemporains de l'empire romain, notamment dans les plus importants de ces textes : *Itinéraire d'Antonin*, fin du troisième siècle; *Table de Peutinger*, *Notice des provinces et des cités de la Gaule*, quatrième siècle; nous y retrouvons les quatre sections qui viennent d'être signalées, plus certainement une cinquième composée des noms de lieu qui expriment un rapport avec une personne (2).

En première ligne, voici des noms de lieu gaulois du

---

(1) *The origin and history of irish names of places*, by P.-W. Joyce, 5ᵉ édit. Dublin, 1883, t. I, p. 282.

(2) Il a pu exister, dès le temps de César, en Gaule, des noms de lieu composés dont un nom d'homme formait le premier terme : *Samaro-briva*, pont d'un homme appelé Samaros, et *Admageto-briga*, forteresse d'un gaulois nommé Admagetos; mais pas de noms de terre, *magus*, ainsi formés.

quatrième siècle qui expriment un rapport avec un cours d'eau : *Briva-Isarae*, « pont de l'Oise, » aujourd'hui Pontoise ; *Brivo-durum*, « forteresse du pont, » aujourd'hui Briare (Loiret) ; *Brivate*, « endroit où il y a un pont, » aujourd'hui Brioude (Haute-Loire) ; *Moso-magus*, « champ de la Meuse, » aujourd'hui Mouzon (Ardennes) ; *Ritu-magus*, « champ du gué, » aujourd'hui Radepont (Eure) ; *Condato-magus*, « champ du confluent, » aujourd'hui Millau (Aveyron), et enfin plusieurs localités du nom de *Condate*. A *Moso-magus*, « champ de la Meuse, » on peut comparer *Bodinco-magus*, « champ du Bodincus ou Pô » dans une inscription (1). On verra même cette section se développer grâce à des indications topographiques d'un autre ordre : *Acaunum*, « Saint-Maurice en Valais ; » *Acunum*, « Notre-Dame d'Aygu » (Aveyron), veulent dire « Le Rocher (2) ; » ces noms du moyen âge remontent à l'époque celtique.

A la seconde section appartiennent les noms de lieu de période romaine qui se rapportent à la faune locale : *Gabro-sentum*, « chemin des chèvres, » en Grande-Bretagne ; *Gabro-magus*, « champ des chèvres, » et *Matucaium*, « chemin des ours, » en Norique. Cette catégorie se développe par des noms relatifs à la végétation et à l'industrie locales : 1° en Gaule, *Aballo*, aujourd'hui Avallon, signifie probablement « la pommeraie ; » en Grande-Bretagne, *Derventione*, « la chênaie ; » 2° en Grande-Bretagne, *Gobannium*, « la forge ; » en Gaule, *Carpentorate*, « la fabrique de chars : » son nom dérive d'un thème *Carpento-*, écrit *Carbanto-* dans *Carbantorigum* (Grande-Bretagne). De *Carbanto-* dérive *Carbantia*, « la ville des chars, » en Italie, au nord du Pô, non loin d'*Epo-redia*, « la ville des bons dompteurs de chevaux, » comme dit Pline. Citons encore *Figlinae* pour *Figulinae*, « les poteries, » près de Saint-Rambert d'Albon (Drôme).

(1) *C. I. L.*, t. V, p. 845.
(2) Longnon, *Atlas historique de la France*, p. 25 et suivantes.

Dans la troisième section, noms de lieu d'origine religieuse, prend place *Divona*, « la divine, » aujourd'hui Cahors ; *Divo-Durum*, « forteresse des dieux, » aujourd'hui Metz, tous deux en Gaule ; rapprochons *Deo-brigula*, « la petite forteresse des dieux, » en Espagne ; *Camulo-dunum*, forteresse du dieu *Camulus*, en Grande-Bretagne. De plus, puisqu'Auguste et César sont élevés au rang des dieux, il faut ranger dans cette catégorie *Augusto-nemetum*, « temple d'Auguste, » aujourd'hui Clermond-Ferrand ; *Augusto-dunum*, « forteresse d'Auguste, » Autun ; *Augusto-durum*, même sens, aujourd'hui Bayeux ; *Augusto-ritum*, « gué d'Auguste, » aujourd'hui Limoges ; *Augusto-magus*, « champ d'Auguste, » aujourd'hui Senlis (comparez *Augusto-briga*, « forteresse d'Auguste, » en Espagne) ; *Caesaro-dunum*, « forteresse de César, » aujourd'hui Tours ; *Caesaro-magus*, « champ de César, » aujourd'hui Beauvais (comparez un autre *Caesaro-magus* en Grande-Bretagne).

A la quatrième section se rattachent *Novio-magus*, « le champ neuf ou le champ nouvellement défriché, » dont la *Table de Peutinger* nous offre en Gaule quatre exemples ; l'*Itinéraire d'Antonin* nous en montre trois hors de Gaule, dont un en Grande-Bretagne, deux en Germanie. On peut leur opposer *Seno-magus*, « le vieux champ, » près de Saint-Paul-Trois-Châteaux (Drôme) ; de *Senomagus*, on rapprocherait le *Sen-mag* de la mythologie irlandaise (1) : le *Sen-mag* aurait été la plaine la plus anciennement défrichée de l'Irlande ; elle était déjà défrichée quand arrivèrent les premiers habitants de l'île. On citera encore *Litanobriga*, « la forteresse large, » près de Creil (Oise) ; comparez les deux *Cambodunum* ou « forteresse courbe, » l'un de Grande-Bretagne, l'autre de Rhétie.

Nous arrivons à la cinquième section, qui atteste des relations entre l'homme propriétaire et sa portion de terre, son champ. Elle est postérieure aux *Commentaires* de

---

(1) *Livre de Leinster*, p. 5, col. 1, ligne 38.

ORIGINE DES NOMS DE LIEUX HABITÉS.

César. Elle comprend deux groupes. Dans l'un de ces groupes, le terme qui désigne l'homme est un gentilice ; dans l'autre, ce terme est un *cognomen* ou c'est le nom unique et pérégrin employé pour désigner une personne qui n'a pas de gentilice.

Dans le premier groupe, noms de lieu tirés du gentilice du propriétaire, on trouve réunis des composés et des dérivés ; les composés sont les moins nombreux. On a parlé d'*Icio-magus*, « champ d'Iccius, » p. 148, on peut ajouter : *Claudio-magus*, aujourd'hui Clion (Indre) (1) ; *Nerio-magus*, aujourd'hui Néris, dont le premier terme, *Nerius*, est un gentilice connu par plusieurs inscriptions et par le nom de lieu dérivé *Niriacus* (2). Il y a peu de dérivés en -*anus*; cependant on rencontre *Liviana*, sous-entendu *domus* ou *villa*, aujourd'hui Capendu (Aude) (3), dérivé de Livius, et *Albaniani* ou *Albiniani*, situé sur la rive gauche du Rhin (4), aujourd'hui Halphen (Pays-Bas). *Albaniani* ou *Albiniani* est dérivé d'*Albanius* ou d'*Albinius*, deux gentilices attestés par les inscriptions (5). *Albaniani* ou *Albiniani* est un adjectif au pluriel qui se rapporte au substantif sous-entendu *fundi*. Comparez pour le suffixe le français moderne Lusignan, d'abord Lesignan, c'est-à-dire *fundus Licinianus*.

Le procédé de dérivation le plus commun est celui dont il sera question dans le paragraphe suivant.

---

(1) *Claudio-magus* chez Sulpice Sévère, *Dialogues*, II, 8 (Migne, *Patrologia latina*, t. XX, col. 207). *Julio-bona* dans la *Table de Peutinger*, et l'*Itinéraire d'Antonin*, *Julio-magus*, aujourd'hui Angers, dans la *Table de Peutinger* et chez Ptolémée ne sont probablement pas des noms de *fundi*, et le premier terme de leur nom rappelle le souvenir du divin Jules, d'abord conquérant de la Gaule et depuis Dieu. Comparez *Caesaro-magus*, Beauvais, et *Augusto-bona*, Troyes.

(2) *Vicani Neriomagienses*, inscription. Desjardins, *Géographie*..., etc., p. 299; Nerius, *C. I. L.*, t. III, 3215, 10; 6008, 42; V, 8114, 98; X, cinq ex. *Niriacus*, diplômes de 832 et 862 ; Tardif, *Monuments historiques*, p. 85, 117.

(3) *Table de Peutinger*; Desjardins, *Géographie*, p. 362.

(4) La première orthographe est celle de la *Table de Peutinger*; la seconde, celle de l'*Itinéraire d'Antonin*.

(5) *M. Albanius Paternus*; Brambach, 385. *T. Albanius Primanus*; Brambach, 1301. *T. Albinius Januarius*; Brambach, 73. *P. Albinius Antonius*, *C. I. L.*, III, 5143, etc.

§ 8. — *Le suffixe* -ăcus *placé à la suite du gentilice pour former des noms de lieux dans les documents du temps de l'Empire.*

En Gaule, le suffixe *-ăcus* est plus fréquent que le suffixe *-ănus* (1). On le trouve aussi hors de Gaule dans les régions celtiques. Ainsi, à Veleia, on peut citer le *fundus Quintiacus*, dont le nom est dérivé du gentilice *Quintius* ou *Quinctius*, très fréquent dans le monde romain (2). La *Table alimentaire* qui nous fournit ce nom date, comme on l'a dit plus haut, de l'an 104 de notre ère. Le plus ancien exemple de ce nom de *fundus* que nous ayons trouvé dans la Gaule transalpine date de l'année 697, où une propriété appelée *Quintiacus*, et située près de la Loire, fut donnée à l'abbaye de Limours (3). *Quintiacus* doit, à l'époque romaine, avoir été un nom de lieu fort répandu en Gaule; il existe en France dix-neuf communes dont le nom moderne en vient : Cuinchy (Pas-de-Calais); Cuincy (Nord); Quinçay (Vienne); Quincé (Maine-et-Loire); trois Quincey (Aube, Côte-d'Or, Haute-Saône); un Quincié (Rhône); Quincieu (Isère); Quincieux (Rhône); sept Quincy (Aisne, Cher, Côte-d'Or, Meuse, Seine-et-Marne, Seine-et-Oise); deux Quinsac (Dordogne, Gironde). En y ajoutant dix-sept hameaux on trouve un total de trente-six *Quintiacus* en France. De ces localités diverses, celle pour laquelle on a,

---

(1) Dès l'empire romain, il y a des noms de lieux créés à l'aide d'autres suffixes, comme le suffixe *-o*; il y a aussi un système qui consiste à employer les gentilices ou les *cognomen* comme noms de lieu. Nous parlerons de ces procédés quand nous passerons à l'examen des textes du moyen âge où les noms de lieu sont beaucoup plus nombreux que dans les textes contemporains de l'empire romain.

(2) Le *C. I. L.* nous en offre six exemples dans le t. III, trente-huit dans le t. V, vingt dans le t. X. En Gaule, Quintius Primulus dans une inscription de Saint-Victor-des-Oules, près Uzès (Allmer, *Revue épigraphique*, t. I, p. 394, n° 435); Quintius Valentinius dans une inscription de Grenoble (Allmer, *Inscriptions de Vienne*, t. III, p. 163).

(3) Pardessus, *Diplomata*, t. II, p. 244.

je crois, le témoignage le plus ancien, est Quincieu (Isère), dont il est question dans une charte de l'année 739, où Quincieu est appelé à l'ablatif *Quintiaco* (1). Viennent ensuite : Quincy (Meuse), mentionné sous le nom de *Quinciacum* dans deux chartes de l'année 770 (2) ; le Quincey du département de l'Aube, appelé *Quinciacus* dans un diplôme royal de 886 (3). *Quinciacus* est une orthographe de la basse latinité pour *Quintiacus*. La forme latine de ce terme gallo-romain est *Quintianus*, deux fois inscrit dans l'*Itinéraire d'Antonin*, une fois pour désigner une station romaine de Rhétie ; une autre fois pour désigner une station romaine d'Italie (4). Cette forme a pénétré en France, témoin la commune de l'Allier qui s'appelle Quinsaines, c'est-à-dire *Quintianae*, sous-entendu *villae*.

Il y avait à Veleia un *fundus Arsuniacus*. *Arsuniacus* dérive d'un gentilice* *Arsunius* qui ne diffère que par une voyelle d'*Arsinius* (5) et d'*Arsenius* (6) conservées chacun dans une inscription.

Le *fundus Pisuniacus* à Veleia tire son nom du gentilice * *Pisunius*, variante de *Pisonius*, qu'une inscription nous a gardé (7). Piney (Aube), s'appelait, en 869, *Pisiniacum* (8), mot dérivé de *Pisinius*, et qui ne semble être qu'une variante de *Pisuniacus*.

Le *fundus Cabardiacus* de Veleia est dérivé du gentilice * *Cabardius*, écrit *Cabarsus* dans une inscription (9).

---

(1) Pardessus, *Diplomata*, t. II, p. 372.
(2) Liénard, *Dictionnaire topographique du département de la Meuse*, p. 185.
(3) Dom Bouquet, t. IX, p. 353 B. Cf. Boutiot et Socard, *Dictionnaire topographique du département de l'Aube*, p. 131.
(4) *Quintianis*, Rhétie, *Itinéraire d'Antonin*, édit. Parthey et Pinder, p. 249 de l'édition Wesseling ; *Quintiano*, Italie, *ibid.*, p. 499 de l'édition Wesseling.
(5) *C. I. L.*, III, 3435.
(6) *C. I. L.*, X, 1791.
(7) *C. I. L.*, X, 3515. Cf. *Pisenius*, III, 1789, et *Pisinius*, Brambach, 810.
(8) Boutiot et Socard, *Dictionnaire topographique du département de l'Aube*, p. 121.
(9) *M. Cabarsus Paliens*, *C. I. L.*, V, 5134. *Cabarsus* est pour *Cabarzus* ;

Cabardiacus est devenu en italien *Caverzago*. *Caverzago* est situé sur la rive gauche de la Trébie, près de Trevi. En français, *Cabardiacus* s'est changé en *Chevresis*, nom d'une commune et d'un hameau du département de l'Aisne; ces deux localités sont voisines, et l'*s* final de *Chevresis* paraît avoir été originairement le signe du pluriel employé quand on voulait désigner ces deux localités par un seul mot; du reste, cet *s* final manque dans deux documents du douzième siècle (1). Le hameau de Chaversey (Oise), peut avoir la même origine.

Le *fundus Caudiacus* de Veleia dérive du gentilice *Caudius* conservé par une inscription (2). *Caudiacus* est devenu, en français du nord, Caugé, nom d'une commune du département de l'Eure, Caugy, nom d'un hameau du Calvados, et, en français du midi, Caujac, nom d'une commune de la Haute-Garonne.

Le *fundus Orbiniacus* de Veleia dérive son nom du gentilice *Orbinius, dont je n'ai pas rencontré d'exemple. On trouve dans les inscriptions *Orbius* (3). A côté d'*Orbinius a pu exister le gentilice **Orbanius;* il expliquerait la forme *Orbaniacus* donnée par la plupart des manuscrits de Grégoire de Tours au nom d'Orbigny (Indre-et-Loire) (4). Il y a aussi, dans le département de la Haute-Marne, deux villages du nom d'Orbigny.

Nous ne parlerons pas plus longuement des *fundi* de Veleia dont le nom, conservé par la *Table alimentaire* de l'an 104 de notre ère, consiste en dérivés tirés de gentilices au moyen du suffixe *-acus*. Passons maintenant aux *fundi* de la Gaule transalpine dont le nom est formé de la même

---

comparez *zabolus* pour *diabolus* et *zaconus* pour *diaconus*. Diez, *Grammaire des langues romanes*, traduite par Brachet et Paris, t. I, p. 216.

(1) Matton, *Dictionnaire topographique du département de l'Aisne*, p. 67.
(2) *C. I. L.*, X, 2246.
(3) Voyez, dans *Corpus inscriptionum latinarum*, l'index des tomes V et X, et tome VI, n° 23558.
(4) *Historia Francorum*, 10, 31; *Gloria Martyrum*, 89, édit. Arndt, p. 448, l. 6, et p. 548, l. 10.

manière, et que l'on trouve transcrits dans les textes géographiques compilés au temps de l'empire romain. Il a été déjà question, p. 141, du *fundus Juliacus* où a été bâtie la ville de *Juliers*. Un autre *fundus*, aussi intéressant, est *Geminiacus* (1), sur la route de Tongres à Boulogne. Son nom est dérivé du gentilice *Geminius*, qu'on trouve dans plusieurs inscriptions (2). A côté de *Geminiacus*, il y a une forme plus latine *Geminianus* qui est le nom d'un *fundus* de Veleia. La forme gallo-romaine *Geminiacus* survit dans le nom des communes de Gemigny (Loiret), et de Jumigny (Aisne).

Tiberiacus (3), nom d'une station romaine près de Cologne, est dérivé de *Tiberius*, prénom romain employé quelquefois comme gentilice (4).

Artiaca, nom d'une station romaine entre Troyes et Châlons-sur-Marne (5), vient d'*Artius*, gentilice romain dont on a recueilli deux exemples, et qu'on trouve aussi employé comme surnom (6).

Minatiacus, nom d'une station située près de Reims (7), dérive de *Minatius*, gentilice romain dont il y a quelques exemples (8).

Solimariaca, nom d'une station voisine de Toul (9),

---

(1) *Itinéraire d'Antonin* et *Table de Peutinger*. Ernest Desjardins, *Géographie de la Gaule d'après la Table de Peutinger*, p. 77.

(2) *C. I. L.*, III, 96, 513, 2916, 4116, 4436. Sur la *gens Geminia*, voyez De-vit, *Onomasticon*, t. II, p. 223; XII, 11 ex. masc., 3 féminins.

(3) *Itinéraire d'Antonin*, édit. Parthey et Pinder, p. 375 de l'édition de Wesseling.

(4) *C. Tiberius Verus*, Brambach, 150. *T. Tiberius Marcus* (*C. I. L.*, X, 3640).

(5) *Itinéraire d'Antonin*, édition Parthey et Pinder, p. 361 de l'édition de Wesseling.

(6) De-vit, *Totius latinitatis Onomasticon*, t. I, p. 494, aux mots *Artia*, *Artius*.

(7) *Itinéraire d'Antonin*, édition Parthey et Pinder, p. 381 de l'édition de Wesseling.

(8) *C. I. L.*, V, 1301, 7850; VI, 22495-22501; IX, 867, 1031, 2403, 4825, etc.

(9) *Itinéraire d'Antonin*, édit. Parthey et Pinder, p. 385 de l'édition de Wesseling. — Du nom de cette station, rapprocher celui de Somméré (Saône-et-Loire), en 878, *Solmeriacus* pour *Solimeriacus*, *Solimariacus*. Th. Chavot, *Le Mâconnais*, p. 264.

dérive du gentilice gallo-romain *Solimarius* mentionné plus haut (1), et qui dérive lui-même du nom d'homme gaulois *Solimaros*.

Hermoniacus, écrit à tort *Hermomacum* dans la *Table de Peutinger*, est une station romaine située non loin de Cambrai (2). Son nom dérive d'*Hermonius*, gentilice conservé par des inscriptions (3).

Ricciacus, station voisine de Trèves (4), tire son nom de *Riccius*, gentilice dont plusieurs inscriptions établissent l'existence (5).

Aux exemples qu'offrent les monuments géographiques de l'empire romain, on peut en ajouter deux fournis par un poète.

Pauliacus, *villa* mentionnée par Ausone (6), porte un nom qu'explique le gentilice *Paulius*, variante de *Paullius* (7).

Lucaniacus, *villa* à laquelle le même auteur a donné une célébrité relative par le vers bizarre :

Villa Lucani- — mox potieris — -aco (8),

doit son nom à un propriétaire primitif, dont le gentilice était *Lucanius*, comme celui de L. Lucanius Censorinus, auteur d'une dédicace à la déesse Sirona; ce monument est conservé au musée de Trèves (9). On a trouvé à Va-

(1) Voir plus haut, p. 133.
(2) Desjardins, *Géographie de la Gaule d'après la Table de Peutinger*, p. 89. La correction est due à M. Longnon.
(3) *C. I. L.*, IX, 5352 ; X, 1690, 1691.
(4) *Table de Peutinger* chez Desjardins, *Géographie*, etc., p. 117.
(5) *C. I. L.*, III, 1818; Allmer, *Inscriptions antiques de Vienne*, II, 245, 246).
(6) « Pauliacos tanti non mihi villa foret ; » *Epîtres*, V, v. 16. Edit. Schenkl, p. 163.
(7) Paullius, *C. I. L.*, II, 4546; Paulia, Boissieu, *Inscriptions antiques de Lyon*, p. 187.
(8) Ausone, *Epîtres*, V. v. 36. *Ibid*. Cf. *Lucaniaco*, nom d'un locellus donné en 696 pour la dotation d'un hôpital fondé à Poitiers; Pardessus, *Diplomata*, t. II, p. 240.
(9) Brambach, n° 814. Deux femmes nommées *Lucania* figurent dans les nos 920 et 922. Trois autres exemples du même gentilice se trouvent dans le *C. I. L.*, VI, 21518-21520.

lence (Drôme) l'épitaphe de D. Lucanius Threption (1);
à Esparron celle que Q. Lucanius Insequens fit graver
pour sa femme (2); à Nimes, l'épitaphe de L. Lucanius
Cornelius (3).

Ausone écrivait au quatrième siècle; il fut élevé au
consulat en 379, et mourut en 390. Ses écrits fournissent
donc un complément à l'*Itinéraire d'Antonin* et à la *Table
de Peutinger*, pour l'étude des noms de lieux de la Gaule
pendant la période romaine.

Les documents de la période romaine offrent aussi des
noms de lieux en *-ácus*, dérivés de gentilices, à l'est de
la Gaule. Dans la Rhétie, une des régions de l'empire
romain où l'élément gaulois paraît avoir eu le plus d'importance, *Abudiacus*, nom d'une station romaine près
d'Augsbourg (4), dérive du gentilice *Abudius*; on trouve ce
gentilice dans les inscriptions (5), et sous Tibère, il fut
porté à Rome par l'édile Abudius Ruso (6).

Plus au nord, en Germanie, mais près de la rive droite
du Rhin, dans une région où domina quelque temps la
civilisation gallo-romaine, se trouvait une ville que Ptolémée appelle *Mattiacum* (7). Son nom est un dérivé du
gentilice *Mattius* dont nous avons relevé douze exemples
dans les inscriptions (8).

De même, en Espagne, on rencontre une station d'*Arriaca* (9) dont le nom dérive du gentilice *Arrius*. Les
inscriptions d'Espagne offrent neuf exemples de ce genti-

---

(1) *C. I. L.*, XII, 1775.
(2) *C. I. L.*, XII, 350.
(3) *C. I. L.*, XII, 3707.
(4) Ecrit *Abuzaco* dans l'*Itinéraire d'Antonin*, éd. Parthey et Pinder, p. 275 de l'édit. de Wesseling; dans la *Table de Peutinger* on lit *Abodiacum*.
(5) *C. I. L.*, III, 2938; V, 328, 329 *bis*, 8322, 8110, 34.
(6) Tacite, *Annales*, VI, 30; cf. De-vit, *Onomasticon*, t. I, p. 19.
(7) Ματτιακόν, Ptolémée, II, 11, 29. Edit. Nobbe, t. I, p. 122; II, 11, 14; édit. Müller, t. I, p. 272. Cf. Brambach, n°ˢ 987, 1313.
(8) *C. I. L.*, III, 378, 5286; V, 6957; VI, 22303-22311.
(9) *Itinéraire d'Antonin*, édit. Parthey-Pinder, p. 436, 438 de Wesseling.

lice (1) dont il y a encore d'autres exemples ailleurs (2).

En Grande-Bretagne, *Epiacum* (3) paraît dérivé d'*Eppius*, gentilice dont l'existence est aussi prouvée par les inscriptions (4).

§ 9. — *Comparaison entre les noms de lieux formés en France à l'aide du suffixe -âcus, et quelques noms de lieux en -ânus dans diverses parties de l'empire romain.*

Les dérivés en -*ânus* que nous offrent, dans une lettre de Pline le Jeune, dans la *Table de Peutinger*, dans l'*Itinéraire d'Antonin*, et dans quelques inscriptions, les noms de lieux étrangers aux pays celtiques, sont quelquefois au moins aussi intéressants que les noms de lieux en *âcus* mentionnés jusqu'ici. En effet, certains de ces noms de lieux en *ânus* ont eu des équivalents gallo-romains en *âcus* qui existent encore en France sous une forme plus moderne. Telle est la *Camilliana villa* en Campanie (5). Elle appartenait au beau-père de Pline le Jeune, elle tirait son nom du gentilice Camillius dont on a recueilli quelques exemples (6). La forme gallo-romaine de l'adjectif *Camillianus* est *Camilliacus*, dont neuf noms de communes : Chamilly (Saône-et-Loire) ; un Chemilla (Jura) ; trois Chemillé (Indre-et-Loire, Maine-et-Loire) ; Chemilli (Orne), et quatre Chemilly (Allier, Haute-Saône, Yonne) (7) ; enfin dix noms de hameaux, total dix-neuf noms de lieux modernes en France. Nous citerons ensuite :

---

(1) *C. I. L.*, t. II.
(2) Voy notamment Brambach, 934, 1835.
(3) Ἐπείακον, Ptolémée, II, 3, 16; édit. Nobbe, t. I, p. 71; II, 3, 10; édit. Müller, t. I, p. 96.
(4) *C. I. L.*, III, 3925, 4799, 4819; V, 2623, 4857, 8379; VI, 17246-17248. Cf. De-vit, *Onomasticon*, t. II, p. 744.
(5) Pline le Jeune, *Epistularum*, l. VI, § 30.
(6) *C. I. L.*, VI, 14302-14304; cf. De-vit, *Onomasticon*, t. II, p. 97.
(7) *Camiliacum*, Chambly (Oise), d'où le *pagus Camiliacensis* des chartes du septième siècle (Tardif, *Monuments historiques*, p. 24, 31, 63, 84) paraît n'avoir eu qu'une *l* et être un mot différent.

Floriana, sous-entendu *villa*, en Pannonie (1), dérivé du gentilice *Florius* (2). Sa forme gallo-romaine est *Floriacus* (3), aujourd'hui Fleury, Fleurieu ou Fleurieux et Floirac. Il y a en France dix-neuf communes du nom de Fleury dans les départements de l'Aisne, de l'Aude, de l'Eure, du Loiret, de la Marne, de la Meuse, de la Nièvre, de l'Oise, du Pas-de-Calais, de Saône-et-Loire, de Seine-et-Marne, de Seine-et-Oise et de l'Yonne. Fleurieu et Fleurieux sont dans le département du Rhône. Il y a trois Floirac (Charente-Inférieure, Gironde, Lot). En ajoutant vingt-trois noms de hameaux à ces vingt-quatre noms de communes, on trouve un total de quarante-sept noms de lieu qui représentent, dans la France d'aujourd'hui, autant d'antiques *Floriacus*.

Blandiana, sous-entendu *villa*, en Dacie (4), dérive du gentilice *Blandius* conservé par des inscriptions, par exemple dans l'Italie septentrionale (5), et en Gaule (6). De *Blandius* sont dérivés des noms de *fundi* en *-acus*, dont la forme primitive *Blandiacus* se reconnaît sous les formes modernes de seize noms de communes de France : deux Blandy (Seine-et-Marne, Seine-et-Oise); cinq Blangy (Calvados, Pas-de-Calais, Seine-Inférieure, Somme); quatre Blanzac (Charente, Charente-Inférieure, Haute-Loire, Haute-Vienne); un Blanzat (Puy-de-Dôme); un Blanzay (Charente-Inférieure); quatre Blanzy (Aisne, Ardennes, Saône-et-Loire). Il faut ajouter treize noms de hameaux : total vingt-neuf noms de lieux. Une de ces localités apparaît sous le nom de *Blanziacus* dans un diplôme de l'année 832 (7).

---

(1) *Itinéraire d'Antonin*, édition Parthey-Pinder, p. 263, 265 de celle de Wesseling.
(2) *C. I. L.*, VI, 18482-18488 ; X, 4370, 5414, 5732; Brambach, 1067, etc.
(3) Grégoire de Tours, *Historia Francorum*, III, 35, édition Arndt, t. I, p. 138, l. 9 : Diplôme de 835, chez D. Bouquet, VI, 601; Diplôme de 866, chez Tardif, *Monuments historiques*, p. 127.
(4) *Table de Peutinger*, édit. de M. E. Desjardins, segment VII, B. Cf. *C. I. L.*, t. III, p. 225.
(5) *C. I. L.*, t. V, index, p. 1106, col. 3.
(6) Allmer, *Inscriptions antiques de Vienne*, I, 349.
(7) Tardif, *Monuments historiques*, p. 85, col. 1.

Pacciani ou *Paccianae*, nom d'une station romaine d'Afrique (1) est dérivé de *Paccius*, gentilice latin bien connu (2). Paccius a une variante Pacius (3); de Pacius dérive le nom de lieu gallo-romain *Paciacus* conservé par des documents de l'époque carlovingienne (4); et de *Paciacus* viennent onze noms de communes de France : deux Pacé (Ille-et-Vilaine, Orne); deux Pacy (Eure, Yonne); sept Passy (Aisne, Marne, Saône-et-Loire, Haute-Savoie, Seine-et-Marne, Yonne); les noms de six hameaux; enfin le nom de Passy, seizième arrondissement de Paris. De *Paccius* a dû venir *Pacciacus, écrit *Paxiacum* en 1136, aujourd'hui Paissy (Aisne) (5). Comparez le nom du *fundus Paccianus* dans la table alimentaire des Ligures Baebiani (6).

Mariniani ou *Marinianae*, nom d'une station romaine de la Pannonie inférieure (7), est un dérivé en -*ânus* du gentilice *Marinius* qui se trouve dans les inscriptions (8). On reconnaît le même dérivé dans le nom de Marignano porté par une petite ville d'Italie, dans celui de Marignane qui désigne un bourg des Bouches-du-Rhône, et dont la variante Marignana distingue un village de Corse. Sa forme gallo-romaine était *Mariniacus*, dont il sera question plus loin, et d'où viennent, les uns certainement, et les autres probablement, les noms des communes appelées : Marignac, Marigné, Marigneu, Marigny.

L'*Itinéraire d'Antonin* mentionne en Espagne deux *Bar-*

---

(1) *Itinéraire d'Antonin : Paccianis*, p. 18 de l'édition de Wesseling.
(2) Brambach, n° 673; *C. I. L.*, III, six exemples; V, quatre ex.; IX, seize ex.; X, trois ex.
(3) Les tomes V et IX du *C. I. L.* offrent chacun quatre exemples de *Pacius*; on trouve la variante *Paquius* dans deux inscriptions d'Arles, Herzog, n°s 342, 343.
(4) Diplômes des années 832 et 836, chez D. Bouquet, t. VI, p. 586 A et 611 B.
(5) Matton, *Dictionnaire topographique du département de l'Aisne*, p. 208.
(6) Edition de M. E. Desjardins, p. LXV.
(7) *Itinéraire d'Antonin*, édit. Parthey et Pinder, p. 130 de l'édition de Wesseling.
(8) Brambach, n° 1529. Allmer, *Inscriptions de Vienne*, II, 537.

bariana (1). Le gentilice Barbarius nous a été conservé (2) : de là le nom de Barberey (Aube), au moyen âge *Barbariacus*, et celui de Berbirey (Côte-d'Or) (3).

Une inscription nous donne le nom d'un *vicus Valentinianus* en Dacie (4). C'est un dérivé en *-ânus* d'un gentilice *Valentinius* conservé par les inscriptions (5). La forme gallo-romaine correspondante était *Valentiniacus*, d'où le nom de deux communes de France, Valentigney (Doubs), et Valentigny (Aube). Le dernier est appelé *Valentiniacum* dans un document du douzième siècle (6). Un hameau de Valentigny se trouve dans le Cher.

Une inscription de Buccino, autrefois Volcei, dans l'Italie méridionale, fournit une nomenclature de *fundi* contenus dans cette cité (7). Parmi ces *fundi*, le *fundus Casinianus*, mieux *Cassinianus*, a dû avoir pour parallèle en Gaule un *fundus Cassiniacus* ou plutôt plusieurs *fundi Cassiniaci*. Témoin les deux communes de Chassigny, l'une de la Haute-Marne, l'autre de Saône-et-Loire, celle de Chassigneu (Isère), et trois hameaux du nom de Chassigny.

Le fundus *Micerianus* de la même inscription nous permet de supposer en Gaule des *fundi Miceriaci;* d'où cinq noms de communes en France, savoir : deux Miserey (Doubs et Eure) ; un Misery (Somme) ; Missery (Côte-d'Or) ; Missiriac (Morbihan). Ce dernier s'appelait *Miceriac* en 1130 (8). Il faut y ajouter cinq noms de hameaux.

---

(1) *Itinéraire d'Antonin*, édit. Parthey et Pinder, p. 406 et 450 de l'édition Wesseling.
(2) *C. I. L.*, X, 1199.
(3) Boutiot et Socard, *Dictionnaire topographique du département de l'Aube*, p. 17. Joseph Garnier, *Nomenclature historique*, p. 246.
(4) *C. I. L.*, III, 371.
(5) Brambach, 1245 ; *C. I. L.*, III, 4981.
(6) Boutiot et Socard, *Dictionnaire topographique du département de l'Aube*, p. 172.
(7) *C. I. L.*, X, 407.
(8) Rosenzweig, *Dictionnaire topographique du département du Morbihan*, p. 281. Missery (Côte-d'Or) est appelé *Meseriacum* dans un diplôme de l'année 721. Pardessus, *Diplomata*, II, 324.

§ 10. — *Noms de fundi formés à l'aide de surnoms, dans les pays celtiques au temps de l'empire romain.*

Sous la domination romaine, les habitants des provinces n'ont pas tous adopté le système onomastique de la race conquérante. Un certain nombre, probablement même au début le plus grand nombre, c'est-à-dire ceux qui n'ont pas obtenu la dignité de citoyens romains, ont conservé l'usage ancien de leur nation, en ne portant qu'un nom, et, dans le cas où ils craignaient la confusion avec d'autres, en plaçant ensuite le nom de leur père, au génitif, suivi du mot *filius*. Tels sont les cavaliers : *Adbogius Coinagi f[ilius]*, *na[tione] Petrucorius*, c'est-à-dire originaire du Périgord; *Rufus, Coutusuati f[ilius]*, *natio[ne] Elvetius*, c'est-à-dire originaire de Suisse; *Argiotalus, Smertulitani f[ilius], Namnis*, c'est-à-dire de Nantes, leurs monuments funèbres sont conservés aux musées de Mannheim (1) et de Worms (2). On peut aussi citer *Iantumarus, Andedunis f[ilius], Varcianus*, originaire probablement de Varcia entre Langres et Besançon (3), et *Cattaus, Bardi f[ilius], Helvetius*; tous deux, après avoir servi comme les précédents en qualité de cavaliers dans l'armée romaine, reçurent de l'empereur Néron le droit de cité, l'un en l'an 60, l'autre en l'an 64 de notre ère; et les diplômes par lesquels cette faveur leur est concédée, sont conservés aux musées de Vienne et de Munich (4).

Parmi les hommes de condition inférieure qui étaient ainsi dépourvus de gentilices, quelques-uns furent cependant propriétaires, et de là un certain nombre de noms de *fundi*, les uns composés, les autres dérivés. Les composés sont formés en employant comme second terme le mot

---

(1) Brambach, 1220, 1227.
(2) Brambach, 891.
(3) *Itinéraire d'Antonin*, éd. Parthey et Pinder, p. 386 de l'éd. **Wesseling**.
(4) *C. I. L.*, t. III, p. 845-846.

-*magus*, champ; et on peut en rapprocher les noms de lieu composés dont le second terme est -*dunum* ou -*briga*, deux mots signifiant forteresse. Quant aux dérivés, ils sont, comme les dérivés de gentilices, formés avec le suffixe -*acus*; ils se distinguent des dérivés de gentilices en ce que le suffixe -*acus* n'est pas précédé d'un *i*. Exemple *Avit-acus*, *Ebur-acus*, *Turn-acus*.

Comme exemple de composés dont -*magus* est le second terme, nous citerons *Caranto-magus*, station située entre Cahors et Rodez, aujourd'hui Cranton (1); *Druso-magus*, localité de Rhétie, dans le voisinage du Rhin, mentionnée par Ptolémée (2); *Bardo-magus*, *vicus* voisin de Milan (3); *Eburo-magus*, station romaine de Gaule, près de Carcassonne (4). Les deux premiers termes, *Carantus* et *Drusus*, sont des noms gaulois; on l'a dit pour le premier (p. 132), à propos du gentilice *Carantius*; quant au second, qui a deux orthographes, *Drausus* la plus ancienne, *Drusus* la plus récente, il fut, sous la seconde forme, adopté par la *gens Livia*. La *gens Livia* prenait, disait-elle, le surnom de *Drusus*, à cause d'un barbare nommé *Drausus*, qu'un ancêtre avait tué à la guerre (5). *Drausus, Drusus* paraît identique à la seconde partie du nom des *Con-drusi*, peuple de la Gaule Belgique dont il est deux fois question chez César (6).

Le premier terme de *Bardo-magus* est *Bardo-s*, usité comme nom propre d'homme et comme surnom dans la population gallo-romaine au temps de l'empire. En l'an 64 de notre

---

(1) *Table de Peutinger*. Cf. Ernest Desjardins, *Géographie de la Gaule d'après la Table de Peutinger*, p. 312.
(2) Ptolémée, livre II, ch. xii, § 5; édition Nobbe, t. I, p. 125; livre II, ch. xiii, § 3; éd. Ch. Müller, t. I, p. 282.
(3) *C. I. L.*, V, 5872, 5878.
(4) *Table de Peutinger*; Ernest Desjardins, *Géographie de la Gaule d'après la Table de Peutinger*, p. 364.
(5) Suétone, *Tibère*, 3.
(6) *De bello gallico*, livre IV, ch. vi; livre VI, ch. xxxii. Dans ce passage, César dit que les *Condrusi* sont d'origine germanique : *ex gente et numero Germanorum*; ceci doit être entendu dans un sens géographique, et non ethnographique; de même au livre II, ch. iv : *plerosque Belgas esse ortos ab Germanis*.

ère, Néron, comme on l'a déjà vu, donna droit de cité à *Cattaus, Bardi filius*, d'origine helvète (1). On a trouvé près de Knittelfeld, en Styrie, le monument funèbre de *Banona Bardi*, c'est-à-dire fille de Bardus (2); les deux Bardus, pères, l'un de *Cattaus*, l'autre de *Banona*, n'avaient point de gentilice. Mais, dans une troisième inscription trouvée en Carinthie, on lit le nom de *Julia Bard[i filia] Eliomara* (3) dont, par conséquent, le père portait le gentilice *Julius* avec le surnom *Bardus*.

Eburo-magus a pour premier terme le nom d'homme *Eburos*, latinisé en *Eburus*, qu'on a lu plusieurs fois dans les inscriptions romaines de la période impériale. Dans l'une, qui a été trouvée en Hongrie et qui est au musée de Pesth, un certain Eburus fait une dédicace à Vénus (4). Dans une autre, recueillie en Carinthie, *Rufius Mosgaitus* et sa femme élèvent un monument tant à eux-mêmes qu'à leur fils *Eburus* (5). Enfin, sur un vase de terre trouvé en Styrie, on a lu la marque de potier EBVRVS FEC. (6). La marque EBVRV trouvée à Douai (7) est peut-être du même potier. D'*Eburus* on tira même le dérivé *Eburius*, employé comme gentilice avec un surnom dans trois inscriptions, l'une des environs de Novare (8), une autre de Novare même (9), la dernière de Rome (10); d'Eburius vient *Eburiacus*, au moyen âge *Eboriacus*, nom de la localité où fut fondée, au septième siècle, l'abbaye de *Faremoutiers* (Seine-et-Marne), dite d'abord *Eboriacense monasterium* (11). *Ebu*-

(1) *C. I. L.*, t. III, p. 846.
(2) *Ibid.*, III, 5473.
(3) *Ibid.*, III, 4838.
(4) *Ibid.*, III, 4167.
(5) *Ibid.*, III, 5033.
(6) *Ibid.*, III, 6010, 82.
(7) Schuermans, *Sigles figulins*, n° 2048.
(8) *C. I. L.*, t. V, *additamenta*, p. 1087, n° 6578.
(9) *C. I. L.*, V, 6573.
(10) *Ibid.*, VI, 17086. On trouve aussi Eburius employé comme surnom, *Ibid.*, V, 3541 et 6537; Jullian, *Inscriptions romaines de Bordeaux*, t. I, p. 199.
(11) Pardessus, *Diplom.*, II, 15-17.

riacus est probablement la forme primitive des noms des communes d'Evry (Seine-et-Marne, Seine-et-Oise, Yonne), et d'Ivry (Eure, Oise et Seine).

Comme exemples de composés dont le premier terme est un nom d'homme, et dont le second terme est *-dunum* ou *-briga*, nous avons trois *Eburo-dunum*, deux en Gaule, un en Germanie, et *Eburo-briga* en Gaule. Les deux *Eburodunum* de Gaule sont aujourd'hui la petite ville d'Yverdun, en Suisse, dans le canton de Vaud (1), et Embrun, sous-préfecture du département des Hautes-Alpes (2). *Eburodunum*, de Germanie, nous est connu par Ptolémée (3); on suppose que c'est aujourd'hui Brünn, en Moravie. Quant à *Eburobriga*, on croit que c'est aujourd'hui Avrolles (Yonne) (4).

Des noms de lieux gallo-romains en *-acus* qui, sans être dérivés de gentilices, sont cependant tirés de noms d'hommes, le plus fameux est *Eburacus*, Yorck (cf. p. 137). La variante orthographique *Eboracus*, qui sent déjà la basse latinité, est la plus connue ; mais une inscription appelle les habitants *Ebur[acenses]* (5), et on lit *Eburacum* dans les meilleurs manuscrits de l'*Itinéraire d'Antonin* (6). *Eburacus*, en Angleterre, *Eburiacus*, ancien nom de Faremoutiers en France, sont intéressants à rapprocher ; puisque l'un dé-

---

(1) Voyez les textes réunis par M. E. Desjardins, *Géographie de la Gaule d'après la Table de Peutinger*, p. 234.

(2) Voy. les textes réunis par M. E. Desjardins, *Géographie de la Gaule*, etc., p. 423. Deux autres *Eburo-dunum* apparaissent dans les textes du moyen âge. L'un a donné son nom à la *vicaria Everdunensis*, mentionnée en 865 dans une charte de l'abbaye Saint-Martin de Tours (Mabille, *Pancarte noire*, p. 224; cf. 159); c'est aujourd'hui Averdon (Loir-et-Cher). De l'autre vient le nom de la *vicaria Ebredenensis*, en 919, dans le cartulaire de Brioude, p. 323; cette vicairie était située en Auvergne au comté de Tallende (Puy-de-Dôme).

(3) Livre II, ch. XI, § 30 ; édition Nobbe, t. I, p. 123 ; édit. Wilberg, p. 156. Livre II, ch. XI, § 15, chez Charles Müller, t. I, 275 ; cf. p. 273, note.

(4) Desjardins, *Géographie de la Gaule d'après la Table de Peutinger*, p. 168-169.

(5) *C. I. L.*, VII, 236.

(6) *Ibid.*, VII, 61.

rive du surnom *Eburus*, l'autre du gentilice *Eburius*, lui-même dérivé d'*Eburus*.

Turnacus, nom de la ville de Tournai dans la *Table de Peutinger* et dans l'*Itinéraire d'Antonin* (1), est dérivé de *Turnus*, nom porté par un personnage mythique que Virgile a chanté et qu'on rencontre dans une inscription écrite sur les murs de Pompéi peu avant la catastrophe qui détruisit cette ville, l'an 79 de notre ère (2). Vers la même époque vivait à Rome le satirique *Turnus*, fils d'affranchi, qui acquit de l'influence dans les cours de Vespasien, de Titus et de Domitien ; Martial parle de lui (3). Un autre *Turnus* a été un des correspondants de Sidoine Apollinaire au cinquième siècle de notre ère (4). Un monument qui nous conserve ce surnom est le nom du village de Tournon (Indre-et-Loire), anciennement *Turno-magus*, écrit *Torno-magus* par Grégoire de Tours au sixième siècle de notre ère (5).

Le nom d'*Avitacum praedium*, chez Sidoine Apollinaire (6), vient d'*Avitus*, surnom qui n'est point rare dans les inscriptions latines (7). Nous le trouvons quelquefois employé seul. Un des amis du poète Martial s'appelait *Avitus* ; son nom se lit plusieurs fois dans les épigrammes de Martial ; cinq lui sont adressées (8) ; il est simplement question de lui dans une sixième (9) ; c'était vers la fin du premier siècle de notre ère. Deux autres *Avitus* apparaissent dans le Code ; un rescrit impérial fut adressé à chacun ; le premier est d'Alexandre Sévère et de l'année 224 de notre

---

(1) *Géographie de la Gaule d'après la Table de Peutinger*, pp. 80, 81.
(2) *Enéide*, livres VII-XI (cf. Tite-Live, livre I, ch. II); *C. I. L.*, IV, 1237.
(3) Martial, XI, 10 ; VII, 97. Voyez du reste les textes réunis par Teuffel, *Geschichte der rœmischen Literatur*, troisième édition, p. 733.
(4) Sidoine Apollinaire, *Epistolae*, livre IV, lettre 24.
(5) *Historia Francorum*, livre X, ch. XXXI, éd. Arndt, p. 444, ligne 4.
(6) *Epistolarum*, liber II, epistola II ; comparez *Carmen*, XVIII.
(7) Voir notamment Allmer, *Inscriptions antiques de Vienne*, II, 453 ; III, 424 ; IV, 64, 207.
(8) *Epigrammaton*, I, 16 ; VI, 84 ; IX, 1 ; X, 96, 102.
(9) *Ibid.*, XII, 24.

ère (1), l'autre est des empereurs Dioclétien et Maximin et date de l'année 286 (2). Il n'est pas rigoureusement établi que l'*Avitacum praedium* de Sidoine Apollinaire, bien qu'appartenant à sa femme, *uxorium*, comme le dit l'écrivain latin, dût son nom au père de sa femme, Marcus Maecilius Avitus, mort empereur en 456. Le nom de cette localité peut être beaucoup plus ancien et remonter à un autre Avitus. A côté d'Avitacus, se place *Avitiacus*, dérivé d'Avitius (3), gentilice qui vient lui-même d'Avitus. On a écrit au moyen âge *Aviciacus* pour Avitiacus. Il a été parlé plus haut, p. 138, d'*Aviciacus*, aujourd'hui Avessac (Morbihan). Un autre *Aviciacus*, situé en Bourgogne, est mentionné dans une charte de 721 (4).

Camaracus, « Cambrai, » dont on a écrit au moyen âge le nom *Cameracum* (5), est un dérivé de *Camarus*, surnom qu'on a lu deux fois sur les murs de Pompéi (6). C'est peut-être une variante de *Cammarus*, « crabe, » c'est-à-dire un sobriquet. *Cammarus* a donné le nom d'homme dérivé *Cammarius* d'une inscription de Capoue (7); et de *Cammarius* vient *Camariacus*, nom d'une localité où l'abbaye de Flavigny (Côte-d'Or) avait des vignes au neuvième siècle, témoin un diplôme de l'empereur Lothaire (8), nom aussi d'une *villa Camariacus* qui appartenait, dans le même siècle, à l'église du Mans, comme l'établit un diplôme de Charlemagne (9).

---

(1) *Code*, livre III, titre 37, 1. 2.
(2) *Ibid.*, livre IV, titre 38, 1. 2; cf. De-vit, *Totius latinitatis onomasticon*, t. I, p. 591.
(3) Le gentilice Avitius apparaît dans une inscription de Lyon (Boissieu, p. 303), et dans des inscriptions d'Afrique, C. I. L., VIII, 2560, 3450, 4485. Il a existé aussi ailleurs, comme le prouve le dérivé Avitianus. C. I. L., II, 513, 1000, 3399, 3401 ; III, 8371; V, 5128, etc.
(4) Pardessus, *Diplomata*, t. II, p. 324.
(5) Desjardins, *Géographie de la Gaule d'après la Table de Peutinger*, pp. 88, 89.
(6) C. I. L., IV, 656, 2110.
(7) *Ibid.*, X, 2812.
(8) D. Bouquet, VIII, 377 B.
(9) *Ibid.*, V, 769 A. Cf. Sickel, *Acta Karolinorum*, t. II, p. 67, n° 181.

Aunedonnacus, « Aulnay » (Charente-Inférieure), station romaine dont il est question à la fois dans l'*Itinéraire d'Antonin* et dans la *Table de Peutinger* (1) est un dérivé d'*Aunedo*, nom de potier relevé par M. l'abbé Thédenat sur un fragment de vase trouvé à Reims (2).

Solonacus, aujourd'hui Sonnay (Indre-et-Loire), s'explique par le *cognomen* Solo, -onis qu'on rencontre dans une inscription de Milan (3); Solo peut dériver de Sollos, nom gaulois gravé sur une monnaie (4).

Voilà donc six noms de lieux de la Gaule romaine qui dérivent certainement de surnoms. Le lecteur en verra d'autres exemples, bien plus nombreux, dans la suite de cet ouvrage, quand on parlera des noms de lieu formés de cette façon qui se rencontrent dans les documents du moyen âge.

On a supposé, avec une certaine vraisemblance, qu'*Antunnacus*, aujourd'hui Andernach (5), dérivait également d'un surnom qui serait *Antunnus*. Ce qui paraît justifier cette hypothèse, c'est d'abord l'existence du surnom *Antullus* en Espagne (6), en Suisse (7), en Italie (8). Martial, dans deux épigrammes, pleure la mort d'une jeune fille appelée *Antulla* (9). Le thème *antu-* aurait donné deux dérivés : *Antullo-* et *Antunno-*, dont le dernier serait conservé seulement dans *Antunnacus* (10). Une autre preuve, —

---

(1) Desjardins, *Géographie de la Gaule d'après la carte de Peutinger*, p. 262; Longnon, *Atlas historique de la France*, texte, 1re livraison, p. 25.
(2) *Bulletin de la Société des antiquaires de France*, 1884, p. 135.
(3) *C. I. L.*, V, 5946.
(4) A. de Barthélemy, *Revue celtique*, t. X, p. 34.
M. Longnon a admis *Solonacus* dans sa liste, quoique cette localité ne soit pas mentionnée avant Grégoire de Tours, *Hist. Francorum*, X, 31.
(5) Desjardins, *Géographie de la Gaule d'après la Table de Peutinger*, p. 54.
(6) *C. I. L.*, II, 1426, 1727, 2240. Cf. Antulla, *ibid.*, 1205, 1401, 1713, 3986.
(7) Mommsen, *Inscriptiones Helveticae*, 35.
(8) *C. I. L.*, V, 6874.
(9) *Epigrammaton*, lib. I, 114, 116.
(10) Voyez *Grammatica celtica*, 2e édit., p. 774, et un mémoire de Quirin Esser dans le *Programme du Progymnase d'Andernach*, pour l'année 1873-1874, Andernach, 1874, in-4°, p. 9.

et celle-ci décisive, — se tire du nom de lieu *Antonnava* (965) ou *Anton[n]avi* (1152), aujourd'hui Antonnaves (Hautes-Alpes) (1), qui suppose un antique *Antunnava*, *Antunnavi*, dérivé d'*Antunnus*, à l'aide du suffixe *-avus* (2). Voilà comment quelquefois un texte du moyen âge peut expliquer un fait antique.

§ 11. — *Examen de la question de savoir s'il y a eu en France des noms de lieux en -ācus dérivés de noms communs.*

Il est incontestable qu'à l'époque de l'empire romain les régions celtiques soumises à la domination romaine ont eu des noms de lieux en *-ácus* dérivés de noms d'hommes ; les noms de lieux finissant en *-iácus*, c'est-à-dire où le suffixe *-ácus* est précédé d'un *i*, viennent ordinairement de gentilices ; les noms de lieux qui se terminent en *-ácus* précédé d'une consonne viennent, en règle générale, de surnoms, *cognomina*. Les courtes listes données ci-dessus, de noms géographiques ayant cette double origine peuvent se développer considérablement à l'aide des documents postérieurs à la chute de l'empire romain. On en verra des exemples un peu plus loin, quand il sera question des noms de lieux que fournissent les textes du moyen âge, surtout de la période

---

(1) Romans, *Dict. top. des Hautes-Alpes*, p. 4.

(2) Parmi les huit nom de lieux en *-acus* de Gaule conservés par des documents du temps de l'empire romain et mentionnés plus haut, p. 150, deux sont laissés sans explication : *Bagacus*, *Cunnacus*. *Cunnacus* peut être corrigé en *Connacus* qui dériverait de *Conno[s]*, nom d'homme gaulois dans une légende monétaire (A. de Barthélemy, *Revue celtique*, X, 30; cf. De-vit, *Onomasticon*, II, 397); de Connos est venu le gentilice Connius (Mommsen, *Inscript. helv.*, 94; Allmer, *Inscriptions de Vienne*, t. II, 203, 306, 490, 491). *Bagacus* suppose un *cognomen* Bagus ; Bagus aurait été d'origine gauloise et aurait signifié « bataille ; » comparez le vieil irlandais *bág*, thème *bága*, qui a ce sens; Bagus aurait été synonyme de Catus « bataille, » et nom d'homme. *Salomacus* (*Itinéraire d'Antonin*, 457), l'Hospitalet, commune de Belis (Landes), peut être corrigé en *Salo-magus* ; cf. *Salo-durum*, Soleure (Suisse), dont le nom est écrit SALOD. dans une inscription (Mommsen, *Inscript. helvet.*, 219); *Salo-magus* signifierait « champ de Salos » comme *Salo-durum* « forteresse de Salos. »

mérovingienne et de la période carlovingienne. Mais, préalablement, on peut se demander si, parmi les noms de lieux en *-iacus*, ou en *-acus* précédé d'une consonne, dans les pays celtiques soumis à l'empire romain, il n'y a pas des dérivés de substantifs autres que des noms d'hommes.

L'étude des langues néo-celtiques pourrait porter à l'admettre. L'irlandais nous offre le substantif *dristenach*, glosant le latin *dumetum* dans un manuscrit du neuvième siècle (1). *Dristenach*, signifiant « endroit où il y a des buissons épineux, » est un dérivé du thème *dristen*, dérivé lui-même de *dris*, « buisson épineux, » qui glose *vepres* dans le même manuscrit (2). J'ignore s'il y a des exemples de ce mot dans la nomenclature géographique de l'Irlande. On y a signalé six exemples du nom de lieu *Drishaghaun* (3), qui aurait été, en vieil irlandais, *Drisachán*, c'est-à-dire un diminutif de *drisach*, lui-même dérivé, par *-ach* = *áco-s*, du nom commun *dris*, « buisson épineux. » Mais l'antiquité de *Drisachán* n'est pas démontrée. Il n'est même pas prouvé que dans *drisach* la finale *-ach* soit identique au suffixe *-ach* du moyen irlandais et ne tienne pas lieu d'un plus ancien *-each -ech*, = *ico*. Cf. *Are-moricus*.

Mais on ne peut contester qu'on ne doive reconnaître le suffixe *-ach* dans le nom de lieu *Tamnach* du livre d'Armagh, neuvième siècle (4). *Tamnach* fait au datif *Tamnuch* (5) et suppose un thème *Tamonáco-*, différent de celui qui a fourni au même ms. l'accusatif *Tamnich* (6) = *Tamonicin, au nominatif singulier *Tamonica. Les deux mots sont dérivés de *tamon*, « tronc d'arbre, » et veulent dire « en-

---

(1) *Priscien de Saint-Gall*, n° 904, p. 53 a, édition *Ascoli*, p. 50.
(2) *Priscien de Saint-Gall*, p. 47 a, édition *Ascoli*, p. 46.
(3) Joyce, *The origin and history of irish names of places*, 1883, t. II, p. 356.
(4) F° 15. Voir l'édition donnée par le R. P. Edmond Hogan, *Analecta Bollandiana*, t. II, p. 63, l. 17.
(5) *Livre d'Armagh*, f° 11, *Analecta Bollandiana*, t. II, p. 48, l. 18.
(6) *Livre d'Armagh*, f° 17, *Analecta Bollandiana*, t. II, p. 222, l. 1. Whitley Stokes, *Goidelica*, 2ᵉ édit., p. 85, l. 15.

droit où il y a des troncs d'arbres (1). » La voyelle de la seconde syllabe de *tamon* est tombée dans le dérivé ; comparez *debthach*, « dissident, » de *debuith*, « dissentiment ; » *carthach*, « celui qui aime (2), » de *carad*, infinitif de *carim*, « j'aime. »

Le *Chronicum Scotorum*, monument du douzième siècle, mais composé avec des documents plus anciens, nous offre le nom de *Flesccach*, endroit où une bataille se serait livrée en 652 (3). Ce mot veut dire aujourd'hui « champ de blé ; » il est dérivé de *flesc*, « baguette, bâton, » et aussi « gerbe de blé, » et veut dire littéralement un endroit où il y a soit des baguettes, soit des gerbes de blé.

Suivant les *Annales des quatre maîtres*, compilation du dix-septième siècle, mais qui est souvent la reproduction de vieilles chroniques monastiques, il faut dater de l'année 695 une bataille de *Crannach*; ce nom, au génitif *Crandcha* = *qrennacás* (au nominatif *qrennaca*), est dérivé de *crann* = *qrennos*, « arbre, » et veut dire « endroit boisé. » C'est l'irlandais moderne *Crannagh* encore usité en Irlande comme nom de lieu (4).

Dans le même ouvrage, mais à propos d'événements du seizième siècle, on trouve mentionnés deux lieux dits du nom de *Leacach*; ce mot, dérivé de *lia*, génitif *liacc*, « pierre, » veut dire « pierreux, endroit où il y a des pierres. »

Il y donc en Irlande quelques noms de lieux en -*ach* = *áco-s*, dérivés de noms communs. Mais ils sont fort rares, et rien ne prouve qu'ils remontent plus haut que le moyen

---

(1) M. Joyce, *The origin and history of irish names of places*, t. I, 5ᵉ éd., p. 44, 231, prétend que ce mot veut dire prairie. C'est la doctrine d'O'Donovan dans son supplément au dictionnaire d'O'Reilly, p. 708. Ce n'est pas le sens étymologique.

(2) *Grammatica celtica*, 2ᵉ édit., p. 810.

(3) *Chronicum Scotorum*, édit. Hennessy, p. 94. Cf. O'Donovan, *Annals of the four masters*, 1851, t. I, p. 264, 265.

(4) Joyce, *The origin and history of irish names of places*, t. I, 5ᵉ édit., p. 499.

âge. Les noms de lieu de la Bretagne continentale donnent lieu à une observation analogue.

Dans la Bretagne continentale on trouve, à partir du onzième siècle, des noms de lieu dérivés de noms communs à l'aide du suffixe *ăcus*. Ce sont d'anciens adjectifs. Le plus ancien que nous puissions citer est *Les Rattenuc* (1) ou *Les Radenuc* (2), « château ou cour de la fougeraie ; » *Rattenuc*, *Radenuc* est dérivé de *raten*, *raden*, « fougère. » Au douzième siècle, *Terra an Prunuc* signifie « terre de la prunaie, » terre de l'endroit qui produit des prunes : on dirait aujourd'hui *prunek*. Au treizième siècle, *Banazlec*, dérivé de *banazl*, « genêt, » veut dire terrain qui produit du genêt, et c'est un nom de lieu dans une charte de l'année 1230 aux archives des Côtes-du-Nord (3). *Quelennec*, « la Houssaie, » dérivé de *quelen*, « houx, » apparaît au quatorzième siècle (4).

Le *Dictionnaire topographique du Morbihan*, par M. Rosenzweig, mentionne onze lieux habités du nom de *Quelenec* ou *Quellenec*, et plusieurs autres formations du même genre, comme : *Avallec*, nom de hameau, « pommeraie, » dérivé d'*avall*, « pomme ; » — une ferme dite *Le Blevec*, « l'endroit où il y a des fleurs ; » au quinzième siècle, *blezvec* (5), qui vient de *blezv*, « fleur, » usité au quinzième siècle sous la forme dérivée *blezvenn*, aujourd'hui *bleun* ; — un écart dit *Bruguec*, « endroit où il y a des bruyères, » de *bruc*, *brug*, au singulier *brugen*, « bruyère ; » — un village appelé *Spernec*, « endroit où il y a des épines, » de *spern*, « épine. »

Drenek, nom d'une commune du Finistère, est peut-être identique à l'adjectif moderne *draenek*, *dreinek*, *drenek*,

---

(1) Cartulaire de Landévennec, publié par Le Men et Ernault, n° 10. *Documents inédits*, Mélanges, t. V, p. 555.
(2) *Ibid.*, n° 19. *Documents inédits*, Mélanges, t. V, p. 558.
(3) *Revue celtique*, t. III, p. 400.
(4) Morice, *Preuves*, t. I, col. 1214.
(5) *Catholicon de Lagadeuc*, édition de Le Men, p. 28.

« épineux, » de *draen, drean, dren*, « épine, » et, en ce cas, ce nom de commune signifie « lieu où il y a des épines. »

Mais, en général, il ne faut pas attribuer une étymologie topographique aux dérivés en *ec* = *ácus* que nous offrent en Bretagne les noms de lieu un peu anciens. Ces dérivés sont, la plupart du temps, de vieux noms d'hommes. Ainsi Beuzec, nom de trois communes du département du Finistère, n'est pas un dérivé de *beuz* « buis. » De *beuz*, « buis, » le dérivé usité en breton est d'origine latine : c'est au treizième siècle *beuzid* ; au onzième dans le *Cartulaire de Landévennec*, *busit*, mot identique au bas latin *buxitum*, plus anciennement *buxetum*. Beuzec, au onzième siècle *vicarium Buduc*, *Les Buduc* (c'est-à-dire « vicairie, cour de Buduc ») dans le *Cartulaire de Landévennec*, est un nom d'homme signifiant « victorieux, » variante *Budoc* = * *Bôdi-ácus*. Gouezec, nom d'une commune du Finistère, au onzième siècle *vicarium Woeduc*, « vicairie de Woeduc, » est encore un nom d'homme (1).

Au neuvième siècle, tous les noms formés à l'aide du suffixe -*ácus*, qu'on trouve dans la Bretagne française, sont des noms d'homme, par exemple : *Dubroc*, « aqueux, » = * *Dubrácus*, *Iarnoc*, « ferreux, = * *Isarnácus*, » etc. Comparez chez César les noms d'hommes qui se terminent par le même suffixe : Divitiacus, Dumnacus, Valetiacus, et en Irlande, au neuvième siècle, dans le *Livre d'Armagh*, les noms d'hommes analogues, tels que Camulacus, Locharnach, Senachus (2).

Y avait-il dans la Gaule transalpine, au temps de l'empire romain, des noms de lieux formés comme Dubroc et Isarnoc, en plaçant le suffice -*ácus* à la suite d'un nom commun désignant les objets qui se trouvaient dans la localité dénommée à l'aide du dérivé ainsi créé ? Le fait est pos-

---

(1) Sur les noms de lieux bretons en -*ec*, voyez *Grammatica celtica*, 2ᵉ éd., p. 850. *Documents inédits*, Mélanges, t. V, p. 581, 582, 599. (Table du Cartulaire de Landévennec, par M. Ernault.)

(2) Whitley Stokes, *The tripartite life*, p. 304, 320.

sible, mais non prouvé. Dans la Gaule cisalpine, *Bénâcus* pour *Bennâcus*, dérive de *benn*, « corne, promontoire » (cf. p. 135). Je ne puis indiquer un nom de lieu formé de la même façon dans la Gaule transalpine. Les noms de lieux qui offrent la désinence *-iâcus*, et qu'on peut expliquer, sont dérivés de gentilices ou exceptionnellement de surnoms en *ius*, comme *Mercurius ;* les noms de lieu où la désinence *-âcus* se trouve immédiatement précédée d'une consonne, dérivent ou de surnoms qui ont été employés comme noms pérégrins par des individus dépourvus de gentilices, ou exceptionnellement de gentilices qui ne se terminaient pas en *-ius*.

§ 12. — *Etude sur divers noms de lieu d'origine celtique qui n'offrent pas le suffixe* -âcus *et qui apparaissent pour la première fois dans les documents du moyen âge* (1).

Les résultats acquis par l'étude des documents contemporains de l'empire romain sont justifiés par l'examen des monuments postérieurs si l'on a soin d'y faire la distinction entre les noms de lieux dont la création remonte à la domination romaine, quelquefois plus haut, et ceux qui sont le résultat soit de la conquête franque, soit de tout autre fait nouveau. Je dis les noms de lieux qui remontent à la conquête romaine et quelquefois plus haut ; dans les textes mérovingiens, carlovingiens et même à des dates bien postérieures, on voit quelquefois apparaître pour la première fois des noms de lieux gaulois non mentionnés jusque-là.

Certains ont un sens topographique (cf. p. 151, 152). Tels sont : *Acaunum*, avec affaiblissement de la sourde en moyenne *Agaunum*, qui veut dire « rocher, » aujourd'hui Saint-Maurice-en-Valais (2) ; *Dubrum*, « eau, » aujourd'hui Douvres (Seine-et-Marne), arrondissement de Meaux, can-

---

(1) Comparez les § 6 et 7, p. 151-155.
(2) Voyez les textes réunis par M. Longnon, *La Gaule au sixième siècle*, p. 232. L'orthographe *Acauno* avec un *c* se trouve dans une monnaie mérovingienne (A. de Barthélemy, *Bibl. de l'Ecole des Chartes*, t. XXVI, p. 450,

ton de Lagny, commune de Torcy (1). *Canto-bennicus*, nom d'une montagne d'Auvergne, le mont Chanturgue, près de Clermont-Ferrand, a été aussi le nom d'une forteresse, et plus tard d'un monastère dont parle Grégoire de Tours (2). *Canto-bennicus* est dérivé d'un composé *Canto-benno-*, dont le second terme veut dire sommet, littéralement corne, et dont le premier nous offre le mot d'où dérive probablement *Cantium*, nom du pays de Kent chez César. On suppose que ce mot *canto-* veut dire « blanc, » mais cela n'est pas encore prouvé.

Quelques-uns de ces noms de lieux s'expliquent par la religion (cf. p. 152, 153, 154). Du nom divin *Belenos* dérive le terme géographique *Mons Belenatensis*. Grégoire de Tours rapporte qu'un jour saint Martin passa dans cet endroit; c'est, nous apprend-il, une montagne du haut de laquelle on voyait le *vicus Ricomagensis*, aujourd'hui Riom (Puy-de-Dôme). La *villa Belenatensis*, dont parle un diplôme de Pépin le Bref, devait son nom à cette montagne, c'est aujourd'hui Saint-Bonnet (Puy-de-Dôme) (3). Le *Beleno-castro* d'une monnaie mérovingienne (4), la *Belna-villa* de deux diplômes carlovingiens des années 832 et 862 (5), aujourd'hui Beaune-la-Rolande (Loiret), nous rappellent le souvenir de la même divinité, à moins qu'il ne s'agisse d'un homme qui aurait porté le nom gaulois de Belenos ou Belinos (6).

---

et dans la chronique de Marius, chez D. Bouquet, t. II, p. 14 d. L'orthographe plus récente, *Agaunum* par un *g*, est celle de Grégoire de Tours. Quant au sens, comparez le grec ἀκόνη, « pierre à aiguiser, » et le sanscrit açan « pierre, rocher. »

(1) Diplôme de 854; chez Tardif, *Monuments historiques*, p. 106, col. 1.
(2) Grégoire de Tours, *Historia Francorum*, II, 21, édit. Arndt, p. 84, l. 23. Cf. Longnon, *La Gaule au sixième siècle*, p. 497.
(3) Longnon, *La Gaule au sixième siècle*, p. 491, 492.
(4) A. de Barthélemy, dans la Bibliothèque de l'Ecole des Chartes, t. XXVI, p. 452. Quicherat, *De la formation française des anciens noms de lieux*, p. 97; cf. ci-dessous, p. 181, note 1.
(5) Tardif, *Monuments historiques*, n° 123, p. 85, et n° 186, p. 119.
(6) *Bellinus* dans les inscriptions : Mommsen, *Inscriptiones helveticae*, n° 289; *C. I. L.*, t. V, n° 8122, 3; t. VII, n° 430.

Le dieu était connu dans plusieurs pays celtiques. Tertullien, dans son Apologétique, écrite en 199, dit que Belenus était la divinité principale des habitants du Norique (1). On sait qu'il était aussi adoré dans la ville d'Aquilée. En 238, les habitants, assiégés par l'empereur Maximin, puisèrent le courage de résister dans la croyance à la protection du dieu Belenus ou Belinus, qu'ils assimilaient à Apollon, et qui leur avait, disait-on, promis la victoire. Le succès couronna leur confiance. Les soldats de Maximin découragés coupèrent la tête à leur prince et levèrent le siège (2). On a recueilli dans Aquilée vingt-deux inscriptions antiques en l'honneur du dieu Belenus ou Belinus (3), et dans six d'entre elles, son nom apparait comme épithète d'Apollon (4) ; une est une dédicace par les empereurs Dioclétien et Maximin (286-305) (5). Deux de ces inscriptions rappellent qu'une fontaine lui était consacrée (6). Il avait non loin de là un temple à Zuglio, l'ancien Julium Carnicum (7).

Son culte avait pénétré en Gaule. Ausone raconte la chance heureuse d'un certain Phœbicius, Armoricain de naissance, comptant des druides parmi ses ancêtres, qui fut d'abord sacristain de Belenus ; mais c'était au quatrième siècle : le nombre des adorateurs des dieux et leur libéralité avait diminué ; la place était peu lucrative; Phœbicius obtint, ce qui valait mieux, une chaire à l'école de Bordeaux (8). Le nom du Dieu Belenus a été lu dernièrement dans une inscription de Nimes (9).

Une des montagnes qui dominent Riom était dédiée à ce dieu comme la fontaine sacrée d'Aquilée, et cette mon-

---

(1) Tertullien, *Apolog.*, c. 24; *Ad nationes*, liv. II, c. 8. Ed. Migne, I, 419, 595.
(2) Capitolin, *Les deux Maximins*, c. 22. Cf. Hérodien, VIII, 3.
(3) *C. I. L.*, V, n°⁸ 732-735, 737-741, 743-755.
(4) *Ibid.*, V, n°⁸ 732, 737, 741, 748, 749. 753.
(5) *Ibid.*, V, n° 732.
(6) *Ibid.*, V, n°⁸ 754, 755.
(7) *Ibid.*, V, n° 1829.
(8) Ausone, *Professores*, II, vers 16-25. Edit. Schenkl, p. 63-64.
(9) Βηληνος, *C. I. L.*, XII, 5693, 12.

tagne, au temps de Grégoire de Tours, c'est-à-dire au sixième siècle, s'appelait encore *Mons Belenatensis*. *Belenatensis* est dérivé de *Belenatis* ou *Belenatus*, dérivé lui-même de *Belenus*. D'autres localités portaient simplement le nom de ce dieu sans suffixe de dérivation (1).

Souvent les noms de lieux ont été divinisés : réciproquement certaines localités ont pris des noms de divinités. En Grande-Bretagne une baie portait, suivant Ptolémée, le nom de *Belisama* (2). Or, Belisama est une déesse assimilée à Minerve à l'époque romaine, et qui fut l'objet d'un culte à Conserans (Ariège) (3), et à Vaison (Vaucluse) (4). Le nom de Belisama doit être reconnu dans ceux de *Belisma* et de *Belesma*, portés l'un par Blismes (Nièvre), en 1287 (5); l'autre par Blesmes (Marne), dans le siècle précédent (6).

Quelques noms de lieux habités qu'on ne trouve pas dans les textes avant le moyen âge, sont des composés gaulois : le premier terme est l'épithète considérée comme caractéristique (152,154); exemple : 1° *Cambidonno* pour *Cambo-dunum*, « courbe forteresse, » dans la légende d'une monnaie mérovingienne (7), nom de lieu qui, à l'époque romaine, se trouve en Grande-Bretagne et en Rhétie et qui, dans la légende monétaire, désignerait Cambon (Loire-Inférieure); 2° *Cambidubro-*, « la courbe eau, » d'où vient le nom du *Cambidobrense monasterium* de Grégoire de Tours construit probablement sur les ruines d'un établissement plus ancien (8).

---

(1) Chez Ausone, dans le passage auquel renvoie, p. 180, la note 8, le second *e* de Belenus est long. J. Quicherat en conclut que cet *e* était accentué, et que, par conséquent, le nom de lieu *Belna* « Beaune » ne peut être un féminin du nom divin Belenus. Il a eu tort d'attribuer à l'accent gaulois les lois de l'accent latin.

(2) Ptolémée, II, c. 3, § 2, Βελίσαμα εἴσχυσις, Edit. de Charles Müller, t. I, p. 84.

(3) Orelli, n°⁸ 1431, 1969.

(4) Inscription gauloise de Vaison au musée d'Avignon.

(5) Soultrait, *Dictionnaire topographique de la Nièvre*, p. 16.

(6) E. de Barthélemy, *Diocèse ancien de Châlons-sur-Marne*, t. II, p. 91.

(7) A. de Barthélemy, dans la *Bibliothèque de l'Ecole des Chartes*, t. XXVI, p. 453.

(8) Longnon, *La Gaule au sixième siècle*, p. 496, 497.

Ces noms semblent rappeler l'époque où la langue gauloise régnait en maîtresse dans notre patrie. D'autres peuvent dater plutôt du temps où le gaulois y était en lutte avec le latin. Tels sont les composés suivants dont le premier terme est un nom propre d'homme.

On a déjà parlé, page 148, de deux *Iciodurum*, l'un en Touraine, aujourd'hui Izeures (Indre-et-Loire) (1), l'autre en Auvergne, aujourd'hui Issoire (Puy-de-Dôme) (2). *Iciodurum* veut dire forteresse d'*Iccius*. *Iccius* est un nom d'homme gaulois et romain.

Cisomagus où, suivant Grégoire de Tours, saint Martin bâtit une église (3). C'est probablement aujourd'hui Ciran-la-Latte (Indre-et-Loire) (4). *Ciso-magus* veut dire champ de *Cisus* ou *Cissus*. *Cissus* est un surnom gallo-romain, précédemment nom d'esclave dans l'inscription d'Aquilée ainsi conçue : *Silvano Aug[usto] in honore[m] M. Trosi Daphni* seviri *et M. Trosi Cissi* lib[erti] (5). L'affranchi *M. Trosius Cissus*, d'abord esclave sous le nom de *Cissus*, avait emprunté le prénom et le nom de son maître. Dans une inscription de Milan, c'est le contraire : *Q. Lucilius Cissus* est un patron auquel *Pasicrates*, son esclave, doit à la fois la liberté, un prénom et un nom (6). Enfin, dans le musée du mont Saint-Bernard se trouve une tablette de cuivre, sur laquelle un Gallo-Romain a fait écrire ses noms pour les laisser en souvenir à Jupiter Poeninus, et ses noms sont *T. Annius Cissus* (7). La variante *Cissa* nous est fournie par le génitif

---

(1) *Historia Francorum*, livre VI, c. 12 ; livre X, c. 31. *In Gloria Martyrum*, c. 58, édit. Arndt et Krusch, p. 257, l. 11 ; p. 444, l. 20 ; p. 528, l. 15. Cf. Longnon, *Géographie de la Gaule au sixième siècle*, p. 273.

(2) *In gloria confessorum*, c. 30. Edition Arndt et Krusch, p. 766, l. 4-5. Cf. Longnon, *Géographie de la Gaule au sixième siècle*, p. 499, 500.

(3) Grégoire de Tours, *Historia Francorum*, l. X, c. 31 ; éd. Arndt, p. 444, l. 4.

(4) Longnon, *Géographie de la Gaule au sixième siècle*, p. 269, 270.

(5) *C. I. L.*, V, 830.

(6) *Ibid.*, V, 6034.

(7) *Ibid.*, V, 6863. On peut citer encore *P. Cornelius Cissus*, *C. I. L.*, IX, 3626, et la signature *L. Publii Cissi*, *C. I. L.*, X, 8509, 334. Il y a enfin quatre exemples de *Cissus* dans les inscriptions pariétaires de Pompéi.

Cissae, du nom du père d'*Ibliomarius*, dans une inscription d'Alsace (1). L'existence d'une orthographe *Cisus* avec une seule *s* est prouvée par plusieurs dérivés. Tel est *Cisius*, connu par la signature *C. Cisi* sur un vase (2) et d'où viennent : 1° *Cisionia*, nom de femme dans une inscription de Nole (3) ; 2° *Cisiacus*, un des surnoms d'un procurateur impérial, prolégat de la province de Rhétie, de Vindélicie et de la *Vallis Poenina*, dont les noms ont été conservés par une inscription de Vérone : *Q. Caicilius Cisiacus Septicius Pica Caicilianus* (4).

C'est l'orthographe par une seule *s*, qui se retrouve chez Grégoire de Tours dans le nom de lieu *Cisomagus*, « champ de Cisus. »

La vie de sainte Geneviève nous apprend que cette vierge célèbre naquit à *Nemetodorum*, près de Paris ; c'était au cinquième siècle. Grégoire de Tours parle aussi de ce village et l'appelle *Nemptodurus :* Gontran y fit baptiser, en 591, Clotaire II, son neveu, fils de Chilpéric (5). C'est aujourd'hui Nanterre (Seine) (6). La forme la plus ancienne du nom de cette localité a dû être * *Nemeto-durum*, dont le sens est « forteresse de Nemetus ou Nemetos. » L'adjectif gaulois * *nemetos*, « sacré, » employé au neutre, signifiait « temple » ; au masculin, il était employé comme nom d'homme ; il a persisté avec cette valeur en gallois, au moyen âge, sous les formes *Nimet* (7) et *Nevet* (8). *Nemetacum*, nom de la ville d'Arras à l'époque romaine, semble être aussi un dérivé du nom d'homme *Nemetos*.

---

(1) Brambach, 1876.
(2) *C. I. L.*, X, 8056, 92.
(3) *Ibid.*, X, 1266.
(4) *Ibid.*, V, 3936.
(5) Grégoire de Tours, *Historia Francorum*, X, 28, édition Arndt, p. 439, l. 23.
(6) Longnon, *Géographie de la Gaule au sixième siècle*, p. 359.
(7) Chronique galloise du dixième siècle conservée dans le manuscrit du Musée britannique, Harleian, 3859. Fragment publié par Aneurin Owen, *Ancient laws and institutes of Wales*, p. 5.
(8) *Mabinogion*, édition de Charlotte Guest, t. II, p. 243. Cf. *Grammatica celtica*, 2e édit., p. 85.

Isarnodurum, aujourd'hui Isernore (Ain) (1), apparaît dans la légende d'une monnaie mérovingienne avec l'orthographe *Isernodero* (2). Dans une vie de saint Oyand, écrite au sixième siècle, l'orthographe suivie est au génitif *Isarnodori* (3). Saint Oyand naquit près de ce *vicus*, au milieu du cinquième siècle. Le nom de ce *vicus* veut dire « forteresse d'*Isarnus*. »

Nous ne rencontrons pas le nom d'homme *Isarnus* dans les documents de l'époque romaine. Mais il apparaît au neuvième siècle : sous la forme bretonne *Hoiarn*, dans six chartes du *Cartulaire de Redon*, il désigne un témoin dont la qualité n'est pas désignée dans cinq de ces chartes (4) ; dans une autre, Hoiarn est, dit le texte latin, un « tyrannus, » c'est-à-dire un *machtiern*, sorte de magistrat (5). Dans le breton du neuvième siècle, *hoiarn* veut dire « fer. » En Irlande, l'équivalent dialectal de *hoiarn* est *iarn*, qui signifie aussi « fer; » le diminutif *Iarnán* est un nom d'homme irlandais au dixième siècle : un personnage qui le porte est tué par trahison en 1003 (6). Ainsi, dans les deux branches entre lesquelles se divisent les dialectes néoceltiques, l'usage a existé d'employer comme nom d'homme le nom commun qui veut dire « fer. » On trouve des exemples analogues, au moyen âge, dans la région sud-est de la Gaule, à laquelle appartient Isernore : au dixième siècle, il y eut à Grenoble un évêque nommé *Isarnus* (7); *Isarnus* fut aussi, au siècle suivant, le nom d'un abbé de Saint-Victor de Marseille (8) ; vers le même temps, on rencontre le

---

(1) Quicherat, *De la formation française des anciens noms de lieu*, p. 49.
(2) A. de Barthélemy, dans la *Bibliothèque de l'Ecole des chartes*, t. XXVI, p. 457.
(3) Dom Bouquet, t. III, p. 396 d.
(4) *Cartulaire de Redon*, p. 51, 104, 106, 108, 114.
(5) *Ibid.*, p. 207.
(6) *Annales des quatre maîtres*, édit. d'O'Donovan, 1851, t. II, p. 748-750.
(7) Des chartes de lui, datées de 950 et de 976, ont été publiées dans le *Cartulaire de Saint-Hugues de Grenoble*, p. 19 et 26.
(8) Des chartes de lui, datées des années 1031 à 1044, ont été publiées dans le *Cartulaire de Saint-Victor de Marseille*, tome I, nos 430, 564 ; tome II, nos 659, 685.

nom d'homme Isarn dans d'autres parties de la France (1). L'antiquité de ce nom résulte de son dérivé *Isarninus* inscrit, a l'époque romaine, sur six vases d'étain trouvés en Angleterre (2); *Isserninus*, avec une légère variante d'orthographe, est au cinquième siècle le nom d'un compagnon de saint Patrice (3), son collaborateur pour la rédaction d'un texte canonique.

Le biographe de saint Oyand, écrivant au sixième siècle, affirme qu'en langue gauloise le sens d'*Isarnodorum* est « porte de fer (4). » Il commet en cela deux erreurs : *Isarnos*, employé comme nom commun, a dû, en effet, vouloir dire « fer » en gaulois ; mais ce mot est ici employé comme nom propre d'homme. Quant à *dorum*, c'est une orthographe de basse époque pour le classique *durum*, « forteresse, » avec lequel le breton *dor*, « porte, » et l'irlandais *dorus*, même sens, n'ont aucun rapport. Il est, du reste, à craindre que l'auteur de la vie de saint Oyand ne connût la langue gauloise beaucoup moins qu'il le prétend. C'était aux langues des Burgundes et des Francs qu'il empruntait probablement sa science. On sait combien ces langues étaient prochainement apparentées au gothique ; or, les deux mots dont il s'agit étaient du nombre des quelques expressions qui appartenaient en commun aux Celtes et aux Goths. « Porte, » en gothique, s'appelait *daur* : prononcez *dor* ; « fer » s'appelait *eisarn* : prononcez *isarn* (5). La lan-

---

(1) Inscription de Minerve (Hérault), chartes du dixième siècle dans les preuves de l'*Histoire de Languedoc* ; Le Blant, *Inscriptions chrétiennes*, t. II, p. 444. Voyez aussi les exemples du nom d'homme *Isarnus* réunis par Gustave Desjardins, *Cartulaire de l'abbaye de Conques*, p. 474, col. 1.

(2) *C. I. L.*, VII, 1270.

(3) Arthur West Haddan and William Stubbs, *Councils and ecclesiastical doccuments relating to Great Britain and Ireland*, t. II, p. 328.

(4) « Haud longe a vico cui vestusta paganitas, ob celebritatem clausuramque fortissimam superstitiosissimi templi, gallica lingua *Isarnodori*, id est *ferrei ostii*, indidit nomen » (Dom Bouquet, t. III, p. 396 c, d.).

(5) L'orthographe *dor* et *isarn* est celle du vieux saxon. Voyez Oskar Schade, *Alt deutsches Wœrterbuch*, t. II, p. 946 au mot *tor*, et t. I, p. 458 au mot *isarn*.

gue gauloise, *gallica lingua*, du biographe parait donc avoir été tout simplement le burgunde ou le francique.

Quoi qu'il en soit, *Icio-durum*, *Nemeto-durum*, *Isarno-durum* et *Ciso-magus* sont plus anciens que les textes du moyen âge par lesquels ils sont parvenus jusqu'à nous. Ils ont été contemporains de l'empire romain, les trois premiers comme *Augusto-durum*, aujourd'hui Bayeux, le dernier comme *Augusto-magus* et *Caesaro-magus*, aujourd'hui Senlis et Beauvais. Les trois premiers remontent peut-être même plus haut. Les Gaulois ont dû donner leur nom à des habitations avant de le donner à des champs. *Admageto-briga*, où, comme César nous l'apprend, Arioviste battit les Gaulois soixante et un ans avant notre ère, peut tirer son nom d'un ancien propriétaire et signifier « château d'Admagetos (1). » Rien ne s'oppose à ce que *Icio-durum*, *Nemeto-durum*, *Isarno-durum* aient été contemporains d'Arioviste.

Mais il n'y a pas de preuve que ces trois noms soient antérieurs à l'empire romain. On a, sous l'empire romain, continué à créer des noms de lieux composés dont *-durum-* était le second terme. Tel est *Albio-durum*, écrit *Albioderum* dans la Chronique dite de Frédégaire (2); le premier terme de ce nom de lieu est le gentilice romain *Albius* qui sera étudié p. 190. Tel est encore *Alio-durum*, d'où le nom du *pagus Aliodrensis*, probablement au diocèse de Meaux en 632 (3); le premier terme d'*Alio-durum* est un gentilice romain dont il sera question p. 192.

Ainsi, les textes du moyen âge peuvent servir à compléter diverses catégories de noms de lieux gaulois distingués d'après les textes antérieurs au moyen âge, dans les § 6 et 7 de ce chapitre (ci-dessus, p. 151-155).

---

(1) Mommsen, *Rœmische Geschichte*, 6ᵉ édit., t. III, p. 247, note; cf. *De bello gallico*, I, 31.
(2) Frédégaire, l. IV, c. 83, éd. Krusch, p. 163, l. 18.
(3) Pardessus, *Diplom.*, t. II, p. 16.

CHAPITRE II.

EXEMPLES EN FRANCE, AU MOYEN AGE, DE NOMS DE « FUNDI » FORMÉS PLUS ANCIENNEMENT A L'AIDE DE GENTILICES ROMAINS EN -*ius* ET DU SUFFIXE -*acus* (1).

ACHINIAGAS, pour *Aquiniacas* (sous-entendu *villas* ou *domus*), est un nom de lieu mentionné dans un diplôme de Charlemagne remontant à l'année 779 (2).

Ce nom dérive d'Aquinius. Aquinius est un gentilice romain, le nom, par exemple, d'un poète contemporain de Cicéron et mentionné par Catulle (3). Il a été porté aussi par plusieurs personnages qui figurent dans les inscriptions, une notamment de Lyon (4). Acigné, nom d'une commune de l'Ille-et-Vilaine, suppose la forme gallo-romaine *Aquiniacus* ou sa variante *Aciniacus*.

ACIACUS, dans un diplôme faux de Childebert Ier, attribué à l'année 541 (5), désigne une localité du nom d'Assé au diocèse du Mans, soit Assé-le-Béranger (Mayenne), soit

---

(1) La première partie de ce chapitre, lettres A et B, a paru en 1887 dans la *Bibliothèque de l'Ecole des chartes*, t. XLVIII, p. 357-370. La suite a été publiée dans les t. VIII et IX de la *Revue celtique*, 1887, 1888.

(2) Ce diplôme porte le numéro 71, chez Sickel : *Acta regum et imperatorum Karolinorum*.

(3) Voyez les textes réunis par De-Vit, *Totius latinitatis Onomasticon*, p. 403.

(4) A. de Boissieu, p. 355, 356.

(5) Pardessus, *Diplomata*, t. I, p. 103; K. Pertz, *Diplomatum imperii tomus I*, p. 122, ligne 36, p. 123, ligne 6.

Assé-le-Boisne, soit enfin Assé-le-Biboul, tous deux dans la Sarthe. *Aciacus*, dans le *pagus Pauliacensis*, fut donné à la basilique de Saint-Fargeau, par l'abbé Widerad, en 721 (1). *Aciacus* est une orthographe de basse époque pour *Acciacus*, avec un double *c*. La variante *Acciagus*, par un double *c* et par un *g*, substitut bas-latin du *c* antique, nous est offerte par un diplôme d'Angilramme, évêque de Metz, qui, en 780, donne à l'abbaye de Gorze des biens dans la *villa Acciagus* (2); il s'agit d'Essey, qui est, en quelque sorte, un faubourg de Nancy (3). Un autre Essey, situé en Meurthe-et-Moselle, comme le précédent, est appelé *Aciacus* dans une charte de l'année 846 ; mais une pièce de l'année 895, où la même localité est appelée *Acci*, nous autorise à restituer l'orthographe *Acciacus* par un double *c* (4). Ce nom de lieu dérive d'Accius.

Accius est un gentilice romain porté par divers personnages, dont le plus connu est le poète tragique L. Accius, né l'an 170 avant J.-C. et qui paraît avoir vécu fort longtemps, car Cicéron raconte qu'il a souvent causé avec lui ; il serait mort vers l'année 94 avant notre ère (5). Ce gentilice se rencontre de temps en temps dans les inscriptions ; ainsi T. Accius Marcus figure avec Accius Maximus dans une inscription de Carinthie (6). T. Accius est un fabricant de tuiles dont la marque est conservée au musée de Klagenfurt (7). On a trouvé près d'Este le tombeau de C. Accius Boethus (8), à Moggio celui de L. Accius Libellus (9);

---

(1) Pardessus, *Diplomata*, t. II, p. 324.
(2) Dom Calmet, *Histoire de Lorraine; Preuves*, I, col. 289.
(3) Lepage, *Dictionnaire topographique du département de la Meurthe*, p. 47.
(4) Lepage, *ibid.*, p. 47.
(5) Voir les textes réunis par **Teuffel**, *Geschichte der rœmischen Literatur*, 3ᵉ édit., p. 214-217 ; Ribbeck, *Tragicorum latinorum reliquiae*, l'appelle *Attius*. Il a réuni ses fragments aux pages 114-194 du volume dont le titre vient d'être donné.
(6) *C. I. L.*, III, 4830.
(7) *Ibid.*, III, 5758.
(8) *Ibid.*, V, 2551.
(9) *Ibid.*, V, 1827.

Este et Moggio sont deux localités de l'Italie septentrionale. D'autres inscriptions établissent la fréquence de ce nom dans l'Italie méridionale (1). On le rencontre aussi en Espagne (2). L'existence de ce gentilice en Gaule est attestée par un monument funèbre de Lyon; ce monument fut élevé par les héritiers du défunt, et l'un de ces héritiers était le soldat M. Accius Modestus (3).

ACONIACA *finis* est un territoire situé dans le *pagus Scarponensis*, aux termes du diplôme par lequel Chrodegang, évêque de Metz, fonda, en 745, l'abbaye de Gorze (4). *Aconiaca* dérive d'Aconius.

Aconius est un gentilice d'abord obscur, mais qui dut une certaine notoriété à deux Aconius Catulinus, l'un proconsul d'Afrique de l'an 316 à 319 après J.-C., et l'autre consul trente ans plus tard (5). D'autres Aconius sont connus par les inscriptions. L'un est auteur d'une inscription votive au dieu Mercure, à Spire (6). Un autre a dédié un autel à Jupiter sur les bords du lac Majeur (7). Leur nom est écrit par un double *c*, Acconius. Mais le nom de Q. Aconius et celui d'Aconia, son affranchie, tous deux par un simple *c*, sont conservés par une inscription de Treia (8). La même orthographe Aconia a été relevée dans la nécropole de Lambessa (9).

ACUTIACUS apparaît, écrit *Aguciacus*, dans un diplôme du roi Clotaire III donné vers l'année 657 (10). M. Longnon a reconnu qu'il s'agit d'Aguisy, hameau de la commune de

---

(1) Voyez les index du *C. I. L.*, t. IX, p. 703; t. X, p. 1023.
(2) *C. I. L.*, t. II, index, à la page 715.
(3) A. de Boissieu, *Inscriptions antiques de Lyon*, p. 355, 356.
(4) Pardessus, *Diplomata*, t. II, p. 398.
(5) De-Vit, *Onomasticon*, t. I, p. 43.
(6) Brambach, n° 1797.
(7) *C. I. L.*, V, 5496.
(8) *Ibid.*, IX, 5660.
(9) *Ibid.*, VIII, 3319.
(10) Tardif, *Monuments historiques*, n° 13, p. 11.

Chelles (Oise). Aiguisy, nom d'un hameau du département de l'Aisne, s'explique aussi par un primitif *Acutiacus*.

Ce nom de lieu dérive du gentilice Acutius. Acutius est le nom d'un tribun du peuple élu par l'influence des patriciens en l'an 399 avant J.-C. Le même nom est porté plus tard par un grand nombre de personnages dont la mémoire nous a été gardée par des inscriptions (1). L'une de ces inscriptions est conservée au musée d'Aix-en-Provence (2).

ALBIACUS, dans la légende d'une monnaie mérovingienne (3), et dans un diplôme de Charles le Chauve (4), vient d'Albius.

Albius est le nom d'une *gens* à laquelle appartenait la mère de l'empereur Othon, Albia Terentia (5). Ce gentilice se rencontre de temps en temps dans les inscriptions et dans quelques autres documents (6), dont le plus connu est le discours de Cicéron *pro Cluentio*, où il est souvent question de l'empoisonneur Statius Albius Oppianicus Larinas. Des inscriptions nous apprennent que ce gentilice avait pénétré en Gaule (7). Il y a en France : 1° Deux communes du nom d'Albiac, l'une dans la Haute-Garonne, l'autre dans le Lot; celle-ci appelée, au cas indirect, *Albiaco*, en 967 (8); 2° trois communes du nom d'Aubiac : deux dans la Gironde, une dans le Lot-et-Garonne. Ce sont d'anciens Albiacus, comme Aubiat (Puy-de-Dôme) (9). Le *Cart. de*

---

(1) *C. I. L.*, V, douze exemples; VIII, quatre; IX, deux; X, huit. Sans compter les femmes.
(2) Herzog, *Galliae Narbonensis historia*, t. II, p. 77, n° 366.
(3) A. de Barthélemy, dans la *Bibl. de l'Ecole des chartes*, t. XXVI, p. 450.
(4) Tardif, *Monuments historiques*, n° 212, p. 136.
(5) Suétone, *Othon*, ch. I.
(6) De-Vit, *Onomasticon*, t. I, p. 194, 197, 198.
(7) A. de Boissieu, *Inscriptions antiques de Lyon*, p. 28, 30; Allmer, *Inscriptions de Vienne*, I, 78; III, 419. *C. I. L.*, XII, 748, 1390, 1782, 3258, 3561, 4379, 4506, 4563, 5111. Albius, en latin, est un dérivé d'albus. Les Gaulois possédaient un thème *albio-*, dont nous ignorons le sens, et qui nous est connu par la dédicace *Marti Albio-rigi* (Orelli-Henzen, 5867).
(8) Deloche, *Cartulaire de Beaulieu*, p. 125.
(9) Houzé, chez Doniol, *Cartulaire de Sauxilange*, p. 687.

Saint-Victor de Marseille (1), nous montre, dans un document de l'année 814, le nom de lieu *Albianus*.

ALBINIACUS est le nom d'une propriété de l'abbaye de Saint-Martin de Tours, suivant un diplôme donné par Charlemagne en 775 (2). C'est aujourd'hui Aubigny-sur-Nère (Cher). Deux autres *Albiniacus*, situés en Rouergue, apparaissent au onzième siècle dans le cartulaire de l'abbaye de Conques (3).

Albinius, d'où vient *Albiniacus*, est le nom d'une *gens* plébéienne de Rome, dont les plus anciens membres connus sont : 1° L. Albinius Paterculus, un des deux premiers Romains créés tribuns du peuple en l'an 493 avant notre ère (4); 2° un certain L. Albinius, contemporain de la prise de Rome par les Gaulois en 390 ; celui-ci est connu par le zèle pieux qu'il aurait, dit-on, montré après la bataille de l'Allia, quand, prenant en pitié les vestales qui s'en allaient de Rome à pied, il les aurait fait monter dans son char, après en avoir fait descendre sa femme et ses enfants (5).

Ce nom persista sous l'empire romain : des inscriptions d'Italie l'attestent (6). Il pénétra en Gaule; un certain T. Albinius Januarius figure dans une inscription de Nimègue (7). Ce nom a fourni à la Gaule septentrionale un nom de lieu formé au moyen du suffixe *-anus ;* c'est *Albiniani*, aujourd'hui Halphen, mentionné à la fois dans l'*Itinéraire d'Antonin* et dans la *Table de Peutinger*. (8) Le nom d'Au-

---

(1) T. II, p. 643.
(2) Ce diplôme, publié sans date par dom Bouquet, t. V, p. 737, est le n° 42, p. 27, de Sickel, *Acta Karolinorum*, et le n° XVIII de Mabille, *La pancarte noire de Saint-Martin de Tours*, p. 69.
(3) Desjardins, *Cartulaire de l'abbaye de Conques*, p. 39, 40, 311.
(4) Tite-Live, II, 33. Cf. De-Vit, *Onomasticon*, I, 196.
(5) Tite-Live, V, 40. C'est probablement une légende généalogique empruntée à une *laudatio funebris*.
(6) Voyez, par exemple, *C. I. L.*, V, 5506, 5522, 5478, 6375.
(7) Brambach, n° 73.
(8) Desjardins, *Géographie de la Gaule d'après la table de Peutinger*, p. 39.

bignan (Vaucluse) a été formé d'après le même procédé. Mais c'est à l'emploi du suffixe -*acus* qu'on doit les noms d'Albignac (Corrèze), de quatre Aubigné (Ille-et-Vilaine, Sarthe, Deux-Sèvres, Maine-et-Loire), d'Aubigney (Haute-Saône), et de dix-huit autres communes qui s'appellent Aubigny (Aisne, Allier, Ardennes, Aube, Calvados, Cher, Côte-d'Or, Nièvre, Nord, Pas-de-Calais, Deux-Sèvres, Somme, Vendée) ; total : vingt-quatre communes, dont le nom actuel s'explique par un primitif Albiniacus.

ALIACUS est le nom d'une localité où Berchaire, fondateur de l'abbaye de Montier-en-Der, avait une propriété dont il fit donation à cette abbaye en 673 (1).

Allius est un gentilice romain ; les personnages les plus importants de ce nom paraissent avoir été : C. Allius Alba, *triumvir monetalis*, de l'an 106 à l'an 102 avant notre ère (2) ; M. Allius Nepos, contemporain de l'empereur Tibère et célèbre par ses dettes (3) ; Q. Allius Maximus, consul, l'an 49 de notre ère (4). On rencontre plusieurs autres Allius dans les inscriptions : L. Allius Victor, dans une inscription funéraire de Mayence (5) ; le légionnaire C. Allius, fils de Caius, dans une autre inscription funéraire du musée de la même ville (6) ; un second, C. Allius, également ment C. filius, dans une inscription funéraire de Gueldre (7).

Nous ne savons pas où était située la *villa Al[l]iacus* mentionnée dans la donation de Berchaire. *Alliacus* a dû donner en français Ailly, en provençal Aillac. Il y a en France cinq communes du nom d'Ailly, une dans l'Eure,

---

(1) Pardessus, *Diplomata*, t. II, p. 159.
(2) De-Vit, *Onomasticon*, t. I; p. 230.
(3) Sénèque, *De Beneficiis*, liv. II. c. vii, § 2.
(4) De-Vit, *Onomasticon*, t. I, p. 230.
(5) Brambach, 1280.
(6) *Ibid.*, 1172.
(7) *Ibid.*, 84.

une dans la Meuse, trois dans la Somme, et une commune d'Aillac (Dordogne).

ALSIACUS était une *villa* qui appartenait à l'abbaye de Saint-Germain-des-Prés, suivant un diplôme de Charlemagne daté de 786 (1).

Alsius est un gentilice assez rare; cependant, nous pouvons en signaler deux exemples dans des inscriptions; dans un cas, il s'agit d'un homme, L. Alsius Verecundus (2); dans l'autre, il s'agit d'une femme, Alsia Postuma (3).

ANDIACUS est le nom d'un des quatre palais que Louis le Débonnaire, alors roi d'Aquitaine, choisit en 795 pour y passer l'hiver (4). Il en est aussi question dans un diplôme de son fils Pépin donné en 825 (5). C'est probablement aujourd'hui un des deux Angeac du département de la Charente.

Le gentilice Andius, dont ce mot dérive, se rencontre quelquefois dans les inscriptions (6). On le trouve notamment en Gaule (7).

ANISIACUS est le nom d'une *villa* qui, suivant Hincmar, aurait appartenu à l'évêché de Laon au temps du roi Pépin le Bref (8). C'est aujourd'hui Anizy-le-Château (Aisne) (9). Une monnaie mérovingienne porte la légende *Anisiaco vico* (10); il est vraisemblable qu'elle a été frappée dans cette localité; cependant, il y a en France un autre Anizy, dans le département du Calvados.

---

(1) Dom Bouquet, t. V, p. 750 b.
(2) *C. I. L.*, X, 1403.
(3) *Ibid.*, V, 1813.
(4) *Vita Ludovici Pii*, chez Dom Bouquet, t. VI, p. 90 c.
(5) Dom Bouquet, t. VI, p. 664 d.
(6) De-Vit, *Onomasticon*, t. I, p. 292, col. 2.
(7) Allmer, *Inscriptions de Vienne*, III, 135, 158.
(8) Hincmar, *Vie et Miracles de saint Remy*, D. Bouquet, t. V, p. 452 c.
(9) Matton, *Dictionnaire topographique du département de l'Aisne*, p. 6.
(10) A. de Barthélemy, dans la *Bibl. de l'Ecole des Chartes*, t. XXVI, p. 451.

Anisiacus dérive d'Anicius, nom d'une *gens* romaine qui s'est fort illustrée sous la république et sous l'empire ; plusieurs Anicius furent consuls avant et après notre ère (1). Ce nom pénétra dans les provinces. Un certain Anicius Victor est mentionné dans une inscription de Bade (2). Un autre Anicius, distingué par le prénom de Marcus, apparaît dans une inscription de Nimègue (3).

Appiacus *colonia* fut donnée à l'église du Mans, par l'évêque Hadoind, en 642 (4) ; c'est aujourd'hui Saint-Ulphas (Sarthe) (5). *Appiacus* est dérivé d'Appius.

Appius, célèbre comme prénom dans la *gens Claudia*, se rencontre aussi quelquefois avec valeur de gentilice. L'exemple le plus connu est fourni par L. Appius Maximus Norbanus, deux fois consul : une première fois comme remplaçant, *suffectus*, sous Domitien ; l'autre comme consul ordinaire sous Trajan, en l'année 103. Avant lui, on trouve Sex. Appius Severus, questeur de l'empereur Titus (6), et le sénateur Appius Appianus, expulsé du sénat par Tibère, l'an 17 avant Jésus-Christ (7). Ce gentilice pénétra en Gaule. L'inscription funéraire d'une femme nommée Appia a été signalée à Lyon (8), et Appia, mère d'un légionnaire, éleva à son fils mort un monument dont un débris a été trouvé dans la même ville (9). On signale au musée de Narbonne la marque du potier Appius (10). On a trouvé à Cologne le monument funèbre élevé par Appius Severus à sa fille Appia Verina (11). Dans une inscription

---

(1) De-Vit, *Onomasticon*, t. I, p. 300-305.
(2) Brambach, n° 1659.
(3) *Ibid.*, n° 85.
(4) Pardessus, *Diplomata*, II, 70.
(5) Quicherat, *De la formation française des anciens noms de lieu*, p. 76.
(6) De-Vit, *Onomasticon*, p. 386.
(7) Tacite, *Annales*, II, 48.
(8) A. de Boissieu, *Inscriptions antiques de Lyon*, p. 481.
(9) *Ibid.*, p. 300.
(10) Schuermans, *Sigles figulins*, n° 397.
(11) Brambach, n° 415.

de Payerne, en Suisse, on lit le nom de D. Appius Augustus (1).

Appiacum a pu donner : 1° Achy ; il y a une commune de ce nom dans l'Oise ; 2° Achey ; il y a une commune d'Achey dans la Haute-Saône.

APPILIACUS, sur l'Oise, dans le *pagus Noviomensis*, aux termes d'une charte de l'année 708 en faveur de l'abbaye de Saint-Bertin, est aujourd'hui Apilly (Oise) (2).

Il n'y a pas d'exemples certains d'un gentilice *Appilius (3). Mais on a trouvé un exemple du gentilice Apillius dans le monument funèbre de L. Apillius Successus, près d'Aquilée (4). Une autre variante est fournie par le nom d'Apilia Severina dans une inscription découverte non loin de là à Cividale (5). Citons encore la variante Appalius dans une inscription de Fermo (6) ; on y trouve le double *p*, mais non l'*i* d'*Appiliacus*. Or, *Appiliacus* peut dériver d'Appalius comme d'*Appilius.

APPONIACUS est le nom d'une *villa* située près d'Orléans, et qui appartenait à l'abbaye de Saint-Aignan aux termes d'un diplôme de Charlemagne donné entre les années 774 et 800 (7).

Apponius, par deux *p* dans le gentilice de M. Apponius Firmus, conservé par une inscription de Pouzzoles (8), offre une orthographe confirmée par le double *p* d'Apponiolen[us] dans une autre inscription d'Italie (9) ; on trouve encore les deux *p* dans le nom de femme Apponia Sisso[i],

---

(1) Mommsen, *Inscriptiones helveticae*, n° 151.
(2) Pardessus, *Diplomata*, t. II, p. 277, 499.
(3) De-Vit, *Onosmaticon*, t. I, p. 385, au mot *Appilia*. Cf. Mommsen, C. I. L., V, 2896.
(4) C. I. L., V, 8452.
(5) *Ibid.*, V, 1771.
(6) *Ibid.*, IX, 5357.
(7) Sickel, *Acta regum et imperatorum Karolinorum*, t. II, p. 64, n° 168.
(8) C. I. L., X, 3475.
(9) *Ibid.*, IX, 3451.

d'une inscription d'Afrique (1). C'est une variante d'Aponius, gentilice fréquent dans les inscriptions. Le personnage le plus célèbre de ce nom a été M. Aponius Saturninus, consul sous Néron, président de la Mésie sous Othon, et qui, dans la guerre civile entre Vitellius et Vespasien, prit parti pour ce dernier (2).

Le nom d'Apoigny (Yonne), bien qu'offrant avec *Apponiacus* une grande ressemblance, paraît s'expliquer par un primitif, *Epponiacus* (3), dérivé d'*Epponius, variante d'*Eponius, qui n'est lui-même qu'une variante dialectale d'Equonius, gentilice relaté dans une inscription d'Alsace (4).

ARCHINIACUS, villa mentionnée dans un diplôme faux de Dagobert Ier, en faveur de l'abbaye de Saint-Denis (5), est aujourd'hui Archignat (Allier) (6).

Le gentilice Arquinius explique le nom d'une affranchie, Arquinia Artemisia, dont la tombe a été trouvée en Campanie (7). On trouve aussi M. Arquinius Secundus (8).

ARTILIACUS, dans un diplôme de Pépin le Bref, remontant à l'année 751 ou environ (9), est le nom d'une propriété de l'abbaye de Saint-Denis.

Artilius est un gentilice dont il y a quelques exemples dans les inscriptions. On l'a trouvé dans une inscription lapidaire de Brescia (10). Il est gravé sur un vase d'airain recueilli dans la ville d'Aquilée (11). Il a pénétré en Gaule :

---

(1) *C. I. L.*, VIII, 10918.
(2) Les textes qui le concernent ont été réunis par De-Vit, *Onomasticon*, t. I, p. 383, col. 1.
(3) Quantin, *Dictionnaire topographique du département de l'Yonne*, p. 3.
(4) Brambach, n° 1848.
(5) Pardessus, t. II, p. 42 ; K. Pertz, *Diplomatum imperii tomus I*, p. 159, l. 27.
(6) Longnon, *Examen géographique*, p. 12.
(7) *C. I. L.*, X, 4335.
(8) De-Vit, *Onomasticon*, t. I, p. 471.
(9) Tardif, *Monuments historiques*, p. 45, col, 2.
(10) *C. I. L.*, V, 4535.
(11) *Ibid.*, V, 8123, 6.

le tombeau d'Artilia Martia, femme de T. Munatius Felix, curateur des *seviri augustales* de Lyon, a été découvert dans cette ville au dix-septième siècle (1).

ATTINIACUS est le nom d'un village où les rois mérovingiens et carlovingiens eurent un palais. Thierry IV y mourut en 737 (2). Pépin le Bref, maire du palais, y rendit un jugement en 749 (3). Pépin le Bref, devenu roi, Carloman, Louis le Débonnaire, Charles le Chauve ont daté des diplômes du palais public ou du palais royal d'Attiniacus (4).

Attinius par deux *t* est une variante d'Atinius par un seul *t*, gentilice romain qui n'est pas rare. Nous citerons C. Atinius Labeo, préteur l'an 190 avant Jésus-Christ (5), et un autre C. Atinius Labeo, tribun du peuple en l'année 130, et célèbre pour avoir voulu faire mettre à mort le censeur Q. Cæcilius Metellus (6). La bonne orthographe de ce nom est celle qui n'offre qu'un *t*; on la trouve, par exemple, dans une inscription de Trèves (7) et dans une inscription du musée de Mayence (8). Mais les manuscrits nous offrent quelquefois le double *t* (9), et cette variante doit être ancienne, témoin le génitif féminin Atteniae lu sur une anse d'amphore (10); le génitif masculin Attenii, dans une inscription d'Espagne (11), et le nominatif féminin

---

(1) A. de Boissieu, *Inscriptions de Lyon*, p. 200.
(2) *Annales Petaviani*, chez dom Bouquet, II, 641 c.
(3) Pardessus, *Diplomata*, t. II, p. 414. K. Pertz, *Diplomatum imperii tomus I*, p. 106.
(4) Pépin le Bref, en 753, 757 et 760 (Sickel, *Acta Karolinorum*, t. II, p. 3, 4, 6). Carloman, en 769 (Sickel, *ibid.*, p. 13). Louis le Débonnaire, en 822, 834, 840 (Sickel, *ibid.*, p. 138, 139, 184, 203). Charles le Chauve, en 860 (Tardif, *Monuments historiques*, p. 110, 111).
(5) Tite-Live, livre XXXVI, c. 45.
(6) Tite-Live, *Periochae*, livre LIX.
(7) Brambach, n° 825.
(8) Brambach, n° 932.
(9) De-Vit, *Onomasticon*, t. I, p. 556, col. 2.
(10) *C. I. L.*, III, 6007, 4.
(11) *Ibid.*, II, 537.

Attenia dans une autre (1) ; le double *t* s'explique par celui d'Attius et de son dérivé Attilius (2).

Attigny est un chef-lieu de canton du département des Ardennes ; un autre Attigny se trouve dans le département des Vosges.

AULIACUS est une localité mentionnée en 642 dans le testament de Hadoind, évêque du Mans (3).

Aulius est un gentilice qu'on trouve quelquefois dans les inscriptions, par exemple à Augst, en Suisse, sur la stèle funéraire de P. Aulius Memusus (4), à Salzbourg, Aulia Venusta, nom de femme (5). On a recueilli, tant en France qu'en Angleterre, des produits de la fabrication du potier Aulius (6). Ce gentilice n'était pas rare en Italie (7).

AURIACUS. Un *Castrum nomine Auriacum* est mentionné, en 1032, dans le *Cartulaire de Saint-Victor de Marseille* (8). C'est aujourd'hui Auriac (Var).

Il y avait, au premier siècle avant notre ère, une *gens* Auria à Larinum, en Italie. Statius Albius Oppianicus fit périr une partie de cette famille : on le voit par le plaidoyer de Cicéron pour Cluentius, qui a été prononcé l'an 66 avant notre ère.

Auriacus est peut-être la bonne orthographe du nom d'Orry-la-ville (Oise) (9).

BALBIACUS. Grégoire de Tours raconte qu'un jour, tra-

---

(1) C. I. L., II, 1092.
(2) Allmer, III, 423.
(3) Pardessus, *Diplomata*, t. II, p. 70.
(4) Mommsen, *Inscriptiones helveticae*, n° 288.
(5) C. I. L., III, n° 552.
(6) Schuermans, *Sigles figulins*, n°s 693, 694.
(7) Voyez, par exemple, C. I. L., t. V, index, p. 1105, col. 1 ; t. IX, index, p. 706, col. 4 ; t. X, index, p. 1028, col. 1.
(8) T. II, p. 327. Il est aussi question de la même localité dans le même cartulaire, au même siècle, t. II, p. 32, et t. I, p. 251.
(9) R. de Lasteyrie, *Cartulaire de Paris*, p. 274 ; cf. cependant *Oriacus*, ibid., p. 128.

versant le *pagus Balbiacensis*, il atteignit la Loire (1). Suivant M. Longnon, le nom de la petite localité dont Balbiacensis est dérivé serait aujourd'hui Baugy (Saône-et-Loire), identique peut-être au *Balbiago* de l'acte de fondation de l'abbaye de Limours, en 697 (2).

Balbius n'est pas un gentilice fréquent ; cependant une inscription de Venafri, en Italie, nous fait connaître le nom d'un certain C. Balbius Speratus (3). Dans d'autres inscriptions, on trouve mentionnés Balbia Secundilla (4), L. Balbius Rufi l[ibertus] (5), M. Balbius P. f[ilius] (6).

BASILIACA est le nom d'une *villa* où l'abbaye de Saint-Sulpice de Bourges avait un manse au neuvième siècle, suivant un diplôme émané de Charles le Chauve en 855 (7).

Ce nom est dérivé de Basilius, nom d'origine grecque qui a été porté par d'importants personnages romains, au troisième et au quatrième siècle. Ainsi, il y a au Code de Justinien un rescrit de l'empereur Alexandre Sévère adressé à un certain Basilius (8). On sait qu'Alexandre Sévère régna de 222 à 235. Un autre Basilius, vivant un demi-siècle plus tard, est le destinataire d'un rescrit des empereurs Dioclétien et Maximien (9), qui régnèrent de 286 à 305. Un troisième Basilius fut comte des largesses sacrées en Occident environ un siècle après. On l'apprend par plusieurs lois insérées dans le Code Théodosien et qui datent des années 379 et 383 (10).

Le gentilice Basilius se rencontre quelquefois dans les inscriptions en Italie méridionale et en Afrique. La signa-

---

(1) *Miracula beati Martini*, livre II, ch. XVI.
(2) Pardessus, *Diplomata*, t. II, p. 244.
(3) *C. I. L.*, X, 4852.
(4) De-Vit, *Onomasticon*, t. II, p. 666, col. 1.
(5) *C. I. L.*, V, 5201.
(6) *Ibid.*, V, 344.
(7) Dom Bouquet, t. VIII, p. 543 b.
(8) *Code de Justinien*, livre V, titre 62, loi 5.
(9) *Ibid.*, VIII, titre 36, loi 5.
(10) *Code Théodosien*, livre IV, titre 20, loi 1 ; livre XII, titre 1, loi 101, etc.

ture Q. Basili Min... a été lue à Fermo sur une tuile (1). Le musée de Naples possède la stèle funéraire élevée à C. Valerius Bassus, soldat de la flotte de Ravenne, par Basilius Germanus (2). Q. Basilius Flaccianus, *flamen perpetuus*, augure et curateur à Calama, aujourd'hui Guelma, en Algérie, au temps des empereurs Valentinien et Valens (364-375), est connu par deux inscriptions du musée de cette ville (3). On a trouvé, dans le même pays, les stèles funéraires de Q. Basilius Fortunatus (4), de P. Basilius Maximus (5), de L. Basilius Meleager (6).

BASINIACUS ou mieux BASSINIACUS est le nom d'un pagus compris, au neuvième siècle, dans le royaume de Lorraine et attribué à Louis le Germanique par un partage en 870 (7). Rançonnières (Haute-Marne) faisait partie de ce pagus en 892 (8). L'orthographe moderne est Bassigny.

Une inscription d'Augsbourg conserve la mémoire d'un vœu fait à Mercure par M. Bassinius Vitalis (9). Bassinius est un dérivé de Bassinus, dérivé lui-même de Bassus, deux surnoms qui se trouvent dans les inscriptions, le dernier très souvent (10).

BLACIACUS, *locellus* donné à l'église cathédrale du Mans par Bertrand, évêque de cette ville, en 615 (11); Blaciacus, dans les environs de Vienne (Isère), donné à l'abbaye de

---

(1) *C. I. L.*, IX, 6078, 47.
(2) *Ibid.*, X, 3645.
(3) *Ibid.*, VIII, 5335, 5337.
(4) *Ibid.*, VIII, 6396.
(5) *Ibid.*, VIII, 7230.
(6) *Ibid.*, VIII, 7231.
(7) *Annales de Saint-Bertin*, dom Bouquet, t. VII, p. 110 a : *Basiniacus* avec une seule *s*.
(8) *Diplôme de Louis, roi de Provence*, dom Bouquet, t. IX, p. 675 a : *Bassiniacensis* avec deux *s*.
(9) *C. I. L.*, III, 5794.
(10) Voyez les exemples réunis par De-Vit, *Onomasticon*, t. I, p. 686.
(11) Pardessus, *Diplomata*, t. I, p. 211.

Novalèse par Albon, en 739 (1); Blaciacus, dans le Tonnerrois, donné à l'abbaye de Flavigny par l'abbé Widerad en 746 (2), et qui est aujourd'hui Blacy (Yonne), ont, tous trois, dû s'appeler originairement Blatiacus.

Blatius par un *t* est un gentilice qu'on trouve deux fois dans les inscriptions d'Espagne : elles nous fournissent les noms de L. Blatius Calpurnianus (3) et de L. Blatius Ventinus ou Serventinus (4). On trouve aussi Blattius avec deux *t* : L. et M. Blattius dans une inscription trouvée aux environs d'Este (5), dans l'Italie du nord ; les noms de P. Blattius Criticus sont gravés sur une inscription votive trouvée au sommet du mont Saint-Bernard (6) ; Blattius Dexter éleva à sa femme un monument funèbre, trouvé à Altilia, dans l'Italie méridionale (7).

BRITINNIACUS, dans l'acte de fondation de l'abbaye de Limours, en 697 (8), offre à la première syllabe un *i* au lieu d'un *e* dans le *Bret[t]iniacus* d'un diplôme des empereurs Louis et Lothaire pour l'église de Reims, 826-830 (9).

Britan[n]ius est un des évêques sectateurs de l'hérésie macédonienne auxquels le pape Libère, vers le milieu du quatrième siècle, adressa une lettre conservée par Cassiodore (10) ; Socrate a écrit son nom Βρεττάνιος (11). Ce nom d'homme dérive du nom de peuple Britannus ou Brettanus, et *Britinniacus* ou *Brettiniacus* en vient.

Il y a en France six communes dont le nom s'explique

---

(1) Pardessus, *Diplomata*, t. II, p. 372.
(2) *Ibid.* p. 400.
(3) *C. I. L.*, II, 998.
(4) *Ibid.*, II, 1176.
(5) *Ibid.*, V, 2704.
(6) *Ibid.*, V, 6866.
(7) *Ibid.*, IX, 2492.
(8) Pardessus, *Diplomata*, t. II, p. 244.
(9) Sickel, *Acta regum et imperatorum Karolinorum*, t. II, p. 168, n° 276.
(10) *Historia tripartita*, livre VII, ch. xxv ; chez Migne, *Patrologie latine*, t. LXIX, col. 1088 *b*.
(11) *Histoire ecclésiastique*, IV, 12 ; cf. De-Vit, *Onomasticon*, t. II, p. 759.

par un primitif *Britinniacus* ou *Brettiniacus* : ce sont deux Bretigney (Doubs) et quatre Brétigny (Côte-d'Or, Eure, Oise, Seine-et-Oise).

BUCIACUS est un nom de lieu inscrit dans un diplôme original de l'année 689 (1).

Bucius, d'où le nom de femme Bucia Apta, fourni par une inscription de Pompéi (2), est une variante orthographique de *Buccius*, qu'on trouve probablement pour la même femme appelé Apta Buccia dans une autre inscription trouvée à côté de la première (3). Le nom d'homme A. Buccius Victor se lit dans une inscription du musée de Naples, qui a la même origine (4). Si d'Italie nous passons en Afrique, nous y trouvons la même alternance entre Bucius et Buccius : dans une inscription de Lambessa, le nom de femme Bucia Saturnina (5) ; dans une autre, le nom d'homme Buccius Antoninus (6). Bucia est encore un nom de femme dans une inscription de Cilly en Styrie : Vetulla Bucia Urbani f[ilia] (7).

La forme française de ce nom est Bucey, Bucy, Bussy. Il y a en France trois communes du nom de Bucey : une dans l'Aube, deux dans la Haute-Saône ; cinq du nom de Bucy, dont trois dans l'Aisne et deux dans le Loiret ; et dix-sept communes du nom de Bussy réparties entre dix départements : Cher, Côte-d'Or, Loire, Marne, Meuse, Nièvre, Oise, Seine-et-Marne, Somme, Yonne. Il ne faut pas confondre ce nom avec celui de Boussy, qui représente le latin *Buxetum*.

---

(1) Tardif, *Monuments historiques*, p. 638, col. 1.
(2) *C. I. L.*, X, 1001.
(3) *Ibid.*, X, 1002.
(4) *Ibid.*, X, 1000.
(5) *Ibid.*, VIII, 4027.
(6) *Ibid.*, VIII, 2811.
(7) *Ibid.*, III, 5265.

BURIACA, *villa* mentionnée dans un diplôme faux attribué au roi Dagobert Ier et à l'année 637 (1).

Le gentilice Burius se lit deux fois dans l'inscription funéraire du légionnaire Burius Nocina, qui existe encore à Novare (2).

Un primitif *Buriacus* explique les noms de trois communes qui s'appellent Burey : l'une dans l'Eure, deux dans la Meuse ; et celui de la commune de Bury (Oise).

CADONIACUS, nom d'une *curtis* donnée par l'abbé Widerad à l'abbaye de Flavigny (3), est bas-latin pour *Catoniacus*.

Catonius Justus, centurion, fut, en l'an 14 de notre ère, un des délégués que les légions de Pannonie révoltées envoyèrent à Tibère pour lui demander leur grâce (4) ; il devint préfet du prétoire sous Claude ; il périt victime de la cruauté de Messaline ; Sénèque dans son *Ludus de morte Claudii* le met au nombre des défunts de la connaissance de Claude, qui seraient venus au-devant de leur prince à son arrivée dans les enfers (5). Sous Hadrien, 117-138, vivait Catonius Verus auquel cet empereur adressa un rescrit relatif à une des causes de nullité des testaments (6). On a trouvé, non loin de Crémone, une inscription votive à Hercule par Catonius Maximianus (7). Une inscription des environs de Chierio nous a conservé le nom de femme Catonia (8).

---

(1) Pardessus, *Diplomata*, t. II, p. 58 ; K. Pertz, *Diplomatum imperii tomus I*, p. 168, l. 18.
(2) *C. I. L.*, V, 6512.
(3) Pardessus, *Diplomata*, t. II, p. 400.
(4) Tacite, *Annales*, livre I, c. 29.
(5) Sénèque, *Ludus de morte Claudii*, ch. XIII, § 5 ; cf. Dion Cassius, livre LX, ch. XVIII, § 3.
(6) *Code Justinien*, livre VI, titre XXIII, loi 1 ; cf. *Institutes* de Justinien, livre II, titre X, § 7.
(7) *C. I. L.*, V, 4147.
(8) *Ibid.*, V, 7502.

CALCIACUS, aussi appelé *villa Chrausobaci* à la fin du septième siècle (1), paraît être Chaussy (Seine-et-Oise).

Ce nom de lieu peut dériver, soit du gentilice Calcius qu'on trouve en Italie (2), soit du gentilice Calicius dont on a constaté l'existence à Narbonne (3).

CALIACE, est le nom d'une *villa* située près d'Orléans, au sud de la Loire, aux termes d'une charte de l'année 667 en faveur des abbayes de Saint-Aignan d'Orléans et de Saint-Benoît-sur-Loire (4).

Le gentilice Callius est conservé par l'inscription funéraire de L. Callius Julianus recueillie en Afrique (5), par celle de Callius Crispinus trouvée à Pola en Istrie (6), par celle du vétéran L. Callius Restitutus (7) qui appartient à l'Italie centrale. On trouve aussi ce gentilice écrit avec une seule *l*, exemple : G. Calius dans une inscription votive de Dalmatie (8) et au génitif M. Cali dans un diplôme qui date de l'an 92 de notre ère (9).

Caliacus a dû donner dans le midi Chaillac, dans l'ouest Chaillé, dans le centre et l'est Chailley et Chailly. On trouve en France deux communes de Chaillac (Indre et Haute-Vienne) : deux communes de Chaillé (Vendée), une commune de Chailley (Yonne), et trois communes de Chailly dont une dans la Côte-d'Or, une dans le Loiret, et une dans Seine-et-Marne. Chailly-en-Brie (Seine-et-Marne) est identique au *Calagum* de la Table de Peutinger, et *Calagum* doit, suivant M. Longnon, être corrigé en *Caliacum*.

---

(1) Tardif, *Monuments historiques*, p. 1, col. 2.
(2) De-Vit, *Onomasticon*, t. I, p. 61.
(3) *C. I. L.*, XII, 4675.
(4) Pardessus, *Diplomata*, t. II, p. 144.
(5) *C. I. L.*, VIII, 5892.
(6) *Ibid.*, V, 142.
(7) *Ibid.*, IX, 4120.
(8) *Ibid.*, III, 2820.
(9) *Ibid.*, tome III, p. 858.

La variante latine *Calianus* est notée Chalianus en 943, dans le cartulaire de Saint-Chaffre du Monestier, en Velay ; c'est aujourd'hui Chalias (Ardèche) (1).

Caliniacus est le nom d'une localité où l'église du Mans avait une propriété en 833, témoin un diplôme de Louis le Débonnaire donné à cette date (2).

Calinius est un gentilice originairement étrusque et osque. Les inscriptions étrusques de Pérouse nous en offrent plusieurs exemples. Sa forme osque était Kalinis (3). Il pénétra dans le monde romain. Les inscriptions nous font connaître plusieurs individus qui le portèrent : Calinius Felix (4) ; T. Calinius Marcellus ; et, avec une double *l* : L. Callinius Aviola (5). On trouve aussi la variante Calenius (6).

Calviacus est un *locus* donné à l'église du Mans par Bertrand, évêque de cette ville en 615 (7). Vers l'année 835, Nithard nous montre Louis le Débonnaire et son fils Lothaire campant près d'Orléans, sur le fleuve, à côté de la *villa* appelée *Calviacus* (8).

Le gentilice Calvius n'est pas rare dans les documents romains qui datent du haut Empire. Une femme de ce nom, Calvia Crispinilla, joua un certain rôle à Rome vers la fin du règne de Néron : Tacite l'appelle « magistra libidinum Neronis ; » elle faillit périr victime du soulèvement qui eut pour effet la mort de ce prince ; ses richesses et son habileté la sauvèrent (9).

---

(1) Edition de l'abbé U. Chevalier, p. 111, 122.
(2) Dom Bouquet, t. VI, p. 587 C ; cf. Sickel, *Acta regum et imperatorum Karolinorum*, t. II, p. 179, n° 309.
(3) Fabretti, *Glossarium italicum*, col. 740, 741.
(4) *C. I. L.*, X, 2204.
(5) De-Vit, *Onomasticon*, t. II, p. 66.
(6) *C. I. L.*, III, 1762.
(7) Pardessus, *Diplomata*, t. I, p. 214.
(8) Dom Bouquet, t. VI, p. 69 E.
(9) Dion Cassius, abrégé par Xiphilin, livre LXIII, c. 12, § 3. Tacite, *Histoires*, livre I, c. 73.

On a trouvé près de Rome le monument funèbre d'une autre Calvia Crispinilla morte à l'âge de dix-huit mois (1). Une inscription nous a conservé la mémoire d'un certain M. Calvius, introduit dans le sénat par l'empereur Claude (2). On a découvert à Bonn le monument funèbre du légionnaire Calvius Fronto (3); à Leybach on conserve celui de C. Calvius Priscus, etc. (4).

CAMBARIACUS est un nom de lieu mentionné vers 658 dans un jugement rendu par le roi Clotaire III (5); il s'agit d'une *villa* située dans le Maine. Un autre *Cambariacus* apparaît au dixième siècle dans le *Cartulaire de Savigny* (6); il s'agit d'un *locus* situé en Lyonnais. Deux autres localités de même nom figurent dans les titres de la cathédrale de Grenoble, l'une est Chambéry, chef-lieu du département de la Savoie (7), l'autre est Chambéry-le-Vieux, même département (8).

Cambariacus est dérivé d'un gentilice Cambarius attesté par trois inscriptions de Nimes (9).

CAMBIACUS est une localité tenue en fief de l'abbaye de Saint-Père-de-Chartres vers l'année 1100 (10).

Cambiacus dérive de Cambius, gentilice deux fois gravé dans une inscription de Nimes (11); le gentilice romain paraît avoir été précédemment un nom d'homme gaulois qui a donné le dérivé ou composé Cambio-vix d'où, à l'époque romaine, le nom de peuple dérivé Cambiovicenses dans la *Table de Peutinger*.

(1) Orelli, II, 4990. *C. I. L.*, VI, 142, 90.
(2) *Ibid.*, 3112.
(3) Brambach, n° 476.
(4) *C. I. L.*, III, 3856; cf. VI, 14282-14290. De-Vit, *Onomasticon*, t. II. p. 89.
(5) Tardif, *Monuments historiques*, p. 13, col. 1.
(6) Page 148, 221, 244.
(7) *Cartulaire de Saint-Hugues de Grenoble*, p. 186, 194.
(8) *Ibid.*, p. 99, 186, 193.
(9) *C. I. L.*, XII, 3505, 3756, 3706.
(10) Guérard, *Cartulaire de Saint-Père-de-Chartres*, p. 316.
(11) *C. I. L.*, XII, 3503.

CAMILIACUS ou *Camliacus*, aujourd'hui Chambly (Oise), dont est daté un diplôme de l'année 689 (1), donna son nom au *pagus Camiliacensis* ou *Camliacensis* dont il est question dans beaucoup de documents mérovingiens et carlovingiens à partir de l'année 640 (2). Une monnaie mérovingienne porte la légende *Camiliaco* (3).

Ce nom de lieu peut s'expliquer par les deux gentilices Camulius et Camilius.

Camulius est le nom d'un légionnaire qui, comme nous l'apprend une inscription du second siècle de notre ère, reçut à la fois son congé, des colliers et des bracelets d'honneur; il fut enterré à Grenoble; sa sœur Camulia lui survécut et s'associa à une affranchie pour lui élever un monument funèbre (4). Le gentilice Camulius est dérivé du nom divin gaulois Camulus. Il ne faut pas le confondre avec le gentilice d'origine latine Camillius, dérivé du surnom si fameux de Camillus; nous en parlerons plus loin. Ce gentilice Camillius, par deux *l*, a une variante Camilius par une seule *l* qui peut, comme Camulius, expliquer le nom de lieu Camiliacus, Camliacus.

Camilius se lit dans des inscriptions. On a découvert en Espagne les monuments funèbres : de Camilia Aemiliana (5), de C. Camilius Paternus (6), de Camilia Natula : le monument de ce dernier fut élevé par l'affranchi Camilius Saturnalis (7). L'*l* unique par laquelle ce gentilice est distingué se retrouve dans le nom d'une des trente-cinq tribus de Rome, la tribu Camilia (8).

CAMILIACUS, mieux *Camilliacus*, aujourd'hui Chemillé

---

(1) Tardif, *Monuments historiques*, n° 25 *bis*, p. 638, col. 1.
(2) *Ibid.*, p. 8, 25, 30, 31, 45, 81, etc.
(3) On l'attribue à Chemillé (Maine-et-Loire). A. de Barthélemy, *Bibliothèque de l'Ecole des chartes*, t. XXVI, p. 453.
(4) Orelli, II, 3571.
(5) *C. I. L.*, II, 2738.
(6) *Ibid.*, II, 4345.
(7) *Ibid.*, III, 4346; cf. VI, 14301.
(8) Cf. De-Vit, *Onomasticon*, t. II, p. 97.

(Maine-et-Loire), était, en 775, une propriété de l'abbaye de Saint-Martin de Tours, comme nous l'apprend un diplôme de Charlemagne (1).

On a trouvé près d'Avenche le monument que se fit élever le *sevir* augustal L. Camillius Faustus, mort depuis, à l'âge de quatre-vingt-douze ans (2). Dans l'Italie du nord, à Pavie, on a découvert la stèle funéraire d'un certain C. Camillius (3). Le même gentilice a été lu dans une inscription de Venosa (4).

CAMPANIACUS était un *vicus publicus* appartenant à l'église du Mans, au commencement du neuvième siècle, ainsi que l'établit un diplôme donné par Charlemagne en 802 (5). C'est Champagné (Sarthe), comme nous le fait remarquer M. Longnon. La variante *Campiniacus* est donnée par la chronique de Saint-Bénigne de Dijon, écrite au onzième siècle, mais qui, dans ce passage, se réfère à une donation de biens en ce lieu faite à l'abbaye de Saint-Bénigne par le roi Gontran, au sixième siècle (6) ; elle nous transporte par conséquent du Maine en Bourgogne. On trouve encore la variante *Campiniacus* dans un diplôme donné par Charles le Chauve à l'abbaye de Saint-Denis en 862 (7); il s'agit ici de Champigny-sur-Marne (Seine).

La vieille orthographe *Campaniacus* nous est offerte par deux documents fort anciens bien que dépourvus d'authenticité. Ce sont deux diplômes faux attribués l'un à Clovis Ier, l'autre à Dagobert Ier. Dans l'un on veut parler

---

(1) Dom Bouquet, t. V, p. 737 C. Cf. Sickel, *Acta Karolinorum*, t. II, p. 27, n° 42. Mabille, *La pancarte noire de Saint-Martin de Tours*, p. 69, 106, 151, 221.
(2) Mommsen, *Inscriptiones Helveticae*, n° 187.
(3) *C. I. L.*, V, 6439.
(4) *Ibid.*, IX, 445; cf. VI, 14302-14304.
(5) Dom Bouquet, t. V, p. 768 C; cf. Sickel, *Acta Karolinorum*, t. II, p. 67, n° 181.
(6) Dom Bouquet, t. III, p. 469 B.
(7) Tardif, *Monuments historiques*, p. 117, col. 2.

de Champagné-Saint-Hilaire (Vienne) (1) ; dans l'autre, de Champagnat (Creuse) (2).

Campanius est un gentilice qui n'est pas rare dans les inscriptions latines. On le trouve en Gaule et hors de Gaule. Nous citerons : Campania Geminia, femme associée à son mari dans l'inscription d'un monument funèbre découvert à Lyon (3) ; T. Campanius Priscus Maximianus, consulaire dont la tombe tirée du sol de la cathédrale de Sion est conservée dans cette église (4) ; C. Campanius Victor, auteur d'une dédicace aux Matronae Gabiae qui a été découverte dans les environs de Cologne (5) ; Campanius Materninus qui éleva un monument à Mercure près de Blieskastel dans le Palatinat (6) ; C. Campanius Vitalis, centurion de la cohorte « prima Batavorum miliaria » mort en Dacie, comme l'atteste l'inscription de sa stèle funéraire (7) ; Campanius Acutus, dont le nom se lit dans une inscription du musée de Klagenfurt (8) ; L. Campanius Celer, qui fit graver en l'honneur de Jupiter une stèle aujourd'hui placée au sommet du clocher du monastère de Reun près Graz (9) ; L. Campanius Verecundus, légionnaire vétéran, dont la tombe a été trouvé près de Rovigno en Istrie (10). Nous nous contenterons de ces huit exemples dont le nombre pourrait être facilement augmenté. Inutile de dire que Campanius est un dérivé de Campanus qui veut dire habitant ou originaire de la Campanie.

---

(1) « Curtem, quae Campaniacum vocatur. » Pardessus, *Diplomata*, t. I, p. 61. Pertz, *Diplomatum tomus I*, p. 121, ligne 47 ; cf. Longnon, *Examen géographique du tome Ier des diplomata*, p. 16.

(2) « Campaniacum cum ecclesia. » Pardessus, *Diplomata*, t. II, p. 42. Pertz, *Diplomatum tomus I*, p. 159, ligne 23 ; cf. Longnon, *Examen géographique*, p. 16.

(3) Boissieu, *Inscriptions antiques de Lyon*, p. 520.
(4) Mommsen, *Inscriptiones confoederationis helveticae*, n° 9.
(5) Brambach, n° 560.
(6) Brambach, n° 1782.
(7) *C. I. L.*, III, 839.
(8) *Ibid.*, III, 4779.
(9) *Ibid.*, III, 5443.
(10) *Ibid.*, V, 8185.

Il y a en France trente-huit communes dont le nom s'explique par le primitif *Campaniacus* ou par le plus récent *Campiniacus*. Sur ce nombre, vingt-quatre, — plus de moitié, — supposent la forme la plus ancienne, *Campaniacus*; ce sont : trois Campagnac (Aveyron, Dordogne, Tarn); huit Champagnac (Cantal, Charente-Inférieure, Corrèze, Creuse, Dordogne, Haute-Loire, Haute-Vienne); deux Champagnat (Creuse, Puy-de-Dôme, Saône-et-Loire); quatre Champagné (Sarthe, Vendée, Vienne); un Champagneux (Savoie); trois Champagney (Doubs, Jura, Haute-Saône); trois Champagny (Côte-d'Or, Jura, Savoie). Quatorze exigent une forme latine *Campiniacus*, avec assimilation de la seconde syllabe à la troisième. Ce sont : Campénéac (Morbihan), au neuvième siècle Kempeniac ou Kenpeniac (1); deux Campigny (Calvados, Eure); un Champigné (Maine-et-Loire); dix Champigny (Aube, Eure, Indre-et-Loire, Loir-et-Cher, Marne, Haute-Marne, Seine, Yonne).

Campagnan (Hérault) vient de *Campanianus* avec le suffixe *-anus* au lieu du suffixe gallo-romain *-acus*. Un *fundus Campanianus* est mentionné, au huitième siècle, dans une charte de Ravenne (2).

Caniacus, propriété de l'abbaye de Saint-Martin de Tours, suivant un diplôme donné par Charlemagne en 795 (3), est aujourd'hui Chennay (Indre-et-Loire), et ne doit pas être confondu avec *Caniacus*, aujourd'hui Cheny (Yonne), propriété de l'abbaye de Saint-Remy de Sens aux termes d'un diplôme émané de Charles le Chauve en 853 (4). L'*n* n'est pas mouillé dans ces deux mots : Chigné (Maine-et-Loire) paraît plus régulier.

Canius a été le nom de deux poètes latins; l'un est cité

---

(1) *Cartulaire de Redon*, p. 81, 150; cf. Rosenzweig, *Dictionnaire topographique du département du Morbihan*, p. 34.
(2) Fantuzzi, *Monumenti Ravennati*, t. I, p. 62.
(3) Dom Bouquet, t. V, p. 737; cf. Sickel, *Acta Karolinorum*, t. II, p. 27, n° 42. Mabille, *La pancarte noire de Saint-Martin de Tours*, p. 221.
(4) D. Bouquet, t. VIII, p. 523 E.

par Varron, qui écrivait au premier siècle avant notre ère (1); l'autre paraît avoir écrit vers la fin du premier siècle de notre ère, c'est Canius Rufus, originaire de Cadix et dont Martial parle en admirateur et en ami (2). Cicéron, dans ses traités *De Oratore* et *De officiis* nous fait connaître un chevalier romain appelé C. Canius à la fois lettré et homme d'esprit, mais peu habile en affaires et qui, dans un voyage d'agrément à Syracuse, fut la dupe d'un banquier (3). On rencontre aussi ce nom dans les inscriptions : Canius Crescens, T. Canius Cinnamus, T. Canius Aeternalis et L. Canius Cinna dans deux inscriptions de Hongrie (4). On a trouvé à Grado, près de Trieste, la stèle funéraire de T. Canius Restitutus (5).

Canioscus, *Kagnoscus*, aujourd'hui Saint-Jacques-de-Cagnosc, commune de Gonfaron (Var) (6), est le dérivé ligure correspondant au gaulois *Caniacus*. Le dérivé latin est *Canianus*; on trouve dans une charte de Ravenne, au neuvième siècle, un *fundus Canianus* (7).

CARANCIAGUS = *Carantiacus* est dans un diplôme de l'année 901, en faveur de l'abbaye de Conques, le nom d'une *villa* située dans le Rouergue (8); c'est aujourd'hui Cransac (Aveyron).

* *Carantiacus* dérive du gentilice gallo-romain Carantius étudié p. 132, 134, et qui dérive lui-même du nom gaulois Carantos. Dans le nord de la France, *Carantiacus* est le primitif qui explique les six noms de communes : Carency (Pas-de-Calais); Charancieu (Isère); Charencey (Côte-

---

(1) *De lingua latina*, livre VI, c. 81; édit. Müller, p. 105.
(2) *Epigrammes*, livre III, 20, 64; livre VII, 69; cf. Teuffel, *Geschichte der rœmischen Literatur*, 3ᵉ édit., p. 736. De-Vit, *Onomasticon*, t. II, p. 105.
(3) *De oratore*, livre II, c. 69, § 278. *De officiis*, livre III, c. 14, § 58.
(4) C. I. L., III, 4150, 4250.
(5) *Ibid.*, III, 8353.
(6) *Cartulaire de Saint-Victor de Marseille*, t. I, p. 388; cf. Chainosc, *ibid.*, p. 348.
(7) Fantuzzi, *Monumenti Ravennati*, t. I, p. 6.
(8) Desjardins, *Cartulaire de l'abbaye de Conques*, p. 274.

d'Or); Charency (Jura), (Meurthe-et-Moselle); Charensat Puy-de-Dôme. En comptant la forme méridionale Cransac, (Aveyron), nous trouvons sept noms de communes qui s'expliquent par * *Carantiacus* (1). Il faut en distinguer Charentay (Rhône) = * *Carantacus*.

Carisiacus, aujourd'hui Quierzy (Oise), était souvent la résidence des princes carlovingiens; on a quatorze diplômes de Charlemagne, sept diplômes de Louis le Débonnaire, datés de Quierzy (2). Un autre *Carisiacus* était situé au comté de Brioude dans la viguerie d'Usson (Puy-de-Dôme) (3).

Le gentilice qui explique ce nom de lieu se présente avec deux orthographes différentes : on trouve Charisius et Carisius. La première orthographe a été constatée dans le nom de plusieurs personnages historiques. Tels sont : T. Charisius, *triumvir monetalis* au temps de César; ses monnaies ont été frappées vers les années 45 et 44 avant J.-C.; P. Charisius, *legatus pro praetore* d'Auguste en Lusitanie, de l'an 25 à l'an 22 avant J.-C.; pendant son gouvernement, il réprima les révoltes des Astures et des Cantabres. Nous aurions tort d'oublier le grammairien Fl. Charisius Sosipater dont il existe encore des écrits et qui vivait vers la fin du quatrième siècle ou le commencement du cinquième (4).

L'orthographe Carisius est celle que nous offrent les inscriptions. On a trouvé à Coblentz la stèle funéraire du vétéran T. Carisius Alba (5). Le musée d'Avignon possède une dédicace à Vulcain par le préteur T. Carisius (6). Il existe à Die une dédicace à une divinité locale par

---

(1) Desjardins, *Cart. de l'abbaye de Conques*, p. 57.
(2) Sickel, *Acta Karolinorum*, t. II, p. 462, col. 2.
(3) *Cartulaire de Sauxillange*, édit. Doniol, p. 136.
(4) De-Vit, *Onomasticon*, t. II, p. 248, 249.
(5) Brambach, 493.
(6) Herzog, *Galliae Narbonensis provinciae romanae historia*, t. II, p. 85, n° 403.

L. Carisius Serenus, *sevir* augustal (1). Les noms de L. Carisius Faber se lisent dans une inscription d'Adria, en Italie (2).

CARRACIACUS est une localité dont, en 702, le roi Childebert III a daté un jugement (3); il ne faut pas la confondre avec Carisiacus (4) et nous n'en connaissons pas la situation, peut-être Charcé (Maine-et-Loire).

Carraciacus, orthographe de basse époque pour *Caratiacus* dont il y a un exemple chez Frédégaire (5), dérive du gentilice Caratius. On a trouvé à Saverne le monument funèbre d'un certain Caratius (6). Une autre inscription a fourni les noms de Sex. Caratius Onesimus (7).

CATIACUS, nom d'une *villa* située en Anjou et dont l'abbaye de Prüm est reconnue propriétaire par un diplôme de Charlemagne donné en 797 (8), est probablement aujourd'hui Chacé (Maine-et-Loire).

Catius est un gentilice fréquent à Rome. Q. Catius, édile deux cent dix ans avant notre ère, se fit remarquer, dit Tite-Live, par les jeux magnifiques qu'il donna (9). T. Catius Insuber, philosophe épicurien, écrivit quatre livres « de la nature des choses et du souverain bien »; Cicéron, dans une lettre écrite l'année 45 avant notre ère, le cite et nous apprend qu'à cette date la mort de cet auteur était toute récente (10). Il y eut plusieurs consuls du

---

(1) Herzog, *ibid.*, t. II, p. 99, n° 465.
(2) *C. I. L.*, V, 2328; cf. VI, 14404, 14405, et De-Vit, *Onomasticon*, t. II, p. 248.
(3) Tardif, *Monuments historiques*, p. 36, col. 1; cf. Pertz, *Diplomatum imperii tomus primus*, p. 65.
(4) Longnon, *Examen géographique du tome I*er *des Diplomata*, p. 16, 17.
(5) Frédégaire, l. IV, c. 27; édit. Krusch, p. 31, l. 27.
(6) Brambach, 1862.
(7) De-Vit, *Onomasticon*, t. II, p. 127.
(8) Sickel, *Acta Karolinorum*, t. II, p. 59, n° 150.
(9) Tite-Live, XXVII, c. 6.
(10) Voyez les textes réunis par Teuffel, *Geschichte der rœmischen literatur*, 3ᵉ édit., p. 301, et par De-Vit, *Onomasticon*, t. II, p. 181.

nom de Catius : Ti. Catius Caesius Fronto, l'an 96 de notre ère; A. Catius Sabinus, en 210 et en 216; Sex. Catius Clementinus en 230 (1). Ce gentilice pénétra en Gaule, témoin le monument funèbre élevé à C. Catius Driburo, utriculaire, c'est-à-dire fabricant d'outres, à Lyon, par Catius Pupus son fils et par Catia Silvina, sa femme; on a trouvé ce monument près de Lyon (2). On a tiré du sol même de cette ville la stèle funéraire élevée à la mémoire de Catia Severa (3). Le Musée de Nimes possède l'épitaphe de Catia, fille de Catius (4). On a trouvé à Saint-Paul-Trois-Châteaux celle de Catius Tertullinus (5).

CATULLIACUS est le nom primitif d'une *villa* qui a précédé la ville de Saint-Denis, près Paris; cette *villa* a changé de nom à cause de l'importance acquise par l'abbaye fondée au sixième siècle sous le vocable du premier évêque de Paris (6). Une autre localité de même nom, dans une autre partie de la France, appartenait à l'église de Lyon; elle est appelée *Caduliacus* dans plusieurs diplômes de la seconde moitié du neuvième siècle (7); dans ces documents, il s'agit de Chelieu (Isère).

Catullius, d'où vient *Catulliacus*, est un gentilice rare, mais dont il y a cependant quelques exemples. Ainsi, près de Corno en Italie, en l'an 104 de notre ère, M. Catullius Mercator et M. Catullius Secundus élevèrent un monument aux déesses dites *Matronae* (8). On conserve à Trèves le monument

---

(1) De-Vit, *Onomasticon*, t. II, p. 185; cf. *C. I. L.*, VI, 14589-14596.
(2) Boissieu, *Inscriptions de Lyon*, p. 403.
(3) Boissieu, *ibid.*, p. 483.
(4) Allmer, *Revue épigraphique*, t. I, p. 406, n° 451.
(5) *Rev. épigr.*, t. II, p. 25, n° 474.
(6) Nous trouvons l'orthographe *Catulliacus* dans les *Gesta Dagoberti Francorum regis*, c. 2; chez Dom Bouquet, t. II, p. 580 *d*, édition Krusch, p. 401, ligne 24, et dans une charte de l'année 1154 (Tardif, *Monuments historiques*, p. 278). Aimoin, *De gestis Francorum*, livre IV, c. 17, écrit Catuliacus par une seule *l* (Dom Bouquet, III, 125 *c*).
(7) 863-869, *Cartulaire de l'église cathédrale de Grenoble*, p. 71; 885, *ibid.*, p. 11; 892, *ibid.*, p. 73.
(8) *C. I. L.*, V, 5252.

funèbre de M. Catullius Martialis (1). Le musée de Lyon possède l'épitaphe d'une femme appelée Catullia Camilla (2).

CAUCIACUS est l'endroit où fut enterré Childebert III, mort en 711 (3). C'est aujourd'hui Choisy-sur-Aisne (Oise). Bertrade, ou Berte, mère de Charlemagne, y mourut en 783 (4). Il y eut dans cette localité une abbaye de Saint-Etienne (5) qui fut plus tard réunie à l'abbaye de Saint-Médard de Soissons ; l'auteur de cette réunion serait, dit-on, Louis le Débonnaire ; mais le diplôme est faux (6). Nous trouvons ce nom écrit *Cautiacus* dans un diplôme sans date de Charles le Chauve (7).

Cauciacus, écrit avec un *c* à une date où *c* et *t* suivis d'*i* se confondent, peut venir soit du gentilice Caucius, soit du gentilice Cautius, tous deux peu célèbres, mais connus par les inscriptions. Le nom de M. Caucius se lit dans une inscription de Bénévent (8) ; le village appelé Licalci, près de Vitolano, non loin de Bénévent, paraît avoir été fondé et possédé un certain temps par une *gens* Caucia dont le plus ancien membre connu aurait été P. Caucius, citoyen romain (9) ; le monument funèbre d'A. Caucius Epaphroditus est conservé au musée de Naples (10). Quant à l'orthographe Cautius, elle est celle de l'épitaphe du légionnaire vétéran L. Cautius, qui appartient au musée de

---

(1) Brambach, n° 749.
(2) Boissieu, *Inscriptions de Lyon*, p. 505.
(3) *Continuation de Frédégaire*, 2ᵉ partie, c. 104, chez Dom Bouquet, II, 453 *b* ; dans l'édition Krusch, p. 172, l. 16, *Cauciaecus* avec ae = a.
(4) Chronique abrégée chez Dom Bouquet, V, 29 *c*. Annales de Metz, *ibid.*, 344 *d*.
(5) *Liber translationis reliquiarum S. Sebastiani*, chez Dom Bouquet, VI, 323 a.
(6) Dom Bouquet, VI, 539 ; cf. Sickel, *Acta Karolinorum*, t. II, p. 422.
(7) Tardif, *Monuments historiques*, n° 212, p. 136.
(8) *C. I. L.*, IX, 1784.
(9) *Ibid.*, IX, 2131.
(10) *Ibid.*, X, 2245.

Vienne en Autriche (1). Caucius et Cautius sont deux mots différents dérivés l'un de *caucus* « vase à boire », l'autre de *cautus* « prudent, adroit. »

Il y en France cinq villages du nom de Choisy = *Cauciacus* ou *Cautiacus*, savoir : deux dans l'Oise, les trois autres, dans la Haute-Savoie, Seine-et-Marne et la Seine. Chaussy (Loiret), Chaussy (Seine-et-Oise), Choisey (Jura), Chouzé-sur-Loire (Indre-et-Loire), Chouzy et Choussy (Loir-et-Cher), paraissent avoir la même origine. Choisies (Nord) suppose un primitif *Cauciacae* ou *Cautiacae*, sous-entendu *domus* ou *villae*.

L'ortographe *Causiacus* substituée à *Cauciacus* dans quelques documents où il est question de Choisy-sur-Aisne est relativement moderne (2). Il ne paraît pas avoir existé de gentilice *Causius*. *Causia*, fille d'Occus, qui fit élever dans les environs de Klagenfurt, un monument funèbre à Tertius, son mari, affranchi de César, est désignée par un nom barbare, qu'il ne faut pas confondre avec un gentilice romain (3).

Cauliaca, *villa* donnée à l'abbaye de Notre-Dame d'Auxerre, par l'évêque Vigile en 670, est aujourd'hui Chouilly, portion du territoire de la ville d'Auxerre (Yonne) (4). Son nom dérive du gentilice *Caulius*.

Caulius est le nom du sénateur romain L. Caulius Mergus, un des meilleurs juges dont, nous dit Cicéron, on eût conservé la mémoire (5). D'autres Caulius paraissent avoir été moins célèbres. Tels sont : P. Caulius Coeranus, marchand dont la tombe est venue de Pouzzoles au musée de

---

(1) *C. I. L.*, III, 4463.
(2) *Chronique de saint Médard de Soissons*, chez Dom Bouquet, III, 367 a. Cette chronique est du treizième siècle. *Vie de saint Drausius*, chez Dom Bouquet, III, 610 c.
(3) *C. I. L.*, III, 4987.
(4) Pardessus, II, 152 ; cf. Quantin, *Dictionnaire topographique du département de l'Yonne*, p. 36.
(5) *Pro Cluentio*, c. 38, § 107.

Naples (1); P. Caulius Restitutus, dont le nom est inscrit sur un diplôme donné par Trajan en l'an 105 de notre ère (2); P. Caulius Vitalis dont les noms se lisent sur le même diplôme et sur un autre donné par le même empereur deux ans auparavant, etc. (3).

Chaulhac (Lozère), Choilley (Haute-Marne), et Chouilly (Marne), nous offrent probablement des formes modernes d'un plus ancien *Cauliacus*.

Celsiacus, nom d'une *villa* mentionnée dans une donation à Saint-Germain-des-Prés en 849 (4), dérive de *Celsius*.

Celsius est un gentilice obscur qu'on trouve dans diverses parties de l'empire romain. Un grand nombre de lampes recueillies à Naples ou aux environs et en Sicile, portent la signature du fabricant qui s'appelait Celsius (5). Un certain Celsius Aprilis servit dans la cavalerie au camp de Lambèze avec grade d'*optio*, c'est-à-dire de lieutenant (6). A Tarragone en Espagne, Celsia Flavina est une mère qui élève une tombe à sa fille (7). A Strasbourg, T. Celsius Victorinus apparaît dans une inscription religieuse de l'an 202 de notre ère (8).

Cipiliacus, *villa* située dans les environs d'Amiens fut donnée à l'abbaye de Corbie par le roi Clotaire III, en 659 (9).

Son nom dérive de Cipellius. Cipellius, gentilice connu

---

(1) *C. I. L.*, X, 1931.
(2) *Ibid.*, t. III, p. 865.
(3) *Ibid.*, t. III, p. 864, 865; cf. VI, 14612-14622.
(4) Longnon, *Polyptyque de l'abbaye de Saint-Germain des Prés*, p. 153.
(5) *C. I. L.*, X, 8053, 46.
(6) *Ibid.*, VIII, 2568, 18.
(7) *Ibid.*, II, 4119.
(8) Orelli-Henzen, 6778; Brambach, 1883.
(9) Pertz, *Diplomatum imperii tomus primus*, p. 37, ligne 22; Pardessus, *Diplomata*, II, 115.

par une inscription (1), est lui-même un dérivé de Cipius, nom beaucoup plus fréquent et porté notamment par un personnage qui avait fourni aux Romains le type légendaire du sommeil simulé ; d'où le proverbe « non omnibus dormio (2). »

CLAMENCIACUS, pour *Clementiacus*, est le nom d'une *villa* donnée à l'abbaye de Gigny, par Raoul, roi de Bourgogne, en 903 (3).

Il dérive du gentilice Clementius. Clementius Silvius dédia au génie de l'empereur Gallien une stèle aujourd'hui conservée au musée de Pesth (4).

* CLARIACUS qui explique le *terminus Clariacensis* d'un diplôme de l'année 667 (5) aujourd'hui Cléry (Loiret) comme nous l'apprend M. Longnon, dérive de *Clarius*, gentilice rare, dont on n'a trouvé jusqu'à présent qu'un exemple certain dans les inscriptions et qui a donné le surnom dérivé *Clarianus* (6).

Clérieux (Drôme), *Clarei*, au douzième siècle, est un ancien *Clariacus* (7).

CLIPPIACUS ou *Clipiacus* est l'ancien nom de Clichy, près Paris. Le plus ancien document où ce nom de lieu figure est un diplôme du roi Dagobert Ier, qui remonte à l'année 631 ou 632. Nous ne pouvons savoir laquelle des deux orthographes, par un seul *p* ou par un double *p*, le scribe avait adoptée. Le commencement du mot n'est plus lisible. Les éditeurs les plus récents ont restitué [*Cli*]*piaco*, avec

---

(1) De-Vit, *Onomasticon*, t. II, p. 288.
(2) Voy. De-Vit, *Onomasticon*, t. II, p. 288; cf. *C. I. L.*, VI, 14832, 14833.
(3) D. Bouquet, IX, 692 D.
(4) *C. I. L.*, III, 4424.
(5) Pardessus, *Diplomata*, II, 143.
(6) De-Vit, *Onomasticon*, t. II, p. 297, col. 2.
(7) Chevalier, *Cartulaire de l'abbaye de Saint-Chaffre*, p. 149.

un seul *p*. Peut-être faudrait-il restituer [*Clip*]*piaco* (1) avec deux *p*.

Nous trouvons le double *p* dans un diplôme de Chilpérié II, de l'année 717, où le nom qui nous occupe est écrit trois fois *Clippiaco* (2). C'est l'orthographe de la chronique dite de Frédégaire, qui nous apprend qu'en l'année 625, Dagobert I*er*, sur l'ordre de son père auquel il était associé et allait bientôt succéder, vint à Clichy près de Paris et s'y maria (3). Deux ans plus tard, suivant la même chronique, Clotaire tint à Clichy une assemblée des grands et des évêques de Bourgogne et de Neustrie (4). Dans ces deux circonstances, on lit chez le chroniqueur comme dans le diplôme, *Clippiaco*, par deux *p*.

Ces deux *p* sont réduits à un 1° dans deux diplômes, l'un de l'année 832, l'autre de l'année 862, émanés, l'un d'Hilduin, abbé de Saint-Denis (5), l'autre de Charles le Chauve (6) ; 2° dans deux passages de la chronique de Frédégaire et dans un passage du *Gesta regum Francorum* (7).

La même alternance entre le *p* simple et le double *p* nous est offerte par plusieurs documents relatifs à un autre *Clippiacus* ou *Clipiacus* situé dans le diocèse de Lyon (8). M. Longnon nous fait observer que le double *p* s'est main-

(1) Tardif, *Monuments historiques*, p. 6. Pertz, *Diplomatum imperii tomus primus*, p. 16.
(2) Tardif, *Monuments historiques*, p. 42, col. 1 ; Pertz, *Diplomatum imperii tomus primus*, p. 77, lignes 33, 34, 41.
(3) Frédégaire, c. 53; chez Dom Bouquet, t. II, 434 *a*; Krusch, *Scriptores rerum merovingicarum*, t. II, p. 147, l. 1 ; cf. c. 78, *ibid.*, p. 160, l. 19, 22. Le territoire de Clichy était alors plus étendu qu'aujourd'hui et comprenait le territoire de Saint-Ouen, où se trouvait le palais des rois.
(4) Frédégaire, c. 55; chez Dom Bouquet, t. II, p. 435 *a*; Krusch, *Scriptores rerum merovingicarum*, t. II, p. 118, l. 12.
(5) Tardif, *Monuments historiques*, p 85.
(6) Tardif, *ibid.*, p. 117.
(7) Frédégaire, livre IV, c. 78 : Krusch, *Scriptores rerum merovingicarum*, t. II, p. 161, l. 2; c. 83, *ibid.*, p. 163, l. 16; *Clepiaco* ou *Cliptago*, dans le *Liber historiae Francorum*, c. 47, *ibid.*, p. 322, l. 1-2, etc.
(8) Voyez le Cartulaire d'Ainay, publié par Aug. Bernard, *Cartulaire de l'abbaye de Savigny*, t. II : *Clippiacus*, p. 261 ; *Clippiacensis*, *ibid.* ; *Clipiacus*, p. 614, 616, 617, 621, 671, 674, 675, 676; cf. 1075.

tenu dans l'orthographe moderne du nom de cette localité, aujourd'hui Cleppé (Loire); cette forme justifie la vieille orthographe *Clippiacus* par deux *p*, car *Clipiacus* par un seul *p* aurait donné Clevé. On n'a jusqu'ici trouvé qu'un seul *p* dans la plus ancienne forme du nom de Clapiers (Hérault), *Clipiagum* au dixième siècle (1).

On trouve les deux variantes dans l'orthographe du gentilice romain dont ce nom de lieu est dérivé. On conserve à Rome les épitaphes de L. Cleppius et de Cleppia (2). Le nom de Q. Cleppius se lit dans une inscription de Venosa en Campanie (3). On a trouvé dans la même région le monument funèbre de M. Cleppius Maximinus (4). Les deux *p* persistent et nous trouvons déjà l'*i* de la première syllabe de *Clippiacus* dans le nom de femme dérivé *Clippiana*, inscrit deux fois sur un monument funèbre de Bénévent (5). C'est l'orthographe la plus fréquente des textes mérovingiens relatifs à Clichy. Mais des inscriptions romaines, d'accord avec l'autre notation du nom de la même localité, nous offrent aussi l'orthographe Clepius avec un seul *p*. On peut citer une stèle funéraire de Cittanova en Istrie, où ce gentilice apparaît quatre fois (6). Deux inscriptions gardent le souvenir de C. Clepius Sodalis à San Severino en Ombrie (7).

Cocciacus est un nom de lieu mentionné dans un acte faux, mais qui existait dès le neuvième siècle et qui était attribué à Louis le Débonnaire (8). On trouve la variante

---

(1) Eug. Thomas, *Dictionnaire topographique du département de l'Hérault*, p. 46.
(2) *C. I. L.*, VI, 15679, 15680.
(3) *Ibid.*, IX, 465.
(4) *Ibid.*, IX, 1434.
(5) *Ibid.*, IX, 1792.
(6) *Ibid.*, V, 381.
(7) *Ibid.*, IX, 5597, 5598.
(8) Dom Bouquet, t. VI, p. 631 a; cf. Sickel, *Acta Karolinorum*, t. II, p. 398, n° 5.

Coctiacus dans un diplôme de Charlemagne en 802 (1). Ces diplômes étant donnés en faveur de la cathédrale du Mans, il s'agit de la même localité dans tous les deux, et cette localité peut être Cossé-en-Champagne ou Cossé-le-Vivien, deux communes du département de la Mayenne. Une monnaie mérovingienne nous offre les orthographes *Cociaco*, avec un seul *c*, et *Coccaco* sans *i*. Mais on ignore à quelle localité ces légendes monétaires peuvent se rapporter (2). *Cocciacus* et *Coctiacus* dérivent du gentilice Coccius.

Cocceius est plus fréquent que Coccius; c'est un gentilice romain fort connu, et qui, entre autres personnages notables, a été porté par l'empereur Nerva. Coccius semble être une variante de Cocceius. On conserve à Bene en Piémont, le monument funèbre d'un affranchi appelé L. Coccius Stacius et de sa femme, Coccia Erotis (3). L'orthographe Cocius avec un seul *c* a été préférée dans une inscription de Canosa où se lisent les noms de l'affranchi C. Cocius Chresimus (4), et dans les marques d'un tuilier d'Italie et d'un potier de Gaule; au génitif Coci (5).

Comiacus était en 802 une *villa* de l'église du Mans (6). Il vaudrait mieux écrire * *Commiacus*, mot dérivé de Commius. Commius fut le nom d'un roi des Atrebates, d'abord ami des Romains, qui ensuite rentra dans le parti national (7). Le même nom, avec l'orthographe Commios, pas encore latinisé, se lit sur des monnaies, tant de Gaule que de Grande-Bretagne (8). Sous l'empire romain, ce nom de-

---

(1) Dom Bouquet, V, 768 c, cf. Sickel, *Acta Karolinorum*, t. II, p. 67, n° 181.
(2) A. de Barthélemy, dans la *Bibliothèque de l'Ecole des chartes*, t. XXVI, p. 454, n°ˢ 227, 228.
(3) *C. I. L.*, V, 7692.
(4) *Ibid.*, IX, 370.
(5) *Ibid.*, V, 8110, 428. Boissieu, *Inscriptions antiques de Lyon*, p. 434, n°ˢ 38, 39. Schuermans, *Sigles figulins*, n° 1501.
(6) Dom Bouquet, V, 769 a. Sickel, *Acta Karolinorum*, t. II, p. 67, n° 181.
(7) Voir plus haut, p. 134, 147, 148.
(8) A. de Barthélemy, dans la *Revue celtique*, t. I, p. 294.

vint un gentilice. Le nom de C. Commius L. filius se lit dans une inscription d'Istrie (1) et celui de T. Commius *sevir augustalis*, dans une inscription de Manduel près de Nimes (2).

Le *Comiacus* qui appartenait à l'église du Mans paraît être Congé-sur-Orne (Sarthe). C'est par *Commiacus* que s'explique Comiac, nom d'une section de la commune de Logrian et Comiac-de-Florian (Gard).

CRISCIACUS est le nom d'un palais des rois mérovingiens (3) et d'une localité donnée par le roi Childéric II, vers l'année 670 à Lambert, abbé de Fontenelle (4). Il dérive de Crixsius. Crixsius était, en 236, le gentilice de Crixsius Adnamatus, l'un des *hastiferi* de la cité des *Mattiaci* sur la rive droite du Rhin, comme nous l'apprend une inscription du Musée de Mayence (5). Deux inscriptions de Lyon nous ont conservé les noms de M. Crixsius Antonius et de sa fille, Crixsia Secundina (6). Ce gentilice est dérivé de Crixsus, surnom, ou nom servile qu'on a trouvé inscrit sur les murs de Pompéi (7). Il a été rendu célèbre par un gladiateur de Capoue, d'origine gauloise, qui fut un des chefs des esclaves révoltés contre Rome et qui périt en combattant, l'an 71 avant notre ère (8).

C'est à *Crixsiacus*, venu de Crixsius, que paraissent remonter dix noms de communes, savoir : cinq Crécy, deux dans l'Aisne et un dans chacun des trois départements

---

(1) *C. I. L.*, V, 425.
(2) Herzog, *Galliae Narbonensis historia*, t. II, p. 52, n° 253.
(3) Diplômes : de Clotaire III, 662 (Pardessus, *Diplomata*, t. II, p. 123; Pertz, p. 36); — de Thierry, III, 687 (Pardessus, p. 203; Pertz, p. 51); — de Childebert III, 709 (Pertz, p. 67; Tardif, p. 36), qui nous offre, comme Frédégaire (Krusch, *Scriptores rerum merovingicarum*, t. II, p. 169, l. 15), la variante orthographique *Crisciaecus*, etc.
(4) *Vie de saint Lambert*, chez Dom Bouquet, III, 585 a.
(5) Brambach, n° 1336.
(6) Boissieu, *Inscriptions antiques de Lyon*, p. 507, n°ˢ 34 et 35.
(7) *C. I. L.*, IV, 1916.
(8) Tite-Live, *Periochae*, 96. Eutrope, livre VI, c. 7. Orose, livre V, c. 25. Cf. De-Vit, *Onomasticon*, t. II, p. 501.

d'Eure-et-Loir, de la Somme, de Seine-et-Marne; Cressac (Charente); Cressey, (Côte-d'Or); et trois Cressy (Saône-et-Loire, Seine-Inférieure, Somme. M. Longnon me rappelle que le *Crisciacus* où se trouvait un palais des rois mérovingiens est Crécy-en-Ponthieu (Somme).

CRISPIACUS est le nom d'un d'un *locus* situé aux environs de Grenoble et donné à l'abbaye de Saint-Jean-de-Maurienne en 739 (1). Il y avait près de Laon un autre * *Crispiacus* d'où vient le nom de la *Crispiacensis finis* où Amand, évêque d'Utrecht, avait une vigne en 664 (2).

Crispiacus vient de Crispius; Crispius est le gentilice : de C. Crispius Hesperio, *sevir* de Brescia (3); de M. Crispius Firmus dont la stèle funéraire est conservée au séminaire de Suze (4); de Crispius Saturninus, dont une dédicace à Jupiter a été trouvée en Hongrie (5); de L. Crispius, dont les noms au génitif L. Crispi ont été écrits sur un vase recueilli à Windisch, en Suisse, l'antique Vindonissa (6); de T. Crispius Antiquus, dont le monument funèbre a été découvert à Domessin, Savoie (7); de T. Crispius Reburrus, dont le nom est gravé sur l'amphithéâtre de Nimes (8), etc.

Il y a en France trois communes du nom de Crépy (Aisne, Oise, Pas-de-Calais), et une commune de Crespy (Aube); Crépy (Aisne) paraît être la *finis Crispiacensis* du diplôme de 664 cité plus haut. Comparez Crespian (Gard), dont la désinence -an vient de -*anus*.

CRISPINIACUS est le nom d'une *villa* qui fut donnée

---

(1) Pardessus, *Diplomata*, t. II, p. 376.
(2) Pardessus, *Diplomata*, t. II, p. 133.
(3) *C. I. L.*, V, 4418.
(4) *Ibid.*, V, 7283.
(5) *Ibid.*, III, 1030.
(6) Mommsen, *Inscriptiones helveticae*, n° 352, 118.
(7) Allmer, *Inscriptions antiques de Vienne*, III, p. 215.
(8) Allmer, *Revue épigraphique*, t. I, p. 374, n° 417.

comme réparation de l'insulte commise envers saint Judoc en violant sa sépulture ; c'était probablement vers la fin du septième siècle (1) ; l'auteur de la donation était un duc de Ponthieu. Ce nom de lieu dérive du gentilice Crispinius.

Crispinius Felix éleva à sa femme un monument funèbre qu'on a trouvé à Salone (2). On a découvert près de Klagenfurt et transporté dans cette ville la stèle funéraire de C. Crispinius Rufus (3). Sex. Crispinius Nigrinus est l'auteur d'une dédicace à *Mars Caturix*, trouvée près de Genève (4).

Il n'y a pas en France de communes qui portent le nom de Crépigny ou Crespigny. Crépigny est un écart de la commune de Caillouel-Crépigny dans le département de l'Aisne ; Crespigny fait partie de la commune de Saint-Jean-le-Blanc (Calvados).

CRONIACUS apparaît dans un diplôme faux du pape Jean III, pour l'abbaye de Saint-Médard de Soissons (5).

Cronius, d'où Croniacus dérive, est un gentilice rare, porté par M. Cronius Sp. f[ilius] dans une inscription de Lucera en Italie (6), et par Cronius Eusebius dans une inscription de Rome qui date de l'an 399 de notre ère (7). C'est un nom grec chez Pline quand cet auteur nomme Cronius parmi les plus célèbres graveurs de pierres précieuses (8). On connaît plusieurs exemples du nom d'homme Κρόνιος dans les textes grecs ; c'était originairement un nom divin, un de ceux de Zeus, fils de Cronos.

De *Croniacus* peut venir le nom de Crogny, commune

---

(1) *Vita Sancti Judoci*, c. 15 ; chez Dom Bouquet, III, 521.
(2) *C. I. L.*, III, 2238.
(3) *Ibid.*, III, 5074.
(4) Mommsen, *Inscriptiones helveticae*, n° 70.
(5) Pardessus, *Diplomata*, t. I, p. 122.
(6) *C. I. L.*, IX, 848.
(7) *Ibid.*, VI, 1715.
(8) *Histoire naturelle*, livre XXXVII, c. 4, § 8.

des Loges-Margueron (Aube), et celui de Crognac commune de Saint-Allier (Dordogne).

Curciacus ou *Cursiacus*. La première orthographe est celle d'un diplôme faux de Clovis II, qui daterait de 644 (1); la seconde est celle d'un diplôme également faux de Dagobert Ier, qui daterait de 636 (2). Il s'agit de Courçais (Allier) (3); la bonne orthographe serait *Curtiacus* par un *t*; mais les textes de l'époque carlovingienne remplacent ce *t* par un *c*. Tel est le diplôme donné par Charlemagne en 775 pour confirmer l'établissement de la manse canoniale à Saint-Martin de Tours (4); le *Curciacus* dont il s'agit dans ce document paraît être Curçay (Vienne) (5). Tel est aussi l'acte de la donation faite par Amalric à Saint-Martin de Tours en 841 (6); le *Curciacus* mentionné dans ce document est aujourd'hui Courçay (Indre-et-Loire) (7).

Curciacus, ou mieux *Curtiacus*, vient de Curtius, gentilice romain célèbre qui remonte à la période légendaire : on connaît les récits fabuleux qui parlent d'abord du sabin Curtius Mettius, ou Mettius Curtius, mort dans une bataille contre le roi Romulus, huitième siècle avant notre ère, à l'endroit qui fut plus tard le forum romain (8), puis du jeune romain M. Curtius qui, en l'an 362 avant J.-C., se serait patriotiquement précipité dans un gouffre menaçant ouvert au milieu du forum par la colère des dieux (9).

---

(1) Pertz, *Diplomatum imperii tomus primus*, p. 180, ligne 47. Pardessus, *Diplomata*, t. II, p. 81.
(2) Pertz, *Diplomatum imperii tomus primus*, p. 159, ligne 36. Pardessus, *Diplomata*, t. II, p. 81.
(3) Longnon, *Examen géographique du tome premier des Diplomata imperii*, p. 1.
(4) Dom Bouquet, V, 737 *b*; cf. Sickel, *Acta Karolinorum*, t. II, p. 27, n° 42.
(5) Mabille, *La pancarte noire de Saint-Martin de Tours*, p. 223; cf. 69, 151.
(6) Martene, *Thesaurus novus anecdotorum*, t. I, col. 33 *b*.
(7) Mabille, *La pancarte noire de Saint-Martin de Tours*, p. 223; cf. 81, 155, 156.
(8) Tite-Live, livre I, c. 12.
(9) Tite-Live, livre I, c. 12; livre VII, c. 6.

C. Curtius Filo fut consul l'an 446 avant J.-C (1). On trouve plusieurs exemples de ce gentilice vers la fin de la république et sous l'empire. C'est ainsi que dans les œuvres de Cicéron on voit apparaître : le préteur C. Curtius Peducaeanus, le sénateur C. Curtius ; le tribun militaire M. Curtius Postumus, ami de César et qui fut assez ambitieux pour prétendre au consulat ; Cicéron s'en indigne dans une lettre à Atticus (2). Nous citerons aussi le sénateur Curtius Montanus, contemporain de Néron et de Vespasien et connu par le témoignage de Tacite (3) ; enfin le plus célèbre de tous, Q. Curtius Rufus, qui vivait dans la seconde moitié du premier siècle de notre ère et qui écrivit une histoire d'Alexandre.

Outre Courçais et Courçay, il y a en France quatre communes dont le nom semble représenter un ancien *Curtiacus* ; ce sont autant de Courcy (Calvados, Loiret, Manche, Marne).

De la forme latine correspondante Curtianus, un exemple est donné, vers l'an 700, par une charte de Ravenne où est mentionné un *fundus Curcianus*, lisez *Curtianus* (4).

Cusiacus, nom d'une forêt dans un diplôme faux de Dagobert Ier qui daterait de l'année 633 (5), est dans un diplôme du roi Eude en 893, un fisc royal donné par ce prince à l'abbaye de Saint-Médard de Soissons (6). En 936, dans un diplôme de Louis d'Outremer, c'est une propriété de l'église cathédrale d'Autun (7). *Cusiacus* vient de Cusius.

Cusius est un gentilice romain dépourvu de célébrité,

---

(1) Tite-Live, livre IV, c. 1. De-Vit, *Onomasticon*, t. II, p. 519.
(2) Cicéron, *Ad Atticum*, XII, 49.
(3) Tacite, *Annales*, XVI, 28, 29, 33 ; *Histoires*, IV, 40, 42.
(4) Fantuzzi, *Monumenti Ravennati*, t. I, p. 21.
(5) Pardessus, *Diplomata*, t. II, p. 27. Pertz, *Dip. im. t. primus*, p. 152, ligne 20.
(6) Dom Bouquet, t. IX, p. 460 d.
(7) Dom Bouquet, IX, 584 d.

mais connu par les inscriptions. Ainsi, on a trouvé : en Hongrie le monument funèbre de Cusius Callistio (1); à Turin, les tombes de T. Cusius Rufus (2), de C. Cusius Cavisius et de Q. Cusius, frère de ce dernier (3). Le nom d'une femme qui avait le même gentilice, Cusia Hil[ara] se lit dans une inscription du musée de Naples qui provient de Capoue (4).

Le *Cusiacus* du diplôme du roi Eude est Cuizy-en-Almont, (Aisne) (5). D'autres noms de communes peuvent s'expliquer par un primitif *Cusiacus*. Ce sont : Cuisy (Meuse) (6); Cuisy (Seine-et-Marne) ; Cusey (Haute-Marne) ; Cuzac (Lot).

DITIAGUS, nom d'une *villa* donnée à l'abbaye de Wissembourg, en Alsace, en 713 (7), est écrit *Disciacu* dans un autre document de la même date et concernant la même donation (8). Le nom primitif est vraisemblablement* *Deciacus*, que l'on doit reconnaître aussi dans le *Disiacus* d'une charte émanée en 672 de Nivard, archevêque de Reims, pour l'abbaye d'Hautvillers (9) ; ce Disiacus est aujourd'hui Dizy (Marne) (10).

Decius est un gentilice romain bien connu; les plus célèbres de ceux qui le portèrent sous la république sont deux P. Decius Mus, l'un consul en l'an 340 avant notre ère, l'autre fils du précédent et quatre fois consul, la première fois en 312, la dernière en 295, fameux pour avoir — tous deux, dit-on, — en des circonstances désespérées, assuré la victoire à leur armée par leur mort, en exécutant solennel-

(1) *C. I. L.*, III, 4330.
(2) *Ibid.*, V, 7027.
(3) *Ibid.*, V, 7028.
(4) *Ibid.*, X, 4321.
(5) Matton, *Dictionnaire topographique du département de l'Aisne*, p. 90.
(6) Voyez Liénard, *Dictionnaire topographique du département de la Meuse*, p. 64.
(7) Pardessus, *Diplomata*, t. II, p. 439.
(8) *Ibid.*, t. II, p. 437.
(9) *Ibid.*, t. II, p. 129.
(10) Longnon, *Etude sur les pagi de la Gaule*, 2ᵉ partie, p. 12.

lement les prescriptions du cérémonial romain sur la « devotio (1). » Ce gentilice pénétra en Gaule. C'est ainsi que dans une inscription de Suisse, remontant à l'an 8 de notre ère, on a trouvé les noms de P. Decius Esunertus (2). Une inscription de Savoie rappelle la mémoire de Sex. Decius, tribun militaire, contemporain de l'empereur Tibère qui mourut l'an 37 après J.-C. (3). Une brique, trouvée à Vienne (Isère), porte la marque d'A. Decius Alpinus (4). La variante Deccius par deux *c* nous est offerte à Cologne par la tombe du légionnaire C. Deccius, fils de Lucius (5), et à Lyon par celle de Q. Deccius Verecundus (6).

Dociacus, une des *villae* de l'abbaye de Saint-Martin de Tours en 775 (7), est aujourd'hui Doussay (Vienne) (8).

Docius Elaesi, dans une inscription d'Espagne transférée au musée de Berlin, est le nom d'un personnage qui n'avait pas de gentilice (9). Mais une inscription du musée de Manheim nous donne la variante Doccius par un double *c*, employée comme gentilice par le *sevir* Doccius Aprissus dans une dédicace à Mercure et à *Rosmerta* (10).

Une inscription d'Italie fait connaître le gentilice Dotius de L. Dotius Antiochus et de Dotia Jucunda, tous deux affranchis (11). La variante Dottius par deux *t* apparaît dans le gentilice de Cn. Dottius Plancianus, un des principaux magistrats d'Antioche de Pisidie, personnage dont deux

---

(1) Cela ne paraît certain que pour le second des deux.
(2) Mommsen, *Inscriptiones helveticae*, n° 80. Allmer, *Inscriptions de Vienne*, t. III, p. 246.
(3) Allmer, *Inscriptions de Vienne*, t. II, p. 210.
(4) *Ibid.*, t. IV, p. 226.
(5) Brambach, n° 377.
(6) Boissieu, *Inscriptions antiques de Lyon*, p. 508.
(7) Dom Bouquet, V, 737 c. Cf. Sickel, *Acta Karolinorum*, t. II, p. 27, n° 42.
(8) Mabille, *La pancarte noire de Saint-Martin de Tours*, p. 224; cf. 69, 151.
(9) *C. I. L.*, II, 2633.
(10) Brambach, n° 1711.
(11) *C. I. L.*, X, 5673.

inscriptions nous ont conservé la mémoire (1). Le *Dociacus* carlovingien peut avoir été primitivement appelé *Docciacus*, *Dotiacus* ou *Dottiacus*.

Telle est l'origine probable des noms des communes de Doucey (Marne), Doucy (Savoie), Doussay (Vienne), Douzy (Ardennes).

Domitiacus est le nom de *fundus* d'où dérive l'adjectif caractéristique de l'*ager Domitiacinsis* mentionné en 670, dans une charte de Vigile, évêque d'Auxerre (2). *Domitiacus* vient de Domitius.

Domitius est un célèbre gentilice romain. La gens Domitia, quoique plébéienne, est une des plus anciennes de Rome et une de celles qui ont obtenu le plus d'honneurs. Une de ses branches, celle qui portait le surnom d'Aenobarbus, a donné à Rome 1° neuf consuls, de l'an 192 avant J.-C. à l'an 31 ap. J.-C.; 2° vingt-trois ans plus tard, l'empereur Néron, d'abord appelé L. Domitius Aenobarbus, et qui, adopté par son beau-père Claude, prit les noms de son père adoptif. Dans une autre branche, celle des Calvinus, on compte quatre consuls, de l'an 332 à l'an 124 avant J.-C. (3). Ce nom pénétra en Gaule; c'est ainsi qu'à Nimes vers l'an 14 avant notre ère, naquit Cn. Domitius Afer qui obtint, à Rome, une certaine célébrité comme orateur, qui fut élevé à la préture l'an 26 de J.-C., au consulat l'an 39, et qui vieux, sans enfants, mourut d'un excès de table, au milieu d'un festin, en l'an 59 (4). Les inscriptions de la Gaule mentionnent un certain nombre d'autres Domitius moins connus, tels que : Domitius Ilas dont la tombe est conservée au musée de Lyon (5), P. Domitius Didymus,

---

(1) *C. I. L*, III, 296, 297.
(2) Pardessus, *Diplomata*, II, p. 154.
(3) De-Vit, *Onomasticon*, t. II, p. 651-655.
(4) Voir sur lui les textes réunis par De-Vit, *Onomasticon*, t. II, p. 650; cf. Jos. Klein, *Fasti consulares inde a Caesaris nece usque ad imperium Diocletiani*, p. 31.
(5) Boissieu, *Inscriptions de Lyon*, p. 508.

auteur d'une dédicace à la déesse **Aventia** trouvée à Münchweiler en Suisse (1), et M. Domitius Magnus qui éleva en l'honneur de Mercure un monument conservé à Yverdun, aussi en Suisse (2). On a trouvé à Turin la tombe de L. Domitius Virilis, originaire de Vienne (Isère) (2).

L'introduction de ce gentilice en Gaule remonte peut-être à Cn. Domitius Aenobarbus, consul l'an 122 avant notre ère, qui vint en Gaule et y resta comme proconsul l'année suivante; il remporta la victoire de Vindalium sur les Gaulois et il triompha en l'an 120 (4).

Le nom de Donzy, porté par une commune du département de la Nièvre et par deux communes du département de Saône-et-Loire; celui de Donzac (Gironde, Tarn-et-Garonne); celui de Donzacq (Landes), paraissent s'expliquer par un primitif *Domiciacus*.

De la forme latine correspondante, *Domitianus*, un exemple nous est fourni vers l'année 700, par une charte de Ravenne où est mentionné un *fundus Domicianus*, lisez *Domitianus* (5).

DRUSCIACUS pour *Drussiacus* est le nom d'une possession de l'abbaye de Saint-Riquier au diocèse d'Amiens, suivant deux diplômes, l'un de Louis le Débonnaire, qui remonte à l'année 830 (6); l'autre, de Charles le Chauve, en 844 (7). Nous ignorons son nom moderne, mais on peut reconnaître un ancien *Drussiacus* dans Droussac, commune de Lissac (Haute-Loire). *Drussiacus* dérive de Drussius.

(1) Mommsen, *Inscriptiones helveticae*, n° 155.
(2) *Ibid.*, n° 138.
(3) Allmer, *Inscriptions de Vienne*, t. II, p. 140.
(4) Les textes relatifs à cette partie de notre histoire sont indiqués et discutés dans la savante *Géographie historique et administrative de la Gaule romaine*, que nous devons à M. Ernest Desjardins, t. II, p. 273-280; cf. Lebègue, *Fastes de la Narbonnaise*, p. 6-9.
(5) Fantuzzi, *Monumenti Ravennati*, t. I, p. 21.
(6) Dom Bouquet, VI, 563 a; cf. Sickel, *Acta Karolinorum*, t. II, p. 166, n° 269.
(7) Dom Bouquet, VIII, 468 E.

Drussius au masculin, Drussia au féminin, apparaissent comme gentilices dans une inscription de Venosa, en Italie (1). On reconnaît Drussius, bien que mutilé, dans une autre inscription de la même localité (2). Ailleurs, ce gentilice est écrit avec une seule *s*, Drusius : par exemple, dans une inscription de Cilly en Styrie (3); sur le monument funèbre de M. Drusius Philodamus à Larino (4); dans l'inscription de la tombe élevée par Drusius Valens à sa fille et qui est conservée au musée de Naples (5).

Drussius ou Drusius dérive de Drusus, *cognomen* de la gens *Livia*. *Drusus* est d'origine barbare, et sa forme la plus ancienne est *Drausus* (6). De là vient la variante *Drausius*, nom d'un évêque de Soissons qui vivait au septième siècle et dont une vie nous a été conservée (7). *Drausius* a dû s'écrire plus anciennement par deux *s*, et sous cette forme ce mot constitue le second terme du composé *Con-draussius* que l'on dit avoir lu dans une inscription de la Grande-Bretagne (8). *Condraussius* dérive d'un thème, *Con-drausso*, qui est probablement identique à celui du nom des *Condrusi*, peuple de Gaule, chez César (9).

FIDIACUS, *villa* dont Charles Martel data une charte en 717 (10), porte un nom dérivé de Fidius.

Fidius est le gentilice de deux personnages romains dont l'un, C. Fidius, n'a échappé à un complet oubli qu'en se portant accusateur de M. Saufeius, cinquante-deux ans

---

(1) *C. I. L.*, IX, 505.
(2) *Ibid.*, IX, 506.
(3) *Ibid.*, III, 5170.
(4) *Ibid.*, IX, 752.
(5) *Ibid.*, X, 2701.
(6) « Drusus, hostium duce Drauso cominus trucidato, sibi posterisque suis cognomen invenit » (Suétone, *Tibère*, 3).
(7) Potthast, *Bibliotheca historica medii aevi*, p. 671.
(8) *C. I. L.*, VII, 922.
(9) *De bello gallico*, l. II, c. 4; l. IV, c. 6; l. VI, c. 32.
(10) Pardessus, *Diplomata*, t. II, p. 311. Pertz, *Diplomatum imperii tomus primus*, p. 97, ligne 30.

avant notre ère (1). L'autre, Fidius Optatus, était grammairien, vivait au second siècle de notre ère; il avait, dit Aulu-Gelle, une grande réputation à Rome. Aulu-Gelle raconte avoir vu entre ses mains un vieil exemplaire du second livre de l'Énéide : on croyait que ce volume avait appartenu à Virgile même. Le nom de ce grammairien écrit autrefois Fidus conformément aux manuscrits, est aujourd'hui avec raison corrigé en Fidius (2). Il y a quelques exemples de ce gentilice dans les inscriptions. Dans une d'entre elles, en Italie, Fidius Dexter est un père malheureux qui élève une tombe à ses enfants (3). Dans une autre, Fidius Faustus est un oncle qui, probablement avec moins de chagrin, a pourvu son neveu d'une dernière demeure (4). Ailleurs Gaius Fidius Dexter est un maître amoureux qui, après avoir affranchi son esclave Typhera, l'a épousée, et elle l'enterre (5).

FIGIACUS, nom d'une abbaye célèbre, aujourd'hui Figeac (Lot), commence à paraître au huitième siècle; c'est ou un ancien *fundus Fidiacus* ou un ancien *fundus Fibiacus*. Pour *Fibiacus*, dérivé du célèbre gentilice Fabius, comparez le *fundus Fibianus* de deux chartes de Ravenne (6).

FLACIACUS est le nom d'une propriété de l'église cathédrale du Mans, aux termes d'un diplôme faux de Charlemagne conservé par un manuscrit du douzième siècle (7). *Flaciacus* vient de Flaccius.

Flaccius est un gentilice dont un exemple au féminin,

---

(1) Asconius, dans son commentaire du *Pro Milone*. De-Vit, *Onomasticon*, t. III, p. 66.
(2) Aulu-Gelle, livre II, c. 3, § 5; édition de Martin Hertz, t. I, p. 76.
(3) *C. I. L.*, IX, 2528.
(4) *Ibid.*, IX, 3659.
(5) *Ibid.*, X, 6606.
(6) Fantuzzi, *Monumenti Ravennati*, t. I, p. 57, 62.
(7) Dom Bouquet, V, 756 e. Cf. Sickel, *Acta Karolinorum*, t. II, p. 397, n° 1.

Flaccia, est conservé par une inscription de Trieste (1). On cite le nom masculin au génitif Flacci Montani (2).

Flaciacus, dont il est question dans le diplôme faux de Charlemagne, paraît être Flacé (Sarthe), hameau de la commune de Souligné-sous-Vallon. Il y a en France cinq noms de communes qui paraissent avoir la même origine : Flacé (Saône-et-Loire); trois Flacey (Côte-d'Or, Eure-et-Loir, Saône-et-Loire), le second désigné par le nom de *Flaciacum* dans un document du douzième siècle (3); enfin Flacy (Yonne). Pour celui-ci, la gutturale de la dernière syllabe était déjà tombée en 1023, année où cette localité est désignée par le nom de *Flaceius*. Au seizième siècle, la tradition savante fit rétablir la gutturale perdue, et on écrivit *Flaciacum* (4).

De la variante latine *fundus Flacianus*, il y a un exemple dans les chartes de Ravenne, au neuvième siècle (5).

FLAVIAGUS = *Flaviacus*, est le nom d'une localité où des biens furent donnés à l'abbaye de Limours en 697 (6). *Flaviacus* est aussi le nom porté vers la même époque par l'abbaye de Saint-Germer-de-Fly (Oise), fondée en 655 par Geremarus dont on a conservé une vie presque contemporaine (7). *Flaviacus*, au neuvième siècle, est le nom d'une *villa* de l'abbaye de Saint-Denis, comme l'attestent une charte de l'abbé Hilduin et un diplôme de Louis le Débonnaire en 832 (8), un diplôme de Charles le Chauve en 862 (9); elle était située dans les environs d'Etam-

---

(1) *C. I. L.*, V, 595.
(2) De-Vit, *Onomasticon*, t. III, p. 72.
(3) Merlet, *Dictionnaire topographique du département d'Eure-et-Loir*, p. 69.
(4) Quantin, *Dictionnaire topographique du département de l'Yonne*, p. 52.
(5) Fantuzzi, *Monumenti Ravennati*, t. I, p. 19.
(6) Pardessus, *Diplomata*, t. II, p. 244.
(7) Dom Bouquet, III, 552 a. Cf. *Chronicon Fontanellense*, ibid., V, 316 a-b.
(8) Tardif, *Monuments historiques*, p. 85, col. 2. Dom Bouquet, VI, 580 b.
(9) Tardif, *ibid.*, p. 119, col. 2.

pes (1). Un quatrième *Flaviacus*, en Rouergue, apparaît, vers l'an 1000, sous le règne du roi Robert dans une charte que nous a conservée le cartulaire de Conques (Aveyron) (2).

Flavius est un gentilice très répandu dans les derniers temps de l'empire romain. On sait qu'un grand nombre d'empereurs le portèrent au quatrième et au cinquième siècle. Auparavant Flavius avait été à la fin du premier siècle le gentilice d'empereurs, plus connus Vespasien et Domitien par leur surnom, et Titus par son prénom (3). Il y avait déjà des Flavius au temps de la république romaine. Dès l'année 327 avant notre ère, un certain M. Flavius, ayant perdu sa mère, fit à l'occasion des funérailles une distribution de viande au peuple, et le peuple reconnaissant le nomma tribun sans qu'il eût la peine de le demander (4); en cette qualité, il proposa une loi contre la ville de Tusculum (5). Un personnage de même nom, plus célèbre, est Cn. Flavius, fils d'affranchi, et qui, malgré sa naissance, s'éleva par son éloquence et son adresse à l'édilité curule; c'était en l'an 305 avant notre ère; il s'est acquis une grande place dans l'histoire romaine en divulguant les règles de droit dont la connaissance, jusque-là réservée aux pontifes, constituait pour l'aristocratie une sorte de monopole (6). Dans les œuvres de Cicéron, il est question de huit Flavius, outre celui dont nous venons de parler; l'un est C. Flavius Fimbria, consul l'an 104 avant notre ère. Le nom de Flavius pénétra en Gaule : on en trouve douze exemples dans les *Inscriptions de Lyon* de Boissieu; sept dans les *Inscriptions de Vienne* de M. Allmer. Flavius dérive du *cognomen* Flavus : en l'an 70 de J.-C. Flavus est en Gaule un des chefs du parti à la tête duquel

---

(1) *In pago Stampinse sitam*. Diplôme de Charles le Chauve précité.
(2) G. Desjardins, *Cartulaire de l'abbaye de Conques*, p. 220.
(3) Voir *C. I. L.*, VI, 17961-18469, les inscriptions funéraires de Rome où se rencontre le gentilice *Flavius*.
(4) Tite-Live, livre VIII, c. 22.
(5) Tite-Live, livre VIII, c. 37.
(6) Tite-Live, livre IX, c. 46.

s'est placé C. Julius Vindex, et Vitellius le condamne à mort (1).

Flaviacus dérivé de Flavius, devint dans le midi Flaviac, nom d'une commune de l'Ardèche, Flaugeac, nom d'une commune de la Dordogne, Flaujac, nom de deux communes du Lot; dans le nord Flavy, nom d'une commune de l'Oise.

Sont dérivés du même gentilice avec le suffixe latin *-anus* le nom du *fundus Flavianus* dans les chartes de Ravenne vers la fin du septième siècle et au commencement du neuvième (2), et le nom de la *vallis Flaviana*, près du Rhône, dans les environs de Saint-Gilles (Gard), au neuvième siècle (3).

FLAVINIACUS, nom d'un locus situé dans l'*ager Burnacensis* et dans le *pagus Alsinsis* et où Widerad, dans un acte de l'année 721, raconte qu'il avait fondé une abbaye (4), est aujourd'hui Flavigny (Côte-d'Or); il y avait dans cet endroit un *castrum* à la même date (5); ce *Flaviniacus* est sans doute le même que celui où, suivant la chronique de Saint-Bénigne de Dijon, auraient été situés des biens donnés à l'abbaye de Saint-Bénigne par le roi Gontran (561-593), c'est-à-dire environ un siècle et demi plus tôt (6). Un autre *Flaviniacus*, situé dans l'ouest de la France, est mentionné dans un jugement rendu par Clotaire III en faveur de l'abbaye de Saint-Denis, vers l'année 658 (7). *Flaviniacus* vient de *Flavinius*.

Flavinius est un gentilice rare; il y en a cependant quelques exemples; ainsi on a trouvé en Espagne la tombe d'un certain Marnon, esclave de Flavinius Carpetus, de la ville

---

(1) Tacite, *Histoires*, livre II, c. 94, 4ᵉ édit. de Halm, t. II, p. 98.
(2) Fantuzzi, *Monumenti Ravennati*, t. I, p. 2, 9, 21.
(3) Molinier, *Géographie historique de la province de Languedoc*, p. 166.
(4) Pardessus, *Diplomata*, II, 123.
(5) *Ibid.*, p. 324; cf. p. 399.
(6) Dom Bouquet, III, 469 b.
(7) Tardif, *Monuments historiques*, p. 13, col 1.

d'Uxama Barca (1), et celle du fils de Flavinius Flavus (2).

Il y a en France, outre Flavigny (Côte-d'Or), cinq communes du nom de Flavigny : deux dans l'Aisne, les autres dans le Cher, la Marne et dans Meurthe-et-Moselle. Citons enfin Flavignac (Haute-Vienne). De la formule latine *fundus Flavinianus*, il y a, au huitième siècle, un exemple dans les chartes de Ravenne (3).

FLORIACUS, le nom de Fleurey-sur-Ouche (Côte-d'Or) au sixième siècle, était le domaine d'un certain Sirivald, ennemi d'Agéric, évêque de Verdun ; Agéric avait un fils qui vint à *Floriacus* et y tua Sirivald (4); c'était en 547. Une *villa Floriacus*, située entre deux mers dans le voisinage de Bordeaux, est mentionnée dans un testament fait par Bertramne, évêque du Mans en 615 (5). Dans une charte émanée de Leodebodus, abbé de Saint-Aignan d'Orléans en 667, l'*ager Floriacus* est le territoire sur lequel on va bâtir un monastère que le même document appelle *S. Petrus Floriacensis* (6). Dans un diplôme de l'année 706 donné par Arnoulf, duc de Bourgogne, en faveur de l'abbaye des Saints-Apôtres, près de Metz, il est fait don à cette abbaye d'un *praedium Floriacum*, situé dans le pays de Voivre, au comté de Scarpone, dont le chef-lieu est situé dans le département de Meurthe-et-Moselle (7). En 866, Charles le Chauve donna à l'abbaye de Saint-Maur-les-Fossés des biens dans une villa nommée *Floriacus* et située dans le comté de Reims (8) ; c'est aujourd'hui

---

(1) *C. I. L.*, II, 2854.
(2) *Ibid.*, II, 2868.
(3) Fantuzzi, *Monumenti Ravennati*, t. I, p. 63.
(4) *Historia Francorum*, livre III, c. 35. Chez Dom Bouquet, t. II, p. 202 c. Cf. Longnon, *Géographie de la Gaule au sixième siècle*, p. 213.
(5) Pardessus, *Diplomata*, t. I, p. 206.
(6) Pardessus, *Diplomata*, t. II, p. 142-144. C'est aujourd'hui Saint-Benoît-sur-Loire (Loiret).
(7) Pardessus, *Diplomata*, t. II, p. 276.
(8) Tardif, *Monuments historiques*, n° 194, p. 127.

Fleury-la-Rivière (Marne) (1). Au même siècle, dans la vie du roi Dagobert, *Floriacus* est Fleury-sur-Andelle (Eure) (2).

Florius, d'où vient *Floriacus*, est un gentilice que nous font connaître quelques inscriptions. Telle est celle du tombeau du vétéran T. Florius Saturninus, au musée de Mayence (3). Telle est l'inscription d'Espagne qui nous apprend le nom et le surnom de Florius Vegetus, flamine de la province d'Espagne citérieure (4). Nous citerons encore la tombe élevée à P. Florius Crispinus par P. Florius Severus, son père, en Dalmatie (5).

Le nombre des communes dont le nom moderne s'explique par un primitif *Floriacus* est d'au moins vingt-neuf, savoir : deux Fleuré (Orne et Vienne); cinq Fleurey (Doubs, Haute-Saône et Côte-d'Or); Fleurieu-sur-Saône et Fleurieux-sur-l'Arbresle (Rhône); dix-sept Fleury (Aisne, Aude, Eure, Loiret, Manche, Marne, Meuse, Nièvre, Oise, Pas-de-Calais, Saône-et-Loire, Seine-et-Marne, Seine-et-Oise, Somme, Yonne); trois Floirac (Charente-Inférieure, Gironde, Lot). Fleurian, écart de Capens (Haute-Garonne), et Florian, hameau de la commune de Logrian et Comiac de Florian (Gard), s'expliquent par un primitif *Florianus* équivalent romain du gallo-romain *Floriacus*.

FUSCIACUS, *villa* située en Limousin, fut donnée à la cathédrale de Châlons-sur-Marne par Elafius, évêque de cette ville en 565 (6). Le même nom apparaît dans un diplôme faux de Clovis Ier (7) qui désigne par là une localité du *pagus Senonicus*, aujourd'hui Foissy, canton de Villeneuve-l'Archevêque (Yonne) (8). Un *ager Fusciacensis* en Mâconnais

(1) Longnon, *Etude sur les pagi de la Gaule*, 2e partie, p. 15.
(2) Krusch, *Scriptores rerum merovingicarum*, t. II, p. 516, l. 16.
(3) Brambach, n° 1667.
(4) *C. I. L.*, II, 4210.
(5) *Ibid.*, III, 1923; cf. VI, 18482-18488.
(6) Pardessus, *Diplomata*, t. II, p. 423.
(7) Pertz, *Diplomatum imperii tomus primus*, p. 115, ligne 47. Ce nom a été écrit *Furtiacum* chez Pardessus, *Diplomata*, t. I, p. 35.
(8) Quantin, *Dictionnaire topographique du département de l'Yonne*, p. 53.

est mentionné, au neuvième siècle, dans les chartes de l'abbaye de Saint-Vincent de Mâcon. C'est aujourd'hui Fuissé (Saône-et-Loire) (1).

Fuscius, d'où *Fusciacus*, est un gentilice conservé par une inscription de Nimes où on lit les noms de M. Fuscius Nedymus (2). On trouve aussi les noms de femmes : Fuscia Cypare, dans une inscription d'Espagne (3), Fuscia Citata, dans une inscription de Carinthie (4), Fuscia Aemilia dans une inscription d'Afrique (5). L'orthographe *Fouscius* est offerte par une inscription de Gemona dans l'Italie du nord-est ; il s'agit d'une tombe élevée à M. Fouscius Licnus et à C. Fouscius Balbus (6).

Fusciacus explique sept noms de communes : deux Foissac (Aveyron et Gard); un Foissiat (Ain); trois Foissy, dont un dans la Côte-d'Or et deux dans l'Yonne ; enfin Fuissé (Saône-et-Loire).

GALIACUS, *locellus* situé dans le Blaisois ou le Dunois, dépendait de l'abbaye de Marmoutiers, aux termes d'un diplôme émané de Louis le Débonnaire en 832 (7). La bonne orthographe de ce nom doit être *Galliacus*.

Gallius, dont *Galliacus* dérive, est un gentilice romain porté notamment par Q. Gallius, édile, l'an 67 avant J.-C., préteur deux ans plus tard, et qui, probablement l'année suivante, fut accusé d'avoir employé des moyens frauduleux pour obtenir cette charge ; Cicéron fut son avocat ; la plaidoirie du célèbre orateur est perdue ; on n'en a conservé que de très courts fragments. Q. Gallius eut deux fils : l'un, qui portait le prénom de Marcus, prit le parti d'An-

---

(1) Ragut, *Cart. de Saint-Vincent-de-Mâcon*, p. CCVIII, 62, 112.
(2) *C. I. L.*, XII, 3499.
(3) *Ibid.*, II, 1370.
(4) *Ibid.*, III, 4917.
(5) *Ibid.*, VIII, 9862.
(6) *Ibid.*, V, 1818.
(7) Dom Bouquet, VI, 583 c. Cf. Sickel, *Acta Karolinorum*, t. II, p. 178, n° 306.

toine contre Auguste et mourut en laissant un testament par lequel il adoptait Tibère (1); l'autre, appelé Quintus comme son père, devint préteur, et Auguste, pendant son triumvirat, le fit tuer après l'avoir fait mettre à la torture et lui avoir de sa main arraché les yeux (2).

On trouve plusieurs Gallius dans les inscriptions. Ainsi à Feyzin (Isère), une tombe a été élevée par D. Gallius Sacer pour lui-même et pour D. Gallius Lascivius son père (3). En Istrie, près de Rozzi, on a lu sur une stèle funéraire les noms du soldat L. Gallius Silvester (4). On a recueilli en Pannonie une dédicace à Jupiter par M. Gallius Celsinus (5).

Par *Galliacus* dérivé de Gallius s'explique le nom de Gaillac, porté par trois communes : Aveyron, Haute-Garonne, Tarn; celui de Jailly qui désigne deux communes, Côte-d'Or, Nièvre; enfin celui de Jallieu (Isère).

GAUDIACUS, en Touraine, était un *vicus* où du temps de Grégoire de Tours, sixième siècle, on conservait des reliques de saint Julien de Brioude, et on prêtait serment sur elles (7); c'est aujourd'hui Joué-les-Tours (Indre-et-Loire) (8), localité plusieurs fois mentionnée sous le même nom de *Gaudiacus*, dans les titres de l'abbaye de Saint-Martin de Tours, au dixième siècle (9). Un autre *Gaudiacus* est le lieu d'origine d'une jeune fille qui, lors de la translation des reliques de saint Léger, vers la fin du septième siècle, dut sa guérison à l'intercession du saint; on

---

(1) De-Vit, *Onomasticon*, t. III, p. 203.
(2) Suétone, *Auguste*, c. 27.
(3) Allmer, *Inscriptions de Vienne*, t. III, p. 96.
(4) *C. I. L.*, V, 430.
(5) *Ibid.*, III, 4405. Cf. VI, 18866-18873.
(6) Fantuzzi, *Monumenti Ravennati*, t. I, p. 16, 35, 166.
(7) Grégoire de Tours, *De miraculis sancti Juliani*, c. 40, édition Arndt et Krusch, t. II, p. 580, ligne 18. Bordier, *Les livres des miracles*, I, 370.
(8) Longnon, *Géographie de la Gaule au sixième siècle*, p. 273.
(9) Mabille, *La pancarte noire de Saint-Martin de Tours*, p. 125, 143, 144, 187, 188, 225.

suppose que ce *Gaudiacus* était situé dans le territoire de Chartres (1). Un troisième *Gaudiacus*, situé près de la rivière appelée *Albeta*, en Berry, aujourd'hui Jouet-sur-l'Aubois (Cher), eut, au septième siècle, un monastère habité par des religieux de l'ordre de Saint-Colomban (2). *Gaudiacus*, *in pago Wabrinse*, fut donné, en 770, à l'abbaye de Gorze, par Angelramme, évêque de Metz (3); on pense reconnaitre cette *villa* dans Jouy-sous-les-Côtes (Meuse) (4), ou, suivant d'autres, Jouy-aux-Arches (Moselle) (5). *Gaudiacus*, propriété de l'abbaye de Jumièges en 849, suivant un diplôme de Charles le Chauve (6), est aujourd'hui, croit-on, Jouy-sur-Eure, près d'Evreux (7). En 978, une localité appelée *Gaudiacus* appartenait à Letgarde, comtesse de Champagne et de Blois, bien que sa mère Richilde l'eût donnée à Saint-Martin de Tours; c'est maintenant Jouy-le-Châtel (Seine-et-Marne) (8).

Gaudiacus = * *Gavidiacus* est dérivé de Gavidius. Gavidius est un gentilice romain peu commun, mais dont les inscriptions nous offrent quelques exemples. Tel est le nom de femme Gavidia Torquata, dans deux inscriptions de Karlsburg en Hongrie, autrefois en Dacie, que possède aujourd'hui la bibliothèque de Vienne en Autriche (9). Une inscription d'Aquilée nous apprend les noms de L. Gavidius Secundinus (10); des inscriptions de l'Italie méridio-

---

(1) *Vita sancti Leodegarii*, c. 18, chez Dom Bouquet, II, 625 *b*.
(2) *Vita sancti Eustasii*, chez Dom Bouquet, III, 501 *c*.
(3) Dom Calmet, *Histoire de Lorraine*, 1ʳᵉ édition. *Preuves*, col. 285.
(4) Liénard, *Dictionnaire topographique du département de la Meuse*, p. 117. On remarquera que dans plusieurs pièces du huitième et du dixième siècle, cette localité est appelée *Gaugiacum*.
(5) Bouteiller, *Dictionnaire topographique du département de la Moselle*, p. 132.
(6) Dom Bouquet, VII, 499 *b*.
(7) Blosseville, *Dictionnaire topographique du département de l'Eure*, p. 220.
(8) Mabille, *La pancarte noire de Saint-Martin de Tours*, p. 143, 225.
(9) *C. I. L.*, III, 1071, 1072.
(10) *Ibid.*, V, 909.

nale, ceux de Gavidius Eutychius, de Gavidia Ma[n]sueta (1) et d'A. Gavidius Felix (2).

La variante Gavedius nous est donnée par une stèle funéraire de l'Italie centrale où se lisent les noms de Q. Gavedius Verus (3).

Il est certain que ce nom pénétra en Gaule; on a trouvé à Narbonne les épitaphes de L. Gavidius Pollio et de L. Gavidius Scaeva (4). L'Aquitain Sulpice Sévère, dans son récit du concile de Rimini, en 359, rapporte qu'il tient certains détails de Gavidius, et il l'appelle *episcopum nostrum* (5).

De *Gaudiacus* paraissent venir le nom de Joué, porté par sept communes : Indre-et-Loire, Loire-Inférieure, Maine-et-Loire, Orne, Sarthe; celui de Jouey (Côte-d'Or), et celui de Jouy, porté par seize communes : Aisne, Eure, Eure-et-Loir, Loiret, Marne, Meuse, Oise, Seine-et-Marne, Seine-et-Oise, Yonne. En comptant Jouet (Cher), nous arrivons à un total de vingt-cinq communes dont le nom primitif est *Gaudiacus*.

GENICIACUS, *villa* donnée à la cathédrale de Vienne (Isère) par Ephibius, en 696 (6), est appelée à l'ablatif *Genecio* pour *Geniciaco*, dans un diplôme faux de Childebert III (7); c'est aujourd'hui Genissieux (Drôme).

Genicius, d'où *Geniciacus*, est une variante de *Genucius*; exemple, M. Genicius Menecrates dans une inscription de Nocera en Italie (8). Genucius est le nom d'une *gens* plébéienne de Rome qui a fourni sept consuls de l'an 451 à

---

(1) *C. I. L.*, X, 2474.
(2) *Ibid.*, X, 6713. Cf. VI, 1888, 1889.
(3) *Ibid.*, IX, 5683.
(4) *Ibid.*, XII, 4834.
(5) *Historia sacra*, livre II, c. 41; Migne, *Patrologia latina*, t. XX, col. 152 c.
(6) Pardessus, *Diplomata*, t. II, p. 240, 241.
(7) *Ibid.*, p. 247. Cf. Pertz, *Diplomatum imperii tomus primus*, p. 194, ligne 33.
(8) *C. I. L.*, X, 1084.

l'an 271 avant J.-C., et dont les inscriptions du temps de l'empire offrent quelques exemples (1).

Outre Genissieux (Drôme), *Geniciacus* explique Genissac (Gironde).

GENTILIACUS, où Pépin le Bref célébra les fêtes de Noël et de Pâques en 762, celles de Pâques en 766 (2), est aujourd'hui Gentilly (Seine), alors dépendance du domaine royal; Louis II le Bègue détacha Gentilly du domaine royal en 878 et le donna à la cathédrale de Paris, à la condition que les revenus seraient employés au luminaire (3).

Gentiliacus dérive de Gentilius. Ce gentilice était porté par le légionnaire vétéran C. Gentilius Victor qui fit élever à Mayence un autel de marbre en l'honneur de l'empereur Commode alors régnant, 193-211 après J.-C. (4).

GERMANIACUS est une *villa* que le roi d'Austrasie Thierry Ier, fils de Clovis, donna à saint Thierry, abbé de Saint-Remy de Reims; c'était dans la première moitié du sixième siècle, entre les années 511, date de l'avènement du roi, et 533 environ, date de la mort du saint, auquel survécut le roi mort en 534 (5); cette localité est aujourd'hui Germigny (Marne). Dans la plupart des textes, l'*a* de la seconde syllabe de *Germaniacus* s'assimile à l'*i* de la syllabe suivante : *Germiniacus*. C'est ainsi que se trouve écrit le nom d'un village du *pagus Remensis*, qui s'est appelé au moyen âge Germigny-Pend-la-Pie, et dont on a retrouvé l'emplacement dans le département des Ardennes (6); ce *Germi-*

---

(1) De-Vit, *Onomasticon*, t. III, p. 230-231; cf. *C. I. L.*, VI, 19022-19026.

(2) *Annales Francorum Tiliani*, chez Dom Bouquet, V, 17 *d*, 18 *b*; *Annales Francorum Loiseliani*, ibid., 36 *b*. *Eginhardi Annales*, ibid., 199, c, d, 200 a; *Annales Metenses*, ibid., 338 e.

(3) *Cartulaire de Notre-Dame de Paris*, t. I, p. 262.

(4) Brambach, n° 1076. Cf. *C. I. L.*, XII, 857.

(5) *Vita s. Theoderici*, chez Dom Bouquet, III, 406 c.

(6) Longnon, *Etude sur les pagi de la Gaule*, 2e partie, p. 11, 12; *Examen géographique du tome premier des Diplomata imperii*, p. 24.

niacus fut donné au duc Grimoald, maire du palais d'Austrasie, fils de Pépin le Vieux, par le roi mérovingien Sigebert III, qui régna de 630 à 654 ; Grimoald en transféra la propriété à l'abbaye de Malmedy (1), qui fit confirmer cette donation par le roi Childéric II en 664 (2) et par Dagobert II en 677 (3). *Germiniacus* est aussi l'orthographe adoptée pour Germigny (Yonne), dans deux diplômes faux qu'auraient donnés à l'abbaye de Saint-Pierre-le-Vif de Sens le roi Clovis Ier (4) et Theudechilde, sa fille (5). Germigny (Loiret) est appelé *Germiniacus* au dixième siècle par l'auteur du *Livre des Miracles de saint Maximin de Micy* : cet auteur raconte que Théodulphe, évêque d'Orléans, 787-821, fit construire à *Germiniacus* une basilique imitée de celle d'Aix-la-Chapelle (6).

Germanius, dont viennent *Germaniacus* et *Germiniacus*, est un gentilice qu'on a rencontré quelquefois dans des inscriptions : Q. Germanius Valens, sur une stèle du musée de Pettau en Styrie (7) ; Germanius Dentilianus, Germanius Petronianus, Germanius Valens, dans une inscription d'Afrique (8) ; Magius Germanius Statorius Marsianus, dans une inscription de Milan (9) ; G. Germanius Corobus, dans une inscription du musée de Metz (10).

L'orthographe la plus ancienne *Germaniacus*, avec un *a*

---

(1) Pardessus, *Diplomata*, t. II, p. 92. Pertz, *Diplomatum imperii tomus primus*, p. 91.

(2) Pardessus, *Diplomata*, t. II, p. 137, 138. Pertz, *Diplomatum imperii tomus primus*, p. 26, ligne 37.

(3) Pardessus, *Diplomata*, t. II, p. 176. Pertz, *Diplomatum imperii tomus primus*, p. 42.

(4) Pertz, *Diplomatum imperii tomus primus*, p. 116, ligne 3 ; chez Pardessus, *Diplomata*, t. I, p. 36, au lieu de *Germiniaco*, on a imprimé *Traminaco*. Cf. Quantin, *Dictionnaire topographique du département de l'Yonne*, p. 60.

(5) Pertz, *Diplomatum imperii tomus primus*, p. 133, ligne 7.

(6) Dom Bouquet, V, 469 c.

(7) C. I. L., III, 4067.

(8) *Ibid.*, VIII, 440.

(9) *Ibid.*, V, 5869.

(10) Robert, *Epigraphie gallo-romaine de la Moselle*, fascicule premier, p. 31-33.

après l'*m*, persiste dans deux noms de communes : Germagnat (Ain), Germagny (Saône-et-Loire). Ailleurs l'orthographe la plus moderne avec l'*i* après l'*m* a été préférée, Germignac (Charente-Inférieure); Germigney (Jura et Haute-Saône); Germigny (Cher, Loiret, Marne, Nièvre, Seine-et-Marne, Yonne). Chacun de ces départements contient une commune du nom de Germigny, sauf Seine-et-Marne qui en renferme deux. Le nombre des communes dont le nom est un dérivé du gentilice *Germanius* est de douze.

Il ne faut pas confondre ces noms avec celui de Germenay (Nièvre), *Germanayum* dans un document du treizième siècle (1). *Germanayum* s'est dit évidemment *Germanagus* à l'époque mérovingienne et *Germanacus* sous l'empire romain. C'est un dérivé du surnom Germanus. Exemples : L. Sennius Germanus, dans une inscription du musée de Vienne (Isère) (2); Nonnius Germanus, dans une inscription de Trèves (3); M. Aurelius Germanus, dans une inscription de Mombach en Hesse (4), Fabius Germanus, dans une inscription de Gundelsheim en Wurtemberg (5). C'est du surnom Germanus (6) que dérive le gentilice Germanius.

Gessiacus est un *locellus* ou une *colonica* donné à l'abbaye de Flavigny par l'abbé Widerad en 721 (7). On croit le reconnaître dans Gissey-sous-Flavigny (Côte-d'Or).

Le gentilice Gessius a reçu une certaine notoriété grâce à Gessius Florus nommé procurateur de Judée, en l'an 66 de notre ère, par l'empereur Néron; Gessius Florus dut

---

(1) Soultrait, *Dictionnaire topographique du département de la Nièvre*, p. 82.
(2) Allmer, *Inscriptions antiques de Vienne*, t. II, p. 559.
(3) Brambach, n° 825.
(4) Brambach, n° 972. Cf. n° 1017.
(5) Brambach, n° 1806.
(6) Le *C. I. L.*, VI, 19030-19032, offre des exemples d'individus qui s'appelaient *Germanus* sans gentilice ni prénom.
(7) Pardessus, *Diplomata*, t. II, p. 324.

cette dignité à l'influence de la fameuse Poppée, amie de sa femme et maîtresse de Néron ; ses injustices criantes causèrent, dit-on, la révolte des Juifs dont la répression par Titus se termina par la ruine de Jérusalem (1). D'autres Gessius nous sont connus par les inscriptions ; tels sont : L. Gessius Optatus, auteur d'une dédicace à Neptune qui appartient au musée de Turin (2) ; C. Gessius Rogatus (3), dans une inscription d'Afrique ; P. Gessius Ampliatus, nom inscrit sur un vase de verre trouvé en Italie (4) ; D. Gessius Felix, nom inscrit sur une lampe antique (5). C. Gessius Miccio et M. Gessius Augur, connus par des inscriptions de Vienne (Isère) et de Nimes (6).

Il y a, dans la Côte-d'Or, trois communes de Gissey ; Gissac (Aveyron) paraît être aussi un *Gessiacus*. Geyssans (Drôme) est identique à la variante latine * *Gessianus*.

GRACIACUS, donné à la basilique de Saint-Germain par Bertramne, évêque du Mans en 615 (7), est aujourd'hui Grazay (Mayenne) ; on doit probablement supposer une orthographe primitive *Gratiacus* ou *Grattiacus*. C'est *Gratiacus* qu'on trouve, au dixième siècle, dans le Cartulaire de Savigny ; il s'agit de Grézieux-le-Marché (Rhône) (8) ; mais le territoire de ce village est appelé, au même siècle, *Grassiacensis ager* (9). *Gruissago*, au cas indirect, est, en 894, le nom d'une *villa* située dans le territoire de Brioude (Haute-Loire) (10).

Gratius est le nom porté au premier siècle avant notre

---

(1) Josèphe, *Antiquités judaïques*, livre X, c. 11, édit. Didot, p. 791. Cf. Tacite, livre V, c. 10.
(2) *C. I. L.*, V, 7457.
(3) *Ibid.*, VIII, 278.
(4) *Ibid.*, X, 8062, 5.
(5) *Ibid.*, X, 8053, 91. Voir aussi *C. I. L.*, VI, 19040-19044.
(6) *Ibid.*, XII, 1914, 3224.
(7) Pardessus, *Diplomata*, t. I, p. 209.
(8) Aug. Bornard, *Cartulaire de Savigny*, t. II, p. 827. On y trouve aussi *Graciacus* en 1087, t. I, p. 437.
(9) *Ibid.*, t. I, p. 103 ; t. II, p. 1078.
(10) Doniol, *Cartulaire de Brioude*, p. 41.

ère par le poète Gratius Faliscus, auteur d'une Cynégétique en vers latins que nous avons encore, et qui est citée par Ovide. Il y a quelques exemples de ce gentilice dans les inscriptions. Ainsi, on a trouvé à Ancône le monument élevé à la mémoire de M. Gratius Coronarius, mort sur mer, victime d'une tempête (1). Le nom de fabricant G. Grati, au génitif, a été lu sur un vase de terre trouvé en Espagne (2). Le nom de femme, Gratia Hibern[a], a été fourni par une inscription funéraire de la Hesse (3); celui de Gratia Gratiana par une inscription de Grenoble (4).

On a signalé aussi l'orthographe *Gracius* avec un *c*, dans l'épitaphe de Gracius Auspecio (5), et Grattius avec deux *t*. Cette dernière orthographe est même la plus fréquente dans les inscriptions; plusieurs exemples appartiennent à la Gaule; telles sont les épitaphes de Q. Grattius Proclio et de Grattia sa fille, provenant de Vienne (Isère) et conservées au musée de Lyon (6). Dans une inscription de Vienne (Isère), les deux orthographes par un seul *t* ou par un double *t*, Gratius et Grattia, paraissent avoir été employées concurremment (7).

Outre Grazay (Mayenne) et Grézieux-le-Marché (Rhône), *Gratiacus*, *Grattiacus* ou peut-être *Graciacus* explique le nom de trois communes de Grazac (Haute-Garonne, Haute-Loire, Tarn); de celles de Gressey (Seine-et-Oise), Gressy (Seine-et-Marne), Grésy (Savoie, Isère), Grézac (Charente-Inférieure); des deux communes de Grézieu-la-Varenne (Rhône) et de Grézieux (Loire).

Gratiasca (8), *Graciasca* (9), aujourd'hui Gréasque (Bou-

---

(1) *C. I. L.*, IX, 5920.
(2) *Ibid.*, II, 4970, 219.
(3) Brambach, 1238.
(4) Allmer, *Inscriptions de Vienne*, t. II, p. 312.
(5) Brambach, p. 29, n° 2045.
(6) Allmer, *Inscriptions de Vienne*, t. II, p. 502; cf. *C. I. L.*, VI, 19117-19125.
(7) Allmer, *Inscriptions de Vienne*, t. II, p. 508.
(8) Guérard, *Cartulaire de Saint-Victor de Marseille*, t. I, p. 155, vers 1035.
(9) *Ibid.*, p. 276, 1059-1085. *Grezasca*, plus moderne, est plus fréquent.

ches-du-Rhône), est la forme ligure ; Grézian (Hautes-Pyrénées), la forme latine du gaulois *Gratiacus*.

GRANIACENCIS *finis* est située dans le *pagus Waldensis*, suivant deux chartes données à l'église de Lausanne, l'une en 881 (1), l'autre en 929 (2). *Griniacus, villa* qui appartenait à l'église du Mans, aux termes d'un diplôme émané de Louis le Débonnaire en 832 (3), nous offre le même nom avec assimilation de l'*a* de la première syllabe à l'*i* de la seconde.

Granius est un gentilice romain fréquent chez les auteurs comme dans les inscriptions. Un des Granius les plus connus est le grammairien Granius Flaccus qui vivait au premier siècle avant notre ère ; il laissa un recueil d'*indigitamenta*, c'est-à-dire de formules de prières (4), et un livre *De jure Papiriano*, c'est-à-dire sur la législation attribuée aux rois de Rome (5). Au même siècle appartiennent : P. Granius, témoin dans le procès de Verrès (6) ; Cn. Granius, beau-fils de Marius, et son compagnon dans sa fuite (7) ; enfin, un chevalier romain, nommé A. Granius, qui fit partie de l'armée de César dans la guerre contre Pompée et qui fut tué à Dyrrachium (8). D'autres Granius apparaissent dans les inscriptions de Rome (9).

---

(1) *Cartulaire du chapitre de Notre-Dame de Lausanne*, publié par la Société de l'histoire de la Suisse romande, p. 343. Cf. *Regestre soit répertoire chronologique de documents relatifs à l'histoire de la Suisse romande*, par François Forel, p. 26, n° 79.

(2) *Cartulaire du chapitre de Notre-Dame de Lausanne*, p. 232. Cf. *Regestre*, etc., p. 42, n° 133.

(3) Dom Bouquet, VI, 586 a. Cf. Sickel, *Acta Karolinorum*, t. II, p. 179, n° 308.

(4) Censorin, *De die natali*, c. 3, § 2.

(5) Paul, livre X, « ad legem Juliam et Papiam, » au Digeste, livre L, titre XVI, loi 144. Cf. Touffel, *Geschichte der rœmischen Literatur*, 3° édit., p. 380.

(6) Cicéron, *In Verrem*, action II, livre V, c. 59, § 154.

(7) Appien, *De bello civili*, livre I, c. 60, 62, édit. Didot, p. 311, 312. Plutarque, *Marius*, c. 35, 37, 40, édit. Didot, p. 508, 509, 511.

(8) *De bello civili*, livre III, c. 71.

(9) *C. I. L.*, VI, 19072-19106.

Ce nom pénétra en Gaule. On a trouvé à Lyon un fragment de la stèle funéraire d'un certain Granius, qui était originaire de Trèves, marchand de vins et citoyen romain(1). Un potier, son homonyme, faisait usage d'une marque où son nom était inscrit au nominatif (2). On a recueilli près de Xanten une dédicace à Mercure par T. Granius Victorinus (3).

Graniaca, s'accordant avec *villa*, comme *Graniacus* avec *fundus*, a donné Gragnague, nom d'une commune du département de la Haute-Garonne. *Griniacus* = *Graniacus* se prononce aujourd'hui Grigny et c'est le nom de trois communes, Pas-de-Calais, Rhône, Seine-et-Oise. Le gallo-romain *Graniacus* avait pour pendant le latin *Granianus*, nom d'un *fundus* de Veleia sous l'empire romain (4), et d'un autre *fundus Granianus* au moyen âge, dans les chartes de Ravenne (5). *Grinianus*, variante de *Granianus*, est devenu, dans la France moderne, Grignan (Drôme).

[H]ERMONIACE, cédé par un certain Ebroin à l'abbaye de Saint-Denis, aux termes d'un acte d'échange que Charles le Chauve confirma en 867 (6), porte un nom qui a dû primitivement se prononcer *Harmoniacus*, et qui dérive d'*Harmonius*.

Harmonius est un mot d'origine grecque ; on le trouve employé comme surnom : Q. Gavius [H]armonius, dans une inscription de Rome (7); et comme nom : Harmonius Januarius, dans une inscription tirée du fond de la mer, près de

---

(1) Boissieu, *Inscriptions de Lyon*, p. 400, 430.
(2) Boissieu, *Inscriptions de Lyon*, p. 433 ; Schuermans, *Sigles figulins*, p. 131, n° 2466.
(3) Brambach, n° 154.
(4) Table alimentaire de Veleia, col. 6, ligne 13.
(5) Fantuzzi, *Monumenti Ravennati*, t. I, p. 38, 49.
(6) Tardif, *Monuments historiques*, p. 129, n° 199. Suivant M. Matton, *Dictionnaire topographique du département de l'Aisne*, p. 186, ce serait aujourd'hui Morgny-en-Tiérache.
(7) Orelli, n° 2618 ; *C. I. L.*, VI, 10093.

Naples, et aujourd'hui conservée au musée de Leyde (1). Ce nom pénétra en Gaule; au quatrième siècle, Ausone l'atteste dans son épître à Ursule, grammairien de Trèves; il félicite Ursule d'être collègue d'Harmonius, célèbre en ce temps par un travail sur Homère, et qui, à cette époque de décadence, par une sorte de merveilleux monopole, associait à la connaissance du latin celle du grec alors à peu près inconnu en Gaule (2).

[H]ELARIACUS est une *villa* donnée par le testament du roi Gontran à l'abbaye de Saint-Bénigne de Dijon, comme nous l'apprend un diplôme du roi Clotaire III, en 663 (3); on sait que Gontran mourut en 593. Plus tard, *Hileriacus* est le nom d'une *villa* appartenant à l'église Notre-Dame de Paris, aux termes d'un diplôme faux de Charlemagne (4) et de deux diplômes authentiques, l'un de l'évêque Inchad, en 829 (5), l'autre de Charles le Chauve, en 850 (6). [*H*]*elariacus*, propriété de l'abbaye de Saint-Bénigne de Dijon, paraît être aujourd'hui Larrey (Côte-d'Or). Quant à la variante *Hileriacus*, nom de la propriété du chapitre de Notre-Dame de Paris, on n'en connaît pas la forme en français.

Ces noms de lieux sont dérivés du gentilice Hilarius porté par Hilarius Lucus dans une inscription de Trèves (7), par Hilarius Sequens dans une inscription du musée de

---

(1) *C. I. L.*, X, 2496.
(2) Quique sacri lacerum collegit corpus Homeri,
  Quique notas spuriis versibus apposuit,
 Cecropiae commune decus, Latiaeque Camenae,
  Solus qui Chium miscet, et Ammineum.
  Ausone, *épître* XVIII, v. 28-31.
(3) Pertz, *Diplomatum imperii tomus primus*, p. 39, lignes 4, 5. Pardessus, *Diplomata*, t. I, p. 132.
(4) *Cartulaire de Notre-Dame de Paris*, t. I, p. 240. Sickel, *Acta Karolinorum*, t. II, p. 431.
(5) *Cartulaire de Notre-Dame de Paris* t. I, p. 322.
(6) *Ibid.*, t. I, p. 251.
(7) Brambach, n° 825.

Wiesbaden (1), par Hilaria Quintilla dans une inscription de Grenoble (2). Ce nom fut illustré au quatrième siècle par saint Hilaire, évêque de Poitiers, mort en 368 (3), plus tard par Hilaire, évêque d'Arles, qui vivait dans la première moitié du cinquième siècle (4).

Jocundiacus est le nom d'une maison située près de Tours ; là s'aventurèrent, en 577, Mérovée, fils du roi Chilpéric, et Gontran Boson, qui s'étaient réfugiés dans la basilique de Saint-Martin de Tours, pour y jouir du droit d'asile et par là conserver leur vie (5). *Mons Jocundiacus* était, au neuvième siècle, le nom d'une montagne; au-dessus s'élevait une *cella sancti Martini* qui appartenait à l'abbaye de Saint-Denis : on l'apprend par un diplôme de Charle le Chauve qui remonte à l'année 862 (6). Au même siècle et dès le précédent, les rois d'Aquitaine avaient en Limousin un palais appelé, au neuvième siècle, *Jocundiacum*, dans la vie de Louis le Débonnaire, dite de « de l'Astronome (7), » et *Jogundiacum* dans un diplôme de l'année 794 (8). L'orthographe *Joguntiacum* nous est offerte par un document du onzième siècle (9). Nous devons partout restituer * *Jucundiacus*.

Jucundius est un gentilice qu'on peut relever dans quelques inscriptions. Dans une dédicace à Jupiter trouvée à Dottendorf, on voit apparaître le légionnaire C. Jucundius Similis (10). Jucundius est un des noms propres qui se lisent

---

(1) Brambach, n° 1027.
(2) Allmer, *Inscriptions de Vienne*, t. II, p. 316.
(3) Teuffel, *Geschichte der rœmischen Literatur*, 3ᵉ édit., p. 976, 977.
(4) Teuffel, *ibid.*, p. 1078.
(5) Grégoire de Tours, *Historia Francorum*, livre V, chapitre 14, édition Arndt, p. 204; cf. Longnon, *Géographie de là Gaule au sixième siècle*, p. 274.
(6) Tardif, *Monuments historiques*, p. 119.
(7) C. 47, chez Dom Bouquet, VI, 112 d.
(8) Dom Bouquet, VI, 453 b; Sickel, *Acta Karolinorum*, t. II, p. 84.
(9) *Translatio sancti Genulfi episcopi*, D. Bouquet, VI, 331 a.
(10) Brambach, n° 512.

dans les fragments d'inscriptions recueillis à la porte noire de Trèves (1). On a trouvé en Hongrie une dédicace à Jupiter par Jucundius Juvenalis (2). Une inscription d'Afrique sur une borne de champ nous apprend que cette borne a été placée au temps de l'empire romain par ordre du *praeses* Jucundius Peregrinus (3).

Par *Jucundiacus*, on peut expliquer les noms de Janzé (Ille-et-Vilaine); Janzat (Allier); Jonzac (Charente-Inférieure); Jonzieux (Loire).

JUVENCIACUM est le nom d'un palais dont la situation nous est inconnue et d'où Louis le Débonnaire a daté un diplôme en 832 (4). L'orthographe primitive a dû être **Juventiacus*.

Juventius est un gentilice romain connu à la fois par les auteurs et par les inscriptions. Ainsi Tite-Live nous apprend qu'en l'an 197 avant J.-C., le tribun militaire T. Juventius périt dans une bataille contre les Gaulois (5). T. Juventius Thalna devint préteur en l'an 195 (6). Vers la même époque paraît avoir vécu le poète comique Juventius (7). L. Juventius Thalna fut lieutenant du préteur Calpurnius en Espagne, l'an 185 avant notre ère (8). M. Juventius Thalna, d'abord tribun du peuple, devint préteur l'an 167 avant notre ère (9), consul en 163, et mourut subitement en célébrant un sacrifice (10). Vers le commencement du premier siècle avant J.-C., on comptait parmi les disciples du jurisconsulte Q. Mucius Scaevola un certain C. Juventius, et il

---

(1) Brambach, n° 826.
(2) *C. I. L.*, III, 887.
(3) *Ibid.*, VIII, 8811.
(4) Dom Bouquet, VI, 581 e, Sickel, *Acta Karolinorum*, t. II, p. 178, n° 304.
(5) Tite-Live, livre XXXIII, c. 22.
(6) Tite-Live, livre XXXIV, c. 42, 43.
(7) Voyez les textes réunis par Teuffel, *Geschichte der rœmischen Literatur*, 3° édit., p. 187.
(8) Tite-Live, livre XXXIX, c. 31, 38.
(9) *Ibid.*, livre XLV, c. 16, 21.
(10) *C. I. L.*, t. I, p. 437. Pline, *Histoire naturelle*, livre VII, § 182.

acquit lui-même une autorité dont le souvenir subsistait encore deux cents ans plus tard comme l'atteste un fragment du jurisconsulte Pomponius (1). Il y eut sous le haut empire deux autres jurisconsultes du même nom, les deux Juventius Celsus, père et fils, qui vécurent, l'un vers le milieu du premier siècle de notre ère (2), l'autre vers la fin de ce siècle ou le commencement du suivant ; ce dernier laissa d'importants ouvrages dont le Digeste nous a conservé des débris nombreux ; il fut élevé une fois à la préture et deux fois au consulat (3).

Ce gentilice pénétra en Gaule, témoin une inscription de Grenoble où se lisaient les noms de Q. Juventius Victor (4) et une inscription de Lornay où on lit ceux de C. Juventius Secundinus (5).

Jouancy, commune du département de l'Yonne, est appelé *Jovenciacum* dans un document de l'année 1157 ; il faut corriger *Juventiacus et reconnaître dans ce nom de lieu un dérivé du gentilice *Juventius*. La forme gallo-romaine *Juventiacus avait pour variante proprement romaine *Juventianus*, nom d'une *villa* dépendant de l'abbaye de Saint-Vaast d'Arras en 867 : nous l'apprenons par un diplôme de Charles-le-Chauve (6).

Juviniacus est, suivant la *Vie de saint Arnoul*, le nom d'une localité située dans le Soissonnais et où Clovis se serait rendu après la célèbre victoire contre les Allemands qui le décida à se convertir au christianisme l'an 496 de notre ère ; on pense que c'est aujourd'hui Juvigny (Aisne) (7).

---

(1) Pomponius, *Liber singularis enchiridii*, au Digeste, livre I, titre 2, loi 2, § 42.
(2) Teuffel, *Geschichte der rœmischen Literatur*, 3ᵉ édit., p. 712, 713.
(3) Teuffel, *ibid.*, p. 795. Le *C. I. L.*, VI, 20940-20958, nous donne des exemples de ce gentilice dans les inscriptions de Rome.
(4) Allmer, *Inscriptions de Vienne*, t. III, p. 147.
(5) Allmer, *ibid.*, t. III, p. 277.
(6) Dom Bouquet, VIII, 605 a.
(7) Dom Bouquet, III, 383 d. Matton, *Dictionnaire topographique du département de l'Aisne*, p. 146.

En 799, *Juviniacus* est le nom d'un *fiscus* dont une partie est cédée par Charlemagne à l'abbaye de Saint-Sauveur d'Aniane (Hérault) (1), et cette libéralité est confirmée par Louis le Débonnaire en 837 (2). Un diplôme de Charles le Chauve nous apprend qu'il y avait dans le comté de Troyes, en 877, une *villa* appelée *Juviniacus*, aujourd'hui Jeugny (Aube) (3). Un autre *Juviniacus* qui aurait été situé dans la Champagne septentrionale est mentionné dans le polyptyque de Saint-Remy de Reims; suivant M. Longnon, ce serait Jouaignes (Aisne) (4). Est-ce le *Juveniacum oppidum* d'une lettre de Gerbert qui aurait été écrite en 986 (5)? Une autre *villa Juviniacus* était située en Mâconnais, et l'église cathédrale de Nevers en devint propriétaire à la fin du neuvième siècle, ainsi qu'il résulte d'un diplôme émané du roi Eude en 894 (6).

Juviniacus par deux *i* ou mieux *Juveniacus* par un seul *i*, vient du gentilice Juvinius, ou mieux Juvenius qui dérive de *juvenis*, jeune, et qui se rencontre quelquefois au temps de l'empire romain. Une inscription de Gloett, en Bavière, conserve le souvenir d'un vœu fait à Jupiter, Junon et Minerve, dans l'espérance de conserver la vie à Juvenius Speratus (7); le musée de Ratisbonne possède l'inscription placée sur le tombeau d'une famille dont le chef était M. Juvenius, ancien porte-étendard de la légion III *Italica* (8). La variante Juvinius par deux *i* correspondant à *Juviniacus* nous est mise sous les yeux par une épitaphe romaine d'Espagne placée sur le tombeau de Juvinia Sabina, grâce aux soins de L. Juvinius (9).

(1) Dom Bouquet, V, 762 a. Sickel, *Acta Karolinorum*, t. II, p. 61, n° 159.
(2) Dom Bouquet, VI, 616 *b*. Sickel, *Acta Karolinorum*, t. II, p. 194, n° 355.
(3) Dom Bouquet, VIII, 659 *b*.
(4) Longnon, *Etude sur les pagi de la Gaule*, 2ᵉ partie, p. 92.
(5) Dom Bouquet, IX, 291 a. Olleris, *Œuvres de Gerbert*, p. 55.
(6) Dom Bouquet, IX, 464 *b*.
(7) *C. I. L.*, III, 5867.
(8) *Ibid.*, III, 5956.
(9) *Ibid.*, II, 495.

Le nom gallo-romain *Juviniacus* a perdu, en français, la syllabe médiale *vi* dans le nom de Jeugny (Aube) dont nous avons parlé à la page précédente. Mais ordinairement la syllabe médiale *vi* est conservée. Nous citerons comme exemple du maintien de cette syllabe les deux Juvigny du département de la Meuse dont l'un possédait une abbaye de femmes fondée, dit-on, par Richilde, femme de Charles le Chauve (1). Il y a en France sept autres communes du nom de Juvigny. Nous avons, p. 252, cité Juvigny (Aisne) ; les autres sont situées dans les départements du Calvados (2), de la Manche, de la Marne, de l'Orne et de la Haute-Savoie, et chacun de ces départements contient un Juvigny, sauf l'Orne où l'on en compte deux. Juvignies (Oise) suppose un primitif *Juviniacae*, sous-entendu *villae*; quant à Juvigné (Maine), il nous offre la prononciation occidentale de la désinence -*iacus* dont Juvignac (Hérault) nous donne la prononciation méridionale. De ce relevé il résulte que douze noms de communes en France représentent l'adjectif dérivé gallo-romain *juveniacus* en en conservant la seconde syllabe. Un autre au moins a perdu cette syllabe en traversant les siècles. Quant à Jouaignes (Aisne), il représente une variante *Juveniae*, sous-entendu *villae* : ici le gentilice, transformé en adjectif, ne prend pas de suffixe.

Liziniacus est le nom d'une *villa* mentionnée en 962 dans une charte d'Etienne, évêque de Clermont, en faveur de l'abbaye de Saint-Julien de Brioude (3). Suivant Jacobs (4) et M. Longnon (5), cette localité a changé de nom, et c'est aujourd'hui Saint-Germain-Lembron (Puy-

---

(1) Liénard, *Dictionnaire topographique du département de la Meuse*, p. 118, 119.
(2) Hippeau, *Dictionnaire topographique du département du Calvados*, p. 154.
(3) Doniol, *Cartulaire de Brioude*, p. 341.
(4) *Géographie de Grégoire de Tours*, 2ᵉ édit., p. 130.
(5) *Géographie de la Gaule au sixième siècle*, p. 501.

de-Dôme); au dixième siècle, elle n'avait pas d'autre nom que *Liziniacus;* mais il s'y trouvait une église dédiée à saint Germain (1). On a dû écrire plus anciennement *Liciniacus* par un *c* au lieu du *z;* Grégoire de Tours nous apprend qu'en l'année 479, le duc de Septimanie, Victorius, fit construire une basilique dans le *Licaniacensis vicus* (2); Jacobs et M. Longnon proposent de corriger *Liciniacensis* (3) et croient qu'il s'agit du *vicus* ou de la *villa* qui, dans les chartes précitées, porte le nom de *Liziniacus.* Un diplôme, émané de Charles le Chauve en 869 (4), nous parle d'un *locus* qui portait le même nom : à l'accusatif pluriel *Lisiniacas* dans le comté de Laon; c'est aujourd'hui Résigny (Aisne) (5). Une *villa Lisiniaca* est mentionnée au onzième siècle dans un cartulaire de l'abbaye de Molème (Côte-d'Or) (6); c'est Lésigny, commune de Mailly-la-Ville (Yonne).

Licinius est un des gentilices romains les plus connus. Un des hommes les plus célèbres qui l'aient porté est le plébéien C. Licinius Calvus Stolo, gendre du patricien M. Fabius Ambustus; il a surtout marqué sa place dans l'histoire romaine par l'influence que, poussé par l'ambition de sa femme, il exerça à la tête des plébéiens, dans la lutte contre les patriciens, pendant la première moitié du quatrième siècle avant notre ère (7); il parvint au consulat l'an 361 avant J.-C. (8). Déjà, avant lui, deux membres de la même *gens*, tous deux appelés C. Licinius Calvus, avaient été élus tribuns militaires avec puis-

---

(1) Doniol, *Cartulaire de Brioude*, p. 341.
(2) Grégoire de Tours, *Historia Francorum*, livre II, c. 20, édit. Arndt, p. 84.
(3) C'est la variante d'un manuscrit. Voy. Dom Bouquet, tom. II, p. 171, note *g*.
(4) Tardif, *Monuments historiques*, n° 199, p. 129.
(5) Matton, *Dictionnaire topographique du département de l'Aisne*, p. 229.
(6) Quantin, *Cart. de l'Yonne*, t. II, p. 20.
(7) Tite-Live, livre VI, c. 34.
(8) *C. I. L.*, t. I, p. 510, 511. Tite-Live, livre VII, c. 9.

sance consulaire, l'un pour l'année 400 avant notre ère (1), l'autre pour l'année 396 (2). A une époque moins éloignée de nous, le gentilice Licinius fut porté par les deux Crassus; l'un, qui compte parmi les grands orateurs de Rome, fit fonder, l'an 118 avant notre ère, la colonie de Narbonne, et mourut l'an 91; il s'appelait L. Licinius Crassus; l'autre est le triumvir M. Licinius Crassus qui périt dans la guerre contre les Parthes, l'an 53 avant J.-C. Son contemporain, L. Licinius Murena, consul l'an 62 avant notre ère, est connu parmi les humanistes, grâce à une éloquente plaidoirie de Cicéron; comme L. Licinius Crassus, il porta son gentilice en Gaule où il fut propréteur en 64 (3).

Les inscriptions de la Gaule nous font connaître plusieurs exemples de Licinius employé comme nom : à Saint-Pierre-d'Albigny (Savoie), C. Licinius Calvinus dédie une basilique à Jupiter (4). A Saint-Alban-du-Rhône, P. Licinius Floridus élève un monument funèbre à sa femme (5). A Aix-les-Bains, M. Licinius Ruso fait un vœu au dieu thermal Bormo (6). Une inscription provenant d'un mur de construction romaine, près d'Annecy, atteste que ce mur était la propriété de L. Licinius Titurianus (7). On a trouvé à Nimes l'épitaphe de Licinia Flavilla (8). M. Almer a dernièrement publié une dédicace à Mars par Licinius Myrtillus; ce monument a été trouvé à Aire (9).

Outre Résigny (Aisne), plusieurs noms de communes s'expliquent par le primitif *Liciniacus*. Nous citerons Lésignat (Charente), Lésigné (Maine-et-Loire), deux Lésigny (Seine-et-Marne, Vienne); Lézignieux (Loire). La variante

---

(1) Tite-Live, livre V, c. 12; *C. I. L.*, t. I, p. 502, 503.
(2) Tite-Live, livre V, c. 18; *C. I. L.*, t. I, p. 502.
(3) **Voyez** les textes réunis par M. Desjardins, *Géographie de la Gaule romaine*, t. II, p. 290, 347-349.
(4) Allmer, *Inscriptions de Vienne*, t. III, p. 228.
(5) Allmer, *ibid.*, t. III, p. 103.
(6) Allmer, *ibid.*, t. III, p. 304.
(7) Allmer, *ibid.*, t. III, p. 343.
(8) Allmer, *Revue épigr.*, t. I, p. 392, n° 434.
(9) Allmer, *ibid.*, t. II, p. 161, n° 575.

Licinianus se trouve au Moyen Age, en Italie, dans les chartes de Ravenne (1); elle est constatée en France par Lézignan (Aude, Hautes-Pyrénées, Hérault), et par Lusignan (Vienne) qui s'est écrit au treizième siècle, en français, Lizegnen (2). Lézinnes (Yonne), s'est appelé, en français, Lizignes (1234), et en latin *Lisigniae* (1116), *Lisiniae* (1080); on peut corriger *Liciniae* par un *c* en sous-entendant *domus* au pluriel; *domus Liciniae* est un équivalent latin de *domus Liciniacae* ou *Licinianae*.

LILIACUS, *villa* située dans le pays de Châlon-sur-Saône, aurait été donnée à l'église Saint-Marcel de Châlon en 584; mais le diplôme qui contient cette disposition, bien que remontant au Moyen Age, est faux (3). Liliacus s'explique par un primitif Laeliacus dérivé de Laelius.

Laelius est le nom d'une *gens* plébéienne qui arriva au consulat en 190, dans la personne de C. Laelius, en cette année collègue de L. Cornelius Scipio, plus tard surnommé l'Asiatique. C. Laelius est surtout connu par sa liaison avec le frère de son collègue, c'est-à-dire avec P. Cornelius Scipio Africanus, vainqueur d'Annibal à Zama, 202; il l'accompagna sur tous les champs de bataille et partagea sa gloire. C. Laelius Sapiens son fils, consul en 140, ami du second Scipion l'Africain, se trouva avec lui à la prise de Carthage, 146, et mourut vers 115 : il est un des personnages que Cicéron met en scène dans ses dialogues philosophiques.

Les inscriptions nous montrent que ce gentilice pénétra dans les provinces où il persiste pendant la période impériale. On a recueilli en Espagne les épitaphes de Q. Laelius Scipio (4) et de M. Laelius Sabinianus (5); à Seckau, en

---

(1) *Fundus Licinianus*, Fantuzzi, *Monumenti Ravennati*, t. I, p. 70.
(2) Charte de l'année 1202, vieux style; chez L. Delisle, *Catalogue des actes de Philippe-Auguste*, p. 173, n° 752. Cf. p. 612 au mot *Lusignan*.
(3) Pardessus, *Diplomata*, t. I, p. 150; Pertz, *Diplomatum imperii tomus primus*, p. 129, ligne 19.
(4) *C. I. L.*, II, 347.
(5) *Ibid.*, II, 4180.

Styrie, celles de P. Laelius Heracla et de Laelius Vitalis (1).

Liliacus pour **Laeliacus* a donné à la France deux noms de communes : Lilhac (Haute-Garonne), et Lilly (Eure); cette dernière localité est appelée *Liliacum* dans un document de l'année 1157 (2).

LIPIDIACUS est le nom d'un *pagus* d'Auvergne où habita, enfermé dans une cellule, et où mourut, vers l'année 500, saint Lupicin, dont Grégoire de Tours raconte l'histoire (3). Le *vicus* chef-lieu de ce *pagus* s'appelait, du nom de la rivière qui y coule, *Berberensis*, parce que le nom de cette rivière, aujourd'hui la Bèbre, affluent de la Loire, était autrefois *Berbera*; M. Longnon a démontré que ce *vicus* est probablement Dampierre-sur-Bèbre (Allier).

Tout le monde connaît le *cognomen* latin Lepidus illustré par une branche de la *gens Aemilia* et notamment par le triumvir M. Aemilius Lepidus, collègue d'Antoine et d'Auguste. De Lepidus dérive un gentilice Lepidius moins célèbre que le surnom. On le rencontre deux fois dans une inscription d'Espagne (4) ; une fois dans une inscription de Bulgarie (5). Les exemples n'en sont pas rares en Italie (6). Il pénétra en Afrique (7) et en Gaule : de nouveaux exemples ont confirmé la lecture proposée par M. Allmer pour une inscription de Grenoble qui est l'épitaphe du tombeau élevé par L. Lepidius Basilaeus à sa femme (8).

LUCIACUS, actuellement Lussac (Charente), est, en 572

---

(1) *C. I. L.*, III, 5365, 5366.
(2) Blosseville, *Dictionnaire topographique du département de l'Eure*, p. 125.
(3) Grégoire de Tours, *Vita patrum*, c. 13, § 3 ; édit. Arndt et Krusch, p. 716, l. 33 ; Bordier, *Les livres des miracles*, t. III, p. 306.
(4) *C. I. L.*, II, 1647.
(5) *Ibid.*, III, 6293.
(6) Voyez *C. I. L.*, VI, 21188-21198, et les *index* du *C. I. L.*, t. V, p. 1117 ; t. IX, p. 716 ; t. X, p. 1043.
(7) *C. I. L.*, VIII, *index*, p. 1006.
(8) *Inscriptions de Vienne*, III, 150 ; *C. I. L.*, XII, 2270 ; cf. 1919, 2723.

ou 591, le nom d'une propriété donnée par le prêtre Aredius, en français saint Yrieix, à l'abbaye d'*Attanum*, aujourd'hui Saint-Yrieix-la-Perche (Haute-Vienne) (1). Un autre *locellus* appelé *Luciacus* est légué, en 615, par Bertramne, évêque du Mans, à la basilique de Saint-Pierre et Saint-Paul, fondée par lui près de cette ville (2); ce doit être Lucé-sous-Ballon (Sarthe). Une localité appelée *Luciacus*, dans le Parisis, est mentionnée en 846 dans un diplôme de Charles le Chauve (3). En 855, ce roi donne à l'abbaye de Saint-Germain d'Auxerre une propriété à *Luciacus*, aujourd'hui Lucy-le-Bois (Yonne) (4). L'abbaye de Saint-Lucien de Beauvais reçoit du même prince, en 869, le don de la *villa* de *Luciacus* en Beauvaisis, aujourd'hui Luchy (Oise) (5). En 885, un diplôme de l'empereur Charles le Gros nous montre le chapitre de Toul propriétaire de la dîme du vin à *Luciacus*, aujourd'hui Lucey (Meurthe-et-Moselle) (6).

Lucius, d'où *Luciacus* dérive, est plus connu comme prénom que comme gentilice. Cependant il était déjà employé comme gentilice avant la fin de la république, témoin une inscription de Terracine qui nous fournit les noms de C. Lucius M. f[ilius] (7) et deux autres inscriptions où la quantité de la syllabe initiale est indiquée par le doublement de l'*u* : M. Luucius M. f[ilius], à Spolète (8); Sex. Luucius, Sex. l[ibertus], Caen[us], à Carthagène en Espagne (9). Dès cette période primitive, nous rencontrons la

---

(1) Pardessus, *Diplomata*, t. I, p. 138. Cf. Mabille, *La pancarte noire de Saint-Martin de Tours*, p. 148.
(2) Pardessus, *Diplomata*, t. I, p. 210.
(3) Tardif, *Monuments historiques*, n° 150, p. 98.
(4) Dom Bouquet, VIII, 553 *b*. Cf. Quantin, *Dictionnaire topographique du département de l'Yonne*, p. 74.
(5) Dom Bouquet, VIII, 617 *b*.
(6) Dom Bouquet, IX, 343 *b*. Cf. Lepage, *Dictionnaire topographique du département de la Meurthe*, p. 80.
(7) C. I. L., I, n° 1187.
(8) *Ibid.*, I, 1407.
(9) *Ibid.*, I, 1477.

variante *Luccius*, avec deux *c* et probablement avec l'abrègement de l'*u* dans une inscription du mont Athos (1). Les deux variantes, l'une par *u* long et un seul *c*, l'autre par *u* bref et deux *c*, persistent dans les monuments du temps de l'empire. Voici quelques exemples de la première : L. Lucius L. l[ibertus] Cimber (2) et M. Lucius M. l[ibertus] *Dromo* (avec un apex sur l'*u* pour montrer qu'il est long), Aquilée (3); M. Lucius Maximas, Parenzo en Istrie (4); C. Lucius, Saint-Jean-de-Garguier (5), Lucius Severus, Arles (6), P. Lucius Festus et P. Lucius Auctus, Narbonne (7). La variante Luccius par deux *c* est assez fréquente : Q. Luccius Maximus, Carinthie (8); C. Luccius Alexander, oculiste, dont on a trouvé plusieurs cachets près d'Utrecht (9); Q. Luccius Faustus, légionnaire dont l'épitaphe, découverte à Zahlbach, est conservée au musée de Mayence (10); Luccius Marcianus, Apt (11); M. Luccius à Narbonne (12).

L'orthographe par *u* bref et double *c* explique probablement l'*ou* de Loucé (Orne), qui suppose un primitif *Lucciacus*. La variante *Luciacus* par *u* long et un seul *c* a dû conserver son *u* en français. Elle a donné les noms de dix-neuf communes, savoir : les deux Luçay du département de l'Indre, Lucé (Eure-et-Loir) (13), Lucé-sous-Ballon (Sarthe), dont on a parlé plus haut; trois Lucey (Côte-d'Or, Meurthe-et-Moselle, Savoie), du second desquels

---

(1) *C. I L.*, I, 579; III, 714.
(2) *Ibid.*, V, 8252.
(3) *Ibid.*, V, 994.
(4) *Ibid.*, V, 333.
(5) *Ibid.*, XII, 597.
(6) *Ibid.*, 684.
(7) *Ibid.*, 4581, 4956, 4957, etc.
(8) *Ibid.*, III, 4786.
(9) Brambach, 136.
(10) Brambach, 1180.
(11) *C. I. L.*, XII, 2656.
(12) *Ibid.*, 4954, etc.
(13) Cf. Merlet, *Dictionnaire topographique du département d'Eure-et-Loir*, p. 106, où l'on voit, en 1116, cette localité appelée *Luciacum*.

il a été question déjà ; six Lucy, un dans l'Aisne, un dans la Marne, un dans la Seine-Inférieure, trois dans l'Yonne dont un mentionné plus haut ; Luchy (Oise), déjà cité ; cinq Lussac, de l'un desquels on a déjà parlé (Charente, Charente-Inférieure, Gironde, Vienne et Haute-Vienne) ; deux Lussat (Creuse et Puy-de-Dôme).

A côté de *Luciacus* on trouve la variante *Lucianus*. Elle apparaît déjà sous l'empire romain ; il y avait à Veleia un *fundus Lucianus* (1). Deux localités du nom de *Lucianus* figurent dans les diplomes mérovingiens qu'a publiés Pardessus, l'une en 615 dans le testament de Bertramne, évêque du Mans (2), l'autre en 739 dans le testament d'Abbon, en faveur de l'abbaye de la Novaleze en Piémont (3). Comparez à ces formes anciennes le nom de Lussan, porté aujourd'hui par trois communes : Gard, Haute-Garonne, Gers. Celle de ces communes qui est dans le département de la Haute-Garonne a donné son nom au *terminium Lucianense* d'une charte de l'abbaye de Lezat (4). Il y a aussi un *fundus Lucianus* dans une charte de Ravenne au huitième siècle (5).

LUCILIACUS *vicus* fut fondé, suivant Grégoire de Tours, sous l'épiscopat de l'évêque Injuriosus (529-546) (6), cela veut dire certainement que la paroisse fut érigée par ce prélat ; ce *vicus* est identique à Luzillé (Indre-et-Loire).

Lucilius, d'où *Luciliacus* dérive, est le nom d'une *gens* romaine qui remonte à la république comme l'attestent à la fois les inscriptions (7) et les auteurs. Il a été illustré

---

(1) *Table alimentaire*, p. 4, l. 43.
(2) Tome I, p. 210.
(3) Tome II, p. 374.
(4) Molinier, *Géographie historique de la province de Languedoc*, col. 141.
(5) Fantuzzi, *Monumenti Ravennati*, t. I, p. 13.
(6) *Historia Francorum*, livre X, c. 31, § 15 ; chez Dom Bouquet, t. II, p. 388 *b* ; Arndt, p. 447, ligne 13. Cf. Longnon, *Géographie de la Gaule au sixième siècle*, p. 276.
(7) C. I. L., I, 408, 896, 1430.

par le chevalier C. Lucilius mort cent trois ans avant notre ère, le premier en date des satiriques romains (1). Il était assez répandu au siècle suivant, car Cicéron, dans ceux de ses écrits qui nous ont été conservés, parle de six Lucilius qui semblent avoir été ses contemporains (2), et l'auteur du *De bello civili* mentionne un septième Lucilius parmi les partisans de Pompée (3).

Lucilius est aussi sous l'empire un nom assez répandu. On connaît Lucilius Longus, mort l'an 23 de notre ère, intime ami de l'empereur Tibère (4) ; Lucilius Capito, procurateur d'Asie à la même époque (5) ; Lucilius, le correspondant de Sénèque ; Lucilius Bassus, chargé par Vitellius, en 70, du commandement des flottes de Ravenne et de Misène (6) et qui presque immédiatement, trahissant son protecteur, embrassa le parti de Vespasien (7). Les inscriptions de la période impériale mentionnent un grand nombre de Lucilius. Plusieurs de ces inscriptions appartiennent à la Gaule ; deux sont conservées au musée de Vienne (Isère) ; ce sont les épitaphes de Lucilius Metrobius (8) et de A. Lucilius Cantaber (9).

Le primitif *Luciliacus* explique, outre le nom de Luzillé (Indre-et-Loire), celui de Luzillat (Puy-de-Dôme).

LULIACUS est le nom d'une *curtis* qui aurait été donnée à l'abbaye de Saint-Maurice en Valais, par Sigismond, roi des Burgondes, en 523. Ce diplôme est faux ; mais il a été

---

(1) Teuffel, *Geschichte der rœmischen Literatur*, 3° édit., p. 232 et suiv.
(2) Les deux plus connus sont les deux Lucilius Balbus appelés l'un Lucius, l'autre Quintus, le premier jurisconsulte, le second philosophe, sur lesquels on peut voir Teuffel, *Geschichte der rœmischen Literatur*, 3° édit., p. 250, 251, 264.
(3) *De bello civili*, livre I, c. 15 ; liv. III, c. 82.
(4) Tacite, *Annales*, livre IV, c. 15.
(5) *Ibid.*
(6) *Ibid.*, *Histoires*, livre II, c. 100.
(7) *Ibid.*, *Histoires*, livre III, c. 12, 36, 40.
(8) Allmer, *Inscriptions de Vienne*, t. I, p. 337.
(9) *Ibid.*, t. II, p. 269. Cf. C. I. L., XII, 447, 456, 1203, etc.

fabriqué fort anciennement (1). Un autre *Luliacus*, dépendance de l'archevêché de Reims et où Louis, roi de Germanie, aurait séjourné en 841, est mentionné par Hincmar dans sa vie de saint Remi (2). *Luliacus* paraît tenir lieu d'un plus ancien *Lolliacus*.

Lollius, dont *Lolliacus* est dérivé, est un gentilice romain dont les exemples sont nombreux. On a relevé l'indication d'au moins sept Lollius dans les œuvres de Cicéron. Au commencement de l'empire, en l'année 21 avant notre ère, M. Lollius jouit des honneurs du consulat ; c'est une des causes qui, vers cette époque, le firent chanter par Horace (3); cinq ans plus tard, en l'an 16, il devint légat de l'empereur Auguste en Germanie, et il s'y fit battre par les Sicambres, les Usipètes et les Tenctères (4), défaite honteuse, dit Suétone (5). C'est peut-être à l'influence de M. Lollius qu'est due la présence du nom de C. Lollius dans une inscription de la Gaule, à Crombach (Prusse rhénane) (6). Le potier Lollius, dont on a trouvé la marque dans diverses parties de l'empire romain, était peut-être Gaulois (7).

Leuilly (Aisne); Loeuilly (Somme); et Loeuilly (Haute-Saône), sont chacun un ancien *fundus Lolliacus*. Pour le premier on trouve, au douzième siècle, l'orthographe *Luliacum*, *Luilliacum*, *Lulliacum* avec $u = o$ comme dans le *Luliacus* des textes les plus anciens.

LUPIACUS, dans un diplôme faux de Clovis Ier pour l'ab-

---

(1) Pardessus, *Diplomata*, t. I, 71.
(2) Dom Bouquet, V, 432 c; VII, 345 e.
(3) Horace, *Carmina*, livre IV, 9, vers 30 et suiv.
(4) Dion Cassius, livre LIV, c. 20; Cougny, *Extraits des auteurs grecs*, t. IV, p. 470.
(5) Suétone, *Auguste*, c. 23.
(6) Brambach, 389. Cf. *C. I. L.*, XII, 4174; 5686, 489.
(7) Les inscriptions funéraires de Rome fournissent de nombreux *Lollius* (*C. I. L.*, VI, 21443-21497).

baye de Saint-Pierre-le-Vif de Sens (1), est aujourd'hui Loupiac (Cantal). Un autre *Lupiacus* est mentionné parmi les propriétés de Saint-Martin de Tours dans un diplôme donné par Charlemagne en 775 (2). Un troisième *Lupiacus* est une *villa* située en Limousin et dans laquelle était située une propriété qu'un certain Avitus donna, en 891, à l'abbaye de Beaulieu (Corrèze) (3).

Lupiacus est peut-être une variante d'un plus ancien * *Loppiacus*. Les noms de L. Loppius Proculus nous ont été fournis par une inscription de Pompéi (4).

Il y a en France cinq communes du nom de Loupiac, outre celle dont nous venons de parler; elles sont situées dans les départements de l'Aveyron, de la Gironde, du Lot et du Tarn. Il y a deux Loupiac dans la Gironde, un seul dans chacun des trois autres départements; Louchy (Allier) a probablement la même origine. Loupian (Hérault), appelé *Lupianus* en 990 dans le testament de Guillaume, vicomte d'Agde (5), nous offre la forme romaine du gallo-romain *Luppiacus* pour * *Loppiacus*. Les trois Louppy du département de la Meuse ont la même origine : inutile de supposer un plus ancien * *Loppeiacus* dérivé d'un gentilice perdu * Loppeius (6).

MAGNIACUS est donné à l'abbaye de Saint-Pierre-le-Vif de Sens dans un diplôme faux qui serait émané, en 569 de Theudechilde, fille de Clovis (7) ; il s'agit probablement

---

(1) Pardessus, *Diplomata*, t. I, p. 39; Pertz, *Diplomatum imperii tomus primus*, p. 117, ligne 15.

(2) Dom Bouquet, V, 737 b. Cf. Mabille, *La pancarte noire de Saint-Martin de Tours*, p. 69, n° XVIII; p. 106, n° LXXIX; p. 151, n° 18; p. 227. Sickel, *Acta Karolinorum*, t. II, p. 27, n° 42.

(3) M. Deloche, *Cartulaire de Beaulieu*, p. 210.

(4) *C. I. L.*, X, p. 1064, col. 3. De-Vit, *Onomasticon*, IV, 217, propose un gentilice Lupius.

(5) Martene, *Thesaurus novus anecdotorum*, t. I, col. 180. Cf. Eugène Thomas, *Dictionnaire topographique du département de l'Hérault*, p. 98.

(6) La plus ancienne orthographe connue est Lopei, Lopeium. Liénard, *Dictionnaire topographique du département de la Meuse*, p. 134.

(7) Pertz, *Diplomatum imperii tomus primus*, p. 133, ligne 26.

de Magny (Yonne), mentionné sous le même nom dans une charte de 864 (1). Un autre acte faux attribué à Louis le Débonnaire prétend que Charlemagne aurait fait à l'abbaye de Micy présent de l'église dite *Magniacus*, en Limousin (2). En 835, un diplôme authentique de Pépin I*er*, roi d'Aquitaine, en faveur de l'abbaye de Mont-Olieu (Aude), met dans le *pagus Tolosanus* une *villa Magniacus* (3). En 845, un diplôme de Charles le Chauve compte, parmi les propriétés de l'abbaye de Marmoutiers, une *villa Magniacus* (4). Un diplôme du même roi, donné le 20 décembre 858, est daté de *Magniacus*, *vicus* situé dans le comté de Nevers (5). Trois *Magniacus* apparaissent au dixième et au onzième siècle dans les chartes relatives au département de Maine-et-Loire (6). Une *Magniacus villa* figure trois fois dans le cartulaire de Savigny (Rhône) (7).

Magnius, d'où vient *Magniacus*, est un gentilice qui existait déjà au temps de la république romaine, comme l'atteste une inscription de Spolète, où l'on a lu les noms de l'affranchi L. Magnius Alaucus qui exerçait dans cette ville le métier de foulon (8). On a trouvé en Espagne l'épitaphe de C. Magnius Martialis (9) et une inscription en l'honneur du procurateur P. Magnius Rufus Magonianus (10). Une inscription de Trévise provient de la tombe élevée par Magnius Semnus à sa mère (11). Le même gentilice se rencontre dans les inscriptions funéraires de Rome (12).

Magniacus, dérivé de Magnius, est devenu dans le midi

---

(1) Quantin, *Dictionnaire topographique du département de l'Yonne*, p. 75.
(2) Dom Bouquet, VI, 556 *b*.
(3) *Ibid.*, VI, 673 *b*.
(4) *Ibid.*, VIII, 474 *e*.
(5) *Ibid.*, VIII, 552.
(6) Port, *Dictionnaire de Maine-et-Loire*, t. II, p. 637-639.
(7) Aug. Bernard, *Cartulaire de Savigny*, p. 147, 262, 269.
(8) *C. I. L.*, I, 1406.
(9) *Ibid.*, II, 1706.
(10) *Ibid.*, II, 2029.
(11) *Ibid.*, V, 2137.
(12) *Ibid.*, VI, 21848-21853.

de la France Magnac ou Manhac. Les communes appelées Magnac sont au nombre de quatre, deux dans la Charente, deux dans la Haute-Vienne. Il y a une commune de Manhac (Aveyron). Dans le nord-ouest, nous trouvons deux Magné (Deux-Sèvres, Vienne); dans le centre, le nord et le nord-est, vingt-sept communes de Magny réparties entre les départements suivants : Aisne, Doubs, Eure-et-Loir, Indre, Orne, Seine-et-Marne, Vosges, Yonne, chacun une ; Nièvre, Seine-et-Oise, chacun deux; Calvados, trois; Haute-Saône, cinq; Côte-d'Or, sept. A l'est de Lyon, *Magniacus* devient Magnieu (Ain). Il y a donc en France trente-cinq noms de communes qui s'expliquent par un primitif *Magniacus*. On peut ajouter Montmagny (Seine-et-Oise), *mons Magniacus* dans une charte de la fin du onzième siècle (1). La variante romaine *Magnianus* est représentée par Magnan (Gers), et par Magnien (Côte-d'Or).

MALLIACUS, plus tard Maillé, puis du nom de ses ducs, depuis le dix-septième siècle, Luynes, avait, au temps de Grégoire de Tours, c'est-à-dire au sixième siècle, un monastère entouré de vieux édifices en ruines (2). Un autre *Malliacus*, situé dans le Berry, à deux milles du Cher, apparaît dans un diplôme faux que le roi Dagobert Ier aurait donné à l'abbaye de Saint-Denis, en 635 (3). Un troisième *Malliacus*, au pays d'Arcis (Aube), fut donné à la cathédrale de Châlons-sur-Marne par un bienfaiteur dont Charles le Chauve confirma la libéralité en 859 (4).

Mallius est un gentilice souvent confondu avec Manlius. Cn. Mallius fut consul l'an 105 avant notre ère. L'ortho-

---

(1) Robert de Lasteyrie, *Cartulaire de Paris*, p. 151.
(2) Grégoire de Tours, *De gloria confessorum*, c. 21, chez Bordier, *Les livres des miracles*, t. II, p. 384; édit. Arndt et Krusch, p. 760, l. 18. Cf. Longnon, *Géographie de la Gaule au sixième siècle*, p. 277.
(3) Pardessus, *Diplomata*, t. II, p. 36. Pertz, *Diplomatum imperii tomus primus*, p. 155, ligne 43.
(4) H. d'Arbois de Jubainville, *Pouillé du diocèse de Troyes*, p. 312. Cf. Boutiot et Socard, *Dictionnaire topographique du département de l'Aube*, p. 90.

graphe exacte de son nom, — écrit Manlius et Manilius chez certains auteurs, tandis que d'autres écrivent Mallius (1), — est donnée par une inscription de Pouzzoles, aujourd'hui conservée au musée de Naples, en tête de laquelle on lit : P Rutilio, Cn Mallio cos (2). Cicéron, dans son discours *pro Cn. Plancio*, parle de Cn. Mallius avec le plus profond mépris : C'était, dit-il, un homme sans mérite ni talent et d'une vie honteuse (3). Un autre Mallius était centurion et partisan de Catilina (4). Ce gentilice se rencontre dans les inscriptions de l'époque impériale : on a trouvé à Worms une dédicace à Jupiter par Mallius Fofio (5); deux inscriptions d'Espagne nous fournissent les noms de l'affranchie Mallia Galla (6) et de P. Malius Fortunatus (7). Dans ce dernier monument, Malius est écrit avec une seule *l*; on trouve la même orthographe dans l'épitaphe de Malia Severa, récemment trouvée à Allègre (Gard) (8).

Outre le nom de Mailly (Aube), dont nous avons parlé déjà, *Malliacus* a donné à la France moderne les noms de communes suivants : trois Maillé (Indre-et-Loire, Vendée, Vienne); un Mailley (Haute-Saône); huit Mailly : les départements de la Côte-d'Or, de la Marne, de Meurthe-et-Moselle, de Saône-et-Loire en possèdent un chacun; il y en a deux dans la Somme et autant dans l'Yonne; en ajoutant Mailhac (Aude), et Mailhac (Haute-Vienne), on trouve en France seize communes dont le nom remonte à un primitif *Malliacus*. Maillanne (Bouches-du-Rhône) est une ancienne *villa Malliana*. Une charte de Ravenne, écrite vers l'année 700, nous offre un *fundus Mallianus* (9).

(1) *C. I. L.*, t. I, p. 536-537.
(2) *Ibid.*, t. I, n° 577 ; t. X, n° 1781.
(3) *Pro Cn. Plancio*, c. 5, § 12.
(4) *Première Catilinaire*, c. 3, § 7. Cf. Salluste, *Catilina*, c. 30.
(5) Brambach, 881.
(6) *C. I. L.*, II, 558.
(7) *Ibid.*, II, 4970, 292.
(8) Allmer, *Revue épigraphique*, t. II, p. 78, n° 515. Cf. *C. I. L.*, XII, 4466.
(9) Fantuzzi, *Monumenti Ravennati*, t. I, p. 62.

MANCIACUS, nom d'une *villa* donnée à la basilique de Saint-Germain du Mans, en 615, par le testament de l'évêque Bertramne (1), a dû s'écrire primitivement * *Mantiacus*.

Ce nom de lieu dérive du gentilice Mantius. Sur une pierre découverte près de Vintimille, on lit les noms de Q. Mantius Placidus, édile, duumvir, et prêtre de Lanuvium (2). A Saint-Pons (Alpes-Maritimes) se trouve l'épitaphe de G. Mantius Paternus, *duumvir* et flamine (3). Le musée de Tebessa, en Algérie, possède une inscription qui contient une dédicace à Jupiter, et dans laquelle on lit le nom de Q. Mantius (4). Il existe à Lambessa l'épitaphe de la femme du légionnaire Mantius Hispanus faite aux frais de L. Mantius Caecilianus, son fils (5) et l'épitaphe de L. Mantius Victorinus (6).

Mantiacus est probablement la forme primitive du nom des communes de Maincy (Seine-et-Marne), Mancey (Saône-et-Loire), Mancy (Marne).

* MARCELLIACUS, dont le dérivé *Marcelliacenses* se lit dans un diplôme attribué à Domnolus, évêque du Mans au sixième siècle, — diplôme certainement interpolé (7), — se rapporte probablement dans ce texte à Marcillé (Mayenne). On trouve plus souvent *Marcilliacus* ou *Marciliacus*.

Ainsi une vie de saint Didier, évêque de Cahors, écrite au septième siècle, raconte la fondation de l'abbaye de Marcillac qu'elle appelle *Marcilliacense coenobium* (8). En 834, un diplôme de Louis le Débonnaire nous montre, aux environs

---

(1) Pardessus, *Diplomata*, t. I, p. 209.
(2) *C. I. L.*, V, 7814.
(3) *Ibid.*, V, 7913.
(4) *Ibid.*, VIII, 1839.
(5) *Ibid.*, VIII, 2939.
(6) *Ibid.*, VIII, 3886. Cf. XII, 708, 2717.
(7) Pardessus, *Diplomata*, t. I, p. 134.
(8) Dom Bouquet, III, 531 c.

de Langres une *villa* appelée *Marcilliacus* (1), aujourd'hui Marcilly (Haute-Marne).

Marciliacus est le nom d'une dépendance de l'abbaye de Moissac, dans un diplôme de Pépin II, roi d'Aquitaine, en 844 (2). En 867, un diplôme de Charles le Chauve mentionne une *villa Marciliacus* parmi les localités où l'abbaye de Saint-Amand de Tournay était propriétaire (3).

De ces trois orthographes, *Marcelliacus*, *Marcilliacus* et *Marciliacus*, la plus ancienne est *Marcelliacus*. Ce nom dérive du gentilice assez rare Marcellius qui, lui-même, est dérivé du *cognomen* Marcellus illustré par plusieurs membres de la *gens* Claudia. Le musée de Milan possède une dédicace à Hercule par Q. Marcellius Rufinus (4). Une inscription de Novare nous fournit les noms de Marcellius Marcellinus (5). Ce gentilice apparaît au génitif Marcellii dans une inscription de Milan (6). On a trouvé à Echagnieu l'épitaphe de Marcellia Catta posée par ordre de son père et de sa mère Marcellius Ingenuus et Marcellia Petroniana (7).

Marcelliacus est devenu en France Marcillac, Marcillat, Marcillé, Marcilly et Marsilly. Il y a sept communes de Marcillac, savoir : deux dans la Corrèze, et une dans chacun des cinq départements de l'Aveyron, de la Charente, de la Dordogne, de la Gironde et du Lot; deux communes de Marcillat, l'une dans l'Allier, l'autre dans le Puy-de-Dôme; trois communes de Marcillé dont une dans la Mayenne et deux dans l'Ille-et-Vilaine; dix-sept communes de Marcilly dans les départements suivants, savoir : Côte-d'Or, Eure, Loir-et-Cher et Saône-et-Loire qui en

---

(1) Dom Bouquet, VI, 595 *e.* Cf. Sickel, *Acta Karolinorum*, t. II, p. 183, n° 322.
(2) Dom Bouquet, VIII, 357 a.
(3) Dom Bouquet, VIII, 604 a.
(4) C. I. L., t. V, p. 1085, n° 5642.
(5) *Ibid.*, V, 6543 a.
(6) *Ibid.*, V, 6038.
(7) Allmer, *Inscriptions de Vienne*, t. III, p. 449.

contiennent chacun deux; Aube, Cher, Indre-et-Loire, Isère, Loire, Loiret, Manche, Haute-Marne, Rhône, Seine-et-Marne qui en contiennent une chacun. Marsilly (Charente-Inférieure) a la même origine; cela fait trente communes dont le nom primitif est *Marcelliacus*. Les trois communes de Marseillan (Gers, Hérault, Hautes-Pyrénées) doivent être d'anciens *fundi Marcelliani*, avec la désinence romaine *-anus* au lieu de la désinence gallo-romaine *-acus*. On trouve la variante *fundus Marcilianus* dans une charte de Ravenne, au neuvième siècle (1).

De *MARCIACUS dérive l'adjectif *marciacensis*, épithète de *domus*, et qui, chez Grégoire de Tours, désigne une localité de l'Auvergne; il s'y trouvait une chapelle de la Vierge où l'historien Grégoire de Tours raconte qu'il alla prier (2); c'est aujourd'hui Marsat (Puy-de-Dôme) (3), qu'on reconnaît aussi dans la *villa Marciagus... in pago Arvernico*, d'un diplôme de Pépin Ier, roi d'Aquitaine, en 828 (4) et dans le *Marciacus* d'un diplôme de Charles le Chauve en 869 (5). Une *villa Marciacensis*, comme nous l'apprend Grégoire de Tours, était de son temps située dans le territoire de Bordeaux, et avait une église dédiée à saint Martin, elle a été reconnue identique à Marsas (Gironde) (6). Un *ager Marciacensis*, en Mâconnais, figure d'abord en 898, et plusieurs fois ensuite au dixième siècle, dans les chartes de l'abbaye de Cluny (7), c'est Saint-Jean de Merzé, commune de Cortambert. Une charte du dixième siècle provenant de

---

(1) Fantuzzi, *Monumenti Ravennati*, t. I, p. 55. Cf. ci-dessus, p. 145.

(2) *De gloria martyrum*, c. 9; Bordier, *Les livres des miracles*, t. I, p. 28, 29; chez Arndt et Krusch, c. 8. p. 493, l. 20.

(3) Longnon, *Géographie de la Gaule au sixième siècle*, p. 504.

(4) Dom Bouquet, VI, 666 e.

(5) *Ibid.*, VIII, 613 b.

(6) *De virtutibus sancti Martini*, livre III, c. 33; chez Bordier, *Les livres des miracles*, t. II, p. 234; Arndt et Krusch, p. 640, l. 16. Cf. Longnon, *Géographie de la Gaule au sixième siècle*, p. 547.

(7) Bruel, *Recueil des chartes de l'abbaye de Cluny*, t. I, p. 72-73, 186 209, 226, 227.

la même abbaye mentionne une *Marciacus villa* au comté de Châlon-sur-Saône (1). Dans les textes de la basse latinité, il n'y a pas de distinction à faire entre l'orthographe *Marciacus* par un *c* qu'on trouve dans les documents précités et l'orthographe *Martiacus* par un *t* qu'on rencontre dans la *vie* de saint Melaine, évêque de Rennes, contemporain du roi Clovis Ier : dans cette *vie*, *Martiacus* est le nom d'un *castrum* situé dans le Vannetais (2); on prononce aujourd'hui Marsac; c'est un village qui fait partie de la commune de Carentoir (Morbihan) (3). *Martiacus* est aussi, en 993, dans les titres de la cathédrale d'Autun, le nom d'un village du département de la Côte-d'Or, Mercey, commune de Saint-Prix-lès-Arnay (4).

Le *Marciacus* ou *Martiacus* du moyen âge dérive du gentilice *Marcius* ou du gentilice *Martius*.

On trouve dans les textes latins ces deux gentilices. Marcius est le plus ancien des deux; il dérive du prénom Marcus et il est le seul qu'on rencontre dans les inscriptions antérieures à la période impériale (5). Parmi les nombreux *Marcius* dont l'histoire de la république romaine nous a conservé le souvenir, nous citerons C. Marcius Rutilus, quatre fois consul, de l'an 357 à l'an 342 avant J.-C. Il était d'origine plébéienne, ce qui ne l'empêcha pas d'être élevé à la dictature et d'être élu censeur, dignités auxquelles aucun plébéien n'était parvenu avant lui (6). Il obtint deux fois les honneurs triomphaux (7). Un autre C. Marcius Rutilus, consul en 310 (8), fut nommé pontife en 300 (9); censeur quelques années plus tard, il fit avec

---

(1) Bruel, *Recueil*, t. I, p. 965.
(2) Dom Bouquet, t. III, p. 395.
(3) Longnon, *Atlas historique de la France*, texte explicatif, 1re livraison. p. 29.
(4) Garnier, *Nomenclature historique*, p. 75, n° 314.
(5) Voyez les exemples réunis dans le *C. I. L.*, t. I, *index*, p. 585, col. 3.
(6) Tite-Live, livre VII, c. 16, 17, 21, 22, 28, 38. Cf. *C. I. L.*, t. I, p. 510-513.
(7) *C. I. L.*, t. I, p. 455.
(8) Tite-Live, livre IX, c. 33.
(9) *Ibid.*, livre X, c. 9.

son collègue le dix-neuvième recensement de la population de Rome. C'était en 293 (1). Un autre membre de la *gens* Marcia, Q. Marcius Tremulus, consul en 306, battit les Herniques, et obtint les honneurs du triomphe (2). A une date moins éloignée, Q. Marcius Philippus fut deux fois élevé au consulat : la première en 186, la seconde en 169 (3); battu honteusement par les Ligures, il laissa son nom au théâtre de sa défaite, *saltus Marcius* (4); il y a une monnaie romaine frappée à son nom (5). D'autres monnaies portent le nom de C. Marcius Censorinus, consul l'an 8 avant J.-C. (6).

Le gentilice *Marcius* est des plus répandus dans les inscriptions du temps de l'empire. On en a trouvé, sans compter les femmes, vingt-sept exemples en Espagne, trente-neuf en Afrique, quatre en Grande-Bretagne. On le rencontre aussi en Gaule; le musée de Lyon possède une inscription que Q. Marcius Donatianus fit graver en l'honneur d'un procurateur des provinces de Lyonnaise et d'Aquitaine; il était attaché à ce personnage en qualité d'*eques cornicularius* (7). Une inscription de Grésy-sur-Isère (Savoie), est l'épitaphe que s'est fait graver de son vivant T. Marcius Taurinus, tribun militaire de la sixième légion *victrix* (8). On a trouvé à Marseille l'épitaphe de D. Marcius Ingenuus et de Marcius Lenaeus (9); aux Vans, celle de D. Marcius Félix (10); à Nimes, celle de C. Marcius Philologus (11) et de C. Marcius Cosmio (12); à Narbonne,

---

(1) Tite-Live, livre X, c. 47.
(2) *Ibid.*, livre IX, c. 42, 43. *C. I. L.*, t. I, p. 456, 515.
(3) *Ibid.*, livre XXXIX, c. 6; l. XLIII, c. 13. *C. I. L.*, t. I, p. 526-529.
(4) *Ibid.*, livre XXXIX, c. 20.
(5) *C. I. L.*, t. I, p. 133, n° 354.
(6) *Ibid.*, p. 137, n° 432; cf. p. 546, 547. Cf. XII, 2623.
(7) Boissieu, *Inscriptions de Lyon*, p. 236.
(8) Allmer, *Inscriptions de Vienne*, t. II, p. 229; *C. I. L.*, XII, 2456.
(9) *C. I. L.*, XII, 450-451.
(10) *Ibid.*, 2717.
(11) *Ibid.*, 3251.
(12) *Ibid.*, 3991.

celles de M. Marcius Rufus (1), de P. Marcius Alexander (2), de S. Marcius Anteros (3). Les noms de Marcius Modestus sont conservés par une inscription de Gebensdorf, en Suisse (4). On a trouvé près d'Aix-la-Chapelle une inscription qui rappelait la construction d'un temple par L. Marcius Similis (5). Le musée de Bonn a une inscription qui provient des environs de Cologne et constate l'acquittement d'un vœu par L. Marcius Verecundus, légionnaire (6).

Quelques inscriptions nous offrent l'orthographe Martius. Telle est, en Alsace, celle qui nous apprend que Q. Martius Optatus avait, par son testament, fait élever une colonne et une statue pour rendre honneur à la maison impériale, au génie du *vicus Canabbarum* et aux *vicani Canabbenses* (7). Des inscriptions du musée de Mayence conservent les noms de Martius Marcellus (8) et de Martius Severus (9). Il existe au musée de Bonn une inscription datée de l'an 230 et qui est une dédicace à Jupiter par Martius Victor, porte-étendard de la légion trente *Severiana Alexandria* (10). Une épitaphe de Virieu-le-Grand (Ain) a été gravée par l'ordre de Martius Saturnus (11). Une inscription d'Arles fournit les noms de Martius Victor (12), une de Narbonne, celle de Martius Diogenes (13).

L'orthographe Martius ne peut s'expliquer dans les textes les plus anciens que par un dérivé du nom du dieu Mars ; car dans les monuments de la bonne latinité la confusion entre les groupes *ciu* et *tiu* est impossible. Il semble

---

(1) *C. I. L.*, XII, 4365.
(2) *Ibid.*, 4685.
(3) *Ibid.*, 4978.
(4) Mommsen, *Inscriptiones helveticae*, n° 254.
(5) Brambach, n° 637.
(6) *Ibid.*, n° 541.
(7) *Ibid.*, n° 1891. Cf. *C. I. L.*, t. III, p. 183, n° 1008.
(8) *Ibid.*, n° 1330.
(9) *Ibid.*, n° 1331 a.
(10) *Ibid.*, n° 202.
(11) Allmer, *Inscriptions de Vienne*, t. III, p. 399.
(12) *C. I. L.*, XII, 850.
(13) *Ibid.*, 4983.

difficile d'admettre que cette confusion ait été faite dans l'inscription d'Iglitza, aujourd'hui à la Bibliothèque Nationale de Paris ; cette inscription a été gravée entre les années 161 et 169 : nous y lisons les noms d'un lieutenant impérial, au génitif Marti Veri ; il s'agit de P. Martius Verus qui fut consul en 179 (1).

De *Marciacus* ou *Martiacus* viennent les noms de communes suivants : Marçay (Indre-et-Loire), Marçay (Vienne); Marcé (Indre-et-Loire), Marcé (Maine-et-Loire), Marcé (Manche); Marcey (Orne); Marciac (Gers); Marcieu (Isère); Marcieux (Savoie); deux Marcy dans l'Aisne, autant dans le Rhône, un dans la Nièvre; sept Marsac (Charente, Creuse, Dordogne, Loire-Inférieure, Puy-de-Dôme, Hautes-Pyrénées, Tarn-et-Garonne); trois Marsas (Drôme, Gironde, Hautes-Pyrénées); Marsac (Tarn); Maxey-sur-Vaize (Meuse), appelé Marcey au quatorzième siècle (2); Maxey-sur-Meuse (Vosges); deux Mercy (Meurthe-et-Moselle) et un Mercy (Lorraine allemande), pour lesquels on a l'orthographe plus ancienne *Marciacus* et *Marceium* (3). On peut rattacher à la même origine Mercy (Allier), Mercy (Yonne), et les trois Mercey de l'Eure, du Doubs et de la Haute-Saône. Nous avons ainsi en France trente quatre noms de communes qui supposent un primitif *Marciacus* ou *Martiacus*.

La forme romaine de cet adjectif, *marcianus* ou *martianus* se rencontre au féminin singulier, *Marciana villa*, dans deux documents conservés par les archives de Saint-Victor de Marseille, l'un de 814 (4), l'autre du dixième siècle (5). Elle nous est donnée, à l'accusatif féminin pluriel, par le nom de Marchiennes (Nord), *villas* ou *domos Marcianas;*

---

(1) *C. I. L.*, III, 6169.
(2) Liénard, *Dictionnaire topographique du département de la Meuse*, p. 145.
(3) Bouteiller, *Dictionnaire topographique du département de la Moselle*, p. 165, 166.
(4) Guérard, *Cart. de Saint-Victor*, t. II, p. 636.
(5) *Ibid.*, t. I, p. 309.

à l'accusatif masculin singulier, par Marsan (Gers), *fundum Marcianum* ou *Martianum* : les deux se lisent dans les chartes de Ravenne (1).

Les Romains disaient aussi, comme nous l'apprend Tite-Live, *saltus Marcius*, en transformant le gentilice en adjectif, et en le faisant accorder avec un nom commun. Maixe (Meurthe-et-Moselle), dont la prononciation vulgaire est Mâche, en donnant à *ch* le son de gutturale spirante, s'est écrit Marches du douzième siècle au quinzième (2) et peut s'expliquer par un primitif *Marciae*, sous-entendu *domus* ou *villae*. L'*x* a, dans ce mot, la même valeur étymologique que dans Maxey-sur-Meuse et Maxey-sur-Vaize.

Le ligure *Marcioscus*, au dixième siècle *Marzoscus* (3), ne diffère que par le suffixe du gallo-romain *Marciacus* et du latin *Marcianus*.

MARIACUS est le nom d'une *villa* où Raoul, archevêque de Bourges, avait des propriétés qu'il donna à l'abbaye de Dèvre, près Vierzon (Cher), comme nous l'apprend un diplôme de Charles le Chauve (4). Un lieu appelé *Mariacus*, dans le pays de Nimes, est mentionné dans un diplôme de Charles le Chauve en 845 (5). Un autre *Mariacus*, situé, soit en Franche-Comté, soit en Suisse, soit dans les environs de Lyon, apparaît en 866 dans un diplôme de Lothaire, roi de Lorraine (6).

Mariacus est dérivé de Marius, gentilice romain, illustré par le vainqueur des Cimbres. Il fut usité en Gaule comme l'atteste le savant recueil des inscriptions antiques de Vienne par M. Allmer; on y voit réunis neuf exemples du nom Marius; trois sont fournis par une inscription du

---

(1) Fantuzzi, *Monumenti Ravennati*, t. I, p. 36.
(2) Lepage, *Dictionnaire topographique du département de la Meurthe*, p. 84.
(3) Guérard, *Cartulaire de Saint-Victor de Marseille*, t. I, p. 591.
(4) Dom Bouquet, t. VIII, p. 447 *b*.
(5) *Ibid.*, t. VIII, p. 467 *b*.
(6) *Ibid.*, t. VIII, p. 412 *d*.

musée de Vienne où sont mentionnés l'édile Sex. Marius Navus (1) et deux personnages dont la qualité n'est pas indiquée et qui s'appelaient tous deux D. Marius Martinus (2); à Aix-les-Bains on a conservé l'épitaphe de M. Marius Taracio (3); sur une épitaphe de Lyon on lit les noms de T. Marius Tiro (4), etc.

C'est de *Mariacus* que vient une partie des noms des communes appelées Mairé, Mairy, Maray, Marey, Mariac, Mérey, Méry. Ces communes sont au nombre de vingt-quatre, savoir : deux Mairé (Deux-Sèvres, Vienne); trois Mairy (Ardennes, Marne, Meurthe-et-Moselle); Maray (Loir-et-Cher); trois Marey, dont deux dans la Côte-d'Or et un dans les Vosges; Mariac (Ardèche); deux Méré (Seine-et-Oise, Yonne); trois Mérey, dont deux dans le Doubs, un dans l'Eure; neuf Méry, deux dans le Cher, un dans chacun des département de l'Aube, du Calvados, de la Marne, de l'Oise, de la Savoie, de Seine-et-Marne et de Seine-et-Oise. Plusieurs de ces noms de lieux ont pu perdre une dentale avant l'*r* et doivent en ce cas s'expliquer par un primitif *Matriacus*, écrit *Madriacus* dès l'époque mérovingienne, comme l'attestent les diplômes relatifs au *pagus Madriacensis*.

La forme latine correspondant à *Mariacus* est celle du *fundus Marianus*, qu'on trouve au Moyen Age dans les chartes de Ravenne (5).

MARINIACUS est une *curtis* située dans le royaume des Burgundes suivant un diplôme qui aurait été donné par le roi Sigismond en 523 et dont l'authenticité est contestée (6). En 667, Leodebodus, abbé de Saint-Aignan d'Orléans, donne à son abbaye une portion de terre appelée *Mari-*

---

(1) Allmer, *Inscriptions de Vienne*, t. II, p. 261.
(2) Allmer, *ibid.*, t. II, p. 261.
(3) Allmer, *ibid.*, t. III, p. 311.
(4) Allmer, *ibid.*, t. III, p. 29.
(5) Fantuzzi, *Monumenti Ravennati*, t. I, p. 19, 20.
(6) Pardessus, *Diplomata*, t. I, p. 70.

niacus et située dans le territoire de Bourges (1). Une *villa Mariniacus* est donnée à la cathédrale d'Autun, par saint Léger, évêque de cette ville, aux termes d'un testament qui daterait de 676, mais qui a dû être fabriqué au neuviéme siècle (2) ; ce *Mariniacus* enlevé à cette église lui est rendu en 883 par le roi Karloman (3) ; et le pape Jean X, dans une bulle de l'année 919, comprend *Mariniacus* parmi les propriétés de la cathédrale d'Autun (4) ; il s'agit probablement de Marigny (Saône-et-Loire). Un autre *Mariniacus* est mentionné dans l'acte de fondation de l'hôpital de Pont-sur-Seine par Alcuin, vers l'année 804 (5) ; c'est aujourd'hui Marigny-le-Châtel (Aube).

Mariniacus dérive de Marinius, gentilice romain, dérivé lui-même du surnom Marinus. Marinius, qu'on ne trouve pas à Rome dans les documents du temps de la république, se rencontre parfois en Gaule sous l'empire. On a recueilli à Vienne l'épitaphe du grammairien L. Marinius Italicensis dont le fils s'appelait Marinius Claudianus (6). A Lyon, a été découverte l'inscription du monument élevé par Marinius Demetrius à sa sœur Marinia (7). Un légionnaire d'origine probablement gauloise, L. Marinius Mariniacus, éleva sur la rive droite du Rhin, non loin de Mayence, une stèle en l'honneur de la maison impériale et du dieu gaulois Apollo Toutiorix (8).

C'est par un primitif *Mariniacus*, dérivé de Marinius, que s'expliquent probablement la plupart des trente-trois noms de communes suivants : cinq Marignac, dont deux dans la Haute-Garonne, et les trois autres dans la Cha-

---

(1) Pardessus, *ibid.*, t. II, p. 143.
(2) Pardessus, *ibid.*, t. II, p. 174.
(3) Dom Bouquet, IX, 430 c.
(4) *Ibid.*, IX, 215 a.
(5) Mabillon, *Acta sanctorum ordinis sancti Benedicti*, sect. IV, part. I, p. 177. Migne, *Patrologia latina*, t. C, col. 71 b; t. CI, col. 1432 c. Cf. Mabille, *La pancarte noire de Saint-Martin de Tours*, p. 153, 228.
(6) Allmer, *Inscriptions de Vienne*, t. II, p. 537.
(7) Boissieu, *Inscriptions antiques de Lyon*, p. 516.
(8) Brambach, n° 1529.

rente-Inférieure, la Drôme et Tarn-et-Garonne; deux Marigna (Haute-Garonne, Jura); deux Marigné (Maine-et-Loire, Sarthe); Marignier (Haute-Savoie); dix-sept Marigny; il y en a deux dans la Côte-d'Or, deux dans la Nièvre et deux dans la Vienne; un dans chacun des départements suivants : Aisne, Allier, Aube, Deux-Sèvres, Indre-et-Loire, Jura, Loiret, Manche, Marne, Saône-et-Loire, Haute-Savoie; trois Mérignac (Charente, Charente-Inférieure, Gironde); Mérignas (Gironde); deux Mérignat (Ain, Creuse); Mérigny (Indre).

Toutefois, parmi ces noms modernes, un certain nombre peut s'expliquer par un primitif *Matriniacus* (1), tout aussi bien que par *Mariniacus*.

En regard du gallo-romain *Mariniacus*, se place l'adjectif latin *marinianus* qui a été étudié plus haut (2).

De MARTINIACUS dérive l'adjectif *martiniacensis*, qui sert d'épithète à *villa*, dans un passage de Grégoire de Tours; là ces deux mots désignent une localité située près de Tours (3), aujourd'hui Martigny, commune de Fondettes (Indre-et-Loire) (4). Une autre villa *Martiniacus* est donnée par Hadoind, évêque du Mans, à la basilique Saint-Pierre et Saint-Paul de cette ville, en 642 (5). Une troisième localité appelée *Martiniacus*, située dans le Cotentin, est mentionnée dans un acte du commencement du huitième siècle qui nous a été conservé par le cartulaire de Saint-Florent-le-Vieil, au diocèse d'Angers (6).

---

(1) Marnay (Aube), appelé *Madriniacus* au neuvième siècle, est un antique *Matriniacus*. Boutiot et Socard, *Dictionnaire topographique du département de l'Aube*, p. 93. Il y a un *Madriniacus* dans le *Cartulaire de Beaulieu*, publié par M. Deloche; c'est Mayrinhac (Lot). Des exemples du gentilice *Matrinius* ont été recueillis par De-vit, *Onomasticon*, t. IV, p. 400.
(2) Voir ci-dessus, p. 164.
(3) *Gloria confessorum*, § 8; chez Bordier, *Les livres des miracles*, t. II, p. 358; chez Arndt et Krusch, p. 753, l. 16-17.
(4) Longnon, *Géographie de la Gaule au sixième siècle*, p. 279.
(5) Pardessus, *Diplomata*, t. II, p. 70.
(6) Pardessus, *ibid.*, t. II, p. 450.

Une monnaie mérovingienne porte en légende le nom de lieu *Martiniaco* (1). Plus tard *Martiniacus* est une des *villae* dans lesquelles l'église cathédrale du Mans a droit de dîme, suivant un diplôme donné par Charlemagne en 802 (2). Dans le pays de Nimes il y avait, en 845, une *colonica* appelée à la fois *Amantianicus* et *Martiniacus*, qui appartenait alors à l'abbaye de Psalmodi, suivant un diplôme de Charles le Chauve (3).

Le gentilice Martinius, d'où vient *Martiniacus*, est rare. On en a cependant recueilli quelques exemples. L'un nous est fourni par le cachet de l'oculiste Sp. Martinius Ablaptus, trouvé à Vieux (Calvados), et conservé au musée de Caen (4). Une femme, appelée Martinia Martiname, figure dans une inscription votive de l'an 276 de notre ère; ce monument a été découvert à Mayence, et il est conservé au musée de cette ville (5). Les noms de Mar[ti]nius Senocondus se lisent sur une table de marbre qui appartient au même musée (6). Une épitaphe trouvée à Lyon a été gravée par l'ordre d'une femme appelée Martinia Lea (7). Ce gentilice dérive du *cognomen* beaucoup plus fréquent, Martinus; un exemple du procédé nous est offert par une inscription de Worms : c'est l'épitaphe de C. Candidius Martinus; sa fille y est nommée; elle s'appelle Candidia sive Martinia Dignilla (8).

C'est par *Martiniacus* que s'expliquent en France quatorze noms de communes : Martigna (Jura); Martignas (Gironde); Martignat (Ain); trois Martigné (Ille-et-Vilaine,

---

(1) A. de Barthélemy, dans la *Bibliothèque de l'Ecole des chartes*, t. XXVI, p. 458.
(2) Dom Bouquet, V, 769 a; cf. Sickel, *Acta Karolinorum*, t. II, p. 67, n° 181.
(3) Dom Bouquet, VIII, 467 b.
(4) Héron de Villefosse et Thédenat, *Cachets d'oculistes romains*, t. I, p. 116, 117.
(5) Brambach, n° 1130.
(6) *Ibid.*, n° 1330.
(7) Boissieu, *Inscriptions de Lyon*, p. 424.
(8) Brambach, n° 904.

Maine-et-Loire, Mayenne); et huit Martigny, savoir : deux dans l'Aisne, deux dans les Vosges, et les quatre autres dans les quatre départements du Calvados, de la Manche, de Saône-et-Loire et de la Seine-Inférieure. Nous citerons hors de France Martigny (Valais). Quant à Martignac, variante méridionale de Martigny, rendue célèbre par un homme politique français qui donna son nom au ministère du 4 janvier 1828, ce n'est pas un nom de commune : le dictionnaire des postes indique deux Martignac ; ce sont deux hameaux, l'un du département de l'Ariège, l'autre de celui du Lot.

*MATRIACUS est le nom primitif d'une localité qui donna son nom au *pagus Madriacensis*, mentionné dans quelques documents du huitième siècle; tels sont : un jugement rendu par Pépin le Bref vers 751 (1), un diplôme de Karloman en 771 (2), deux diplômes donnés par Charlemagne, l'un en 774 (3), l'autre en 775 (4). Il est question de ce *pagus* dans divers documents postérieurs. *Matriacus*, plus tard *Madriacus* d'où *Madriacensis* dérive, est aujourd'hui Mérey (Eure) (5).

* *Matriacus* est dérivé de Matrius, gentilice rare qui nous est conservé par une inscription datée de l'an 714 de Rome, 50 av. J.-C., et trouvée à San-Gennano, près du mont Cassin ; elle nous apprend qu'à cette date L. Matrius était *duumvir juri dicundo* du municipe de Casinum (6). Mary, commune de Berzé (Saône-et-Loire) (7), Méré (Yonne) (8), et Mérey (Seine-et-Oise) (9), sont d'anciens *Matriacus* qui,

---

(1) Tardif, *Monuments historiques*, p. 45, col. 2.
(2) Dom Bouquet, V, 721 b. Sickel, *Acta Karolinorum*, t. II, p. 15, n° 12.
(3) Dom Bouquet, V, 726 e. Sickel, *ibid.*, t. II, p. 25, n° 33.
(4) Dom Bouquet, V, 734 a. Sickel, *ibid.*, t. II, p. 28, n° 45.
(5) Longnon, *Atlas historique de la France*, p. 99.
(6) *C. I. L.*, X, 5159.
(7) Ragut, *Cart. de Saint-Vincent de Mâcon*, p. 229.
(8) Quantin, *Dictionnaire topographique du département de l'Yonne*, p. 81.
(9) Longnon, *Atlas historique de la France*, p. 188.

au Moyen Age, se sont appelés *Madriacus*. C'est aussi à *Matriacus* que nous font remonter certainement Merry-la-Vallée et Merry-le-Sec (Yonne) (1); et probablement Merry-sur-Yonne, même département; Merrey (Aube); Merrey (Haute-Marne); Merry (Orne).

Matriolae, Marolles, est un autre dérivé du même gentilice.

MAURIACUS est le nom de la localité où Attila fut battu par Aétius, en 451; la première mention se trouve dans une loi burgunde écrite probablement entre 488 et 490 (2); une seconde mention apparaît au siècle suivant chez Grégoire de Tours (3); nous en lisons une troisième au septième siècle dans la compilation connue sous le nom de Frédégaire (4); on a émis l'hypothèse que ce *Mauriacus* devait être reconnu dans Moirey, qui a été au Moyen Age le chef-lieu d'une paroisse au diocèse de Troyes; son emplacement est aujourd'hui compris dans le territoire de la commune de Dierrey-saint-Julien (Aube) (5). Un autre *Mauriacus*, que l'on croit être Mory (Seine-et-Marne), commune de Mitry, est compris, en 982, dans une liste des domaines de la cathédrale de Paris (6). *Mauriacense ministerium*, mentionné en 920, est Mauriac, commune de Saint-Léons (Aveyron) (7). Mauriac (Cantal), avait une abbaye appelée en 948 *S. Petrus Mauriacensis* dans le Cart. de Beaulieu (8).

Mauriacus dérive de *Maurius*, gentilice conservé par une

---

(1) Quantin, *Dictionnaire topographique du département de l'Yonne*, p. 81, 82.

(2) *Lex Burgundionum*, t. XVII, § 1, chez Dom Bouquet, IV, 261 c. Pertz, *Leges*, t. III, p. 540, l. 10; cf. Binding, *Das burgundisch-romanische Koenigreich*, t. I, p. 26, 45, 46.

(3) *Historia Francorum*, livre II, c. 7, chez Dom Bouquet, t. II, p. 162 a; Arndt, p. 69, l. 15.

(4) Dom Bouquet, II, 462 d; Krusch, p. 73, l. 25.

(5) Longnon, *Géographie de la Gaule au sixième siècle*, p. 334-340.

(6) *Cartulaire de Notre-Dame de Paris*, t. I, p. 275; t. IV, p. 396, 401.

(7) Molinier, *Géographie historique de la province de Languedoc*, col. 178.

(8) Deloche, *Cart. de Beaulieu*, p. 193.

inscription d'Aïn-Temuschent, en Algérie, qui est l'épitaphe d'un personnage appelé Maurius Cocidius (1). *Maurius* vient lui-même de *Maurus*, surnom plus fréquent (2), qui a donné plusieurs autres dérivés employés comme surnoms, tels que *Maurinus* et *Maurentius*.

Mauriacus est la forme primitive de treize noms de communes : deux Mauriac (Cantal et Gironde); un Mauriat (Puy-de-Dôme); Moreac (Morbihan), appelé *Moriacum* dans un acte de l'année 1008 (3); quatre Morey (Côte-d'Or, Meurthe-et-Moselle, Haute-Saône, Saône-et-Loire); deux Mory (Oise, Pas-de-Calais); Moiré (Rhône); Moirey (Meuse); Moiry (Ardennes).

MELLIACUS est une *potestas* que Leodebodus, abbé de Saint-Aignan d'Orléans, raconte avoir achetée, et dont il fait donation par acte de l'année 667 (4); ce nom, qui doit ici désigner une localité située près d'Orléans, paraît identique à celui de *Miliacus*. *Miliacus* est un fisc royal du pays de Béziers; ce fisc devint propriété de l'abbaye d'Aniane, suivant un diplôme émané en 807 de Louis le Pieux, alors roi d'Aquitaine (5); sont à consulter, sur le même *Miliacus*, trois diplômes donnés par Louis le Pieux après son élévation à l'empire (6).

Melliacus, où l'*l* a été probablement doublée pour compenser l'abrégement de l'*e*, dérive, comme *Miliacus*, de Mælius, gentilice romain, connu à la fois par les auteurs et par les inscriptions.

En l'année 439 avant notre ère, le chevalier Sp. Maelius,

---

(1) *C. I. L.*, t. VIII, n° 9814.
(2) Voyez, par exemple, *C. I. L.*, VI, 22316, 22317.
(3) Rosenzweig, *Dictionnaire topographique du département du Morbihan*, p. 183.
(4) Pardessus, *Diplomata*, t. II, p. 144.
(5) Dom Bouquet, VI, 454 *b*; Sickel, *Acta Karolinorum*, t. II, p. 86, n° 2.
(6) 1° 814, Dom Bouquet, VI, 457 *a*; 2° 822, Dom Bouquet, VI, 527 *d*; 3° 837, Dom Bouquet, V, 616 a. Sickel, *Acta Karolinorum*, t. II, p. 86, 137, 194, n°ˢ 8, 177, 355.

un des plus riches habitants de Rome, fit distribuer du blé au peuple, et, accusé pour cette raison d'aspirer à la royauté, il fut tué par le maître de la cavalerie (1). P. Maelius, son fils, devint deux fois tribun militaire avec puissance consulaire : d'abord l'an 400, ensuite l'an 396 avant J.-C. (2). Q. Maelius était tribun du peuple en 320 (3).

Ce gentilice se répandit dans les provinces où nous le montrent les inscriptions du temps de l'empire. Telles sont en Espagne l'épitaphe de Maelia Tertulla (4) et celle qui était gravée sur le monument que Maelia Martialis avait élevé à sa mère (5). Sur une tuile trouvée près de Verceil, en Italie, on a lu les noms de M. Maelius Attiacus (6). En France, les noms de Maelia Secundina nous sont fournis par une inscription de Chazey (7) ; ceux de Cn. Maelius Pudens et de Cn. Maelius Flavus par une inscription de Camoins-les-Bains (Bouches-du-Rhône) (8).

Quelques monuments nous offrent l'orthographe *Melius*, par *e* au lieu d'*ae* : Melius Zosimus, à Lyon (9) ; Melius Martinianus, qui, étant augure de la colonie de Vienne (Isère), dédia à Mercure un autel conservé encore aujourd'hui près d'Amblagnieu (Isère) (10) ; Melia Anniana, dans une inscription de Zara (Dalmatie) (11) ; Q. Melius Auctus, dans une épitaphe recueillie près de Vérone (12).

Melliacus ou *Miliacus* pour *Maeliacus* est devenu en France Meilhac (Haute-Vienne) ; Meillac (Ille-et-Vilaine) ; Meilly (Côte-d'Or) ; Milhac, noms de deux communes de la

---

(1) Tite-Live, liv. IV, c. 13, 14.
(2) *C. I. L.*, t. I, p. 502.
(3) Tite-Live, liv. IX, c. 8.
(4) *C. I. L.*, II, 121.
(5) *Ibid.*, II, 385.
(6) *Ibid.*, V, 8110, 393.
(7) Allmer, *Inscriptions de Vienne*, t. III, p. 416.
(8) Allmer, *Revue épigraphique*, t. II, p. 78, n° 515.
(9) Boissieu, *Inscriptions de Lyon*, p. 513.
(10) Allmer, *Inscriptions de Vienne*, t. II, p. 285.
(11) *C. I. L.*, III, 2922.
(12) *Ibid.*, V, 3680.

Dordogne et d'une commune du Lot ; Millac (Vienne); Milly, nom de six communes (Manche, Meuse, Oise, Saône-et-Loire, Seine-et-Oise, Yonne).

MONTINIACUS, nom d'une villa donnée à l'église du Mans par l'évêque Bertramne en 615 (1), doit probablement être reconnu dans Montigné (Mayenne). Au même siècle, Berchaire, abbé de Montier-en-Der, avait une propriété dans une localité appelée *Montiniacus*, et située au sud-ouest de la Loire (2). Une monnaie mérovingienne a été frappée dans un lieu appelé *Montiniacus* que l'on suppose être Montignac (Creuse) (3). Une église Saint-Christophe de *Montiniacus* appartenait, en 819, à l'abbaye de Conques (Aveyron), comme nous le voyons par un diplôme de Louis le Débonnaire (4) ; c'est aujourd'hui Montignac, commune de Conques (Aveyron). En 830, une *villa Montiniacus*, située dans le pays de Meaux, appartenait à l'abbaye de Charroux (Vienne) ; on l'apprend par une confirmation émanée de Louis le Pieux et de Lothaire, son fils (5).

Avant de prononcer *Montiniacus*, on a dû dire *Montaniacus* en plaçant après le *t* un *a* qui s'est plus tard assimilé à l'*i* de la syllabe suivante. C'est l'orthographe de la chronique de Bèze écrite au douzième siècle, mais probablement à l'aide de documents plus anciens ; cette chronique désigne par le nom de *villa Montaniacus* (6) Montagny-lès-Seurre (Côte-d'Or) (7).

Montaniacus, dont *Montiniacus* est une variante, est un dérivé de Montanius, gentilice rare, mais dont l'existence

---

(1) Pardessus, *Diplomata*, t. I, p. 211.
(2) *Ibid.*, t. II, p. 159.
(3) A. de Barthélemy, dans la *Bibliothèque de l'Ecole des chartes*, vingt-sixième année, p. 459, n° 444.
(4) Gustave Desjardins, *Cartulaire de l'abbaye de Conques*, p. 410. Dom Bouquet, VI, 517 d. Sickel, *Acta Karolinorum*, t. II, p. 123, n° 135.
(5) Dom Bouquet, VI, 566 d. Sickel, *Acta Karolinorum*, t. II, p. 167, n° 271.
(6) Migne, *Patrologia latina*, t. CLXII, col. 866 a.
(7) Garnier, *Nomenclature historique des communes*, etc., *du département de la Côte-d'Or*, p. 200, n° 438 ; cf. p. 109, même numéro.

est constatée. On le trouve dans une inscription de la Dacie (1). Une épitaphe découverte à Milan nous fait connaître les noms de M. Montanius Primus (2); une inscription de Cagliari, en Sardaigne, ceux de Q. Montanius Pollio (3). Le gentilice Montanius est dérivé du *cognomen* Montanus, très fréquent dans les inscriptions. Ce surnom était déjà usité au siècle d'Auguste. Julius Montanus, poète élégiaque et en même temps épique, est mentionné par Ovide et par les deux Sénèque (4). De Montanus est dérivé *Montanacus*, aujourd'hui Montenay (Mayenne); Montanius a donné *Montaniacus, Montiniacus, Montanianus*.

De *Montaniacus* sont venus les vingt quatre noms de communes suivants : six Montagnac, savoir : deux dans la Dordogne, deux dans le Lot-et-Garonne, un dans les Basses-Alpes, un dans l'Hérault ; deux Montagna (Jura) ; un Montagnat (Ain); deux Montagney, un dans le Doubs, l'autre dans la Haute-Saône ; deux Montagnieu (Ain, Isère) ; onze Montagny, savoir : trois dans Saône-et-Loire, deux dans la Côte-d'Or, autant dans l'Oise, un dans chacun des départements de la Loire, du Rhône, de la Savoie et de la Haute-Savoie.

C'est par *Montiniacus* que s'expliquent les noms de quarante-neuf communes : sept Montignac, savoir : deux dans la Charente, autant dans Lot-et-Garonne; un dans la Dordogne, autant dans la Charente et les Hautes-Pyrénées; cinq Montigné, savoir : deux dans Maine-et-Loire, un dans chacun des trois départements de la Charente, de la Mayenne et des Deux-Sèvres ; quarante-neuf Montigny, savoir : six dans l'Aisne, cinq dans la Côte-d'Or, trois dans chacun des départements d'Eure-et-Loir, de la Nièvre et de Seine-et-Marne ; deux dans les Ardennes, autant dans le Jura, dans Meurthe-et-Moselle, dans la Meuse, dans le

---

(1) *C. I. L.*, t. III, n° 792.
(2) *Ibid.*, V, 6043.
(3) *Ibid.*, X, 7580.
(4) **Teuffel**, *Geschichte der rœmischen Literatur*, 3ᵉ édit., p. 539.

Nord, dans la Haute-Saône, dans Seine-et-Oise et dans la Somme ; un dans chacun des départements de l'Aube, du Calvados, du Cher, du Loiret, de la Manche, de la Haute-Marne, de la Marne, de l'Oise, du Pas-de-Calais, de la Sarthe, de la Seine-Inférieure, des Deux-Sèvres et de l'Yonne. Ainsi, au total, les noms de soixante-treize communes dérivent du gentilice Montanius.

La forme latine *fundus Montanianus* se rencontre dans une charte de Ravenne (1).

MUSCIACÆ est le nom d'un *vicus* qui avait une église ; et, dans cette église, un personnage arverne, nommé Nunninus, qui vivait dans la seconde moitié du sixième siècle, déposa une relique de saint Germain d'Auxerre ; c'était un fragment du tombeau de ce saint (2). *Musciacae*, sous-entendu *domus*, au masculin singulier *Musciacus*, sous-entendu *vicus*, et plus anciennement *fundus*, doit-être aujourd'hui Moissat (Puy-de-Dôme). Parmi les localités situées au sud-ouest de la Loire, et qu'en 673 Berchaire donna à l'abbaye de Montier-en-Der, se trouve un certain *Musciacus* (3). Un *monasterium Musciacum* fut l'objet des libéralités de Louis le Débonnaire (4) ; il était situé à Moissac (Tarn-et-Garonne).

Musciacus s'explique par le gentilice Mustius. Le chevalier romain C. Mustius fut défendu par Cicéron qui parle de lui dans les Verrines (5). C. Mustius Tettianus fit deux dédicaces, l'une à Jupiter, l'autre à Epona, qui ont été trouvées à Cilly en Styrie (6). Les inscriptions d'Afrique nous font connaître plusieurs Mustius : à Lambessa,

---

(1) Fantuzzi, *Monumenti Ravennati*, t. I, p. 29.
(2) Grégoire de Tours, *De gloria confessorum*, c. 41. Chez Bordier, *Les livres des miracles*, t. II, p. 422-425. Arndt et Krusch, p. 773, l. 20; cf. Longnon, *Géographie de la Gaule au sixième siècle*, p. 506-507.
(3) Pardessus, *Diplomata*, t. II, p. 159.
(4) Vie de ce prince par l'Astronome, chez Dom Bouquet, t. VI, p. 95 c. *Constitutio de monasteriis*, en 817, *ibid.*, 409 a.
(5) **Pauly**, *Real-Encyclopaedie*, t. V, p. 283.
(6) *C. I. L.*, III, 5175, 5176.

C. Mustius Fortunatus (1) ; à Sadjar, Q. Mustius (2); à Arsacal, G. Mustius Rusticus (3); à Beni-Ziad, A. Mustius (4). Mustius a donné le dérivé *Mustiacus* dont *Musciacus* n'est qu'une variante orthographique.

De *Musciacus* viennent les noms de communes suivants : trois Moissac (Lozère, Tarn-et-Garonne, Tarn); Moissat (Puy-de-Dôme) ; Moissey (Jura); Moissieu (Isère); Moissy (Seine-et-Marne, Nièvre) ; peut-être Moussac (Gard et Vienne); Moussey (Aube et Vosges); enfin probablement six Moussy, dont deux dans Seine-et-Marne et un dans chacun des quatre départements de l'Aisne, de la Marne, de la Nièvre et de Seine-et-Oise. Moussy (Aisne) est appelé *Musceium* dans la vie anonyme de saint Rigobert, archevêque de Reims, mort en 749 (5) ; le groupe *sc* que nous offre cette orthographe est d'accord avec l'étymologie que nous proposons. Cette étymologie est contredite par l'orthographe *Mulciacum*, *Molceium*, du nom de Moussey (Aube), dans des textes du douzième siècle (6) ; mais cette orthographe est peut-être le résultat d'une hypothèse étymologique, plutôt que le reflet de la tradition ; cependant *Mulciacum* peut s'expliquer par un primitif *Molliciacus* qui dériverait de Mollicius, gentilice connu par quelques inscriptions (7).

Une *colonica* du nom de Noniacus appartenait à l'abbé Aridius, qui vivait au sixième siècle ; elle était probablement située en Limousin ; voilà ce que nous apprend une vie de ce personnage attribuée à Grégoire de Tours (8);

---

(1) *C. I. L.*, VIII, 2949, 3204.
(2) *Ibid.*, VIII, 6022.
(3) *Ibid.*, VIII, 6152.
(4) *Ibid.*, VIII, 6532.
(5) Matton, *Dictionnaire topographique du département de l'Aisne*, p. 194.
(6) Boutiot et Socard, *Dictionnaire topographique du département de l'Aube*, p. 109.
(7) Mollicius, *C. I. L.*, III, 341, 342; V, 1305; Mollicia, X, 6501.
(8) *Vita sancti Aridii abbatis*, c. VIII; chez Bordier, *Les livres des miracles*, t. IV, p. 173.

cette localité est aussi mentionnée dans |le texte qu'on nous a conservé du testament du même Aridius (1).

Nonius est un gentilice romain qu'on rencontre quelquefois (2). En l'an 50 avant notre ère, M. Nonius Suffenas était propréteur de Crète et de Cyrène (3). Un sénateur du nom de Nonius fut proscrit par Antoine (4). Auguste gratifia d'un collier d'or Nonius Asprenas (5). Deux ou trois Nonius Asprenas figurent dans la liste des consuls, aux années 6, 29 et 38 après notre ère (6). De tous les Nonius, celui qui est le plus connu de nos jours est le grammairien Nonius Marcellus; il écrivait au troisième siècle de notre ère et a laissé un ouvrage souvent édité (7). Ce gentilice fut porté chez nous par M. Nonius Gallus qui fut gouverneur de la Gaule transalpine en l'an 29 avant notre ère, et qui soumit les *Treveri*; il reçut pour cette raison le titre d'*imperator* (8). Deux inscriptions de Lyon contiennent le nom de Nonius précédé du prénom Caius et suivi dans l'une d'elles du surnom Euposius (9). Une inscription de Trèves nous offre l'orthographe Nonnius avec deux *n* et le surnom Germanus (10).

Nogna (Jura), suppose un plus ancien *Noniacus*.

NOVIACUM *castrum* fut en 752 donné à l'abbaye de Prüm par le roi Pépin le Bref (11).

---

(1) Pardessus, *Diplomata*, t. I, p. 138. On y lit *Nonniacus* avec deux *n*; cf. Longnon, *Géographie de la Gaule au sixième siècle*, p. 527.
(2) Pauly, *Real-Encyclopaedie*, t. V, p. 687-692.
(3) Cicéron, à *Atticus*, livre VI, lettre I.
(4) Pline, *Histoire naturelle*, livre XXXVII, c. 81.
(5) Suétone, *Auguste*, c. 43.
(6) Joseph Klein, *Fasti consulares*, p. 17, 27, 30.
(7) Teuffel, *Geschichte der roemischen Literatur*, 3ᵉ édition, p. 909-912
(8) Voy. Desjardins, *Géographie historique et administrative de la Gaule romaine*, t. III, p. 40, 45.
(9) Boissieu, *Inscriptions antiques de Lyon*, p. 18, 53.
(10) Brambach, n° 835. Nonius dérive du nombre ordinal *nonus*, « neuvième »; Nonnius, du *cognomen* Nonnus, sur lequel on peut voir Pauly, *Real-Encyclopaedie*, t. V, p. 692-694.
(11) Sickel, *Acta Karolinorum*, t. II, p. 2, n° 4.

Les auteurs et les inscriptions nous font connaître de nombreux exemples du gentilice Novius. Tels sont le poète comique Q. Novius qui vivait au commencement du Ier siècle avant notre ère (1). En 58 avant notre ère, L. Novius était tribun du peuple; on l'apprend par Asconius (2). Novius Niger était questeur au temps de la conjuration de Catilina, en l'an 56 avant J.-C (3). Ce nom se répandit dans les provinces. Deux inscriptions de Spalatro, l'ancienne Salona, nous font connaître les noms de Novius Persicus et de P. Novius Laurus (4). Dans une inscription des environs de Budé, on lit les noms du légionnaire Novius Provincialis (5). Une inscription de Worms rappelle un vœu de Novia Prisca (6). A Schwanden, dans le Palatinat, on a trouvé l'épitaphe d'une femme appelée Novia (7). Nous nous bornons à ces exemples, dont il serait facile d'augmenter le nombre (8).

De Novius est dérivé *Noviacus* qui est devenu Neuvy, dans dix-neuf noms de communes, savoir : trois dans le Cher, deux dans l'Eure-et-Loir et dans l'Indre; un dans chacun des départements de l'Allier, des Deux-Sèvres, de l'Indre-et-Loire, de Loir-et-Cher, du Loiret, de Maine-et-Loire, de la Nièvre, de l'Orne, de Saône-et-Loire, de la Sarthe et de l'Yonne. A la même origine se peuvent rattacher Neufvy (Oise); Nevy (Ardennes); et probablement les deux Nevy, du Jura.

Au neuvième siècle, la véritable étymologie de *Noviacus* était oubliée, et on considérait ce mot comme un dérivé de l'adjectif latin *novus*. C'est pour cela que Jérémie, archevêque de Sens, imagina d'appeler *Noviacus* l'abbaye

---

(1) Teuffel, *Geschichte der rœmischen Literatur*, 3e édit., p. 243.
(2) Asconius, Sur le c. 14 du *Pro Milone* de Cicéron.
(3) Suétone, *César*, c. 17.
(4) *C. I. L.*, III, 2511, 2552.
(5) *Ibid.*, III, 3556.
(6) Brambach, n° 907.
(7) Brambach, n° 1765.
(8) Voyez Pauly, *Real-Encyclopaedie*, t. V, p. 717-719.

qu'il fonda en 818, à *Mauriacus*, en Auvergne (1). Màis cette dénomination nouvelle, qu'une erreur avait inspirée, ne fut pas [adoptée par la population, et l'ancien nom de *Mauriacus* persiste encore, à peine modifié, dans celui de Mauriac (Cantal).

La *villa* Novilliacus fut donnée à l'église cathédrale de Reims par le roi Karloman en 771, et Charlemagne confirma cette libéralité; les diplômes, aujourd'hui perdus, sont analysés dans l'appendice à Flodoard, écrit vers la fin du dixième siècle (2). Ce nom de lieu est assez fréquent, mais le plus souvent altéré. On le trouve écrit avec une seule *l*, *Noviliacus*. Ainsi Grégoire de Tours écrit *Noviliacus* le nom de deux *vici* qui auraient été, suivant lui, fondés, c'est-à-dire évidemment, dont les paroisses auraient été créées par les évêques Injuriosus et Baudinus, tous deux ses prédécesseurs, l'un de 529 à 546, l'autre de 546 à 552 (3). On remarque la même orthographe dans le diplôme de Clotaire III pour l'abbaye de Bèze, en 664, tel que nous l'a conservé la chronique de cette abbaye (4); dans la charte originale contenant les donations faites par Wandmir et Ercamberte à diverses églises en 689 (5); dans les diplômes donnés : en 705 par Childebert III à l'abbaye de Saint-Serge et de Saint-Médard d'Angers (6); en 802 par Charlemagne (7), en 832 par Louis le Débonnaire, à la cathédrale du Mans (8). Au lieu de *Noviliacus*, on a écrit quelquefois *Nobiliacus* avec un *b* au lieu d'un *v*, phéno-

---

(1) *Chronique de Saint-Pierre-le-Vif de Sens;* chez Dom Bouquet, VI, 237 a.
(2) Dom Bouquet, t. V, p. 362 *b*, *c*; cf. t. VI, p. 216 *c*, *d*. Sickel, *Acta Karolinorum*, t. II, p. 380.
(3) *Historia Francorum*, livre X, c. 31, § 15, édit. Arndt, p. 447, lignes 13-20. Cf. Longnon, *Géographie de la Gaule au sixième siècle*, p. 282.
(4) Pertz, *Diplomatum imperii tomus primus*, p. 40, l. 23.
(5) Tardif, *Monuments historiques*, p. 637, col. 1.
(6) Pertz, *Diplomatum imperii tomus primus*, p. 65, l. 44.
(7) Dom Bouquet, V, 768 *e*; cf. Sickel, *Acta Karolinorum*, t. II, p. 67, n° 181.
(8) Dom Bouquet, VI, 585 *e*; cf. Sickel, *Acta Karolinorum*, t. II, p. 179, n° 308.

mène fréquent dans la basse latinité. Cette orthographe se rencontre dans certains manuscrits de Grégoire de Tours (1), dans un diplôme de l'année 680 en faveur de l'abbaye de Saint-Wast d'Arras (2), et dans la vie de Louis le Débonnaire dite de l'Astronome, où l'abbaye de Saint-Vaast est appelée *monasterium Nobiliacum* (3).

Le gentilice d'où est dérivé le nom de lieu qui se présente dans les textes sous ces trois formes a été porté sous le règne de l'empereur Tibère par Novellius Torquatus, de Milan, qui devint préteur et proconsul et qui dut une grande notoriété, non à l'habileté avec laquelle il s'acquittait de ses hautes fonctions, mais au talent qu'il avait de boire d'un trait, en se conformant à toutes les règles de l'art, trois conges, c'est-à-dire environ neuf litres de vin; Pline, dans son *Histoire naturelle*, s'étend avec détails sur les faits qui attestent combien Novellius s'acquittait consciencieusement de cette tâche glorieuse, vraie merveille dont l'empereur lui-même fut témoin (4). D'autres Novellius, moins célèbres, nous sont connus par les inscriptions. Tels sont Novellius Optatus, dont l'épitaphe a été trouvée près de Salzbourg (5); Novellius Aequalis (6), Novellius Agilis, Novellius Euodius dont les épitaphes ont été recueillies à Milan (7). Il serait trop long d'énumérer tous les autres exemples de ce gentilice que l'Italie nous offre. Il pénétra en Gaule. Nous citerons C. Novellius Amphio dans une inscription de Genève (8), L. Novellius Hispelo (9)

---

(1) Voyez les notes placées par Arndt au bas de la page 447 citée plus haut; cf. *Gloria confessorum*, c. 7; chez Bordier, *Les livres des miracles*, t. II, p. 358; Krusch, p. 753, l. 9.
(2) Pardessus, *Diplomata*, t. II, p. 181.
(3) Dom Bouquet, VI, 95 c.
(4) Pline, *Histoire naturelle*, livre XIV, § 144-146; cf. Pauly, *Real-Encyclopaedie*, t. V, p. 714.
(5) C. I. L., t. III, n° 5626.
(6) *Ibid.*, V, 6051.
(7) *Ibid.*, V, 6054.
(8) Mommsen, *Inscriptiones confoederationis helveticae*, n° 92. Allmer, *Inscriptions antiques de Vienne*, t. II, p. 319.
(9) Brambach, n° 1201.

et M. Novellius (1) au musée de Mayence, l'épitaphe de P. Novellius Novanus et de ses enfants qui a été trouvée à Apt (2).

* *Novelliacus*, *Noviliacus*, dérivé de Novellius, peut se reconnaître dans trente-six noms de communes : Neuillac (Charente-Inférieure), Neuillay (Indre), deux Neuillé (Indre-et-Loire), Neuillé (Maine-et-Loire), Neuilli (Orne); vingt-trois Neuilly, savoir : deux dans chacun des départements de l'Allier, du Calvados, du Cher, de la Haute-Marne, de l'Oise, de Seine-et-Oise et de la Somme; un seulement dans chacun des départements suivants : Aisne, Côte-d'Or, Eure, Indre-et-Loire, Mayenne, Nièvre, Orne, Yonne; Neulliac (Morbihan); Neuvilley (Jura); Neuvilly (Meuse), et Neuvilly (Nord); trois Nuillé, dont un dans la Sarthe et deux dans la Mayenne; enfin Nully (Haute-Marne).

De ces noms de lieux il faut distinguer Nouaillé (Vienne), au huitième siècle *Novaliacus*, comme nous l'apprend un diplôme émané en 794 de Louis le Débonnaire, alors roi d'Aquitaine (3). *Novaliacus* suppose un gentilice * *Novalius* dérivé de l'adjectif *novalis*.

PICIACUS est le nom d'une localité située dans le Perche, et où saint Avit, mort vers l'année 527, mena la vie érémitique; on le sait par une *vie* anonyme, à peu près contemporaine (4). On ignore où était l'emplacement précis de *Piciacus*.

Ce mot est dérivé de Pitius. On a trouvé à Veglia, île voisine de la côte de Dalmatie, l'épitaphe du décurion P. Pitius Marullus (5); à Petronell, en Autriche, celle de

---

(1) Brambach, n° 1216.
(2) *C. I. L.*, XII, 1133.
(3) Dom Bouquet, t. VI, p. 452 c; cf. Sickel, *Acta Karolinorum*, t. II, p. 84, n° 1.
(4) Dom Bouquet, t. III, p. 439 b; cf. Longnon, *Géographie de la Gaule au sixième siècle*, p. 328, 329.
(5) *C. I. L.*, III, 3128.

l'affranchi C. Pitius Hilarus (1). On conserve à Ebersdorf (Autriche), celle de l'affranchi C. Pitius Jucundus (2).

De Pitius on a tiré *Pitiacus, puis par effet de l'assibilation et avec substitution du c au t, Piciacus. Peut-être ce nom explique-t-il celui de Pécy (Seine-et-Marne). On doit aussi probablement le reconnaître dans les deux Pessac du département de la Gironde ; dans Pessat (Puy-de-Dôme) ; dans Pissy (Somme et Seine-Inférieure). Pissy (Somme) est vraisemblablement le *Pisciacus* qu'un diplôme émané de Pépin le Bref, en 751, met dans le *pagus Ambianensis* (3) ; mais cette orthographe peut être le résultat d'une étymologie populaire qui rapprochait le nom de lieu Pissy du latin *piscis*, poisson, bien connu à une époque où depuis longtemps le gentilice Pitius était oublié. Nous terminerons par Pizy (Yonne), qui, suivant M. Quantin, s'est appelé *Piciacum* au septième siècle (4).

Pociacus est le nom d'une des *villae* qui, au huitième siècle, appartenaient à l'abbaye de Saint-Martin de Tours. Nous l'apprenons par un diplôme de Charlemagne qui remonte à l'année 775 (5). La situation de *Pociacus* est inconnue.

Ce mot peut être dérivé du gentilice Paucius, dérivé lui-même de l'adjectif *paucus*. Une inscription de Bénévent contient le nom du décurion Q. Paucius (6).

Podentiacus (7), lisez Pudentiacus, dérive de Pudentius qui est un gentilice romain, probablement d'assez basse

---

(1) *C. I. L.*, III, 4518.
(2) *Ibid.*, III, 4602.
(3) Pertz, *Diplomatum imperii tomus primus*, p. 109, l. 16.
(4) *Dictionnaire topographique du département de l'Yonne*, p. 99.
(5) Dom Bouquet, V, 737 c; cf. Sickel, *Acta Karolinorum*, t. II, p. 27, n° 42 ; cf. Mabille, *La pancarte noire de Saint-Martin de Tours*, p. 69, 106, 107.
(6) *C. I. L.*, IX, 1653.
(7) *Cartulaire de Saint-Seine* cité par Garnier, *Nomenclature historique, etc., du département de la Côte-d'Or*, p. 51.

époque : Pudentius Maximinus, vétéran, fit à Hercule une dédicace trouvée près de Salzbourg (1). C'est aussi le nom d'un saint qui fut martyrisé à Alexandrie, et dont on célèbre la fête le 29 avril (2).

Poncey-lez-Pellerey (Côte-d'Or), Pouançay (Vienne), Pouancé (Maine-et-Loire), peuvent être d'anciens *Pudentiacus*.

POMPEIACUM est le nom d'un *castrum* où, suivant les actes du martyre de saint Vincent d'Agen, le corps de ce saint, mis à mort sous Dioclétien, aurait été transféré et serait devenu l'objet d'un culte vers le milieu du cinquième siècle (3) ; ce *castrum* était situé, suivant M. Longnon, au Mas-d'Agenais (Lot-et-Garonne) (4). En 829, Pépin Ier, roi d'Aquitaine, confirma l'abbaye de Saint-Maur-les-Fossés dans la possession du quart d'une propriété que son diplôme appelle *Pompeiaci villa* (5). La vie de saint Theuderius, abbé de Vienne (Isère) au sixième siècle, écrite trois siècles plus tard, met dans le voisinage de Vienne (Isère), alors bien fortifiée, cinq forts destinés en cas de guerre à tenir l'assiégeant à distance; un de ces forts s'appelait *Pompeiacus* (6).

Pompeiacus dérive du gentilice d'abord obscur Pompeius, qui est d'origine ombrienne et vient du nom de nombre * *pompe* = *quinque*, cinq. Ce gentilice fut à peu près inconnu avant le consul Q. Pompeius, 141, un des généraux romains qui échouèrent dans la guerre contre les Celtibères (7). Après lui Cn. Pompeius Strabo et Q. Pompeius Rufus, parvinrent aussi au consulat, l'un, l'an 89, l'au-

---

(1) *C. I. L.*, III, 5531.
(2) Bollandistes, avril, t. III, p. 617.
(3) Voir les actes du martyre de saint Vincent, dans les Bollandistes, t. II de juin, p. 166-168.
(4) *Géographie de la Gaule au sixième siècle*, p. 549-552.
(5) Tardif, *Monuments historiques*, n° 121, p. 84, col. 1.
(6) Dom Bouquet, t. III, p. 470 b.
(7) Sur la *gens* Pompeia, voyez Pauly, *Real-Encyclopaedie*, t. V, p. 1844-1858.

tre, l'an 88 avant J.-C. ; ce nom d'homme dut surtout sa célébrité au fils du premier des deux, Cn. Pompeius, surnommé le Grand. Entre autres affaires importantes dont il fut chargé, une des plus graves fut la guerre contre Sertorius, en Espagne. Elle l'occupa de 77 à 72, et pendant ce temps il paraît avoir exercé l'autorité suprême dans la Gaule, administrée sous ses ordres par le propréteur Fonteius (1). C'est à cette date que doit remonter l'introduction en Gaule du gentilice Pompeius. Un des monuments antiques les plus curieux de la France est la porte d'entrée de la sépulture d'une famille Pompeia, à Aix, en Savoie ; L. Pompeius Campanus la fit construire de son vivant, et les épitaphes d'un certain nombre de ses parents s'y lisent encore aujourd'hui (2). Nous citerons ensuite Sex. Pompeius Macrinus, connu par une inscription de Novairy (3); Ponpeius Octavianus, dont l'épitaphe a été trouvée près de Chozeau (Isère) (4); Q. Pompeius Adjutor, dont les noms se lisent dans une inscription d'Annecy (5); Pompeia Dativa, dont l'épitaphe vient d'être découverte à Arles (6); une autre Pompeia dont le musée de Bordeaux possède l'épitaphe (7). Je me bornerai à ces exemples : on en trouvera beaucoup d'autres dans le t. XII du *C. I. L.*

De *Pompeiacus* viennent les noms de Pompejac (Gironde), et Pompiac (Gers).

PONCIACUS est une *villa* dépendant de l'église du Mans, aux termes d'un diplôme de Louis le Débonnaire en 832 (8) ; c'est probablement aujourd'hui Poncé (Sarthe).

Ce nom de lieu dérive du gentilice Pontius qui est latin,

---

(1) E. Desjardins, *Géographie de la Gaule romaine*, t. II, p. 330-334, 347.
(2) E. Desjardins, *ibid.*, t. III, p. 118 ; cf. Allmer, *Inscriptions antiques de Vienne*, t. III, p. 312-317.
(3) Allmer, *Inscriptions antiques de Vienne*, t. III, p. 245.
(4) Allmer, *ibid.*, t. III, p. 182.
(5) Allmer, *ibid.*, t. III, p. 340.
(6) Allmer, *Revue épigraphique*, t. I, p. 268, n° 298.
(7) Allmer, *ibid.*, t. II, p. 22, n° 469.
(8) Dom Bouquet, VI, 586 a ; Sickel, *Acta Karolinorum*, t. II, p. 179.

mais d'origine samnite (1), et vient du thème ombrien *ponto- = *pompto-, identique au thème latin *quinto- = *quinqto- du nom de nombre ordinal signifiant cinquième. Pontius est la forme ombrienne du gentilice latin *Quintius*, mieux *Quinctius*. Le plus célèbre personnage de ce nom que l'on rencontre dans l'histoire de la république romaine est C. Pontius, fils d'Herennius, qui commandait les Samnites quand ils firent l'armée romaine prisonnière aux Fourches Caudines, l'an 321 avant J.-C. (2). Ce gentilice avait pénétré à Rome de fort bonne heure, si l'on en croit la légende; en effet, dès le siège de Rome par les Gaulois, en l'an 390 avant notre ère, un jeune et ardent patriote romain, Pontius Cominius, aurait rendu son nom illustre par l'heureuse audace avec laquelle, trompant la surveillance des assiégeants, il pénétra, dit-on, dans le Capitole (3). Plus tard, L. Pontius Aquila fut du nombre des meurtriers sous les coups desquels César perdit la vie, l'an 44 avant notre ère (4) : ici nous sommes en présence d'un fait historique. Enfin tout le monde connaît le nom du procurateur de Judée, Pontius Pilatus (5).

On rencontre ce gentilice dans les inscriptions de Rome et des provinces, Q. Pontius Severus, à Tarragone (6); P. Pontius Blandus, P. Pontius Pontianus, P. Pontius Secundinus, dans une inscription de Hongrie (7). On a trouvé nombre de fois en Gaule et en Grande-Bretagne la marque du potier Pontius.

De Pontius on a tiré : 1° un dérivé en *-anus* : *Pontianus* qui explique Ponsan (Gers), et qui est à comparer au *fundus*

---

(1) Corssen, *Ueber Aussprache, Vokalismus und Betonung der lateinischen Sprache*, 2ᵉ édit., t. I, p. 116. *Ponto-* est pour *pomp-to-* comme *quintus* pour *quinqu-tus*.

(2) Tite-Live, liv. IX, ch. I et suivants. Sur le gentilice Pontius, voyez Pauly, *Real-Encyclopaedie*, t. V, p. 1891-1893.

(3) Tite-Live, livre V, c. 46.

(4) Suétone, *César*, c. 78; édit. Teubner-Roth, p. 32, l. 3-4.

(5) Tacite, *Annales*, livre XV, c. 44.

(6) *C. I. L.*, II, 4937.

(7) *Ibid.*, III, 6271.

Poncianus d'une charte de Ravenne (1), 2° un dérivé en *acus*; * *Pontiacus*, écrit *Ponciacus* au moyen âge. De là probablement, outre le nom de Poncé (Sarthe), déjà cité, ceux de : Pontiacq (Basses-Pyrénées), Poinchy (Yonne), Poincy (Seine-et-Marne), et Poncey-lez-Athée (Côte-d'Or). Poncey-lez-Pellerey, autre commune du même département, paraît devoir s'expliquer par un bas-latin *Podentiacus* (p. 293).

PONTILIACUS est le nom d'un palais d'où Charles le Chauve data, en 873, un diplôme en faveur des églises Saint-Mammès de Langres, et Saint-Etienne de Dijon (2); c'est aujourd'hui Pontailler-sur-Saône (Côte-d'Or). La forme latine correspondant à ce nom de lieu gallo-romain est *Pontilianus*, nom d'une *villa* située dans le Roussillon; on l'apprend par un diplôme du roi Lothaire, 982 (3).

Pontiliacus et *Pontilianus* sont dérivés de Pontilius, gentilice romain dérivé lui-même de *Pontius*. Le plus ancien exemple de Pontilius nous est offert par une inscription recueillie en Espagne, près de Carthagène (4). On le trouve deux fois répété dans une inscription d'Afrique (5). Il apparaît dans plusieurs inscriptions d'Italie (6).

POSTHIMIACUS est le nom d'un *locus* de situation inconnue donné à l'abbaye de Limours (Seine-et-Oise), aux termes de l'acte de sa fondation par Gammon, en 697 (7). Un diplôme de Charles le Gros, en faveur de l'abbaye de Saint-Etienne de Dijon, en 885, nous donne le même nom de lieu avec l'orthographe un peu plus archaïque *Postumiacus* (8); il s'agirait ici de Potangey, commune d'Aiserey

---

(1) Fantuzzi, *Monumenti Ravennati*, t. I, p. 64.
(2) Dom Bouquet, VIII, 643 *d*.
(3) Dom Bouquet, IX, 649 *b*.
(4) *C. I. L.*, I, 1478; II, 3433.
(5) *Ibid.*, VIII, 8799.
(6) *Ibid.*, IX, 5799; X, 47, 363, 364.
(7) Pardessus, *Diplomata*, t. II, p. 244.
(8) Dom Bouquet, IX, 336 *c*.

(Côte-d'Or), suivant M. Garnier, le savant archiviste de ce département (1).

Posthumiacus vient de Postumius. La *gens* Postumia était patricienne (2) ; elle atteignit de très bonne heure aux plus hautes magistratures de Rome. Le premier consul qu'elle donna à la république romaine fut P. Postumius Tubertus, élevé à cette dignité d'abord l'an 249 de Rome (av. J.-C. 505), puis l'an 252 (503), et qui obtint deux fois les honneurs du triomphe (3). Quelques années plus tard (496 avant J.-C.), le dictateur A. Postumius Albus, fils du précédent, battait les Latins près du lac Régille et triomphait (4). Nous nous bornons à ces deux exemples. La gens Postumia donna son nom à un des plus anciens monuments de la législation de Rome, une des lois somptuaires attribuées à Numa (5). Le même nom fut aussi porté par une des grandes routes de la Gaule Cisalpine, la *via Postumia*, construite, à ce que l'on croit, par le consul Sp. Postumius Albinus, l'an 148 avant notre ère (6). Le gentilice Postumius persista sous l'empire ; ainsi, au second siècle de notre ère, Postumius Festus fut célèbre par son éloquence (7). On trouve ce nom fréquemment dans les inscriptions d'Espagne (8), d'Afrique (9), d'Italie (10),

---

(1) Garnier, *Nomenclature historique des communes du département de la Côte-d'Or*, p. 19.

(2) Sur la *gens* Postumia, voyez Pauly, *Real-Encyclopaedie*, t. V, p. 1932-1944.

(3) Tite-Live, livre II, c. 16. Pline, livre XV, § 125; cf. *Acta triumphorum capitolina* dans le *C. I. L.*, t. I, p. 454. *Fastes consulaires*, ibid., p. 486-487.

(4) Tite-Live, livre II, c. 19, 20, et *Acta triumphorum capitolina* dans le *C. I. L.*, t. I, p. 454.

(5) Pline, livre XIV, § 88.

(6) Voyez ce que dit de cette route M. Mommsen dans le *C. I. L.*, t. V, p. 827.

(7) Aulu-Gelle, livre XIX, c. 13. Comp. le passage de Fronton cité par **Teuffel**, *Geschichte der rœmischen Literatur*, 3ᵉ édit., p. 848.

(8) *C. I. L.*, t. II, *index*, p. 728, col. 4.

(9) *Ibid.*, t. VIII, *index*, p. 1012, col. 2.

(10) *Ibid.*, t. V, *index*, p. 1123, col. 4, 1124, col. 1 ; t. IX, *index*, p. 723, col. 1 ; t. X, p. 1052, col. 2, 1065, col. 4.

de Grande-Bretagne (1), etc. (2). Nous signalerons en Gaule trois exemples : l'un est une dédicace à Diane par Q. Postumius Potens ; elle a été trouvée près de Trèves (3) ; le second monument, qui existe encore dans la ville d'Avenche, en Suisse, est aussi une dédicace à des dieux ; ses auteurs sont Q. Postumius Hyginus et Postumius Hermes (4) ; enfin le musée de Toulouse possède le *signaculum* de Postumius Faustinus (5).

PRIMIACUS est une *villa* mentionnée dans un diplôme de Louis le Débonnaire en faveur d'Albéric, évêque de Langres, 834 (6) ; c'est aujourd'hui Prangey (Haute-Marne). Une autre *villa*, du nom de *Primiacus*, fut donnée en 866 par Lothaire, roi de Lorraine, à sa femme Theodeberge (7).

Ce nom de lieu dérive de Primius, gentilice tiré du surnom Primus, et qu'une inscription découverte en Autriche nous montre dans le nom de femme Primia Honorata (8). Nous le retrouvons dans une inscription du musée de Mannheim qui débute par le nom de femme Primia Accepta (9) ; dans une inscription d'Oppenheim, en Hesse, qui nous fait connaître le nom de femme Primia Ammilla (10). On a découvert à Meylan (Isère), l'épitaphe de L. Primius Valerius gravée par ordre de son fils Primius Vassillus et de sa fille Primia Valeria (11). On a recueilli à Lyon l'épitaphe de M. Primius Secundianus, sévir augustal, gravée par les soins de M. Primius Augustus, son

---

(1) *C. I. L.*, t. VII, *index*, p. 320, col. 1.
(2) *Ibid.*, t. III, *index*, p. 1082, col. 2.
(3) Brambach, n° 844.
(4) Mommsen, *Inscriptiones helveticae*, n° 164.
(5) *C. I. L.*, XII, 5690, 106.
(6) Dom Bouquet, VI, 596 a ; cf. Sickel, *Acta Karolinorum*, t. II, p. 183, n° 322.
(7) Dom Bouquet, VIII, 412 d.
(8) *C. I. L.*, III, 5606.
(9) Brambach, n° 868.
(10) Brambach, n° 917.
(11) Allmer, *Inscriptions de Vienne*, t. III, p. 176.

fils (1), et celle de P. Primius Eglectianus, affranchi de P. Primius Cupitus (2).

Le nom *Premiacus*, d'une localité située dans le *pagus Aurelianensis* suivant un diplôme de l'année 689 (3), paraît être une variante orthographique de *Primiacus*. C'est par un primitif *Primiacus* que semble devoir s'expliquer le nom des trois communes de Pringy situées dans les départements de la Marne, de la Haute-Savoie et de Seine-et-Marne.

PRISCIACUS est une *villa* d'Auvergne donnée à l'église Saint-Etienne de Châlons-sur-Marne, en 565, par Elafius, évêque de la même ville (4). Un autre *Prisciacus*, dans le pays de Chambly (Oise), apparaît dans un diplôme de l'année 689 (5). Une *villa Prisciacus* qui forme aujourd'hui deux communes, Précy-Notre-Dame et Précy-Saint-Martin (Aube), appartenait au neuvième siècle à l'abbaye de Montier-en-Der, comme on le voit par deux diplômes de Charles-le-Chauve donnés l'un en 845, l'autre en 854 (6). Une villa *Prisciacus*, située dans le Poitou, fut donnée pour partie à l'abbaye de Noirmoutier par Charles le Chauve en 854 (7). Une *villa Prisciacus*, dans l'Autunois, apparaît dans une charte de Cluny au commencement du dixième siècle (8). Plusieurs chartes de la même abbaye mentionnent au même siècle une *villa Prisciacus* et un *ager Prisciacensis* situés dans le Mâconnais, c'est Prissé (Saône-et-Loire) (9).

---

(1) Boissieu, p. 203, 204.
(2) Boissieu, p. 494. Voir d'autres exemples dans le t. XII du *C. I. L.*
(3) Tardif, *Monuments historiques*, p. 637; cf. Pardessus, *Diplomata*, t. II, p. 209.
(4) Pardessus, *Diplomata*, t. II, p. 423.
(5) Tardif, *Monuments historiques*, p. 637, col. 2. Pardessus, *Diplomata*, t. II, p. 210.
(6) Dom Bouquet, VIII, 477 a, 529 e.
(7) Dom Bouquet, VII, 344 a; VIII, 529 a.
(8) Bruel, *Recueil des chartes de l'abbaye de Cluny*, t. I, p. 164.
(9) Bruel, *Recueil*, t. I, p. 133, 243, 296, 298, 402, 408, 513, 664; cf. Aug. Bernard, *Cartulaire de Savigny*, t. II, p. 1092, col. 1; 1095, col. 2.

Prisciacus est dérivé du gentilice Priscius, venant lui-même de *Priscus*, usité d'abord comme surnom : P. Servilius Priscus fut consul l'an 495 avant J.-C. (1). T. Numicius Priscus remplit la même fonction en 469 (2). Priscius est beaucoup plus récent, et nous n'en avons pas constaté l'existence avant l'établissement de l'empire. On conserve près de Klagenfurt, en Styrie, l'épitaphe de C. Priscius Surio (3). On a recueilli près de Leibnitz, dans la même province, l'épitaphe de Priscia Albina (4). Priscia Restituta est le nom d'une propriétaire mentionnée dans la table alimentaire des Ligures Baebiani (5).

Prisciacus paraît être la forme ancienne du nom : 1° de huit communes appelées aujourd'hui Précy, savoir : deux dans l'Aube, deux dans l'Yonne, et une dans chacun des quatre départements du Cher, de la Côte-d'Or, de l'Oise et de Seine-et-Marne; 2° des deux communes de Pressy (Pas-de-Calais, Saône-et-Loire); enfin des communes de Précey (Manche); Pressac (Vienne); Prétieux et Preyssac (Dordogne); total, quatorze communes, dont le nom actuel tient lieu d'un primitif *Prisciacus*.

De * PRISCINIACUS dérive l'adjectif *prisciniacensis*, employé avec le substantif *vicus*, par Grégoire de Tours, pour désigner un bourg de son diocèse dans l'église duquel il mit des reliques de saint Nizier, évêque de Lyon, mort en 573 (6); il s'agit, soit du Grand-Pressigny, soit du Petit-Pressigny (Indre-et-Loire) (7). Un second *Prisciniacus*, aujourd'hui Pressagny-l'Orgueilleux (Eure), était situé dans

---

(1) Denys d'Halicarnasse, livre VI, c. 23. *C. I. L.*, t. I, p. 487.
(2) Tite-Live, livre II, c. 63. Denys d'Halicarnasse, livre IX, c. 56; cf. *C. I. L.*, t. I, p. 491.
(3) *C. I. L.*, III, 4951.
(4) *Ibid.*, III, 5362.
(5) *C. I. L.*, IX, 1455.
(6) *Vitae patrum*, c. VIII, § 11. Bordier, *Les livres des miracles*, t. III, p. 250. Edit. Arndt et Krusch, t. II, p. 700, l. 15.
(7) Longnon, *Géographie de la Gaule au sixième siècle*, p. 285, 286.

le Vexin, et, dès le septième siècle, appartenait pour moitié à l'abbaye de Saint-Denis, comme l'atteste une charte donnée en 682 ou 683 (1). Un troisième *Prisciniacus* dépendait de l'abbaye de Saint-Martin de Tours ; c'est aujourd'hui Précigné (Sarthe) (2) ; il en est question pour la première fois dans un diplôme donné par Charlemagne, en 775 (3) ; nous le retrouvons mentionné dans des diplômes de Charles le Simple, en 903 (4), en 904 (5), et en 919 (6), et dans un diplôme du roi Raoul, en 931 (7). Un quatrième *Prisciniacus* dépendait de l'abbaye de Saint-Ouen de Rouen, comme nous le voyons dans un diplôme donné par Charles le Chauve en 876 (8). Un cinquième *Prisciniacus* appartenait à l'église d'Orléans, ainsi qu'il résulte d'un diplôme du roi Louis V, daté de 979 (9). Un sixième *Prisciniacus* était situé en Lyonnais (10).

Ce nom de lieu dérive du gentilice Priscinius qui nous est connu par une inscription de Neuss où l'on trouve mentionné le vétéran Priscinius Florus (11). Priscinius vient lui-même du surnom Priscinus qui est plus fréquent (12).

Les communes dont le nom moderne paraît tenir lieu d'un primitif *Prisciniacus* sont au nombre de neuf, savoir : Précigné (Sarthe), et Pressagny (Eure), déjà cités ; deux Pressignac (Charente et Dordogne), et cinq Pressigny, sur lesquels deux dans l'Indre-et-Loire, dont il a été déjà ques-

---

(1) Tardif, *Monuments historiques*, p. 19, col. 2. Marquis de Blosseville, *Dictionnaire topographique du département de l'Eure*, p. 175.
(2) Mabille, *La pancarte noire de Saint-Martin de Tours*, p. 231.
(3) Dom Bouquet, V, 737 c; cf. Sickel, *Acta Karolinorum*, t. II, p. 27, n° 42; cf. Mabille, *La pancarte noire de Saint-Martin de Tours*, p. 67, 106-107.
(4) Dom Bouquet, IX, 497 b.
(5) Dom Bouquet, IX, 511 c. Mabille, *La pancarte noire*, p. 88, n° XLV.
(6) Dom Bouquet, IX, 543 b; cf. Mabille, *ibid.*, p. 58, n° VII.
(7) Dom Bouquet, IX, 574 e; cf. Mabille, *ibid.*, p. 57, n° VI.
(8) Dom Bouquet, VIII, 650 e.
(9) Dom Bouquet, IX, 660 d.
(10) Aug. Bernard, *Cart. de Savigny*, t. II, p. 1083.
(11) Brambach, n° 265.
(12) *C. I. L.*, VIII, 9476; IX, 338, 3, 36; 2152, 2153, 3180.

tion, et les trois autres dans les départements du Loiret, de la Haute-Marne et des Deux-Sèvres.

Romaniacus, chez Grégoire de Tours, est un adjectif qui sert d'épithète au substantif *campus* et qui désigne un endroit où, en l'année 560, deux armées de sauterelles se livrèrent bataille, dit-on, non sans éprouver de part et d'autre de grandes avaries (1); c'est aujourd'hui Romagnat (Puy-de-Dôme) (2).

La variante *Rominiacus*, avec *i* pour *a* dans la seconde syllabe, nous est fournie par un diplôme de Charles le Chauve pour l'abbaye de Saint-Médard de Soissons (3); il s'agit de Romeny (Aisne), au seizième siècle Romigni, Roumigny (4). La forme romaine de ce nom est écrite *Romagnanus* pour * *Romanianus*, en 899, dans un diplôme de Charles le Simple, où elle désigne une *villa* située dans le comté de Besalu, en Catalogne (5).

* *Romanianus* et *Romaniacus* dérivent de Romanius, gentilice dérivé lui-même du *cognomen* Romanus, et qui existait déjà au commencement de l'empire, comme l'atteste le nom de Romanius Hispo, délateur et rhéteur souvent cité par Sénèque le rhéteur, et dont la première mention datée remonte à l'an 14 de notre ère (6). D'autres Romanius nous sont connus par les inscriptions, par exemple L. Romanius Justus, dans une inscription de Patras en Grèce (7); M. Romanius Encolpus, dans une inscription d'Hermannstadt, en Hongrie (8); Q. Romanius Verecundus, dans une inscription de Gebensdorf en Suisse (9); Q. Romanius

---

(1) *Historia Francorum*, l. IV, c. 20; édition Arndt, p. 157, l. 12.
(2) Longnon, *Géographie de la Gaule au sixième siècle*, p. 510.
(3) Tardif, *Monuments historiques*, p. 136.
(4) Matton, *Dictionnaire topographique du département de l'Aisne*, p. 235.
(5) Dom Bouquet, t. IX, p. 484 b.
(6) Tacite, *Annales*, livre I, c. 74. Voir l'édition de Sénèque le Rhéteur donnée chez Teubner par Kiessling, p. 551 (*Index*).
(7) *C. I. L.*, III, 505.
(8) *C. I. L.*, III, 1613.
(9) Mommsen, *Inscriptiones helveticae*, n° 254.

Probus, dans une inscription du musée de Mannheim (1) ; C. Romanius Capito, dans une inscription du musée de Mayence (2) ; T. Romanius Epictetus (3) et Romanius Sollemnis (4), dans des inscriptions de Lyon. On a trouvé à Saint-Aubin-sur-Gaillon (Eure), le cachet de l'oculiste Sex. Romanius Symforus (5) ; à Arles l'épitaphe de Romanius Adrastus (6), etc.

A *Romaniacus* remontent les huit noms de communes suivants : Romagnat (Puy-de-Dôme) ; Romagné (Ille-et-Vilaine) ; Romagnieu (Isère) ; Romagny (Manche et territoire de Béfort) ; Romigny (Marne) ; Rumigy (Ardennes et Somme).

Romiliacus est une villa où, en 629, le roi Dagobert Ier répudia Gomatrude, sa femme, et la remplaça par Nanthilde (7); Jacobs a pensé que c'est Reuilly, aujourd'hui compris dans Paris. On doit probablement reconnaître le même nom, malgré la différence d'orthographe, dans un *locus Rumliacus* sis au pays de Thérouanne et acheté par l'abbaye de Saint-Bertin, en 704 (8). On lit *Rumeliacus* dans un diplôme de Charles le Chauve en 842 (9), *Rumiliacus* dans un diplôme de Louis de Germanie en 875 (10), tous deux en faveur de l'abbaye de Saint-Arnould, de Metz, et dans ces deux documents il s'agit de Remilly (Moselle), aujourd'hui Alsace-Lorraine (11).

---

(1) Brambach, n° 600.
(2) Brambach, n° 1229.
(3) Boissieu, *Inscriptions antiques de Lyon*, p. 189.
(4) Boissieu, *ibid.*, p. 477.
(5) Héron de Villefosse et Thédenat, *Cachets d'oculistes romains*, t. I, pp. 193-198.
(6) *C. I. L.*, XII, 871. Voir neuf autres exemples dans le même tome.
(7) Frédégaire, c. 58, chez Dom Bouquet, t. II, p. 436 b ; édition Krusch, *Scriptorum rerum merovingicarum*, t. II, p. 150 l. 8; *Gesta Dagoberti*, I, c. 22, *ibid.*, p. 585 c ; édition Krusch, *ibid.*, p. 408, l. 10.
(8) Pardessus, *Diplomata*, t. II, p. 265.
(9) Dom Bouquet, VIII, 430 b.
(10) Dom Bouquet, VIII, 424 c.
(11) De Bouteiller, *Dictionnaire topographique de l'ancien département de la Moselle*, p. 213.

Romiliacus, Rumiliacus, Rumeliacus, Rumliacus, dérivent de Romilius ou Romulius, un des plus anciens gentilices romains qui donna son nom à une tribu, du nombre des rustiques ; le territoire de cette tribu était au nord du Tibre. A cette *gens* appartenait T. Romilius ou Romulius, consul l'an 455 avant notre ère, décemvir en 451 (1). Ce nom se rencontre rarement depuis. Cependant Tacite parle d'un centurion appelé Romilius Marcellus qui, en 70, lors de l'insurrection par laquelle Galba fut renversé, défendit en vain les images de ce prince contre les soldats révoltés (2). On a trouvé en Hongrie une dédicace à Jupiter par L. Romulius Quintus (3). Une inscription recueillie aux environs de Milan nous fait connaître les noms de C. Romilius Calla (4).

Romiliacus ou *Romuliacus* est la forme primitive des dix-sept noms de communes qui suivent : Romillé (Ille-et-Vilaine) ; cinq Romilly, sur lesquels deux dans l'Eure et un dans chacun des trois départements de l'Aube, d'Eure-et-Loir et de Loir-et-Cher ; quatre Rumilly (Aube, Nord, Pas-de-Calais, Haute-Savoie) ; sept Remilly, sur lesquels deux dans les Ardennes, autant dans la Côte-d'Or, et un dans chacun des trois départements de la Manche, de la Nièvre et du Pas-de-Calais.

Rufiacus ou *Ruffiacus* est une *villa* où étaient situés des biens qui furent donnés en 715 à l'abbaye de Saint-Bénigne, de Dijon (5) ; c'est aujourd'hui Ruffey-lès-Echirey (Côte-d'Or) (6). Une monnaie mérovingienne a été frap-

---

(1) Voyez les textes cités par Mommsen, *C. I. L.*, t. I, p. 492, 493. Cf. Pauly, *Real-Encyclopaedie*, t. VI, p. 545.
(2) Tacite, *Histoires*, l. I, c. 56.
(3) *C. I. L.*, III, 1352.
(4) *Ibid.*, V, 6026.
(5) Pardessus, *Diplomata*, t. II, p. 300. Voir aussi sur la même localité la *Chronique de saint Bénigne*, chez Dom Bouquet, VII, 380 d ; elle nous offre l'analyse d'un diplôme de Charles le Chauve dont on trouve le texte chez Dom Bouquet, VIII, 618.
(6) Garnier, *Nomenclature historique des communes du département de la Côte-d'Or*, p. 8.

pée à *Rufiacu*, que l'on croit être Ruffiac (Cantal) (1). Une église de Rufiac apparaît en 860 ou 866 dans le Cartulaire de Redon (2) ; la paroisse de Rufiac, *plebs Rufiac*, est mentionnée dans une autre charte du même Cartulaire en 867 ; cette paroisse est aujourd'hui la commune de Ruffiac (Morbihan) (3). La même année, Charles le Chauve donne un diplôme dans une *villa Rufiacus* dont on ignore la situation (4). *Rufiacus* a une variante *Rofiacus* ; un *fundus Rofiacus* apparaît en 575 dans le testament du fondateur de l'abbaye de Saint-Yrieix (Haute-Vienne) (5). Il est question d'une *villa Rofiacus* en 891, dans une charte de l'abbaye de Cluny ; cette *villa* était située dans le Mâconnais (6).

Le gentilice Rufius est rare sous la république. Cependant une inscription qui le mentionne et qui a été trouvée près de Pérouse paraît antérieure à la période impériale (7). Sous Claude, le chevalier Rufius Crispinus fut préfet du prétoire (8) ; élevé à la préture par cet empereur (9), il devint sous Néron le mari de la trop célèbre Poppée (10). Ce gentilice est très fréquent dans les inscriptions. On le trouve notamment en Gaule : à Genève, une inscription nous a conservé les noms de Rufia Aquilina (11) ; à Chazey (Ain), on voit encore l'épitaphe de M. Rufius Cassiolus (12) ; à Murs (Ain), celle de Rufius Catullus (13) ; à Uriage, celle

---

(1) Deloche, cité par A. de Barthélemy dans la *Bibliothèque de l'Ecole des chartes*, t. XXVI, p. 460.
(2) A. de Courson, *Cartulaire de l'abbaye de Redon*, p. 106.
(3) A. de Courson, *ibid.*, p. 106, 747.
(4) Tardif, *Monuments historiques*, p. 129, col. 2 ; cf. Dom Bouquet, VIII, 602 c, 603 a. M. Matton, *Dictionnaire topographique du département de l'Aisne*, p. 238, émet l'hypothèse que ce serait Rouy, commune d'Amigny (Aisne).
(5) Pardessus, *Diplomata*, t. I, p. 138.
(6) Bruel, *Recueil des chartes de l'abbaye de Cluny*, t. I, p. 51, 52.
(7) *C. I. L.*, t. I, n° 1394.
(8) Tacite, *Annales*, liv. XI, c. 1.
(9) Tacite, *ibid.*, liv. XI, c. 4.
(10) Tacite, *ibid.*, liv. XIII, c. 45.
(11) Mommsen, *Inscriptiones helveticae*, n° 76.
(12) Allmer, *Inscriptions de Vienne*, t. III, p. 417.
(13) Allmer, *ibid.*, t. III, p. 435.

de M. Rufius Marcianus (1). L'*f* est quelquefois doublé ; deux exemples de cette orthographe nous sont fournis par l'épitaphe du gladiateur Ruffius Ruffianus (2). Le double *f* se rencontre aussi dans une marque du potier Ruffi m[anu] (3).

De *Rufiacus* ou *Ruffiacus* viennent les dix-neuf noms de communes suivants : Roffey (Yonne) ; Roffiac (Cantal); sept Rouffiac, sur lesquels deux dans l'Aude et cinq dans chacun des cinq départements du Cantal, de la Charente, de Charente-Inférieure, de Haute-Garonne et du Lot ; Rouffy (Marne) ; deux Ruffec (Charente, Indre) ; trois Ruffey, sur lesquels deux dans la Côte-d'Or, un dans le Jura; deux Ruffiac (Lot-et-Garonne, Morbihan) ; Ruffieu (Ain) ; Ruffieux (Savoie). L'*ou* de Rouffiac et de Rouffy s'explique par le redoublement de l'*f* qui compensait l'abrègement de l'*u* primitivement long du latin Rufus, Rufius. Nous avons cité plus haut, d'après des textes qui remontent à l'époque romaine, trois exemples de ce redoublement de l'*f*, dans le nom Ruffius et dans son dérivé Ruffianus. Quant à l'orthographe française, Ruffec, Ruffey, Ruffiac, Ruffieu et Ruffieux par double *f*, elle est défectueuse, l'*u* de ces mots suppose en latin un *u* long suivi d'un *f* simple, *Rufiacus* dérivé de Rufius, ce qui est la bonne orthographe latine.

Rulliacus est un *agellus* situé dans le territoire de Troyes et mentionné en 635 dans une charte de Palladius, évêque d'Auxerre (4) ; on suppose que c'est Rouilly-Saint-Loup (Aube) (5). Un autre *Rulliacus* apparaît en 877 dans un diplôme de Charles le Chauve pour l'abbaye de Marchiennes (6). L'orthographe *Ruilliacum* nous est offerte par

---

(1) C. I. L., XII, 2251 a. Voir d'autres Rufius dans le même tome.
(2) Allmer, *ibid.*, t. III, p. 397.
(3) Boissieu, *Inscriptions de Lyon*, p. 435, n° 119.
(4) Pardessus, *Diplomata*, t. II, p. 37.
(5) Boutiot et Socard, *Dictionnaire topographique du département de l'Aube*, p. 138.
(6) Dom Bouquet, VIII, 667 c.

un diplôme faux, attribué au roi Dagobert Ier (1). On lit *Ruiliacus* dans un diplôme de Louis le Débonnaire pour l'église du Mans, en 832 (2). La variante *Roliacus* nous est donnée deux fois dans la vie de Charlemagne par le moine d'Angoulême, qui appartenait à l'abbaye de Saint-Cybard-lès-Angoulême : dans un passage où est résumé un diplôme de Charlemagne en faveur de cette abbaye, il est question de deux localités, appelées l'une *Roliacus* (3), l'autre *Roliacus minor* (4) ; elles reparaissent dans un diplôme de Charles le Chauve en 852 et y sont appelées l'une *Roliacus super Noiram*, et l'autre *Ruliacus Minor* (5).

On voit que ce nom de lieu a été écrit tantôt avec double *l* et probablement *u* bref, tantôt avec *l* simple et probablement *u* long. L'orthographe étymologique est avec double *l* : le gentilice Rullius, d'où le nom de lieu dérive, est lui-même un dérivé de l'adjectif *rullus*, rural, rustique, employé quelquefois comme surnom (6). Le plus ancien exemple du gentilice Rullius nous est offert par une inscription du temps de la république, qui a été découverte à Aquino, en Italie ; on y lit le nom de M. Rullius M. filius (7). Nous trouvons ensuite : C. Rullius Communis, à Capoue (8) ; Rullius Celer, à Formies (9) ; Rullia Galla, à Aquilée (10) ; Cn. Rullius Calais, à Isernia (11) ; P. Rullius Faustus, en Afrique (12).

Rullius, avec double *l* a donné le dérivé *Rulliacus* d'où, en France, Roilly (Côte-d'Or), Rouillac (Charente et

---

(1) Pertz, *Diplomatum imperii tomus primus*, p. 163, l. 20.
(2) Dom Bouquet, VI, 586 a ; cf. Sickel, *Acta Karolinorum*, t. II, p. 179, n° 308.
(3) Dom Bouquet, V, 184 e.
(4) *Ibid.*, V, 185 a.
(5) *Ibid.*, VIII, 521 e.
(6) Pauly, *Real-Encyclopaedie*, t. VI, p. 564.
(7) *C. I. L.*, I, 1181.
(8) *Ibid.*, X, 4319.
(9) *Ibid.*, X, 6097.
(10) *Ibid.*, V, 1170.
(11) *Ibid.*, IX, 2682.
(12) *Ibid.*, VIII, 1535.

Côtes-du-Nord), Rouillé (Vienne), deux Rouilly (Aube), un troisième, Seine-et-Marne. De la variante *Rulius* par *u* long et simple *l* est venu *Ruliacus* également par *u* long et simple *l*, en français de l'ouest, Ruillé, nom de quatre communes, deux dans la Sarthe et autant dans la Mayenne; ailleurs Rully, nom de trois communes : Calvados, Oise, Saône-et-Loire. Ainsi le nombre des communes qui tirent leur origine du gentilice *Rullius*, *Rulius*, est de quatorze.

SABIACUS est une *villa* qui, dès l'année 769, appartenait à l'abbaye de Saint-Aubin d'Angers, comme l'atteste, à cette date, un diplôme de Charlemagne (1). Ce nom de lieu a probablement la même origine que celui de *Saviacus* porté par une localité des environs de Lyon; là étaient situées deux manses qu'en 878 Louis le Bègue donna à l'église de Mâcon (2).

Ces noms de lieux supposent un gentilice Sapius, en basse latinité Sabius ou Savius. Sapius, adjectif signifiant sage, se rencontre dans le composé *nesapius* « dépourvu de sagesse ou de science » et a été employé comme gentilice, exemple : M. Sapius Maximus dans une inscription de Turin (3). La variante par *b* = *p* est constatée par le nom de femme Sabia Optata porté par une affranchie de Sabius Plaetor dans une inscription d'Aquilée (4).

De Sapius, Sabius ou Savius est venu *Sapiacus*, *Sabiacus* ou *Saviacus*. De *Sabiacus* ou *Saviacus* sont venus probablement en français : Savy. nom de deux communes, l'une dans l'Aisne, l'autre dans le Pas-de-Calais, et Sagy, aussi nom de deux communes, Saône-et-Loire et Seine-et-Oise. Quant à *Sapiacus*, c'est de cette forme que paraissent venir Saché (Indre-et-Loire) et Sachy (Ardennes).

SACIAGUS est le nom d'une *villa* dont Vigile, évêque

---

(1) Sickel, *Acta Karolinorum*, p. 17, n° 4. Dom Bouquet, V, 717 *b*.
(2) Dom Bouquet, IX, 411 *c*.
(3) *C. I. L.*, V, 7192.
(4) *Ibid.*, V, 1359.

d'Auxerre, dispose par une charte de l'année 670 (1). C'est aujourd'hui Sacy (Yonne). *Saciacus*, variante archaïque de ce nom désigne un *locus* du Beauvaisis dans une charte de Pépin le Bref, en faveur de l'abbaye de Saint-Denis, en 751 (2). Dans un diplôme de Charles le Chauve pour l'abbaye de Compiègne, en 877, apparaît une *villa Sacciacus*, également située en Beauvaisis, qui est probablement différente (3). En 892, un diplôme de Louis, roi de Provence, nous montre l'église de Lyon en possession d'une *Saciacus villa*, près de Valence (4). En 912, une charte de l'abbaye de Cluny mentionne une *villa Saciagus* dans le Mâconnais (5). En 926, une *Saciacus villa* appartenait à l'église Saint-Bénigne, de Dijon, comme nous l'apprend une charte du roi Raoul (6).

De ce nom de lieu, l'orthographe la plus ancienne, bien que nous n'en ayons rencontré qu'un exemple, paraît être *Sacciacus*, dérivé du gentilice Saccius conservé par l'inscription d'Igel, près Trèves, où se lisent les noms de L. Saccius Modestus (7). Saccius a donné le dérivé Sacciarius employé comme *cognomen* dans une inscription de Leybach (8). Il est dérivé de Saccus, autre *cognomen* porté par un chrétien d'Afrique qui fut martyrisé et dont le culte est célébré le 27 mai. Le cognomen Saccus est probablement identique au nom commun signifiant « sac ». De Saccus vient le dérivé Sacco, employé à titre de *cognomen* dans une inscription de Terracine (9), d'où le gentilice Sacconius dans deux inscriptions, l'une de Naples (10), l'autre de Lyon (11).

(1) Pardessus, t. II, p. 454.
(2) Pertz, *Diplomatum imperii tomus primus*, p. 109, l. 9.
(3) Dom Bouquet, VIII, 660 c.
(4) *Ibid.*, IX, 674 e.
(5) Bruel, *Recueil des chartes de l'abbaye de Cluny*, p. 175.
(6) Dom Bouquet, IX, 570 c.
(7) Brambach, n° 830.
(8) *C. I. L.*, III, 3874.
(9) *Ibid.*, X, 6394.
(10) *Ibid.*, X, 2198.
(11) Boissieu, *Inscriptions antiques de Lyon*, p. 241.

De *Sacciacus* viennent les noms de Sacé (Mayenne), de Sacey (Manche), et de quatre communes de Sacy, deux dans l'Oise, les deux autres dans la Marne et l'Yonne.

SALVIACUS, où l'abbaye de Saint-Denis posséda une église dédiée à saint Martial et que mentionnent deux diplômes faux, l'un de Dagobert Ier (1), l'autre de Clovis II (2), est aujourd'hui Saujat, commune de Montluçon (Allier) (3).

Le gentilice Salvius, d'où *Salviacus*, remonte à la période de la république, comme le prouve l'épitaphe de C. Salvius Cassiae gn[atus] (4) et l'inscription de Pescina qui nous a conservé les noms de A. Salvius Cledus (5). Ce gentilice, d'abord obscur, fut rendu célèbre par l'empereur Othon, dont le règne éphémère appartient, comme on le sait, à l'an 70 de notre ère : ce prince s'appelait M. Salvius Otho ; son père, L. Salvius Otho Titianus, avait été consul en 52, et son grand-père avait été préteur (6). Un certain Salvius fut chargé du gouvernement de l'Aquitaine avec titre de légat sous l'empereur Hadrien (117-138) ; nous avons encore l'analyse d'un rescrit que lui adressa cet empereur (7) ; on pense que ce Salvius est identique au célèbre jurisconsulte Salvius Julianus (8). Le gentilice *Salvius* n'est pas rare dans les inscriptions du temps de l'empire (9). Ce gentilice pénétra en Gaule, comme l'atteste

---

(1) Pertz, *Diplomatum imperii tomus primus*, p. 159, 1. 36.

(2) Pertz, *ibid.*, p. 180, l. 45.

(3) Longnon, *Examen géographique du tome premier des diplomata imperii*, p. 33.

(4) *C. I. L.*, I, 1383.

(5) *Ibid.*, I, 1541 a. Pour plus de détails, voir l'article Salvii chez Pauly, *Real-Encyclopaedie*, t. VI, p. 720-722.

(6) Tacite, *Histoires*, l. II, c. 50 ; cf. Josephus Klein, *Fasti consulares*, p. 35.

(7) Callistrate, livre V, *De cognitionibus*, passage reproduit au Digeste, livre XLVIII, titre III, loi 12.

(8) Desjardins, *Géographie historique et administrative de la Gaule romaine*, t. III, p. 253. Voy. Teuffel, *Geschichte der rœmischen Literatur*, 3e édit., p. 817.

(9) Voyez les index du *C. I. L.*, t. II, p. 729, col. 3 ; t. III, p. 1083, col. 2 ; t. V, p. 1125, col. 4 ; t. VII, p. 370, col. 1 ; t. VIII, p. 1013, col 3 ; t. IX, p. 724, col. 2 ; t. X, p. 1054, col. 1.

l'épitaphe de C. Salvius Mercurius, trouvée à Fourvières et conservée au palais des Arts, à Lyon (1).

De *Salviacus*, la forme moderne dans les régions méridionales de la France est : Salviac (Lot); Sauviac (Gers, Gironde); Sauviat (Puy-de-Dôme, Haute-Vienne); Saujac (Aveyron) : six noms de communes, sans compter les écarts; parmi ceux-ci, nous citerons Saugey (Savoie et Haute-Savoie) qui nous offrent une forme septentrionale de ce nom; la variante romaine est *Salvianus*, qui a donné Sauvian (Hérault).

SALVINIACUS est une *villa* du Tonnerrois qui appartenait au neuvième siècle à l'abbaye de Montier-la-Celle, comme nous l'apprend un diplôme de Charles le Chauve (2).

Salvinius, d'où *Salviniacus* dérive, n'est pas un gentilice commun; on l'a trouvé dans une inscription de Constantine qui nous apprend les noms de P. Salvinius Arat[or] (3). Salvinius est dérivé de Salvinus, qui a été employé comme surnom, exemple : Ulpius Salvinus dans une inscription de Carlsbourg (4). Salvinus, nom de deux saints évêques, l'un de Vérone mort vers 562, l'autre de Verdun qui vivait au siècle précédent (5), n'est autre chose que ce *cognomen* dont le gentilice Salvinius est dérivé.

De *Salviniacus* viennent les noms de communes suivants : Sauvignac (Charente); deux Sauvigney (Haute-Saône); et quatre Sauvigny, sur lesquels deux dans l'Yonne (6), un dans la Meuse (7), un dans la Nièvre (8).

---

(1) Boissieu, *Inscriptions antiques de Lyon*, p. 184. On trouvera deux autres Salvius et quatre Salvia dans le t. XII du *C. I. L.*

(2) Dom Bouquet, t. VIII, p. 642 *e*.

(3) *C. I. L.*, VIII, 7706.

(4) *Ibid.*, III, 1145.

(5) Leurs fêtes ont été mises l'une au 12 octobre, l'autre au 4 septembre.

(6) *Salvigniacum*, 1217. Quantin, *Dictionnaire topographique de l'Yonne*, p. 121.

(7) *Salviniaco*, 846. Liénard. *Dictionnaire topographique de la Meuse*, p. 219.

(8) *Salviniacum*, 817. Soultrait. *Dictionnaire topographique de la Nièvre*, p. 172.

Sansiacus est le nom d'une des propriétés de l'abbaye de Saint-Ouen de Rouen, aux termes d'un diplôme donné par Charles le Chauve en 876 (1). *Sansiacus* vient, peut-être, d'un plus ancien *Sanctiacus*, dont la forme romaine était *Sanctianus*; ce dernier mot aurait conservé son *t* dans l'orthographe *Santianae*, d'un nom de lieu que mentionne, vers l'année 846, un diplôme de l'empereur Lothaire en faveur d'un archevêque de Lyon (2).

Sanctiacus et *Sanctianus* dériveraient du gentilice Sanctius dont un exemple nous est conservé par une inscription de la Bavière rhénane où figure un personnage appelé Sanctius Honoratus (3). On en trouve un autre exemple dans une dédicace conservée au musée de Genève, et qui a pour auteur L. Sanctius Marcus (4). Ce gentilice est lui-même dérivé du *cognomen* Sanctus, plus fréquent.

On peut aussi supposer un primitif *Sentiacus*, *Sentianus* dérivé du gentilice Sentius, connu sous la république, fréquent dans les inscriptions sous l'empire romain, où quatre personnages de ce nom revêtirent la pourpre consulaire (5).

*Sanctiacus — ou *Sentiacus* (?) — a donné à la géographie moderne de la France les huit noms de communes suivants : deux Sansac (Cantal); Sansais (Deux-Sèvres); Sanssac (Haute-Loire) ; Sanssat (Allier) ; Sanxay (Vienne); Sanzay (Deux-Sèvres), et Sanzey (Meurthe-et-Moselle). * *Sanctianus* peut expliquer Sansan (Gers) (Cf. p. 315-316).

Secundiaca est le nom d'une *cors*, c'est-à-dire d'une *villa* mentionnée dans le diplôme de fondation de l'abbaye de la Sainte-Trinité de Poitiers, vers l'année 962 (6). Cette localité était située près de Melle (Deux-Sèvres).

---

(1) Dom Bouquet, t. VIII, p. 650 *e*.
(2) *Ibid.*, VIII, 384 *a*.
(3) Brambach, 1764.
(4) Mommsen, *Inscriptiones helveticae*, n° 75.
(5) Sur les Sentii, voyez Pauly, *Real-Enclopaedie*, t. VI, p. 1047-1049, et ci-dessous, p. 315-316.
(6) Dom Bouquet, t. IX, p. 626 *d*.

Secundiacus est dérivé de Secundius, gentilice qui n'est pas rare dans les inscriptions, et qui est dérivé du surnom plus fréquent encore Secundus (1). Nous citerons : Secundius Crispus, dans une inscription de Trèves (2) ; Secundius Ursio, au musée de Bonn (3) ; Secundius Agricola, à Wiesbaden (4) ; M. Secundius Saturninus, M. Secundius Acceptus, dans une inscription de Lyon (5).

De Secundius est venu *Secundiacus* qui, dans le midi de la France, a donné Ségonzac (Charente, Corrèze et Dordogne). Quant à Secondigné et Secondigny (Deux-Sèvres), ils supposent un primitif *Secundiniacus*, dérivé de *Secundinius* qu'on trouve dans la dédicace lyonnaise à Mithra, par Aur. Secundinius Donatus (6), et dans plusieurs autres inscriptions (7). Il peut se faire que, dans le diplôme cité plus haut, on ait imprimé *Secundiacus* pour *Secundiniacus*, et que la localité mentionnée soit Secondigné (Deux-Sèvres), arrondissement de Melle.

SECURIACUS est un *locus* situé en Brabant, comme nous l'apprennent deux diplômes, l'un de Louis le Débonnaire, qui paraît dater de l'année 822 (8), l'autre de Charles le Chauve, en 847 (9). Dans un diplôme de Charles le Simple, en 899, *Securiacus* est qualifié de *villa* (10).

Ce nom de lieu dérive du gentilice Securius, qui paraît très rare. Le seul exemple rigoureusement certain que nous en puissions signaler se rencontre dans une dédicace

---

(1) Pauly, *Real-Encyclopaedie*, t. V, p. 914.
(2) Brambach, n° 825.
(3) *Ibid.*, n° 846.
(4) *Ibid.*, n° 1526.
(5) Boissieu, *Inscript. de Lyon*, p. 521. Cf. *C. I. L.*, t. XII, p. 881, col. 2.
(6) Boissieu, *ibid.*, p. 40. Ces lignes ont été écrites avant la publication du t. XII du *C. I. L.* où ont été recueillis dix exemples de ce gentilice.
(7) Voyez les index du *C. I. L.*, t. III, p. 1083, col. 2 ; t. V, p. 1126, col. 1.
(8) Dom Bouquet, VI, 530 *e* ; cf. Sickel, *Acta Karolinorum*, t. II, p. 138, n° 180.
(9) Dom Bouquet, VIII, 488 *e*.
(10) *Ibid.*, IX, 474 *b*.

à Jupiter trouvée près de Mayence ; l'auteur de cette dédicace est le légionnaire Securius Carantus (1). On suppose que le même gentilice était inscrit dans une épitaphe recueillie à Neumayer (Prusse rhénane) ; cette épitaphe aurait été gravée par les soins de Securius Novellus ; mais quand a été trouvée cette inscription aujourd'hui perdue, le commencement de la ligne où ce nom avait été gravé manquait, et dans cette lacune était comprise la lettre initiale *s* de Securius (2).

Sentiacus, aujourd'hui Sinzig, près de Coblenz (3), est une localité où se trouvait un palais d'où Pépin le Bref a daté un diplôme, en 762 (4). *Sentiacus* est aussi mentionné dans un autre diplôme du même prince et de la même année (5). L'empereur Lothaire y fit un séjour en 842, et en nous rapportant ce fait, les *Annales de Saint-Bertin* se servent de l'expression *Sentiacum palatium* (6), les *Annales de Fulde* emploient celle de *villa Sentiaca* (7). Mais la forme masculine était la plus usitée : en 876, nous la retrouvons encore ; Louis, fils de Louis le Germanique, allant d'Andernach à Aix-la-Chapelle, passe à *Senciacus* (8).

La forme romaine de ce nom est *Sentianus*, nom d'une station de l'Italie méridionale, non loin de Bénévent (9).

Sentiacus dérive du gentilice romain Sentius (10). Le pré-

---

(1) Brambach, n° 921.
(2) *Ibid.*, n° 858.
(3) Sickel, *Acta Karolinorum*, t. II, p. 483; cf. Mabillon, *De re diplomatica*, liv. IV, § 131.
(4) Sickel, *Acta Karolinorum*, t. II, p. 6, n° 19.
(5) Sickel, *ibid.*, t. II, p. 6, n° 20. Migne, *Patrologia latina*, t. XCVI, col. 1539 d.
(6) Dom Bouquet, VII, 60 d.
(7) *Ibid.*, VII, 160 a.
(8) Migne, *Patrologia latina*, t. CXXVI, col. 1280 b ; *Annales de Saint-Bertin*, chez Dom Bouquet, VII, 122 e.
(9) *Itinéraire d'Antonin*, édit. Parthey et Pinder, p. 112 ; cf. C. I. L., t. IX, p. 657.
(10) Sur la *gens* Sentia, voyez Pauly, *Real-Encyclopaedie*, t. V, p. 1047-1049.

teur C. Sentius, connu surtout parce que, comme le raconte Varron, il ne buvait de vin de Chio que par ordonnance de médecin (1), fut battu par les Thraces l'an 89 avant notre ère (2). On lit sur des monnaies romaines les noms de L. Sentius C. filius (3). C. Sentius Saturninus obtint les honneurs consulaires l'an 19 avant J.-C. (4). Un autre C. Sentius fut préteur de Syrie trente-huit ans plus tard (5). Ce gentilice, fréquent dans les inscriptions de la période impériale (6), pénétra en Gaule : un certain C. Sentius apparaît dans une inscription du musée de Mayence (7) ; Sentius Ursio, dans une inscription de Cologne (8) ; Sentius Successianus dans une épitaphe trouvée à Fully, près Martigny, en Suisse (9) ; C. Sentius Diadumenus, médecin, fit à Mars une dédicace dont on signale l'existence à Yverdun dans le même pays (10).

Sentiacus, dérivé de Sentius, n'a pas laissé en France de traces certaines. Il est cependant possible que Sincey (Côte-d'Or) soit un ancien *Sentiacus* (11). En général, on peut croire qu'en français *Sentiacus* s'est confondu avec *Sanctiacus, traité plus haut, p. 313.

SEVERIACUS est le nom d'une *villa* située près de Tours, et qui appartenait à l'église de Paris au sixième siècle,

---

(1) Pline, *Histoire naturelle*, livre XIV, § 96.
(2) Tite-Live, *Epitome* du livre LXX; cf. Cicéron, *In Verrem*, II, 93 ; *In Pisonem*, 34, et Mommsen, *Histoire romaine*, 6ᵉ édit., t. II, p. 285.
(3) *C. I. L.*, I, 409.
(4) *Ibid.*, t. I, nᵒˢ 742, 743, p. 546, 547 ; c'est sous son consulat que mourut Virgile. Voyez les fragments de Suétone dans l'édition de cet auteur donnée par L. Roth, chez Teubner, p. 796.
(5) Tacite, *Annales*, II, 74.
(6) *C. I. L.*, t. V, p. 1126, col. 1 et 2; t. VIII, p. 1011, col. 1; t. X, p. 1054, col. 3 et 4; p. 1065, col. 4.
(7) Brambach, n° 78.
(8) *Ibid.*, n° 361.
(9) Mommsen, *Inscriptiones helveticae*, n° 13.
(10) Mommsen, *ibid.*, n° 136. On trouvera sept autres exemples dans le t. XII du *C. I. L.*
(11) Cette hypothèse n'est pas admise par Garnier, *Nomenclature historique des communes, etc., du département de la Côte-d'Or*, p. 171, n° 677.

comme nous le voyons par la vie de saint Germain, évêque de Paris, qu'écrivit Fortunat (1). Des documents de l'époque carlovingienne et du commencement de la période capétienne conservés par le Cartulaire de l'abbaye de Conques (Aveyron), nous font connaitre trois *Severiacus* situés dans le voisinage de ce monastère (2).

Severiacus est dérivé de Severius, gentilice romain dérivé lui-même du *cognomen* plus ancien Severus (3). Le gentilice Severius se trouve en Italie ; on a recueilli, par exemple, à Milan, l'épitaphe de Q. Severius Saturianus (4). Ce nom pénétra en Gaule. Le musée de Nimes a l'épitaphe de L. Severius Severinus, édile de la colonie de Nimes (5); celui d'Avignon, l'épitaphe de Severius Viator (6). Le musée de Genève possède une dédicace au dieu Liber par P. Severius Lucanus ; elle a été trouvée à Saint-Prex, dans l'ancien territoire de la colonie de Noviodunum, aujourd'hui Nyon (7). L. Severius Martius fit faire à sa femme une épitaphe découverte, il y a plus de deux siècles, près d'Avenche, en Suisse (8). Non loin de là, à Wifelsburg, on a lu jadis une épitaphe que Severius Marcianus fit graver pour sa sœur (9). Le musée de Châlon-sur-Saône possède l'épitaphe de Severia Severa (10). Une seconde Severia Severa figure dans une autre épitaphe trouvée à Lyon (11). L'épitaphe de Severia Fuscina existe au palais des Arts, à

---

(1) *Vita sancti Germani parisiensis episcopi*, c. 64. Migne, *Patrologia latina*, t. LXXXVIII, col. 474 c, édit. de Fortunat donnée par B. Krusch dans les *Monumenta Germaniae*, in-4°, t. II, p. 24; cf. Longnon, *Géographie de la Gaule au sixième siècle*, p. 292.

(2) Desjardins, *Cartulaire de l'abbaye de Conques*, p. 35, 135, 136, 185, 192, 505.

(3) Voyez, par exemple, *C. I. L.*, t. I, n° 1422 ; cf. Pauly, *Real-Encyclopaedie*, t. V, p. 1132.

(4) *C. I. L.*, V, 5962.

(5) Herzog, *Galliae Narbonensis... historia*, t. II, p. 35, n° 140.

(6) Herzog, *ibid.*, p. 74, n° 357.

(7) Mommsen, *Inscriptiones helveticae*, n° 113.

(8) Mommsen, *ibid.*, n° 191.

(9) Mommsen, *ibid.*, n° 202.

(10) Boissieu, *Inscriptions antiques de Lyon*, p. 217.

(11) Boissieu, *ibid.*, p. 421.

Lyon (1). M. Germer Durand a lu, il y a quelques années, les noms de L. Severius Severus dans une inscription de Brugès, commune de Palhers (Lozère) (2).

Suivant M. Longnon, le *Severiacus* dont parle Fortunat, au sixième siècle, est Civray-sur-Cher (Indre-et-Loire). Le même département contient une autre commune dont le nom s'explique par la même étymologie, c'est Civray-sur-Esves. Il y a encore en France deux autres communes de Civray, l'une dans le Cher, l'autre dans la Vienne, et le nom de chacune a probablement la même origine. Dans le midi, *Severiacus* a donné Civrac; on compte dans la Gironde trois communes de Civrac; ailleurs, la désinence -*acus* est devenu -*ieux* ou -*y* : nous citerons deux Civrieux (Ain, Rhône); quatre Civry (Côte-d'Or, Eure-et-Loir (3), Seine-et-Oise, Yonne) (4). Dans tous ces noms, l's initial a été supplanté par un *c*. L's persiste dans les suivants : Sevrai, (Orne); Sevrey (Saône-et-Loire); Sévry (Cher); deux Séverac dans l'Aveyron (5).

On pourrait expliquer aussi par *Severiacus* le nom de six communes de Sivry, parmi lesquelles deux dans la Meuse et quatre dans les départements des Ardennes, de la Marne, de Meurthe-et-Moselle et de Seine-et-Marne.

Toutefois, le nom d'une de ces communes remonte à une autre origine. Sivry-sur-Meuse, dans le département de la Meuse, s'est appelé SUPERIACUS au dixième, au onzième et au douzième siècle; l'*u* de la première syllabe n'a commencé à se prononcer *i* qu'au treizième siècle,

---

(1) Boissieu, *ibid.*, p. 523.

(2) *Bulletin épigraphique*, t. I, p. 74. Le tome XII du *C. I. L.* mentionne six autres Severius et trois autres Severia.

(3) *Siveriacum*, vers 1250. Lucien Merlet, *Dictionnaire topographique du département d'Eure-et-Loir*, p. 49.

(4) *Sivriacum*, en 1170. Quantin, *Dictionnaire topographique du département de l'Yonne*, p. 36.

(5) Ce sont deux des *Severiacus* du *Cartulaire de Conques*. Severac (Loire-Inférieure), suppose un ancien *Severacus*, dérivé du *cognomen* Severus. Voy. *Cartulaire de Redon*, p. 314.

comme l'a établi M. Liénard (1). *Superiacus* est dérivé de Superius, gentilice que nous fait connaître une épitaphe africaine, celle de Superius Flavianus (2). On ne peut donc comprendre Sivry-sur-Meuse dans la liste des noms de communes qui offrent la forme moderne d'un primitif *Severiacus*. Il en reste vingt-trois. Il est possible que dans le nombre quelques-uns soient, comme Sivry-sur-Meuse, d'anciens *Superiacus*, cependant, le gentilice Superius étant beaucoup plus rare que le gentilice Severius, le dérivé *Severiacus* a dû être plus fréquent que le dérivé *Superiacus*.

* SEXCIACUS est un nom de *fundus*, d'où vient le nom du *vicus Sexciacensis* situé dans le Bigorre, c'est-à-dire probablement dans le département des Hautes-Pyrénées; vers la fin du sixième siècle, Grégoire de Tours nous rapporte que là fut enterré le prêtre saint Justin et que, dans une dépendance de ce *vicus*, le prêtre saint Sévère fit bâtir une église (3). * *Sexciacus* est une orthographe de basse époque pour * *Sextiacus*. L'orthographe plus altérée encore, *Sessiacus*, nous est offerte en 854 par un diplôme de l'empereur Lothaire pour l'abbaye de Saint-Claude (4).

Ces noms de lieux sont dérivés du gentilice romain Sextius, porté par une famille plébéienne. Dès l'an 339 avant notre ère, L. Sextius était tribun du peuple à Rome (5). Un autre L. Sextius, tribun du peuple en 377, se rendit célèbre par l'ardeur et le succès de sa lutte contre les patriciens (6); il fut le premier plébéien élevé au consulat, l'an 366 avant notre ère (7). C. Sextius Calvinus,

---

(1) *Dictionnaire topographique du département de la Meuse*, p. 224.
(2) *C. I. L.*, t. VIII, n° 9639. Cf. Superinius, à Arles, XII, 687.
(3) *Gloria confessorum*, c. 49, 50. Bordier, *Les livres des miracles*, t. II, p. 436, 438, édit. Arndt et Krusch, c. 48, 49, p. 777, l. 3, 11.
(4) Dom Bouquet, VIII, 394 a.
(5) Tite-Live, livre IV, c. 49, § 6.
(6) *Ibid.*, livre VI, c. 35.
(7) *Ibid.*, livre VII, c. 1.

consul l'an 124 avant notre ère (1), porta ce nom en Gaule ; il y fut proconsul les deux années qui suivirent son consulat, et y fonda la ville d'*Aquae Sextiae*, aujourd'hui Aix en Provence, le premier établissement des Romains dans la région qui est devenue la France (2). On a recueilli quelques inscriptions qui attestent l'existence en Gaule du gentilice de ce consul : telles sont l'épitaphe de M. Sextius Atticus, trouvée à Verenay (Rhône) (3), les marques de fabrique de C. Sex[tius] Eutyches (4), et de C. Sext[ius] Post[umus] au musée de Vienne (Isère) (5). Une inscription de Lyon nous a conservé les noms de P. Sextius Florus (6) ; une inscription d'Ingweiler (Alsace), ceux de L. Sextius Marcianus (7) ; une inscription d'Huttich, en Hesse, ceux de L. Sextius Pervvincus (8).

C'est d'un primitif * *Sextiacus* que viennent probablement les noms de deux communes de Sexey (Meurthe-et-Moselle), appelées chacune *Sessiacum* en 1050 (9). Sissy (Aisne), est aussi appelé *Sessiacum* en 1168 (10). Peut-être Cessey (Doubs), et Cessieu (Isère), ont-ils la même origine. On doit, ce semble, expliquer autrement le nom de Cessey-sur-Tille (Côte-d'Or) (11), et de Cessy-les-Bois (Nièvre) (12) ; ce sont des dérivés du gentilice Saccius, étudié page 310.

(1) *C. I. L.*, t. I, p. 534, 535 ; cf. n° 632.
(2) Voyez l'étude faite sur lui par M. E. Desjardins, *Géographie historique et administrative de la Gaule romaine*, t. II, p. 271-273 ; et sur la *gens* Sextia, consultez Pauly, *Real-Encyclopaedie*, t. VII, p. 1142-1145.
(3) Allmer, *Inscriptions de Vienne*, t. III, p. 5.
(4) Allmer, *ibid.*, t. IV, p. 9.
(5) Allmer, *ibid.*, t. IV, p. 194.
(6) Boissieu, *Inscriptions de Lyon*, p. 194.
(7) Brambach, *Inscriptiones rhenanae*, n° 1878.
(8) *Ibid.*, n° 1088. Plusieurs autres Sextius sont mentionnés dans le tome XII du *C. I. L.* On y trouve aussi Seccius, 3709, et Seccia, 415.
(9) Lepage, *Dictionnaire topographique du département de la Meurthe*, p. 129.
(10) Matton, *Dictionnaire topographique du département de l'Aisne*, p. 261.
(11) *Saciacus*. Garnier, *Nomenclature historique des communes, etc., du département de la Côte-d'Or*, p. 20, n° 80.
(12) *Sassiacense monasterium, cenobium Saxiacense*. Soultrait, *Dictionnaire topographique du département de la Nièvre*, p. 32.

Siliacus est un *locus* dépendant de Lagny-le-Sec (Oise), suivant un diplôme de Thierry III qui remonte à 688 (1). Un diplôme de Charlemagne pour l'abbaye de Saint-Calais, en 774, nous transporte dans le Maine « *in condita Siliacense* »; dans cette *condita* se trouve une *villa* appelée *curte Bosane* (2). Un diplôme de Charles le Gros, en faveur de l'abbaye de Saint-Etienne de Dijon, en 885, nous montre en Bourgogne un autre *Siliacus* situé « *in comitatu Uscarensi* », c'est-à-dire un peu au sud de Dijon (3).

Siliacus vient de Silius, gentilice qui apparaît dans les derniers temps de la république romaine, et qui n'était pas rare sous l'empire (4). Ainsi, sous la république, P. Silius Nerva, élevé à la préture l'an 59 avant notre ère, fut, quelques années après, avec le titre de propréteur, chargé de l'administration de la Bithynie et du Pont; c'était un des amis de Cicéron (5). Le grand orateur eut des relations d'affaires avec un autre Silius dont le prénom était Aulus (6). Sous l'empire, on trouve dans les fastes consulaires, en l'an 20 avant J.-C., P. Silius Nerva (7). P. Silius fut *consul suffectus* en l'an 3 après J.-C (8). C. Silius parvint au consulat en l'an 13 de notre ère (9). P. Silius Nerva obtint la même dignité en l'an 28 (10). Sous Claude, C. Silius, consul désigné, dut une célébrité scandaleuse à son mariage avec Messaline (11). Le poète Silius Italicus

---

(1) Pardessus, *Diplomata*, t. II, p. 205. Tardif, *Monuments historiques*, p. 20, col. 2. Pertz, *Diplomatum imperii tomus primus*, p. 51, ligne 32; cf. Longnon, *Examen géographique*, p. 26.
(2) Dom Bouquet, V, 724 b; cf. Sickel, *Acta Karolinorum*, t. II, p. 22, n° 22.
(3) *Ibid.*, IX, 336 c.
(4) On peut trouver une étude sur la *gens* Silia chez Pauly, *Real-Encyclopaedie*, t. V, p. 1190-1195.
(5) Cicéron, *Ad familiares*, livre VII, ép. 21; livre IX, ép. 16; livre XIII, ép. 61, 62, 63, 64, 65.
(6) *Ad Atticum*, livre XII, ép. 24-31, 33, 35.
(7) *C. I. L.*, t. I, p. 540, 547. Josephus Klein, *Fasti consulares*, p. 9.
(8) *Ibid.*, t. I, p. 548. Josephus Klein, p. 13.
(9) *Ibid.*, t. I, p. 550, 551, n°˙ 762, 763. Josephus Klein, p. 20.
(10) Josephus Klein, p. 26.
(11) Tacite, *Annales*, livre XI, c. 26, 27.

acquit par ses vers d'autres titres à la notoriété ; mais il n'était pas seulement homme de lettres, il obtint les honneurs consulaires en l'an 68 de notre ère (1).

Les noms de lieux que nous avons cités attestent que ce gentilice pénétra en Gaule. Nous ignorons si ce fut par l'influence de l'un des personnages que nous venons de mentionner ; ce que nous savons, c'est que le C. Silius, consul en l'an 13, commanda l'armée de la Germanie supérieure, avec titre de légat, pendant sept ans, de l'an 14 à l'an 21 de notre ère (2).

Siliacus, dérivé de Silius, est devenu dans le Midi Silhac ; c'est le nom d'une commune du département de l'Ardèche ; dans le Nord, d'autres formes modernes de *Siliacus* nous sont offertes par : Sillé, nom de deux communes de la Sarthe ; Silley, nom de deux communes du Doubs ; Silli, nom d'une commune de l'Orne ; Silly, nom porté par trois communes, deux dans l'Oise, une dans l'Aisne. Le nombre total de ces communes s'élève à neuf.

La forme latine de *Siliacus* était *Silianus*; une charte de Ravenne mentionne un *fundum qui vocatur Silianum* (3).

*Silvaniacus est probablement l'orthographe primitive du nom de lieu écrit *Selvaniacus* dans un diplôme accordé par Louis le Débonnaire à l'abbaye de Conques, en 819 (4). En effet, nous trouvons le même nom de lieu écrit à l'ablatif *Silvaniago*, avec un *i* à la première syllabe, dans une charte du onzième siècle conservée par le Cartulaire de Conques (5). Le nom actuel de cette localité est Savignac, c'est une dépendance de la commune d'Asprières (Aveyron).

---

(1) Josephus Klein, *Fasti consulares*, p. 41.
(2) E. Desjardins, *Géographie historique et administrative de la Gaule romaine*, t. III, p. 248.
(3) Fantuzzi, *Monumenti Ravennati*, t. I, p. 35.
(4) Dom Bouquet, VI, 717 *e*. Gustave Desjardins, *Cartulaire de l'abbaye de Conques*, p. 410.
(5) Gust. Desjardins, *ibid.*, p. 81.

Silvaniacus est dérivé du gentilice Silvanius, dérivé lui-même du surnom Silvanus. L'épitaphe de Silvanius Fortunatus existe encore à Vienne (Isère) (1). Les noms de L. Silvanius Probus nous ont été conservés par une inscription de Rheinzabern, en Bavière rhénane (2), et ceux de C. Silvanius Maternus par une inscription de Saint-Hippolyte-de-Caton (Gard) (3).

Les noms de lieux dérivés du gentilice *Silvanius* offrent une grande analogie avec ceux qui sont tirés de *Silvinius* (p. 325), et il doit être souvent difficile de les en distinguer.

SILVIAGUS, orthographe de basse époque pour *Silviacus*, est le nom d'un *vicus* où étaient situées des vignes qu'en 615 Bertramne, évêque du Mans, donna à la basilique de Saint-Germain, fondée par lui près de la ville du Mans (4). La légende *Silviaco* se lit sur une monnaie mérovingienne (5), et nous ignorons où était située la localité que désigne cette légende monétaire. Mais il est vraisemblable que le *Silviacus*, inscrit en 832 dans la liste des *villae* et des *vici* dépendant de l'église du Mans que nous a conservée un diplôme de Louis le Débonnaire (6), est identique au *Silviagus* du testament de Bertramne. Un autre *Silviacus* est aujourd'hui Servais (Aisne) (7) ; les empereurs carlovingiens y avaient un palais dont il est question pour la première fois sous le règne de Louis le Débonnaire ; ce prince data du palais royal de *Silviacus* deux diplômes, le premier en 820 (8), le second en 830 (9) ; plusieurs diplô-

---

(1) Allmer, *Inscriptions antiques de Vienne*, t. III, p. 6.
(2) Brambach, n° 1814.
(3) *C. I. L.*, XII, 2887.
(4) Pardessus, *Diplomata*, t. I, p. 209.
(5) A. de Barthélemy, dans la *Bibliothèque de l'Ecole des chartes* t. XXVI, p. 462, n° 599.
(6) Dom Bouquet, VI, 585 e; cf. Sickel, *Acta Karolinorum*, t. II, p. 179, n° 308.
(7) Matton, *Dictionnaire topographique du département de l'Aisne*, p. 260.
(8) Sickel, *Acta Karolinorum*, t. II, p. 132, n° 162.
(9) Sickel, *ibid.*, t. II, p. 166, n° 270.

mes de Charles le Chauve ont été donnés au palais de Silviacus en 846 (1), en 847 (2), en 879 (3) ; on peut considérer comme défectueuse l'orthographe *Silvaico palatio*, dans un diplôme du même roi en 850 (4), et l'orthographe *Silvacus* employée pour désigner le nom du lieu où aurait été promulgué aussi par Charles le Chauve un célèbre capitulaire de l'année 853 (5). Un troisième *Silviacus*, situé dans une tout autre partie de la France, dépendait en 967 du monastère de Saint-Pierre de Vienne (Isère); nous l'apprenons par un diplôme de Conrad le Pacifique, roi de Bourgogne transjurane et de Provence (6).

Silvius, d'où *Silviacus*, est un nom qui appartient d'abord à l'histoire mythologique de Rome : le fils d'Ascagne, fils lui-même d'Enée, s'appelle Silvius, règne sur les Latins, et après lui, Silvius devient un surnom commun à ses successeurs (7). C'est dans les inscriptions du temps de l'empire que le gentilice Silvius apparaît. La Gaule nous en offre quelques exemples : le musée du mont Saint-Bernard contient une dédicace à Jupiter Poeninus par Q. Silvius Perennius, *tabellarius* de la colonie des Séquanes (8) ; une inscription d'Yverdun nous a conservé les noms de T. Silvius Similis (9). Ceux de Q. Silvius Spe[ratus], centurion de la première cohorte des Belges, nous sont connus par une inscription de l'île de Brazza sur la côte de Dalmatie (10). On a trouvé plusieurs fois, tant en Gaule qu'en Angleterre, la marque du potier Silvius (11).

---

(1) Dom Bouquet, VIII, 484 *e*.
(2) *Ibid.*, VIII, 492 *b*.
(3) *Ibid.*, VIII, 636 *d*.
(4) *Ibid.*, VIII, 508 *e*.
(5) *Ibid.*, VII, 613 *c*. Cf. Mabillon, *De re diplomatica*, livre IV, c. 132.
(6) Dom Bouquet, IX, 702 *b*.
(7) Tite-Live, liv. I, c. 3, §§ 6, 7, 8 ; cf. Virgile, *Enéide*, VI, 763, 769.
(8) *C. I. L.*, V, 6887. Mommsen, *Inscriptiones helveticae*, n° 42.
(9) Mommsen, *Inscriptiones helveticae*, n° 138.
(10) *C. I. L.*, III, 3093.
(11) Schuermans, *Sigles figulins*, p. 248, n°⁵ 5240-5246. Trois autres Silvius sont mentionnés dans le t. XII du *C. I. L.*

SILVINIACUS est le nom d'une *villa* dépendant de l'abbaye de Saint-Aubin d'Angers, comme on le voit par un diplôme émané de Charles le Chauve, en 851 (1). Une autre *villa Silviniacus* était située dans le Tonnerrois, et dépendait de l'abbaye de Montier-la-Celle (Aube), à laquelle elle fut donnée en 856 par le même roi (2). Un troisième *Silviniacus* appartenait à l'église d'Autun, et, à la fin du neuvième siècle, était possédé, à titre de précaire, par une femme noble; le roi Eudes la maintint en possession de ce bien en 890 (3). En 979, le roi Louis V comprend un quatrième *Silviniacus* dans la nomenclature qu'il donne des propriétés de l'église d'Orléans (4).

La forme romaine de ce nom de lieu est *Silvinianus*, et nous la trouvons, en 814, dans un diplôme de Louis le Débonnaire concernant une abbaye située à Brescia, et une autre abbaye à Nonantola, près de Modène (5).

Silviniacus est dérivé de Silvinius. Une femme, dont l'épitaphe a été trouvée à Lyon, avait pour mari un certain Silvinius Balbinus (6). Une dédicace par L. Silvinius Respectus est conservée au musée de Cologne (7). On a recueilli, dans la Bavière rhénane, une autre dédicace par deux Silvinius surnommés, l'un Justus, et l'autre Dubitatus (8).

De *Silviniacus* vient Selvigny, nom d'une commune du département du Nord.

SIMPLICCIACUS est le nom d'une *villa* placée dans le Maine en 658, par un diplôme de Clotaire III (9). Elle reparaît en

(1) Dom Bouquet, VIII, 518 *b*.
(2) *Ibid.*, VIII, 547 *c*.
(3) *Ibid.*, IX, 454 *b*.
(4) *Ibid.*, IX, 660 *e*, 661 *a*.
(5) Migne, *Patrologia latina*, t. CIV, col. 1007. Sickel, *Acta Karolinorum*, t. II, p. 87, 88, n° 12.
(6) Boissieu, *Inscriptions de Lyon*, p. 613.
(7) Brambach, n° 406.
(8) *Ibid.*, n° 1790.
(9) Tardif, *Monuments historiques*, p. 13, col 1. Pertz, *Diplomatum imperii tomus primus*, p. 33, lignes 40, 41.

862, dans un diplôme de Charles le Chauve où son nom est écrit sans doublement du *c* de la troisième syllabe, *Simpliciaco* (1).

Simplicius, d'où *Simpliciacus* est dérivé, est un gentilice peu fréquent, mais usité en Gaule; ainsi on a trouvé en Gueldre deux dédicaces émanées de personnages qui avaient ce gentilice. L'une a pour auteur Simplicius Superus, *decurio alae Vocontiorum* dans l'armée de Bretagne (2); on sait que les Vocontii habitaient Vaison (Vaucluse) et les environs. L'autre dédicace a été faite par Simplicius Ingenuus (3). L'épitaphe de Simplicia Acutilla, conservée à Milan (4), nous offre aussi un exemple du gentilice Simplicius. Dans d'autres monuments, c'est un *cognomen* (5).

Sociacus est une *villa* qu'un testament, écrit vers l'année 690, met en Vexin (6). Un autre *Sociacus*, qualifié de *colonia*, appartenait à l'église Saint-Martin de Tours, en 862, comme on le voit par un diplôme de Charles le Chauve (7); on croit que c'est Sausay, commune de Montrichard (Loir-et-Cher).

Sociacus est dérivé de Socius, gentilice peu commun; sa forme féminine nous est conservée par une inscription de Pola, en Istrie, où on lit les noms de Socia Maxima (8). La variante Soccius résulte d'une inscription de Cherasco où l'on trouve les noms de Soccia Modesta (9).

Un gentilice qui présente avec celui-là une grande ressemblance de son, et qui a été beaucoup plus fréquent, est

---

(1) Tardif, *Monuments historiques*, p. 117, col. 2.
(2) Brambach, n° 67.
(3) *Ibid.*, n° 97.
(4) *C. I. L.*, V, 6093.
(5) *Ibid.*, XII, 964, 2063.
(6) Tardif, *Monuments historiques*, p. 21, col. 1.
(7) Dom Bouquet, VIII, 573 a. Cf. Mabille, *La pancarte noire de Saint-Martin de Tours*, p. 65, n° 14, p. 159, n° 61, p. 235.
(8) *C. I. L.*, V, 141.
(9) *Ibid.*, V, 7678.

Sosius, nom par exemple d'un des deux partisans d'Antoine qui, à la bataille d'Actium, commandaient sa flotte (1).

De Sosius on a pu tirer le nom de lieu dérivé *Sosiacus* qui, à une basse époque, devait se confondre avec *Sociacus*. C'est par l'un ou l'autre que doivent probablement s'expliquer les noms des trois Soisy du département de Seine-et-Oise, de Soisy (Seine-et-Marne), de Soizé (Eure-et-Loir), de Soisy (Marne).

De SOLLEMNIACUS, par abus *Solemniacus*, dérive l'adjectif *solemniacensis*, épithète d'un *ager* situé en Limousin, suivant l'acte de fondation de l'abbaye de Solignac (Haute-Vienne) par saint Eloi, en 631 (2); Solignac est une forme moderne de *Sollemniacus* (3). Un autre *ager Solemniacensis*, situé dans le Tonnerrois, est mentionné dans un acte de Vigile, évêque d'Auxerre, en faveur de l'abbaye de Notre-Dame, fondée par lui près de cette ville, vers 680 (4); on l'a reconnu dans Soulangy, commune de Sarry (Yonne). Une *villa Sollemniacus*, située en Anjou, aujourd'hui Soulangé (Maine-et-Loire), fut donnée à l'abbaye de Saint-Maur-sur-Loire, par Charles-le-Chauve en 850 (5). Un titre de la cathédrale de Lyon appelle *Solemniacus* Soleymieux (Loire), et quoique ce document soit sans date et ne soit conservé qu'en copie du seizième siècle, il paraît conserver une ancienne tradition (6). Nous ne savons où était située la *villa Sollempniacus* donnée à l'abbaye de Cluny au commencement du dixième siècle (7).

(1) Velleius Paterculus, liv. II, c. 85, § 2; cf. c. 86, § 3. Sur le gentilice Sosius, voyez Pauly, *Real-Encyclopaedie*. t. VI, p. 1329, 1330.
(2) Pardessus, *Diplomata*, t. II, p. 11.
(3) Voir, sur la même abbaye, un diplôme de Louis le Débonnaire en 817 (Dom Bouquet, VI, 504); son nom est écrit avec deux *l : Sollemniacus*; cf. Sickel, *Acta Karolinorum*, t. II, p. 117, n° 111.
(4) Pardessus, *Diplomata*, t. II, p. 153. Quantin, *Cart. de l'Yonne*, t. I, p. 19, 596.
(5) Tardif, *Monuments historiques*, p. 103, col. 2. Port, *Dict. de Maine-et-Loire*, t. III, p. 541.
(6) A. Bernard, *Cart. de Savigny*, t. II, p. 1055.
(7) Bruel, *Rec. des chartes de... Cluny*, t. I, p. 165.

Solemniacus, ou mieux *Sollemniacus*, dérive de Sollemnius, gentilice assez rare. Une inscription d'Arabie nous a conservé les noms de Cl. Sollemnius Pac[atianus], *legatus Augusti pro praetore* (1). On a trouvé dans une inscription de la Bavière rhénane, la mention d'une femme appelée Sollemnia Justa (2). L'épitaphe de Sollemnius Fidus paraît exister encore à Lyon (3).

* SOLIACUS est le nom de lieu que suppose l'adjectif *soliacensis* dans le livre second des miracles de saint Benoît, écrit au temps d'Archambauld de Sully, archevêque de Tours, 980-1007 (4). Ce *castrum* est aujourd'hui Sully-sur-Loire (Loiret). Un autre *Soliacus*, moins connu, aujourd'hui Souillac (Lot), est mentionné en 962 dans le testament de Raimond Ier, comte de Rodez (5). *Soliacus*, aujourd'hui Souillé (Sarthe), apparaît dans un titre de l'église du Mans qui daterait de 572 (6).

Soliacus paraît dériver de Solius, gentilice conservé par une inscription du musée de Mannheim qui nous apprend les noms de P. Solius Suavis (7). Cependant, l'orthographe la plus fréquente est Sollius par deux *l*. L. Sollius Secundo, dans une inscription de Vérone (8); M. Sollius Atticus, dans une inscription de Nereto, Italie centrale (9); Sollia Salvia, à Milan (10); G. Sollius Marculus et G. Sollius Marcus, à Grenoble (11); Sex Sollius Demosthenianus,

---

(1) *C. I. L.*, t. III, n° 94; *Additamenta*, p. 969.
(2) Brambach, n° 1764.
(3) Boissieu, *Inscriptions antiques de Lyon*, p. 299.
(4) E. de Certain, *Les miracles de saint Benoît*, p. 107; cf. Dom Bouquet, IX, 140 *c*.
(5) Dom Bouquet, IX, 727 *c*.
(6) Pardessus, *Diplomata*, t. I, p. 136.
(7) Brambach, 1382.
(8) *C. I. L.*, V, 3469.
(9) *Ibid.*, IX, 5155.
(10) *Ibid.*, V, 6094.
(11) Allmer, *Inscriptions antiques de Vienne*, t. I, p. 329.

à Cheyssieu (Isère) (1) ; M. Sollius Marcellus et G. Sollius Verus, à La Chapelle-Blanche (Savoie) (2).

Soliacus ou *Solliacus*, dérivé de Solius ou de Sollius, a donné les noms de communes : Souillac (Lot), dont le diminutif est Souillaguet, même département; Souillé (Sarthe); Souilly (Meuse) (3); enfin six Sully, savoir : deux dans le Loiret, les autres dans les départements du Calvados, de la Nièvre, de l'Oise, de Saône-et-Loire. Un des Sully du Loiret a donné son nom au célèbre ministre de Henri IV. Nous ne savons duquel des villages appelés Sully M. Sully Prudhomme tire la première partie de son nom; cet aimable poète ignore probablement sa parenté grammaticale avec un écrivain antique : dans les derniers temps de l'empire romain, Sollius d'où *Solliacus* = Sully était le gentilice du poète Sidoine Apollinaire (430-488), qui s'appelait C. Sollius Apollinaris Sidonius, qui appartenait à une famille noble de Lyon et qui fut évêque de Clermont (4).

TAURIACUS, noté *Tauryacus*, est une *villa* de l'Orléanais donnée à l'abbaye de Saint-Denis par Dagobert Ier, en 635 (5). Un second *Tauriacus*, situé dans le Maine, est mentionné dans un diplôme donné par Clotaire III, en 658 ; c'était, dit ce diplôme, une *villa*, propriété de l'abbaye de Saint-Denis et détenue indûment par un tiers (6); ce *Tauriacus* est peut-être le même que celui dont il est question en 615, dans le testament de Bertramne, évêque du Mans (7). Un troisième *Tauriacus* ap-

(1) Allmer, *Inscriptions antiques de Vienne*, t. III, p. 100.
(2) Allmer, *ibid.*, t. III, p. 470. Quelques autres Sollius sont mentionnés dans le t. XII du *C. I. L.*
(3) M. Liénard, *Dictionnaire topographique du département de la Meuse*, p. 427, propose de rapporter à Souilly la monnaie mérovingienne où l'on trouve la légende *Sauliaco vico*. Mais, dans tous les autres textes qu'il cite, le nom de Souilly est écrit avec o et non au.
(4) Teuffel, *Geschichte der roemischen Literatur*, 3e édition, p. 1100.
(5) Pertz, *Diplomatum imperii tomus primus*, p. 18, l. 22.
(6) Pertz, *ibid.*, p. 33, l. 41, 44.
(7) Pardessus, *Diplomata*, t. I, p. 210.

partenait à l'abbaye de Saint-Martin de Tours ; nous en trouvons la première mention dans un diplôme de Charlemagne en 775 (1) ; son nom reparaît dans deux diplômes de Charles le Chauve en 862 ; l'un de ces diplômes nous apprend que cette *villa* était située en Touraine (2). Une quatrième *villa* de ce nom appartenait à l'abbaye de Sainte-Colombe de Sens, comme le constate un diplôme de Louis le Débonnaire en 836 (3). Un cinquième *Tauriacus* était situé dans le diocèse de Rodez ; l'abbaye de Joncelle y avait une église dans la possession de laquelle elle fut confirmée par un diplôme du roi Raoul en 891 (4).

Tauriacus dérive de Taurius. Ce gentilice, bien qu'assez rare, apparaît déjà avant la fin de la république romaine, dans une inscription de Carthagène, où se lisent les noms de L. Taurius Aefolan[us], c'est-à-dire originaire d'Aefula, dans le Latium (5). P. Taurius Secundus figure dans une inscription trouvée près d'Aquilée (6) ; C. Taurius Ursinus, dans une inscription des environs d'Este (7). Une épitaphe trouvée à Viel-Arzew, en Afrique, nous fait connaître les noms de Taurius Senecio (8).

Tauriacus est devenu dans le midi de la France Tauriac, nom de quatre communes, savoir : deux dans l'Aveyron, un dans chacun des départements de la Gironde et du Lot. On doit probablement attribuer la même origine aux deux Thoiré du département de la Sarthe ; aux trois Thoiry de l'Ain, de la Savoie et de Seine-et-Oise ; à Thoré (Loir-et-Cher) ; à cinq Thorey, dont trois dans la Côte-d'Or, un

---

(1) Dom Bouquet, V, 737 c, où l'on a imprimé *Tauciacus*. Cf. Mabille, *La pancarte noire de Saint-Martin de Tours*, p. 69, n° 18 ; p. 151, n° 18 ; p. 236, col. 1.
(2) Dom Bouquet, VIII, 576 e ; cf. 573 a.
(3) Dom Bouquet, VI, 611 a ; cf. Sickel, *Acta Karolinorum*, t. II, p. 191, n° 347.
(4) Dom Bouquet, IX, 456 a.
(5) *C. I. L.*, t. I, p. 564, n° 1555 ; t. II, n° 3408.
(6) *Ibid.*, V, 8253.
(7) *Ibid.*, V, 2702.
(8) *Ibid.*, VIII, 9765.

dans chacun des deux départements de Meurthe-et-Moselle et d'Yonne; à deux Thoury (Loir-et-Cher, Seine-et-Marne); à Thuré (Vienne); Thurey (Doubs, Saône-et-Loire); à cinq Thury, sur lesquels deux dans l'Oise, un dans chacun des départements du Calvados, de la Côte-d'Or et de l'Yonne (1); enfin trois Toury dont un dans l'Eure-et-Loir (2), les deux autres dans la Nièvre (3). Cela forme un total de vingt-huit noms de communes dérivés du gentilice Taurius qui paraît avoir été fort répandu en Gaule à l'époque romaine.

TAURICCIACUS est une *villa* mentionnée dans un jugement du roi Clotaire III, en 638 (4).

Tauricciacus dont le *c* a été doublé pour représenter le double son qu'avait pris le *c* en s'assibilant, dérive de Tauricius, gentilice conservé : 1° par une inscription dédicatoire qui a été jadis trouvée dans un endroit inconnu, sur les bords du Rhin inférieur, et qui contient les noms de C. Tauricius Verus (5), 2° par une inscription de Lyon où se trouvent les noms de L. Tauricius Florentius (6).

De Tauricius on forma le dérivé *Tauriciacus*, par lequel s'expliquent les noms : de trois communes appelées Torcé (Ille-et-Vilaine, Mayenne, Sarthe); de Torcieu (Ain); de de neuf communes du nom de Torcy : deux dans l'Aube, deux dans la Seine-Inférieure, les cinq autres dans l'Aisne, la Côte-d'Or, le Pas-de-Calais, Saône-et-Loire, Seine-et-Marne; de Torsac (Charente); de Torciac (Haute-Loire);

---

(1) Thury (Yonne), s'est d'abord appelé *Tauriacus*. Quantin, *Dictionnaire topographique du département de l'Yonne*, p. 128.

(2) *Thauriacus*, vers 1020. Merlet, *Dictionnaire topographique du département d'Eure-et-Loir*, p. 180.

(3) Toury-sur-Abron (Nièvre) est appelé *Tauriacus* par une charte de l'année 1103. Soultrait, *Dictionnaire topographique du département de la Nièvre*, p. 181.

(4) Tardif, *Monuments Historiques*, p. 12, col. 2. Pertz, *Diplomatum imperii tomus primus*, p. 32, l. 44.

(5) Brambach, n° 1993.

(6) Boissieu, *Inscriptions de Lyon*, p. 259.

de Torxé (Charente-Inférieure). Le total de ces noms s'élève à seize (1).

Taurisiacus, nom d'un *vicus* du diocèse de Tours où une église aurait été construite par ordre de l'archevêque Euphronius (556-573) (2) est une variante de *Tauriciacus* ou dérive d'un gentilice *Taurisius.

Tauriniacus est un nom de lieu mentionné vers l'année 700 dans le testament d'Erminthrude qui est daté de Paris (3) et qui paraît concerner des biens situés à peu de distance de cette ville. Vers la même époque, c'est-à-dire en 692, Aiglibert, évêque du Mans, dispose des dîmes de plusieurs églises, entre autres *Tauriniacus*, qui paraît ici être le nom d'une paroisse de son diocèse (4).

Tauriniacus dérive du gentilice Taurinius dont nous ne pouvons citer que deux exemples, ce sont les épitaphes de Taurinius Montanus, à Augsbourg (5), et de L. Taurinius Aurelius, à Nimes (6). Taurinius est dérivé de Taurinus, surnom que l'on rencontre quelquefois ; par exemple, dans une inscription de Fontaine, près Grésy-sur-Isère (7), et qui est identique à un nom de peuple Ligure, de l'Italie du nord-ouest : tout le monde a entendu parler des *Taurini* dont Turin conserve le souvenir dans la nomenclature géographique de l'Europe moderne.

Tauriniacus est le nom primitif de dix communes de France ; cinq Thorigné (Ille-et-Vilaine, Maine-et-Loire, Mayenne (8), Sarthe, Deux-Sèvres) ; quatre Thorigny (Seine-

---

(1) Cf. Longnon, *Examen géographique du tome premier des diplomata imperii*, p. 36.

(2) Grégoire de Tours, livre X, c. 31 ; édit. Arndt, p. 448, l. 5. Les précédents éditeurs avaient préféré la variante *Tauriacus*.

(3) Pardessus, *Diplomata*, t. II, p. 256, 257. Tardif, *Monuments historiques*, p. 33.

(4) Pardessus, *Diplomata*, t. II, p. 226.

(5) *C. I. L.*, III, 5820.

(6) *Ibid.*, XII, 3361.

(7) Allmer, *Inscriptions de Vienne*, t. II, p. 227.

(8) M. L. Maitre, *Dictionnaire topographique du département de la*

et-Marne, Deux-Sèvres, Vendée, Yonne); Torigny (Manche).

La forme romaine correspondant au gallo-romain *Tauriniacus* est *Taurinianus*, nom de lieu mentionné en 871 dans un diplôme de Charles le Chauve qui approuve la fondation du monastère de Saint-André au diocèse d'Elne, Pyrénées-Orientales (1); c'est peut-être Taurinya (Pyrénées-Orientales). Le nom des deux communes de Taurignan (Ariège), est mieux conservé.

TURILIACUS est le nom d'un *villare* situé en Vexin et donné à l'abbaye de Saint-Denis vers l'année 690 par le testament du fils d'Idda (2).

Turiliacus est dérivé de Turelius, gentilice rare, mais dont on rencontre les variantes Turellius et Turillius. Un certain Turelius Flavinus était, en l'an 188 de notre ère, curiale à Savaria, aujourd'hui Stein-am-Anger en Hongrie (3). L'épitaphe de M. Turellius Maximus a été trouvée à Guelma, en Algérie (4); celle de Turillius Caeso est conservée au musée de Vérone (5); celle de Turillius Amiantus a été trouvée à Montelione, dans l'Italie méridionale (6).

C'est par *Turiliacus*, dérivé de Turelius, que s'expliquent les noms de Tourliac (Lot-et-Garonne) et de Tourly (Oise).

VASSIACUS, nom de Vassy (Haute-Marne), dans la vie de saint Berchaire, écrite par Adson, à la fin du dixième siècle (7), est dérivé de Vassius, gentilice dont les inscrip-

---

Mayenne, p. 312, donne deux exemples de la diphtongue *au* à la première syllabe du nom de ce village; *Tauriniacus*, douzième siècle; Taurigné, 1217; *Turiniacus*, 802, est probablement une mauvaise leçon.

(1) **Dom** Bouquet, VIII, 637 a.
(2) Tardif, *Monuments historiques*, p. 21, col. 2. Pardessus, *Diplomata*, t. II, p. 211.
(3) *C. I. L.*, III, 4150.
(4) *Ibid.*, VIII, 5466.
(5) *Ibid.*, V, 8825.
(6) *Ibid.*, X, 85.
(7) **Migne**, *Patrologia latina*, t. XXII, p. 137, col. 683 A.

tions romaines d'Italie nous offrent quelques exemples (1). Ce gentilice est dérivé du thème gaulois *vasso-*.

VICTORIACUS est le nom d'une forteresse, *castrum*, qui servit de retraite à Munderic, prétendant à la royauté, vers 532 (2) ; M. Longnon pense que ce *castrum* est Vitry-le-Brûlé (Marne) (3). Un second *Victoriacus* était situé près d'Arras ; c'était au sixième siècle une *villa publica* servant quelquefois de résidence aux rois des Francs : Clotaire II y épousa sainte Radegonde en 538 (4) ; Sigebert I y fut assassiné en 575 par deux émissaires de Frédégonde (5) ; en 584, Chilpéric donna l'ordre d'y élever son fils nouveau-né (6). Un troisième *Victoriacus* était situé près de Brioude ; il est qualifié de *castrum* en 825, dans un diplôme de Louis le Débonnaire (7).

Victoriacus dérive de Victorius, gentilice qui existe déjà sous la république. En l'année 194 avant notre ère, Q. Victorius, centurion de la seconde légion, se distingua dans une bataille contre les Gaulois (8). Sous l'empire, vers la fin du premier siècle de l'ère chrétienne, Quintilien dédia à Victorius Marcellus ses douze livres *Institutionis oratoriae*. Ce gentilice se rencontre dans les inscriptions. On a trouvé à Altenbourg, en Hongrie, l'épitaphe du vétéran

(1) *C. I. L.*, IX, 2015, 2016, 4366, 4447, 4937 ; XIV, 2964. On trouve en Gaule les dérivés **Vassetius**, *C. I. L.*, XII, 4163, et **Vassillius**, *ibid.*, 2746, 2857.
(2) *Historia Francorum*, livre III, c. 14. M. Arndt, p. 120, l. 24, a imprimé *Victuriaci castri*, au génitif, pour *Victoriaci castri*, avec l'*u* tenant lieu d'*o*, qu'on rencontre si souvent à l'époque mérovingienne.
(3) *Géographie de la Gaule au sixième siècle*, p. 409, 410.
(4) Fortunat, *Vie de sainte Radegonde*, livre I, c. 2. Dom Bouquet, t. III, p. 456 *c* ; édition Krusch, t. II, p. 39, l. 8.
(5) « Villam cui nomen est *Victuriacon*. Grégoire de Tours, *Historia Francorum*, l. IV, c. 51 ; édition Arndt, p. 186, l. 15 ; cf. l. V, c. 1, *ibid.*, p. 191, l. 14. Jonas, *Vita sancti Columbani*, c. 31 ; Dom Bouquet, t. III, p. 478 *b, c*.
(6) Grégoire de Tours, *Historia Francorum*, livre VI, c. 41 ; édit. Arndt, p. 281, l. 19, 20.
(7) Dom Bouquet, VI, 547 *b* ; cf. Sickel, *Acta Karolinorum*, t. II, p. 149 n° 216.
(8) Tite-Live, livre XXXIV, c. 46.

G. Victorius Urso (1). Le musée de Wiesbaden possède une dédicace à Jupiter par G. Victorius Januarius (2); le musée de Trèves, une dédicace à la déesse Calva, par M. Victorius Pollentinus, monument gravé l'an 124 de notre ère (3). On a trouvé, à Huttich, en Hesse rhénane, l'épitaphe du vétéran Victorius Cassianus (4). Une inscription de Lyon a conservé les noms de deux femmes qui, toutes les deux, avaient le gentilice Victoria; elles y joignaient, l'une, un surnom commençant par les trois lettres Lam.; la seconde, fille de la première, le surnom de Novella (5). Le musée de Narbonne possède le *signaculum* de C. Victorius Verinus (6).

Le nom de lieu *Victoriacus*, dérivé de Victorius, paraît avoir, dès le neuvième siècle, perdu dans la prononciation l'*o* de la seconde syllabe, témoin les distiques d'Ermoldus Nigellus dans son poème sur Louis le Débonnaire :

> Aurelianenses sensim dehinc visitat agros,
> *Victriacum* villam jam pius ingreditur (7)

En règle générale, dans la langue moderne de la France, *Victoriacus* perd l'o de la seconde syllabe. Il devient Vitrac dans le Midi ; c'est le nom de cinq communes, Aveyron, Cantal, Charente, Corrèze, Dordogne, Puy-de-Dôme. Dans le Nord, la désinence varie : Vitray est le nom d'une commune du département de l'Orne ; on compte deux communes de Vitray dans l'Eure-et-Loir, une dans l'Allier ; y a une commune de Vitré dans l'Ille-et-Vilaine, une aut dans les Deux-Sèvres; le Jura nous offre la variante Vitreux ; Meurthe-et-Moselle et la Haute-Saône ont chacun

---

(1) *C. I. L.*, III, 4489.
(2) Brambach, n° 1452.
(3) *Ibid.*, n° 853.
(4) *Ibid.*, n° 1064.
(5) Boissieu, p. 507, n° 24.
(6) *C. I. L.*, XII, 5690, 129.
(7) *De rebus gestis Ludovici Pii*, livre III, vers 275, 276. Dom Bouquet, VI, 43 *b*. Il s'agit de Vitry-aux-Loges (Loiret).

une commune de Vitrey. La forme la plus fréquente est Vitry ; ce nom est porté par douze communes : trois dans chacun des départements de la Marne et de Saône-et-Loire, deux dans la Haute-Marne, les quatre autres dans l'Aube, le Loiret, le Pas-de-Calais et la Seine. Le nombre total des communes dont le nom offre une forme moderne du primitif *Victoriacus* est de vingt-six.

Villiacus, Villy (Yonne), au douzième siècle (1), noté *Viliacus* par une seule *l* dans deux chartes de Saint-Hugue de Grenoble, au neuvième siècle (2), où il représente Vilieux (Isère), est dérivé de *Villius*, gentilice romain qui se rencontre six fois chez Tite-Live et qui fut principalement illustré par P. Villius Tappulus, consul l'an 200 avant J.-C. (3).

A *Villiacus* correspondent le dérivé ligure *Vil[l]ioscus*, aujourd'hui Vilhosc (Basses-Alpes) (4), et le dérivé latin *Vil[l]ianus*, nom d'une localité située en Italie, aux environs de Modène, suivant une charte de 1041 (5).

Vinciacus est un *locus* situé aux environs de Cambrai et où Charles Martel battit Chilpéric II et Rainfroi, maire de Neustrie en 717 (6). La même localité reparaît dans un diplôme faux de Dagobert Ier (7). C'est aujourd'hui Vincy, commune de Crèvecœur (Nord) (8).

Le bas latin *Vinciacus* est dérivé de Vintius ou de Vencius. Une inscription de l'Italie méridionale nous fait connaître les noms de l'affranchi M. Vintius Acceptus et de sa

---

(1) Quantin, *Cart. de l'Yonne*, t. II, p. 190.

(2) *Cartulaire de Saint-Hugues de Grenoble*, p. 10, 73.

(3) Sur le gentilice Villius, voyez Pauly, *Real-Encyclopaedie*, VI, p. 2611-2613.

(4) Guérard, *Cart. de Saint-Victor de Marseille*, t. II, p. 65, 70.

(5) Tiraboschi, *Memorie storiche Modenesi*, t. II, preuves, p. 37.

(6) Continuation de Frédégaire, c. 106. Chez Dom Bouquet, II, 454 a, cf. Paul Diacre, *De Gestis Langobardorum*, livre VI, c. 42; *ibid.*, p. 639 a.

(7) Pertz, *Diplomatum imperii tomus primus*, p. 168, l. 21 ; cf. Pardessus, *Diplomata*, t. II, p. 58.

(8) Longnon, *Examen géographique*, p. 39.

patronne Vintia Saturnia (1) ; et une inscription de Die, ceux de Sex. Vencius Juventianus (2).

Il y a en France trois communes dont le nom dérive du bas latin *Vinciacus*. Ce sont Vincey (Vosges), Vincy (Aisne), et Vincy (Seine-et-Marne).

VINDICIACUS est le nom d'une localité d'Auvergne où l'on battit monnaie à l'époque mérovingienne ainsi que l'atteste la légende monétaire *Vindiciaco* (3). Ce nom de lieu a donné le dérivé *vindiciacensis*, épithète de *domus* dans un manuscrit des *Vitae patrum* de Grégoire de Tours (4). Dans le passage de Grégoire de Tours dont il s'agit ici, c'est encore d'une localité d'Auvergne qu'il est question.

Vindiciacus est dérivé de Vindicius. Vindicius est le nom de l'esclave qui, à Rome, l'an 509 avant J.-C., découvrit une conspiration pour le rétablissement de la royauté (5). Vindicius, sous l'empire, est un gentilice que l'on rencontre dans quelques inscriptions; exemple : en Afrique, les noms de femme Vindicia Theodora (6), Vindicia Victorina (7) ; à Lyon, le nom de femme Vindicia Luperca (8). On trouve aussi le nom d'homme P. Vindicius (9).

Vindecy (Saône-et-Loire) est probablement un ancien *Vindiciacus*.

Certains manuscrits de Grégoire de Tours écrivent VINDIACENSIS l'adjectif dérivé dont nous avons cité la leçon *vindiciacensis*. *Vindiacensis* suppose un nom de lieu *Vindia-*

---

(1) *C. I. L.*, X, 431.
(2) Herzog, *Galliae Narbonensis... historia*, t. II, p. 97, n° 453.
(3) A. de Barthélemy, dans la *Bibliothèque de l'Ecole des chartes*, t. XXVI, p. 464, n° 707.
(4) C. 12, § 3. Bordier, *Les livres des miracles*, t. III, p. 296. Comparez Arndt et Krusch, p. 713, l. 33, et Longnon, *Géographie de la Gaule au sixième siècle*, p. 517.
(5) Tite-Live, livre II, c. 5, § 10.
(6) *C. I. L.*, VIII, 112.
(7) *Ibid.*, VIII, 323.
(8) Boissieu, *Inscriptions antiques de Lyon*, p. 527.
(9) Allmer, *Revue épigraphique*, t. I, n° 209.

cus, dérivé lui-même de *Vindius*. Tandis que *Vindicius*, dérivé de *Vindex*, est l'origine latine, Vindius paraît d'origine gauloise et dérivé de l'adjectif *vindos* qui, dans cette langue, a dû signifier « blanc, » et par extension « beau, heureux. » On a trouvé à Vérone une inscription votive à Hercule par l'affranchi C. Vindius Priscus (1). Une inscription de Pavie conserve les noms de Vindia Secunda (2). On a signalé près d'Uzès (Gard) l'épitaphe de Vindia Quartina (3).

Vindey (Marne) paraît être un ancien *Vindiacus*.

WARIACUS est le nom d'un *locus* situé dans le *pagus* Tellau, aujourd'hui compris dans le département de la Seine-Inférieure. Ce *locus* appartenait à l'abbaye de Saint-Denis en 775, comme on le voit par un diplôme de Charlemagne (4). Ce même nom est écrit *Guariacus* dans un jugement rendu par Pépin le Bref en faveur de l'abbaye de Saint-Denis vers l'année 751, et où il s'agit évidemment de la même localité (5).

Wariacus ou *Guariacus* tiennent lieu d'un primitif * *Variacus*, dérivé du gentilice Varius, qui est déjà fréquent à Rome au premier siècle avant notre ère (6). Six Varius sont mentionnés dans les œuvres de Cicéron. Le plus connu est Q. Varius Hybrida, tribun du peuple l'an 91 avant notre ère, grand orateur, très influent, et qui, après avoir commis deux assassinats, finit par le dernier supplice (7). Le poète tragique L. Varius Rufus fut contemporain de César et d'Auguste et se rendit célèbre par sa pièce intitulée

---

(1) *C. I. L.*, V, 3228.
(2) *Ibid.*, V, 6457.
(3) *Ibid.*, XII, 2853.
(4) Dom Bouquet, V, 734 a. Sickel, *Acta Karolinorum*, t. II, p. 28, n° 45.
(5) Pertz, *Diplomatum imperii tomus primus*, p. 109, l. 14. Tardif, *Monuments historiques*, p. 45, col. 2.
(6) Sur le gentilice Varius, voyez Pauly, *Real-Encyclopaedie*, t. VI, p. 2380-2382.
(7) Cicéron, *De Oratore*, liv. I, c. 15, § 117; *Brutus*, c. 62, § 221; *De natura deorum*, liv. II, c. 33, § 81.

Thyestes, plus encore peut-être par sa liaison avec Virgile et Horace (1). Un des premiers Romains qui portèrent ce nom en Gaule fut le propréteur Varius Cotylo, c'est-à-dire « le buveur, » légat d'Antoine en Gaule, l'an 43 avant notre ère (2). Une inscription gravée sur un rocher à Groslée (Ain), nous apprend qu'un certain L. Varius Lucanus a fait, dès la période romaine, les travaux de canalisation qui fournissent encore aujourd'hui de l'eau de source aux habitants de ce village (3). M. Varius Capito, étant préteur et duumvir à Narbonne, dirigea avec son collègue des travaux publics dont une inscription, conservée au musée de cette ville, perpétue la mémoire (4). Inutile de citer les nombreux exemples qui attestent combien ce gentilice fut répandu dans les provinces au temps de l'empire (5).

De Varius on a fait le dérivé * *Variacus* d'où les noms de communes Vayrac (Lot); Vairé (Vendée); et Verry (Meuse), ou mieux Véry, qui est en outre le nom de trois hameaux (Loire, Haute-Savoie, Vaucluse). La variante Guéry, correspondant à l'orthographe *Guariacus* du diplôme de Charlemagne cité plus haut, est conservée par le nom de deux hameaux (Cher, Lot-et-Garonne).

APPENDICE A.

NOMS DE LIEUX EN -*acus* DÉRIVÉS DE *cognomina* LATINS EN *ius*.

DALMATIACUS, au onzième siècle, *villa quae dicitur Dalmaciaco*, dans une charte conservée par le *Cartulaire de Saint-Julien de Brioude* (6), est un dérivé du *cognomen* Dalmatius. Un exemple

---

(1) Teuffel, *Geschichte der rœmischen Literatur*, 3ᵉ édit., p. 453, 454.
(2) Voyez les textes réunis par M. E. Desjardins, *Géogr. histor. et administrative de la Gaule romaine*, t. III, p. 34.
(3) Allmer, *Inscript. de Vienne*, t. III, p. 441.
(4) Herzog, *Galliae Narbonensis... historia*, t. II, p. 8, n° 16.
(5) Voyez les *Index* du *C. I. L.*, t. III, V, VII, VIII, IX, X, XII.
(6) Doniol, *Cart. de Brioude*, p. 190.

notable de ce *cognomen* a été donné par le père de l'empereur Probus ; on sait que Probus régna de 276 à 281. D'autres exemples en ont été réunis (1). On rencontre à Vienne (Isère) dans deux inscriptions chrétiennes (2). A côté du dérivé gaulois *Dalmatiacus*, on trouve le dérivé romain *Dalmatianus*, aujourd'hui Daumazan (Ariège), qui a été le chef-lieu de la *Vicaria Dalmatianensis* (3).

FIDENTIACUS, écrit *Fedentiacus* dans la vie de Louis le Débonnaire, dite de l'Astronome, était alors le nom d'un comté, dont le souvenir est conservé par la seconde partie du nom de Vic-de-Fézensac (Gers) (4). Les comtes de Fézensac ont eu, au Moyen Age, une certaine notoriété.

Fidentiacus est dérivé du *cognomen* Fidentius signalé dans une inscription romaine et qui fut porté par plusieurs évêques au quatrième et au cinquième siècles (5).

*MAURENTIACUS est l'orthographe régulière d'un adjectif dérivé du surnom *Maurentius* et qui a reçu des scribes du moyen âge une orthographe variée. Ainsi *Maurinciagi curtis* est le nom d'une *villa* donnée à l'abbaye de Saint-Denis par un certain Leuton, comme nous l'apprend un diplôme émané de Charles le Chauve en 844 (6) ; la même *villa* est appelée *Morinciaca curtis* dans un autre diplôme de ce prince en 862 (7) ; cette localité était située sur l'Oise, dans le *comitatus Camliacensis* ; c'est aujourd'hui Morancy, commune de Boran (Oise). Montmorency, près de Paris, beaucoup plus connu dans la seconde partie du moyen âge et à l'époque moderne, fait son apparition dans l'histoire au dixième siècle ; il fut assiégé par l'empereur Othon II en 978 (8).

Maurentiacus dérive du *cognomen* *Maurentius* employé seul dans des documents de basse époque où généralement les gentilices étaient tombés en désuétude. C'est ainsi que sous Dioclétien,

---

(1) De-Vit, *Onomasticon*, t. II, p. 554.
(2) *C. I. L.*, XII, 2069, 2141.
(3) Molinier, *Géogr. histor. de la province de Languedoc*, col. 139.
(4) Longnon, *Atlas historique de la France*, p. 152-153, résume savamment la plus ancienne histoire de ce comté.
(5) De-Vit, *Onomasticon*, t. III, p. 65.
(6) Tardif, *Monuments historiques*, n° 147, p. 97, col. 1.
(7) Tardif, *Ibid.*, n° 186, p. 119, col. 1.
(8) *Gesta consulum andegavensium*, Dom Bouquet, X, 249 a.

284-305, le chrétien Maurentius fut martyrisé à Fossombrone, en Ombrie (1). A Trieste existe encore l'épitaphe d'un certain Maurentius, mort en 571 (2) ; celle de Maurentius Fabricensis, conservée à Spalatro, en Dalmatie (3), ne remonte pas non plus aux premiers siècles de l'Empire romain.

Morancé (Rhône) est probablement un ancien *Maurentiacus. Morenchies (Nord) suppose un primitif *Maurentiacas villas. Morancez (Eure-et-Loir), écrit Morentiae, en 1110, suppose un primitif *Maurentiacas, sous-entendu domus ou villas, et cette forme persiste dans l'orthographe actuelle, tandis que la variante Morenciacum, pour *Maurentiacus fundus, est tombée en désuétude (4).

PATRICIACUS, nom de villa duquel dérive celui de l'ager patriciacensis, situé dans l'Autunois au neuvième siècle, comme nous l'apprennent deux diplômes, l'un de Pépin, roi d'Aquitaine, en 838 (5), l'autre de Louis le Débonnaire, en 839 (6), désigne, dans ces documents, Perrecy (Saône-et-Loire) ; le même nom reparaît, en 885, dans un diplôme de Charles le Gros pour les chanoines de Saint-Marcel de Châlon-sur-Saône (7) ; il s'agit, probablement, de la même localité. Un autre Patriciacus, aujourd'hui Parcé (Sarthe), appartenait à l'abbaye de Saint-Martin de Tours, comme on le voit par plusieurs diplômes dont le plus ancien est de l'année 775 et émane de Charlemagne (8).

Patriciacus est dérivé de Patricius, qui est, à proprement parler, un cognomen, mais qui n'apparaît qu'à une époque basse et pour des gens qui n'avaient pas de gentilice ou dont le gentilice est inconnu. Tel est le potier Patricius dont on a recueilli la marque

---

(1) On célèbre sa fête le 31 août. Voy. les Bollandistes, août, t. VI, p. 665.
(2) C. I. L., V, 694.
(3) C. I. L., III, 2043.
(4) Voy. Lucien Merlet, Dictionnaire topographique du département d'Eure-et-Loir, p. 124.
(5) Dom Bouquet, VI, 677 b.
(6) Ibid., VI, 628 e.
(7) Ibid. IX, 337 c.
(8) C'est le numéro 42 de Sickel, Acta Karolinorum, t. II, p. 27 ; chez Dom Bouquet, t. V, p. 737 c, on a imprimé, par erreur, Parriciacus avec deux r au lieu de Patriciacus avec tr. Pour l'étude des documents qui concernent cette localité, voir Mabille, La pancarte noire de Saint-Martin de Tours, p. 230.

sur un grand nombre de vases (1). Telle est l'esclave Patricia dont on a trouvé l'épitaphe en Espagne (2). On a copié, en Italie et en France, cinq épitaphes d'hommes appelés Patricius, mais elles sont des derniers temps de l'Empire romain (3).

De *Patriciacus*, dérivé de Patricius, paraissent venir quinze noms de communes : deux Parçay (Indre-et-Loire); trois Parcé (Ille-et-Vilaine, Maine-et-Loire, Sarthe); Parcey (Jura); Parcieux (Ain); Parcy (Aisne); quatre Percey, savoir : deux dans la Haute-Marne, un dans la Haute-Saône, un dans l'Yonne; trois Percy (Calvados, Isère, Manche).

APPENDICE B.

NOMS DE LIEUX EN -*acus* DÉRIVÉS DE GENTILICES PERDUS.

L'étude des noms géographiques français du moyen âge peut faire connaître un grand nombre de gentilices romains dont les textes antérieurs à la chute de l'empire romain n'ont pas conservé d'exemple. Nous nous bornerons à établir l'existence de deux de ces gentilices.

BECCIACUS est le nom d'un *vicus* mentionné par Grégoire de Tours; M. Longnon a reconnu, dans ce *vicus*, Bessay (Vendée) (4). De Becciacus on peut conclure un gentilice *Beccius, dérivé du *cognomen* Beccus, qui était originairement un nom commun gaulois signifiant « bec, » et qui est identique à ce mot français. Beccus fut employé en Gaule comme surnom. Antonius Primus, qui, par la victoire de Bedriacus, l'an 70 de J.-C., assura le triomphe de Vespasien sur Vitellius, avait été surnommé Beccus dans son enfance ; il était né à Toulouse (5). Beccus fut aussi, en Gaule, un nom pérégrin ; on a trouvé à Ruffieux (Ain) une dédicace à

---

(1) *C. I. L.*, II, 4970, 376; t. VII, n° 1336, 806-811, 1079, 1080. Allmer, *Inscriptions de Vienne*, t. IV, p. 137.
(2) *C. I. L.*, t. II, 2796.
(3) *Ibid.*, IX, 6408; X, 1379, 8174; XII, 2133, 3791.
(4) Longnon, *Géogr. de la Gaule au sixième siècle*, p. 565.
(5) Suétone, *Vitellius*, 18.

Apollon par un certain Beccus (1). Le *cognomen* ou nom pérégrin Beccus a, comme d'autres, cités plus haut, p. 132, donné un dérivé en *ius* qui a été employé comme gentilice.

BELINIACUS, au neuvième et au dixième siècle, dans les titres de la cathédrale d'Autun, est le nom de Bligny-sur-Ouche (Côte-d'Or)(2). Dans les titres de la cathédrale de Grenoble, au neuvième siècle, le même nom de *Beliniacus* désigne Beligneux (Ain) (3). Les trois Belligné du département de Maine-et-Loire paraissent être aussi d'antiques *Beliniacus* (4). On doit en dire autant de Bligny-sous-Beaune (Côte-d'Or) pour lequel on a trouvé, au douzième siècle, la forme *Beliniacum* (5).

De l'existence du nom de lieu *Beliniacus*, on est en droit de conclure l'existence d'un gentilice Belinius. Il y a un gentilice Camulius, probablement dérivé du nom divin Camulos (6), et Camulius a donné le nom de lieu *Camuliacus* (7). De même, le nom divin gaulois bien connu Belenos avait donné un dérivé, *Belenius, ou *Belinius avec assimilation de la seconde syllabe à la troisième, et *Belenius explique le nom de lieu *Beliniacus*.

---

(1) C. I. L., XII, 2514.
(2) A. de Charmasse, *Cartulaire de l'église d'Autun*, p. 22, 26, 27, 42, 78, 86; cf. Garnier, *Nomenclature... de la Côte-d'Or*, p. 76, n° 317.
(3) *Cartulaire de Saint-Hugues de Grenoble*, p. 11 ; à la p. 73, *Beliacum* paraît être une faute de copie pour *Beliniacum*.
(4) Port, *Dictionnaire historique du département de Maine-et-Loire*, t. I, p. 300.
(5) Garnier, *Nomenclature*, p. 61.
(6) De-Vit, *Onomasticon*, t. II, p. 103.
(7) Voyez ci-dessous, chap. III, § 2, p. 356 : cf. ci-dessus, p. 207.

CHAPITRE III.

EXEMPLES AU MOYEN AGE DE NOMS DE *fundi* IDENTIQUES A DES GENTILICES ROMAINS EN *ius* (1).

Sommaire :

§ 1. Généralités : gentilices romains en -*ius* employés substantivement avec un sens géographique au génitif dans les textes de l'empire romain et du moyen âge ; gentilices romains en -*ius* employés adjectivement avec un sens géographique au masculin singulier dans les textes de l'empire romain. — § 2. Gentilices romains en -*ius* employés adjectivement avec un sens géographique au masculin singulier dans les textes du moyen âge. — § 3. Gentilices romains en -*ius* employés adjectivement avec un sens géographique au féminin singulier. — § 4. Gentilices romains en -*ius* employés adjectivement avec un sens géographique au datif-ablatif pluriel. — § 5. Gentilices romains en -*ius* employés adjectivement avec un sens géographique à l'accusatif féminin pluriel. — Appendice. Les *cognomina* en -*ius* employés adjectivement avec un sens géographique.

§ 1ᵉʳ. — *Généralités. Gentilices romains en* -ius *employés substantivement au génitif, avec un sens géographique, sous l'Empire romain et au moyen âge ; gentilices en* -ius *employés adjectivement, avec un sens géographique, dans les textes contemporains de l'Empire romain.*

Nous allons nous occuper des noms de lieux habités qui, dans les documents du moyen âge, offrent des exemples d'une désinence autre que -*iacus*. Nous parlerons d'abord

---

(1) Texte de leçons faites au Collège de France en décembre 1888. La première a été déjà publiée dans la *Revue des patois gallo-romans*, de MM. Gilliéron et Rousselot, t. II, p. 241-256.

des cas où le gentilice qui sert à désigner un lieu habité se termine en -*ius*, et n'est pas développé à l'aide d'un suffixe. Ce gentilice peut rester substantif et être mis au génitif; bien plus souvent il prend la valeur d'adjectif et s'accorde avec un substantif quelquefois exprimé, la plupart du temps sous-entendu.

D'abord les gentilices peuvent être au génitif pluriel. En voici un exemple qui remonte à l'empire romain : *Casas villa Aniciorum*, en Afrique (1). *Villa Aniciorum* veut dire exploitation agricole et maison de campagne des Anicius. La *gens Anicia* est une famille noble qui a donné à Rome plusieurs consuls avant et après l'ère chrétienne. Au lieu de *villa*, *fundus Aniciorum*, on pouvait dire aussi : 1° *fundus Anicianus*, *villa Aniciana*, ou, dans les régions celtiques, *fundus Aniciacus*, *villa Aniciaca*, cf. *Anisiacus villa in agro Forensi* dans une charte de 980 (?) (2); 2° *Fundus Anicius* : Anicius est le plus ancien nom connu de la ville du Puy (Haute-Loire), comme on le verra p. 349.

Voici deux exemples du génitif pluriel d'un gentilice romain dans des documents géographiques du moyen âge : *Curtis Acutior*, dans une charte de 877 (3); *ecclesia de Monte Aguzor, in monte Aguzor*, dans deux chartes de la fin du onzième siècle (4). *Acutior, Aguzor* = *Acutiorum*, génitif pluriel d'Acutius. On aurait pu dire *Acutianus*, *Acutiana*, *Acutiacus*, *Acutiaca* : *Acutianus* est le nom d'un monastère d'Italie dont il est question au neuvième siècle dans les documents recueillis par D. Bouquet; *Acutiacus* est un nom de lieu étudié ci-dessus (5). *Acutianus* et *Acutiacus* dérivent du gentilice Acutius.

---

(1) *Itinéraire d'Antonin*, p. 61, l. 2.
(2) A. Bernard, *Cartulaire de Savigny*, p. 174. Voir aussi ci-dessus, p. 193.
(3) Matton, *Dictionnaire topographique du département de l'Aisne*, p. 2, col. 2. — Une autre localité de même nom, *Curtis Agutior*, aujourd'hui Courtisols (Marne), est citée par M. Longnon dans le texte explicatif de son savant *Atlas historique de la France*, p. 176.
(4) G. Desjardins, *Cartulaire de Conques*, p. 281, 286.
(5) Page 189-190.

Le gentilice peut être au génitif singulier : *Aquis Neri*, dans la table de Peutinger, désigne Néris (Allier). Une inscription appelle les habitants *Nerio-magienses*, d'où résulte que *Nerio-magus*, « champ de Nérios, » est le nom le plus ancien de l'emplacement sur lequel Néris est bâti : Nerios ou Nerius est le nom du propriétaire primitif des eaux et du champ. On trouve le gentilice Nerius dans plusieurs inscriptions du temps de l'empire romain ; de ce gentilice vient le nom de lieu dérivé écrit *Niriacus* au neuvième siècle (1).

Dans la langue géographique, un certain nombre de gentilices transformés en adjectifs s'accordent avec un substantif sous-entendu soit masculin, comme *fundus*, soit féminin, comme *villa* ou *cortis*. La plupart des exemples de gentilices employés adjectivement dans la langue géographique ne se rencontrent pas dans les monuments antérieurs au Moyen Age. Il y a cependant quelques exceptions : ainsi, une inscription du temps de l'empire romain mentionne, dans la cité d'Arles, un *pagus Lucretius* (2). On sait que la *gens Lucretia* est une des plus anciennes et des plus célèbres de Rome, qu'elle était patricienne, et qu'elle a eu des consuls au commencement de la république. Les inscriptions de l'époque impériale attestent que ce gentilice pénétra en Gaule (3).

L'*Itinéraire d'Antonin* (4) nous montre, en Espagne, un *Cæcilius vicus*. La *gens Cæcilia* est une des plus illustres familles plébéiennes de Rome ; *Cæcilius* est le gentilice des Metellus. Grammaticalement, il n'y a pas de différence entre *Cæcilius vicus* et *Pons Æmilius*. Il y avait, à Rome, un *pons Æmilius*, c'était l'ancien *pons Sublicius*, d'abord bâti en bois ; il devait son nom nouveau à M' Æmilius, qui l'avait fait rebâtir en pierre. Dans ces exemples, le

---

(1) Voy. ci-dessus, p. 155, note 2.
(2) *C. I. L.*, t. XII, p. 594.
(3) *Ibid.*, t. XII, p. 876, col. 4.
(4) Page 454.

gentilice est employé adjectivement au masculin; il l'est au féminin dans les noms des grandes routes de l'empire romain, comme *via Aurelia*, *via Clodia*, *via Flaminia*, *via Valeria*. *Aurelia*, *Clodia*, *Flaminia*, *Valeria* sont autant de gentilices bien connus. La première de ces routes, *via Aurelia*, arrivait en Gaule; elle allait de Rome à Arles. Elle était encore désignée par son nom antique, aux environs de Marseille, dans le courant du onzième siècle; on le voit par une charte de l'année 1056 (1).

§ 2. — *Gentilices romains en -ius employés adjectivement au masculin singulier, avec sens géographique, dans les textes du moyen âge.*

ÆMILIUS. *Colonia in Amelio*, dixième siècle (2). Amelius pour Æmilius nous offre deux déformations caractéristiques du latin vulgaire : *a* pour *æ*, *e* pour *i*. M. Schuchardt (3) a réuni un certain nombre d'exemples d'*a* pour *æ*, parmi lesquels nous citerons *Amilia* = *Æmilia*. Quant aux exemples d'*e* pour *i*, ils sont très nombreux, comme on peut le voir chez le même auteur (4), et nous signalerons *Emelius*, *Æmelia*, *Æmelius*, *Æmelii*, *Emelio* (5).

Le plus ancien exemple d'Amelius nous est donné par le gentilice d'un élève de Plotin, Amelius Gentilianus, qui eut, comme philosophe, une certaine célébrité; il était originaire d'Etrurie; il vivait au troisième siècle de notre ère; il suivit, à Rome, les leçons de Plotin, qui enseigna, dans cette ville, de 241 à 270; sous la plume grecque de Porphyre, son nom Ἀμέλιος se rapproche d'ἀμέλης, « sans souci, » et la forme primitive de ce nom, Æmilius, n'est plus reconnaissable. Amelius devient fréquent en Gaule

---

(1) Guérard, *Cartulaire de Saint-Victor de Marseille*, t. I, p. 264, a publié ce document.
(2) Guérard, *Cartulaire de Saint-Victor de Marseille*, t. I, p. 309.
(3) *Vokalismus des Vulgaerlateins*, t. I, p. 220-223.
(4) *Ibid.*, tome II, p. 1-91.
(5) *Ibid.*, tome II, p. 15.

à partir du sixième siècle de notre ère. C'est le nom d'un archevêque de Bordeaux, chanté par le poète Fortunat (1), et d'un évêque de Tarbes dont il est deux fois question dans l'histoire des Francs, de Grégoire de Tours (2). M. Le Blant a relevé le nom d'Amelius parmi les graffiti mérovingiens de l'autel de Minerve (Hérault) (3). On trouve ce nom parmi ceux des témoins d'un diplôme de l'année 706, donné dans le pays de Liége (4). Agde eut, au neuvième et au dixième siècle, deux évêques du nom d'Amelius. Le nom d'Amelius est fréquent dans le *Cartulaire de Conques* (Aveyron), se rencontre dans ceux de *Savigny* (Rhône), de *Saint-Victor de Marseille*, de *Beaulieu* (Corrèze), etc.

Le gentilice Æmilius, dont Amelius est la variante vulgaire, appartient à une maison patricienne, et fut porté en Gaule par M. Æmilius Lepidus, triumvir, qui eut la Narbonnaise sous son autorité, de 44 à 42 avant Jésus-Christ. Il est très commun dans les inscriptions de la Gaule au temps de l'empire romain. Il y avait notamment des Æmilius à Aix, en Provence; voir l'inscription qui porte le n° 537 au t. XII du *C. I. L.* Ces Æmilius n'étaient pas éloignés du lieu dit *Amelius*, où l'abbaye de Saint-Victor de Marseille avait des colons. Ce sont peut-être ces Æmilius qui ont donné leur nom au lieu dit *Amelius*.

Le gentilice Æmilius a fourni à la géographie de la Gaule les deux dérivés : *Æmiliacus* et *Æmiliavus*. Comme exemple du premier, nous citerons : Amilly (Eure-et-Loir), appelé à l'accusatif *Amiliacum villam* dans une charte de 986 (5); Millac (Vienne), appelé Amellac, Ameilhac, Ameillac au quatorzième et au quinzième siècle (6); enfin

---

(1) Fortunat, I, 2, 5; éd. de Frédéric Leo, t. I, p. 13.
(2) VIII, 28; IX, 6; édit. Arndt, t. I, p. 341, l. 23; p. 363, l. 13.
(3) *Inscriptions chrétiennes de la Gaule*, t. II, p. 437.
(4) Pardessus, *Diplomata*, t. II, p. 276.
(5) Guérard, *Cartulaire de Saint-Père de Chartres*, p. 76.
(6) Redet, *Dictionnaire topogr. du départ. de la Vienne*, p. 263.

Amilly (Loiret), Amillis (Seine-et-Marne). Pour le second, *Æmiliavus*, on peut donner comme exemples : Millau (Aveyron), appelé, au onzième siècle, *villa Ameliavensis* (1), et *de Amiliavo* (2) ; Milhaud (Gard), au douzième siècle Amiliau (3).

AFRANIUS : *Nostram æcclesiam quæ vocatur Afragnio*, 1061-1065 (4) ; *aecclesiam quæ vocatur Afragnio sive Vauro*, 1060-1065 (5). Il s'agit de Lavaur (Tarn).

La *gens Afrania* a donné à Rome plusieurs personnages historiques, entre autres L. Afranius, consul l'an 60 av. J.-C. Ce gentilice pénétra en Gaule, comme nous l'apprennent des inscriptions : de Trèves (6), de Narbonne (7), et de Vaison (8). La dernière concerne Sextus Afranius Burrus, préfet du prétoire sous Claude et sous Néron ; Sextus Afranius Burrus paraît avoir été originaire de Vaison ; on sait qu'avec Sénèque il exerça une grande influence pendant les premières années du règne de Néron, sous lequel il mourut l'an 62 de Jésus-Christ.

D'Afranius est dérivé le nom du *fundus Afranianus* dans la table alimentaire de Veleia (9). Les deux Fragny du département de la Nièvre peuvent avoir la même origine ; ils seraient d'anciens *fundi Afraniaci*.

ANICIUS. Grégoire de Tours (10), parlant des événements de l'année 591, nomme un lieu appelé Anicius, *locum quem Anicium vocitant*, dans la cité des *Vellavi* (11). C'est le plus

---

(1) G. Desjardins, *Cartulaire de Conques*, p. 21.
(2) Guérard, *Cartulaire de Saint-Victor de Marseille*, t. II, p. 201.
(3) Germer-Durand, *Dictionnaire topogr. du départ. du Gard*, p. 136.
(4) G. Desjardins, *Cartulaire de Conques*, p. 61.
(5) *Ibid.*, p. 380.
(6) Brambach, 787.
(7) *C. I. L.*, XII, n° 4377.
(8) *Ibid.*, n°° 1309, 5842.
(9) Page 3, l. 3-4 ; *C. I. L.*, t. XI, p. 211.
(10) *Historia Francorum*, X, 25.
(11) Edit. Arndt, t. I, p. 437, l. 26. Les manuscrits offrent deux leçons *Anitium* par *t* et *Anicium* par *c*.

ancien nom connu du Puy en Velay. Ce nom est encore porté par le mont Anis, sur les flancs duquel est bâtie la ville du Puy (1).

La *gens Anicia*, originaire de Préneste, est une des plus illustres de Rome, à qui elle a donné plusieurs consuls avant et après notre ère. On trouve le gentilice Anicius en Gaule, dans les inscriptions, par exemple à Nîmes (2), à Narbonne (3), à Orange (4).

Une charte de la fin du dixième siècle nous fait connaître un nom de lieu dérivé d'Anicius ; c'est *Anisiacus villa in agro Forensi*, c'est-à-dire en Forez (5). Il a été parlé, p. 193, d'Anisy-le-Château (Aisne), appelé, au neuvième siècle, *Anisiacus* par Hincmar (6). Cf. *Anicianum*, aujourd'hui Nissan (Hérault), dans une charte de 1199 (7).

ANTONIUS. *In pago Arvernico, in comitatu Talamitensi, in vicaria Ambronense, in villa quæ nominatur Antonio*, 13 juillet 898 (8) ; *in villa quæ dicitur Antonio*, 937-938 (9) ; *in villa quæ dicitur Antonio*, 906 ? (10) ; *ad ecclesiam de Antonio*, 27 décembre 906 (11). C'est Antoingt (Puy-de-Dôme) (12).

Antoingt tire son nom du gentilice Antonius. Le plus célèbre des hommes que ce gentilice a désignés est Marc-Antoine, le fameux triumvir ; il a exercé pendant plusieurs années une grande influence en Gaule, d'abord quand, à partir de l'an 55 avant Jésus-Christ, il fut le compagnon

---

(1) Longnon, *Géographie de la Gaule au sixième siècle*, p. 533.
(2) *C. I. L.*, XII, 3402, 3403, 3424.
(3) *Ibid.*, 4500.
(4) *Ibid.*, 1247.
(5) Aug. Bernard, *Cartulaire de Savigny*, t. I, p. 174.
(6) *Vie et miracles de saint Remy*. Dom Bouquet, V, 452 C.
(7) E. Thomas, *Dictionnaire topogr. de l'Hérault*, p. 133.
(8) Doniol, *Cartulaire de Brioude*, p. 48.
(9) *Ibid.*, p. 94.
(10) *Ibid.*, p. 255.
(11) *Ibid.*, p. 334.
(12) M. Houzé l'a établi à la p. 678 de sa dissertation géographique publiée en appendice à l'édition du *Cartulaire de Sauxillanges* donnée par M. Doniol.

de Jules César pendant la guerre contre les Gaulois; ensuite, quand, de 43 à 40, en qualité de triumvir, il eut dans la Gaule conquise un pouvoir absolu. Un grand nombre de Gaulois prirent son nom ; de là résulte la fréquence du gentilice Antonius dans les inscriptions de la Gaule.

Du gentilice Antonius vient le nom de lieu *Antoniacus*. Parmi les *villæ* de Saint-Germain-des-Prés nous trouvons mentionnée celle qui est appelée, en 828, au cas indirect *Antoniacum* (1), plus tard *Antoniaco* (2), c'est Antony (Seine-et-Oise). Les diplômes de Saint-Martin de Tours mentionnent deux *Antoniacus* : le premier paraît, dès 775, dans un diplôme de Charlemagne (3), c'est Antogné (Maine-et-Loire); du second, il est question pour la première fois, au dixième siècle (4), c'est Antogny (Indre-et-Loire). Antogné (Vienne), nommé Antoignec vers la fin du onzième siècle (5), a la même origine. Antoigné (Sarthe) est probablement la localité appelée au cas indirect : *villa Antoniaco* dans les diplômes de l'église du Mans, en 802 (6) et en 832 (7); c'est encore un dérivé en *-acus* du gentilice Antonius (8). Dans la table alimentaire de Veleia, on trouve onze *fundi Antoniani*.

Ascius. Les mots *Actum Ascio villa dominica* se lisent dans une charte de l'année 648 (9) : *In Ascio super fluvium Widolaci* dans une charte de l'an 800 (10). Il s'agit d'Aix-en-Erquigny (Pas-de-Calais).

---

(1) Diplôme des empereurs Louis le Pieux et Lothaire, chez Lasteyrie, *Cartulaire de Paris*, p. 48.
(2) Longnon, *Polyptyque de Saint-Germain-des-Prés*, p. 48.
(3) Dom Bouquet, V, 737 c.
(4) Mabille, *La pancarte noire de Saint-Martin de Tours*, p. 186, n° 131.
(5) Redet, *Dictionnaire topogr. du départ. de la Vienne*, p. 9.
(6) Dom Bouquet, V, 768 e.
(7) *Ibid.*, VI, 586 a.
(8) Il a déjà été question du nom de lieu *Antoniacus* ci-dessus, p. 140; des textes différents y sont cités.
(9) Guérard, *Cartulaire de Saint-Bertin*, p. 19.
(10) *Ibid.*, p. 65.

Ascius ne diffère du gentilice *Astius* que par l'emploi du *c* pour *t*, substitution qui est sans importance phonétique au moyen âge. Le gentilice *Astius* se trouve dans trois inscriptions d'Afrique (1). Ascius n'a été trouvé, au temps de l'empire, qu'avec valeur de *cognomen* : Asinia Ascia Venusta dans une inscription de Salerne, en Campanie (2).

BRACCIUS. La formule *locella nostra in pago Regense nuncupantes Braccio*, et plus bas les mots *ad ipsum Bractio*, désignant une localité située au pays de Riez, se rencontrent dans un passage d'une charte de l'année 739 (3). La localité dont il s'agit est Bras d'Asse (Basses-Alpes).

Braccius et sa variante *Bractius* sont identiques au gentilice Braccius qui se trouve dans les inscriptions romaines en Campanie (4), et qui dérive probablement de *brăcca*, variante de *brāca*, nom de la culotte gauloise. De Braccius vient le nom de lieu *Bracciacus* : celui-ci, dans une charte du neuvième siècle, désigne Bracy, commune d'Egriselles-le-Bocage (Yonne), comme nous l'apprend M. Quantin dans son *Dictionnaire topographique de l'Yonne*. Le *Cartulaire d'Ainay* (Rhône), nous offre l'orthographe *Braxiacus* : *in villa quæ dicitur Braxiaco*, dans une charte de l'année 990 (5); cette localité était dans le *pagus Lugdunensis*. Une variante *Braciacus curtis* par un seul *c* nous a été conservée par une charte de 926 reproduite dans le *Cartulaire de Saint-Julien de Brioude* (Haute-Loire) (6); il s'agit probablement ici de Brassac (Puy-de-Dôme). Citons encore Brassac (Tarn-et-Garonne), qui a été appelé *Braciacus* au moyen âge (7).

---

(1) *C. I. L.*, VIII, 450, 4605, 10526.
(2) *Ibid.*, X, 559.
(3) *Cartulaire de Saint-Hugues de Grenoble*, p. 44.
(4) *C. I. L.*, X, 6233, 6234, 6235.
(5) A. Bernard, *Cartulaire de Savigny*, p. 596.
(6) Page 319.
(7) Deloche, *Cartulaire de Beaulieu*, p. 201.

CENTULIUS. Les mots *Unus campus vocatur Centulio* se lisent dans une charte de l'an 1055 ou environ, dans laquelle ils désignent une localité de l'Aveyron, commune de Leuc (Aude) (1). Comparez le gentilice de C. Centullius Fortunatus dans une inscription trouvée en Gaule cisalpine, à Toscolano, près du lac de Garde (2).

CAMULIUS. *Ecclesiam sanctæ Mariæ de Camulio*, vers 1100 (3).
Camulius est un gentilice romain dont on trouve quelques exemples en Gaule. Deux inscriptions romaines nous donnent la forme masculine, ce sont l'épitaphe de Julius Camulius Verus à Carsan (Gard) (4), et celle du légionnaire C. Camulius Lavenius à Grenoble (5). Nous rencontrons aussi la forme féminine : Camulia Marcella dans une inscription de Vienne (Isère) (6) ; Camulia Procla dans une inscription de Narbonne (7). Camulius a une variante par deux *l* : Camullius ; exemples : T. Camullius Æmilianus, dans une inscription d'Apt (8) ; T. Camullius Telesphorus, dans une inscription de Vaison (9) ; Camullia Tertulla, dans une inscription d'Apt (10).

Ce gentilice romain paraît être un ancien nom gaulois. Il a cette valeur dans l'inscription de Bordeaux : D. M. Camulia patribus Blasto et Ivorigi (p)osuit (11), et dans l'inscription du Norique où une femme s'appelle Camulia Quarti (12).

Camulius est un dérivé du nom divin Camulos. Un pro-

---

(1) G. Desjardins, *Cartulaire de Conques*, p. CII, 72.
(2) *C. I. L.*, V, 4870.
(3) C. Douais, *Cartulaire de Saint-Sernin de Toulouse*, p. 131.
(4) *C. I. L.*, XII, 2725.
(5) *Ibid.*, XII, 2230.
(6) *Ibid.*, XII, 1960.
(7) *Ibid.*, XII, 4677.
(8) *Ibid.*, XII, 1116.
(9) *Ibid.*, XII, 1401.
(10) *Ibid.*, XII, 1125.
(11) Jullian, *Inscriptions romaines de Bordeaux*, t. I, p. 316 et 317.
(12) *C. I. L.*, III, 4887.

cédé identique a donné à la langue grecque les noms d'homme Διονύσιος de Διονύσος et Ἀπολλώνιος d'Ἀπόλλων; ces noms grecs d'homme, comme le gaulois Camulius ou mieux Camulios, ont été dérivés de noms divins au moyen du suffixe *io-*.

Le plus célèbre peut-être des monuments du culte du dieu Camulos est au musée du Vatican. Il a été dédié à cinq divinités : 1° aux deux divinités gauloises Arduinna (la forêt d'Ardenne) et Camulos; 2° aux trois dieux romains Jupiter, Mercure, Hercule, par M. Quartinius Sabinius, citoyen de Reims, *cives remus*, soldat prétorien de la septième cohorte ; Camulos est représenté avec les attributs distinctifs du Mars romain (1). On voit par ce monument que le culte de Camulos était en honneur chez les *Remi*. Une autre preuve en est donnée par une inscription trouvée près de Clèves et conservée en cette ville, c'est une dédicace à Mars Camulos par les habitants de Reims, *cives Remi*, qui, dit cette inscription, ont construit un temple pour le salut de l'empereur Néron (2). Cette inscription est un témoignage de l'attachement des populations de la Belgique pour Néron, auquel elles restèrent fidèles pendant la révolte de Vindex ; Galba, vainqueur, s'en vengea (3).

Le culte de Camulus était aussi connu en Grande-Bretagne. On a trouvé dans le nord de cette île une dédicace *Deo Marti Camulo* ; elle est conservée au musée de Glasgow, en Ecosse (4). La piété celtique envers le dieu Camulus ne se manifeste pas seulement par des inscriptions dédicatoires. On donna son nom à une ville de Grande-Bretagne, *Camulo-dunum*, aujourd'hui Colchester. Cette ville, antérieure à la conquête romaine, était la capitale du roi Cunobelinos et l'empereur romain Claude la prit en

---

(1) *C. I. L.*, VI, 46.
(2) Brambach, n° 164.
(3) Tacite, *Histoires*, l. I, c. 8, 51.
(4) *C. I. L.*, VII, 1103.

l'an 43 (1). Devenue colonie romaine, elle tomba entre les mains des Bretons insurgés qui massacrèrent les colons, l'an 62 de notre ère (2).

Le nom divin Camulus fournit à des noms d'hommes leur premier ou leur second élément : on connaît le nom de *Camulo-genus*, *eburovix*, c'est-à-dire d'Evreux, qui fut chef des *Parisii* et des peuples voisins révoltés contre César, et qui, dans une bataille contre Labienus, perdit à la fois la victoire et la vie (3), en l'an 52 avant Jésus-Christ; Camulogenus veut dire fils de Camulos. Camulognata, « habituée à Camulos, » « adoratrice de Camulos » est le nom d'une femme gauloise qui offrit à Mercure un des vases d'argent trouvés à Bernay (Eure); ce vase appartient au cabinet des antiques de la Bibliothèque nationale à Paris. Camulos est le second élément du nom d'homme, *Andecamulos*, probablement « très [semblable à] Camulos, » conservé par l'inscription gauloise de Nevers ; *Ande-camulos* est devenu un nom de lieu en Limousin, comme l'atteste une inscription trouvée à Rançon (Haute-Vienne) : on y voit les Andecamulenses dédier aux divinités impériales une chapelle de Pluton (4).

Quelques personnes portèrent par piété le nom de Camulos comme on porte aujourd'hui un nom de saint. On en trouve des exemples : au musée d'Arles, où une inscription nous offre le nom de femme Camula (5); à Bordeaux, où le musée possède l'épitaphe d'un certain Camulus (6). Dans l'antique Noricum, près de Klagenfurt, dans l'empire d'Autriche, sur le bord d'un chemin, on lit, encastrée dans une croix de pierre, l'épitaphe de Camulianus, fils de

---

(1) Les textes des auteurs anciens qui concernent cette ville ont été réunis par Hübner, *C. I. L.*, VII, 33-34.
(2) Tacite, *Annales*, XII, 32; XIV, 31-32.
(3) *De bello gallico*, VII, 57, 59, 62.
(4) Orelli, n° 1804.
(5) *C. I. L.*, XII, 744.
(6) Jullian, *Inscriptions romaines de Bordeaux*, t. I, p. 321.

Camulus (1). A Indenburg, dans la même région, on a logé dans la tour de l'église l'épitaphe de Quarta, affranchie de Camula (2).

Camulus donna des dérivés. L'un est Camulius ou Camullius, dont il a déjà été question. On trouve aussi Camulatus, qui est un *cognomen*; ainsi : C. Valerius Senorigis filius Camulatus se fit construire un monument funèbre dont un débris existe encore à Aix-les-Bains, en Savoie (3). De Camulatus on tira le gentilice Camulatius : à Nimes existe encore l'épitaphe de Camulatia Severa (4). On peut en rapprocher Camulates, nom de fabricant inscrit sur une tuile qui a été trouvée en Espagne (5). Un autre dérivé de Camulus est Camulinius, c'est un gentilice attesté par une inscription de Trèves, où se lisent les noms de Camulinius Oledo (6).

Des dérivés de Camulus, il en est un qui a laissé des traces évidentes dans la géographie moderne de la France, c'est le gentilice Camulius ou Camullius. L'*ecclesia de Camulio* citée ci-dessus doit avoir été située près Toulouse ; elle a pour pendant Chamouille (Aisne). Chamouille (Aisne) est une ancienne *villa Camulia* ou *Camullia*; son nom est écrit *Camolia* dans une charte de l'année 1151 (7). Nous citerons ensuite deux dérivés en *-acus* de Camulius ou Camullius : Chamouillac (Charente-Inférieure), Chamouillet (Haute-Marne); ce sont des communes dont le nom rappelle le culte de Camulus. Peut-être en est-il de même de Chamolay, commune des Avenières (Isère), qui serait un ancien *Camulacus*, c'est-à-dire la propriété d'un homme appelé Camulus à cause de la piété de ses parents envers le dieu de ce nom.

(1) *C. I. L.*, III, 4892.
(2) *Ibid.*, III, 5479.
(3) *Ibid.*, XII, 2480.
(4) *Ibid.*, XII, 3645.
(5) *Ibid.*, II, 4967, 34.
(6) **Brambach**, 825.
(7) **Matton**, *Dictionnaire topogr. du département de l'Aisne*, p. 55.

CAUCIUS en Limousin. *In villa Caucius*, charte d'octobre 887 (1); *in alio loco qui vocatur Caucius*, autre charte d'octobre 887 (2); *villam meam quæ vocatur Caucius medianus*, 1165-1170 (3).

On a parlé, pages 215-216, du gentilice *Caucius* et de son dérivé *Cauciacus*, aujourd'hui Choisy-sur-Aisne (Oise), où le roi Childebert III fut enterré en 711. Caucius paraît dérivé de *caucus*, gobèlet; mais, au moyen âge, il pouvait se confondre avec Cautius, dérivé de *cautus*, avisé, prudent.

COMARIUS. Les mots *in Comario* dans le testament d'Abbon en 739 (4), désignent Commiers (Isère).

Ce nom de lieu est identique à un gentilice que nous fait connaître l'épitaphe de Quintus Comarius, conservée à Milan (5).

Comarius a donné le dérivé *Comariacus*, écrit *Comariago* au cas indirect en 615 dans le testament de Bertramne, évêque du Mans (6). Un diplôme de Charlemagne, en 775, nous offre la variante *Comoriaco* (7), et dans un diplôme de Louis le Débonnaire en 832, on trouve la variante *Commoriaco* (8); dans ces deux exemples, la seconde syllabe est assimilée à la première. Il s'agit, semble-t-il, de Comeré, commune de Ballée (Mayenne).

CORNELIUS. *Mansum de Cornilio... Mansus vero de Cornilio*, vers 971 (9). Il s'agit de Cornil, près de Queyssac (Corrèze); on peut en rapprocher Cornille (Dordogne), probablement *Cornelia (villa)*.

---

(1) Deloche, *Cartulaire de Beaulieu*, p. 225.
(2) Deloche, *ibid.*, p. 226.
(3) *Ibid.*, p. 62.
(4) *Cartulaire de Saint-Hugues de Grenoble*, p. 48.
(5) *C. I. L.*, V, 5997.
(6) Pardessus, *Diplomata*, I, 200.
(7) Dom Bouquet, V, 769 a.
(8) *Ibid.*, VI, 586 a.
(9) Deloche, *Cartulaire de Beaulieu*, p. 228.

Cornelius est un des gentilices les plus célèbres de Rome, celui des Scipion et du dictateur Sylla. On le rencontre très fréquemment en Gaule, sous l'empire romain, dans les inscriptions ; il y a été porté par Cornelius Gaetulicus, légat de Germanie supérieure, 28-39 de Jésus-Christ (1).

Il a donné à la France des dérivés en -*acus*, en -*anus* et en -*o*, -*onis*. Cornillé (Maine-et-Loire) : *villa nomine Corniliacus* apparaît, au onzième siècle, dans une charte citée par M. Port (2); Cornillé (Ille-et-Vilaine), Cornillac (Drôme), Cornillac, commune de Saint-Clair (Tarn-et-Garonne), paraissent être aussi d'anciens *Corneliacus*. Corneilhan (Hérault), Corneillan (Gers), les trois Corneilla des Pyrénées-Orientales sont chacun un ancien *fundus Cornelianus ;* le premier apparaît à l'ablatif, *de Corneliano*, dans une charte de 1135 (3).

Il y avait à Veleia quatre *fundi Corneliani* ; il y en avait deux à Plaisance (4). On parlera plus bas du dérivé *Cornelio, -onis*.

GRUSSIUS est le nom d'une *villa* située dans le *pagus Turonicus*, et où deux chanoines de Saint-Martin de Tours, Haganon et Adjuteur, frères, avaient un manse seigneurial qu'ils donnèrent à l'abbaye de Saint-Martin (5). C'était en 818, et la localité dont il s'agit est aujourd'hui Greux (Indre-et-Loire) (6). La même localité est mentionnée dès 785 dans une autre donation à la même abbaye, mais dans les copies que nous avons de cet acte, on a écrit, en omettant un *i* : *Grussus* au lieu de *Grussius* (7).

---

(1) E. Desjardins, *Géographie historique de la Gaule romaine*, II, 248.
(2) *Dictionnaire de Maine-et-Loire*.
(3) Guérard, *Cartulaire de Saint-Victor de Marseille*, t. I, p. 227.
(4) *C. I. L.*, XI, p. 208, 209, 211, 213, 215, 217.
(5) Martene, *Thesaurus novus anecdotorum*, t. I, col. 20.
(6) Mabille, *La pancarte noire de Saint-Martin*, p. 82, 225.
(7) Martene, *Thesaurus novus anecdotorum*, t. I, p. 68. Mabille, *La pancarte noire*, p. 83, 225.

Ce nom de lieu est identique au gentilice écrit Grusius, avec une seule *s*, dans une inscription romaine d'Italie (1).

Iccius. *In pago Athoariorum Hicio*, 721 (2); suivant J. Garnier (3), il faut lire *Hiccio*; c'est Is-sur-Tille (Côte-d'Or). Comparez *Icius* pour *Iccius* dans les deux textes suivants : *In patria Arvernica in aice Brivatense in villa cui nomen est Icio*, 1er mai 843 (4); *in Alvernia, in comitatu ipsius Brivatis... in loco dicto Icio*, novembre 926 (5). Iccius est le nom d'un Gaulois de la cité de Reims, envoyé en ambassade à César l'an 57 avant Jésus-Christ. Mais ce nom était déjà, à cette époque, un gentilice romain. En l'an 44, c'est-à-dire dix-sept ans plus tard, Cicéron, dans sa troisième philippique, parle du préteur M. Iccius qui eut pour lot la Sicile. Dix-sept ans encore après, en 27, nous trouvons à Rome un autre Iccius, c'est un familier d'Horace ; il a d'abord cultivé la philosophie ; mais, trouvant cette science peu lucrative, il veut chercher la richesse dans le métier des armes, et va se joindre à une expédition militaire contre les Arabes : Horace lui adresse une ode, la vingt-huitième du premier livre. En l'an 20, cet Iccius, ayant encore une fois changé de carrière, administrait les biens d'Agrippa en Sicile; Horace lui adressa l'épitre 12 du livre I ; elle commence par le vers :

Fructibus Agrippae siculis, quos colligis, Icci.

Sous l'empire, le nom propre Iccius persista en Gaule comme gentilice. Les inscriptions l'attestent. Nous le trouvons à Vaison (Vaucluse) (6), où il produit l'*agnomen* dérivé

---

(1) *C. I. L.*, X, 3784; cf. De-Vit. *Onomasticon*, III, 278.
(2) Pardessus, *Diplomata*, II, 325.
(3) *Nomenclature historique des communes du département de la Côte-d'Or*, p. 34, n° 146.
(4) Doniol, *Cartulaire de Brioude*, p. 210.
(5) *Ibid.*, p. 169.
(6) *C. I. L.*, XII, 1335.

Iccianus (1); nous le trouvons au Pégue; près de Valréas (Vaucluse) (2), à Saint-Paul-Trois-Châteaux (Drôme) (3), à Nimes (Gard) (4).

On doit le reconnaître dans le premier terme d'*Iciomagus*, aujourd'hui Usson (Loire), nom de station romaine inscrit dans la table de Peutinger, et qui veut dire « champ d'Iccius; » dans le premier terme d'*Icio-durum*, « forteresse d'Iccius, » qui apparaît au sixième siècle chez Grégoire de Tours, qui, chez cet historien, désigne à la fois Izeures (Indre-et-Loire) et Issoire (Puy-de-Dôme) (5), et qu'on retrouve au huitième siècle dans une charte où il est la forme antique du nom d'Izeure (Côte-d'Or), comme nous l'apprend M. J. Garnier (6).

Le gentilice Iccius donna aussi naissance à un dérivé en *-acus* : *Icciacus*. Ce dérivé est écrit par deux *s*, en 928, dans une charte de l'abbaye de Cluny (Saône-et-Loire); il y est question de biens situés in *pago Matisconense, in fine Hissiacense, in Hissiaco* (7); l'orthographe moins bonne *in Hisiaco* par une seule *s*, se trouve, en 935, dans une autre charte de la même abbaye; il s'agit probablement Issy-l'Evêque (Saône-et-Loire) (8). On trouve la même faute dans l'orthographe *in potestate Isiaca* d'un diplôme de 980 provenant de l'abbaye de Saint-Magloire (9); mais cette orthographe est rectifiée en 1085 dans une charte de Marmoutier, où il est question de l'église *de Issiaco* (10); enfin, dans le diplôme faux de Childebert Ier pour la fondation de Saint-Germain-des-Prés : on y lit *Isciacus* (11);

---

(1) *C. I. L.*, 1319.
(2) *Ibid.*, 1705.
(3) *Ibid.*, 1733.
(4) *Ibid.*, 3226, 3494.
(5) Voir plus haut, p. 148, 154, 182.
(6) *Nomenclature*, p. 21, n° 86.
(7) Bruel, *Recueil des chartes de l'abbaye de Cluny*, t. 1, p. 337, 338.
(8) Bruel, *ibid.*, p. 429.
(9) Robert de Lasteyrie, *Cartulaire général de Paris*, p. 88.
(10) *Ibid.*, p. 133.
(11) *Ibid.*, p. 3.

c'est Issy-sur-Seine, près Paris. Issac (Dordogne), appelé *Issacum* dans un pouillé du treizième siècle (1), doit être aussi un ancien *fundus Icciacus*. Les Issac de l'Allier, de l'Ardèche, de la Gironde, de Lot-et-Garonne ont probablement la même origine. On peut faire la même hypothèse au sujet d'Issay (Eure-et-Loir), qui s'appelait, au quatorzième et au quinzième siècle Issé, et au sujet d'Issé (Loire-Inférieure).

Enfin Is-en-Bassigny (Haute-Marne) ne serait-il pas un ancien *fundus Iccius*, Isse (Marne), une ancienne *villa Iccia*?

INGENIUS. *Ecclesiam S. Johannis de Ingenio*, 1080, aujourd'hui Engins (Isère) (2), s'explique par le gentilice Ingenius, conservé par une inscription d'Afrique (3).

LANCIUS. Ce nom de lieu apparaît au cas indirect : *villa quæ vocatur Lanceum*, dans une charte de l'année 1080 (4); *de Lancio*, en 1090 (5); *Lantium* et Lauz, en 1109 (6). C'est aujourd'hui Lans (Isère).

Lancius, nom de lieu est identique, soit au gentilice Lentius, soit au gentilice Lancius. Le gentilice Lentius est conservé par une inscription de l'ancien territoire d'Aix en Provence (7); comparez le cognomen Lentinus en Afrique (8) et le gentilice Lentidius à Rome (9). Le gentilice Lancius se trouve dans une inscription d'Espagne (10), la variante féminine *Lantia* a été relevée dans une inscription de Campanie (11).

(1) De Gourgues, *Dictionnaire topogr. de la Dordogne*, p. 160.
(2) *Cartulaire de Saint-Hugues de Grenoble*, p. 147.
(3) *C. I. L.*, VIII, 5775.
(4) *Cartulaire de Saint-Hugues de Grenoble*, p. 147.
(5) *Ibid.*, p. 149.
(6) *Ibid.*, p. 152.
(7) *C. I. L.*, XII, 345.
(8) *Ibid.*, VIII, 9962.
(9) *Ibid.*, VI, 21181.
(10) *Ibid.*, II, 573.
(11) *Ibid.*, X, 4955.

Lancius ou Lentius a donné des noms de lieu dérivés en *-o* et en *-acus*.

Des dérivés de Lancius, voici des exemples : 1° le polyptyque de Saint-Victor de Marseille, qui date du neuvième siècle, mentionne : *Colonica in Lancione* (1) ; il s'agit probablement de Lançon (Bouches-du-Rhône); 2° Une charte de Cluny, de l'année 930, parle d'un *ager Lanciacus* dans le Mâconnais (2), et une *villa Lanciacus* est nommée dans une charte de la même abbaye, que l'éditeur met entre les années 997 et 1031 (3).

On reconnaît un dérivé de Lentius dans une charte de l'année 696 : *Lentiacus* en Angoumois (4). Comparez la *curtis Lenziacus* donnée à l'abbaye de Beaulieu au dixième siècle (5), c'est Lanzac (Lot). L'existence du gentilice Lentius en Gaule paraît établie par les dérivés : 1° * Lentinius ; 2° *Lentilius nécessaires pour expliquer : *a)* Lentigny (Loire), Lantignie (Rhône) ; ce dernier, écrit Lantigneu vers 1300 (6); *b)* Lentilly (Rhône), appelé *Lentiliacus* en 975 (7) ; les trois Lentilliac du département du Lot ; Lantilly (Côte-d'Or), appelé *villam Lentiliacum* dans un diplôme du roi Karloman, en 883 (8) ; comparez Lantillac (Morbihan).

Lucius. C'est ainsi qu'on doit lire un nom de lieu écrit *Lucus* dans plusieurs documents du moyen âge, dont les auteurs ont écrit sous l'influence de leurs études grammaticales et du mot latin *lucus*. Le plus ancien de ces documents est le testament de l'abbé Widerad ; il date de 721, mais on n'en a que des copies et la plus ancienne ne remonte pas au delà du onzième siècle. Le testateur réserve

---

(1) Guérard, *Cartulaire de Saint-Victor de Marseille*, t. II, p. 640.
(2) Bruel, *Recueil des chartes de Cluny*, t. I, p. 816.
(3) Bruel, *ibid.*, t. III, p. 525.
(4) Pardessus, *Diplomata*, t. II, p. 240.
(5) Deloche, *Cartulaire de Beaulieu*, p. 58.
(6) A. Bernard, *Cartulaire de Savigny*, t. II, p. 914.
(7) *Ibid.*, t. I, p. 130.
(8) Dom Bouquet, IX, 430 *c*.

à ses héritiers divers biens, dans la propriété appelée *Luco* et située dans le *pagus Athoariorum* (1); c'est aujourd'hui Lux (Côte-d'Or). Il est possible que Lux (Saône-et-Loire) et Lux (Haute-Garonne) s'expliquent de la même façon.

Il ne faut pas confondre ce nom avec celui de *Luccas* ou *Lucas*, comme l'écrivent les manuscrits de l'*Historia Francorum* de Grégoire de Tours (2), ou de *Loccis*, *Locas* dans les manuscrits du livre des *Vitæ Patrum* du même auteur (3); il s'agit de Loches (Indre-et-Loire), dont le nom primitif *Luccæ* et en latin vulgaire *Luccas*, sous-entendu *casas*, est le féminin pluriel du cognomen Luccus. Une inscription de Trèves mentionne un certain Hilarius Luccus (4). C'est à ce *cognomen* que correspond le gentilice Luccius conservé par quelques inscriptions à Rome (5) et en Gaule, par exemple à Aps (Ardèche) (6) et à Narbonne (7). Voir p. 258-261 ce qui a été dit du gentilice Luccius, du gentilice Lucius, sa variante, et des noms de lieu en *-acus* qui en sont dérivés.

Quelqu'un pourrait essayer d'expliquer par le gentilice Lucius le nom de *Castellucius* dans les deux cartulaires de Beaulieu et de Brioude. Le cartulaire de Beaulieu offre ce nom dans deux chartes de l'année 885 : *Cum ipso castello qui vocatur Castel-Lucius* (8), *Cum ipso castello quod vocatur Castellucio* (9); dans ces deux documents, il s'agit de Chalus (Haute-Vienne). Le même nom se lit dans deux chartes d'Auvergne qui datent du siècle suivant : *In pago Arvernico, in comitatu Telamitensi... in monte qui vocatur Castellucius*, juin 932 (10); *In patria Arvernica in comitatu*

---

(1) Pardessus, *Diplomata*, t. II, p. 325.
(2) L. 10, c. 31 ; édit. Arndt, t. I, p. 444, l. 20, et variantes en note.
(3) Arndt et Krusch, t. II, p. 734, l. 15 et variantes.
(4) Brambach, n° 825.
(5) *C. I. L.*, VI, 21557, 21560.
(6) *Ibid.*, XII, 2656.
(7) *Ibid.*, XII, 4954.
(8) Deloche, *Cartulaire de Beaulieu*, p. 100.
(9) Deloche, *ibid.*, p. 230.
(10) Doniol, *Cartulaire de Brioude*, p. 96.

Telamitensi... in villa quæ dicitur Castellucio, mai 945 (1);
il s'agit ici de Chalus (Puy-de-Dôme), comme l'a établi
M. Houzé (2). Il y a au moins une troisième localité de
même nom, c'est Chastelux (Yonne), en 1147 Casteluz (3).

Il paraît invraisemblable qu'un composé syntactique
Castellus-Lucius ait été fabriqué en France dans trois régions éloignées l'une de l'autre, comme la Haute-Vienne,
le Puy-de-Dôme et l'Yonne; on doit, ce semble, préférer
à cette hypothèse celle de la dérivation. *Castellucius* serait
dérivé de *castellum* comme *Castellio*, Châtillon. La langue
latine a un suffixe *úceus* qu'on trouve dans *panniceus*, « déguenillé ; ce suffixe s'est prononcé *úcius* dans les bas temps
et s'est confondu avec celui qui a servi à former *fidúcia*,
« confiance, » *cadúcia*, « épilepsie; » on trouve ce suffixe
en France dans les noms de lieu *Turnucius* et *Petronucius*.

Turnucius est noté *Turnucium villam* dans un diplôme de
Charles-le-Chauve en 875 (4); l'orthographe *Tornotium*, en
853, dans un autre diplôme du même prince (5) représente le même son; il s'agit de Tournus (Saône-et-Loire);
Turnucius est un dérivé du *cognomen* Turnus étudié p. 170.
Le *cognomen* Turnus a donné, outre *Turnucius*, les dérivés
primaires : *Turnacus* ; — Tournay (Belgique, Calvados, Orne),
Tournac (Ariège), — et *Turnius, gentilice dont l'existence
est attestée par les noms dérivés Tourny (Eure), Tournhac
(Aveyron), Tourniac (Ariège, Cantal, Lot), autant de notations modernes du gallo-romain *Turniacus*.

Petronucius, écrit au cas indirect *Petronutio*, dans un
diplôme de Charles le Chauve pour l'abbaye de Saint-
Riquier (Somme) en 844 (6), est un nom de lieu dérivé de
Petro, Petronis; Petro est un *cognomen*; on a trouvé dans

---

(1) Doniol, *ibid.*, p. 182.
(2) Chez Doniol, *Cartulaire de Sauxillanges*, p. 677, 679.
(3) Quantin, *Dictionnaire topographique du département de l'Yonne*, p. 31.
(4) Dom Bouquet, VIII, 647 c.
(5) *Ibid.*, VIII, 524 c.
(6) *Ibid.*, VIII, 468 e.

les murailles de la ville de Narbonne l'épitaphe que L. Salonius Petro, affranchi de L. Salonius, fit graver pour deux personnes et pour lui-même (1).

Lucanius. Par une charte qui se place entre les années 1031 et 1065, Aimon de Combrouse donna à l'abbaye de Sainte-Foy-de-Conques le manse *de Causeria*, situé *in vicaria Luganiensi* (2). *Luganiensis* est un adjectif dérivé du substantif *Luganius*, dans lequel on reconnaît Lugan, commune de Villeneuve (Aveyron); *Luganius* représente une prononciation basse du latin classique *Lucanius*.

On a parlé, p. 160-161, de ce gentilice et de ses dérivés en *-acus*.

Marcius. Dans une charte de l'année 940 ou de l'année 941, qui fait partie des archives de l'abbaye de Cluny, un bienfaiteur donne à ce monastère les biens qu'il possède *in villa Marcio* (3). Il s'agit d'une localité située dans le *pagus communacensis*, dont le chef-lieu était *Communacus*, aujourd'hui Communay (Isère). Il y avait dans le département du Gard un autre *Martius* ou *Marcius* : *de Martio* ou *de Marcio* dans plusieurs chartes du douzième, du quatorzième et du quinzième siècle, citées par M. Germer-Durand (4); ce *Martius* ou *Marcius* s'appelle aujourd'hui Mars.

Il a été déjà question, p. 270-275, de ce gentilice et de ses dérivés en *-acus* et en *-anus*.

Matronius. Une charte de l'année 921 (?), a pour objet la donation de biens situés en Auvergne, dans la vicairie de Nonette (Puy-de-Dôme), *in villa quæ dicitur Madronio* (5).

---

(1) *C. I. L.*, XII, 4650.
(2) Desjardins, *Cartulaire de Conques*, p. 313-314.
(3) Bruel, *Recueil des chartes de l'abbaye de Cluny*, t. I, p. 508.
(4) *Dictionnaire topographique du département du Gard*, p. 123.
(5) Doniol, *Cartulaire de Brioude*, p. 157.

Matronius est un gentilice mentionné dans une inscription de Vérone (Italie); c'est l'épitaphe de Matronia Maternina (1). On trouve plus souvent Matrinius, exemple : les épitaphes de L. Matrinius Secundus, de L. Matrinius Stichianus et de Matrinia à Rome (2); une dédicace aux mères Veteranehæ par C. Matrinius Primus aux environs d'Aix-la-Chapelle (3); l'inscription de Mayence, qui nous a conservé les noms de Matrinius Zmaragdus (4). Le philosophe épicurien C. Matrinius Valentius nous est connu par son épitaphe qu'on trouve chez Orelli sous le n° 1192.

De Matrinius vient le nom de *Matriniacus*, au neuvième siècle *Madriniacus*, aujourd'hui Marnay (Aube). donné à l'abbaye de Saint-Denis en 859 par le roi Charles-le-Chauve (5). Un autre *Madriniacus* qui serait Marigny-Marmande (Indre-et-Loire), apparaît au neuvième siècle dans une charte de l'abbaye de Saint-Martin-de-Tours (6).

Pomponius. En 861, Charles-le-chauve donna à l'abbaye de Saint-Denis, pour subvenir aux dépenses du luminaire, une partie des biens qui composaient le domaine royal dit *Pomponius* en Beauvaisis : *ex rebus fisci nostri Pomponii in pago Belvacensi* (7). M. Longnon a reconnu que la localité dont il s'agit est Pontpoint (Oise). L'orthographe moderne de ce nom offre un exemple caractéristique de la façon intelligente dont les scribes officiels entendent l'étymologie.

Le gentilice Pomponius est celui d'une *gens* plébéienne de Rome qui arriva aux dignités curules. M. Pomponius Matho fut consul deux fois, l'an 233 et l'an 231 avant Jésus-Christ; la première fois il obtint les honneurs triomphaux pour avoir vaincu les Sardes. Bien antérieurement,

---

(1) *C. I. L.*, t. V, n° 3668.
(2) *Ibid.*, VI, 22298-22300.
(3) Brambach, 575.
(4) *Ibid.*, 1124.
(5) Dom Bouquet, VIII, 558 *d*.
(6) Mabille, *La pancarte noire*, p. 227.
(7) Dom Bouquet, VIII, 569 *a*.

des Pomponius avaient occupé des magistratures inférieures, été par exemple tribuns du peuple. Dès 449, un des dix tribuns élus par la plèbe romaine fut M. Pomponius (1).

Pomponius n'est pas originairement un nom romain : c'est un dérivé du nom de nombre *pompe* « cinq » qui est osque et ombrien ; c'est un des témoins qui attestent la présence d'éléments étrangers dans la population romaine dès les premiers siècles de son histoire.

La conquête romaine introduisit ce gentilice en Gaule. A Aime (Savoie), on a trouvé encastré dans un mur d'église une dédicace à la déesse Silvana par T. Pomponius Victor, *procurator augustorum* (2) dans les *Alpes Graiae et Poeninae*. Le cimetière des Aliscamps d'Arles, a fourni l'épitaphe de C. Pomponius Polycarpus (3). On a autrefois lu à Uzès l'épitaphe de Pomponius Orbus (4), etc. De Pomponius dérivent deux noms de lieu conservés par la géographie moderne de la France : Pompignac (Gironde) = *Pomponiacus*; Pompignan (1° Gard, 2° Tarn-et-Garonne) = *Pomponianus*. Des *fundi Pomponiani* sont inscrits sur la table alimentaire de Veleia, p. 5, l. 60 et 91 (5).

La parenté grammaticale du poète Le Franc de Pompignan avec le tribun du peuple Pomponius, qui vivait deux mille deux cents ans ans plus tôt, est le résultat d'un hasard dont l'étymologie géographique offre de nombreux exemples.

Pompogne (Lot-et-Garonne) paraît être une ancienne *villa Pomponia*.

Priscius. Une charte de l'an 801, par laquelle débute le cartulaire de l'abbaye de Conques (Aveyron), contient

---

(1) Tite-Live, III, 54. Sur la *gens* Pomponia, voyez Pauly, *Real-Encyclopaedie*, t. V, p. 1874-1882.
(2) *C. I. L.*, XII, 103.
(3) *Ibid.*, XII, 836.
(4) *Ibid.*, XII, 2946.
(5) *Ibid.*, t. XI, p. 215-216.

donation à ce monastère de biens situés en Rouergue, *in locis vel villis nuncopantibus ubi vocabulum est Priscio* (1). Le donateur, énumérant ses largesses, parle plus bas de *ipsa rocca Priscio* (2). Dans le même cartulaire, vers 1100, cette localité est appelée *Pris* (3). Dans un autre document de la même époque, conservé par le même cartulaire, le rédacteur voulant faire de la science a écrit *Priscus* (4); c'est une faute pour *Priscius*.

On a parlé plus haut, p. 300-301, du gentilice Priscius et de son dérivé *Prisciacus*.

QUINTILIUS. Par une charte dont la date se place entre les années 1061 et 1065, un bienfaiteur de l'abbaye de Conques (Aveyron) donne à ce monastère *ecclesiam nostram de Quintilio* (5). M. G. Desjardins, éditeur de ce document, a établi que l'église *de Quintilio* devait être située près de Toulouse (6). En 1107, on disait Quintil : *Bernardus de* Quintil (7).

La bonne orthographe de ce gentilice est Quinctilius, bien qu'on trouve déjà Quintilius sans *c* dans les inscriptions romaines. La *gens* Quinctilia était patricienne et remontait, dit-on, au temps de Romulus où un de ses membres aurait présidé les prêtres dits *Quinctiliani Luperci* (8). Les Lupercales, fête fixée au 15 février, étaient célébrées par deux groupes de prêtres : les *Quinctiliani Luperci* et les *Fabiani Luperci*, tirant chacun leur surnom d'une grande famille de Rome.

La branche la plus importante de la *gens* Quinctilia était

---

(1) G. Desjardins, *Cartulaire de Conques*, p. 1.
(2) *Ibid.*, p. 2.
(3) *Ibid.*, p. 347.
(4) *Ibid.*, p. 339.
(5) *Ibid.*, p. 62.
(6) *Ibid.*, p. CVI, CVII.
(7) *Ibid.*, p. 386.
(8) Festus, livre XVI. Sur la *gens* Quin[c]tilia, voyez Pauly, *Real-Encyclopaedie*, t. VI, p. 372-373.

celle des Quinctilius Varus. Un d'entre eux devint dictateur l'an 331 av. J.-C. ; un autre, tribun militaire en l'année 403 ; deux, consuls, l'un l'an 453, l'autre l'an 13 av. J.-C. Le dictateur fut élu pour apaiser une émeute populaire ; le moyen qu'il employa et qui eut plein succès, fut d'enfoncer un clou dans la paroi d'un temple ; c'était le moyen le plus sûr d'apaiser la colère des dieux et de faire cesser les calamités publiques (1). Les deux consuls furent moins heureux. Le premier, étant en fonctions, mourut d'une maladie épidémique qui, cette année-là, fit beaucoup de victimes ; le second est ce fameux Varus qui, l'an 9 av. J.-C., commandant en Germanie trois légions, périt avec son armée : il s'appelait P. Quinctilius Varus.

Son gentilice pénétra en Gaule. Trois inscriptions l'attestent ; au musée de Narbonne est conservée l'épitaphe que de son vivant se fit préparer C. Quintilius Celsus (2) ; à Nimes, C. Quintilius Eutychus fit graver celle de sa femme (3) ; on a trouvé, à Vaison, l'épitaphe de Quintilia Paterna (4).

Quintilius a donné à la géographie de la Gaule le dérivé *Quintiliacus*, aujourd'hui conservé par les noms de Quantilly (Cher) et de Cantillac (Dordogne). Celui-ci, écrit aujourd'hui par un C initial, a commencé autrefois par un Q. On le voit écrit *Qentilhacum* au treizième siècle, *Quentillac* en 1382 (5).

Sollemnius. Vers l'année 751, Pépin le Bref, encore maire du palais, ordonna, par un jugement conservé en original, la restitution de divers biens à l'abbaye de Saint-Denis. Dans la nomenclature se trouve le monastère dit

---

(1) Tite-Live, VIII, 18 ; cf. VII, 3.
(2) C. I. L., XII, 4990.
(3) Ibid., XII, 4023.
(4) Ibid., XII, 1374.
(5) De Gourgues, *Dictionnaire topogr. du départ. de la Dordogne*, p. 54.

Cruce, aujourd'hui Croix-Nord, arrondissement d'Avesnes (1), alors situé dans le *pagus* de Famars (Nord) (2) et près du *fiscus* ou domaine royal appelé au cas indirect *Solemnio* (3), précédemment donné à Saint-Denis par le roi Childebert. Les mêmes indications géographiques se retrouvent en 775 dans un diplôme de Charlemagne (4). La donation par le roi Childebert à l'abbaye de Saint-Denis avait eu lieu en 706; on n'en a plus qu'une copie, et le nom du domaine royal y est écrit deux fois *Solemio* (5), sans *n* entre l'*m* et l'*i*; il faut corriger *Solemnio*. Il s'agit, paraît-il, de Solesmes (Belgique) (6).

On a parlé déjà, p. 327, du gentilice *Sollemnius* et de son dérivé *Sollemniacus*.

Solius. *In alio loco quod vulgo dicitur Solius*, telle est la formule employée en 1055 par le rédacteur d'une charte pour désigner une localité située dans le Val de Salerne au comté de Fréjus (7).

On a étudié déjà, p. 328-329, le gentilice Solius et son dérivé *Soliacus*.

Tertius. En 896, il fut fait à l'abbaye de Cluny donation d'un bien situé dans le comté de Vienne, *in villa Tercio superiori* (8).

Tertius fut d'abord un surnom. C'était celui de Junia Tertia, sœur de M. Junius Brutus et femme de C. Cassius Longinus. Elle passait pour être devenue la maîtresse de

---

(1) Longnon, *Examen géographique du tome premier des Diplomata imperii*, p. 19.
(2) Sur ce *pagus*, voy. Longnon, texte de l'*Atlas historique de la France*, p. 124.
(3) Tardif, *Monuments historiques*, p. 45, col. 1. Pertz, *Diplomatum imperii tomus primus*, p. 109, l. 5.
(4) Dom Bouquet, V, 733 e.
(5) Pertz, *Diplomatum imperii tomus primus*, p. 66, l. 41, et p. 67, l. 10.
(6) Longnon, *Atlas historique de la France*, p. 202.
(7) Guérard, *Cartul. de Saint-Victor de Marseille*, t. I, p. 506.
(8) Bruel, *Rec. des chartes de Cluny*, t. I, p. 68.

Jules César, et la mère de Tertia était accusée de favoriser les relations des deux amants. César rendit à cette mère indulgente le service de lui adjuger en vente publique, pour une somme fort modique, de vastes domaines confisqués ; Cicéron dit en plaisantant que le prix avait été fixé *Tertia deducta*. On pouvait comprendre au choix, ou que le tiers avait été déduit, ou que la valeur de Tertia avait été retranchée du prix, ou que Tertia avait été conduite par sa mère à César (1). Dans le langage familier, Tertia s'appelait Tertulla : Cicéron la nomme ainsi dans ses lettres à Atticus (2).

Antérieurement à cela, en l'an 168 avant Jésus-Christ, le consul L. Aemilius Paulus avait une fille qui se distinguait des autres Aemilia par le *cognomen* de Tertia ; elle se fit un nom dans l'histoire romaine par une parole enfantine où l'on vit une prédiction de la défaite du roi de Macédoine, Persée (3).

Une Tertia moins illustre, était la fille du mime Isidore. Cicéron parle d'elle dans ses *Verrines*.

Sous l'empire romain nous trouvons dans Tacite le *cognomen* Tertius, passé à la dignité de gentilice. En l'an 70 de notre ère, Tertius Julianus commandait, avec titre de légat, la septième légion ; il faillit être une des victimes des discordes civiles (4) ; l'année suivante, il fut préteur (5). D'autres Tertius moins connus apparaissent dans les inscriptions : T. Tertius Italicus et T. Tertius Paullus, au musée de Nîmes (6) ; T. Tertius Félix, au musée de Mayence (7), etc.

Le gentilice Tercius a donné un dérivé en *-acus* qui désigne plusieurs localités différentes. Au commencement du neuvième siècle, le Polyptyque de Saint-Victor de

---

(1) Suétone, *César*, c. 50.
(2) Livre XIV, 20 ; livre XV, 11.
(3) Cicéron, *De divinatione*, livre I, c. 46, § 103 ; livre II, c. 40, § 83.
(4) Tacite, *Histoires*, livre II, c. 85.
(5) *Ibid.*, livre IV, c. 39-40.
(6) *C. I. L.*, XII, 3593, 3945.
(7) Brambach, 1049.

Marseille nous apprend que cette abbaye avait une *colonica in Terciago*, c'est-à-dire une propriété immobilière habitée par des colons dans un ancien *fundus Tertiacus* (1). En 860, Raoul, archevêque de Bordeaux, donne pour la fondation de l'abbaye de Beaulieu un manse *in villa Terciaco*; il ajoute que cette *villa* est située *in orbe Lemovicino et territorio Tornense*, c'est-à-dire en Limousin dans le pays de Turenne; c'est aujourd'hui Tersac (Haute-Vienne) (2). Dans le siècle suivant, les chartes de Cluny mentionnent deux *Tertiacus*; le premier apparaît en 956 : il s'agit de la donation d'une *curtis*, située dans le pays d'Autun dans l'*ager Marcilliacensis, in villa Terciaco* (3), c'est aujourd'hui Terzé, commune de Marcilly (Saône-et-Loire); le second est nommé dans une charte de 960, où il est dit qu'une *villa Buciagus* est située en Mâconnais *in fine Terciacensi* (4).

Terssac (Tarn) paraît être aussi un ancien *Tertiacus*. Ainsi peut s'expliquer également le nom de Tressé (Maine-et-Loire), qu'on a autrefois écrit Tercé (5).

Tilius ou plutôt Tillius. Une *villa Tilius*, ou mieux *Tillius*, mentionnée en 845 et en 854 dans des diplômes de Charles le Chauve pour l'abbaye de Montiérender (6), est aujourd'hui Thil (Aube). Un autre *Tilius*: (*in alio loco qui vocatur Tilius*) apparaît en 878 dans une charte de l'abbaye de Beaulieu (Corrèze) (7); ce paraît être Tillet, commune de Molières, ou Tillet, commune de Lentillac, tous deux dans le département du Lot. Une troisième

---

(1) Guérard, *Cart. de Saint-Victor de Marseille*, t. II, p. 638.
(2) Deloche, *Cart. de Beaulieu*, p. 4, 384, 385.
(3) Bruel, *Recueil des chartes de Cluny*, t. II, p. 90.
(4) Bruel, *ibid.*, t. II, p. 183.
(5) Port, *Dictionnaire de Maine-et-Loire*, t. III, p. 626.
(6) Dom Bouquet, VIII, 477 a, 429 e. Lalore, *Collection des principaux cartulaires du diocèse de Troyes*, t. IV, p. 126, 128.
(7) Deloche, *Cart. de Beaulieu*, p. 84.

villa Tilius, située dans l'Autunois figure dans une charte de l'abbaye de Saint-Germain-d'Auxerre en 924 (1).

Tillius est un gentilice qui n'était pas rare sous l'empire romain. On peut s'en assurer en consultant les index du C. I. L., t. V, VIII, IX, X, XIV. Ce gentilice a pénétré en Gaule ; on a lu le nom de femme Tillia dans une inscription de Narbonne (2).

Tillius a des dérivés en *-acus* : on a reconnu que la *Tilliacus villa* d'une charte de 989 est aujourd'hui Tillé, commune de Champgéneteux (Mayenne) (3). En 952, une charte d'Otton Ier, roi de Germanie, pour l'abbaye de Saint-Vannes, parle d'un *Tilliacus* (4) qui est aujourd'hui Thilly ou Tilly-sur-Meuse (Meuse) (5).

Les formes modernes de *Tilliacus*, dérivé en *-acus* de Tillius, nom d'homme, doivent être soigneusement distinguées des formes modernes de *Tilietum*, dérivé en *-etum* de *tilia*, nom d'une espèce d'arbre, c'est-à-dire du tilleul ; ainsi Tillay (Eure-et-Loir), est un ancien *Tilietum* comme l'a montré M. Merlet (6) ; *Tilietum* est un endroit où il y a des tilleuls, *Tilliacus* est la propriété de Tillius.

Nous sommes arrivés, par ordre alphabétique, au dernier des exemples que nous voulions donner de gentilices romains employés au masculin comme noms de lieux dans les textes du moyen âge.

Nous terminerons par un exemple d'un phénomène analogue en Gaule au temps de l'empire romain. C'est :

NASIUM. Ptolémée au deuxième siècle de notre ère

---

(1) Dom Bouquet, IX, 563 e, 564 a.
(2) C. I. L., XII, p. 854, col. 1, n° 5135.
(3) Léon Maitre, *Dictionnaire topographique du département de la Mayenne*, p. 313.
(4) Dom Bouquet, IX, 384 a.
(5) Liénard, *Dict. topogr. du départ. de la Meuse*, p. 235.
(6) L. Merlet, *Dictionn. topogr. du départ. d'Eure-et-Loir*, p. 178.

nomme deux villes des *Leuci* : ce sont, au nominatif singulier, Τοῦλλον « Toul » (Meurthe-et-Moselle) et Νάσιον « Naix » (Meuse) (1).

Pour comprendre ces deux noms de lieux qui sont des substantifs masculins employés adjectivement au neutre, il faut les écrire en caractères latins *Tullum* et *Nasium*, comme dans l'*Itinéraire d'Antonin* et suppléer *praedium*. Tullum et Nasium sont le premier un *cognomen* latin (2), l'autre un gentilice, employés tous deux adjectivement au neutre.

L'orthographe du gentilice Nasius par une seule *s* est conforme à l'étymologie, car ce nom d'homme dérive de *nasus*, « nez, » comme les *cognomina* bien connus du poète Ovide, P. Ovidius Naso, et du consul P. Cornelius Scipio Nasica. De *nasus* viennent aussi les gentilices Nasellius, Nasennius, Nasidius, Nasonius, qu'on trouve dans les inscriptions. Dans tous ces dérivés l'*s* est simple et l'*a* long comme dans *nasus*. Cette orthographe est respectée dans *Nasium* et dans le gentilice de Maxima Nasia que nous a conservé une inscription dédicatoire à Apollon trouvée à Maurovalle dans l'Italie méridionale (3).

Mais par un phénomène dont l'onomastique latine offre d'autres exemples, le gentilice Nāsius double ordinairement son *s* en abrégeant son *a* et s'écrit Nassius (4). Comme exemple de cette notation nous citerons une inscription de Narbonne; c'est l'épitaphe gravée sur une stèle funéraire par les soins de Nassius Eutycus (5).

---

(1) Ptolémée, l. II, c. 9, § 7; édition Didot-Müller, t. I, p. 225. Un certain nombre de mss. donnent la forme Τούλλιον d'accord avec la table de Peutinger, où on lit *Tullio* : Τοῦλλον est l'orthographe des autres mss. de Ptolémée d'accord avec l'Itinéraire d'Antonin, où on lit *Tullum*, p. 365, l. 4; p. 385, l. 10; et *Tullo*, p. 385, l. 6. Τοῦλλον, *Tullum* est la bonne leçon confirmée par la prononciation moderne Toul. *Tullium* aurait donné Touille. Voyez, du reste, les textes réunis par E. Desjardins, *Géographie de la Gaule d'après le table de Peutinger*, p. 123-124.

(2) *C. I. L.*, V, 2845, 3930, 7576; VII, 794, 1336 (1136); VIII, 2556; IX, 5560; X, 2625, 8048; XII, 3726, 5804.

(3) *C. I. L.*, IX, 5803.

(4) *Ibid.*, VI, 22283; IX, 3191; X, 1403, 2765; XIV, 2966.

(5) *Ibid.*, XII, 4910.

§ 3. — *Gentilices romains en -*ius *employés adjectivement avec un sens géographique au féminin singulier* (1).

L'*Itinéraire d'Antonin* nous donne un exemple d'un nom de *fundus* employé au féminin et s'accordant avec *villa* exprimé : *ad villam Servilianam* (p. 42), c'est en Afrique. Le plus souvent, dans l'*Itinéraire d'Antonin*, le mot *villa* est sous-entendu : voici des exemples de noms de *fundi* au féminin tirés de gentilices à l'aide du suffixe *-anus* :

> Antistiana (*Itinéraire*, p. 398)
> Barbariana (p. 406)
> Bassiana (p. 262)
> Clodiana (p. 318)
> Crispiana (p. 267)
> Domitiana (p. 499, 500)
> Malliana (p. 38)
> Manliana (p. 292)
> Marcelliana (p. 110)
> Mariana (p. 445)
> Valeriana, Variana (p. 220)

Ont été formés avec le suffixe *-acus* :

> Arriaca (*Itinéraire d'Antonin*, p. 436, 438)
> Artiaca (*ibid.*, p. 361)
> Darentiaca (*Itinéraire de Jérusalem*, p. 554).

Il ne faut donc pas s'étonner si les gentilices employés comme noms de lieux se rencontrent quelquefois au féminin dans les documents du moyen âge. On en peut citer pour la France un exemple qui remonte au temps de l'Empire romain :

CANTILIA, dans la Table de Peutinger, aujourd'hui Chan-

---

(1) Ce paragraphe contient le texte de leçons faites au Collège de France en janvier 1889. Il a paru en partie dans la *Revue celtique*, t. X, p. 153-177.

telle (Allier) (1), est la forme féminine du gentilice Cantilius.

La forme féminine Cantilia de ce gentilice est un nom de femme dans une inscription du musée de Naples (2). Au masculin, L. Cantilius est le nom d'un *scriba pontificis* mentionné par Tite-Live (3) ; il fut condamné à mort pour avoir rendu grosse une vestale et périt sous les verges.

Au lieu de *villa Cantilia*, on aurait pu dire *villa Cantiliana* ou *fundus Cantilianus*. C'est d'un *fundus Cantilianus* que tire probablement son nom la *vicaria Cantilianensis* mentionnée dans une charte de 926 et qui était située dans le comté de Brioude (Haute-Loire) (4). De *Cantilianus* est venu le dérivé *Cantilianicus* écrit *Cantillanicus* dans une charte de 894 relative à la même région (5).

Les dérivés en *-acus* de *Cantilius* ne sont pas rares en France. Nous citerons Chantilly (Oise), Chantilly, commune de Courcelles (Indre-et-Loire), Chantillac (Charente), Chantillac, commune de Ceyssac (Haute-Loire), Cantillac (Dordogne), Cantilly, hameau de Cerisy-la-Forêt (Manche).

De cet exemple fourni par un document contemporain de l'empire romain, nous passons à ceux qu'offrent les textes du moyen âge.

Aculia. Une localité de ce nom dans le pays de Vosge, *in pago Vosago*, est mentionnée en 713 par une charte de l'abbaye de Wissembourg (6). En 1056, une charte de l'abbaye de Saint-Victor de Marseille parle d'un château appelé *Agulia : castrum quem vocatur Agulia* (7). *Agulia* est une orthographe moderne pour *Aculia*.

Aculia est le féminin d'Aculius, gentilice écrit Aqulius

---

(1) E. Desjardins, *Géographie de la Gaule d'après la Table de Peutinger*, p. 298.
(2) *C. I. L.*, X, 4116.
(3) Tite-Live, livre XXII, c. 57.
(4) Doniol, *Cartulaire de Brioude*, p. 63.
(5) Doniol, *ibid.*, p. 115.
(6) Pardessus, *Diplomata*, t. II, p. 437.
(7) Guérard, *Cart. de Saint-Victor de Marseille*, t. I, p. 264.

dans la marque d'un potier qu'on a relevée sur un vase trouvé à Aix en Provence : C. Aqulius Felix (1). Aculius est le pendant du gentilice Aculenus (2). En dérivent le *cognomen Aculinus* (3) et quelques noms de lieu.

Tel est *Aguliacus* pour *Aculiacus* dans une charte de l'année 850; c'est aujourd'hui Saint-Apollinaire (Côte-d'Or) comme l'a reconnu M. J. Garnier (4). Un primitif *Aculiacus* explique : Eguilly (Aube), au douzième siècle Aguilley (5); Eguilly, commune de Saint-Avit (Eure-et-Loir), au quatorzième siècle Aguilly (6).

Aiguillan, commune de Mérindol (Drôme), Aiguillanes, commune de Vilhac-Aiguillanes (Ardèche), sont dérivés du gentilice Aculius au moyen du suffixe *-anus*. Aiguillon (Lot-et-Garonne) et les deux Aiguillon de la Vendée nous offrent le même gentilice développé à l'aide du suffixe *-o, -onis*.

ALBANIA. Les mots *in territorio quod dicitur Albania* (7), *in territorio villae Albaniae* (8), *in castro Albaniae* (9), dans des chartes du onzième siècle, paraissent désigner Aubagne (Bouches-du-Rhône).

C'est un gentilice dont les inscriptions romaines nous offrent quelques exemples en Afrique et en Italie (10). On le trouve aussi dans une inscription romaine de Valence (Drôme) (11).

Le nom d'Aubagnan (Landes) est un dérivé en *-anus* de ce gentilice. Les dérivés en *-acus* sont plus nombreux en

(1) *C. I. L.*, XII, 5686, 69.
(2) *Ibid.*, IX, 3351.
(3) *Ibid.*, VIII, 7973.
(4) *Nomenclature historique*, p. 190, n° 28; cf. p. 8, même numéro.
(5) Boutiot et Socard, *Dict. topogr. du départ. de l'Aube*, p. 61.
(6) Merlet, *Dict. topogr. du départ. d'Eure-et-Loir*, p. 63.
(7) Guérard, *Cart. de Saint-Victor de Marseille*, t. I, p. 67.
(8) *Ibid.*, p. 83.
(9) *Ibid.*, p. 162.
(10) *C. I. L.*, VIII, 6718, 7185, 8003, 8005; IX, 1639, 5351; X, 6132.
(11) *Ibid.*, XII, 1759.

France ; tels sont : trois hameaux du département de l'Aveyron, tous appelés Albagnac, communes de Montagnol, Sauveterre et Saint-Igest; Albagnac, commune de Saint-Etienne-de-Chomeil (Cantal); Aubagnat, commune de Frugières-le-Pin (Haute-Loire) (1).

ALBIA. C'est Albi, chef-lieu du département du Tarn.

La plupart des textes les plus anciens supposent une orthographe *Albiga* avec un *g* parasite entre l'*i* et l'*a*. C'est ainsi que la *Notitia dignitatum* parle des *equites cataphractarii albigenses* placés sous les ordres du *magister militum* de Thrace (2); et que la *civitas Albigensium* figure dans la « Notice des provinces et des cités de la Gaule (3). » Grégoire de Tours appelle Albi au génitif *Albige* (4) et en tire l'adjectif *Albigensis*, *Albiginsis* (5).

D'Anville (6) a reconnu qu'*Albiga* est une notation d'*Albia*. M. Schuchardt (7) a relevé des exemples analogues d'épenthèse de *g* entre deux voyelles : *aligenare* pour *alienare*, *aliginigenus* pour *alienigenus*; *origentis* pour *orientis*.

On a étudié, p. 190, le gentilice Albius et son dérivé *Albiacus*.

ANTIA. *Ancia*, forme vulgaire pour *Antia*, est un nom de lieu mentionné dans un diplôme faux du roi Dagobert II en faveur d'une abbaye du diocèse de Trèves (8). Ance (Basses-Pyrénées), Anse (Rhône), se sont peut-être appelés primitivement *Antia*.

Antius est un gentilice romain peu connu. Le moins obs-

---

(1) Voy. Chassaing, *Spicilegium Brivatense*, p. 579, 585.
(2) *Notitia orientis*, ch. VII, § 1, b. 1. Ed. Boecking, t. I, p. 31, 216.
(3) Longnon, *Atlas historique de la France*, p. 15.
(4) *Historia Francorum*, l. IX, c. 20; édit. Arndt, p. 375, l. 16.
(5) *Historia Francorum*, l. II, c. 3, 37; l. VI, c. 33; l. VII, c. 1; l. VIII, c. 22, 45; édition Arndt, p. 65, l. 18; p. 102, l. 1; p. 274, l. 5; p. 292, l. 2; p. 340, l. 9; p. 356, l. 14.
(6) *Notice des Gaules*, p. 45.
(7) *Vokalismus des Vulgaerlateins*, I, 170; III, 25.
(8) Pardessus, *Diplomata*, II, 168.

cur de ceux qui l'ont porté sous la république est Antius Restio ; étant tribun du peuple, édile ou préteur, on ne sait lequel, il fit voter une loi pour empêcher les candidats aux magistratures et les magistrats d'aller dîner en ville. Sa loi ne fut exécutée par personne, lui excepté ; ayant soin de bien dîner chez lui tous les soirs, il n'eut jamais la tentation de dîner une seconde fois chez les autres (1).

On trouve ce gentilice sous l'empire à Rome et hors de Rome, par exemple en Gaule (2).

Le gentilice Antius a donné à la France des noms de lieu dérivés en -*acus* et en -*anus* : Ancy-le-Franc (Yonne) est appelé à l'accusatif *Anciacum* dans deux testaments, l'un de l'année 721, l'autre de 746 (3), et dans une donation de la fin du onzième siècle (4). L'église d'Ancy-le-Serveux (Yonne) est en latin *ecclesia Anciaci* dans une charte de 1108 (5). Ancey (Côte-d'Or) a la même origine, bien que les textes les plus anciens, douzième siècle, ne conservent la tradition ni de l'*a* ni du *c* du suffixe et écrivent son nom *Ancium* (6). Ancy (Rhône) dans une charte de la fin du onzième siècle est à l'ablatif *Anciaco* (7). Ansac (Charente) paraît être la notation méridionale d'un antique *Antiacus*. Ansan (Gers) doit être la forme moderne d'un primitif *Antianus*.

ARIA, mieux ARRIA. Une charte de l'année 856 contient la date de lieu *Actum Aria monasterio* (8). Il s'agit d'Aire-sur-la-Lys (Pas-de-Calais).

---

(1) Aulu-Gelle, II, 24, 13 ; Macrobe, *Saturnales*, III, 17, 13 ; cf. De-Vit, *Onomasticon*, I, 345.
(2) *C. I. L.*, VI, 11940-11945 ; XII, 753, 1392.
(3) Pardessus, *Diplomata*, t. II, p. 324, 400 ; cf. Quantin, *Cartulaire de l'Yonne*, t. II, p. 2.
(4) Quantin, *Cartul. de l'Yonne*, t. II, p. 18.
(5) *Ibid.*, t. I, p. 216.
(6) Garnier, *Nomenclature historique*, p. 56, n° 243.
(7) A. Bernard, *Cartul. de Savigny*, p. 429.
(8) Guérard, *Cartul. de Saint-Bertin*, p. 162.

On a trouvé à Rome les épitaphes de L. Arius Abascantus, d'Arius Amandus et d'Aria Gemella (1). Cependant les inscriptions et les textes classiques écrivent ordinairement ce gentilice avec deux *r*; la bonne orthographe du nom de lieu serait donc *Arria*. C'est la forme féminine du gentilice Arrius. Arrius est le nom d'un centurion qui s'empara du bien de Virgile près de Mantoue. Servius nous l'apprend dans son commentaire sur le vers 47 de la première églogue, sur le vers 94 de la troisième et sur le premier vers de la neuvième (2). On y voit que le domaine occupé par Arrius touchait au Mincio, un affluent du Pô; que, Virgile s'étant remis en possession, Arrius voulut le tuer, et que le poète ne put sauver sa vie qu'en se jetant dans la rivière et en la traversant à la nage.

Catulle (poème 84) se moque de la prononciation d'un autre Arrius qui ornait la langue latine d'aspirations inutiles :

Chommoda dicebat, si quando commoda vellet
Dicere, et hinsidias Arrius insidias.

Arrius est fréquent chez les auteurs, et on rencontre par exemple chez Cicéron plusieurs Arrius. On trouve souvent aussi ce gentilice dans les inscriptions romaines. Ainsi, parmi celles de la ville de Rome, on a publié les épitaphes de dix-sept Arrius et de vingt Arria (3). On peut citer dans la Gaule méridionale le nom du potier Arrius au musée de Nîmes (4). L'épitaphe d'un certain Capito, trouvée près de Mayence, nous apprend que ce Capito était affranchi d'Arrius et qu'Arrius, son patron, avait un esclave nommé Diomède (5). Une inscription de la Bavière rhénane rappelle que G. Arrius Patruitus avait élevé un temple à la déesse Maia (6).

---

(1) *C. I. L.*, **VI**, 12328-12330.
(2) Ed. Thilo, t. III, p. 11, 41, 108.
(3) *C. I. L.*, **VI**, 12366-12415.
(4) *Ibid.*, XII, 5686, 76.
(5) Brambach, 934.
(6) *Ibid.*, 1835.

Les noms de lieu dérivés d'Arrius ne nous offrent qu'une seule *r* dans les monuments du moyen âge. En 721, l'abbé Wideradus donne à l'abbaye de Flavigny (Côte-d'Or), une *colonica in Ariaco*, c'est-à-dire à Herry (Nièvre) (1). Dans la charte de Saint-Bertin, d'après laquelle on a cité, p. 379, le nom ancien, *Aria*, d'Aire-sur-la-Lys, on trouve aussi l'indication géographique *in Ariaco*. Une charte du neuvième siècle, comme la précédente (2), donne une énumération de localités comprises dans le comté de Vienne, et nous y lisons au cas indirect *Ariaco*, c'est Heyrieux (Isère). Nous parlerons encore de la *vicaria Ariacensis* mentionnée au dixième siècle (3); elle était située en Rouergue, c'est aujourd'hui Arjac, commune de Saint-Cyprien (Aveyron). La bonne orthographe par double *r* nous est conservée par l'*Itinéraire d'Antonin*, où une station d'Espagne est deux fois appelée *Arriaca* (4).

A côté du dérivé en *-acus*, il y en a un autre en *-anus* dont la forme féminine nous est offerte par le nom de lieu *Ariana*. Ce nom de lieu sert à distinguer des autres Giraud, Giraldus *de Ariana* dans une charte de la fin du onzième siècle (5). *Ariana* a dû s'écrire originairement par deux *r* : dans une inscription de Pompeii, il est question de l'*Insula Arriana* (6).

ARTIA. Nous diviserons cet article en cinq paragraphes. Le premier traitera de l'étymologie du nom de lieu *Artia*, dérivé d'Artos « ours. » Dans le deuxième, on dira qu'une idée religieuse était associée au mot Artos. La preuve en sera donnée dans le troisième paragraphe par l'examen des noms d'hommes composés gaulois dont le second terme est *genos*. Le quatrième paragraphe concernera 1° trois noms

---

(1) Quantin, *Cartul. de l'Yonne*, t. II, p. 540.
(2) *Cartulaire de Saint-Hugues de Grenoble*, p. 15.
(3) G. Desjardins, *Cartulaire de Conques*, p. 230.
(4) *Itinéraire d'Antonin*, p. 436, l. 3; p. 438, l. 10.
(5) *Cartulaire de Saint-Hugues de Grenoble*, p. 127.
(6) *C. I. L.*, IV, 138.

propres d'hommes gaulois identiques comme Artos à des noms communs d'animaux divinisés, 2° les dérivés de ces noms propres. Dans le cinquième paragraphe, on répondra à une objection possible qui serait tirée de la phonétique.

1° *Etymologie du nom de lieu* Artia ; *c'est un gentilice dérivé* d'Artos « *Ours.* »

Le testament d'Abbon, en 739, met *in pago Gratianopolitano*, c'est-à-dire en Graisivaudan, une *colonica* (c'est-à-dire une terre habitée par des colons)... *prope Arcia* (1). La même localité est appelée *Arces* vers 1100 (2); c'est aujourd'hui Arces, commune de Saint-Ismier (Isère). *Arcia*, Arces (lisez Arce), figurent la prononciation moderne d'un antique *Artia*, féminin d'Artius.

Artius est un gentilice romain peu répandu. De-Vit (3), au mot *Artia*, en offre deux exemples. On trouve Artius servant de *cognomen* dans une inscription de Pozzuoli en Campanie; c'est l'épitaphe d'un monument funèbre élevé par deux affranchis à leur mère, affranchie comme eux d'un certain Junius : l'un s'appelle M. Junius Artius (4). Artius est dérivé d'Artus ou Artos, que l'on suppose être le nominatif d'Arti 1° dans le composé syntactique gaulois Arti-cnos « fils d'Artos, » conservé par une inscription grecque d'Ancyre (5) en Galatie, 2° dans une inscription de la Pannonie supérieure où est mentionnée la *turma Arti*, le « peloton d'*Artos* » qui faisait partie de l'*ala Pannoniorum*, c'est-à-dire de l'escadron des Pannoniens (6). Arti peut être le génitif d'Artius aussi bien que d'Artos. Cependant l'existence d'un nom d'homme Artos ou Artus paraît démontrée par le nom de lieu *Arto-briga*, forteresse d'Artos,

---

(1) *Cartul. de Saint-Hugues de Grenoble*, p. 44.
(2) *Ibid.*, p. 105.
(3) *Onomasticon*, t. I, p. 494.
(4) *C. I. L.*, X, 2626.
(5) Μούσανος Ἀρτίκνου. Bœck, *C. I. Gr.*, t. III, n° 4039, l. 37.
(6) *C. I. L.*, III, 4376.

en Norique suivant la table de Peutinger, en Vindélicie suivant Ptolémée (1); c'est par un premier terme primitif *Arto-* que s'explique le nom d'*Arte-dunus*, *Arti-dunus* ou *Arta-dunum* porté au huitième et au dixième siècle par Arthun (Loire) dans les Cartulaires de Savigny et de Saint-Victor de Marseille.

A *Arto-briga* comparez *Eburo-briga* « forteresse d'Eburos, » nom d'une station romaine des Gaules; *Augusto-briga*, *Caesaro-briga*, noms de villes d'Espagne dont le premier terme est un *cognomen* romain comme Eburus; *Coelio-briga*, *Flavio-briga*, *Julio-briga*, noms de villes d'Espagne dont le premier terme est un gentilice romain. A *Arto-dunum, comparez *Augusto-dunum*, *Caesaro-dunum*.

Arto-s a donné plusieurs dérivés; l'un est Artinus, *cognomen* d'Acceptius, dans une épitaphe trouvée à Trèves (2); un autre est Artilius, gentilice employé au féminin dans une inscription de Lyon (3), au masculin dans une inscription de Brescia (4). On trouve les gentilices Artanius et Artidius dans des inscriptions de Rome (5).

D'Artius est venu le nom de lieu dérivé *Artiacus*, employé au féminin dans l'*Itinéraire d'Antonin* où *Artiaca* est Arcis-sur-Aube (Aube) (6). L'accusatif pluriel féminin *Arciacas*, dans un diplôme de Charlemagne en 802, désigne Assé-le-Bérenger (Mayenne) (7). Ailleurs le masculin l'emporte: *Artiacus* est Arçay (Vienne) dans un acte de l'année 791 (8); Arcy-sur-Cure (Yonne), s'appelle à l'ablatif *Arsiaco* dans une charte du douzième siècle (9); *Arciacus* est en 1125 le

---

(1) Ptolémée, l. II, c. 12, § 4; édition Didot-Müller, t. I, p. 283, l. 7; cf. p. 284, la note de la ligne 8.
(2) Brambach, 817.
(3) Boissieu, p. 200.
(4) *C. I. L.*, V, 4535.
(5) *Ibid.*, VI, 12452, 12471.
(6) Voyez ci-dessus, p. 159.
(7) L. Maître, *Dictionnaire topogr. du départ. de la Mayenne*, p. 7.
(8) Redet, *Dictionnaire topogr. du départ. de la Vienne*, p. 11.
(9) Quantin, *Cartulaire de l'Yonne*, t. I, p. 71.

nom d'Arcy-Sainte-Restitute (Aisne) (1); le même nom désigne au onzième et au douzième siècle (2), Arciat ou Arcieux, commune de Saint-Jean-de-Thurigneux (Ain).

Dans le midi de la France, les communes d'Arsac (Gironde) et d'Arzacq (Basses-Pyrénées), les hameaux d'Arzac, commune de Cahuzac (Tarn); d'Arsac, commune d'Auzers (Cantal); d'Arsac, commune de Garat (Charente); d'Arsac, commune de Saint-Fréjoux (Corrèze); d'Arsac, commune de Coubon; d'Arsac, commune de Saint-Pierre-du-Champ, tous deux dans la Haute-Loire, se sont probablement appelés primitivement chacun *Artiacus*. Arsague (Landes) paraît être une ancienne *Artiaca villa*. Ces formations ne sont pas spéciales à la France : M. Flechia, dans le t. XXVII des mémoires de l'Académie des sciences de Turin, signale les noms de lieu *Arzago* et *Arzaga*, près de Milan et près de Bergame. Une charte de 976 qui fait partie des archives de la cathédrale de Novare mentionne près de cette ville un *fundus Arciacus* (3).

Le nom d'homme gaulois Arto-s, dont le gentilice Artius dérive, paraît identique au gallois *arth* « ours. » Le nom latin de cet animal, *ursus*, a été employé en Gaule comme *cognomen* sous l'empire romain. A Grézy, près Aix en Savoie, existe encore l'épitaphe de Rutilia Ursa (4). On a autrefois copié à Narbonne les épitaphes de Cornelia Ursa (5) et d'Usulena Ursa (6). On a trouvé : à Vienne (Isère), une lampe romaine qui porte la marque du fabricant de poterie L. Aemilius (?) Ursus (7); près de Mayence, une dédicace au génie du collège de la jeunesse d'un *vicus* par Acutius Ursus et par Acutia Ursa (8).

---

(1) Matton, *Dictionnaire topogr. du départ. de l'Aisne*, p. 8.
(2) Ragut, *Cartulaire de Saint-Vincent de Mâcon*, p. 340 et 374.
(3) *Historiae patriae monumenta; Chartae*, tome I, col. 249.
(4) *C. I. L.*, XII, 2476.
(5) *Ibid.*, XII, 4747.
(6) *Ibid.*, XII, 5265.
(7) *Ibid.*, XII, 5682, 53.
(8) Brambach, 1138.

Ursus fut un nom fréquent chez les chrétiens vers la fin de l'Empire romain, et dans les siècles qui ont suivi sa chute ; on peut citer : saint Ursus, évêque de Troyes, au commencement du cinquième siècle; saint Ursus, évêque d'Auxerre, vers la fin du même siècle ; saint Ursus, né à Cahors, qui devint abbé de Loches et dont Grégoire de Tours a raconté l'histoire (1); il était contemporain du roi Alaric et vivait sous la domination de ce prince qui périt, comme on sait, à la bataille de Vouillé en 507. Grégoire de Tours raconte (2) comment, au temps du roi Sigebert (561-575), un certain Ursus, riche habitant de Clermont-Ferrand, faillit être dépouillé de sa fortune par les intrigues d'un aventurier appelé Andarchius. Andarchius avait trouvé pour compère un pauvre diable nommé aussi Ursus qui s'était engagé à lui donner sa fille en mariage, et il prétendait contraindre le riche Ursus à exécuter cette promesse.

D'Ursus est venu le gentilice Ursius dans les inscriptions romaines, par exemple aux environs de Mayence (3) et dans l'Italie méridionale (4). On peut y rattacher le nom d'Orsay (Seine-et-Oise) et d'Orçay (Loir-et-Cher) qui seraient d'anciens *Ursiacus*; ces noms de lieu ont le même sens qu'Arcis, Arcy, Arçay, etc., ceux-ci dérivés d'un gentilice tiré du gaulois *artos* « ours, » tandis qu'Orsay paraît venir d'un gentilice dérivé du latin *ursus*.

On ne doit pas hésiter à reconnaître l'identité du mot gallois *arth* « ours, » en gaulois *arto-s*, avec le premier terme des noms d'hommes composés : 1° Arth-mael, 2° Arth-uuiu, fréquents au neuvième siècle dans les chartes de la Bretagne continentale que nous a conservées le Cartulaire de Redon, 3° Arthbiu, qui s'y rencontre aussi, mais une fois seulement. Arth-mael = *Arto-maglo-s

---

(1) *Vitae patrum*, ch. XVIII, §§ 1, 2; édition Arndt et Krusch, p. 733-735.
(2) *Historia Francorum*, l. IV, c. 46; édition Arndt, p. 180-182.
(3) Brambach, 1238.
(4) *C. I. L.*, X, 6238.

paraît signifier « prince, roi des ours (1); » Arth-uuiu « digne d'être un ours; » Arth-biu « vif comme un ours. » On a proposé d'expliquer le premier terme de ces noms composés par l'irlandais *art* « pierre; » il est bien plus naturel de l'expliquer par le gallois. Le premier et le dernier de ces deux noms composés ont été usités chez les Gallois comme chez les Bretons. On trouve dans le Cartulaire de Llandaf, au douzième siècle, le nom d'homme Arthmail = Arth-mael « roi des ours (2) »; Artbeu = Arthbiu « vif comme un ours » est un nom d'homme inscrit au huitième ou au neuvième siècle sur une stèle funéraire du pays de Galles (3). M. Rhys traduit comme nous les substantifs *arth* et *mail* dans les noms d'homme composés gallois (4).

Il y a un nom d'homme germanique dont la comparaison avec Arth-mael devra, ce semble, convaincre les plus sceptiques, c'est Bern-rich « roi des ours », dont M. Fœrstemann a réuni des exemples (5). Un exemple français est fourni par les actes des évêques du Mans fabriqués au neuvième siècle; on y voit paraître les témoins Berna-ricus (6), Berne-richus (7) et Berne-ricus (8). Ces personnages, créés par le même faussaire, constituent, à côté des exemples allemands colligés par M. Fœrstemann, un témoignage français unique, mais ce témoignage atteste que le nom dont il s'agit était connu dans le diocèse du Mans au neuvième siècle. Un autre nom bien plus répandu est le nom germanique Bern-hard, littéralement « dur comme un ours; » il peut se comparer aux noms bretons

---

(1) M. Rhys, *Lectures on Welsh Philology*, 2ᵉ édit., p. 369, rend par *noble, prince, king, mael = maglos*, et on peut voir dans le même ouvrage, p. 358, que *arth (bear)* a été employé comme nom d'homme en Galles.
(2) *Grammatica celtica*, 2ᵉ édition, p. 114.
(3) Hübner, *Inscriptiones Britanniae Christianae*, n° 57.
(4) *Lectures on Welsh Philology*, 2ᵉ édit., p. 358, 369.
(5) *Altdeutsches Namenbuch*, t. II, col. 233.
(6) Pardessus, *Diplomata*, t. I, p. 95.
(7) *Ibid.*, t. I, p. 98.
(8) *Ibid.*, t. I, p. 99, 127; II, 45.

Arth-biu « vif comme un ours, » Arth-uuiu « digne d'être un ours. »

Le nom d'homme Arth-mael a fourni le second élément du nom de lieu breton Ploermel (Morbihan). Ploermel s'appelait *Plebs Arthmael* au neuvième siècle, comme nous l'apprend une charte du temps (1).

Plebs Arthmael signifie « paroisse d'Arthmael, » c'est-à-dire du « roi des ours, » comme *Artiaca*, sous-entendu *villa*, signifie « ferme d'Artius, » c'est-à-dire « ferme du fils d'Artos, du fils de l'ours, » et *Arto-Briga*, *Arto-dunum, « château d'Artos, » c'est-à-dire d'un homme dont le nom était le nom gaulois de l'ours.

Nous serions incomplet si nous ne disions qu'Artilius, signalé plus haut comme dérivé d'Artos, a donné un nom de lieu en -*acus*, c'est *Artiliacus* dans le Talou, *pagus Tellavus* (2), c'est-à-dire aux environs d'Eu (Seine-Inférieure), suivant un diplôme de Pépin le Bref pour l'abbaye de Saint-Denis en 751 (3).

Artiliacus a pour pendant *Ursiliacus* en Lyonnais donné à l'abbaye d'Ainay vers le milieu du onzième siècle (4).

2° *De l'idée religieuse associée au mot* Artos. — *Les animaux divins*.

Une des causes qui ont dû contribuer à faire adopter à certaines personnes dans le monde gaulois le nom d'Artos et les noms dérivés d'Artos, est le sentiment religieux. L'ours était considéré comme un animal divin. Chez les Celtes, on avait divinisé l'ours et l'auroch, qui étaient les plus redoutables animaux des forêts, et le corbeau qui, après la bataille, rongeait le cadavre du guerrier vaincu. Les Germains avaient des croyances analogues. En Scan-

---

(1) A. de Courson, *Cartulaire de Redon*, p. 20.
(2) Voyez, sur ce *pagus*, dont le nom est ordinairement écrit *Tellaus*, Longnon, *Atlas historique de la France*, p. 98.
(3) Tardif, *Monuments historiques*, p. 45, col. 2.
(4) Aug. Bernard, *Cart. de Savigny*, t. II, p. 568.

dinavie, ours, *biorn*, était un surnom de Thorr, dieu de la foudre (1), et un corbeau perchait sur chaque épaule du grand dieu Odin (2). Dans les premiers siècles du royaume de France des parents donnant à leurs fils les noms de Bero « ours, » de Chramnus ou Hrabanus « corbeau, » ont dû avoir présentes à l'esprit ces croyances religieuses.

En Irlande, le mot *art* = *artos*, au gén. *airt* = *arti* « ours, » tombé en désuétude comme nom d'animal, survécut dans la littérature la plus ancienne comme nom de dieu en général; on le trouve même appliqué à Jésus-Christ (3).

En Gaule, au temps de l'empire romain, nous le reconnaissons au féminin dans le nom And-arta = Ande-arta d'une déesse honorée à Die (Drôme), comme l'établissent plusieurs inscriptions dédicatoires (4). And[e]-arta, dont le premier terme est la particule augmentative *ande*, dont le second terme est un nom d'animal divinisé, peut être comparé à deux noms d'homme qui devinrent noms de lieux : *Ande-matunnum* et *Ande-camulus*. Tous deux ont pour premier terme le préfixe *ande* et pour second terme un nom de divinité. *Ande-matunnum*, nom de la ville de Langres sous l'empire romain, est probablement une expression abrégée pour *Ande-matunno-dunum*, forteresse d'*Andematunnus*, et le second terme de ce nom d'homme n'est autre chose que le nom du dieu Matunus, probablement par *u* long, mentionné dans une inscription romaine de la Grande-Bretagne (5), et employé au féminin comme *cognomen* dans une inscription romaine de Séville (6). Quant à *Andecamulus* [*fundus*] ou *Ande-camulum* (pour *Andecamulo*-

---

(1) Grimm, *Deutsche Mythologie*, 3ᵉ édit., p. 633. Simrock, *Handbuch der deutschen Mythologie*, 5ᵉ édit., p. 239.
(2) Simrock, *Handbuch der deutschen Mythologie*, 5ᵉ édit., p. 174.
(3) *Glossaire de Cormac*, vº Art, chez Whitley Stokes, *Three Irish glossaries*, p. 2.
(4) *C. I. L.*, XII, 1554-1560.
(5) *Ibid.*, VII, 995.
(6) *Ibid.*, II, 1209.

dunum ou pour *Andecamulum praedium*) (1), tout le monde connaît le nom de Camulus, un des dieux gaulois de la guerre, qui a fourni le second terme de ce composé.

D'*artos, nom de l'ours mâle, ou d'*arta*, nom de sa femelle, paraissent tirés deux autres noms de divinités : 1° celui de la déesse Artio : un fragment de statue de cette divinité a été découvert dans le canton de Berne (2) ; 2° celui du dieu Artaios assimilé à Mercure : une dédicace Mercurio Augusto Artaio a été trouvée à Beaucroissant (Isère) (3).

On comprend l'importance du culte de l'ours dans le voisinage des Alpes, mais ce culte paraît avoir été connu dans le monde celtique en des régions bien éloignées de ces montagnes.

3° *Noms d'homme composés dont le second terme est* genos : *Matu-genos, Arti-genos*, etc.

De l'étude du mot *art-o-s*, qui est un des noms de l'ours, nous ne pouvons guère séparer l'étude du thème *matu-* qui est un autre nom du même animal. *Matu-s* est en moyen-irlandais *math*, gén. *matho* (4). Les dictionnaires de l'irlandais moderne fournissent le composé *math-ghamhain* ou *math-ghamhuin*, dont le second terme veut dire « veau. » *Math-ghamhain* est, à proprement parler, « le veau de l'ours », c'est-à-dire « l'ourson ». Cependant ce mot signifie « ours » aujourd'hui. C'est l'expression qui, dans la traduction irlandaise de la Bible, correspond à l'*ursus* de la Vulgate. De *Math-ghamhna*, gén. sing. de *mathghamhain*, la notation anglaise est aujourd'hui Mahon, c'est la seconde partie du

---

(1) L'inscription 1804 d'Orelli nous fait connaître les *Andecamulenses*, c'est-à-dire les habitants d'*Ande-camulus* ou *Ande-camulum*. Cette inscription a été trouvée à Rançon (Haute-Vienne).
(2) Mommsen, *Inscriptiones helveticae*, 215.
(3) C. I. L., XII, 2199.
(4) Windisch, *Irische Texte*, t. I, p. 681, col. 2.

nom de famille Mac-Mahon ; ce nom de famille, écrit en irlandais *Mac-Mathghamhna*, veut dire « fils de l'ours. »

Le principal témoignage qui atteste le culte de l'ours sous le nom de *matu-s* dans le monde celtique est le nom d'homme Matu-genos « fils de l'ours. » On le lit écrit sur une monnaie gauloise comme on peut le voir dans le dernier travail de M. A. de Barthélemy sur les légendes numismatiques de la Gaule (1). On a trouvé en France, tant dans le département du Gard qu'à Narbonne, les épitaphes de trois Matugenus (2) ; à Bordeaux, un autel dédié à Jupiter par les soins d'un quatrième Matugenus (3). On conserve au Musée Britannique quelques vases qui portent la marque du potier Matugenus (4). De ce nom gaulois dérive le gentilice Matugenius dont le féminin Matugenia nous a été conservé par une inscription de Soleure en Suisse (5) et dont la forme masculine apparaît avec un *c* au lieu d'un *g* : Matuceni au génitif, dans une inscription trouvée à Saint-Benézet-de-Cheyran (Gard) (6).

Les composés asyntactiques dont le second terme est *-genos* expriment une filiation mythologique ; ils s'opposent aux composés syntactiques dont le premier terme est un nom d'homme au génitif et dont le second terme est *cno-s* : exemple, Druti-cnos « fils de Drutus, » Dannotali-cnos « fils de Dannotalos, » Toutissi-cnos « fils de Toutissos, » Articnos cité p. 382, etc. Ces derniers noms expriment la relation juridique de fils à père ; tandis que les noms dont le second terme est *-genos* ont un sens religieux : tel est dans une inscription de Rome (7) Totati-gen[u]s, « fils de Totatis, » ailleurs Toutatis, dieu assimilé à Mars, le Teutatés de Lucain. Totati-genus est le nom d'un soldat gaulois au

---

(1) *Revue celtique*, t. IX, p. 33, col. 1.
(2) *C. I. L.*, XII, 2865, 2880, 4986.
(3) Jullian, *Inscriptions romaines de Bordeaux*, p. 25.
(4) *C. I. L.*, VII, 1334, 34 ; 1336, 683.
(5) Mommsen, *Inscr. helveticae*, 231.
(6) *C. I. L.*, XII, 3935.
(7) *Ibid.*, VI, 2407.

service de l'empire romain. Camulo-genus, chef aulerque d'Evreux, qui prend les armes contre César en l'an 52 avant J.-C., est étymologiquement un fils du dieu Camulos. Divo-genus, Divo-gena dans des inscriptions de Bordeaux (1), variantes dialectales d'un plus régulier *Dévogenos, *Dévo-gena, signifient « fils » et « fille de Dieu ». Le grec a des composés analogues, Διο-γένης, Ἑρμο-γένης, « fils de Zeus », « fils d'Hermès ».

Des noms gaulois dont le second terme est *genos* et dont le premier terme est un nom de divinité, on peut rapprocher les noms gaulois en *genos* dont le premier terme est le nom d'un être abstrait : Rectu-genus (2) « fils du droit » dans deux inscriptions romaines d'Espagne (3), Boduogenus « fils de la volonté, du bon plaisir », peut-être « du destin, » dans une inscription romaine de Grande-Bretagne (4); Litu-genus « fils de la fête » dans un graffito romain de Grande-Bretagne (5) et dans des marques de potier du même pays (6); au féminin Litu-gena « fille de la fête » *cognomen* de femmes dans plusieurs inscriptions romaines du Norique (7). Litugena faisait au génitif Litugenes ou, avec une orthographe moins exacte, Litogenes : c'était le nom d'une fabricante de lampes en terre dont on a trouvé des spécimens dans plusieurs localités de l'Italie septentrionale (8). Ce nom antique a persisté en Grande-Bretagne après la chute de l'empire romain; on signale encore, dans le comté de Pembroke, l'épitaphe du fils de Lito-genus, gravée entre les années 500 et 700 de notre ère (9).

Les chartes du moyen âge gallois et breton nous offrent des exemples de noms d'hommes formés de cette façon :

---

(1) Jullian, p. 129, 27.
(2) Rextu-genos, dans l'inscription de la figurine de Caudebec.
(3) C. I. L., II, 2402, 2907.
(4) Ibid., VII, 1202.
(5) Ibid., VII, 1256.
(6) Ibid., VII, 1331, 66; 1336, 563.
(7) Ibid., III, 5066, 5099, 5269, 5430.
(8) Ibid., V, 8114, 81.
(9) Hübner, Inscriptiones Britanniae Christianae, n° 98.

Anaugen = *Anavo-genos « fils de la musique et de la poésie » dans le *Liber Landavensis*, manuscrit du pays de Galles, et dans le *Cartulaire de Redon*, qui est breton ; Cat-gen = *Catu-genos dans le *Liber Landavensis*, veut dire « fils de la bataille ; » Bud-ien = *Bodi-genos, dans le *Cartulaire de Redon*, signifie « fils de la victoire. » *Bodigenos exprime une idée analogue au sens de Bodiacos qui veut dire « celui qui appartient à la victoire, » « celui qui est en quelque sorte membre de la famille dont la victoire personnifiée est le chef : » le suffixe celtique *-acus* a une valeur analogue à celle du suffixe latin *-anus*, et celui-ci, dans les noms d'hommes, exprime la filiation naturelle de l'enfant adoptif par opposition à sa filiation légale : Octavianus est celui qui, de par la nature, a appartenu à Octavius et auquel une fiction légale a donné un père nouveau. Bodiacus forme le second terme du nom d'un peuple de Galatie, les Teutobodi-aci (1) ; ce nom peut être rendu par : « fils ou protégés de la divinité qui préside aux victoires sur les peuples. »

La paternité mythologique chez les Celtes a été attribuée à un minéral : Hoiarn-gen = *Esarno-genos « fils du fer », Dubr-ien = *Dubro-genos « fils de l'eau » dans le *Cartulaire de Redon*. En regard de ce nom aquatique conservé au moyen âge on pourrait mettre le nom plus gai de Medugenus « fils de l'hydromel, » porté par un Gaulois d'Espagne sous l'empire romain (2). Mais Dubr-ien = *Dubro-genos « fils de l'eau » s'explique par la croyance à la divinité des rivières.

Cette croyance explique aussi le vers où Properce, parlant du chef gaulois Virdumaros tué par le consul M. Claudius Marcellus l'an 222 av. J.-C., dit que Virdumaros prétendait compter le Rhin parmi ses ancêtres :

...genus hic Rheno jactabat ab ipso (3).

---

(1) Pline, livre V, § 146.
(2) *C. I. L.*, II, 162.
(3) Livre V, élégie 10, v. 41.

Cela veut dire qu'il était fils de Reno-genus. Il s'appelait Virdumaros *Renogeni-cnos. Le Rhin (c'est-à-dire non seulement le grand fleuve, mais tout amas d'eau, *rian*, en irlandais « la mer ») était dieu : on pouvait s'appeler par piété Renos dans le monde celtique, comme Mercurius dans le monde romain. Parmi les inscriptions romaines de Padoue se trouve le nom d'une femme appelée Isellia Rena (1).

Ainsi Renos, nom de fleuve, était devenu nom d'homme.

De Renos, nom d'homme, on a tiré, en abrégeant l'*e* et en doublant l'*n*, le gentilice Rennius. Les Gaulois ont porté ce gentilice dans diverses parties de l'empire romain. On le rencontre par exemple à Aquilée (2), à Adria (3), à Oderzo (4), dans l'Italie du Nord ; à Nonnberg, près de Salzburg en Autriche (5). On le trouve enfin en Gaule, à Narbonne (6).

Il a donné naissance au nom de lieu * *Renniacus* très répandu en France. On doit reconnaître d'anciens *Renniacus* dans les nombreux — Regney, Regny, Reignac, Reignat, Reigny, — Rignac, Rigneux, Rigné, Rigny — que la France possède. Les uns ont conservé l'*e* de la première syllabe, les autres l'ont assimilé à la syllabe suivante. Dans la première catégorie sont : Regney (Vosges), Regnié (Rhône), *Regniacus* au dixième siècle (7); Regny (Aisne), appelé Regni en 1110, et Reini en 1143 (8); et six autres Regny (Cher, Isère, Loire), sept Reignac (Charente, Corrèze, Gironde, Indre-et-Loire, Lot-et-Garonne), deux Reignat (Puy-de-Dôme), un Reigny (Cher), total dix-neuf. La seconde catégorie comprend trente-trois localités : Rignac (Aveyron), encore appelé à l'ablatif *de Regniaco* au onzième siè-

---

(1) *C. I. L.*, V, 2967.
(2) *Ibid.*, V, 8444.
(3) *Ibid.*, V, 2359.
(4) *Ibid.*, V, 1977.
(5) *Ibid.*, III, 5554.
(6) *Ibid.*, XII, 5967. — Comparez le nom d'homme Rodanus, Rhodanus, dans deux inscriptions de la Gaule cisalpine (*C. I. L.*, V, 3677, 5559).
(7) Ragut, *Cart. de Saint-Vincent de Mâcon*, p. 59.
(8) Matton, *Dictionn. topogr. du départ. de l'Aisne*, p. 228.

cle (1), et huit autres Rignac (Cantal, Corrèze, Dordogne, Gers, Ille-et-Vilaine, Lot), Rigné (Maine-et-Loire) qui s'appelait déjà ainsi vers 1100 (2), Rigney (Doubs), deux Rigneu dans l'Ain et dix-neuf Rigny, dont il est inutile d'énumérer les départements, et enfin Rinhac (Lot); cela donne un total de cinquante-deux *Renniacus*, noms de lieux dérivés du gentilice Rennius, dérivé lui-même de Renus et ayant pour point de départ la croyance à la divinité du grand fleuve, comme *Reno-genos, fils du Rhin, nom du père de Virdumaros.

Rennius, gentilice en Gaule, est le résultat d'un procédé de formation grammaticale analogue à celui qui, en Grande-Bretagne, a donné naissance au *cognomen* Belismius (3). Belismius, surnom d'une personne dans une inscription romaine de Caerleon en Galles, est dérivé de Belisama qui, en Grande-Bretagne, est l'embouchure d'une rivière près de Liverpool, tandis qu'à Saint-Bertrand de Comminges, Belisama est une Minerve (4).

De *Reno-genos on peut rapprocher Eni-genus, nom du père d'un certain Secundus, qui près de Vence fit élever une stèle funéraire à ses enfants (5). Eni-genus veut dire fils de l'Enus ou mieux de l'Ænus, qui est l'Inn (6). Du thème Eno- on a peut-être tiré le gentilice Enius conservé par une inscription des environs de Vence (7) et qu'on croit reconnaître dans la marque de potier où le nom du fabricant est écrit au génitif Q. Eni (8); cf. Eni-boudius, « vain-

(1) G. Desjardins, *Cartulaire de Conques*, p. 3, 4.
(2) Port, *Dictionn. de Maine-et-Loire*, t. III, p. 257.
(3) *C. I. L.*, VII, 97.
(4) Orelli, 1431. Cf. Ptolémée, l. II, c. 3, § 2, éd. Didot, t. I, p. 85.
(5) *C. I. L.*, XII, 33.
(6) Enignus, nom pérégrin dans trois inscriptions de la Pannonie supérieure (*C. I. L.*, III, 3784, 3793, 3871), paraît ne différer d'Eni-genus que par une variante orthographique. Enicenius pour Enigenius, *cognomen* conservé par une inscription d'Este, en Italie (*C. I. L.*, V, 2620), est dérivé d'Eni-genus.
(7) *C. I. L.*, XII, 17.
(8) *Ibid.*, XII, 5686, 329.

queur de l'Inn », gentilice connu par deux inscriptions des environs de Nice (1). L'Inn est un affluent du Danube.

La croyance à la divinité de l'eau et du fer, qui a donné naissance à des noms comme *Dubro-genos « fils de l'eau », *Esarno-genos « fils du fer », a eu son effet dans l'ordre des choses juridiques. Le fer, c'est-à-dire l'épée, était le juge des contestations, non seulement quand les parties recouraient aux armes, mais aussi quand le serment d'une des parties décidait du gain du procès : les Irlandais juraient sur leur épée et croyaient que l'épée se levait elle-même pour frapper le parjure (2). L'épreuve de l'eau bouillante était usitée dans le droit irlandais comme dans celui des Germains; des deux côtés on l'appelait l'épreuve du chaudron, *caire* en irlandais (3), *aeneum* dans la loi salique (4); mais ce n'était pas le chaudron, c'était l'eau qui, en brûlant le coupable, faisait triompher la justice. Le Rhin, en qualité de Dieu, était le juge des femmes mariées dont les maris suspectaient la fidélité ; il engloutissait, disait-on, l'enfant adultérin qui, couché sur un bouclier, était exposé aux hasards des flots par un mari soupçonneux; l'enfant légitime surnageait.

Un poète grec anonyme a chanté cette épreuve juridique : il peint les inquiétudes de la mère qui, après les douleurs de l'enfantement, ressent des angoisses nouvelles et attend toute tremblante le jugement des flots agités. Si l'on prenait cet auteur à la lettre, tous les enfants des Celtes auraient été soumis à cette redoutable épreuve (5); il est évident qu'il ne faut pas l'entendre ainsi. En règle générale, chez les Celtes comme chez les Germains, on ne recourait aux ordalies, au jugement de Dieu, que lorsqu'il y avait contestation et que les autres preuves faisaient dé-

---

(1) *C. I. L.*, V, 7865, 7866.
(2) *Revue celtique*, t. IX, p. 144.
(3) *Ancient laws of Ireland*, t. I, p. 194, l. 23; 198, l. 19.
(4) Ad inium ambulat, *Loi salique*, XIV, 2, cod. 2, édition Hessels, col. 83.
(5)   ... καὶ οὐ πάρος εἰσὶ τοκῆες
   πρὶν πάϊν ἀθρήσωσι λελουμένον ὕδατι σεμνῷ.

faut : il faudrait connaître bien mal le cœur humain pour admettre qu'un mari croyant être père aurait exposé son enfant au danger de périr dans les flots (1).

Il serait intéressant de savoir à quelle date l'épigramme grecque dont nous parlons remonte. Nous l'ignorons ; elle est probablement la source où a puisé l'empereur Julien quand il parle de cet usage dans son second discours à l'empereur Constance et surtout dans une lettre au philosophe Maxime.

Voici comment Julien s'exprime dans son discours :

« On dit que chez les Celtes un fleuve est le juge in-
» corruptible de la légitimité des enfants ; jamais les pleurs
» des mères n'obtiennent de lui qu'il voile et cache leur
» faute ; les pères attendent sans crainte la sentence qu'il
» prononce sur les femmes et sur les enfants ; c'est un juge
» véridique et qui ne ment pas (2). » Julien ne dit pas ici le nom du fleuve dont il s'agit, il est plus explicite dans sa lettre au philosophe Maxime : « On ne peut, » écrivait-il, « accuser le Rhin d'injustice envers les Celtes, car
» il engloutit dans ses flots tourbillonnants les bâtards et
» punit ainsi la profanation du lit conjugal ; mais quand il
» reconnaît qu'un enfant est légitime, il le tient élevé au-
» dessus des eaux et le ramène entre les mains de la mère
» tremblante ; en le lui rendant plein de vie il est en quel-
» que sorte le témoin incorruptible de la vertu et de l'hon-
» neur de l'épouse (3). »

Des noms de rivières divinisées, on peut rapprocher le mot gaulois *nemeton* qui signifiait « temple », ou, plus exactement, « espace de terrain consacré à un ou plusieurs dieux. » On disait Reno-genos « fils du Rhin, » on disait aussi Nemeto-genos, « fils du temple. »

---

(1) *Anthologia*, livre IX, ép. 125 ; éd. Didot, t. II, p. 24.
(2) Oratio II, éd. Teubner-Hertlein, p. 104-105.
(3) Edit. Teubner-Hertlein, p. 495 ; l'idée de la mère tremblante, τρεμούσῃ, est évidemment empruntée par Julien à l'épigramme dont l'auteur a écrit τρομέουσα.

Il y eut à Bordeaux, sous l'empire romain, une esclave de la cité, *ancilla publica*, qui s'appelait Nemeto-gena « fille du temple (1). » On a trouvé dans la même ville l'épitaphe d'une autre femme qui portait le même nom, mais avec une légère modification dans l'orthographe, le second terme est écrit avec un *c* au lieu d'un *g* : Nemeto-cena (2). Cette particularité orthographique se remarque avec une autre, qui est le doublement de l'*n*, dans le nom le plus ancien d'Arras, *Nemeto-cenna* pour *Nemeto-gena*, formule abrégée probablement pour *Nemeto-geno-bona* (3). Le doublement de l'*n* de *gena* se rencontre ailleurs, par exemple dans Nitio-genna, surnom d'une femme qui fit à la Victoire une dédicace conservée au musée de Lausanne (4). *Gena* a été altéré en *cenna*, non seulement dans *Nemeto-cenna*, mais aussi dans *Sumelo-cenna*, nom d'une station romaine inscrite dans la carte de Peutinger. *Sumelo-cenna* paraît avoir occupé l'emplacement de la ville moderne de Rottenburg et donna son nom au territoire appelé dans une inscription romaine *saltus sumelo-cennensis* (5). *Sumelocenna* doit probablement son nom à un personnage appelé Sumelo-genus; mais le premier terme de ce nom, probablement nom de divinité, reste obscur, tandis qu'on peut expliquer Nemeto-gena, qui signifie, ce semble, « fille du temple personnifié et divinisé. »

Quelquefois le père que l'imagination celtique donne à un homme est un végétal : Guidgen = *Vidu-genos « fils de l'arbre, Guern-gen = *Verno-genos « fils de l'aune, » dans le *Liber Landavensis*; Der-gen = *Dervo-genos « fils

---

(1) Jullian, *Inscriptions romaines de Bordeaux*, t. I, p. 194.
(2) *Ibid.*, p. 366.
(3) *Nemetocenna* = *Nemeto-gena*, est le nom d'Arras chez Hirtius, *De bello gallico*, l. VIII, c. 46, § 23; c. 52, § 2. La variante *Nemetacus*, dans le milliaire de Tongres, la *Table de Peutinger* et l'*Itinéraire d'Antonin*, pourrait bien n'être qu'une traduction de *Nemetocenna*, et signifier fils de *Nemetos*. *Nemetacus* serait, comme *Nemetocenna*, un nom d'homme employé avec sens de nom de lieu.
(4) C. I. L., XII, 162.
(5) Brambach, 1633; cf. Sumeli, C. I. L., XII, 1351.

du chêne » dans le *Cartulaire de Redon*. Der-gen, notation du neuvième siècle, est devenu plus tard Der-ien qu'on trouve au treizième siècle dans une charte de Beauport. Aujourd'hui on écrit Derrien, c'est la dernière partie du nom de La Roche-Derrien (Côtes-du-Nord). Ce nom de lieu veut dire « La Roche du fils du chêne. »

Enfin le père mythique peut être un animal divinisé. Un prêtre du nom de Con-gen = *Cuno-genos « fils du chien » est témoin dans une charte du neuvième siècle (1) en Bretagne. A la même catégorie appartiennent chez les Celtes contemporains de l'empire romain :

1° *Uro-genos « fils de l'auroch » (ūrus), nécessaire pour expliquer le gentilice Uro-genius dans une épitaphe trouvée à Lyon (2) et le nom du vétéran Uro-geno-nertus « celui qui a la force du fils de l'auroch, » dont l'épitaphe a été découverte à Lyon comme la précédente (3) ;

2° Branno-genos « fils du corbeau, » nom d'homme barbare nécessaire pour expliquer le terme géographique *Branno-genium* qui désigne dans *l'Itinéraire d'Antonin* une station romaine de Grande-Bretagne. *Branno-genium*, sous-entendu *praedium*, est le neutre d'un gentilice romain Branno-genius, dérivé de Branno-genos ;

3° Matu-genos « fils de l'ours, » synonyme antique, — mais avec sens mythologique — du moderne Mac-Mahon (p. 289-390), qui désigne une filiation réelle et veut dire fils d'un homme appelé Mahon ou l'ours ;

4° Un autre synonyme antique de Mac Mahon est un mot dont nous n'avons rien dit encore, *Arto-genos, ou, avec une légère variante, Arti-genos qui explique le nom, *Arti-geni*, d'un endroit où l'abbaye de Saint-Victor de Marseille avait une *colonica* au commencement du neuvième siècle (4). *Artigeni*, sous-entendu *fundi*, est un domaine formé

---

(1) A. de Courson, *Cartulaire de Redon*, p. 25.
(2) Boissieu, p. 193.
(3) *Ibid.*, p. 330.
(4) Guérard, *Cart. de Saint-Victor de Marseille*, t. II, p. 641.

par la réunion de plusieurs fonds de terre dont le plus ancien propriétaire connu s'appelait Arto-genos ou Arti-genos « fils de l'ours, » de l'ours divinisé. Il ne faut pas confondre ce nom avec Arti-cnos, qui veut dire fils d'un homme appelé Artos ou l'ours (p. 382).

4° Les noms propres d'hommes identiques à ceux d'animaux divinisés : Uro-s, Branno-s, Matus et leurs dérivés.

Le nom d'homme Arto-s « ours » était adopté sous l'influence d'une idée religieuse analogue à celle qui a fait créer le nom d'Artigenos. Les noms d'homme Uros « auroch, » Brannos « corbeau, » parallèles à Uro-genos et à Brannogenos s'expliquent de même par un sentiment religieux.

On a trouvé à Bordeaux l'épitaphe de Julia Uri filia (1); *Uro-magus*, « champ d'Uros, » est le nom probable d'une station romaine de Suisse (2).

D'*Uro-s* on a tiré un gentilice *Urius*; je n'en connais pas d'exemple dans les inscriptions; mais son existence est prouvée par le nom de lieu dérivé *Uriacus* dans une charte de Louis VI en 1113 (3), c'est aujourd'hui Ury (Seine-et-Marne). L'*u* du latin se prononce *u* en français parce qu'il était long : telle est la quantité d'*urus* :

> Silvestres uri assidue capraeque sequaces
> Illudunt (4).

> Quaesitas ad sacra boves Junonis, et uris
> Imparibus ductos alta ad donaria currus (5).

C'est le nom d'homme Brānos par *a* long et simple *n*, variante de *branno-s* « corbeau, » par *a* bref et *n* double, qui explique le terme géographique Brano-dunum, nom

---

(1) Jullian, *Inscriptions romaines de Bordeaux*, p. 351.
(2) *C. I. L.*, XII, p. 21.
(3) Lasteyrie, *Cart. de Paris*, p. 188.
(4) Virgile, *Géorgiques*, II, 373-374.
(5) Virgile, *ibid.*, III, 532-533.

d'une localité de Grande-Bretagne, où dans les derniers temps de l'empire romain les cavaliers dalmates tenaient garnison (1). La *villa Brandono*, d'une charte de l'an 1,000 ou environ (2), est un ancien *Brano-dunum* ou *Branno-dunum*; c'est aujourd'hui Brandon (Saône-et-Loire). Braine (Aisne) appelé *Braina* par Flodoard au dixième siècle dans son histoire de l'église de Reims, est une ancienne *villa Brana* ainsi nommée à cause d'un ancien propriétaire Brānos. On retrouve le double *n* chez César (3), dans le surnom des *Aulerci Branno-vices* où Branno- est un nom d'homme, comme Eburo- dans le surnom des *Aulerci Eburo-vices* chez le même écrivain. On doit reconnaître Brannos dans le nom d'homme Bran « corbeau » fréquent au neuvième siècle dans le *Cartulaire de Redon*. De Brannos ou de Brānos est venu un gentilice *Brannius ou *Brānius, d'où le dérivé *Braniacus* qui, dans un pouillé du onzième siècle, désigne Bragny-en-Charolais (Saône-et-Loire) (4).

De *matu-s* « ours » employé comme nom d'homme, nous n'avons pas trouvé d'exemple, mais de ce mot viennent les *cognomina* dérivés primaires : 1° Matuus et Matua à Bordeaux (5) ; 2° Matucus en Grande-Bretagne (6) d'où Matuco et Matuccius. Matuco est un *cognomen* qu'on trouve en Norique (7). Matuco, au génitif Matuconis, a donné naissance au gentilice Matuconius dans une inscription de Castellane (Alpes-Maritimes) (8). Matucius, autre dérivé de Matucus, est un gentilice qu'une inscription de Nice nous a conservé (9). Ces noms complètent ce que peut nous

---

(1) *Notitia occidentis*, c. 25, § 4; édit. Bœcking, t. II, p. 81.
(2) Ragut, *Cart. de Saint-Vincent de Mâcon*, p. 225.
(3) *De bello gallico*, l. VII, c. 75, § 7.
(4) Aug. Bernard, *Cart. de Savigny*, t. II, p. 1052, 1109.
(5) Jullian, *Inscriptions romaines de Bordeaux*, t. I, p. 287-288.
(6) *C. I. L.*, VII, 1336, 682.
(7) *Ibid.*, III, 5624.
(8) *Ibid.*, XII, 66.
(9) *Ibid.*, V, 7923, p. 925.

apprendre du culte de l'ours chez les Gaulois l'étude du thème *arto-* et ses dérivés.

5° *Objection tirée de la phonétique* : ar notation d'r voyelle.

On ne s'est pas arrêté dans cet article à une difficulté phonétique : le nom indo-européen de l'ours est *̥rk-tó-s* avec *r* voyelle initiale dont la résonnance produit en grec un *a*, en latin un *u* (ou un *o*) antécédent : ἄρκτος, *ursus*. Ordinairement cette voyelle *r* produit en celtique *r* consonne avec un *e* ou un *i* subséquent : on devrait donc, ce semble, avoir ici *recto-s*, ou *ricto-s*; or ici l'*r* voyelle produit *r* consonne avec une voyelle antécédente *a* identique à celle du grec.

Mais ce phénomène n'est pas isolé en celtique. Comparez au latin *mortuos*, d'une racine réduite MR avec la voyelle brève *r̥*, l'irlandais *marb*, le breton *marv* « mort. » Dans *rctos* « ours » comme dans *mr̥tvos* « mort » l'*r* voyelle est suivi de plusieurs consonnes, il est devenu *ar* au lieu de *re* ou *ri*; la voyelle produite par la résonnance de l'*r* dans ces mots celtiques est la même que la voyelle produite par la résonnance d'*n* voyelle suivi d'une consonne, par exemple *iaouank* « jeune, » en breton = *yovnkos*.

ATTEIA. *Ateia* dans une charte de l'année 907, concernant l'abbaye de Saint-Martin de Tours, désigne Athée (Indre-et-Loire) (1). *Ateia*, dans une charte du douzième siècle (2), est aujourd'hui Athée (Mayenne). On trouve aussi ce nom au pluriel : *Ateias* dans des chartes, en 877 et en 880; ces deux mentions s'appliquent à deux localités différentes, l'une du département de l'Yonne, l'autre de la Côte-d'Or; la première concerne Athée, commune de Tonnerre (3), la seconde est Athée près d'Auxonne (4). *Aties*,

---

(1) Mabille, *La pancarte noire*, p. 218; cf. p. 183.
(2) Léon Maitre, *Dict. topogr. du départ. de la Mayenne*, p. 6.
(3) Quantin, *Dictionnaire topographique du département de l'Yonne*, p. 5.
(4) Garnier, *Nomenclature*, p. 13, n° 46.

1131, aujourd'hui Athies (Aisne) (1), semble n'être qu'une autre notation d'*Ateias*. *Ateias* lui-même doit s'être prononcé primitivement comme *Ateia* avec un *t* double, *Atteias*, *Atteia*, autrement cette dentale ne subsisterait pas aujourd'hui. *Ateia* est donc la forme féminine d'un gentilice Atteius.

Comme exemple de l'orthographe par double *t* nous citerons deux épitaphes trouvées à Rome, l'une est celle de C. Atteius Antiochus, l'autre, celle d'Atteia Fortunata (2). Mais l'orthographe ordinaire est Ateius par un seul *t*. De la *gens* Ateia, le membre le plus connu est le jurisconsulte C. Ateius Capito, consul *suffectus* l'an 5 après Jésus-Christ, et mort en 22; il laissa un ouvrage de droit intitulé *Conjectanea* qui contenait au moins neuf livres.

BARBARIA. Par une charte dont la date se place en 971 ou en 972, il fut fait donation à l'abbaye de Cluny d'une vigne *in Barbaria* (3).

Le gentilice Barbarius, dont Barbaria est le féminin, est rare, mais s'est rencontré en Italie et en France. Une inscription d'Avella, en Campanie, nous fait connaître les noms de Barbarius Pompeianus v[ir] c[larissimus] cons[ularis] Kampaniae (4). On a trouvé à Valence, en France, l'épitaphe que M. Barbarius Perpetuus fit graver pour sa femme (5).

L'*Itinéraire d'Antonin* mentionne un nom de lieu dérivé de ce gentilice, c'est *Barbariana* : ainsi s'appellent deux stations romaines d'Espagne. A l'aide du même suffixe a été formé le nom *Barbarianus*, noté *Barbairanum* en 1185, d'une ferme appelée aujourd'hui Barbayrac (Hérault) (6).

---

(1) Matton, *Dict. topogr. du départ. de l'Aisne*, p. 10.
(2) *C. I. L.*, VI, 12573, 12577.
(3) Bruel, *Recueil des chartes de l'abbaye de Cluny*, t. II, p. 386.
(4) *C. I. L.*, X, 1199.
(5) *Ibid.*, XII, 1756.
(6) E. Thomas, *Dict. topogr. du départ. de l'Hérault*, p. 13.

Le suffixe *-acus* est ordinairement préféré en France. Une *terra de Barbariaco* est mentionnée, au neuvième siècle, dans une charte de l'abbaye de Saint-Vincent de Mâcon (1). En 992, il fut fait don, à l'abbaye de Cluny, d'un champ et d'une vigne *in villa Barberiacense*; cette ville était située au pays de Chalon-sur-Saône, *in pago Cabilonense*, dans le territoire de Ballore (Saône-et-Loire), *in fine Baloronense* (2). Suivant la chronique de Saint-Benigne de Dijon, qui date du milieu du onzième siècle, le roi Gontran, l'an 23 de son règne, soit en 587, aurait donné à cette abbaye des biens situés dans plusieurs localités voisines de Dijon, notamment *in Barbiriaco* (3), il s'agit de Barbirey (Côte-d'Or) (4). Vers l'année 1100, l'église de Barberey (Savoie) est appelée *ecclesia de Barbariaco* dans une nomenclature des bénéfices qui dépendaient de l'évêché de Grenoble (5). Barberey (Aube) est nommé *Barbariacum* dans deux documents du douzième siècle, *Barberi* dans un autre du même siècle (6).

CATUSSIA. C'est ainsi que doit être restituée l'orthographe antique du nom d'un village du département de l'Aube qui s'écrit aujourd'hui Chaource et qu'on trouve écrit : *Caduscia = Cadussia* dans la copie d'une charte de l'année 896, *Cadusia* avec une *s* simple pour une *s* double dans la copie d'une charte de l'année 878, *Cadussia* en 1117 (7). Dans Chaource, *-rce = -ssia* offre la même dissimilation que Marseille de *Massilia*.

Catussia est la forme féminine d'un gentilice Catussius

---

(1) Ragut, *Cartulaire de Saint-Vincent de Mâcon*, p. 243.
(2) Bruel, *Recueil des chartes de l'abbaye de Cluny*, t. III, p. 147.
(3) Migne, *Patrologia latina*, t. CLXII, col. 768; édit. Bougaud et Garnier, p. 29.
(4) Garnier, *Nomenclature*, p. 57, n° 246.
(5) *Cartulaire de Saint-Hugues de Grenoble*, p. 187.
(6) Boutiot et Socard, *Dict. topogr. du département de l'Aube*, p. 12.
(7) Boutiot et Socard, *Dictionn. topogr. du départ. de l'Aube*, p. 36. Cf. H. d'A. de J., *Voyage paléogr. dans le dép. de l'Aube*, p. 67, 70.

dont une variante par *s* simple est conservée par une inscription de Pola, en Istrie (1). Catussius est dérivé du nom d'homme gaulois Catussa que des citoyens romains, d'origine gauloise, gardèrent intact en en faisant un *cognomen*, tandis que d'autres en tirèrent un gentilice. Nous avons encore deux exemples du *cognomen* Catussa. Ils ont été recueillis, l'un en France, à Lyon, l'autre dans l'empire d'Autriche, à Seckau en Styrie. A Lyon, Pompeius Catussa, originaire de Besançon, *cives sequanus*, exerçait le métier de *tector*, c'est-à-dire couvrait les murs d'enduits en stuc, quand il perdit sa femme à laquelle il fit élever un monument funèbre (2). A Seckau, on a trouvé l'épitaphe de Vibius Catussa (3). Le même nom, écrit *Cadussa*, suivant la prononciation du neuvième siècle, dans un diplôme du roi Charles le Chauve en 867, y désigne un village du département de l'Aisne, aujourd'hui écrit Chaource (4).

Catussa est dérivé du gaulois *catu-s* « bataille. » Catus est inscrit en grandes capitales sur un des boucliers gaulois de l'arc de triomphe d'Orange ; c'est là probablement un nom d'homme. On retrouve ce substantif dans des composés où il est premier terme, tels sont : *Catu-slogi*, « troupes de bataille » nom d'un peuple de la Gaule Belgique écrit *Cato-slugi* chez Pline (5), *Catu-riges*, « rois de la bataille, » nom de peuple de la Gaule du sud-est qui persiste dans celui de Chorges (Hautes-Alpes) ; c'était sous l'empire romain une dépendance de la cité d'Embrun ; *Catu-[v]ellauni* « les bons dans la bataille » ancienne forme du nom de peuple qui est devenu *Catalauni* au moyen âge, comme l'a établi M. Longnon ; c'est aujourd'hui Châlons-sur-Marne, et la conquête belge, vers l'an 200 avant notre ère, a porté en Grande Bretagne le nom des *Catu-*

---

(1) C. I. L. suppl. italica, fasc. 1, n° 1096.
(2) Boissieu, *Inscriptions de Lyon*, p. 429. Orelli, n° 4803.
(3) C. I. L., III, 5392.
(4) Tardif, *Monuments historiques*, p. 129, col. 1.
(5) *Histoire naturelle*, l. IV, § 106.

vellauni. On peut citer aussi Catu-volcus, nom d'un roi des Eburons chez César (1). Enfin le nom de Caen, *Cadum*, *Cadomus* au onzième siècle (2), paraît être la forme moderne d'un antique *Catu-magus.*

Du thème *catu-* sont venus plusieurs dérivés; l'un est le *cognomen* Catuso. Il existe à Genève une dédicace à Apollon par M. Aufustius Catuso (3). Le suffixe est noté par *s* simple dans ce monument comme dans l'inscription de Pola déjà citée qui est l'épitaphe de Q. Catusius Severianus, marchand d'origine gauloise, *civi gallo, negotianti*, a écrit le lapicide. De Catusius est venu *Catusiacus*, qui est dans l'*Itinéraire d'Antonin* le nom d'une station située sur la route de Bavay à Reims (4).

Catusius, comme Catussius, est un dérivé secondaire de *catu-*, il suppose un dérivé antérieur contenant un suffixe sigmatique auquel on a ultérieurement ajouté le suffixe *-io-*, caractéristique de la plupart des gentilices romains. En ajoutant immédiatement le suffise *-io-* au thème *catu-*, on en a tiré le gentilice Catu-ius; nous n'avons pas rencontré d'exemple de ce gentilice dans les inscriptions ni dans les auteurs du temps de l'empire romain, mais il est nécessaire pour expliquer le nom de lieu *Catuiaca* d'une station située sur la route de Milan à Arles dans l'*Itinéraire d'Antonin*; l'emplacement de *Catuiaca* serait dans les Basses-Alpes suivant M. Longnon (5). Catuius, perdu comme nom d'homme, se reconnaît comme nom de lieu au cas indirect *Cadugio*, dans le testament de Vigile, évêque d'Auxerre à la fin du septième siècle ; c'est aujourd'hui Chéu (Yonne) (6).

---

(1) *De bello gallico*, V, 24, 26 ; VI, 31.
(2) Hippeau, *Dict. topogr. du départ. du Calvados*, p. 50.
(3) *C. I. L.*, XII, 2585.
(4) *Itinéraire d'Antonin*, p. 381, l. 3.
(5) *Atlas historique de la France*, p. 26; cf. *Itinéraire d'Antonin*, p. 343, l. 2.
(6) Pardessus, *Diplomata*, II, 153. Quantin, *Dict. top. de l'Yonne*, p. 35.

CEPIA ou CIPIA. Une localité appelée *villa Cipia* en 848, *Cepia* en 1035, *Cechia*, 1052-1082, est aujourd'hui Seiches (Maine-et-Loire), comme l'a reconnu M. Port (1). Ce nom de lieu est la forme féminine d'un gentilice romain qui a été signalé dans plusieurs inscriptions. On le trouve écrit avec un *e* à la première syllabe dans les formes masculines *Cepius* et *Ceppius* en Campanie (2) ; et dans la forme féminine *Cepia* en Afrique (3). On le voit avec un *i* dans la première syllabe : *Cipius* au masculin à Rome (4), à Ostie (5), en Grande-Bretagne (6) ; Cipia au féminin, à Padoue (7), et à Vérone (8), etc.

Il y a une variante par *ae* : Caepius, Caepia, en Campanie (9) ; Caepius à Ostie (10). Antérieurement à ce gentilice, le *cognomen* Caepio a existé dans la gens Servilia. Cn. Servilius Caepio fut consul en 203 avant J.-C. Un autre personnage qui porte exactement les mêmes noms apparaît dans les fastes consulaires, en 141 et en 140 avant J.-C. Caepio, Caepius, Cepius, Cipius paraissent dériver de *caepa, cepa*, « ognon, » qui a donné, avec un autre suffixe, le nom de lieu dérivé *Cepetum*.

Cepetum est un endroit où l'on cultive les oignons. Ce nom de lieu est devenu, dans le midi, Cepet ; c'est une commune du département de la Haute-Garonne ; elle est appelée *Ceped* au onzième siècle (11). Dans le Nord, le *d* final est toujours tombé, et l'*e* qui précède est devenu *oi* dans trois exemples certains : Cepoy (Loiret), Spoy (Aube), Spoy (Côte-d'Or). Le dernier est appelé *Cypetum* dans un

---

(1) *Dict. de Maine-et-Loire*, t. III, p. 516.
(2) *C. I. L.*, X, 479 (Ceppius), 2251 (Cepius).
(3) *Ibid.*, VIII, 1510.
(4) *Ibid.*, VI, 14832, 14833.
(5) *Ibid.*, XIV, 250, 251, 252.
(6) *Ibid.*, VII, 1293.
(7) *Ibid.*, V, 2928.
(8) *Ibid.*, V, 3399.
(9) *Ibid.*, X, 2191.
(10) *Ibid.*, X, 256, 1. 149.
(11) G. Desjardins, *Cartulaire de Conques*, p. 62, 63.

diplôme royal de l'année 664 en faveur de l'abbaye de Bèze (1). Quant à Spoy (Aube), il avait encore deux syllabes et s'écrivait par c initial, Cepoi, au treizième siècle (2). Mais l'e de etum est resté dans le nom de Spay (Sarthe), qui semble être le *Cipidus* d'un diplôme mérovingien fabriqué au neuvième siècle (3).

De Cepius on a tiré deux dérivés : l'un est *Cepianus, d'où Sepian, commune de Valeyrac (Gironde); l'autre est *Cepiacus*, qui a donné probablement Séchy, commune de Viry (Saône-et-Loire), et Sechy, commune de Thonon (Haute-Savoie).

CRONIA. En 739, Abbon donne à l'abbaye de Novalèse *Cronia in pago Tolonense* (4).

Cronia est la forme féminine du gentilice Cronius. On conserve, dans la bibliothèque de Lucera, ville de l'Italie méridionale, l'épitaphe de M. Cronius (5). Cronius, mieux Chronius, est un nom grec, Χρόνιος, dérivé du nom divin Χρόνος. La bonne orthographe par *ch* est respectée dans l'épitaphe d'une femme appelée Chronia; cette épitaphe est conservée au palais épiscopal de Porto, près de Rome (6).

De Cronios on a pu tirer * *Croniacus*, d'où Crogny, commune des Loges-Margueron (Aube).

DECIA. Vers l'année 1015, Humbert, évêque de Grenoble, céda à Manassès, comte d'Albon (Drôme), des biens de l'église cathédrale de Grenoble dans plusieurs localités du pays de Genève, notamment *in Desia* (7). *Desia* est une orthographe du moyen âge pour *Decia*.

Decia est le féminin du gentilice Decius, un des plus

---

(1) Pertz, *Diplomata*, p. 40, l. 21.
(2) Boutiot et Socard, *Dict. topogr. du dép. de l'Aube*, p. 157.
(3) Pertz, *Diplomata*, p. 122, l. 36.
(4) *Cartulaire de Saint-Hugues de Grenoble*, p. 41.
(5) *C. I. L.*, IX, 848.
(6) *Ibid.*, XIV, 801.
(7) *Cartulaire de Saint-Hugues de Grenoble*, p. 173.

illustres de Rome (1). Trois membres de la *gens Decia* portant les mêmes noms, P. Decius Mus, furent consuls à Rome de l'an 340 à l'an 279 avant J.-C. Suivant la tradition romaine, ils auraient tous trois successivement assuré aux Romains la victoire en allant chercher la mort au milieu des bataillons ennemis après avoir rempli les formalités de la *devotio*; cela ne paraît vrai que pour les deux derniers.

Le gentilice Decius pénétra en Gaule. Un des monuments les plus intéressants qui l'établissent est une inscription trouvée près de Genève. Elle est datée du consulat de C. Marcius Censorinus, c'est-à-dire de l'an 8 avant J.-C. On y lit les noms de P. Decius Esunertus, fils de Trouceteius Vepus. Elle nous apprend, en outre, que ce personnage appartenait à la tribu Voltinia (3). P. Decius Esunertus avait obtenu la dignité de citoyen romain que n'avait pas eue son père. Son nom gaulois était Esu-nerto-s « celui qui a la force du dieu *Esu-s*. »

Son père s'appelait Vepus, et lui-même était fils de Trouces, au génitif *Troucetos, ou, avec la désinence latine, Troucetis, comme on l'apprend par une inscription de Saint-Alban (Isère) (4). C'est de Vepus qu'a été tiré le gentilice Vipius conservé par une inscription de Genève (5), et d'où le dérivé *Vipiacus* = Vichy (Allier). Trouces, Troucetos était dérivé d'un thème *trouco-* qui a donné le dérivé Troucillus, nom pérégrin dans une inscription de Nimes (6). *Trouco-* est devenu ensuite *trŏco-* par *o* long = *ou*, comme la phonétique l'enseigne, et de *trŏco* on a tiré le gentilice *Trŏcius ou Troccius ; la seconde notation est celle de deux inscriptions, l'une à Nimes (7), l'autre à Tresques (Gard) (8).

---

(1) De-Vit, *Onomasticon*, t. II, p. 575, 579.
(2) Mommsen, *Roemische Geschichte*, 6ᵉ édition, t. I, p. 355 note.
(3) C. I. L., XII, 2623.
(4) *Ibid.*, XII, 2356.
(5) *Ibid.*, XII, 2590.
(6) *Ibid.*, XII, 3944.
(7) *Ibid.*, XII, 3961.
(8) *Ibid.*, XII, 2758.

De ce gentilice est venu le nom de lieu *Trociacus*. En 844, dans un diplôme de Charles le Chauve, c'est une localité du *pagus Belvacensis* (1) ; on suppose qu'il s'agit de Trocy (Seine-et-Marne). En 885, dans un diplôme de Charles le Gros pour la cathédrale de Toul (2) ; en 894, dans un diplôme d'Arnoul, roi de Germanie, pour la même église (3), le même nom désigne Troussey (Meuse).

Ainsi, les noms du père et du grand-père de P. Decius Esunertus ont donné chacun un dérivé en *-acus* qui se retrouve dans la géographie moderne de la France. Decius a eu la même fortune. On doit reconnaître un ancien *Deciacus* dans la *villa Disiacus* que mentionne, en 662, la charte de fondation de l'abbaye d'Hautvilliers (4) ; c'est aujourd'hui Dizy (Marne). Ce nom, écrit *Disciacus* en 713 dans une charte datée de Sarrebourg (Alsace-Lorraine), désigne une localité située dans le *pagus* auquel la Sarre, qui passe à Sarrebourg, donnait son nom. En 907, *Disiacus*, d'où Charles le Simple date un diplôme (5), paraît être Dizy-le-Gros (Aisne), qu'on retrouve sous le même nom en 1060 dans une charte d'Henri Ier (6). Le nom de Dicy (Yonne) paraît avoir la même origine ; il aurait conservé sourde la gutturale assibilée qui est devenue sonore dans Dizy (Aisne), et dans Dizy (Yonne).

GRACILIA. M. Port (7) a cité des chartes des années 1100 et 1105 où apparaît, sous le nom de *Gresilla, Gresilia, Grisilia*, le village appelé aujourd'hui Grésille, commune d'Ambillon (Maine-et-Loire). Ces notations modernes représentent un antique *Gracilia*.

Le gentilice Gracilius se rencontre au masculin dans une

---

(1) Dom Bouquet, VIII, 454 *c*.
(2) *Ibid.*, IX, 343 *a*.
(3) *Ibid.*, IX, 368 *e*. Cf. Liénard, *Dict. top. de la Meuse*, p. 238.
(4) Pardessus, *Diplomata*, t. II, p. 129.
(5) Dom Bouquet, IX, 505 *d*.
(6) Lasteyrie, *Cartulaire de Paris*, p. 123.
(7) *Dictionnaire de Maine-et-Loire*, t. II, p. 301.

inscription du Norique (1); au féminin, dans une inscription de Campanie (2).

On en a tiré un dérivé en *-acus :* Gresillé (Maine-et-Loire), Gresillac (Gironde) semblent être d'anciens *Graciliacus.

Hispania. Dans le cartulaire de Molesme (Côte-d'Or), c'est le nom porté, en 1097, par Epagne (Aube) (3). Il y a en France une autre commune d'Epagne dans le département de la Somme.

On n'a pas encore, je crois, rencontré d'exemple du gentilice Hispanius ; ce qu'on a trouvé, c'est le gentilice Spanius, dans une inscription italienne (4) et dans une inscription d'Afrique (5); Spanius = Hispanius avec aphérèse de la voyelle initiale. Tiré du *cognomen* Hispanus, Spanius a été dépouillé de sa syllabe initiale sous l'influence peut-être du grec σπάνιος « rare. »

[Hi]spanius a donné un dérivé *Hispaniacus* que l'on reconnaît dans les noms d'Epagny (Aisne, Côte-d'Or, Haute-Savoie); d'Epiniac (Ille-et-Vilaine); d'Espagnac (Corrèze).

Livia. En 892, il y avait dans le pays de Vienne, en Dauphiné, *in pago Viennense*, une *villa Livia* (6). On doit reconnaître le même nom dans une charte de l'année 885, où, par erreur, on a, dans le Cartulaire de Saint-Hugues de Grenoble, imprimé *Luvam* pour *Liviam* (7).

Tout le monde connaît le nom de la *gens Livia*, qui a donné à Rome plusieurs consuls, la femme de l'empereur Auguste et le plus célèbre des historiens romains.

Les inscriptions attestent que le gentilice Livius pénétra

---

(1) *C. I. L.*, III, 5482.
(2) *Ibid.*, X, 3413.
(3) Boutiot et Socard, *Dictionnaire topographique du département de l'Aube*, p. 61.
(4) *C. I. L.*, X, 4349.
(5) *Ibid.*, VIII, 2978.
(6) *Cartulaire de Saint-Hugues de Grenoble*, p. 73.
(7) *Ibid.*, p. 11.

en Gaule (1), mais il paraît y avoir laissé peu de traces dans la géographie. Peut-être Ligeay (Loire), Légé (Loire-Inférieure), sont-ils chacun un ancien *fundus Liviacus*?

MARCIA. Une charte de l'année 892 (2) parle d'une *villa quae nominatur Marcia* et qui aurait été située dans le pays de Vienne (Isère), *in pago Vianense*. C'est le même nom qui est devenu, dans le département de Meurthe-et-Moselle, Maixe, prononcé encore en patois Mache, en donnant au *ch* la valeur du *ch* allemand. *Marciacus* est très fréquent dans les textes français du moyen âge; nous l'avons étudié p. 270-275, il est dérivé ordinairement du gentilice Marcius, peut-être quelquefois du gentilice Martius.

PAPIA. Deux chartes du onzième siècle, conservées par le *Cartulaire de Saint-Victor de Marseille*, parlent d'un *castrum* appelé *Papia* : *in territorio de castro quod nominatur Papia*, 1056 (3); *castrum de Papia juxta Marinanam*, 1095 (4). Il est aussi question de *Papia* sans mention de *castrum*, dans le même cartulaire, en 1079 (5). Le château de *Papia* était situé près de Marignane (Bouches-du-Rhône), comme nous l'apprenons par la charte de 1095 précitée.

Papius est un gentilice romain d'origine samnite qui doit à diverses circonstances une certaine notoriété. A deux reprises, dans le Samnium, un Papius fut chef de guerre contre Rome : Papius Brutulus en 326 avant J.-C., Gaius Papius Mutilus en 91. En l'an 9 de J.-C., le consul M. Papius Mutilus et son collègue, Q. Poppaeus Secundus, donnèrent leur nom à la loi Papia Poppaea, célèbre par ses dispositions contre le célibat. Il y avait des Papius à Rome antérieurement à cette date; en l'an 65 avant J.-C.,

---

(1) *C. I. L.*, XII, 217, 1604, 1927, 2805, 4951, 4952.
(2) Bruel, *Recueil des chartes de l'abbaye de Cluny*, t. I, p. 54.
(3) Guérard, *Cartulaire de Saint-Victor de Marseille*, tome I, p. 237.
(4) *Ibid.*, tome II, p. 209.
(5) *Ibid.*, tome II, p. 219.

le tribun du peuple C. Papius fit voter la loi Papia qui expulsait de Rome les pérégrins. Ce nom pénétra en Gaule ; on conserve encore à Grenoble l'épitaphe du décurion G. Papius Secundus (1).

Papia, en français, donnerait Pache. C'est le nom d'un maire de Paris ; ce nom d'homme tire peut-être son origine d'un nom de lieu. En Italie, *Papia* est devenu *Pavia*, nom qui s'est substitué, dès le commencement du moyen âge, à celui de la ville de *Ticinum ;* c'est probablement le nom d'un faubourg, construit sur l'emplacement d'une ancienne *villa Papia*, et qui a fini par supplanter la ville ancienne de *Ticinum*.

Un phénomène analogue s'est produit en France : 1° quand le nom antique de *Cenabum* a été remplacé par celui des *fundi Aureliani*, qui se prononce aujourd'hui Orléans ; 2° quand, au vieux nom de *Divodurum*, capitale des *Mediomatrici*, l'usage a substitué celui des *fundi Metti*, au datif pluriel *Mettis*, comme on écrivait en latin à la fin de l'empire et au début du moyen âge ; *Metti* est le nominatif pluriel du gentilice Mettius ; *Mettis* en est le datif-ablatif pluriel.

En France, Pachan (Lot-et-Garonne) est probablement un ancien *fundus * Papianus*, et Paché (Indre-et-Loire), un ancien *fundus * Papiacus*.

Scotia. Une charte du milieu du dixième siècle, donnée en faveur de l'abbaye de Cluny, met dans le Mâconnais une *villa Scotia* (2).

C'est la forme féminine du nom du potier Scotius dont on trouve la marque en France, au musée de Vienne (Isère) (3) ; en Suisse, au musée de Genève (4) ; dans l'empire d'Autriche, à Bregenz (5). On a lu au musée de Tarragone

---

(1) *C. I. L.*, XII, 2246. Sur la *gens* Papia, voyez Pauly, *Real-Encyclopaedie*, t. V, p. 1139-1141.
(2) Bruel, *Recueil des chartes de l'abbaye de Cluny*, t. I, p. 539.
(3) *C. I. L.*, XII, 5686, 795.
(4) *Ibid.*
(5) *Ibid.*, III, 6010, 199.

(Espagne) la marque de potier, *Scoti m[anu]*, qui nous offre probablement le génitif singulier de Scotius (1). Scotius est un nom patronymique dérivé du nom pérégrin Scottus, dont la marque *Scottus fe(cit)* a été relevée au musée de Vienne (Isère) (2). Au même musée, le même nom Scottus est inscrit sur un contre-poids de craie (3). Enfin, le nom pérégrin de femme Scotta est conservé par une inscription trouvée près de Saint-Gilles (Gard) (4). Scottus veut dire « irlandais. » On s'est appelé Scottus ou Scôtus sous l'empire romain, comme de nos jours, Lallemand, Langlois.

Scotius de Scôtus a donné un dérivé en *-acus*, Scotiacus d'où la *villa Scociacus* située au comté de Mâcon, suivant une charte de l'abbaye de Cluny, 938-939 (5). Le même nom est écrit à l'ablatif *villa Escutiaco* dans une autre charte du même siècle, 965-966 (6).

Le procédé grammatical auquel nous devons le nom de lieu *Scotia* ne doit pas être confondu avec celui qui nous a donné les noms de villages français Allemagne, Marmagne, Sermaise ou Sermoise, plus anciennement *Alamannia*, *Marcomannia*, *Sarmatia*. *Scotia* offre matériellement une grande ressemblance avec ces trois noms. *Scotia*, comme *Alamannia*, *Marcomannia*, *Sarmatia*, est dérivé d'un nom de peuple à l'aide du suffixe *-ia*; mais *Scotia*, féminin d'un gentilice romain, était tout formé antérieurement à la date où il a acquis une valeur topographique; tandis que Alamannia, Marcomannia, Sarmatia doivent leur sens topographique au phénomène morphologique par lequel le suffixe *-ia* est venu s'ajouter aux noms de peuples, *Alamannus*, *Marcomannus*, *Sarmata*. *Scotia* veut dire *villa* de Scotius, *Alamannia*, *Marcomannia*, *Sarmasia*, ou mieux *Sarmatia*,

---

(1) *C. I. L.*, II, 4970, 458.
(2) *Ibid.*, XII, 5686, 797.
(3) *Ibid.*, XII, 5688, 8.
(4) *Ibid.*, XII, 4127.
(5) Bruel, *Recueil des chartes de l'abbaye de Cluny*, t. I, p. 478.
(6) *Ibid.*, t. II, p. 276.

signifient *villa* d'Alamannus, de Marcomannus, de Sarmata. Ce sont des formations identiques à *Gallia* de Gallus, à *Graecia* de Graecus, à *Germania* de Germanus. *Gallia*, *Graecia*, *Germania* sont des substantifs et n'ont pas de masculin; *Alamannia*, *Marcomannia Sarmatia* donnent lieu à la même observation. *Scotia* (*villa*) est un adjectif : ce mot a un masculin qui est Scotius.

Sermaise (Maine-et-Loire) s'appelait, au onzième siècle, *Sarmasias*; lisez *Sarmatias* sous-entendu *villas* (1). C'est ainsi que doivent s'expliquer les noms de Sermaise (Loiret, Marne, Oise, Seine-et-Oise). Sermoise (Nièvre) est désigné, en 903, par les mots *Sarmasia villa* et *villa Sarmasias* (2); corrigez *Sarmatia*, *Sarmatias*. La même observation s'applique à Sermoise (Aisne), *Sarmasia* en 1223 (3), et à Sermoise (Yonne).

Sarmatia a donné un diminutif * *Sarmatiolae*, en 1199 *Sarmisoliae*, aujourd'hui Sermizelles (Yonne) (4).

M. Fustel de Coulange, dans un livre éloquent et curieux (5), a deux chapitres fort intéressants sur les « Germains établis dans l'empire comme laboureurs et comme soldats. » Il aurait pu dire, non pas « Germains, » mais en général barbares, puisque dans le nombre nous trouvons des Sarmates (6).

Marmagne (Côte-d'Or) portait, en 723, le nom de *Marcomannia* (7). Marmagne (Cher), Marmagne (Saône-et-Loire), ont probablement la même origine. Tout le monde sait que les Marcomans sont un peuple germain.

---

(1) Port, *Dictionnaire de Maine-et-Loire*, t. III, p. 521.
(2) Soultrait, *Dictionnaire topographique du département de la Nièvre*, 1877, p. 174.
(3) Matton, *Dict. topogr. du département de l'Aisne*, p. 260.
(4) Quantin, *Dict. topographique du département de l'Yonne*, p. 123.
(5) *Histoire des institutions politiques de l'ancienne France*, 2ᵉ édition, p. 377 et suiv.
(6) Sur les Sarmates de Gaule, voyez l'étude que le Dr Lagneau a donnée, sous le titre de *France* (anthropologie), dans le *Dictionnaire encyclopédique des sciences médicales*, 4ᵉ série, t. V, p. 1.
(7) Garnier, *Nomenclature*, p. 163, n° 648.

Allemagne (Calvados) est une ancienne *Alamannia*, dont on trouve le nom écrit au onzième siècle, *Alémannia* (1).

Ces noms conservent le souvenir des mesures par lesquelles les empereurs romains du troisième et du quatrième siècle ont eu recours aux barbares pour combler les vides de la population agricole et des armées. Mais *Scotia (villa)* n'a pas la même origine. *Scotia (villa)* doit son nom à une famille irlandaise qui avait acquis droit de cité dans l'empire; elle avait tiré son gentilice du terme ethnique Scottus ou Scótus qui désignait son ancienne patrie.

SOLIA, dans le *pagus Rigomagensis*, c'est-à-dire, comme nous l'apprend M. Longnon, dans la vallée de Colmars (Basses-Alpes), est mentionné par un acte de l'année 739 (2). C'est le féminin du gentilice Solius dont la forme masculine a été employée comme nom de lieu, ainsi qu'on l'a vu plus haut, p. 370.

SOLICIA est le nom d'un *vicus* mentionné dans une inscription conservée à Basoilles (Vosges). On y lit les deux mots *vico Soliciae*. C'est aujourd'hui Soulosse (Vosges), comme l'a établi M. Longnon (3). Cette localité a donné son nom au *pagus Solocensis* du moyen âge. *Solocensis* vient de *Solocia, tiré de *Solicia* par assimilation de la seconde syllabe à la première.

Solicia est la forme féminine du gentilice *Solicius* dont la forme féminine nous est conservée en Italie par une inscription de Suse (4). Ce gentilice pénétra en Gaule. On conserve à Embrun l'épitaphe de *Solicia Vera* (5). Les noms 1° de L. Solicius Aurelianus, 2° de Q. Solicius Maximus

---

(1) Hippeau, *Dictionnaire topographique du département du Calvados*, p. 3.
(2) Pardessus, *Diplomata*, II, 373.
(3) *Revue archéologique* d'août 1877; nouvelle série, t. XXV, p. 127-132
(4) *C. I. L.*, V, 7316.
(5) *Ibid.*, XII, 91.

et de Q. Solicius Euhodus, nous ont été transmis par des inscriptions de Fréjus (Var) (1) et du Beausset (Var) (2).

TILIA. Une charte de l'année 1151 (3) mentionne *prata Thiliae;* ce sont les prés de Theil (Yonne). Le Teil, commune de Hambers (Mayenne), a aussi porté le même nom, écrit *Tilia* dans un document du treizième siècle (4). Le Theil, commune de Saint-Gervais (Puy-de-Dôme), est deux fois appelé *Tylia* dans un acte du treizième siècle (5).

Tilia est le féminin de Tilius dont il a été question plus haut, p. 373.

VINDICIA. Une charte de l'année 946 (6) met dans le comté de Brioude (Haute-Loire) la *villa quae dicitur Vendecia*.

Vendecia est une notation en bas latin du latin classique *Vindicia*, forme féminine d'un gentilice dérivé de Vindex. On trouve ce gentilice dans deux inscriptions d'Afrique (7). De Vindicius dérive *Vindiciacus*, nom de lieu écrit au cas indirect *Vindiciaco* dans la légende d'une monnaie mérovingienne; on en a parlé plus haut, p. 337 (8).

VINICIA. Une charte du douzième siècle place en Auvergne, dans la *vicaria Bonorochensis*, une *villa quae vocatur Vinecia*. *Vinecia* = *Vinicia* (9).

Vinicius est un gentilice romain très répandu. Il y eut plusieurs consuls de ce nom; nous citerons : L. Vinicius, l'an 33; M. Vinicius, l'an 19; L. Vinicius l'an 5, avant

---

(1) *C. I. L.*, XII, 264.
(2) *Ibid.*, XII, 323.
(3) Quantin, *Cartulaire de l'Yonne*, t. I, p. 484.
(4) Léon Maître, *Dictionnaire topographique du département de la Mayenne*, p. 308.
(5) Chassaing, *Spicilegium Brivatense*, p. 65, 69.
(6) Doniol, *Cartulaire de Brioude*, p. 289.
(7) *C. I. L.*, VIII, 112, 323.
(8) Voy. Longnon, *Géographie de la Gaule au sixième siècle*, p. 517.
(9) **Doniol**, *Cartulaire de Brioude*, p. 173.

J.-C. M. Vinicius, au sortir de son consulat, fut gouverneur de la Gaule septentrionale jusque vers l'an 15 avant notre ère (1). Le gentilice Vinicius se rencontre souvent dans les inscriptions de la Gaule (2) : il a donné le dérivé *Viniciacus*, d'où Venizy (Yonne), Venissieux (Rhône), Vinezas (Ardèche), Vennecy (Loiret).

VISELLIA doit être l'orthographe latine classique du nom de lieu écrit *Visilia* en 996 dans une charte de l'abbaye de Cluny (3), vers 1100 et en 1109 dans des chartes de la cathédrale de Grenoble (4), aujourd'hui Visille (Isère).

C'est la forme féminine du gentilice Visellius, connu principalement par la loi Visellia, qui est antérieure à l'an 71 avant J.-C. Ce gentilice se trouve dans plusieurs volumes du *C. I. L.* Il fut porté par deux consuls, C. Visellius Varro en l'an 12, et L. Visellius Varro en l'an 24 de notre ère; le second avait été légat en Germanie en l'année 21 (5). Les noms de Visellius Sabinus nous ont été conservés par une inscription d'Aix-la-Chapelle (6).

MAGONTIA, MOGONTIACUS. Le premier de ces deux mots est la forme hypocoristique, le second est la forme romaine officielle du nom de Mayence; le second nous offre l'orthographe des inscriptions et de la plupart des auteurs contemporains de l'empire romain. Une variante *Magontiacus* avec un *a* et non un *o* dans la première syllabe — parce qu'alors cette syllabe était atone — apparaît chez Tacite. Le plus

---

(1) E. Desjardins, *Géographie... de la Gaule romaine*, t. III, p. 184. Sur le gentilice Vinicius, voyez Pauly, *Real-Encyclopaedie*, t. VI, p. 2626-2629.
(2) *C. I. L.*, XII, 43, 1075, 1515, 1528, 2735, 4020, 4021, etc.
(3) Bruel, *Recueil*, t. III, p. 430.
(4) *Cartulaire de Saint-Hugues de Grenoble*, p. 110, 132.
(5) Tacite, *Annales*, III, 41.
(6) Brambach, 570. Sur le gentilice Visellius, voyez Pauly, *Real-Encyclopaedie*, t. VI, p. 2679-2680. Cf. *villam ... Visiliaco*, 1188, aujourd'hui Visiago, en Italie, dans la province de Reggio, Tiraboschi, *Memorie Storiche Modenesi*, t. III, Preuves, p. 107.

court *Magontia*, d'où la prononciation moderne « Mayence » en France, *Mainz* en Allemagne, ne se montre dans les textes qu'après la chute de l'empire romain (1).

Mogontiacus est dérivé d'un gentilice romain, *Mogontius, dont nous n'avons pas d'exemple. *Mogontius était à son tour dérivé du nom divin écrit au datif Mogonti dans deux inscriptions de la Grande-Bretagne (2). De *mogont-*, thème du nom de ce dieu, on avait dérivé un nom d'homme barbare, *Mogontinus, d'où le gentilice Mogontinius dans une inscription des bords du Rhin (3).

Des noms d'hommes gaulois dérivent de noms divins : tel est Beliniccus, de Belenus ou Belinus, dans une inscription de Bordeaux (4); il y a eu un potier du nom de Beliniccus, on trouve en Grande-Bretagne et en Gaule les produits de son industrie (5). On avait créé à côté de ce nom barbare un gentilice Belinius ; on peut le conclure avec certitude du nom de lieu *Beliniacus* dans des diplômes de Louis le Bègue en 878 (6), de Boson, roi de Bourgogne, en 879 (7); et dans le testament d'Hervé, évêque d'Autun en 919 (8); c'est aujourd'hui Bligny-sur-Ouche (Côte-d'Or) (9). Il y a, dans le même département, deux autres Bligny : Bligny-sous-Beaune, appelé *Beliniacum* dans une charte de l'année 1160 (10), et Bligny-le-Sec, appelé *Beligniacum* en 1199 (11). Il faut éviter de confondre ces Bligny avec ceux qui sont d'anciens *Blaniacus*.

Belinius venait, comme Beliniccus, du nom de dieu gau-

---

(1) E. Desjardins, *Géographie de la Gaule d'après la carte de Peutinger*, p. 58-59.
(2) *C. I. L.*, VII, 958, 996.
(3) Brambach, n° 1988.
(4) Jullian, *Inscriptions romaines de Bordeaux*, t. I, p. 503.
(5) *C. I. L.*, VII, 133 5, 138, 140, 141 ; XII, 5686, 124.
(6) *Gall. Christ.*, IV, *instr.*, col. 61 a. Dom Bouquet, IX, 415 c.
(7) Dom Bouquet, IX, 670 c.
(8) *Ibid.*, IX, 717 e.
(9) Garnier, *Nomenclature*, p. 76, n° 317.
(10) Garnier, *ibid.*, p. 67, n° 281.
(11) Garnier, *ibid.*, p. 48, n° 212.

lois Belenus ou Belinus, principalement honoré à Aquilée, mais connu aussi en Gaule, comme l'attestent plusieurs documents. Nous avons parlé p. 356, de Camulius qui vient de Camulus ; on peut citer aussi Esuvius, d'Esus (1).

Le thème *mogont-*, employé comme nom divin, d'où le nom d'homme *Mogontius, paraît être le participe présent d'un thème verbal *mogo-*, « grandir ; » son féminin devait être en celtique *mogonti*, avec un *i* final que les Romains ont remplacé par *-ia*. Le nom de la DEA MOGONTIA, sur un monument de Metz que M. Prost a publié (2), n'est pas autre chose que la notation romaine du féminin du nom divin écrit au datif MOGONTI en Grande-Bretagne. C'est, quant à la désinence, le pendant de BRIGANTIA, déesse celtique de Grande-Bretagne au temps des Romains (3). Brigantia est une notation romaine de *Briganti*, mot celtique qui explique le nom de la déesse irlandaise *Brigit*, confondu plus tard avec la sainte de même nom : *i* long était, en celtique comme en sanscrit, la désinence du nominatif singulier féminin du participe présent (4).

A côté du participe présent *mogont-*, le verbe dont le thème est au présent *mogo-* a eu un participe passé primitif *mocto-s*, en vieil irlandais *mocht*, « grand » (5) ; de *mocht* dérive le participe passé vieil irlandais *mochtae* « grandi, » et par extension, « loué beaucoup, » d'où a été tiré le verbe dénominatif *moidim* « je loue. » Le participe passé *mochtae* est la notation au moyen âge d'un antique *moctios, et chose remarquable, ce mot, écrit par les Romains Moc-

---

(1) *C. I. L.*, VIII, 2564 c, 88 ; cf. De-Vit, *Onomasticon*, t. II, p. 764-765 ; et J. de Witte, *Recherches sur les empereurs qui ont régné en Gaule au troisième siècle de l'ère chrétienne*, p. 157 et 181, pl. XXXIX, n° 154 ; pl. XLV, n° 4.
(2) *Mémoires de la société des antiquaires de France*, t. XLI, p. 7.
(3) *C. I. L.*, VII, 200, 203, 875, 1062.
(4) R. Thurneysen, dans le tome XXVIII, p. 145 de la *Revue* de Kuhn. *Briganti* est le nominatif singulier du participe présent féminin d'un thème verbal dérivé en *â*, *mogont-* est le thème du participe présent d'un verbe primitif en *-o-*.
(5) Glossaire d'O'Clery, dans la *Revue celtique*, t. V, p. 24.

tius, a existé comme nom d'homme dans la Gaule Cisalpine : une inscription romaine des environs de Saluces l'atteste (1). De la même racine on avait tiré un thème dérivé *moget-* « celui qui grandit : » comparez le thème *cinget-* « guerrier, » littéralement « celui qui marche » du thème verbal *cingo-* « marcher. » Du thème *moget-* dérive le gentilice Mogetius qu'on trouve quelquefois dans les inscriptions (2). De Mogetius vient le nom de la station romaine appelée *Mogetiana* dans la Pannonie supérieure, nom écrit par erreur, dans un passage de l'*Itinéraire d'Antonin*, *Mogentianis* avec un *n* de trop entre l'*e* et le *t* (3).

Il y a entre *Mogetiana* et *Mogontiacus* une sorte de parallélisme ; tous deux ont à peu près la même valeur et dérivent de la même racine au moyen de suffixes différents, mais dont le sens est analogue.

On aurait tort de supposer une parenté quelconque entre le nom de Mayence et celui de la rivière du Main. Le nom du Main apparaît pour la première fois dans l'histoire en l'année 214 avant J.-C. avec le nom du roi gaulois Mœni-captus, tué en Espagne dans une bataille contre les Romains (4) ; Mœni-captus veut dire « captif, esclave du Main, » du Main considéré comme dieu. C'est aussi la croyance au caractère divin des fleuves qui a donné naissance au gentilice Mœnius dont on a deux exemples (5). On s'appelait Mœnius, « fils du Main, » comme Rennius, « fils du Rhin, » comme Eni-genus, « fils de l'Inn. »

Il n'y a pas plus trace de *g* dans Mœni-captus, nom de roi, chez Tite-Live, que plus tard dans Mœnis ou Mœnus, nom de rivière, chez Méla, Pline et Tacite (6). Il n'y a donc aucun rapport étymologique entre le nom de la rivière et

---

(1) *C. I. L.*, V, 7639.
(2) *Ibid.*, III, 4452, 4568, 5635 ; V, 782, 6350, 6576.
(3) *Itinéraire d'Antonin*, p. 233, l. 4 : *Mogetiana* ; p. 263, l. 5 : *Mogentianis*.
(4) Tite-Live, XXIV, 42.
(5) *C. I. L.*, III, 2436, et V, 2995.
(6) Méla, l. III, § 30, édition Teubner-Frick, p. 62, l. 15, écrit Mœnis ; Pline, l. IX, § 45 ; Tacite, *Germania*, 28, ont, paraît-il, préféré Mœnus.

celui de la ville de *Mogontiacus* près de laquelle la rivière se jette dans le Rhin.

Mogontia, Maguntia, nom de Mayence, *Mainz*, au moyen âge, n'est autre chose que la forme féminine du gentilice dont *Mogontiacus* est dérivé ; c'est l'expression familière et plus courte par laquelle le peuple rendait l'idée que les lettrés exprimaient par le mot savant *Mogontiacus* (sous-entendu *fundus*).

§ 4. — *Des gentilices employés adjectivement avec sens géographique au datif-ablatif pluriel en -is = -iis.*

Des *fundi* contigus pouvaient porter le même nom, soit qu'ils eussent appartenu au même propriétaire soit que le hasard leur eut donné des propriétaires qui avaient le même gentilice. On a des exemples certains de ce phénomène pour des *fundi* dont le nom est dérivé de gentilices au moyen du suffixe *-anus*. A la première page de la table alimentaire de Veleia, on lit : « Fundos sive saltus Narianos Catusanianos... qui sunt in Veleiate pago Junonio, adfinibus C. Coelio Vero et Dellio Proculo... Fundos Terentianos et Malapacios qui sunt in Veleiate pago Statiello, adfinibus republica Lucensium et Licinio Ruparcellio et populo (1). » L'itinéraire d'Antonin nous donne plusieurs exemples de noms de lieux qui sont d'anciens noms de *fundi* au pluriel : *Albianis*, Alphen, d'Albius (2); *Aquilianis* d'Aquilius (3); *Bassianis* de Bassius (4); *Clodianis* de Clodius (5); *Quintianis* de Quintius (6); *Varianis* de Varius (7); comparez à ces deux derniers *Quintiano* (8) et *Variana* (9).

(1) L. 28-30, 54-56. *C. I. L.*, t. XI, p. 208, 209.
(2) Page 369, l. 1.
(3) Page 43, l. 5.
(4) Page 131, l. 5.
(5) Page 329, l. 7.
(6) Page 249, l. 6.
(7) Pages 260, l. 3; 265, l. 6.
(8) Page 499, l. 3.
(9) Page 220, l. 3.

Des noms de *fundi* en *-anus* au pluriel se rencontrent encore dans les documents du moyen âge ; ainsi, en 814, dans le Polyptyque de Saint-Victor de Marseille : *in Siverianis = Severianis* (1).

Des noms de lieux ainsi formés, le plus connu en France est celui de la ville d'Orléans. On sait qu'Orléans, dont le plus ancien nom est *Cenabum*, a pris le nom d'*Aureliani* vers la fin de l'empire romain, comme nous le montre la *Notitia provinciarum et civitatum Galliae*, où Orléans est appelé *civitas Aurelianorum* (2). Chez Grégoire de Tours, Orléans s'appelle, au cas indirect, *Aurilianus* (3), c'est-à-dire *Aurelianos*, accusatif pluriel, et *Aurilianis* (4), c'est-à-dire *Aurelianis*, datif-ablatif pluriel ; et les habitants s'appellent *Aurilianenses* (5). La conclusion à en tirer, c'est que, vers la fin de l'empire, l'antique *Cenabum*, se développant, couvrit plusieurs *fundi Aureliani* et en prit le nom. Ce nom doit être rapproché du passage de la table alimentaire de Veleia, où C. Vibius se reconnaît débiteur de sommes hypothéquées sur les *fundos Aurelianos Vettianos* et sur les *fundos Betutianos Aurelianos* (6). D'Anville propose l'hypothèse que *Cenabum* aurait pris le nom de l'empereur Aurélien (7) ; mais cette hypothèse se concilie difficilement avec l'emploi du masculin pluriel. Les villes qui prennent le nom d'un empereur le mettent au féminin singulier : *Augusta Suessionum*, Soissons ; *Flavia Constantia*, Coutances. Pour faire intervenir un empereur dans l'étymologie du nom d'Orléans il n'y a pas plus de raisons que dans l'étymologie du nom d'*Albiniani*, Alphen, ou des *fundi Aureliani* de Veleia.

A côté des noms de lieu dont le cas indirect se termine

---

(1) Guérard, *Cartulaire de Saint-Victor de Marseille*, t. II, p. 634.
(2) Desjardins, *Géographie historique et administrative de la Gaule romaine*, t. III, p. 505. Longnon, *Atlas historique de la France*, p. 14, 111.
(3) Edition Arndt, p. 57, l. 19.
(4) Edition Arndt, p. 68, l. 18 ; p. 83, l. 5 ; p. 160, l. 11 ; p. 324, l. 12.
(5) Edition Arndt, p. 287, l. 17 ; p. 292, l. 17-18 ; p. 302, l. 22.
(6) P. 4, l. 93, 97, 98. C. I. L., t. XI, p. 214.
(7) D'Anville, *Notice de l'ancienne Gaule*, p. 347 (au mot Genabum).

en -*anis* et qui sont dérivés de gentilices, on peut placer ceux qui sont identiques à des gentilices et qui se terminent en *is*, désinence populaire égale à la désinence classique *iis*. Un de ces noms a une telle importance que, pour lui, on peut faire une exception à l'ordre alphabétique; c'est :

METTIS (Metz). Ce nom supplante le nom gaulois de *Divodurum*, vers la fin du quatrième siècle, dans la *Notitia dignitatum* : « Legio prima Flavia *Metis* (1). C'est ce nom nouveau qu'on trouve au sixième siècle chez Fortunat :

Hoc Mettis fundata loco speciosa coruscans (2),

et plus tard chez Frédégaire (3). *Mettis* et ses variantes *Metis*, *Mettes* sont, à l'époque mérovingienne, les formes adoptées dans les légendes monétaires (4).

De là l'adjectif *Mettensis*, et, chez Grégoire de Tours, la formule habituelle *urbem Mettensem*. *Mettis* est le datif ablatif pluriel du gentilice Mettius, qui tire son origine du prénom Mettus. Il y a deux Mettus dans la légende romaine. Le premier, Mettus Curtius, est chef des Sabins dans leur guerre contre les Romains au temps de Romulus (5). Le second est Mettus Fufetius, dictateur des Sabins quand Tullus Hostilius était roi de Rome; il trahit les Romains, et Tullus Hostilius le fit écarteler (6). Les scribes et les grammairiens qui nous ont conservé le texte de Tite-Live au temps de l'Empire romain connaissaient le gentilice

---

(1) Edition Bœcking, t. II, p. 28.
(2) Livre III, 13 : « Ad Vilicum episcopum Mettensem, » vers 9: édition Leo, p. 65.
(3) C. 39, 74, 75, édit. Monod, p. 134, l. 21; p. 153, l. 13, 31. Ed. Krusch, p. 140, l. 9; p. 158, l. 14, 28.
(4) A. de Barthélemy, *Bibliothèque de l'école des chartes*, t. XXVI, p. 458, col. 2.
(5) Tite-Live, I, 12. Denys d'Halicarnasse, II, 42, 46; éd. Didot-Kiessling, p. 98-102.
(6) Tite-Live, I, 23-28. Denys d'Halicarnasse, III, 5; éd. Didot-Kiessling, p. 128. Après avoir adopté la bonne orthographe Μέττος, l'éditeur lui substitue celle des éditions de Tite-Live, Μέττιος, p. 155, 158.

Mettius, et non le prénom Mettus ; ils ont, dans le texte de l'historien romain, changé Mettus en Mettius, mais un vers de Virgile protestait contre cette réforme :

> Haud procul inde citae Mettum in diversa quadrigae
> Distulerant.....
> *Enéide*, VIII, 642-643.

Le grammairien Servius a prétendu qu'en écrivant Mettum au lieu de Mettium, Virgile avait mutilé un nom à cause du mètre (1). Il est pitoyable de trouver Virgile entre les mains de cet inepte commentateur.

Mettius, dérivé de Mettus, est un gentilice peu commun à Rome sous la République. Cependant, Cicéron connaissait un certain Mettius dont il parle dans une lettre à Atticus (2), l'an 44 avant Jésus-Christ. M. Metius, que César envoya comme ambassadeur au roi Arioviste, l'an 58 avant notre ère (3), portait le même nom, et Metius ne diffère de Mettius que par une variante d'orthographe.

Le gentilice Mettius pénétra en Gaule. On en a trouvé, aux environs de Mayence, deux exemples dans des inscriptions romaines, l'un avec double *t* (4), l'autre avec *t* simple (5). Les inscriptions romaines de Lyon en offrent quatre exemples avec double *t* (6) ; celles de Nimes trois (7), celles d'Arles un (8).

Avec nos habitudes classiques, il peut sembler étrange que le datif ablatif pluriel de Mettius fût Mettis, et non Mettiis. En effet, le datif ablatif pluriel classique de Mettius contient deux *i*, comme le génitif singulier *Mettii*, et comme le nominatif pluriel qui est encore *Mettii*. Mais cette

---

(1) Ed. de Georges Thilo, t. II, p. 290.
(2) XV, 27.
(3) *De bello gallico*, I, 47, § 5 ; des mss. donnent Mettius. Ed. Holder, p. 29.
(4) Brambach, 1182.
(5) *Ibid.*, 1339.
(6) Boissieu, p. 340, 472, 518.
(7) *C. I. L.*, XII, 3064, 3661, 3750.
(8) *Ibid.*, XII, 5814 ; p. 819.

prononciation savante était contraire à la tradition, et l'usage de l'époque impériale était conforme à la tradition : quelques inscriptions l'attestent en nous donnant le génitif singulier Metti, par un seul *i*, du gentilice Mettius. On le trouve ainsi noté dans des inscriptions de Rome (1), de Calabre (2), de Lyon (3), dans une marque de potier trouvée en Angleterre et à Vienne (Isère) (4). De même, au datif pluriel des thèmes en *io*, les deux *i* de *iis* pouvaient se contracter en un seul; c'est une loi de la grammaire latine, et on en a réuni de nombreux exemples (5).

Metti, nom pluriel, et *Mettis*, datif ablatif pluriel, pour *Mettii*, *Mettiis*, sont donc parfaitement réguliers ; du nom des *fundi Metti*, — dont l'Italie moderne nous offre deux exemples : Metti, province de Parme, et Metti, province de Massa et Carrara, — on a tiré plus tard l'adjectif *Mettensis* en latin vulgaire, au lieu de *Mettiensis* (6).

Toutefois, Mettius, avec le suffixe *-acus*, donne le dérivé *Mettiacus*, qui conserve l'*i* caractéristique du gentilice, cet *i* perdu dans *Mettis*. On peut reconnaître un ancien *Mettiacus* dans la *Metsiacus villa*, en Poitou, de deux diplômes du dixième siècle, donnés, l'un en 915, l'autre en 941 (7); c'est aujourd'hui Messay (Vienne) (8).

Nous avons déjà parlé de Metius, variante de Mettius. Le gentilice Metius a pu avoir pour pendant un gentilice *Metenus. De Metenus a pu venir *Metenacus*, ancien nom de Maynal (Jura). Maynal est probablement l'orthographe moderne substituée à une notation plus ancienne, Mayna.

(1) *C. I. L.*, VI, 22478.
(2) *Ibid.*, IX, 1416.
(3) Boissieu, p. 340, 518.
(4) *C. I. L.*, VII, 1336, 706; XII, 5686, 589.
(5) Bücheler, *Précis de la déclinaison latine*, traduction de M. L. Havet, p. 205.
(6) Messin est un dérivé moderne du français Metz qui se prononce Messe et non Metse comme en allemand.
(7) Dom Bouquet, IX, 524 e, 594 a.
(8) Redet, *Dictionnaire topographique du département de la Vienne*, p. 261.

Metenacus (1), que nous connaissons par J. Quicherat, avait été emprunté par lui, comme nous l'apprend M. Longnon, à une bulle du pape Léon IX, datée de 1049, qui a été publiée par les *Bollandistes* (2).

Nous allons reprendre l'ordre alphabétique.

AURIIS. Un pouillé, rédigé de 1080 à 1132 et publié dans le *Cartulaire de Saint-Hugues de Grenoble*, mentionne une *ecclesia de Auriis* (3). La cure *de Auriis* apparaît dans un rôle des décimes du diocèse de Grenoble au quatorzième siècle (4).

Aurius est un gentilice romain assez rare, dont il est question l'an 62 avant Jésus-Christ dans le plaidoyer de Cicéron, *pro Cluentio*. Ce gentilice paraît d'origine gauloise. M. Jullian (5) a publié une épitaphe gravée par les soins d'Aurelus Auri-knus, c'est-à-dire d'Aurelus, fils d'Auro-s. Le féminin Aura a été employé comme *cognomen* de femme dans une inscription de Narbonne (6) et dans une inscription de Milan (7).

Du gentilice Aurius est venu peut-être le nom de *vallis Auria*, près de Cavaillon (Vaucluse), dans une charte du onzième siècle (8). En tout cas, le nom de lieu *Auriacus* dérive d'Aurius. On reconnaît Auriac (Var), dans le *castrum nomine Auriacum* d'une charte de l'année 1032 (9). Auriac (Basses-Alpes) porte aussi le nom d'*Auriacum* dans une charte du douzième siècle (10). La *vicaria Auriacensis* tire son nom

---

(1) Quicherat, *Etude sur la formation française des anciens noms de lieu*, p. 41.
(2) Tome I de juin, p. 675.
(3) *Cartulaire de Saint-Hugues*, p. 189.
(4) *Ibid.*, p. 272.
(5) *Inscriptions romaines de Bordeaux*, t. I, p. 336-338.
(6) *C. I. L.*, XII, 4684.
(7) *Ibid.*, V, 5963.
(8) Guérard, *Cartulaire de Saint-Victor de Marseille*, t. I, p. 429.
(9) *Cartulaire de Saint-Victor de Marseille*, t. I, p. 327; t. II, p. 844.
(10) Romans, *Dictionnaire topographique du département des Basses-Alpes*, p. 7.

d'un autre *Auriacus* qui est aujourd'hui Auriac (Creuse) (1). Il y a encore d'autres Auriac en France, mais, pour la plupart, nous ne connaissons pas de formes anciennes.

Bassiis. En 959 ou 960, l'abbé de Cluny abandonna, à titre de précaire, à un évêque d'Apt (Vaucluse), des biens situés au comté d'Apt, *in villa quae vocatur Bassiis* (2).

Bassius est un gentilice, qui apparaît pour la première fois dans l'histoire romaine, l'an 79 avant Jésus-Christ. C'était le nom de la femme de Papius Mutilus; Papius étant proscrit vint chercher asile chez elle, elle refusa de le recevoir, il se poignarda devant la porte (3). On a trouvé à Rome l'épitaphe de l'affranchi T. Bassius Diogenes (4). Une épitaphe du Musée de Naples nous a conservé le nom de C. Bassius Marcellus (5). Sur un vase trouvé à Vienne (Isère), on a lu la marque : of(ficina) Bassi (6).

Bassius a donné des noms de lieux dérivés au moyen des suffixes *-anus* et *-acus*. L'*Itinéraire d'Antonin* mentionne deux stations de Pannonie appelées l'une *Bassiana* (7), l'autre *Bassianis* (8). Des diplômes du neuvième et du dixième siècle mettent dans le voisinage de Narbonne une *villa Bassianus* (9). Au dixième siècle, des chartes de Cluny placent au comté de Mâcon une *villa Bassiacus* (10).

Caletiis. Suivant une charte de l'année 924 (11), il y

---

(1) Deloche, *Cartulaire de Beaulieu*, p. CLXV, 370.
(2) Bruel, *Recueil des chartes de Cluny*, t. II, p. 165.
(3) De-Vit, *Onomasticon*, I, 685.
(4) *C. I. L.*, VI, 13522.
(5) *Ibid.*, X, 3549.
(6) *Ibid.*, XII, 5686, 122.
(7) *Itinéraire d'Antonin*, p. 262, l. 10; cf. *C. I. L.*, t. III, p. 536.
(8) *Ibid.*, p. 131, l. 5. *Itinéraire de Bordeaux à Jérusalem*, p. 563, l. 11; cf. *C. I. L.*, t. III, p. 417.
(9) Dom Bouquet, IX, 421 *e*, 455 *a*, 480 *c*, 555 *d*.
(10) Bruel, *Recueil des chartes de Cluny*, t. I, p. 191; t. II, p. 215, 347.
(11) Doniol, *Cartulaire de Brioude*, p. 39.

avait, dans la *vicaria Calariensis*, une *villa* appelée *Caleziis;* c'est une notation relativement moderne d'un plus ancien *Caletiis*.

Le musée de Brescia possède l'épitaphe de C. Caletius Victor (1). On cite, d'après une autre inscription, les noms de S. Caletius Felix (2). Caletius dérive d'un thème gaulois *calet-* ou *caleto-* qui se trouve dans le nom d'un peuple de la Gaule, les *Caletes* (3) ou *Caleti* (4). Ce nom ethnique survit en français dans le nom du pays de Caux. Le thème gaulois *caleto-* se reconnait : 1° dans le breton *kalet*, 2° dans l'irlandais *calath* ou *calad;* la notation bretonne et la notation irlandaise représentent deux prononciations du même adjectif qui veut dire « dur. » Le latin *callum*, « callosité, » d'où *callere*, « avoir des callosités aux mains », « savoir, » a probablement la même racine. L'allemand *hart*, « dur, » suppose une variante KAR de la racine KAL, « être dur. »

On peut supposer qu'il y a eu un nom d'homme gaulois *Caletos*. Ce serait ce nom qui apparaîtrait au génitif dans la marque de potier Caleti, qui a été lue sur un plat conservé au Musée britannique (5). Mais Caleti peut être le génitif de Caletius. Il y a eu un nom divin gaulois, *Caletos*, *Caletios* ou *Cales*. Il explique la dédicace DEO MERCURIO VASSO CALETI, « Au dieu Mercure serviteur de Caletos, serviteur de Caletios, ou serviteur *cales* (dur?), » suivant que l'on considère Caleti comme le génitif de Caletos, comme le génitif de Caletios, ou comme le datif de *cales*, *caletis*. Cette dédicace existe à Bittburg (Prusse rhénane) (6).

Il y a deux noms de personnes dérivés du thème *caleto-*. L'un est Caletinus, nom de potier, au musée de Vienne

---

(1) *C. I. L.*, V, 4556.
(2) De-Vit, *Onomasticon*, II, 64.
(3) César, *De bello gallico*, VII, 75, § 5. Ed. Holder, p. 192.
(4) *Ibid.*, II, 4, § 9. Ed. Holder, p. 36.
(5) *C. I. L.*, VII, 1336, 211.
(6) Brambach, 835.

(Isère) (1); l'autre est un nom de femme : Caletiu, Adnamati filia, dans une inscription du Norique (2).

Il est impossible de distinguer, au moyen âge, *Caletiacus* de *Calciacus*, qui est dérivé de Calcius. Nous ne savons donc si nous devons rattacher à Caletius, Chelsey, hameau dépendant de Sussey (Côte-d'Or); Chelsey s'appelle *Calciacus* dans une charte de l'année 852 (3). Nous ne pouvons préciser davantage l'origine du nom de la *villa Calziacus*, en Forez, *in agro Forensi*, mentionné en 1025 dans une charte de l'abbaye de Savigny (4).

SOLLEMNIIS. C'est, vers 1130, le nom de Soulaines (Maine-et-Loire), suivant une charte citée par M. Port (5). Ce nom de lieu est le datif pluriel du gentilice Sollemnius déjà étudié p. 328, cf. 369 ; on le reconnaît encore sous la forme plus altérée *Solenniis*, dans une charte de 1149, à laquelle renvoie le même auteur au même endroit. C'est probablement aussi par le pluriel du gentilice Sollemnius que doit s'expliquer le nom de Soulaines (Aube) ; ce nom a fort embarrassé, au moyen âge et depuis, les savants locaux qui ont voulu le traduire en latin ; tel s'est tiré d'affaire sans travail étymologique et en habillant le mot français d'une désinence latine, *Sollania*, 1155 ; d'autres ont voulu mieux faire, et ont traduit le français village de Soulaines par *villa de Sublanis*; c'est l'orthographe d'un pouillé de Troyes au commencement du quinzième siècle, et de là en français « Soubz Laines » au dix septième siècle (6).

VALERIIS. En 877, Charles le Chauve donna à un de ses fidèles des biens situés dans le Tonnerrois, *in villa Vale-*

---

(1) *C. I. L.*, XII, 5686, 157.
(2) *Ibid.*, III, 5474.
(3) Garnier, *Nomenclature*, p. 86, n° 350.
(4) A. Bernard, *Cartulaire de Savigny*, t. I, p. 370.
(5) C. Port, *Dictionnaire de Maine-et-Loire*, t. III, p. 538.
(6) Boutiot et Socard, *Dictionnaire topographique du département de l'Aube*, p. 156.

ri[*i*]*s* (1); ce nom est écrit *Valeria* pour *Valerias* dans un diplôme de Charles le Simple, en 901 (2); il s'agit de Vallières (Aube). Le même nom se rencontre à la fin du onzième siècle dans une région fort éloignée de celle-là : en 1097 l'abbaye de Saint-Sernin de Toulouse était propriétaire de l'église Saint-Pierre *de Valeriis* (3); douze ans auparavant, un donateur, parlant de la même église, avait dit qu'elle était située *juxta portum qui appellatur Valerias* (4).

Le gentilice Valerius est un des plus illustres de Rome. Tout le monde connaît, au moins de nom, P. Valerius Publicola, un des auteurs de la révolution aristocratique qui renversa les Tarquins; il obtint quatre fois les honneurs consulaires. Il est inutile de donner la liste des Valerius qui, après lui, occupèrent des charges curules (5). Il suffira de parler de deux d'entre eux dont les noms appartiennent à l'histoire de la Gaule pendant les premiers temps de la domination romaine. L'un est C. Valerius Flaccus, propréteur de la Narbonnaise l'an 83 avant Jésus-Christ; c'est à lui que dut le droit de cité romaine un certain Caburus, père de C. Valerius Procillus, employé comme interprète par J. César l'an 58 avant notre ère (6). Nous citerons ensuite M. Valerius Messala Corvinus, deux fois gouverneur de la Gaule, d'abord de 35 à 34, ensuite l'an 28 avant Jésus-Christ (7). Il est probable qu'un certain nombre de Gaulois obtinrent par lui le titre de citoyens romains et prirent son gentilice. Ce gentilice fut assez répandu en Gaule sous l'empire romain. Dans le recueil des inscriptions

---

(1) Quantin, *Cartulaire de l'Yonne*, t. I, p. 103.
(2) *Ibid.*, p. 132.
(3) C. Douais, *Cartulaire de Saint-Sernin*, p. 196.
(4) *Ibid.*, p. 494.
(5) Sur le gentilice Valerius, voyez Pauly, *Real-Encyclopaedie*, t. VI, p. 2322-2373.
(6) *De bello gallico*, I, 47, § 4; cf. E. Desjardins, *Géographie de la Gaule romaine*, t. II, p. 329-330.
(7) E. Desjardins, *ibid.*, t. III, p. 45, 246.

romaines de la Gaule narbonnaise et des trois provinces alpines (1) qui l'avoisinent, on a recueilli plus de deux cents exemples d'hommes qui portent le gentilice Valerius; le recueil des inscriptions romaines de Lyon en mentionne dix-sept. Dès le règne de Caligula, un Gaulois de Vienne (Isère), Valerius Asiaticus, jouait un rôle important à Rome; il fut le chef de la conspiration qui eut pour résultat le meurtre de cet empereur, et, après avoir revêtu deux fois la pourpre consulaire, il fut condamné à mort par Claude l'an 47 de notre ère (2).

Vallery (Yonne) paraît être un ancien *Valeriacus*.

Valeriis, Valières, et *Solemniis*, Soulaines, paraissent le datif de substantifs féminins pluriels; si ces substantifs avaient été masculins, il auraient donné en français des désinences masculines comme *Aurelianis*, *Aurelianos*, Orléans.

Nous allons passer aux noms de lieux qui apparaissent exclusivement dans les textes avec la désinence du nominatif accusatif féminin pluriel bas latin de la première déclinaison : *-as*.

§ 5. — *Gentilices employés adjectivement avec sens géographique au nominatif-accusatif pluriel féminin.*

Ces noms de lieu s'expliquent par un substantif sous-entendu *villas*, *domus*, *casas*. Le dernier de ces substantifs est exprimé, dans l'*Itinéraire d'Antonin* (3), *casas Caesarianas*; il s'agit d'une localité d'Italie entre Florence et Arrezzo.

AMMONIAS. Au huitième siècle, on donnait ce nom à une contrée qui couvrait une partie des *pagus* d'Avalon et de

---

(1) *C. I. L.*, t. XII, p. 883-884.
(2) Tacite, *Annales*, XI, 1-3.
(3) Page 285, l. 3.

Nevers (1). Dans le siècle suivant, la même expression géographique se rencontre dans l'acte de fondation de l'abbaye de Corbigny (2). Le nom de cette contrée persiste dans celui de la commune de Saint-Jean-aux-Amognes (Nièvre), arrondissement de Nevers, canton de Saint-Benin-d'Azy.

Ammonias, sous-entendu *casas* ou *villas*, est le féminin pluriel du gentilice Ammonius ou Amonius qui, avant d'être un mot latin, a été grec : Ἀμμώνιος, ou mieux Ἀμώνιος, est dérivé d'Ammon, ou mieux Amon, nom d'une divinité égyptienne ; comparez Διονύσιος de Διόνυσος. Le musée de Naples possède l'épitaphe de M. Amonius Bassus natione Aegyptius (3). L'indication du pays dont le défunt était originaire, et la bonne orthographe avec une *m* simple, comme M. Maspero nous l'a fait observer, contrairement à l'usage universel qui exige une double *m*, sont deux circonstances qui rendent ce monument digne d'attention. Ailleurs l'*m* se double conformément aux habitudes grecques, par exemple dans l'inscription de Pouzzoles, où se lisent les noms d'Ammonius Ammonianus (4).

D'Ammonius ou Amonius est venu le nom de lieu dérivé *Ammoniacus* ou *Amoniacus*, aujourd'hui Ameugny (Saône-et-Loire), qu'on rencontre plusieurs fois dans le *Cartulaire de Saint-Vincent de Mâcon*, publié par M. Ragut. Ce nom y est écrit : à l'ablatif, *Ammoniaco* (5), *Amoniaco* (6) ; au génitif, *Ammuniaci* (7), *Amoniaci* (8) dans des chartes dont les plus anciennes datent du neuvième siècle, les plus récentes du douzième.

---

(1) « In pago Avalense et Nivernense, seu Ammonias curtem qui vocatur Corbiniacus, 721. » Pardessus, *Diplomata*, t. II, p. 325. Corbigny est un chef-lieu de canton du département de la Nièvre, arrond. de Clamecy.

(2) « Apud Ammonias in loco qui a Corbone viro inclito Corbiniacus dicitur. » (864). *Gall. Christiana*, IV, *instrum.*, col. 58 c.

(3) C. I. L., X, 3514.

(4) *Ibid.*, X, 3612.

(5) Page 335.

(6) Pages 140, 277.

(7) Pages 378, 379.

(8) Page 140.

Il est curieux d'être amené à reconnaître, dans la nomenclature géographique de la France moderne, deux monuments de la religion des Egyptiens : Amognes et Ameugny, dérivés du nom du dieu Amon ou Ammon. Ces deux témoignages, entre autres, attestent de quel mélange de races s'était formée la tourbe avide que le sein de Rome conquérante déversait sur les pays vaincus.

At[t]eias *in fine Tornodrinse*, dans un diplôme de l'année 877 (1), aujourd'hui Athée, commune de Tonnerre (Yonne) (2); — *At[t]eias*, suivant un diplôme de 880 que M. Garnier a publié dans ses *Chartes bourguignonnes*, aujourd'hui Athée (Côte-d'Or) (3); — Atyes en 1131, Athyes en 1254, aujourd'hui Athies (Aisne) (4), sont le féminin pluriel du gentilice Atteius dont il a été question, p. 402, sous le nom de lieu *Atteia*.

Aurelias. Une charte du 5 septembre 925 dispose de trois manses situés *in Aurelias*, en Auvergne (5).

La gens Auselia, — Aurelia par l'effet du rhotacisme, — était plébéienne, mais elle donna plusieurs consuls à la République Romaine; elle est surtout célèbre par la dynastie impériale que fonda, au deuxième siècle de notre ère, T. Aurelius Antonius Pius, l'empereur Antonin (138-161). Bien antérieurement, dès l'an 44 avant J.-C., ce nom fut porté en Gaule par Aurelius, légat d'Hirtius, qui, à cette époque, avait le gouvernement de la Gaule Transalpine : nous le savons par une lettre de Cicéron à Atticus (6). Ce gentilice devint très commun en Gaule : rien que dans le t. XII du *C. I. L.* et dans les *Inscriptions antiques de Lyon*,

---

(1) Dom Bouquet, VIII, 668 c.
(2) Quantin, *Dictionn. topogr. du départ. de l'Yonne*, p. 5.
(3) Garnier, *Nomenclature*, p. 13, n° 46.
(4) Matton, *Dictionnaire topogr. du départ. de l'Aisne*, p. 10.
(5) Doniol, *Cartulaire de Brioude*, p. 129.
(6) XIV, 9. E. Desjardins, *Géographie historique et administrative de la Gaule romaine*, t. III, p. 26.

de Boissieu, on en peut compter plus de cent exemples.

D'Aurelius dérivent : 1° *Aurelianus* dont le pluriel est devenu le nom d'Orléans; 2° *Aureliacus*. C'était, au huitième, au neuvième et au dixième siècle, le nom d'Orly (Seine) (1). Orly est la forme moderne, en français, d'un nom qui, dans une région plus méridionale, est resté bien plus près du latin; nous voulons parler d'Aurillac, chef-lieu du département du Cantal, appelé *Aureliacus* dans un diplôme de Charles le Simple (899) (2); la seconde syllabe, qui est tombée dans Orly, persiste dans Aurillac (Cantal). Elle a disparu : dans Orlhac (Corrèze), appelé encore au cas indirect *Aureliaco*, par deux chartes du neuvième siècle (3); dans Orliac (Dordogne), déjà au treizième siècle Orlhac (4); et dans les diminutifs : Orlhaguet, commune de Sainte-Geneviève (Aveyron), appelé encore au cas indirect *Aureliaco* et *Aureliageto* dans des chartes du milieu du onzième siècle (5), Orliaguet (Dordogne), Orliaguet, commune de Gimel (Corrèze).

BARBARIAS. En 998, l'abbé de Cluny abandonne la jouissance précaire d'un terrain situé dans le pays de Chalon-sur-Saône, *in villa Barberias* (6); *Barberias* tient lieu d'un plus ancien *Barbarias* qui est le pluriel de *Barbaria* étudié p. 402. Barbières (Drôme) serait-il un ancien *Barbarias*?

CAPRIAS. Dans une charte de l'année 667, il est question d'une localité située en Berry, *in pago Biturico*, près de *Cabrias vico* (7). On dit que c'est Chabris (Indre).

Le gentilice Caprius, dérivé du latin *caper*, n'est pas très

---

(1) F. de Lasteyrie, *Cartulaire de Paris*, p. 35, 50, 90, 93.
(2) Dom Bouquet, IX, 478 c. — Cf. *curtis Aureliacus* près de Forli, 896, et près de Ravenne, 973; Fantuzzi, *Monumenti Ravennati*, t. I, p. XLVIII, 97, 180.
(3) Deloche, *Cart. de Beaulieu*, p. 254, 258.
(4) De Gourgues, *Dict. top. de la Dordogne*, p. 219.
(5) G. Desjardins, *Cartulaire de Conques*, p. 41.
(6) Bruel, *Recueil des chartes de Cluny*, t. III, p. 541.
(7) Pardessus, *Diplomata*, II, 143.

commun : on en trouve des exemples obscurs et peu nombreux dans les tomes III, V et X du *C. I. L.*; mais il a dû à une satire d'Horace un peu plus de notoriété. Le poète y parle des délateurs Caprius et Sulcius, l'effroi des larrons :

> Sulcius acer
> Ambulat et Caprius rauci male cumque libellis,
> Magnus uterque timor latronibus...
> (*Satires*, l. I, 4, 65-67).

Il se défend de leur ressembler. C'était vers l'an 40 avant J.-C. La conquête romaine porta ce nom en Gaule : le musée d'Avignon possède l'épitaphe de Q. Caprius, découverte à Tarascon (1).

De Caprius on tira des dérivés en -*acus* : Cabriac, commune de Douzens (Aude); Chabriac, au dix-septième siècle Cabriac, commune de Barjac (Gard); Chevrey, commune d'Arcenant (Côte-d'Or), Chevery, commune de Saint-Maurice-en-Rivière (Saône-et-Loire), Chevry (Ain, Haute-Savoie, Jura, Loiret, Manche, Seine-et-Marne, Seine-et-Oise, Vosges), paraissent être d'anciens *Capriacus*. Je n'ai pas eu le talent de les trouver sous une forme antérieure à la période capétienne (2).

Mais de *caper*, développé à l'aide d'un suffixe, on avait tiré un gentilice Capronius, dont le génitif féminin Caproniae, est gravé sur une griffe de bronze trouvée dans le midi de la France (3). Peut-être ce gentilice avait-il une variante *Caprinius. De Capronius ou de *Caprinius dérive le nom de lieu *Capriniacus* porté par deux villages de la France dès les temps carlovingiens; ce sont : 1° Cheverny (Loir-et-Cher), *Cabriniacensis condita*, dans une charte de l'abbaye de Saint-Martin de Tours en 841 (4); 2° Che-

---

(1) *C. I. L.*, XII, 987.
(2) Comparez, en Italie : Cavriago, province de Reggio; Cavriana, prov. de Mantoue et de Milan; Capriano, prov. de Brescia et de Milan; Cabriani, prov. de Padoue et de Venise.
(3) *C. I. L.*, XII, 5090, 26.
(4) Mabille, *La Pancarte noire*, p. 221; cf. p. 155, 156; voir aussi p. 81.

vregny (Aisne), *Capriniacus in pago Laudunensi* en 893 ; probablement la *Capriniacus villa* dont sont datés, en 946, trois diplômes de Louis d'Outremer (1).

Tous ces noms de lieux dérivent de gentilices romains qui eux-mêmes dérivent du latin *caper* « bouc. » En gaulois *caper* se disait *gabro-s*. *Gabros* est devenu en vieil irlandais *gabor*, *gabur*, en gallois *gafr*, en breton *gaour*. De là un gentilice romain *Gabrius* noté au féminin *Gaberia*, dans une épitaphe trouvée à Narbonne (2).

Le gentilice Gabrius, sous sa forme féminine Gabria, est probablement l'origine du nom de lieu écrit *Gavre* au neuvième siècle dans les *Gesta Aldrici*. Aldricus « Audry » est un évêque du Mans, qui vécut de 832 à 856. Il avait fait construire un *mansionile* à *Gavre* (3). *Gavre* est aujourd'hui Gesvres (Mayenne), avec deux *s* de trop, l'un au milieu, l'autre à la fin (4). Voir si Gesvres-le-Chapitre (Seine-et-Marne) n'aurait pas la même origine.

Du gentilice Gabrius, on a tiré un nom de lieu *Gabriacus* dont il y a plusieurs exemples en France. Tel est Gabriac, commune de Mas-de-Londres (Hérault), en 804 *Gabriacum fiscus* (5). Nous citerons encore *Gebriacus*, dans un diplôme donné à l'abbaye de Saint-Martin de Tours par Charles le Chauve en 862 (6); *Gebriacus* est une variante moderne de *Gabriacus*. Gevrey (Côte-d'Or), appelé *Givriacus* en 834 dans un diplôme de Louis le Débonnaire (7), en 1015 et en 1019, dans des chartes de l'abbaye de Cluny (8), apparaît avec une orthographe plus ancienne *Gibriacus* dans la

---

(1) Matton, *Dictionnaire topograph. du département de l'Aisne*, p. 66. Dom Bouquet, IX, 460 d, 601 d, 602 d, 603 b. Bruel, *Recueil des chartes de l'abbaye de Cluny*, t. I, p. 642-643.

(2) *C. I. L.*, XII, 4833.

(3) *Gesta Aldrici*, 30, chez Baluze, *Miscellanea*, in-8°, t. III, p. 62; édition de MM. Charles et Froger, p. 77.

(4) Léon Maître, *Dictionnaire topogr. du départ. de la Mayenne*, p. 147.

(5) E. Thomas, *Dict. topogr. de l'Hérault*, p. 71.

(6) Dom Bouquet, VIII, 573 a.

(7) *Ibid.*, VI, 596 a.

(8) *Rec. des chartes de Cluny*, t. III, p. 721, 745.

Chronique de Bèze, qui date du onzième siècle mais qui a été écrite avec des documents plus anciens ; la notation *Gibriacus* appartient dans cette chronique à la notice de la fondation de l'abbaye de Bèze sous le règne de Clotaire II, vers l'année 600 ; elle peut avoir pour base un document écrit peu après cette date (1); *Gibriacus* vient de *Gabriacus*, par assimilation de la première syllabe à la deuxième, comme dans *Campiniacus* de *Çampaniacus*, *Pompiniacus* de *Pomponiacus*, etc.

CADIAS. En 932, l'abbaye de Cluny acheta un champ en Mâconnais, *in villa Cadias*. La charte est datée du même lieu : *Actum Cadias villa* (2).

Le gentilice Cadius est trois fois noté Kadius dans une épitaphe de Campanie (3). Il fut introduit en Gaule par la conquête romaine : on a trouvé près de Nîmes, à Rodilhan, commune de Bouillargues (Gard), l'épitaphe de T. Cadius Titullus (4). Le seul personnage connu qui ait porté ce gentilice est C. Cadius Rufus, proconsul de Bithynie, condamné sur la plainte de ses administrés en l'an 49 de notre ère et réintégré dans le sénat vingt ans plus tard, par l'empereur Othon (5).

De Cadius on a tiré en Gaule le gentilice dérivé *Cadiacus*. En 917, une charte de Cluny mentionne une *villa* située en Mâconnais *in agro Cadiacense* (6). *Cadiacus* est le pendant celtique du romain *Cadianus*, d'où le nom de la station *Mutatio Cadiano* en Italie, près de Vérone, dans l'itinéraire de Bordeaux à Jérusalem (7).

---

(1) Abbé Bougaud et J. Garnier, *Analecta divionensia ; Chronique de l'abbaye de Saint-Bénigne de Dijon*, suivie de celle de Bèze. Dijon, Darentière, 1875, p. 298 ; cf. Migne, *Patrologia latina*, t. CLXII, col. 863 d.
(2) Bruel, *Recueil des chartes de l'abbaye de Cluny*, t. I, p. 387.
(3) *C. I. L.*, X, 1158.
(4) *Ibid.*, XII, 4065.
(5) Tacite, *Annales*, XII, 22 ; *Hist.*, I, 77 ; De-Vit, *Onomasticon*, II, 9.
(6) Bruel, *Recueil des chartes de Cluny*, t. I, p. 199.
(7) *Itinéraire d'Antonin*, p. 558, l. 12.

CAMPILIAS. Une charte de l'année 906 (1), parle d'une paroisse *quae dicitur Campilias*. On a reconnu qu'il s'agit de Saint-Etienne de Campelles, commune de Villefranche de Conflent (Pyrénées-Orientales) (2).

Il y a eu sous l'empire romain un fabricant de lampes du nom de Campilius ; des lampes avec sa marque, *Campili* au génitif, sont conservées à Hermannstadt en Transylvanie (3), au musée d'Ascoli en Italie (4), au musée de Palerme en Sicile (5), à Vienne (Isère) (6). L'épitaphe de L. Campylius Liberalis au musée de Naples (7), nous offre probablement le même nom avec une légère variante d'orthographe.

Champillet (Indre) est peut-être un ancien *Campiliacus*.

FABIAS. En 965, Honorat, évêque de Marseille, fit restituer à son église des biens situés dans plusieurs localités aux environs de Marseille, *in pago Massiliense*, notamment au lieu dit *Fabias* (8).

Il est inutile de dire que *Fabias* est le féminin pluriel d'un des gentilices romains les plus célèbres de Rome. Les inscriptions romaines de la Gaule attestent que ce gentilice pénétra en Gaule. Trente-deux Fabius figurent dans l'index du tome XII du *C. I. L*; deux dans les *Inscriptions de Lyon* de Boissieu.

De Fabius, en Italie, on a tiré le nom de lieu dérivé *Fabianus;* il y avait à Plaisance un *fundus Fabianus*, nous le savons par la table alimentaire de Veleia, p. 4, l. 49 (9). En Gaule on a dû préférer *Fabiacus*. Fajac (Aude) doit être

---

(1) Guérard, *Cartulaire de Saint-Victor de Marseille*, t. II, p. 506.
(2) *Ibid.*, p. 853.
(3) *C. I. L.*, III, 1634, 1.
(4) *Ibid.*, IX, 6081, 14.
(5) *Ibid.*, X, 8053, 43.
(6) *Ibid.*, XII, 5682, 19.
(7) *Ibid.*, X, 2224.
(8) Guérard, *Cartulaire de Saint-Victor de Marseille*, t. I, p. 41.
(9) *C. I. L.*, t. XI, p. 214. Cf. Fabiano, province de Gênes, Faibano, province de Caserta en Italie.

un ancien *Fabiacus*. Mais les Fage de l'Aude, de la Corrèze et de la Lozère peuvent être chacun une ancienne *villa Fabia*.

Licinias. Vers la fin du onzième siècle, un bienfaiteur donna à l'abbaye de Molesme (Côte-d'Or), son aleu, situé notamment *apud... Lisinias* (1). L'église de ce village est appelée *ecclesiam de Lisigniis* en 1116, dans une charte d'un évêque de Langres (2). En 1153, l'abbaye de Molesme, dans un acte d'échange, abandonne ses biens *apud Lisinnias et in finagio Lisinniarum* (3). Il s'agit de Lézinnes (Yonne).

Licinius est un des gentilices romains les plus connus. Nous avons parlé de ses dérivés en *-acus*, p. 254, 255.

Petrinias doit avoir été dans le haut moyen âge le nom de Prignes, commune de Seiches (Maine-et-Loire). On trouve ce nom écrit *Petrignas*, au onzième siècle (4).

Ce nom de lieu suppose un gentilice *Petrinius; il représente une prononciation basse et vulgaire du gentilice Petronius. Le gentilice *Petrinius serait l'explication du *cognomen* Petrinianus dont l'existence est attestée par deux inscriptions de Rome au temps de la république; on lit dans ces inscriptions les noms de L. Titinius Petrinianus (5)* *Petrinius aurait été une variante romaine de Petronius. Petronius est un gentilice obscur sous la république, mais qui fut inscrit six fois dans les fastes consulaires au premier siècle de notre ère (6). Petronius est dérivé

---

(1) Quantin, *Cartul. de l'Yonne*, t. II, p. 18.
(2) Quantin, *ibid.*, t. I, p. 232.
(3) Quantin, *ibid.*, t. I, p. 507.
(4) Port, *Dictionnaire de Maine-et-Loire*, t. III, p. 188.
(5) *C. I. L.*, I, 1400, 1401. Cf. le nom de lieu Petrigniano, provinces d'Aquila, de Macerata et de Pérouse (Italie).
(6) Sur le gentilice Petronius, voyez Pauly, *Real-Encyclopaedie*, t. V, p. 1405-1410. Le *Dictionnario geografico postale del regno d'Italia*, 1880, mentionne sept localités appelées Petrognano.

du nom de nombre cardinal osque et ombrien qui veut dire quatre. Le double suffixe *on-ius* de Petr-on-ius se retrouve dans Pomponius dérivé du nom de nombre cardinal qui, en osque et en ombrien, signifie cinq ; Pompeius vient du même nom de nombre et ne diffère de Pomponius que par le suffixe. Il y a entre Petronius et Petreius le même rapport qu'entre Pomponius et Pompeius. M. Petreius, dont Cicéron, dans le plaidoyer *Pro Sextio*, l'an 56 avant J.-C., vante le mérite, est le général qui avait, quatre ans plus tôt, battu à Pistoia la petite armée de Catilina; il fut dix ans plus tard, pendant la campagne de César en Afrique, un des vaincus de la bataille de Thapsus, et pour ne pas tomber vivant entre les mains du vainqueur, il se fit tuer en combat singulier par Juba, roi de Numidie (1). Son gentilice apparaît comme nom de lieu en 955, dans le nom de la *villa Petreio*, en Mâconnais, que nous conserve une charte de Cluny ; de là dérive, dans la même charte, le nom de l'*ager Petriacensis* (2). La *villa Petreio*, de l'année 955, est appelée, un siècle plus tard, *villa Petroio* et *villa Perroy* (3).

TURRIAS. Dans une charte du milieu du onzième siècle, il est fait à l'abbaye de Saint-Victor de Marseille donation d'un manse *in castro quod vocatur Turrias* (4).

Malgré le doublement de l'*r*, ce nom de lieu paraît identique au gentilice Turius fréquent dans les inscriptions romaines, comme on peut s'en assurer en consultant les index du *C. I. L.*, t. II, III, VIII, X et XIV (5). Ce gentilice a même donné un dérivé Turellius (6), et Turelius (7). Le

---

(1) Sur le gentilice Petréius, voyez Pauly, *Real-Encyclopaedie*, t. V, p. 1398-1399.
(2) Bruel, *Recueil des chartes de Cluny*, t. I, p. 767.
(3) Ragut, *Cartulaire de Saint-Vincent de Mâcon*, p. 259, 272.
(4) Guérard, *Cartulaire de Saint-Victor de Marseille*, t. II, p. 37.
(5) Sur le gentilice Turius, voir Pauly, *Real-Encyclopaedie*, t. VI, p. 2253. Cf. le nom de lieu Turiano, province de Novare en Italie.
(6) *C. I. L.*, II, 787, 3103, 3104; V, 8819.
(7) *Ibid.*, III, 4150.

gentilice Turius n'est pas ancien dans l'histoire romaine, le plus vieil exemple appartient au premier siècle avant notre ère ; c'est le nom d'un Romain établi en Campanie, L. Turius (1).

On peut croire que ce gentilice est d'origine gauloise. Il dérive de Turrus. Turrus est le nom d'un roi celtibère, qui, l'an 179 avant J.-C., se soumit aux Romains et devint leur fidèle allié (2). Sous l'empire romain, ce nom est noté par une seule *r* dans le nom d'une ville d'Espagne, *Turo-Briga* ou *Turi-briga*, dont vient l'adjectif *Turo-brigensis* (3), ou *Turi-brigensis* (4). *Turobriga* veut dire forteresse, château de Turos. Pline (5) met cette ville dans la région de l'Espagne dite Celtique, à cause de sa population, où l'élément celtique était dominant; le plus récent éditeur a imaginé de corriger *Turo-briga* en *Ituro-briga*. En Espagne, sous l'empire romain, on trouve écrit avec une seule *r* les noms d'hommes dérivés Tureus, Turaius et Turo : Tureus Bouti filius (6), Samalus Turei filius (7), Turaius Clouti (8), Clodio Turoni au datif (9), et le nom de lieu dérivé *Turissa* (10). La même orthographe avec une seule *r* est constatée dans l'adjectif *Turicensis* : cet adjectif dérive de *Turicus, forme primitive du nom de la ville de Zurich (11). L'*r* est aussi seule dans le nom, au cas indirect *Turo*, d'une station romaine de l'Allemagne méridionale tel que nous le fait connaître l'*Itinéraire d'Antonin* (12) ; Turo devait être au nominatif *Turus*, sous-entendu *fundus*.

(1) *C. I. L.*, I, 574.
(2) Tite-Live, l. XL, c. 49.
(3) *C. I. L.*, II, 964.
(4) *Ibid.*, II, 462.
(5) Pline, l. III, § 14.
(6) *C. I. L.*, II, 744.
(7) *Ibid.*, II, 745.
(8) *Ibid.*, II, 2633.
(9) *Ibid.*, II, 2504.
(10) *Itinéraire d'Antonin*, p. 455, l. 6.
(11) Mommsen, *Inscriptiones helveticae*, n° 236.
(12) Page 259, l. 4. Cf. Turro, nom de localités d'Italie, provinces de Come, Milan, Plaisance et Naples.

Nous retrouvons la double *r* du Turrus de Tite-Live dans deux noms d'homme dérivés en Espagne sous l'empire romain : l'un est le nom pérégrin du père d'Optatus Turrionis f. (1), l'autre est le *cognomen* de la prêtresse Vibia Turrina (2).

Dans Turrina l'*r* est double, l'*n* simple ; on remarque l'inverse dans Turennus au génitif Turenni, *cognomen* du père d'Adius Flaccus, dans une inscription d'Espagne (3). Ce *cognomen* reparaît en France comme nom de lieu au moyen âge : *Torennam castrum* en 859 (4), *Torinna* en 932 (5), au douzième siècle *Turenna* (6), et *Torenna* (7); il s'agit de Turenne (Corrèze). Ce nom d'homme, devenu nom de lieu, rentra dans la catégorie des noms d'homme, grâce aux comtes et aux vicomtes de Turenne et, dans cette carrière nouvelle, acquit une célébrité qu'il n'avait pas eu dans la première. Turenne, le fameux homme de guerre du dix-septième siècle, était un La Tour d'Auvergne, vicomte de Turenne (Corrèze).

APPENDICE. — *Les* cognomina *en* ius *employés adjectivement comme noms de lieu.*

On s'occupera plus loin des noms de lieu identiques à des *cognomina* dans lesquels la désinence *-o-s*, *-u-s* est précédée d'une consonne. Les *cognomina* en *ius* étudiés au point de vue de la phonétique forment une sorte d'appendice aux gentilices en *ius* : les phénomènes phonétiques qu'ils offrent à l'observation sont identiques à ceux qu'on

---

(1) *C. I. L.*, II, 336.
(2) *Ibid.*, II, 1958.
(3) *Ibid.*, II, 2671.
(4) Deloche, *Cartulaire de Beaulieu*, p. 65.
(5) *Ibid.*, p. 161.
(6) *Ibid.*, p. 272.
(7) G. Desjardins, *Cartulaire de Conques*, p. 373. Cf. Turenno en Italie, province de Brescia.

peut étudier dans les gentilices en *-ius* : on en citera trois : Ambactius, Ambrosius, Mercurius. Cf. ci-dessus, p. 339.

AMBACTIA a dû être, sous l'empire romain, la notation régulière du nom de lieu écrit à l'accusatif *vicum Ambaciensim* par Grégoire de Tours (1), et à l'ablatif *Ambaciensi* (2). La seconde syllabe était primitivement longue, bien que Fortunat l'ait faite brève au livre IV, vers 210, de sa *Vie de saint Martin* (3) :

Mirum aliud vico quod contigit Ambaciensi.

La seconde syllabe d'*Ambaciensi*, au sixième siècle, était prononcée brève puisqu'elle était atone.

Dans ces textes, il s'agit d'Amboise (Loir-et-Cher) ; c'est un nom féminin. C'est par conséquent à tort qu'au dixième siècle, dans un traité d'Odon, abbé de Cluny (927-942), on trouve le nom d'Amboise écrit à l'ablatif masculin ou neutre *Ambazio* (4). *Ambactius* ou *Ambactium* serait devenu en français « Ambais » ou « Ambois. » La vraie finale est restituée par la notation *Ambasia*, du nom de cette ville, dans une chronique d'Angers écrite vers la fin du douzième siècle (5).

Le *cognomen*, dont le nom d'Amboise est le féminin, nous est conservé avec l'orthographe franque dans une inscription de Zeeland, qui est une dédicace à la *dea Nehalennia* par Januarinius Ambacthius ; la notation *cth* du groupe indo-européen *ct* est caractéristique de la langue des Francs Mérovingiens : comparez Theodebercthus. *Ambacthius* est un dérivé du substantif gaulois *ambactos* : *ambactos* a été emprunté aux Gaulois par les Germains.

En gaulois, *ambactos* avait le sens des mots français

---

(1) *Historia Francorum*, II, 35 ; édit. Arndt, t. I, p. 98, l. 17.
(2) *Ibid.*, X, 31 ; édit. Arndt, t. I, p. 444, l. 4.
(3) Edit. Leo, t. II, p. 354.
(4) Dom Bouquet, VI, 318 *b*.
(5) Dom Bouquet, X, 272 *b*.

« vassal, domestique, serviteur : » il conserva la même valeur dans la langue des Germains; noté *andbahts* chez Vulfila, il traduit ordinairement les mots grecs διάκονος et ὑπηρέτης, par exception λειτουργός « ministre du culte. » En germanique, le dérivé *ambactio-* ou *ambactia* a un sens abstrait; Vulfila fait d'*ambactio-* un substantif neutre; il le note *andbahti* et l'emploie ordinairement comme équivalent du grec διακονία, par exception comme traduction du grec λειτουργία.

Les Francs et les Burgundes préférèrent le féminin pour lequel les manuscrits donnent deux orthographes *ambascia* et *ambaxa*, comme on le peut voir dans les éditions de la loi salique et de la loi des Burgundes : *ambacthia* aurait été la bonne orthographe de ce mot, dans la langue des Francs mérovingiens. De ce substantif est venu le verbe bas latin *ambasciare* « traiter une affaire pour autrui ; » d'où *ambasciator*, en espagnol *ambaxador*, en italien *ambasciadore*, en français « ambassadeur. »

Ce mot, comme « ambassade » = *ambasciata*, tire son origine du substantif abstrait *ambacthia-* ou *ambahtia-*, apporté dans l'empire romain par la conquête germanique. *Ambahtia-* persiste chez les Allemands modernes qui le prononcent *amt* et chez qui il veut dire « fonction, » « bureau. » Mais chez eux il est d'origine gauloise. Il dérive du Gaulois *ambactos*, déjà connu par Ennius (239-169 avant J.-C.) un siècle environ avant la date où les Romains eurent pour la première fois des relations avec les Germains. Ennius donne *ambactus* pour gaulois et le traduit par *servus*.

César constate que, de son temps, au milieu du premier siècle avant notre ère, ce mot continuait à être employé par les Gaulois comme nom commun. Il était aussi employé par eux comme nom d'homme, c'est avec cette valeur qu'il est inscrit sur une monnaie gauloise (1).

---

(1) A. de Barthélemy, dans la *Revue celtique*, t. IX, p. 28.

L'affranchi L. Appuleius Ambactus, dans une inscription de Cisterna en Campanie (1), s'appelait Ambactus tout court quand il était esclave : et il devait être Gaulois d'origine. Nous n'avons pas de raison pour croire que les Francs eussent le monopole du *cognomen* dérivé qu'un lapicide grava sous leur dictée : *Ambacthius ;* un Gallo-Romain a du porter ce *cognomen* avec l'orthographe *Ambactius*, et de là sera venu le nom de la *villa *Ambactia*, aujourd'hui Amboise.

D'*Ambactius*, on a aussi tiré le nom de lieu *Ambactiacus*. Ambazac (Haute-Vienne) est un ancien *Ambactiacus*. *Ambasciacus*, relevé dans la *Chronique de Saint-Bénigne de Dijon* par M. Garnier (2), est une autre notation du même nom.

AMBROSIUS. *Mutatio Ambrosio*, dans l'Itinéraire de Bordeaux à Jérusalem (3), est le nom d'une station romaine de de Gaule, aujourd'hui Pont-Ambroix, commune de Lunel (Gard). On la reconnaît dans l'*Ambrusium* de la *Table de Peutinger*. Il faut corriger en *Ambrusium* ou *Ambrosium* l'*Ambrussum* de l'*Itinéraire d'Antonin* (4).

Ambrosius, au féminin Ambrosia, est un *cognomen* romain d'origine grecque. D'abord le féminin a seul existé dans la langue grecque, il appartenait à la mythologie : Ἀμβροσία est la nourriture où la boisson des dieux, chez Homère ; ce fut ensuite le nom d'une nymphe, ce devint plus tard un nom de femme. Enfin, Ἀμβροσία eut un masculin et on vit paraître le nom d'homme Ἀμβρόσιος. La langue latine adopta les deux genres. Les inscriptions d'Italie nous montrent, à côté de Servilia Ambrosia (5), C. Julius Ambro-

---

(1) *C. I. L.*, X, 6494.
(2) *Nomenclature*, p. 68, n° 286.
(3) *Itinéraire d'Antonin*, p. 552, l. 7.
(4) Desjardins, *Géographie de la Gaule d'après la Table de Peutinger*, p. 347. Cf. *Itinéraire d'Antonin*, p. 389, l. 1 ; p. 396, l. 6.
(5) *C. I. L.*, X, 1497.

sius (1), Q. Clodius Ambrosius (2). Ce *cognomen* est devenu célèbre, dans l'histoire ecclésiastique, grâce à l'évêque de Milan, mort à la fin du quatrième siècle.

MERCURIUS. En 887, un donateur fait à l'abbaye de Beaulieu (Corrèze) présent de sa *villa* appelée *Mercorius* (3) ; dans l'acte qui constate la mise en possession de l'abbaye, ce bien est nommé au cas indirect *villa de Mercorio*, et il est dit que la *villa* dont il s'agit était située en Limousin (4) ; c'est Mercœur (Corrèze). Le même cartulaire met dans le comté de Cahors une autre *villa* de même nom, et il l'écrit avec une orthographe plus conforme à l'usage classique : *Mercurio* à l'ablatif ; c'est dans une charte de 932 (5); ici le nom antique a disparu et un nom nouveau l'a supplanté, Saint-Julien près Cazillac (Lot). Un troisième *Mercurius* apparaît vers 1020, dans une charte de l'abbaye de Savigny (Rhône); cette charte est l'acte de donation d'une vigne située : *in parrochia Sancti Christophori de Mercurio villa* (6); on croit qu'il s'agit de Marcoux (Loire). Un quatrième *Mercorius*, aujourd'hui Mercœur, commune d'Ardes (Puy-de-Dôme), est plusieurs fois mentionné au treizième siècle (7).

Le cartulaire de Brioude (Haute-Loire) nous met sous les yeux la forme féminine de ce nom. Il contient une charte de l'année 911, où il est question d'une église Saint-Etienne située *in villa quae dicitur Mercoria*, et de manses : *in superiori Mercoira* (8); ces deux localités, probablement contiguës, étaient situées dans le pays de Brioude, *in*

---

(1) *C. I. L.*, IX, 242.
(2) *Ibid.*, IX, 6078, 62.
(3) Deloche, *Cartulaire de Beaulieu*, p. 225.
(4) *Ibid.*, p. 226.
(5) Deloche, *Cartulaire de Beaulieu*, p. 87, 334.
(6) A. Bernard, *Cartulaire de Savigny*, p. 81.
(7) A. Chassaing, *Spicilegium Brivatense*, p. 35-39, 120, 135-139, etc. Cf. Mercurio, en Italie, province de Forli.
(8) Doniol, *Cart. de Brioude*, p. 61.

vice Brivatense : on doit probablement reconnaître en elles Mercœur, arrondissement de Brioude (Haute-Loire). La première de ces deux localités, *Mercoria*, est aussi mentionnée par ce cartulaire dans deux autres chartes du dixième siècle (1), et dans une charte du douzième siècle (2), en sorte qu'il est difficile de révoquer en doute l'exactitude de l'orthographe féminine *Mercoria*. Cette orthographe est confirmée par un compte du receveur d'Auvergne en 1401, où figure une recette « de la parroisse de Mercures (3). » Il y a dans « Mercures » un *s* de trop. Aujourd'hui en français Mercœur (Haute-Loire) devrait s'écrire avec un *e* final *Mercœure*.

Mercurius est un *cognomen* latin d'un usage assez fréquent : on peut s'en convaincre en consultant les index du *Corpus inscriptionum latinarum*, t. V, IX, X, XII et XIV. Dans le tome XIV, qui contient les inscriptions du Latium, on en peut compter vingt-quatre exemples. Il paraît avoir été moins commun en Gaule, cependant il y avait pénétré : le musée de Marseille possède l'épitaphe de C. Manlius Mercurius (4) : à Nimes, on a trouvé deux épitaphes intéressantes au même point de vue : celle que Q. Seccius Mercurius fit graver pour sa femme (5); et l'épitaphe de T. Sempronius Mercurius (6).

De Mercurius, on a tiré un dérivé *Mercuriacus*. Mercurey (Saône-et-Loire), Mercury-Gemilly (Savoie), Mercury, commune de Saint-Privat (Haute-Loire), paraissent être chacun un ancien *Mercuriacus* (7).

Quelques personnes sont habituées à ne voir dans Mercœur, Mercurey, Mercury, autre chose que l'expression d'un culte; elles considéreront comme arbitraires l'hypo-

---

(1) Doniol, *Cart. de Brioude*, p. 30 et 325.
(2) *Ibid.*, p. 292.
(3) A. Chassaing, *Spicilegium Brivatense*, p. 473.
(4) *C. I. L.*, XII, 449.
(5) *Ibid.*, XII, 3709.
(6) *Ibid.*, XII, 3894.
(7) Comparez Mercurago, en Italie, province de Novare.

thèse d'hommes de chair et d'os venant s'interposer entre le dieu romain et nous, empruntant son nom, humanisant ce nom divin, et le transformant en *cognomen*, avant d'en tirer une expression géographique. Mais il n'est pas nécessaire d'attribuer à cette thèse un caractère absolu. En certaines circonstances un nom divin peut avoir donné immédiatement naissance à un nom de lieu. Ainsi, deux chartes du dixième siècle mettent près de Brioude (Haute-Loire) une terre *de Monte Jove* (1), une *villa quae dicitur Montem Jovem* (2); la même localité est appelée Montgeu dans un document du quatorzième siècle (3); il y a vraisemblablement là un témoignage du culte de Jupiter. De même, le *Mons Mercurius*, qu'une charte de l'année 975 met dans le *pagus lucdunensis*, en Lyonnais (4), paraît être un témoignage du culte de Mercure.

(1) Doniol, *Cartulaire de Brioude*, p. 61.
(2) Page 189.
(3) Chassaing, *Spicilegium Brivatense*, p. 433. Comparez, en Italie, Montegiove, provinces de Pérouse et de Turin, Montegiovi, provinces de Grosseto et d'Arezzo.
(4) Bruel, *Recueil des chartes de Cluny*, t. II, p. 469.

CHAPITRE IV.

EXEMPLES, AU MOYEN AGE, DE NOMS DE LIEU EN -*acus* DÉRIVÉS DE GENTILICES ROMAINS EN -*enus*.

Sommaire :

§ 1. Les gentilices romains en -*enus*. — § 2. Les noms de lieu en -*acus* dérivés de gentilices romains en -*enus* qui se rencontrent dans les inscriptions, ou dont on trouve un dérivé dans les inscriptions; première section, caractérisée par le doublement de l'*n* du suffixe -*enus*. — § 3. Les noms de lieu en -*acus* dérivés de gentilices romains en -*enus* qui se rencontrent dans les inscriptions, ou dont on trouve un dérivé dans les inscriptions; deuxième section, caractérisée par l'*n* non doublée du suffixe -*enus*. — § 4. Les noms de lieu en -*acus* dérivés de gentilices en -*enus* dont les inscriptions n'ont conservé d'autre trace que le gentilice en -*ius* correspondant.

§ 1ᵉʳ. — *Les gentilices romains en* -enus.

La langue latine avait la faculté de remplacer par le suffixe -*enus* le suffixe -*ius*, qui fournit la désinence ordinaire des gentilices. A côté d'*Albius* ou de sa variante *Alfius* :

> Haec ubi locutus foenerator *Alfius* (1),

on trouve Alfenus :

> Alfene immemor atque unanimis false sodalibus (2).

---

(1) Horace, *Epodes*, II, 67.
(2) Catulle, 30, 1.

LIVRE II. CHAPITRE IV. § 1.

Ces deux gentilices se retrouvent dans les recueils d'inscriptions (1). A l'aide d'un de ces recueils a été dressée la liste que voici, qui pourrait être plus considérable :

Arrius	Arrenus (2)
Aufidius (4)	Aufidenus (3)
Aulius	Aulenus (5)
Avius (6)	Avenus (7), Avena (masculin) (8)
Babidius	Babidenus (9)
Babrius	Babrenus (10)
Bisius (11)	Bisena (12)
Caesius	Caesenus (13)
Calidius (14)	Calidénus (15)
Calius (16)	Calenus (17)
Calvius	Calvenus (18)
Canius	Canenus (19)
Fadius	Fadenus (20)
Lancidius (21)	Lancidena (22)
Maecius	Maecena (23)

(1) De-Vit, *Onomasticon*, t. I, p. 225-226.
(2) C. I. L., III, 2919, 6220; V, 2073, 6954.
(3) Ibid., IX, 5015, 5092.
(4) Ibid., IX, 45, 46, 82 ; cf. Fabretti, *Glossarium italicum*, col. 223.
(5) Ibid., IX, 2221, 2300.
(6) Ibid., I, 571 ; XII, 3453, 3612.
(7) Ibid., IX, 2379.
(8) Ibid., V, 3382.
(9) Ibid., IX, 5048.
(10) Ibid., IX, 5591.
(11) Ibid., V, 3702, 5841; cf. Fabretti, *Gloss. ital.*, col. 256.
(12) Ibid., V, 1363.
(13) Ibid., IX, 2248, 2276, 2277.
(14) Ibid., V, 806, 1144, 2180, 5170; IX, 2645, 2689.
(15) Ibid., IX, 5052.
(16) Ibid., V, 977, 8666; cf. Fabretti, *Gloss. ital.*, col. 739
(17) Ibid., IX, 4457.
(18) Ibid., IX, 3538, 3979, 4141.
(19) Ibid., IX, 4252.
(20) Ibid., I, 748; IX, 4408, 4594, 4627, 5104, 5796.
(21) Ibid., V, 1891.
(22) Ibid., V, 1931.
(23) Ibid., V, 44.

Marcius	Marcena (1)
Messius	Messenus (2)
Numisius	Numisenus (3)
Pomponius	Pomponenus (4)
Salius	Salenus (5)
Salvidius (6)	Salvidenus (7)
Sarius (8)	Sarenus (9)
Satrius	Satrenus (10)
Septimius	Septimenus (11)
Trebellius	Trebellenus (12)
Umbrius	Umbrenus (13)
Varius	Varenus (14)
Vesius (15)	Vesenus (16)
Vettius	Vettenus (17)
Vicrius (18)	Vicrena (19)
Volussius	Volussena (20)

Nous allons voir que lorsque le suffixe primaire *-enus* est développé à l'aide d'un suffixe secondaire, il double souvent son *n*; par exception, ce doublement a lieu sans

---

(1) *C. I. L.*, X, 6377.
(2) *Ibid.*, XIV, 3359.
(3) *Ibid.*, IX, 3429.
(4) *Ibid.*, V, 2669.
(5) *Ibid.*, IX, 5843.
(6) *Ibid.*, VIII, 2565 *b* 8. Cf. Salvidienus, X, 769, 2928.
(7) *Ibid.*, X, 2408.
(8) *Ibid.*, V, 8115, 108.
(9) *Ibid.*, V, 2013.
(10) *Ibid.*, IX, 565, 4972.
(11) *Ibid.*, IX, 4335; X, 8377.
(12) *Ibid.*, V, 1878.
(13) *Ibid.*, IX, 4171.
(14) *Ibid.*, V, 1439; IX, 3463, 4333, 4970, 5124; X, 1333, 8048, 46; XII, 153; XIV, 3010, 3687, 3688.
(15) *Ibid.*, IX, 2838; cf. Fabretti, *Gloss. ital.*, col. 1941.
(16) *Ibid.*, IX, 4604.
(17) *Ibid.*, IX, 4157; X, 3094.
(18) *Ibid.*, IX, 4390.
(19) *Ibid.*, IX, 3363, 5257.
(20) *Ibid.*, VIII, 439, 1386.

addition d'un suffixe secondaire : dans Vibenna (1), correspondant à Vibius, dans Artenna (2), correspondant à Artius.

Les gentilices en *-enus* se développent et donnent naissance à des gentilices nouveaux par l'addition du suffixe *-ius*. Les inscriptions nous offrent les dérivés :

Alfenius (3)	d'Alfenus
Arrenia (4)	d'Arrenus
Avenia (5)	d'Avenus
Calenius (6)	de Calenus
Messenius (7)	de Messenus
Satrenius (8)	de Satrenus
Varenius (9)	de Varenus
Vettenius (10)	de Vettenus
Volussenius (11)	de Volussenus.

Le suffixe *-enius* par *e* long et simple *n* peut se transformer en *-ennius* par *e* bref et double *n*. On a déjà deux exemples du doublement de l'*n* dans le suffixe *-enus* : Vibenna, Artenna. Ce doublement est beaucoup plus fréquent lorsque ce suffixe se développe à l'aide d'un suffixe secondaire. C'est ainsi qu'à côté d'Avenia ci-dessus, une inscription nous fournit Avennius (12); de même on a tiré :

de Caesenus	Caesennius (13),
de Vesenus	Vesennius (14).

---

(1) *C. I. L.*, XIV, 2213. Cf. Fabretti, *Glossarium italicum*, col. 1969.
(2) *Ibid.*, IX, 2838. Cf. Fabretti, *Gloss. ital.*, col. 180.
(3) *Ibid.*, X, 3334, 5, 7, 8; XIV, 2801.
(4) *Ibid.*, V, 4390; VIII, 8460.
(5) *Ibid.*, V, 3382.
(6) *Ibid.*, III, 1762.
(7) *Ibid.*, X, 1403 a 1, 12, 23, 24; *f* 3, 16.
(8) *Ibid.*, III, 2513; IX, 338, 1, 7.
(9) *Ibid.*, III, 1198, 1482, 1513, 1514; X, 3337, 3500; XII, 2760; XIV, 246.
(10) *Ibid.*, X, 3095.
(11) *Ibid.*, VIII, 570, 813, 2560, 3; 8745.
(12) *Ibid.*, VI, 12807.
(13) *Ibid.*, V, 5315; VI, 13937-13952; VII, *index*; X, 722; XIV, *index*.
(14) *Ibid.*, IX, 5439.

Attius a dû avoir un parallèle *Attenus, d'où les gentilices Attenius (1) et Attennius (2).

Caetennius (3) et Caetia supposent un intermédiaire *Caetenus ;

Gavennius (4) et Gavius, un intermédiaire *Gavenus ;
Nasennius (5) et Nasius (6), un intermédiaire *Nasenus ;
Pontennius (7) et Pontius, un intermédiaire *Pontenus ;
Tettennius (8) et Tettius, un intermédiaire *Tettenus.

Ces principes posés, on peut passer à l'étude des noms de lieux de la France qui sont des dérivés en -*acus* de gentilices en -*enus* ou en -*ennus*.

§ 2. — *Les noms de lieu en* -acus, *dérivés de gentilices romains en* -enus *qui se rencontrent dans les inscriptions ou dont on trouve un dérivé dans les inscriptions ; 1re section, caractérisée par le doublement de l'*n *du suffixe* -enus.

L'addition d'un suffixe au gentilice -*enus* produit souvent en Gaule l'abrègement de la voyelle *e* et le doublement de l'*n* du suffixe *ēnus*. On peut observer ce phénomène dans le nom d'

AVENNACUS, aujourd'hui Avenay (Marne), tel que l'écrivent, au neuvième siècle, les *Annales de Saint-Bertin* (9) et Frodoard (10).

Le doublement de l'*n* ne se produit pas dans une charte donnée en 926 à l'abbaye de Cluny où il est question d'une *curtis Avenacus*, située dans le *pagus Equestricus*,

---

(1) *C. I. L.*, II, 537.
(2) *Ibid.*, II, 2159, 5038 ; XIV, 631.
(3) *Ibid.*, XIV, 246.
(4) *Ibid.*, IX, 3353.
(5) *Ibid.*, IX, 1646, 4764.
(6) *Ibid.*, IX, 3191 : Nassius ; IX, 5803 : Nasia, Cf. ci-dessus, p. 374.
(7) *Ibid.*, VIII, 2618 *b*, 24.
(8) *Ibid.*, III, 2054 ; Tettenius, III, 2959.
(9) Dom Bouquet, VIII, 26 *d*.
(10) Dom Bouquet, VIII, 156 *c* ; 167 **a** ; 168 *a* ; 194 *a* ; 195 *c*.

c'est-à-dire dans l'ancien territoire de la cité dont Nyon, en Suisse, était la capitale (1). On ne ne trouve pas non plus la double *n* dans les chartes de l'abbaye de Saint-Vincent de Mâcon, où est mentionnée une *villa Avenacus* située en Mâconnais aux dixième, onzième, et douzième siècles (2); cette *villa* était dans l'*ager Viriacensis*, dont le nom survit aujourd'hui dans Viré (Saône-et-Loire). Mais les inscriptions romaines nous donnent pour le suffixe *-enius* ou *-ennius* dans les gentilices la même alternance d'*n* simple ou de double *n*.

Avennacus et *Avenacus* sont tous deux dérivés du gentilice Avenus ou Avena constaté par les deux inscriptions italiennes où on lit les noms de C. Avenus Fa... et de M. Avena Macer (3).

MARCENNACUS offre le doublement de l'*n*, comme *Avennacus*, Avenay (Marne). *Marcennacus* est la forme ancienne du nom des quatre communes de Marsannay-la-Côte, Marsannay-le-Bois et Marcenay (Côte-d'Or) (4); de Marcenat (Cantal) (5) et Marcenet, écart de la commune de Saint-Maurice-sur-Loire (Loire) (6), comme on peut le voir par la chronique de Bèze, par le cartulaire de Conques et par des chartes de l'abbaye de Cluny. *Marcennacus*, plus tard *Marcennagus*, est un dérivé de Marcenus, dont la forme féminine nous est donnée par l'épitaphe de Marcena Clementilla, trouvée près de Terracine (7).

---

(1) Bruel, *Recueil des chartes de l'abbaye de Cluny*, t. I, p. 247, 248, 249.
(2) Ragut, *Cartul. de Saint-Vincent de Mâcon*, p. 23, 200, 202, 209, 210, 211, 215, 221, 352.
(3) C. I. L., IX, 2379; V, 3382.
(4) Garnier, *Nomenclature historique des communes, etc., de la Côte-d'Or*, p. 11, n° 38; p. 36, n° 158; p. 134, n° 539. Il faut corriger en *Marcennacum* le *Marcenniacum* de la *Chronique* de Bèze, édit. Bougaud et Garnier, p. 235 (Cf. Pardessus, *Diplomata*, t. II, p. 366). Voir la bonne leçon *Marcennaco*, p. 256, 259 de la même édition.
(5) G. Desjardins, *Cartulaire de Conques*, p. 78, n° 83; cf. p. 479.
(6) Aug. Bernard, *Cartulaire de Savigny*, p. 82, 282, 1128; Bruel, *Recueil des chartes de l'abbaye de Cluny*, t. II, p. 295; t. III, p. 278.
(7) C. I. L., X, 6377. — Cf. Marcius ci-dessus, p. 270-275, 411.

LUCENNACUS est le nom ancien de Lucenay-le-Duc (Côte-d'Or), de Luzinay (Isère) et de Lucenay (Rhône). C'est établi pour les deux premiers par des chartes du neuvième siècle (1), pour le second par une charte du dixième (2). *Lucennacus* suppose un gentilice *Lucenus dont nous n'avons pas d'exemple ; mais *Lucenus n'est pas nécessaire seulement pour expliquer *Lucennacus* : de *Lucenus dérive le gentilice Lucenius attesté par deux inscriptions (3). L'une est italienne. Mais l'autre est tout particulièrement intéressante pour nous parce qu'elle a été trouvée en France, près de Nîmes ; c'est l'épitaphe de Lucenia Duritata (4).

FENAY (Côte-d'Or), déjà Faenay en 1163 (5), se serait appelé *Fedenniacus*, au huitième siècle, si l'on s'en rapporte aux diverses éditions d'un diplôme de l'année 734 (6) ; il faut ôter l'*i*, il faut écrire *Fedennacus*, notation basse d'un plus ancien *Fidennacus*. *Fidennacus* dérive du gentilice *Fidenus, et *Fidenus est nécessaire pour expliquer le gentilice dérivé Fidenius dont le féminin Fidenia nous est conservé par une inscription d'Afrique, c'est l'épitaphe de Fidenia Victoria (7). *Fidenus sert de pendant à Fidius, gentilice qui se rencontre dans les inscriptions d'Espagne (8) et d'Italie (9). En France, le musée de Marseille possède une lampe qui provient de la fabrique de L. Fidius Secundus ; elle a été trouvée dans la ville d'Arles (10).

(1) Pour Lucenay-le-Duc, un diplôme de l'année 883 (Dom Bouquet, IX, 430 c); pour Luzinay (Isère), un diplôme de 853 environ (Dom Bouquet, VIII, 389 d) et un autre de 885 (*Cartulaire de Saint-Hugues de Grenoble*, p. 11).
(2) Aug. Bernard, *Cartulaire de Savigny*, p. 654, 1127.
(3) *C. I. L.*, V, 7890 ; XII, 4063.
(4) *Ibid.*, t. XII, p. 497 et 842, n° 4063. — Cf. Lucius, ci-dessus, p. 259.
(5) *Gallia Christiana*, IV, col. 584 a.
(6) Pardessus, *Diplomata*, t. II, p. 366 ; cf. Garnier, *Nomenclature historique*, p. 27, n° 118.
(7) *C. I. L.*, VIII, 5582.
(8) *Ibid.*, II, 834, 835, 2153.
(9) *Ibid.*, V, 3609 ; X, 4136, 6606.
(10) *Ibid.*, XII, 5682, 45. — Cf. ci-dessus, p. 231.

§ 3. — *Les noms de lieux en* -acus, *dérivés de gentilices romains en* -enus *qui se rencontrent dans les inscriptions ou dont on trouve un dérivé dans les inscriptions; 2º section caractérisée par l'*n *non doublée du suffixe* -enus.

Il y a deux noms de lieux dérivés de gentilices en -*enus*, dont les documents romains établissent l'existence, mais pour lesquels les documents français n'offrent aucune trace du doublement de l'*n*. Ce sont *Artenacus* et *Catenacus*.

ARTENACUS a été un nom de lieu assez répandu en France. Le plus ancien exemple que j'en aie recueilli date de l'année 1164 (1), c'est Artenac, aujourd'hui commune de Saverdun (Ariège). Le *Dictionnaire des Postes* mentionne deux autres Artenac, l'un est une commune du département de la Charente, l'autre un hameau du même département; tous deux ornent leur nom d'une *h* après le *t*. On admire la même décoration dans le nom d'Arthenas, commune du Jura, et dans celui d'Arthenay, écart de l'Hommet (Manche). On écrit sans *h* les noms d'Artenay, commune du département du Loiret et des trois hameaux d'Artenay (Maine-et-Loire, Deux-Sèvres et Vienne).

Artenacus est dérivé d'*Artenus* variante d'*Artennus*, dont la forme féminine employée avec sens masculin nous est conservée par une inscription d'Histonium dans l'Italie centrale; cette inscription débute par les noms de C. Artenna Pudens (2).

Le nom de la VICARIA CATENACENSIS, en Anjou, apparaît dans une charte de l'année 818 (3). Le nom de cette vicairie est dérivé de celui d'une *villa* *Catenacus, dérivé lui-même d'un gentilice *Catenus, dont on n'a pas d'exemple,

---

(1) Douais, *Cartulaire de Saint-Sernin de Toulouse*, p. 370, 586.
(2) *C. I. L.*, IX, 2838. — Sur Artius, voyez ci-dessus, p. 381-401.
(3) Mabille, *Pancarte noire de Saint-Martin de Tours*, p. 82.

mais qui a certainement existé puisqu'il a donné le gentilice dérivé Catenius attesté par deux inscriptions (1). *Catenus était parallèle à Catius qui est fréquent.

§ 4. — *Les noms de lieux en* -acus *dérivés de gentilices en* -enus *dont les inscriptions n'ont conservé d'autre trace que le gentilice en* -ius *correspondant.*

Ayant donné ces exemples de noms de lieux en *-ennacus* ou *-enacus*, dérivés de gentilices romains en *-enus* dont l'existence est démontrée, on pourra, ce semble, sans témérité, faire remonter à des gentilices en *-enus* les noms de lieu suivants, pour lesquels les textes antiques ne nous offrent que des gentilices en *-ius*.

ALBUCENNACUS *villa in agro Forensi* (2) est mentionné dans une charte de 960 environ. Les inscriptions n'ont pas fourni d'exemple d'*Albucenus, mais Albucius est très connu ; on en compte quarante-trois exemples masculins dans les tomes III, V, et XII, du *Corpus Inscript. latin.*

ANTENNACUS, au diocèse de Reims, aujourd'hui Anthenay (Marne), nommé plusieurs fois au neuvième siècle par les *Annales de Saint-Bertin* (3), dérive du gentilice *Antenus dont on n'a pas d'exemple, mais qui était parallèle au gentilice Antius (4). Cf. Ance et Ancy, p. 378, 379.

BESSENACENSIS *ager* et *Bessenacus villa*, dont il est question plusieurs fois au neuvième et au dixième siècle dans les chartes de l'abbaye de Savigny (5), suppose un gentilice *Bessenus ; ce gentilice, qui n'a pas été signalé jusqu'ici,

---

(1) *C. I. L.*, III, 2277 ; X, 4345. — Sur Catius, voyez ci-dessus, p. 213.
(2) A. Bernard, *Cartulaire de Savigny*, p. 161.
(3) D. Bouquet, VII, 122 *d*, 123 *b*. Migne, *Patr. lat.*, t. CXXV, col. 1280, 1281.
(4) *C. I. L.*, I, 834 ; II, 438 ; X, 4584, 4597, 7228, 7352 ; XIV, 324, 325, 1731.
(5) A. Bernard, *Cartulaire de Savigny*, p. 31, 110, 254.

était parallèle à Bessius, gentilice ou *cognomen* connu par une loi de l'an 291 de notre ère (1), et probablement dérivé du nom de peuple Bessus. *Bessenacus* est aujourd'hui Bessenay (Rhône). De Bessius est dérivé *Bissiacus*, nom de Bissy-la-Mâconnaise et de Bissy-sous-Uxelles (Saône-et-Loire) dans un pouillé de 1500 environ (2).

BOUTENACHUS, aujourd'hui Boutenac (Aude), apparaît dans une charte en 1185 (3). Ce nom de lieu dérive du gentilice *Boutenus, parallèle à Boutius. Boutius est employé avec valeur de *cognomen* ou de nom pérégrin dans sept inscriptions d'Espagne; c'est le nom d'un potier : un vase du musée de Vienne (Isère) porte la marque Boutius f(ecit) (4).

CARENDENACUS, aujourd'hui Carennac (Lot), mentionné en 932 dans une charte que nous a conservé le Cartulaire de Beaulieu (Corrèze) (5), a dû s'appeler primitivement *Carantenacus* et dérive d'un gentilice *Carantenus, parallèle à Carantius, gentilice d'origine gauloise, dont plusieurs inscriptions attestent l'existence (6). Cf. ci-dessus, p. 211.

CAVENNACUS est le nom d'une *villa* au neuvième siècle dans une charte de l'abbaye de Savigny, c'est aujourd'hui Chevinay (Rhône) (7). *Cavennacus* dérive de *Cavenus dont on n'a pas d'exemple (8), mais qui est parallèle au gentilice Cavius (9).

CORTENNACUS pour *Curtennacus*, aujourd'hui Courtenay

---

(1) Code Justinien, livre IV, t. I, l. 6.
(2) Aug. Bernard, *Cartulaire de Savigny*, p. 1049, 1108.
(3) Guérard, *Cartulaire de Saint-Victor de Marseille*, t. II, p. 401, 849.
(4) *C. I. L.*, II, 408, 458, 620, 744, 756, 794, 2786; XII, 5686, 140.
(5) Deloche, *Cartulaire de Beaulieu*, p. 88.
(6) *C. I. L.*, III, 3916; XII, 2602, 2854, 2860, 3208, 3209.
(7) Aug. Bernard, *Cartulaire de Savigny*, p. 243, 1115.
(8) On pourrait supposer que Cavinnius (*C. I. L.*, X, 4325) = *Cavennius, dérivé de *Cavenus.
(9) *C. I. L.*, XIV, 790; cf. II, 4970, 127, 128.

(Isère), apparaît dans deux chartes du neuvième siècle (1). Il suppose un gentilice *Curtenus, parallèle au célèbre gentilice romain Curtius, qui pénétra en Gaule comme on peut le voir par l'inscription de Nîmes où figure C. Curtius Primitus (2), et par l'épitaphe de A. Curtius Zosimus, qui a autrefois existé à Narbonne (3).

Cosenacus. Une charte du dixième siècle met dans le pays de Mâcon un *ager Cosenacènsis* (4). Le nom de cet *ager* suppose une *villa Cosenacus*, dont le nom dérive d'un gentilice *Cosenus, parallèle à Cosius. Le musée d'Arles possède l'épitaphe de C. Cosius Trophimas (5). Il a existé, sous l'empire romain, deux potiers nommés Cosius Uranius et Cosius Vrappus ; on a recueilli aux musées d'Arles, de Narbonne et de Nîmes, des produits de leur industrie (6).

Frontennacus est le nom d'une *villa* qui paraît avoir été située en Lyonnais suivant un document écrit vers la fin du dixième siècle ou le commencement du onzième (7) ; c'est Frontenas (Rhône). On peut en rapprocher : *Frontenagus*, au comté de Brioude, suivant une charte de l'année 895 (8) ; les trois communes de Frontenay (Jura, Deux-Sèvres, Vienne) ; les deux communes de Frontenac (Gironde et Lot). L'orthographe *Fronteniacus* = Frontenay (Vienne), dans une charte de l'année 889 (9), est défectueuse, il faut retrancher un *i* et écrire *Frontenacus*. *Frontenacus* vient de *Frontenus, parallèle à Frontius dont le féminin Frontia est conservé par une inscription d'Aouste (Drôme) (10).

(1) *Cartulaire de Saint-Hugues de Grenoble*, p. 11, 73, 527.
(2) C. I. L., XII, 3773.
(3) *Ibid.*, XII, 4755. — Cf. ci-dessus, p. 225-226.
(4) Bruel, *Recueil des chartes de l'abbaye de Cluny*, t. II, p. 492.
(5) *Ibid.*, XII, 890.
(6) *Ibid.*, XII, 5686, 268, 269.
(7) Bruel, *Recueil des chartes de l'abbaye de Cluny*, t. III, p. 361.
(8) Doniol, *Cartulaire de Brioude*, p. 161.
(9) Redet, *Dictionnaire topograph. du département de la Vienne*, p. 181.
(10) C. I. L., XII, 1723. — De là Fronsac (Haute-Garonne, Gironde).

LENTENNACUS. Suivant la chronique de l'abbaye de Saint-Bénigne de Dijon, le roi Gontran aurait, en 587, donné à cette abbaye, des biens dans plusieurs *villae*, notamment *in Lantennaco* (1), qui est aujourd'hui Lantenay (Côte-d'Or) (2). Il y a un autre Lantenay dans le département de l'Ain. Lanthenay (Loir-et-Cher) n'en diffère que par une fantaisie orthographique. Il est probable que l'*a* de la première syllabe tient lieu d'un *e* primitif; la forme primitive serait donc *Lentennacus*, dérivé d'un gentilice *Lentenus. *Lentenus est parallèle à Lentius conservé par l'épitaphe de Lentius Pudentius à Cabasse (Var) (3), et par le nom de Lentia, aujourd'hui Linz, en Autriche. La *Notitia Dignitatum* nous apprend que le duc de la Pannonie première avait sous ses ordres 1° des archers à cheval cantonnés à Linz, *equites sagittarii Lentiae*; 2° un préfet de la *legio secunda italica*, établi avec une section de cette légion dans la même ville, *Lentiae* (4).

SENTENNACUS. Santenay, nom de deux communes, l'une de la Côte-d'Or, l'autre de Loir-et-Cher, et d'un hameau de l'Indre-et-Loire, commune de Bourgueil, paraît être un ancien *Sentennacus* dérivé de *Sentenus; et de *Sentenus on peut rapprocher Sentius, gentilice assez fréquemment employé sous l'empire romain : quatre Sentius furent consuls de l'an 19 avant J.-C. à l'an 41 après J.-C. On peut compter soixante et dix exemples du gentilice Sentius au masculin dans les tomes II, III, V, VIII, X et XII du *C. I. L.*; sur le nombre, six appartiennent à la Gaule. Ce gentilice existait déjà sous la république. Ainsi en l'an 82 avant notre ère, C. Sentius Saturninus était préteur et

---

(1) Chez Migne, *Patrologia latina*, t. CLXII, col. 768 c, *Lanterinaco*, par *ri* pour *n*, contient une faute d'impression. Comparez l'édition de cette chronique donnée par Bougaud et Garnier, p. 29 et 100.

(2) Garnier, *Nomenclature*, p. 10, n° 36.

(3) *C. I. L.*, XII, 345.

(4) Edition Bœcking, t. II, p. 99, 100; cf. Mommsen dans le *C. I. L.*, t. III, p. 690. — Voyez aussi ci-dessus, p. 361.

exerçait un commandement en Macédoine, Cicéron fait son éloge dans sa deuxième Verrine (1), et parle aussi de lui dans son discours contre Pison (2). Cf. *Sentiacus*, p. 315.

TREBENNACUS. Une *finis de Trevennaco* est mentionnée par une charte de l'année 889 (?) (3). *Trevennacus* paraît une notation de basse époque pour *Trebennacus* de *Trebenus. *Trebenus est le pendant de Trebius. Trebius apparaît pour la première fois dans l'histoire romaine en l'an 216 avant J.-C.; c'était le *cognomen* du Samnite Statius Trebius, de *Compsa*, aujourd'hui Conza, qui se rangea du côté d'Annibal contre les Romains après la bataille de Cannes (4). Au siècle suivant, Trebius fut le gentilice d'un savant romain, Trebius Niger (5). Le gentilice Trebius devint assez répandu sous l'empire : en l'an 132 de notre ère, C. Trebius Sergianus obtint les honneurs consulaires (6), on peut compter dans les tomes II, III, V, VIII et XII du *C. I. L.* quarante-deux exemples masculins du gentilice Trebius ; sur ce nombre sept appartiennent à la Gaule.

On terminera par deux noms de lieu dont l'étymologie pourrait sembler difficile si les faits précédemment énoncés n'étaient connus. Ces noms de lieux sont *Nertennacus* et *Aspernacus*.

NERTENNACUS. En 1145, une bulle du pape Eugène III énumère les biens de l'abbaye de Crisenon (Yonne) : dans le nombre se trouve une grange *de Nertennaco* (7). *Nerten-*

---

(1) Livre III, § 217.
(2) § 84. — Sur la *gens* Sentia, voyez Pauly, *Real-Encyclopaedie*, t. VI, p. 1047-1049. — Mon savant confrère M. Siméon Luce, si connu par ses savants travaux sur l'histoire du quatorzième et du quinzième siècle, me signale un exemple de *Sentenacus*, c'est Saint-Eny, lisez Sainteny (Manche).
(3) Aug. Bernard, *Cartulaire de Savigny* (Rhône), p. 8.
(4) Tite-Live, l. XXIII, c. 1.
(5) Pline, *Histoire naturelle*, l. IX, § 89; cf. Teuffel, *Geschichte der rœmischen Literatur*, 3ᵉ édit., p. 211.
(6) Jos. Klein, *Fasti consulares*, p. 65.
(7) Quantin, *Cart. de l'Yonne*, t. I, p. 391.

nacus suppose un gentilice *Nertenus et *Nertenus un parallèle *Nertius ; on ne trouve ni *Nertenus ni *Nertius, mais le dérivé *Nertennacus* prouve l'existence de *Nertenus ; et quant à *Nertius son existence est démontrée par le dérivé *Nertiacus* écrit *Nerciacus* au cas direct, *Nerciaco* au cas indirect, dans deux chartes des environs de l'an mil (1); c'était une *villa* située en Forez. *Nertius est un dérivé du gaulois *nerto-n* « force. »

ASPERNACUS. Près d'Avenay (Marne) = *Avennacus*, se trouve Epernay, même département ; c'est un ancien *Aspernacus* avec métathèse de l'*r* pour *Asprenacus* d'Asprenus. Asprenus est le gentilice correlatif d'Asprius (2). D'Asprenus je ne connais d'exemple qu'avec la valeur de *cognomen* (3). Des savants français, au neuvième siècle, ont cru bien faire de supprimer la voyelle initiale du dérivé comme on la supprimait quand on remontait d' « espérer » au latin *sperare*, d' « esprit » à *spiritus;* ils ont donc écrit *Spernacus*, *Sparnacus* (4). La bonne orthographe est conservée par le *Cartulaire de Saint-Hugues de Grenoble*, où des gens moins instruits ont écrit, dans une charte du commencement du douzième siècle, *parrochia de Aspernaico* (5), un nom de village, aujourd'hui Epernay, commune d'Entremont (Savoie). Il n'y a pas à s'occuper ici de l'orthographe *-aicus*, où l'*i* représente la prononciation réelle de la gutturale dans le suffixe *-acus* à partir de l'an 700 environ, et où le *c* a une valeur historique. *Aspernaicus* = *Aspernacus* = *Asprenacus*.

(1) Aug. Bernard, *Cart. de Savigny*, p. 72, 373.
(2) Asprius, *C. I. L.*, XII, 2633.
(3) *C. I. L.*, X, 2848. Le dérivé Asprenas est plus fréquent.
(4) La notation *Spernacus* se trouve dans un diplôme de l'année 825 (D. Bouquet, VI, 544 a); *Sparnacus* dans la partie des *Annales de Saint-Bertin* écrite par Prudence, évêque de Troyes, année 846 (D. Bouquet, t. VI, p. 64 b; Migne, *Patrologia latina*, t. 115, col. 1399 a), etc. Il s'agit d'Epernay (Marne). *Spernacus*, dans un diplôme de 834 (D. Bouquet, t. VI, p. 596 b, désigne Epernay (Côte-d'Or).
(5) Page 172, cf. 519.

CHAPITRE V.

EXEMPLES, AU MOYEN AGE, DE NOMS DE LIEU IDENTIQUES
A DES GENTILICES ROMAINS EN -*enus*.

Sommaire :

§ 1. Noms de lieux identiques à des gentilices en -*enus* précédemment étudiés. — § 2. Noms de lieux identiques à des gentilices en -*enus* dont on ne connaît que des parallèles en -*tus*. Ces noms de lieu sont : A. Masculins singuliers. B. Féminins singuliers. C. Féminins pluriels.

§ 1er. — *Noms de lieux identiques à des gentilices en* -enus *précédemment étudiés.*

AVENNA est, dans une charte de 1115, le nom de la commune d'Avène (Hérault) (1). Il a été question plus haut, p. 454, du gentilice Avenus. Peut-être doit-on expliquer de la même façon le nom de la *collis Avena* dans une charte de 1043 qui concerne une localité située près de Saint-Cassian, commune du Muy (Var) (2).

TURENNA ou *Torenna*, nom de Turenne (Corrèze), au moyen âge, est, comme on l'a dit p. 442, identique à Turennus, employé comme *cognomen* dans une inscription d'Espagne, mais qui doit avoir été aussi un gentilice parallèle au gentilice romain Turius.

---

(1) Eugène Thomas, *Dictionnaire topographique du département de l'Hérault*, p. 10.
(2) Guérard, *Cartulaire de Saint-Victor de Marseille*, t. II, p. 129, 909.

CAVENAS, en 885, dans un diplôme de Saint-Marcel de Châlon-sur-Saône (1) est identique au gentilice qui explique le dérivé *Cavennacus* cité p. 458.

§ 2. — *Noms de lieux identiques à des gentilices en* -enus *dont on ne connaît que les parallèles en* -ius.

Les trois noms de lieux dont il vient d'être question sont féminins; les deux premiers singuliers, le dernier pluriel. Ceux dont il nous reste à parler se divisent en trois classes : A masculins singuliers ; B féminins singuliers ; C féminins pluriels.

A. — *Sont masculins singuliers :*

CURENNUS, situé dans le pays de Gap, suivant le testament d'Abbon, en 739 (2) ; c'est aujourd'hui Corenc (Isère). Une charte de 924 mentionne une *villa* appelée *altus Corennus* (3), c'est le même nom. Curennus est un gentilice parallèle à Curius. Curius est un gentilice romain bien connu qui a été surtout illustré par M'. Curius Dentatus, trois fois consul, en 290, en 275 et en 274 av. J.-C., enfin censeur en 272. Ce gentilice se maintint, sous l'empire, à Rome et hors de Rome comme on peut le voir par les inscriptions (4). On le trouve en Gaule : à Vaison (5), à Nimes (6).

MAURENNUS est écrit au cas indirect *Morennum*, en 849, dans une charte du *Cartulaire de Brioude* qui nous apprend que cette localité était située en Auvergne, dans l'*aicis*

---

(1) Dom Bouquet, IX, 337 c.
(2) Pardessus, *Diplomata*, t. II, p. 373.
(3) Doniol, *Cartulaire de Brioude*, p. 39.
(4) C. I. L., VI, 16629-16633 ; X, 4103, etc.
(5) *Ibid.*, XII, 1407.
(6) *Ibid.*, XII, 3201. — Sur le gentilice Curius, voyez De-Vit, *Onomasticon*, t. II, p. 513, 516, 517.

Mussiacensis (1). *Maurennus est un gentilice parallèle à Maurius dont on a parlé p. 281, 282.

* Severennus est probablement l'orthographe primitive du nom de lieu appelé *Cevrennus* dans une bulle du pape Urbain II pour le prieuré de Saint-Martin des Champs de Paris, en 1096. C'est aujourd'hui Sevron (Seine-et-Oise) (2). Severenus est un gentilice parallèle à Severius qui a donné *Severiacus*, Civry ou Sivry, étudié p. 316-319.

B. — *Sont féminins singuliers les suivants :*

Tarvenna, aujourd'hui Thérouanne (Pas-de-Calais). Cette ville existait déjà au second siècle de notre ère puisqu'elle est mentionnée par le géographe Ptolémée. L'orthographe de son nom a varié. Celle à laquelle on doit, ce semble, donner la préférence a été adoptée par l'*Itinéraire d'Antonin* où on la trouve trois fois (3) ; elle est confirmée par Grégoire de Tours (4), qui appelle les habitants *Darabennenses* en intercalant un *a* hystérogène entre l'*r* et le *b*. Une orthographe moins bonne substitue un *a* à l'*e* de l'avant-dernière syllabe ; c'est la notation préférée par Ptolémée (5) ; on la trouve aussi dans un diplôme de l'année 662, où se rencontre plusieurs fois le dérivé *Tarvannensis* (6) ; dans la chronique dite de Frédégaire, où le même adjectif est noté *Tharawanninsis* (7). Il faut corriger en *Tarvenna* le *Tervanna* de la *Table de Peutinger* (8) où, comme aujourd'hui, l'ordre d'*a* et d'*e* est interverti.

Tarvenna, nom de lieu, doit son origine à un gentilice

---

(1) Doniol, *Cartulaire de Brioude*, p. 112.
(2) Robert de Lasteyrie, *Cartulaire de Paris*, p. 489.
(3) *Itinéraire d'Antonin*, p. 376, l. 4 ; p. 378, l. 9 ; p. 379, l. 1.
(4) *Historia Francorum*, livre V, c. 18 ; édit. Arndt, p. 215, l. 6.
(5) Ταρουάννα, livre II, c. 9, § 4 ; édit. Didot-Müller, t. I, p. 223.
(6) Pardessus, *Diplomata*, t. II, p. 124.
(7) Livre III, c. 78 ; éd. Krusch, p. 114.
(8) E. Desjardins, *Géographie de la Gaule d'après la Table de Peutinger*, p. 85.

parallèle à Tarvius, employé comme gentilice dans une inscription de Crémone (1). Tarvius est dérivé du *cognomen* Tarvos recueilli dans une inscription de Lucanie (2). De Tarvos est venu non seulement le gentilice Tarvius, mais aussi le nom pérégrin Tarvacus, qui a été porté par un potier dont on a trouvé des produits en Suisse (3) et dans l'Allemagne méridionale (4). Le nom de la ville de Trévise, en latin *Tarvisium* (5), paraît aussi être dérivé de *tarvos*; on sait que *tarvos* est le nom gaulois du taureau.

*Vitulena *villa* est probablement l'orthographe la plus ancienne du nom d'une localité appelée Vitlena, en 927, dans un diplôme des empereurs Louis le Débonnaire et Lothaire (6). Le même nom de lieu paraît désigner une ou deux localités différentes dans deux diplômes de Charles le Chauve pour l'abbaye de Saint-Martin de Tours en 849 et en 862 (7). Le gentilice *Vitulenus était parallèle à un gentilice Vitulius (8), variante de Vitullius (9), et, probablement aussi, du gentilice beaucoup plus connu Vitellius (10).

C. — *Est au féminin pluriel* :

*Catenas noté *Cadenas* dans le *Polyptyque de Saint-Germain des Prés* (11). M. Longnon a constaté que c'est aujourd'hui Chêne-Chenu (Eure-et-Loir). Ce nom de lieu s'explique par un gentilice *Catenus, parallèle à Catius; il a été question de Catius p. 213-214.

---

(1) *C. I. L.*, V, 4092; cf. t. III, p. 883.
(2) *Ibid.*, X, 292.
(3) *Ibid.*, XII, 5686, 863.
(4) *Ibid.*, III, 6010, 217.
(5) Voyez les textes réunis par M. Mommsen, *C. I. L.*, t. V, p. 201.
(6) Tardif, *Monuments historiques*, p. 83, col. 1.
(7) Mabille, *La pancarte noire de Saint-Martin de Tours*, p. 238; cf. 157, 159.
(8) *C. I. L.*, X, 5589.
(9) *Ibid.*, V, 3233, 4541.
(10) Sur le gentilice Vitellius, voyez Pauly, *Real-Encyclopaedie*, t. VI, p. 2681-2689.
(11) Ed. Longnon, p. 124.

CHAPITRE VI.

EXEMPLES, AU MOYEN AGE, DE NOMS DE LIEUX EN -*acus*
DÉRIVÉS ANTÉRIEUREMENT DE COGNOMINA ROMAINS.

SOMMAIRE :

§ 1. *Cognomina* d'origine latine. — § 2. *Cognomina* d'origine ethnographique. — § 3. *Cognomina* d'origine grecque. — § 4. *Cognomina* divers d'origine barbare.

§ 1ᵉʳ. — Cognomina *d'origine latine*.

*Asellacus. Une charte du douzième siècle, insérée dans le *Cartulaire de l'abbaye de Conques* (Aveyron), a pour objet la donation, à cet établissement monastique, de l'église d'Asellac (1). M. Gustave Desjardins, éditeur de ce cartulaire, suppose (2) que cette église était située près de Montpezat (Tarn-et-Garonne).

Asellac est dérivé d'*Asellus*. Dans deux inscriptions, Asella, féminin d'Asellus, est un *cognomen*. Chacune de ces inscriptions nous montre une veuve élevant un tombeau à son mari. L'une de ces femmes, en Afrique, s'appelle Geminia Asella (3). L'autre, en France, à Narbonne, s'appelle Roscia Asella; l'inscription est conservée au musée de Narbonne (4).

(1) Page 379.
(2) Page xcv.
(3) *C. I. L.*, VIII, 2595.
(4) *Ibid.*, XII, 5171.

Asellus, d'où le *cognomen* féminin Asella, est un diminutif d'*asinus* « âne, » usité à la fois chez les poètes et chez les prosateurs. Ovide (1) compare certaines femmes à l'ânesse qui brait, *rudit*, en faisant tourner la meule du moulin :

Ut rudit a scabra turpis asella mola.

Les pères qui ont donné le surnom d'Asella aux deux femmes mentionnées dans les inscriptions précitées n'avaient pas ce vers présent à l'esprit, et Asella exprimait pour eux une idée gracieuse.

Dans d'autres inscriptions, Asellus, Asella est un nom pérégrin. A Cagliari, Asella, morte à vingt-deux ans, est la fille d'Asellus, qui lui fit élever un monument funèbre et qui, plus tard, âgé de soixante et dix-neuf ans, vint reposer à côté d'elle (2); ni l'un ni l'autre n'a de gentilice. Près d'Aquilée, on a recueilli l'épitaphe d'un enfant mort à deux ans trois mois et vingt et un jours, qui s'appelait Asellus, également sans gentilice (3). Il est probable que, dans ces deux cas, nous devons reconnaître le substantif latin *asellus*, « petit âne, » donné comme nom à des esclaves. On trouve aussi ce nom porté par des Juifs tant au masculin (4) qu'au féminin (5); ici on peut supposer une origine étrangère, mais il est peu probable qu'en Gaule il y ait eu, sous l'empire romain, des Juifs propriétaires et donnant leur nom à un *fundus*.

*ACERACUS paraît la forme primitive d'*Azeracus*, qui, dans une charte du douzième siècle, est le nom d'Azerat, commune du département de la Haute-Loire (6).

(1) *Ars amatoria*, III, 290.
(2) *C. I. L.*, X, 7629.
(3) *Ibid.*, V, 8572.
(4) *Ibid.*, IX, 6220.
(5) *Ibid.*, IX, 6212, 6223.
(6) Chassaing, *Spicilegium Brivatense*, p. 15.

Ce nom de lieu est dérivé du *cognomen* Acer. On a trouvé, à Nîmes, l'épitaphe de Justus Carinius Acer. Justus était le prénom de ce personnage; Carinius, son gentilice; Acer, son surnom (1). On a, dit-on, rencontré à Aix, en Provence, un vase de terre avec le nom de potier au génitif Acri (2), qui doit probablement s'expliquer par un nominatif Acer. *Acer* est un adjectif latin qui veut dire « vif, ardent, brave. »

*Bonacus. Une *ecclesia de Bōnago* est mentionnée dans une charte probablement du onzième siècle (3); ce paraît être une localité des environs de Toulouse. *Bonagus* est une notation basse pour un plus ancien *Bonacus* dérivé de Bonus.

Bonus est un adjectif latin bien connu qui a été employé quelquefois comme *cognomen*. Le consulaire Rupilius Bonus a dû vivre au premier siècle de notre ère; il fut le père de Rupilia Faustina, grand'mère paternelle de l'empereur Marc-Aurèle, né l'an 121 (4). Un rescrit de l'empereur Gordien fut adressé, en 241, à un certain A. Bonus dont le gentilice ne nous a pas été conservé (5). Le féminin *Bona* se rencontre comme surnom de femme en Afrique, Caecilia Bona (6), Geminia Bona (7), Cittia Bona (8).

Bonacus paraît la forme primitive du nom des communes de Bonac et Bonnac (Ariège), de Bonnac (Cantal), de Bonnac (Haute-Vienne), de Bonnat (Creuse), du hameau de Bonnat commune de Mons (Puy-de-Dôme), peut-être des deux communes de Bonnay (Doubs, Somme).

Bonnay (Saône-et-Loire) paraît avoir une autre origine.

---

(1) *C. I. L.*, XII, 3687.
(2) *Ibid.*, XII, 5686, 1054.
(3) Douais, *Cartulaire de Saint-Sernin de Toulouse*, p. 192.
(4) Capitolin, *Vie de Marc-Antoine le philosophe*, c. 1, § 4.
(5) *Code de Justinien*, livre VI, titre 40, loi 1.
(6) *C. I. L.*, VIII, 2252.
(7) *Ibid.*, 5709.
(8) *Ibid.*, 7768.

*Catulacus doit avoir été la notation antique du nom de lieu écrit à l'ablatif *Cadolaico*, dans un diplôme mérovingien de l'année 710 (1).

Catulus est un nom commun latin qui veut dire « petit d'un animal » et, dans un sens plus restreint, « petit chien. » Il a été employé comme *cognomen* en Gaule sous l'empire romain. Ainsi, on a trouvé : à Nîmes, une inscription funèbre gravée par ordre d'un affranchi de Q. Maximius Catulus (2) ; à Narbonne, l'épitaphe de M. Aemilius Catulus (3). Une inscription de Cologne est destinée à rappeler la reconstruction du prétoire par les soins du légat impérial Q. Tarquitius Catulus (4). Une inscription funéraire de Nîmes nous fait connaître un certain Catulus auquel elle ne donne ni prénom ni gentilice et qui avait un affranchi ; celui-ci donna à un de ses enfants le nom de *Catlinus* pour *Catulinus*, diminutif du *cognomen* ou du nom pérégrin porté par le patron (5).

Le *cognomen* Catulus fut aussi employé comme nom de lieu sans addition de suffixe. Une charte de l'année 936 conservée dans le fonds du chapitre de Rodez aux archives de l'Aveyron met en Rouergue un *ministerium Catulense* (6), c'est-à-dire une viguerie dont le chef-lieu s'appelait *Catulus*, et tirait ce nom de celui d'un ancien propriétaire.

Il ne faut pas confondre le *cognomen* Catulus avec le *cognomen* plus connu Catullus, ni avec le gentilice Catullius d'où *Catulliacus*, ancien nom du *fundus* romain où fut bâtie l'abbaye de Saint-Denis. On suppose que le *Catulacus du diplôme précité est Chailly, commune de Vaires (Seine-et-Marne) : Chailly, semble-t-il, s'expliquerait

---

(1) Tardif, *Monuments historiques*, p. 38, col. 1.
(2) *C. I. L.*, XII, 4009.
(3) *Ibid.*, 4569.
(4) Brambach, 331.
(5) *C. I. L.*, XII, 3929.
(6) Cette charte a été publiée par M. Gustave Desjardins dans la *Bibliothèque de l'Ecole des chartes*, t. XXIV, p. 170.

mieux par un ancien *Catuliacus*. Dans le testament de Fulrad, abbé de Saint-Denis, 777, *Cadolaco* (1) est une faute pour *Cadolliaco* = *Catulliaco*, et désigne Saint-Denis.

*Canacus est évidemment la forme ancienne du nom de la localité appelée Chanac dans un dénombrement des vassaux qu'Alphonse, comte de Poitiers, frère du roi Saint-Louis, avait en Auvergne, au milieu du treizième siècle (2); c'est aujourd'hui Chanat, commune de Nohanent (Puy-de-Dôme). *Canacus, qui explique Chanac, est un dérivé de l'adjectif latin *canus* « blanc, » qu'on trouve quelquefois employé comme surnom. Cornelius Nepos (3) raconte comment Q. Julius Canus, ami de Cicéron, après avoir été inscrit sur la liste de proscription à cause de la haine du triumvir Antoine pour le grand orateur, en fut ensuite rayé comme ami d'Atticus. Dans le siècle suivant, Julius Kanus fut une des victimes de la cruauté de Caligula. Sénèque vante la tranquillité d'âme avec laquelle il apprit sa condamnation. Il quittait l'empereur quand celui-ci lui dit : « Ne te flatte pas d'une sotte espérance. J'ai donné l'ordre de te conduire au supplice. » — « Je te remercie, excellent prince, » répondit Julius Kanus, et il alla jouer une partie d'échecs qui n'était pas terminée quand un centurion vint le chercher. Julius Kanus constata que son partenaire n'avait pas gagné et l'emportait seulement d'un point sur lui, puis il partit, disant à ses amis en larmes : « Pourquoi êtes-vous tristes? vous cherchez si les âmes sont immortelles, moi je vais le savoir (4). » Le *cognomen* Canus ou Kanus n'est pas rare en Gaule. Une inscription de Genève mentionne un certain Valerius Kanus (5). L'épitaphe d'A. Cornelius Kanus, trouvée à Laudun (Gard), est conser-

---

(1) Tardif, *Monuments historiques*, p. 61, col. 2.
(2) Chassaing, *Spicilegium Brivatense*, p. 58-59.
(3) *Vie d'Atticus*, c. 10.
(4) Sénèque, *De tranquillitate animi*, c. 14.
(5) *C. I. L.*, XII, 2634.

vée au musée d'Aix en Provence (1). L'affranchi Q. Reuconius Canus éleva à son patron un monument funèbre qui a été trouvé à Nimes et qui est conservé au musée d'Avignon (2). Parmi les débris romains employés à la construction des remparts de Narbonne, on a reconnu l'épitaphe de M. Annius Kanus et on l'a transportée au musée de cette ville où elle existe encore (3). Une inscription de Vienne (Isère) rappelle la mémoire de Sex. Coelius Canus questeur en cette ville (4).

Il y a en France deux communes de Chanac, l'une dans la Lozère, l'autre dans la Corrèze ; mais une charte (5) écrit le nom de la seconde Chalnac, ce qui permettrait de supposer une origine différente. Chaney (Ain) peut être un ancien *Canacus*. On peut admettre une origine identique pour un certain nombre de hameaux. Tels sont quatre Canac, savoir : deux dans le Tarn et un dans chacun des deux départements de l'Aveyron et du Tarn-et-Garonne. Nous citerons encore Chanac commune de Simeyrols (Dordogne).

Chenove (Côte-d'Or) est, comme Chanac, un dérivé de *Canus*, seulement le suffixe est différent.

*Capitónacus ou *Capitunnacus, tous deux avec restitution d'un *i* bref atone, sont des variantes du nom de lieu écrit à l'ablatif *Captunnaco*, en 691, dans la date d'un jugement du roi Clovis III et *Captonaco*, en 696, dans la date d'un privilège accordé par Agerad, évêque de Chartres (6). On ne peut déterminer le nom moderne de ces deux localités mais le primitif doit nous offrir la forme ancienne du nom de lieu qui a fourni l'adjectif dérivé *Capdenacense* à une charte de l'année 861, en faveur de l'église cathédrale de

---

(1) *C. I. L.*, XII, 2777.
(2) *Ibid.*, XII, 3265.
(3) *Ibid.*, XII, 4585.
(4) *Ibid.*, XII, 5864.
(5) **Deloche**, *Cartulaire de Beaulieu*, p. 251.
(6) **Tardif**, *Monuments historiques*, p. 23, 30.

Rodez ; cette charte a été publiée par M. G. Desjardins (1) ; le *Cartulaire de Conques*, édité par le même savant (p. 33), donne le nom de lieu dont cet adjectif dérive ; ce nom est écrit à l'ablatif *Capdenago;* la charte date du milieu du onzième siècle ; de * *Capitonacus*, on a tiré vers la même époque le dérivé *Captinacensis* (2) dont l'*i* n'est autre chose qu'une notation arbitraire d'un *e* substitué dès le neuvième siècle à un *o* plus ancien ; il s'agit de Capdenac (Lot).

Capitónacus et sa variante *Captunnacus* sont dérivés de Capito. Capito est un substantif latin ; il vient de *caput*, « tête, » et veut dire « qui a une grosse tête. » Ce mot, devenu une sorte de sobriquet, a servi de *cognomen* dans la *gens* Fonteia et dans la *gens* Ateia. Quatre Fonteius Capito ont été successivement consuls : l'an 33 avant J.-C., l'an 12, l'an 59 et l'an 67 après J.-C. C. Ateius Capito était tribun du peuple, l'an 54 avant notre ère. L. Atteius Capito était sénateur trois ans plus tard, et, en l'an 5 de notre ère, les honneurs du consulat furent accordés à C. Atteius Capito beaucoup plus connu comme jurisconsulte (3). Le *cognomen* Capito est fréquent en Gaule. Nous signalerons d'abord la variante *Capitu* dont l'*u* final peut être rapproché de l'*u* médial du *Captunnacus* mérovingien ; elle nous est fournie par une signature de potier conservée au musée de Vienne (Isère) (4). Parmi les autres inscriptions où se rencontre ce *cognomen*, on peut remarquer celles qui nous ont conservé les noms de D. Julius Capito, citoyen romain et censeur de la cité fédérée de Reims (5) ; l'une de ces inscriptions existe encore au musée de Vienne. On a autrefois trouvé à Aix, en Provence, l'épitaphe de L. Julius Capito (6). Une inscription du musée de Narbonne nous apprend qu'il y

---

(1) *Bibliothèque de l'Ecole des chartes*, t. XXIV, p. 166.
(2) *Ibid.*, p. 219.
(3) De-Vit, *Onomasticon*, t. I, p. 535, 536.
(4) *C. I. L.*, XII, 5686, 177.
(5) *Ibid.*, XII, 1869-1870.
(6) *Ibid.*, XII, 2470.

avait dans cette ville un autel de Vulcain accompagné d'une piscine, le tout construit aux frais de la cité par les soins du préteur-duumvir M. Varius Capito (1). On a découvert, dans la même ville, les épitaphes de T. Fadius Capito (2) et de Q. Cornelius Capito. La seconde existe encore au musée local (3).

CARBONACUS, *villa* où Louis le Débonnaire avait un palais d'où il data une charte en 822 (4), porte un nom dérivé de Carbo, -onis. Carbo n'est pas seulement le surnom du célèbre orateur C. Papirius Carbo, consul en l'an 120 (5), et d'autres membres de familles illustres de Rome, de la *gens* Papiria et de la *gens* Manilia, il a été aussi porté par des personnages moins notables ; tel est le potier dont la marque, *Carbonis*[*manu*], est empreinte sur un plat conservé au musée de Genève (6). Une inscription de Brescia nous apprend aussi qu'il y eut dans cette ville un *quatuorvir juri dicundo* qui portait le surnom de Carbo (7). Le *cognomen* Carbo paraît identique au nom commun latin *carbo, -onis* « charbon. »

CATUSAGUS est le nom d'une localité située aux environs du Puy (Haute-Loire), vers le milieu du dixième siècle (8). Ce nom doit peut-être se corriger en *Catussacus*, et, en ce cas, dérive de Catussa, *cognomen* étudié page 104. Si la bonne orthographe est par un seul *s*, *Catusacus*, ce mot vient de *Catusa ou *Catusos, variante de Catussa. Comparez le dérivé *Catusanianus* cité ci-dessus, page 421.

CAVANNACUS est le nom d'une propriété de l'abbaye de

---

(1) *C. I. L.*, XII, 4338.
(2) *Ibid.*, XII, 4806.
(3) *Ibid.*, XII, 5088.
(4) Sickel, *Acta regum et imperatorum Karolinorum*, t. II, p. 138, n° 181.
(5) Teuffel, *Geschichte der rœmischen Literatur*, 3ᵉ édit., p. 220.
(6) Allmer, *Inscriptions de Vienne*, t. IV, p. 76, n° 1006.
(7) *C. I. L.*, V, 4325.
(8) U. Chevalier, *Cartulaire de Saint-Chaffre-du-Monastier*, p. 65.

DÉRIVÉS EN -ACUS DE SURNOMS ROMAINS. 475

Saint-Éparèse-lès-Angoulême, aux termes d'un diplôme donné par Charlemagne en 769, si nous en croyons la vie du célèbre empereur par le moine d'Angoulême (1). *Cavannacus* dérive de *Cavannus*, nom d'un potier dont la signature, conservée au musée de Liège (2), a été récemment trouvée aussi à Reims (3). Cavannus, nom propre, est identique à un nom commun latin qui désigne une espèce d'oiseau, le hibou. De *Cavannus* on pourrait rapprocher le gentilice Cavinnius, aussi par deux *nn*, connu par une inscription de Capoue (4). Mais *Cavinnius* dérive probablement de Cavinus (5), et il a dû exister un gentilice *Cavannius ou *Cavanius ; c'est ce gentilice qui explique les noms de Cavagnac (Lot), Chavagnac (Cantal, Dordogne), Chavagné (Deux-Sèvres), Chavagnieu (Isère). *Cabannacus*, Chavanay (Loire), dans une charte de 902 (6), doit être corrigé en *Cavannacus*, et dérive du *cognomen* Cavannus, tandis que *Cabannaria* vient du nom commun *cabanna*, « cabane. »

COMMUNACUS. Dans les chartes de l'abbaye de Cluny, publiées par M. Bruel, il est plusieurs fois question, au dixième siècle, d'un *ager Communacensis* (7) ou *Commennacensis* (8) situé dans le *pagus* de Vienne (Isère). La bonne orthographe est la première, comme l'établit la formule *in*

---

(1) Dom Bouquet, V, 184 e. Migne, *Patrologia latina*, t. CXLI, col. 27 b. Cf. Cavanac (Aude), appelé *Cavannac* en 1065, Cavanags en 1075. Gustave Desjardins, *Cartulaire de l'abbaye de Conques*, p. 5, 362, 450.
(2) Schuermans, *Sigles figulins*, n° 1182.
(3) M. l'abbé Thédenat, *Bulletin de la Société des antiquaires de France*, 1884, p. 136.
(4) *C. I. L.*, X, 4427.
(5) Un exemple du *cognomen* Cavinus est cité par De-vit, *Onomasticon*, t. II, p. 187.
(6) U. Chevalier, *Cartulaire de l'abbaye de Saint-André-le-Bas-de-Vienne*, p. 220, 228.
(7) Tome I, p. 509.
(8) Tome II, p. 375, 376, 377. Ce nom est écrit Comennaico, Commenaico, Commennaico, chez l'abbé U. Chevalier, *Cartulaire de Saint-Chaffre*, p. 142, 145.

monte Communaco, 940-941 (1). C'est aujourd'hui Communay (Isère).

Il n'y a aucun rapport entre ce nom de lieu et l'idée de commune ou de biens communaux; *Communacus* vient du *cognomen* Communis. Un des sens de l'adjectif latin *communis* est « affable ; » c'est avec cette valeur que cet adjectif a été employé comme surnom.

En voici des exemples italiens. Il y eut à Ostie, sous l'empire romain, une corporation de *fabri navales* dont fit partie un certain Badusius Communis (2). Une autre inscription de la ville d'Ostie nous a conservé les noms de l'affranchi A. Atinius Communis (3). On a trouvé à Pompéï l'épitaphe de L. Ceius Communis (4). On lit dans une inscription d'Herculanum les noms des affranchis C. Blossius Communis (5) et P. Marius Communis (6). L'épitaphe de l'affranchi C. Rullius Communis a été recueillie à Capoue (7). Une inscription de S. Benedetto, l'antique *Marsi Marruvium*, nous apprend les noms de T. Veturius Communis (8). Il y avait à *Reate*, aujourd'hui Rieti, un collège d'adorateurs d'Hercule, *cultores Herculis*, et ce collège était propriétaire d'un terrain, *locus*, qu'agrandit la libéralité de deux donateurs, dont l'un s'appelait Q. Octavius Communis (9). La même ville possède encore le monument funèbre élevé par Varius Communis à sa fille (10); il provient de la ville de Rome. Une inscription d'Adria nous a conservé les noms de L. Poblicius Communis (11), et deux inscriptions de Milan

---

(1) Bruel, tome I, p. 508.
(2) C. I, L., XIV, n° 256, l. 204.
(3) *Ibid.*, XIV, 630.
(4) *Ibid.*, X, 1039.
(5) *Ibid.*, X, 1403 *f*, col. 2, l. 4.
(6) *Ibid.*, X, 1403 *g*, col. 2, l. 37.
(7) *Ibid.*, X, 4319.
(8) *Ibid.*, IX, 3769.
(9) *Ibid.*, IX, 4673.
(10) *Ibid.*, IX, 4723 add.
(11) *Ibid.*, V, 2357.

ceux de Q. Bisius Communis (1) et de Furius Communis (2).

D'Italie le *cognomen* Communis pénétra en Gaule. Le musée d'Arles contient le monument funèbre élevé par Sex. Julius Communis à Flora, sa *contubernalis* (3). Il existe encore à Nimes une épitaphe que L. Karius Communis a fait graver pour son fils au deuxième siècle de notre ère (4). On doit considérer comme plus ancienne l'épitaphe d'un soldat de la cohorte I des Thraces, monument conservé au musée de Cologne, et gravé par les soins de Bassius Communis ; dans cette épitaphe, le nom de Lyon, au génitif *Luguduni*, conserve encore son second *u*, déjà supprimé chez Strabon (5).

*Dominacus. C'est ainsi qu'on doit restituer la forme primitive du nom de Dompnac (Ardèche), appelé *Dompnacus* en 1365 (6). Mais *Domnacus* sans *i* a dû être une variante de *Dominacus* dès le temps de l'empire romain.

*Dominacus vient de *dominus*, nom commun dont le sens est bien connu, qui a été employé au féminin comme *cognomen*. On a trouvé en Italie, à Misène, et on conserve au musée de Florence l'épitaphe d'Antonia Domina (7). M. Germer Durand a signalé à Gailhan (Gard) l'épitaphe d'une femme d'origine pannonienne, et dont le surnom était Domina (8). La forme abrégée Domna est constatée par une inscription romaine du Norique, aujourd'hui encastrée dans un mur de l'église de Mœderndorf, près de Klagenfurt ; cette femme s'appelait Claudia Domna (9). On peut citer aussi une inscription de Pescara, en Italie, qui est l'épi-

---

(1) *C. I. L.*, V, 5841.
(2) *Ibid.*, V, 6107.
(3) *Ibid.*, XII, 814.
(4) *Ibid.*, XII, 3693.
(5) Brambach, 310.
(6) Chassaing, *Spicilegium Brivatense*, p. 399, 653.
(7) *C. I. L.*, X, 3395.
(8) *Ibid.*, XII, 3020.
(9) *Ibid.*, III, 4828.

taphe de Pulcria Domna (1). Tout le monde a entendu parler de Julia Domna, née vers 158, devenue, vers 175, femme de l'empereur Septime Sévère, morte en 217, et célèbre par l'influence qu'elle exerça sur son mari et sur Caracalla son fils. Elle était d'origine syrienne. Mais les inscriptions précitées montrent que son *cognomen* était usité dans l'empire ailleurs qu'en Syrie. Les inscriptions n'offrent pas d'exemple du *cognomen* masculin Dominus. Celui que donne l'*Onomasticon* du savant De-Vit est le résultat d'une mauvaise lecture : Dominus pour Domitus (2). Cependant on a, de la variante masculine Domnus, deux exemples qui remontent au commencement du troisième siècle de notre ère ; ils nous ont été conservés par des rescrits d'Alexandre Sévère (222-235) insérés au Code de Justinien (3). Dans chacun des deux cas, Domnus est le *cognomen* d'un homme dont le prénom et le gentilice ne sont pas donnés.

* Liberacus est la notation primitive du nom de lieu écrit à l'ablatif *Liberago : colonia in Liberago* dans un état de serfs appartenant à l'église Saint-Victor de Marseille au dixième siècle (4).

* *Liberacus* dérive du *cognomen* romain Liber. On a trouvé en Italie quelques exemples du féminin Libera. Dans un cas c'est le nom d'une femme esclave, *contubernalis* d'une autre esclave (5), mais ailleurs c'est le *cognomen* de femmes libres ; telles sont Publilia Libera à Osta, en Apulie (6), Pomponia Libera à Capoue (7), Caninia Libera à Naples (8). En Gaule, le nom d'homme masculin Liber apparaît dans

---

(1) *C. I. L.*, IX, 3341.
(2) *Ibid.*, IX, 2188, add., p. 673.
(3) Livre IX, t. IX, loi 8, et livre XII, t. XXXVI, loi 7 ; ces exemples et d'autres postérieurs sont cités par De-vit, *Onomasticon*, t. II, p. 659, col. 1.
(4) Guérard, *Cartulaire de Saint-Victor*, t. I, p. 309.
(5) *C. I. L.*, V, 4139.
(6) *Ibid.*, IX, 694.
(7) *Ibid.*, X, 4298.
(8) *Ibid.*, X, 1502.

des inscriptions de Trèves (1) et de Brignon (Gard) (2) ; dans ces deux monuments il n'est pas accompagné de gentilice. Il a existé un potier du nom de Liber ; des vases munis de sa marque sont conservés aux musées de Marseille et d'Avignon (3). La forme féminine s'est rencontrée en Gaule, à Nimes ; elle est précédée d'un gentilice Sassia (Cassia ?) Libera (4).

C'est par le nom d'homme Liber que s'expliquent les deux premières syllabes du nom du bourg de Liverdun (Meurthe-et-Moselle), au neuvième siècle *Liberdunum* (5).

Il y a en France cinq communes de Livry (Marne., Nièvre, Seine-et-Marne, Seine-et-Oise), et deux Livré (Ille-et-Vilaine, Mayenne). Ces noms de lieu sont probablement tous d'anciens *Liberiacus* dérivés immédiatement, non pas du *cognomen* Liber, mais de son dérivé le gentilice Liberius. Il a autrefois existé à Lyon une inscription intéressante ; c'est l'épitaphe de C. Liberius Decimanus, citoyen de Vienne, marinier sur la Saône ; il était membre de la corporation des utriculaires de Lyon, *Luguduni*, et cette orthographe du nom de la ville est celle des premiers temps de la domination romaine (6). On a trouvé en Gueldre une dédicace aux déesses-mères dites Mopates par M. Liberius Victor, qui se qualifie de Nervien, *cives Nervius* (7).

* MACERACUS. C'est ainsi qu'on doit restituer la forme la plus ancienne du nom de lieu écrit *de Mazerago* dans une charte de l'année 898, *Mazerac* dans une autre charte du même cartulaire (8). La localité appelée *villam Maisira-*

---

(1) Brambach, n° 772.
(2) *C. I. L.*, XII, 2916.
(3) *Ibid.*, XII, 5686, 480.
(4) *Ibid.*, XII, 3509.
(5) Lepage, *Dictionnaire topographique du département de la Meurthe*, p. 79.
(6) Boissieu, *Inscriptions de Lyon*, p. 389.
(7) Brambach, n° 71.
(8) Doniol, *Cartulaire de Brioude*, p. 42, 49.

cum (1) paraît nous offrir une variante du même nom.

Maceracus est un dérivé du *cognomen* Macer, « maigre, » très fréquent à Rome, où il a été usité dans plusieurs familles différentes. Au temps de Cicéron, par exemple, vivait Licinius Macer, orateur et historien, qui fut successivement tribun du peuple et préteur, et dont Hermann Peter a écrit la vie et recueilli les fragments (2). L. Baebius Macer, qui composa un livre intitulé *Festalia sacrorum*, paraît avoir été contemporain d'Auguste (3). On a recueilli en Gaule quelques exemples du *cognomen* Macer. Ainsi, à Auriol (Bouches-du-Rhône), un esclave nommé Alphios fit une dédicace au génie de deux Annius, probablement ses maîtres, surnommés l'un Macer, et l'autre Licinianus (4). Le musée de Genève possède une liste de *seviri*, en tête de laquelle est inscrit le nom de Q. Stardius Macer (5). On a trouvé à Neuss, dans la Prusse rhénane, l'épitaphe du légionnaire vétéran Julius Macer (6). On a tiré de terre, près de Mayence, l'épitaphe du légionnaire T. Julius Macer, originaire de la ville celtibérienne de Nertobriga en Espagne (7). Le *cognomen* Macer, sans gentilice, est gravé sur une amphore que possède le musée de Vienne (Isère) (8).

Il y a aujourd'hui, en France, une commune de Mazeray (Charente-Inférieure), et quatre hameaux de Mazerac (Gironde, Lot, Lot-et-Garonne, Tarn-et-Garonne). Le nom de Maizeray (Meuse), celui de la commune de Mezeray (Sarthe), et de plusieurs hameaux de même nom, peuvent être des variantes de Mazerai. De Macer on a tiré un gentilice Macerius conservé par une inscription du No-

---

(1) Deloche, *Cartulaire de Beaulieu*, vers 930, p. 91.
(2) Hermann Peter, *Historicorum romanorum relliquiae*, p. CCCXXXVIII-CCCLIII, 300-310.
(3) De-Vit, *Onomasticon*, I, 659.
(4) *C. I. L.*, XII, 619.
(5) *Ibid.*, XII, 2617.
(6) Brambach, n° 261.
(7) *Ibid.*, n° 1160.
(8) *C. I. L.*, XII, 5686, 518.

rique (1), d'où *Maceriacus*, aujourd'hui Mezeriat (Ain).

*Masculacus, *Masclacus. Telles doivent avoir été les formes primitives du nom de lieu qui s'est plus tard écrit *Maslacus*. Un diplôme du roi Thierry III, qui a dû être donné en 677 ou en 678, est daté d'une localité appelée à l'ablatif *Maslaco* (2). A la fin du onzième siècle un moine de Saint-Père de Chartres, écrivant une sorte de cartulaire de cette abbaye, y inscrit trois fois le nom d'une localité qu'il écrit la première fois, *Maslaico*, les deux autres fois *Maslaco* à l'ablatif (3); il s'agit de Meslay-le-Grenet (Eure-et-Loir).

Ce nom de lieu est dérivé du *cognomen* Masculus « mâle, viril, » dont la variante Masclus n'est pas rare. On la trouve en Italie, mais on peut se borner à donner des exemples empruntés à la Gaule : épitaphes de L. Marius Masclus (4), de L. Gaienina Masclus (5), de C. Maius Masclus (6), à Narbonne. Masclus est aussi le nom de personnes dépourvues de gentilice : épitaphe de Quarta Mascli filia, trouvée dans le département de l'Hérault (7); marques de potier : of[ficina] Mascli, M[a]sclus fe[cit] (8).

Mairilacus, nom d'une localité dont il est question dans un diplôme de l'année 697 (9), est dérivé du surnom Maryllus, Marillus qui apparaît comme variante de Marullus dans les manuscrits de Sénèque le rhéteur (10), et qui est

---

(1) *C. I. L.*, III, 5339.
(2) Pertz, *Diplomata*, p. 44, ligne 53. Tardif, *Monuments historiques*, p. 18, col. 1.
(3) Guérard, *Cartulaire de Saint-Père de Chartres*, p. 44, 45.
(4) *C. I. L.*, XII, 4980.
(5) *Ibid.*, XII, 4493.
(6) *Ibid.*, XII, 4964.
(7) *Ibid.*, XII, 4209.
(8) *Ibid.*, XII, 5686, 560, *m*, *v*.
(9) Tardif, *Monuments historiques*, p. 32, col. 1.
(10) Sénèque, *Controversiae*; voyez Annaei Senecae, *Oratorum et rhetorum sententiae, divisiones, colores*, éd. Teubner-Kiessling, p. 66, 67, 73, etc., et l'*index*, p. 545; cf. Teuffel, *Geschichte der roemischen Literatur*, 3ᵉ édit., p. 594.

justifié par les dérivés Marillina (1), Marilio (2) relevés dans deux inscriptions. On peut supposer que Marillius vient de *mas, maris* « mâle. » De Marillus on a tiré un gentilice *Marillius, d'où Marillac (Charente).

MASSOLACUS, *villa* où les rois mérovingiens avaient un palais au septième siècle (3), porte un nom dérivé de Massula, surnom d'une femme, dans une inscription trouvée près de Cologne et conservée au musée de Bonn (4). *Massolacus* est aujourd'hui, suivant M. Longnon, Malay-le-Roi (Yonne) (5). Massula, dont *Massolacus* dérive, est un diminutif de *massa* « masse. »

PATERNACUS est le nom de la commune de Pernay (Indre-et-Loire), dans une charte de l'année 791 (6). M. Eugène Thomas a réuni plusieurs textes sur une localité appelée, en 1094, *villa Paderni*, c'est-à-dire *Paterni*; en 1156, *villa Patornoga*, c'est-à-dire *Paternaca* et située dans la commune de Gigean (Hérault) (7).

Paternacus ne veut pas dire « bien paternel, » pas plus qu'*Avitacus* « bien de l'aïeul : » *Paternacus* est dérivé de Paternus, *cognomen* très fréquent. Pour la Gaule, le tome XII du *Corpus* en donne soixante-huit exemples masculins et trente-cinq féminins. Il y en a seize exemples masculins et six féminins, dans les *Inscriptiones rhenanae* de Brambach.

On sait que de Paternus est venu le gentilice Paternius, d'où le nom de lieu *Paterniacus*, plus commun que *Paternacus*. Le musée de Nimes possède l'épitaphe de

---

(1) Marillina, *C. I. L.*, X, 2841.
(2) Marilio, *C. I. L.*, V, 6815.
(3) Frédégaire, l. IV, c. 44, 79, édit. Krusch, p. 143, l. 2, p. 161, l. 22, donne diverses variantes. *Massolacus*, bas latin, pour un plus ancien *Massulacus*, paraît être la bonne leçon ; cf. *Vita Dagoberti*, c. 45; *ibid.*, p. 422, l. 10-11.
(4) Brambach, n° 434.
(5) Longnon, *Atlas historique de la France*, p. 189.
(6) Mabille, *La pancarte noire de Saint-Martin de Tours*, p. 230 ; cf. p. 151, 152, n° 24.
(7) *Dict. top. de l'Hérault*, p. 191, col. 1.

Sex. Paternius Maccianus (1); le musée de Bonn, une dédicace aux déesses-mères de Trèves par T. Paternius Perpetuus (2); le musée de Mayence, l'épitaphe de C. Paternius Postuminus (3). *Paterniacus*, dans plusieurs documents de l'époque carlovingienne, est le nom de Pagney-derrière-Barine, de Pagny-sur-Moselle (Meurthe-et-Moselle) (4) et de Pagny-sur-Meuse (Meuse) (5). *Paterniaca* ou *Paterniacus*, nom de Payerne en Suisse, canton de Vaud, dans les textes du dixième et du onzième siècle (6), est la forme solennelle du nom de cette localité, qui devait s'appeler vulgairement *Paternia*, d'où le moderne Payerne. En Italie, on disait *Paternianus*, d'où les mots *de casale Paterniane*, lisez *Paterniano* dans un diplôme de Charlemagne concernant une abbaye du diocèse de Spolète (7).

PIPERACUS est le nom d'une abbaye fondée au onzième siècle dans le diocèse de Saint-Flour, aujourd'hui Pebrac (Haute-Loire). Pibrac (Haute-Garonne) paraît une variante du même nom.

Piperacus est dérivé du *cognomen* Piper qui a été lu sur une marque de potier trouvée à Die (Drôme) (8) et à Tarragone en Espagne (9). On a aussi employé en qualité de *cognomen* les diminutifs *Piperolus* et *Piperculus*. L'épitaphe de Sex. Spurius Piperolus existe encore à Nîmes (10); et sur un monument funèbre aujourd'hui détruit, on a lu dans la même ville une épitaphe qu'avait fait graver un

---

(1) *C. I. L.*, XII, 3787.
(2) Brambach, 149.
(3) Brambach, 1241.
(4) Lepage, *Dictionnaire topographique du département de la Meurthe*, p. 106, col. 1.
(5) F. Liénard, *Dictionnaire topogr. du départ. de la Meuse*, p. 175, col. 1.
(6) Diplôme de l'année 962, chez D. Bouquet, IX, 667 C; cf. D. Bouquet, X, 364 A, 374 C.
(7) Sickel, *Acta regum et imperatorum karolinorum*, t. II, p. 32, n° 57.
(8) *C. I. L.*, XII, 5686, 692.
(9) *Ibid.*, II, 4970, 392.
(10) *Ibid.*, XII, 3333.

personnage dont le *cognomen* était Piperculus (1). Un autre dérivé de Piper était Piperas; Aquilius Piperas fit graver à sa femme une épitaphe, dont un fragment est conservé au musée d'Augsbourg (2).

Le *cognomen* Piper a été aussi employé comme nom de lieu sans suffixe; témoin Poivre (Aube), appelé *Pipera* en 1032, *Piper* en 1202 (3). Ce *cognomen* paraît identique au nom commun *piper* « poivre. »

*Pusinnacus. Ce nom de lieu est écrit en 860 *Puzinnaco*, en 887 *Puzenaco*, à l'ablatif latin ; au douzième siècle, Poznac en langue vulgaire (4). Il s'agit d'une localité située en Quercy.

Pusinnacus est un dérivé du *cognomen* Pusinnus, au féminin Pusinna. Le premier se rencontre dans une inscription de Narbonne (5), le second dans une inscription de Die (6), dans trois inscriptions d'Espagne (7) et dans autant d'inscriptions de l'Italie du Nord (8). Pusinnus dérive de *pusus* « petit garçon, » au féminin *pusa*.

§ 2. — Cognomina *avec sens ethnographique.*

A cette liste de noms de lieu dérivés de *cognomina* dont l'origine est latine, nous donnerons comme complément quelques noms de lieux dérivés de *cognomina* qui avaient été empruntés à des noms ethniques, les uns latins d'origine, les autres adoptés par la langue latine quoique leur origine fût étrangère.

---

(1) *C. I. L.*, XII, 3896.
(2) *Ibid.*, III, 5837.
(3) Boutiot et Socard, *Dictionnaire topographique du département de l'Aube*, p. 124, col. 1.
(4) Deloche, *Cartulaire de Beaulieu*, p. 254, 229, 62.
(5) *C. I. L.*, XII, 4422.
(6) *Ibid.*, XII, 1658.
(7) *Ibid.*, II, 2284, 2414, 2589.
(8) *Ibid.*, V, 4430, 4993, 5639.

Les noms de peuples employés comme *cognomina* ne sont pas rares. En voici quelques exemples empruntés à la Gaule. Une inscription de Narbonne fait connaître les noms de P. Lucius Graecus (1) et une inscription de Nîmes ceux de Junius Graecus (2). Des inscriptions de Vienne (Isère) et de Narbonne, ont conservé ceux de Messius Italus (3); de M. Fulvius Italus (4) et de C. Julius Italus (5). Remarquons pour ce dernier que son *cognomen* ne contient nullement une indication d'origine, car C. Julius Italus ne venait pas d'Italie; il était de Segobriga en Espagne. Ligus c'est-à-dire « ligure, » est un *cognomen* fréquent dans les inscriptions de la Gaule : à l'île Sainte-Marguerite, M. Julius Ligus (6); à Fréjus, C. Vibius Ligus (7); à Marseille, Julius Ligus (8); à Aix en Provence, Albucius Ligus (9); à Narbonne, L. Baebius Ligus (10). Citons encore : le *cognomen* Cantaber; à Vienne, (Isère), A. Lucilius Cantaber (11); à Villetelle (Gard), G. Statius Cantaber (12); — le *cognomen* Marsus; à Narbonne, L. Aufidius Marsus (13); — le *cognomen* Noricus; à Nîmes, Cn. Reiconius Noricus (14); — le *cognomen* Tuscus; à Fréjus, Trebellius Tuscus (15).

Voilà, ce semble, un nombre d'exemples suffisant pour montrer que les termes ethniques qui ont servi à former les noms de lieux dont il va être question ont dû cette

---

(1) *C. I. L.*, XII, 4957.
(2) *Ibid.*, XII, 3686.
(3) *Ibid.*, XII, 1985.
(4) *Ibid.*, XII, 4362.
(5) *Ibid.*, XII, 4536.
(6) *Ibid.*, XII, 174.
(7) *Ibid.*, XII, 306.
(8) *Ibid.*, XII, 462.
(9) *Ibid.*, XII, 538.
(10) *Ibid.*, XII, 4656.
(11) *Ibid.*, XII, 1892, 1976.
(12) *Ibid.*, XII, 4169.
(13) *Ibid.*, XII, 4648.
(14) *Ibid.*, XII, 3860.
(15) *Ibid.*, XII, 5738.

fonction à leur usage en qualité de *cognomina*. Nous les diviserons en trois catégories. Il y en a deux dont l'usage en qualité de *cognomen* est démontré, ce sont Maurulus et Romanus ; un a été employé comme nom pérégrin, c'est Catalus ; enfin, il y en a trois que nous supposons avoir été employés comme noms de personnes ou comme *cognomina* quoique nous n'en ayons pas trouvé d'exemple avec cet emploi ; ce sont : Britannus, Carnus et Rutulus.

*Maurulacae. Telle est vraisemblablement l'orthographe primitive du nom de lieu écrit à l'accusatif *Mortacas*, dans la date d'un diplôme mérovingien du septième siècle (1) ; ce serait dit-on, La Morlaye (Oise).

Le *cognomen* Maurulus est rare. Nous n'avons rencontré qu'un exemple : dans une inscription d'Espagne, figure une femme appelée Fabia Maurula (2). Mais Maurus, dont Maurulus est un diminutif, se trouve fréquemment en Espagne, soit comme nom pérégrin, soit comme *cognomen*, ce qui s'explique par le voisinage de l'Afrique puisque *maurus* veut dire « originaire de Mauritanie » ou, d'une manière générale ; « africain. » On rencontre aussi Maurus avec valeur de *cognomen* dans d'autres parties de l'empire romain. On peut citer à Bénévent l'épitaphe d'Umbrius Maurus (3) ; à Concordia, dans l'Italie du Nord, le monument funèbre élevé à un chef des écuries impériales par Aurelia Maura, sa femme (4).

De Maurus, on a tiré le gentilice Maurius, d'où le nom de lieu *Mauriacus*, dont il y a en France un certain nombre d'exemples. On l'a vu, pages 281-282.

Romanacus est une localité dont il est déjà question au

---

(1) Tardif, *Monuments historiques*, p. 17, col. 1.
(2) *C. I. L.*, II, 4362.
(3) *Ibid.*, IX, 2038.
(4) *Ibid.*, V, 1880.

huitième siècle (1). Au dixième siècle, cette localité est qualifiée de *villa* dans une charte de l'abbaye de Saint-Vincent-de-Mâcon (2), et une charte de l'abbaye de Cluny parle de l'*ager romanacus* (3). Ces deux actes sont d'accord pour mettre cette localité dans le *pagus Lugdunensis*, c'est-à-dire dans le Lyonnais. Vers l'an 1000, une charte du cartulaire de Saint-Vincent de Mâcon mentionne la seigneurie et la paroisse de *Romanacus : ex potestate Romanaca et parrochia* (4). Dans tous ces documents il s'agit de Romenay (Saône-et-Loire).

De l'emploi du *cognomen* Romanus en Gaule, nous citerons les trois exemples suivants : à Arles, L. Granius Romanus (5); à Annemasse (Haute-Savoie), Aurelius Romanus (6); à Cologne, Superinius Romanus (7). A Mayence, Romanus est le nom d'un esclave dont le maître fait graver l'épitaphe (8). On a trouvé à Toulon l'épitaphe d'une femme appelée Romana, et qui n'avait pas d'autre nom (9). Romanus a été un nom de potier ; le musée de Vienne possède des échantillons de sa fabrication (10).

De Romanus on a tiré un gentilice Romanius, d'où le nom de lieu dérivé *Romaniacus* étudié pages 303-304.

CATALACUS. Saint Ouen, archevêque de Rouen, écrivant au septième siècle la vie de son contemporain saint Eloi, évêque de Noyon, le fait naître en Limousin, *in villa Catalacense* (11).

Catalus est un nom d'homme pérégrin dans une inscrip-

---

(1) Ragut, *Cartulaire de Saint-Vincent de Mâcon*, p. 54.
(2) *Ibid.*, p. 184.
(3) Bruel, *Recueil des chartes de Cluny*, t. I, p. 730.
(4) Ragut, p. 190.
(5) *C. I. L.*, XII, 727.
(6) *Ibid.*, XII, 2576.
(7) Brambach, 318.
(8) *Ibid.*, 1244.
(9) *Ibid.*, XII, 5760.
(10) *Ibid.*, XII, 5686, 750.
(11) Dom Bouquet, III, 552 c.

tion d'Aquilée qui est l'épitaphe du cavalier Catalus Callaei filius, séquane de nation, c'est-à-dire originaire de Besançon ou des environs (1). On trouve souvent ce nom d'homme en Irlande ; par exemple Cathal, fils d'Aed, est un roi de Munster qui serait mort en 625 (2). Catalus est aussi un nom ethnique : les *Catali* sont un petit peuple des Alpes dont il est question chez Pline (3).

De Catalus on a tiré un gentilice *Catalius, d'où le nom de la localité appelée, au onzième siècle, *Kadaliacus* (pour *Cataliacus*) *villa* (4). Cette localité était située dans le pays de Bar (Corrèze), et, suivant M. Deloche, elle s'est appelée plus tard Cazillac.

*Britannacus. Ce nom de lieu se reconnaît sous les formes légèrement altérées *Brittannaicus* et *Britiniacus* dans des chartes du dixième siècle appartenant à l'abbaye de Saint-Martin de Tours (5); c'est aujourd'hui Berthenay (Indre-et-Loire). Il y a, dans le département de l'Aisne, un hameau de même nom. Brethenay, nom d'une commune du département de la Haute-Marne, en est une variante.

Britannacus s'explique par un *cognomen* *Britannus dont le sens primitif est ethnique. Du *cognomen* *Britannus est dérivé le gentilice Britannius, et celui-ci, comme on l'a dit p. 201, a donné naissance au nom de lieu *Britinniacus*, *Bretiniacus*, aujourd'hui Bretigney et Brétigny.

Carnacus. Dans le testament d'Abbon, en 739, est le nom de la commune de Charnay, arrondissement de Mâcon (Saône-et-Loire), *in pago Matascense*, c'est-à-dire en Mâconnais (6); nous retrouvons la même commune sous le même

---

(1) *C. I. L.*, V, 907.
(2) *Chron. Scotorum*, édit. Hennessy, p. 79. Sa mort est datée de 620 par les *Annales des quatre maîtres*, Ed. O'Donovan, 1851, t. I, p. 244.
(3) Livre III, § 133.
(4) Deloche, *Etudes sur la géographie historique de la Gaule*, p. 323.
(5) Mabille, *La pancarte noire*, p. 220, cf. p. 187-189.
(6) Pardessus, *Diplomata*, II, 372, 505.

nom antique dans deux chartes du dixième siècle (1). Il y a en France quatre autres communes de Charnay; elles sont situées dans les départements du Doubs, du Jura, du Rhône, enfin dans celui de Saône-et-Loire, arrondissement de Châlon-sur-Saône. Les noms des communes de Carnac (Lot), et Carnac (Morbihan) ont la même origine. Il y a en Italie, dans la province de Come, une commune de *Carnago*; une localité de même nom dans le canton de Tessin, en Suisse, figure dans la feuille VII de la carte générale du théâtre de la guerre en Italie par Bacler-Dalbe.

*Carnus a dû être un *cognomen*, et ce *cognomen* était identique au nom d'un peuple celtique, les *Carni*, établis au nord-est de l'Italie, dans les Alpes. Ce *cognomen* a donné naissance au gentilice Carnius dont on a des exemples à Padoue (2) et en Afrique (3). Carnius explique le nom de la commune de Saint-Remy-de-Chargnat (Puy-de-Dôme), des hameaux de Chargnac (Corrèze et Dordogne), peut-être aussi celui des Charny de la Côte-d'Or, de la Meuse, de Seine-et-Marne, de l'Yonne et de l'Aube.

*Rutulacæ, sous-entendu *villae*, doit être la forme antique du nom du lieu appelé, au cas indirect, *termino Rodolaigas* vers l'an mil dans une charte de l'abbaye de Conques, qui met cette localité dans le pays de Toulouse : *in pago Tolosano* (4). Un siècle environ plus tard, une autre charte de la même abbaye écrit le même nom *Rodolaiguas* (5). Rutulus est le nom des *Rutuli*, peuple bien connu de l'Italie centrale.

§ 3. — Cognomina *d'origine grecque*.

Nous arrivons aux noms de lieu qu'à l'aide du suffixe

---

(1) Ragut, *Cartulaire de Saint-Vincent de Mâcon*, p. 234, 276.
(2) *C. I. L.*, V, 2522.
(3) *Ibid.*, VIII, 6870, 6871, 7275.
(4) G. Desjardins, *Cartulaire de l'abbaye de Conques*, p. 63.
(5) *Ibid.*, p. 82.

-acus on a tiré de *cognomina*, étrangers à la langue latine. Nous commençons par les *cognomina* grecs.

ATHANACUS. *Athanacus*, aujourd'hui Ainay, au confluent de la Saône et du Rhône, à Lyon, est devenu célèbre dans dans l'antiquité chrétienne par la mort des martyrs dits *Athanacenses*, et dont parle le premier Grégoire de Tours, dans son livre *De la gloire des martyrs*, c. 48 (1). Il fut construit en ce lieu une basilique qui donna naissance à une abbaye. Cette abbaye a une notice dans le *Gallia christiana* (2), et son cartulaire a été publié par Auguste Bernard à la suite de celui de Savigny.

Athanacus dérive du nom d'homme grec Ἀθάνας. Ce nom fut porté par un historien originaire de Syracuse, et dont parle Diodore de Sicile (3). On connaît davantage le dérivé Ἀθανάσιος, Athanase.

*HERMERACUS paraît être l'orthographe la plus ancienne du nom du lieu appelé, au cas indirect, *Hermerago villa* dans un diplôme de Charlemagne pour l'abbaye de Saint-Denis, en 775 (4). Lepage (5) émet l'hypothèse que ce serait Remeréville (Meurthe-et-Moselle).

Hermeracus est dérivé du *cognomen* Hermerus. De-Vit, dans son *Onomasticon*, cite l'exemple : T. Statilius Hermerus, fourni par une inscription. Ce *cognomen* est d'origine grecque ; le nom d'homme Ἕρμερος a été relevé par Pape. C'est une variante de Ἑρμέρως, -ωτος, Hermeros, -otis, qui n'est pas rare dans les inscriptions latines, et dont on trouve des exemples en Gaule : ainsi il existe encore à Fréjus l'épitaphe de L. Valerius Hermeros (6) ; on a trouvé

---

(1) Edition Krusch, p. 522, l. 10, 11.
(2) Tome IV, col. 233-241.
(3) Livre XV, c. 94, § 4 ; édit. Didot, t. II. p. 64, l. 12.
(4) Dom Bouquet, V, 736 c.
(5) *Dictionnaire topographique du département de la Meurthe*, p. 117.
(6) *C. I. L.*, XII, 271.

à Aix, en Provence, celle de L. Pompeius Hermeros (1).

PRUNACUS. Une charte des environs de l'an mil met dans le Lyonnais, *in pago Lugdunensi*, une *villa* qu'elle appelle, à l'ablatif, *Prunaco* (2).

Prunacus paraît dérivé du *cognomen* féminin Prune, variante latine de Phryne. Prune est, dans une inscription d'Espagne (3), le nom d'une esclave affranchie par ses maîtres Plotius et Fufia: Une autre inscription d'Espagne est l'épitaphe d'une autre affranchie qui avait le même *cognomen*, mais avec une orthographe plus grecque. Elle est appelée au datif Valeriae Phryni (4).

*PARTHENACUS. Le nom bien connu de Parthenay (Deux-Sèvres) doit s'expliquer par un primitif *Parthenacus* dérivé d'un *cognomen* Parthenus. Celui-ci est identique au substantif grec Παρθένος, et se rencontre comme nom de saint chez les Bollandistes aux dates des 1er avril et 17 mai. Le dérivé Parthenius était plus usité, mais il aurait donné le nom de lieu *Partheniacus*, qui serait, en français, Parthigny, Parthigné, et non Parthenay.

§ 4. — Cognomina *d'origine barbare*.

Parmi ces *cognomina* de provenances diverses, dont on a tiré des noms de lieu par l'addition du suffixe *-acus*, on en remarque de gaulois. Nous suivrons l'ordre alphabétique sans distinction d'origine.

ARGENTAY, commune des Verchers (Maine-et-Loire), est appelé *Argenteium* dans une charte écrite vers l'année 1160 (5).

(1) *C. I. L.*, XII, 524.
(2) Aug. Bernard, *Cartulaire de Savigny*, p. 248.
(3) *C. I. L.*, II, 3495.
(4) *Ibid.*, II, 2068.
(5) Port, *Dictionnaire historique de Maine-et-Loire*, t. I, p. 132.

C'est un ancien *Argentacus qui suppose un cognomen *Argentus ou, avec une légère variante orthographique, *Argantos, au neuvième siècle Argant dans le Cartulaire de Redon : une charte datée de 869 par l'éditeur de ce cartulaire constate l'adoption de Salomon, roi de Bretagne, par une femme appelée Roiant-dreh, arrière petite-fille d'Argant (1). D'Argant est dérivé le nom de femme Argantan, écrit deux fois dans le même cartulaire (2). L'orthographe irlandaise de ce dernier mot est Argatân. Argatân est le nom d'un abbé irlandais qui serait mort en 894, suivant les Annales des quatre maîtres (3), en 899 d'après le Chronicon Scotorum (4), en 898 si l'on en croit les Annales d'Ulster (5). Argantan ou Argatân est un diminutif d'Argant. Argant est le premier terme des noms d'hommes composés Argant-hael, Argant-lon, Argant-louuen et Argant-monoc, qu'on rencontre aussi dans le Cartulaire de Redon (6).

Le nom d'homme, noté Argant dans le Cartulaire de Redon, au neuvième siècle, est identique au premier terme de plusieurs noms de lieux composés de la Gaule. Le plus connu de ces noms de lieux est Argento-ratus, comme l'écrit Ammien Marcellin dans sa description de la Gaule (7) : Argentoratus barbaricis cladibus nota (8). C'est aujourd'hui Strasbourg, chez Grégoire de Tours Strateburgum.

A la leçon Argento-ratus d'Ammien Marcellin, les modernes ont préféré la variante Argento-ratum, Ἀργεντόρατον, comme l'écrit Ptolémée (9). Pour déterminer avec certitude quel était le genre du second terme de ce mot, on ne peut faire usage ni de l'Itinéraire d'Antonin, où ce mot se

---

(1) Cartulaire de Redon, p. 83.
(2) Ibid., p. 118.
(3) Edition d'O' Donovan, 1851, t. I, p. 552.
(4) Edition Hennessy, p. 176.
(5) Edition Hennessy, t. I, p. 414.
(6) Pages 99, 103, 136, 146, 205.
(7) Livre XV, ch. xi, § 8.
(8) Edition Teubner-Gardthausen, t. I, p. 72, l. 34.
(9) Livre II, ch. ix, § 9, édit. Didot-Müller, t. I, p. 229, l. 6.

trouve plusieurs fois au cas indirect *Argentorato*, ni d'un passage d'Eutrope qui nous l'offre à l'accusatif : *apud Argentoratum Galliae urbem* (1). On ne saurait donc affirmer avec certitude que le genre du second terme d'*Argentoratus* ou *Argento-ratum* fût le masculin ou le neutre.

Comment traduire ce nom de lieu ? Il y a, en irlandais, un nom commun *ráth*, forteresse. Il pourrait paraître très séduisant de rendre *Argento-ratus* par « forteresse d'Argantos. » Seulement *ráth* en irlandais, ou est une mauvaise orthographe pour *ráith*, thème *ráti-*, ou vient de *ráta*, féminin (2).

La variante *Argento-rate* de la *Table de Peutinger* pourrait être le cas indirect d'*Argento-ráti-s*, mais nous ne savons quelle peut être la valeur de cette variante. Le -ῥατον de Ptolémée pourrait être considéré comme identique à l'irlandais *rath*, « faveur, grâce, » qui est un thème neutre en -*o*, mais la traduction « don d'Argentos » paraîtrait bizarre. Il est donc prudent de laisser sans traduction le nom de lieu *Argento-ratus*, *Argento-ratum*, ou de donner comme hypothétique l'interprétation « fort d'Argantos. »

Le nom d'*Argento-ratum*, *Argento-ratus*, supplanté par celui de Strasbourg, en Alsace, paraît persister dans le département de la Mayenne sous la forme moderne Argentré. Le nom de l'église d'Argentré, *de Argent-rato*, est compris dans la liste des paroisses fondées par Turibius, évêque du Mans, à la fin du cinquième siècle. Cette liste nous a été conservée par le compilateur auquel on doit les *Gesta pontificum Cenomannensium* (3).

---

(1) Livre X, ch. xiv: édition Teubner-Dietsch, p. 76.

(2) Voyez l'article 1 *ráth* et *ráith* dans le glossaire de Windisch, *Irische Texte*, I, 732; *Rathi*, dans le livre d'Armagh (Whitley Stokes, *The Tripartite life of Patrick*, t. II, p. 289, l. 21), est peut-être l'accusatif pluriel du thème *rati-*, ce qui semblerait établir l'antiquité de ce thème ; mais cette explication de *rathi* est rendue douteuse par la variante *fossam castelli*. Voyez la note 9 de la page précitée du livre de M. Whitley Stokes.

(3) Mabillon, *Vetera analecta*, in-8°, t. III, p. 64 (cf. Maître, *Dictionnaire topographique du département de la Mayenne*, au mot *Argentré*; et Cauvin, *Géographie ancienne du diocèse du Mans*, p. 24, col. 2.

Un nom de lieu beaucoup moins connu qu'*Argento-ratum*, mais beaucoup plus clair, est celui de la station appelée *Arganto-magus* dans l'*Itinéraire d'Antonin*. *Arganto-magus* veut dire « champ d'Argantos. » C'est aujourd'hui Argenton-sur-Creuse (Indre) (1). Il faut faire attention à l'orthographe du premier terme de ce composé *Arganto-* avec un *a*, et non *Argento-* avec un *e*. Comparez le breton Argant, déjà cité d'après le *Cartulaire de Redon*. *Argento-* paraît une orthographe latine produite par l'influence du mot latin *argentum*. De là dans la *Notitia dignitatum ... Occidentis*, chapitre VIII, l'orthographe par *e* du dérivé *Argento-magensis* (2); comme dans l'*Itinéraire*, c'est, paraît-il, d'Argenton-sur-Creuse qu'il s'agit.

Du *cognomen* *Argentus, on a tiré le dérivé Argentillus. Argentillus, comme le breton Argantan, est un diminutif d'*Argentus ou *Argantos. *Argentus ou *Argantos doit avoir été usité comme surnom d'homme sous l'empire romain, mais nous n'en avons pas trouvé d'exemple. On est plus heureux pour Argentillus. Argentillus est le surnom d'un affranchi dans une inscription de Narbonne (3). Le musée de la même ville nous a conservé le monument funèbre que l'affranchie Annia Argentilla avait fait élever pour elle et pour son patron (4). De Gaule, ce *cognomen* pénétra en Italie, d'abord dans celle du Nord, où nous en trouvons six exemples (5); puis même plus au sud, car nous le rencontrons comme nom pérégrin dans une inscription de Bénévent; c'est l'épitaphe d'une femme appelée Argentilla (6).

ARTONACUS ou ARTUNNACUS. La première leçon est celle

---

(1) *Itinéraire d'Antonin*, p. 460, l. 2; p. 461, l. 2-3; p. 462, l. 3. Longnon, *Atlas historique de la France*, texte, p. 25.
(2) Edition Böcking, t. II, p. 43.
(3) *C. I. L.*, t. XII, p. 853, n° 6006.
(4) *Ibid.*, XII, 4586.
(5) *Ibid.*, V, 1001, 1820, 1829, 1830, 1846, 7298.
(6) *Ibid.*, IX, 1749.

d'une monnaie mérovingienne (1); la seconde est celle d'une charte du onzième siècle en faveur de l'abbaye de Molême (2). Ce dernier document concerne Arthonnay (Yonne) (3). Nous ne savons pas où a été frappée la monnaie mérovingienne.

Le nom d'homme Arto, d'où ce nom de lieu dérive, apparaît dans une inscription publiée par M. Mommsen (4); c'est probablement un dérivé du nom gaulois de l'ours dont on a parlé plus haut, p. 384. On doit, ce semble, rattacher à la même origine le nom d'Artonne (Puy-de-Dôme), *Artona vico*, sur une monnaie mérovingienne (5).

BRENNACUS est surtout connu pour avoir été le nom d'une habitation des rois mérovingiens. M. Longnon a établi qu'avec ce sens ce nom désigne Berny-Rivière (Aisne) (6). Dans les documents de la période mérovingienne, l'orthographe préférée paraît avoir été *Brinnacus*; c'est, du moins, la notation adoptée par les nouveaux éditeurs de Grégoire de Tours et de Fortunat. Un autre *Brinnacus* était situé aux environs d'Evreux; il en est question dans un diplôme de l'année 689 (7); on suppose que ce peut être Brenay, commune de Branville (Eure) (8). Le *Cartulaire de Brioude* mentionne deux fois une *villa* appelée à l'ablatif *Brennago*, située en Auvergne, dans la vicairie de Brioude (Haute-Loire) (9); c'était probablement au dixième siècle; nous retrouvons la même localité sous le même nom, *de Brennaco*, au quatorzième siècle (10) : c'est Brenat, commune

---

(1) A. de Barthélemy, dans la *Biblioth. de l'Ecole des chartes*, t. XXVI, p. 451.
(2) Quantin, *Cartulaire général de l'Yonne*, t. II, p. 27.
(3) Quantin, *Dictionnaire topographique du département de l'Yonne*, p. 5.
(4) *I. R. N.*, 6833. De-Vit, *Onomasticon*, t. II, p. 494.
(5) A. de Barthélemy, dans la *Bibl. de l'Ecole des chartes*, t. XXVI, p. 451.
(6) *Géographie de la Gaule au sixième siècle*, p. 395.
(7) Tardif, *Monuments historiques*, p. 637, col. 2.
(8) Blosseville, *Dictionnaire topogr. du département de l'Eure*, p. 35.
(9) Doniol, p. 101; cf. p. 92.
(10) Chassaing, *Spicilegium Brivatense*, p. 437, 629.

de Saint-Just (Haute-Loire). Deux chartes du dixième siècle mettent en Lyonnais une *villa Brenacus* (1), appelée aussi *Brennacus* : *in Brennaco* vers l'an 1000 (2) ; c'est Le Barnay, commune de Bessenay (Rhône). *Brennacus* a dû être la forme primitive des noms des communes de Brenat (Puy-de-Dôme), de Brenac (Aude), des deux hameaux de Brené (Maine-et-Loire), etc. Ainsi s'explique aussi le nom de Bernay (Eure), appelé *Brenaicus* dans un document des environs de l'an 1000 (3), et probablement aussi les noms des communes de Bernay (Charente-Inférieure, Sarthe, Seine-et-Marne) ; ceux des communes de Bernac (Charente, Tarn, Hautes-Pyrénées).

Brennacus est dérivé du nom d'homme gaulois bien connu, Brennos, qui s'est maintenu sous l'empire romain, comme l'établit une inscription de Bordeaux (4). La forme féminine de ce nom nous a été conservée par une inscription de Rome, qui est l'épitaphe de Brena Secunda (5). De ce nom gaulois on a tiré un gentilice romain noté Brenia au féminin dans une inscription du Latium (6), et Brinnius dans plusieurs inscriptions de Campanie (7). De ce gentilice vient un nom de lieu, *Brinniacus*, qui explique le nom moderne de Brigné (Maine-et-Loire), de Brignac (Corrèze), Brignac (Morbihan). Brennus et Brenna, en italien *Brenno* et *Brenna*, ont été employés comme noms de lieux en Italie : *Brenno* dans les provinces de Côme et de Turin ; *Brenna* dans celles de Côme et de Sienne.

*Burnacus est la forme primitive du nom de la commune de Saint-Jean-de-Bournay (Isère), appelée à l'ablatif *Bor-*

---

(1) A. Bernard, *Cartulaire de Savigny*, p. 38, 109.
(2) *Ibid.*, p. 231.
(3) **Blosseville**, *Dictionn. topogr. du départ. de l'Eure*, p. 17.
(4) Jullian, *Inscriptions romaines de Bordeaux*, t. I, p. 317.
(5) *C. I. L.*, VI, 13633.
(6) *Ibid.*, XIV, 4155.
(7) *Ibid.*, X, 451, 1403, 2174, 2175.

naco dans un diplôme de l'année 739 (1). Le nom de cette commune est identique à celui de Bournac, hameau de la commune de Saint-Affrique (Aveyron), appelé à l'ablatif *Bornaco,* dans une charte du treizième siècle (2).

* *Burnacus* vient de Burnus, nom d'homme qui paraît gaulois. On a trouvé en Espagne l'épitaphe de Camalus, fils de Burnus (3). Le même nom d'homme a donné le premier terme du nom de lieu * *Burno-magus*, appelé *Burnomus* au neuvième et au onzième siècle, aujourd'hui Bournan, hameau du département de la Vienne (4).

* CEDRACUS. Une charte de l'année 689 met dans le Maine une localité appelée au cas indirect *Caedraco* (5). Il faut corriger *Cedraco*.

Ce nom de lieu est dérivé de Cedrus, *cognomen* dans une inscription d'Ostie (6). Le nom d'homme Cedrus se rencontre, employé comme nom de lieu, dans l'itinéraire de Bordeaux à Jérusalem, *Cedros* (7), dont l'emplacement aurait été à Villesèque (Aude), suivant M. Longnon (8).

CORBONACUS est une des résidences des rois carlovingiens. Nous y trouvons Charlemagne en 771, suivant les Annales dites *Tiliani*, suivant celles d'Eginhard et de Fulda (9). Charles le Chauve en date un diplôme en 841 (10). Antérieurement, une charte de l'année 708 mentionne la même localité au cas indirect sous le nom de *Corbunaco* (11). Il s'agit de Corbeny (Aisne) (12).

(1) Pardessus, *Diplomata*, t. II, p. 372; *Cartulaire de Saint-Hugues de Grenoble*, p. 37.
(2) Guérard, *Cartulaire de Saint-Victor de Marseille*, t. II, p. 282, 849.
(3) C. I. L., II, 2484.
(4) Redet, *Dict. topogr. du départ. de la Vienne*, p. 58.
(5) Tardif, *Monuments historiques*, p. 637, col. 2.
(6) C. I. L., XIV, 427.
(7) *Itinéraire d'Antonin*, p. 551, l. 8.
(8) *Atlas historique de la France*, p. 27.
(9) Dom Bouquet, V, 18 e, 201 b, 328 a.
(10) *Ibid.*, VIII, 431 d.
(11) Pardessus, *Diplomata*, t. II, p. 277.
(12) Matton, *Dict. topogr. du départ. de l'Aisne*, p. 76.

Corbonacus est dérivé de Corbo, *cognomen* d'un affranchi dans une inscription de Pannonie (1).

De Corbo on a probablement tiré un gentilice, *Corbonius, d'où *Corbiniacus*, nom de Corbigny (Nièvre), au huitième et au neuvième siècle (2).

Corbo, -onis dérive d'un nom d'homme barbare, Corbus, conservé par une inscription du Norique contemporaine de l'empire romain (3). Ce nom était probablement gaulois. On en trouve une variante en Espagne l'an 206 avant notre ère. Les Romains font la conquête de l'Espagne sur les Carthaginois, et une partie des habitants est entrée dans l'alliance romaine. Parmi ceux-ci, on compte deux hommes illustres, Corbis et Orsua, qui, se disputant le pouvoir dans leur ville natale, se battent en duel à Carthagène sous les yeux du général romain, lui procurant ainsi gratuitement le plaisir d'un combat de gladiateurs (4). De Corbis paraît venir le nom de la ville espagnole de *Corbio*, chez les *Suessetani*, peuple probablement gaulois. *Corbio* fut prise par les Romains l'an 184 avant notre ère (5).

*Cottonacus. Deux chartes, l'une de l'an 1000, l'autre de 1003, concernent une propriété située dans le pays de Grenoble, *in villa Cotonaco* (6).

Ce nom de lieu est dérivé du nom barbare Cotto, Cottonis. Ce nom était porté, en l'an 179 avant notre ère, par un noble bastarne, ami des Macédoniens (7). Il est dérivé de *Cottos*, nom probablement gaulois d'un potier dont on peut encore lire la marque au musée de Vienne (Isère) : Cotti officina (8). Ce nom d'homme semble identique au

---

(1) *C. I. L.*, I, 1466 ; III, 3776.
(2) Soultrait, *Dict. topogr. du départ. de la Nièvre*, p. 54.
(3) *C. I. L.*, III, 6497.
(4) Tite-Live, l. XXVIII, c. 21.
(5) *Ibid.*, l. XXXIX, c. 42.
(6) *Cartulaire de Saint-Hugues de Grenoble*, p. 16, 17.
(7) Tite-Live, l. XL, c. 57.
(8) *C. I. L.*, XII, 5686, 272.

breton *coz*, « vieux. » Outre Cotto, il a donné un autre dérivé plus connu, Cottius, nom porté par le roi à cause duquel on appela Cottiennes un tronçon des Alpes.

*Eburulacus. C'est ainsi qu'il faut restituer le substantif d'où l'on a dérivé l'adjectif *Eborolacensis*, qui qualifie le substantif *praedium*, dans une épître de Sidoine Apollinaire (1). Cette épître paraît avoir été écrite en 474, et la localité dont il s'agit était située dans le voisinage de Clermont (Puy-de-Dôme), qui fut cédé aux Wisigoths l'année suivante.

*Eburulacus est dérivé d'*Eburulus qui est un diminutif d'Eburus. On a émis l'hypothèse qu'*Eburulacus* serait identique à *Evrogilum*, un des quatre palais de Louis le Débonnaire du vivant de Charlemagne (2). *Evrogilum* est aujourd'hui Ebreuil (Allier) (3); c'est un dérivé d'Eburus et non d'*Eburulus. Eburus a été étudié déjà, p. 168-169.

*Isarnacus doit être la forme la plus ancienne du nom de la commune appelée aujourd'hui Yzernay (Maine-et-Loire). Nous n'avons pas d'exemple du nom d'homme Isarnus dans la période romaine, mais il a été fréquent dans les premiers temps du moyen âge (4).

Sedegenacus, avec une orthographe savante, en 929; *Sedegenagus* notation plus rapprochée de la prononciation du temps, en 893 (5), est aujourd'hui La Touche, commune de Cherves (Vienne), et s'explique par un nom d'homme gaulois *Sede-genos, ou peut-être *Sedio-genos « fils de Sedios. »

---

(1) Lib. III, 5. Migne, *Patrologia latina*, t. LVIII, col. 499 b.
(2) *Vita Ludovici Pii*, c. 7. D. Bouquet, VI, 90 c. Migne, t. CIV, col. 932 d.
(3) Longnon, *Atlas historique de la France*, p. 178.
(4) Voir plus haut, p. 184-186.
(5) Redet, *Dict. topogr. du départ. de la Vienne*, p. 411, 412.

CHAPITRE VII.

EXEMPLES, AU MOYEN AGE, DE NOMS DE LIEUX IDENTIQUES A DES *cognomina* ROMAINS.

SOMMAIRE :

§ 1ᵉʳ. *Cognomina* employés au masculin singulier. — § 2. *Cognomina* employés au masculin pluriel. — § 3. *Cognomina* employés au féminin singulier. — § 4. *Cognomina* employés au féminin pluriel.

§ 1ᵉʳ. — Cognomina *employés au masculin singulier.*

BRANNUS. Une villa *Brannus* en Auvergne est mentionnée plusieurs fois dans le *cartulaire de Sauxillanges* (1). Elle était située dans la viguerie d'Usson (Puy-de-Dôme) (2). Il a été question du nom d'homme Brannus, pages 399-400.

CATALUS. C'est par ce nom d'homme pérégrin que s'explique le nom de lieu d'où dérive l'adjectif *catalensis*. On le trouve dans la formule *in aice Catalense*, qui désigne une petite circonscription géographique située en Auvergne au neuvième siècle (3). Le Sequane Catalus Callaei filius; nous est connu par une inscription (4).

CATULUS. Un *fundus Catulus* explique l'adjectif dérivé

---

(1) Ed. Doniol, p. 91, 268, 387, 549.
(2) *Ibid.*, p. 387, 685-687.
(3) Deloche, *Cartulaire de Beaulieu*, p. 244.
(4) *C. I. L.*, V, 907.

catulensis qui se trouve au dixième siècle dans le nom d'une petite circonscription du Rouergue, *ministerium Catulense* (1).

Catulus est un substantif latin qui a été employé comme *cognomen* à Rome dans la *gens Lutatia*. Plusieurs Lutatius Catulus ont été consuls en 242, en 220, en 102, en 78 avant notre ère. Les inscriptions latines de la Narbonnaise nous offrent des exemples de ce *cognomen* : par exemple à Nimes, Q. Maximius Catulus (2); Catulus était aussi un nom pérégrin comme l'atteste une inscription de la même ville (3). On doit probablement reconnaître la forme féminine de ce *cognomen* dans *Cadola*, nom de hameau en Italie, province de Bellune.

Celtus. Une *villa Celtus* figure au dixième siècle dans le testament apocryphe de saint Remi, que Flodoard a inséré dans son histoire de Reims (4).

Celtus, originairement nom de peuple, est un nom pérégrin attesté en Gaule par une inscription d'Uzès (5), en Espagne par une inscription d'Alcantara (6).

Marcellus. Un *vicus Marcellus* figure deux fois dans une charte de l'année 729, en faveur de l'abbaye de Wissembourg (7). On reconnaît dans ce nom de lieu le *cognomen* romain qu'a illustré la *gens* Claudia. Il a été très fréquent en Gaule sous l'empire romain; on peut en compter plus de cinquante exemples tant masculins que féminins, dans l'*index* du tome XII du *Corpus inscriptionum latinarum*; dans les uns c'est un *cognomen* proprement dit, dans d'au-

---

(1) La charte qui l'établit a été publiée par M. G. Desjardins dans la *Bibliothèque de l'Ecole des chartes*, t. XXIV, p. 170.
(2) *C. I. L.*, XII, 4009.
(3) *Ibid.*, XII, 3929.
(4) Pardessus, *Diplomata*, t. I, p. 85. Migne, *Patr. lat.*, t. CXXXV, col. 66 d.
(5) *C. I. L.*, XII, 2928.
(6) *Ibid.*, II, 755.
(7) Pardessus, *Diplomata*, t. II, p. 454, 455.

tres le nom de personnages qui n'avaient pas de gentilice, comme dans les inscriptions 1314, 1675, etc. — Marcello est le nom de deux hameaux d'Italie, provinces de Padoue et de Brescia.

MARCUS est, au neuvième siècle, le nom d'un *locus* situé en Limousin dans la viguerie d'Espagnac ; c'est aujourd'hui Marc-la-Tour (Corrèze) (1). Marcus est un *cognomen* qu'on trouve quelquefois dans les inscriptions de la Gaule : T. Tossius Marcus, à Arles (2); C. Lucceius Marcus, à Orange (3); G. Sollius Marcus (4), à Grenoble; L. Sanctius Marcus, à Genève (5). Marcus est aussi un nom pérégrin : Marcus Caeci filius, à Uzès (6); Marcus Hermolai filius (7) et Marcus Nigrini filius (8), à Nimes.

SOLLEMNIS. Une localité, appelée *Solemnis villa* et *vicus*, est comprise deux fois dans l'énumération des propriétés de l'église du Mans par des diplômes impériaux carlovingiens, la première fois en 802 (9), la seconde fois en 832 (10).
Sollemnis est un *cognomen* usité aussi comme nom pérégrin ; il est par exemple *cognomen* dans une inscription de Worms (11), Servandius Sollemnis ; dans une inscription du musée de Carlsruhe, Q. Caecilius Sollemnis (12) ; il est nom pérégrin dans une inscription de Nimes, Manibus Sollemnis (13).

---

(1) Deloche, *Cartulaire de Beaulieu*, p. 240, 378.
(2) *C. I. L.*, XII, 719.
(3) *Ibid.*, XII, 1247.
(4) *Ibid.*, XII, 2252.
(5) *Ibid.*, XII, 2597.
(6) *Ibid.*, XII, 2936.
(7) *Ibid.*, XII, 3081.
(8) *Ibid.*, XII, 3732.
(9) Dom Bouquet, V, 768 c. Sickel, *Acta Karolinorum*, t. II, p. 67, n° 181.
(10) *Ibid.*, VI, 585 c. Sickel, *Acta Karolinorum*, t. II, p. 179, n° 308.
(11) Brambach, 902.
(12) *Ibid.*, 1674.
(13) *C. I. L.*, XII, 3923.

Turnus est une *villa* située près de Reims, sur la Marne, et qui appartenait au neuvième siècle à la cathédrale de Tours, comme l'atteste un diplôme de Charles le Gros en 886 (1). C'est aujourd'hui Tours-sur-Marne (Marne) dont l's final s'explique par *Turres.*, étymologie erronée. Deux diplômes de Charles le Simple en 899, sont datés d'une localité qui porte le même nom, *Turnus* (2). La date *in villa Turnis* se trouve dans un diplôme du même roi en 914 (3). *Mansus de Turnis* est, en 1269, le nom de la Tour, commune d'Aumessas (Gard) (4).

Ce nom de lieu est identique à un *cognomen* romain porté au premier siècle de notre ère par un affranchi qui exerça de l'influence à la cour impériale sous Titus et Domitien et qui composa des poésies satiriques (5).

De ce *cognomen* vient le dérivé *Turnacus* forme primitive non seulement du nom de Tournay (Belgique), mais encore du nom d'autres localités ; tel est aujourd'hui, en France, Tornac (Gard), appelé *Tornagus* dans deux diplômes du neuvième siècle et plus tard avec une orthographe plus savante, *Tornacus* (6). On peut citer aussi, en France, Tornay (Haute-Marne), Tournay (Orne), Tournay (Calvados), Tourny (Eure) ; en Italie, Tornaco (province de Novare), Tornago (province de Milan); comparez, avec le suffixe latin *-anus*, Tornano (province de Forli).

Vassillus est le nom d'une *villa* qui, en 898, était située dans le comté de Turluron et dans la viguerie de Billom (Puy-de-Dôme). C'est aujourd'hui Vassel (Puy-de-Dôme) (7).

---

(1) « Turnum in Remensi pago super fluvium Maternam positum. » Dom Bouquet, IX, 355 *b*.
(2) *Ibid.*, IX, 476 *d*, 478 *a*.
(3) *Ibid.*, IX, 522 *b*.
(4) Germer Durand, *Dictionnaire topographique du Gard*, p. 246.
(5) Sur le nom d'homme Turnus, voir plus haut, p. 170.
(6) Germer Durand, *Dictionnaire topographique du Gard*, p. 245.
(7) Doniol, *Cartul. de Brioude*, p. 314; cf. *Cartul. de Sauxillanges*, p. 681.

Une inscription de Grenoble nous a conservé les noms de Primius Vassillus (1); une inscription de Vérone ceux de Pacilia Vassilla (2), Vassilla est un diminutif d'un thème gaulois Vasso-, conservé par exemple dans le nom d'homme composé Vasso-rix d'une inscription d'Alsace (3).

De Vassillus on a tiré le gentilice Vassillius attesté par une inscription trouvée à Cadenet (Gard) (4), et par une inscription des environs d'Uzès, aujourd'hui conservée au musée Calvet d'Avignon (5).

Ces exemples empruntés à des textes du moyen âge justifient l'explication que voici d'un nom de ville qui se trouve déjà dans des textes du temps de l'empire romain.

Tullum est le nom de Toul (Meurthe-et-Moselle), chez Ptolémée au deuxième siècle, puis dans l'*Itinéraire d'Antonin* (6). *Tullum*, sous-entendu *praedium*, est identique à un *cognomen* romain. Nous connaissons, par une inscription de l'Italie septentrionale, les noms de P. Sertorius Tullus (7), par une inscription de Nimes ceux de M. Manlius Tullus (8), par une inscription d'Arles, ceux de L. Annius Tullus (9).

§ 2. — Cognomina *employés au masculin pluriel*.

Sont employés au pluriel masculin, *Artigeni*, mentionné plus haut (p. 398), et :

*Blaesi. Blaesus est un adjectif latin qui veut dire

---

(1) *C. I. L.*, XII, 2286.
(2) *Ibid.*, V, 3570.
(3) Brambach, 1858.
(4) *C. I. L.*, XII, 2746.
(5) *Ibid.*, XII, 2857.
(6) Voyez ci-dessus, p. 374.
(7) *C. I. L.*, V, 7545.
(8) *Ibid.*, XII, 3726.
(9) *Ibid.*, XII, 5804.

« bègue ; » il a été employé comme *cognomen*. En l'an 36 de notre ère, deux Junius Blaesus furent réduits au suicide par la tyrannie de Tibère (1). En 70, un autre Junius Blaesus était recteur de la Gaule lyonnaise (2); Vitellius le fit mettre à mort (3). Ce *cognomen* se répandit en Gaule. Le tome XII du *C. I. L.* nous en offre neuf exemples. Sur une patère comprise dans le trésor de Bernay, qui est, comme on sait, conservé au cabinet des antiques de la Bibliothèque nationale; on lit, gravés au pointillé. les noms de Q. Lucanius Blaesus (4). Dans une inscription de Caissargues (Gard), ce nom, au féminin, apparaît sans gentilice : Blaesa Blandi filia (5).

De là le nom de la ville de Blois, qui se rencontre pour la première fois, vers la fin du septième siècle, au datif pluriel *Blezis*, dans l'anonyme de Ravenne (6). Mais le dérivé *Blesensis* est attesté plus anciennement ; on le trouve un siècle plus tôt chez Grégoire de Tours, il désigne les habitants de Blois (7).

Le nom de la ville de Blois est identique à l'adjectif vieux français *blois*, « bègue, » et nous donne, comme cet adjectif, un exemple de la notation française *oi*, représentant l'*ae* latin = *é* long : comparez *proie* de *praeda* ; mais *ciel* de *caelum* nous offre *ae* = *ĕ* bref.

§ 3. — Cognomina *employés au féminin singulier*.

* CUPITA est le nom ancien de Cotte, écart de la commune de Cortambert (Saône-et-Loire); car il faut probablement restituer ainsi le nom de la *villa Copta*, mise en Mâconnais par une charte du commencement du onzième

---

(1) Tacite, *Annales*, VI, 40.
(2) Tacite, *Histoires*, I, 59 ; II, 59.
(3) *Ibid.*, III, 28.
(4) R. Mowat, *Notice épigraphique de diverses antiquités*, p. 156.
(5) *C. I. L.*, XII, 4074.
(6) Edition Pinder et Parthey, p. 235, l. 3. Alfred Jacobs, *Gallia ab anonymo Ravennate descripta*, p. 35.
(7) *Historia Francorum*, livre VII, c. 2; édit. Arndt, p. 292, l. 18.

siècle en faveur de l'abbaye de Cluny (1). Dans le même chartrier on trouve l'orthographe *Cobta* en 945 (2) et vers 953 (3). Comparez le pluriel *Cupitas*, *Cubtas*, dont il sera question plus loin, p. 508.

Cupitus est un *cognomen* latin assez fréquent, et dont les inscriptions de la Gaule fournissent plusieurs exemples : ainsi M. Velocius Cupitus, près de Vence (4); Ti. Julius Cupitus, à Fréjus (5). etc. On le trouve aussi employé comme nom pérégrin : Cupitus Tolosani filius, à Toulouse (6).

ROMULA était, en 950, le nom d'une *villa* située près de Chamboulive (Corrèze) (7).

Romulus est un *cognomen* latin qu'on rencontre quelquefois dans les inscriptions romaines en Gaule et hors de Gaule. Nous citerons : C. Terentius Romulus, à Nimes (8); T. Domitius Romulus, à Narbonne (9). Quelquefois on voit ce *cognomen* employé seul sans gentilice : Romula, au féminin, dans une inscription d'Arles (10).

URBANA paraît être la bonne orthographe du nom de la *villa Orbana*, mentionnée en 695 dans un diplôme du roi Childebert III (11). C'est le féminin du *cognomen* Urbanus qui n'est pas rare dans les inscriptions du temps de l'empire romain : C. Attius Urbanus (12), Cn. Cornelius Urbanus (13), à Nimes ; L. Cornelius Urbanus, à Bonn (14), etc.

---

(1) Bruel, *Recueil des chartes de Cluny*, t. I, p. 121.
(2) *Ibid.*, p. 628.
(3) *Ibid.*, p. 787.
(4) *C. I. L.*, XII, 49.
(5) *Ibid.*, XII, 289.
(6) *Ibid.*, XII, 5389.
(7) Deloche, *Etudes sur la géographie historique de la Gaule*, p. 328.
(8) *C. I. L.*, XII, 3350.
(9) *Ibid.*, XII, 4335.
(10) *Ibid.*, XII, 879.
(11) Tardif, *Monuments historiques*, p. 27, col. 1.
(12) *C. I. L.*, XII, 3441.
(13) *Ibid.*, XII, 3564.
(14) Brambach, 496.

Nous terminerons ce paragraphe en proposant pour un nom de lieu attesté par des documents antérieurs au moyen âge une explication analogue à celle que nous donnons pour les noms de lieux dont il vient d'être question.

LUTEVA, aujourd'hui Lodève, est un nom de lieu qui remonte à l'empire romain ; on le trouve dans la *Table de Peutinger* avec l'orthographe *Loteva*, variante de basse époque que l'on peut corriger à l'aide du dérivé *Lutevani* dans Pline (1), et en se servant de documents plus récents, comme la *Notice des provinces de la Gaule* et les textes réunis par M. Longnon dans sa *Géographie de la Gaule au sixième siècle*.

Luteva n'est pas autre chose que le féminin du *cognomen* et du nom pérégrin Lutevus, conservé par des inscriptions de Saint-Remy (Bouches-du-Rhône) (2), de Vaison (Vaucluse) (3), d'Aramont (Gard) (4).

§ 4. — Cognomina *employés au féminin pluriel*.

ACULLAS, noté *Agolas* dans une charte des environs de l'an 1000 (5), paraît être aujourd'hui Goules (Corrèze).

Aculla est le nom de la mère d'un affranchi dont l'épitaphe a été trouvée à Este, en Italie (6).

ALBINAS est un nom de lieu dans une charte du *Cartulaire de Sauxillanges* (Puy-de-Dôme) (7).

Le *cognomen* Albinus est très répandu, et il a été employé comme nom pérégrin, par exemple dans une inscription

---

(1) Pline, livre III, § 36 ; cf. *Table de Peutinger*, segment II, 3 ; Desjardins, *Géographie de la Gaule d'après la Table de Peutinger*, p. 374.
(2) *C. I. L.*, XII, 998.
(3) *Ibid.*, XII, 1431.
(4) *Ibid.*, XII, 2813.
(5) Deloche, *Cartulaire de Beaulieu*, p. 262.
(6) *C. I. L.*, V, 2568.
(7) Doniol, p. 410.

trouvée aux environs d'Aps (Ardèche) (1), dans une inscription de Die (Drôme) (2).

Cupitas est le nom d'une commune du département de la Marne, aujourd'hui Queudes. Les habitants étaient appelés *Cupedenses* au neuvième siècle, comme on le voit par les *Annales de Saint-Bertin*, sous la date de 858 (3). C'était le chef-lieu d'une vicairie appelée *Copedinsis* dans une charte de l'année 813 ; cette vicairie est qualifiée de centaine, *centena Cupedensis*, dans la notice du décès de saint Ursus, évêque de Troyes, mort en 426, et, dans la même notice, Queudes est appelé *Cubtas*. Cette notice a été conservée par un martyrologe de Provins (4).

On a parlé du *cognomen* Cupitus plus haut, à l'article *Cupita*, p. 505-506.

Romulas est, dans une charte des environs de 1020, le nom d'un château situé dans le comté de Riez (Basses-Alpes) (5). C'est aujourd'hui Roumoules (Basses-Alpes) (6).

Romulas est le pluriel féminin du *cognomen* Romulus dont il a été donné des exemples à l'article *Romula*, p. 506.

(1) *C. I. L.*, XII, 2680.
(2) *Ibid.*, XII, 1674.
(3) Dom Bouquet, VII, 74 a. Migne, *Patrologia latina*, t. CXV, col. 1415 c.
(4) D. Bouquet, VIII, 74, note a. Voyez aussi Mabille, *La pancarte noire de Saint-Martin de Tours*, p. 223; cf. p. 153, n° 29; p. 187, n°° 139, 140.
(5) Guérard, *Cartulaire de Saint-Victor de Marseille*, t. I, p. 609.
(6) *Ibid.*, t. II, p. 898.

CHAPITRE VIII.

EXEMPLES, AU MOYEN AGE, DE NOMS DE LIEUX EN *-i-onis*, FORMÉS ANTÉRIEUREMENT A L'AIDE DE GENTILICES EN *-ius* ET DU SUFFIXE *-o, -onis*.

ALBUCIO, indéclinable pour *Albucion*, en latin **Albucio, -onis*, est le nom d'Aubusson, commune de Mazerat (Haute-Loire), dans une charte de la fin du onzième siècle (1). *Albucio* est dérivé d'Albucius, gentilice romain connu par les inscriptions. On en trouve des exemples à Rome (2). Il pénétra en Gaule, par exemple à Antibes (3), à Genève (4), à Nimes (5). C'est par un antique *Albucio* que s'expliquent les noms de la petite ville d'Aubusson (Creuse) et des communes d'Aubusson (Orne) et d'Aubusson (Puy-de-Dôme). Albussac (Corrèze) = **Albuciacus*.

AILLON (Savoie), où était un *prioratus de Ayllone* au quatorzième siècle (6), paraît être un ancien *Allio, -onis* dérivé du gentilice *Allius*, comme *Alliacus* ou *Aliacus* étudié page 192.

*ARCIO, *-onis*, à l'accusatif **Arcionem*, était, en 830, le nom

---

(1) Chassaing, *Spicilegium Brivatense*, p. 8-12, 607.
(2) *C. I. L.*, VI, 11366-11370.
(3) *Ibid.*, XII, 192-195.
(4) *Ibid.*, XII, 2617.
(5) *Ibid.*, XII, 3357, 5924.
(6) *Cartulaire de Saint-Hugues de Grenoble*, p. 279.

d'Arçon (Côte d'Or), qui appartenait à l'abbaye de Bèze en 830, conformément à un diplôme des empereurs Louis le Débonnaire et Lothaire, que nous a conservé la chronique de cette abbaye. D'Achery, et d'après lui Dom Bouquet (1) et Migne (2) ont imprimé *Arconem* sans *i*. C'est une leçon défectueuse pour *Arcionem*, tenant lui-même lieu d'un plus ancien *Artionem*, dérivé du gentilice Artius étudié p. 381-401.

AVANÇON, nom de deux communes, l'une du département des Hautes-Alpes, l'autre de celui des Ardennes et d'un écart de la commune d'Exireuil (Deux-Sèvres), est un ancien *Aventio, -onis*, dérivé d'un gentilice Aventius connu par plusieurs inscriptions (3). Ce gentilice a donné aussi les dérivés *Aventiacus*, aujourd'hui Avensac (Gers), et *Aventianus*, aujourd'hui Avensan (Gironde). Aventius paraît dérivé d'un thème plus court *avent-* ou *avento-*, d'où le nom d'Avanton (Vienne), appelé *Aventun* en 1085 (4). De ce thème, *avent-* ou *avento-* vient probablement *Aventicum*, aujourd'hui Avenche (Suisse). Le nom de la Dea Aventia, déesse d'Aventicum (5), a la même origine.

BARBARIO, *-onis* est le nom d'une *villa* appelée au cas indirect *Barbarione* dans une charte de l'année 697 en faveur de l'abbaye de Limours (Seine-et-Oise) (6). *Barbario* dérive du gentilice Barbarius, dont on a parlé p. 402.

BRIGNON (Maine-et-Loire), ancienne abbaye de l'ordre de Saint-Benoît, aujourd'hui située dans la commune de Saint-Macaire-du-Bois (Maine-et-Loire), dont on trouve le nom

---

(1) Tome VI, p. 565 d.
(2) *Patrologia latina*, t. CLXII, col. 874 d.
(3) De-Vit, *Onomasticon*, t. I, p. 574, col. 2; C. I. L., VIII, 1973.
(4) Redet, *Dictionnaire topograp. du département de la Vienne*, p. 14.
(5) Mommsen, *Inscriptiones helveticae*, 154-156.
(6) Pardessus, *Diplomata*, t. II, p. 244.

écrit *Brignum*, indéclinable au douzième siècle (1), est un ancien *Brinnio, -onis* dérivé du gentilice Brinnius, par assimilation pour Brennius, dont il a été question plus haut, p. 493, à l'article *Brennacus*.

BULLIO, *-onis*, à l'ablatif *Bullione*, dans une charte de l'année 1052 (2), est aujourd'hui Bulhon (Puy-de-Dôme). Ce nom dérive du gentilice Bullius, attesté par une inscription de Narbonne où il est écrit trois fois (3).

CALDIO, aujourd'hui Chaudion (Ardennes), est mentionné dans la chronique de Flodoard sous la date 949 (4). *Caldio* tient lieu d'un plus ancien *Calidio* avec *i* bref entre *l* et *d*. Ce nom dérive du gentilice Calidius. Q. Calidius, préteur en l'an 79 av. J.-C., exerça un commandement en Espagne. M. Calidius, son fils, se distingua parmi les orateurs contemporains de Cicéron; il fut préteur en 57 et mourut en 44 (5). Ce gentilice pénétra en Gaule. La forme féminine *Calidia* de ce gentilice se rencontre dans deux inscriptions de Nîmes où apparaissent Calidia Munatia (6) et Calidia Doris (7).

CAMBRIO, *-onis*, au cas indirect *Cambrione* en Brabant, dans un document du milieu du huitième siècle (8), peut dériver d'un gentilice, Cambarius, attesté par deux inscriptions de Nîmes qui mentionnent une femme appelée Cambaria Chrysanthe (9). La forme masculine de ce gentilice

---

(1) Port, *Dictionnaire historique de Maine-et-Loire*, t. I, p. 501.
(2) Chassaing, *Spicilegium Brivatense*, p. 6, 632.
(3) *C. I. L.*, XII, 4664.
(4) Dom Bouquet, t. VIII, p. 206 a. Migne, *Patrologia latina*, t. CXXXV, col. 175 b; cf. Longnon, *Etudes sur les pagi de la Gaule*, 2ᵉ partie, p. 73.
(5) De-Vit, *Onomasticon*, t. II, p. 65. Teuffel, *Geschichte der römischen Literatur*, 3ᵉ édition, p. 384-385.
(6) *C. I. L.*, XII, 3286.
(7) *Ibid.*, XII, p. 839, addition au n° 3721.
(8) Tardif, *Monuments historiques*, p. 45, col. 1.
(9) *C. I. L.*, XII, 3505 et 3756.

doit probablement être lue dans une autre inscription de la même ville (1). On peut aussi expliquer *Cambrio* par Cammarius, dérivé de Cammarus, d'où *Camaracus*, Cambrai (Nord), dont il a déjà été question p. 171.

CORNELIO, -*onis*, au moyen âge *Cornilio* en latin, Cornillon en français, est un nom de lieu dont on trouve des exemples dans les *Cartulaires de Saint-Victor de Marseille* et de *Saint-Hugues de Grenoble*. Les textes datent des environs de l'an 1000. Il s'agit de Cornillon, commune de Fontanil (Isère) (2), de Cornillon, commune de Saint-Egrève (Isère) (3), de Cornillon-en-Trièves (Isère) (4) et de Cornillon (Drôme) (5). Ces noms de lieux sont dérivés du gentilice Cornelius étudié p. 357-358.

CURTIO, -ONIS doit être le nom écrit à l'ablatif, *Corcione*, dans l'état des serfs de l'église de Marseille, en 814 ; c'est, dit-on, aujourd'hui Courchon, commune de Rougon (Basses-Alpes) (6). Ce nom paraît le même que celui de Courçon (Charente-Inférieure) et que celui de Courson, écart de la commune de Landricourt (Aisne), écrit Courcon en 1158 (7). Quant à Courson, commune du département du Calvados, appelé *Corcho* et Courchon au treizième siècle (8), ce nom suppose un gentilice, *Curcius, par *c*, qui serait une variante de Curtius, et dont nous ne connaissons pas d'exemple. Courson (Yonne), au sixième siècle *Curcedonus* (9), semble être un antique *Curtio-dunum*. Sur le gentilice Curtius, voyez ci-dessus, page 225.

---

(1) *C. I. L.*, XII, 3706.
(2) *Cartulaire de Saint-Hugues*, p. 104, 112, 114.
(3) *Ibid.*, p. 124, 185.
(4) *Ibid.*, p. 155.
(5) Guérard, *Cartulaire de Saint-Victor*, t. II, p. 237, 861.
(6) Guérard, *Cartulaire de Saint-Victor*, t. II, p. 651, 861.
(7) Matton, *Dictionnaire topographique de l'Aisne*, p. 82.
(8) Hippeau, *Dictionnaire topographique du Calvados*, p. 88.
(9) Quantin, *Dictionnaire topographique de l'Yonne*, p. 41.

GAILLON (Eure), *Gaillo, -onis* pour *Gallio, -onis*, au commencement du treizième siècle (1), est un dérivé du gentilice Gallius, étudié ci-dessus, p. 238-239, pour expliquer le nom de lieu *Galliacus*.

*GENTIO, *-onis* est évidemment la forme antique du nom de paroisse écrit Gensson dans un compte de l'année 1401 (2); suivant l'éditeur, M. Chassaing, c'est Janson, lieu détruit, commune La Godivelle (Puy-de-Dôme). C'est un dérivé du gentilice Gentius; au Palais des Arts de Lyon, on conserve une dédicace à Diane par C. Gentius Olillus, *magister* du *pagus* de *Condate*, c'est-à-dire d'un bourg établi au confluent de la Saône et du Rhône (3). De Gentius sont dérivés les noms de la commune de Jansac (Drôme) et du hameau de Jansiac, commune de Saint-Vincent (Basses-Alpes).

GRINIO, *-onis* est, en l'an 1000, le nom de la commune de Grignon (Côte-d'Or) (4); au commencement du douzième siècle, c'est le nom de Grignon, commune de Coron (Maine-et-Loire) (5). On trouve le même nom écrit *Grigno* vers l'année 1100 (6); il s'agit de Grignon, commune de Pontchara (Isère). *Grinio* tient lieu d'un primitif *Granio*, dont la première syllabe a été assimilée à la seconde, et il est dérivé du gentilice Granius, dont il a été question p. 247 à propos du nom de lieu *Graniacus*.

*LANTIO, *-onis* semble être la forme la plus ancienne du nom de lieu écrit *in Lancione*, en 814, dans l'état des serfs de l'abbaye de Saint-Victor de Marseille (7); c'est probablement Lançon (Bouches-du-Rhône). Une *vicaria Lancio*-

---

(1) Blosseville, *Dictionnaire topographique de l'Eure*, p. 94.
(2) Chassaing, *Spicilegium Brivatense*, p. 469, 664.
(3) Boissieu, *Inscriptions antiques de Lyon*, p. 19.
(4) Garnier, *Nomenclature historique*, p. 162, n° 646.
(5) Port, *Dictionnaire historique de Maine-et-Loire*, t. II, p. 304.
(6) *Cartulaire de Saint-Hugues de Grenoble*, p. 191.
(7) Guérard, *Cartulaire de Saint-Victor de Marseille*, t. II, p. 640.

nensis est mentionnée dans une charte de l'année 900, en faveur de l'abbaye de Saint-Martin de Tours; il paraît que c'est aujourd'hui Alençon (Orne) (1). Dans une charte de la seconde moitié du onzième siècle, on trouve mentionné un *bosculus Lancioni*, et il s'agit de Lançon, commune de Brézé (Maine-et-Loire) (2). Ces noms de lieux sont dérivés soit du gentilice Lantius, soit du gentilice Lentius, dont il a été question p. 361, 362. Il y a encore en France d'autres Lançon que ceux que nous venons de citer : telles sont les communes de Lançon (Ardennes) et de Lançon (Hautes-Pyrénées).

*Lattio, *-onis* est la forme la plus ancienne du nom de la localité appelée *Latcio* en 813, dans une charte en faveur de l'abbaye de Saint-Martin de Tours (3). Il s'agit de La Chapelle-Lasson (Marne). *Lattio est dérivé de Lattius, gentilice romain assez rare, mais attesté par deux inscriptions, l'une de Vienne (Isère), qui nous fait connaître les noms de M. Lattius Optatus (4), l'autre italienne, qui est l'épitaphe d'une femme appelée Lattia (5).

Lenio, *-onis* ou Laenio, *-onis* est le nom de lieu imprimé par erreur *Leuione* pour *Lenione*, dans un diplôme de Karloman, maire du palais, 746 (6); il s'agit de Leignon en Belgique, province de Namur. C'est un dérivé du gentilice Laenius : M. Laenius Flaccus s'est assuré l'immortalité en donnant dans ses jardins de Brindes asile à Cicéron proscrit par la loi Clodia, en l'année 58 avant notre ère (7). On a trouvé à Tarente l'épitaphe de Laenia Primigenia (8).

---

(1) Mabille, *La pancarte noire*, p. 226; cf. p. 182 et p. 72.
(2) Port, *Dictionnaire historique de Maine-et-Loire*, t. II, p. 441.
(3) Mabille, *La pancarte noire*, p. 226; cf. p. 153, 93-94.
(4) C. I. L., XII, 1974.
(5) *Ibid.*, IX, 5051.
(6) Pertz, *Diplomatum imperii* t. I, p. 102, l. 24; cf. Longnon, *Examen géographique*, p. 26.
(7) De-Vit, *Onomasticon*, t. IV, p. 22.
(8) C. I. L., IX, 244.

Lucio, -*onis* est le nom d'une *villa* située en Lyonnais, suivant une charte des environs de l'an 1000 (1). C'est la forme antique qui explique le nom de Luçon (Vendée), des hameaux de Luçon (Dordogne) et de Luçon (Eure-et-Loir), de ceux de Lusson (Cher, Landes et Basses-Pyrénées); enfin la seconde partie du nom de Montluçon (Allier). *Lucio* est un dérivé du gentilice Lucius ou Luccius, étudié p. 258-261, pour expliquer son dérivé *Luciacus*.

Marcio, -*onis* ou peut-être *Martio*, -*onis* est la forme antique du nom de la localité appelée *Martionis villa* en 1106, *Marsona* et *Marzona* en 1135, aujourd'hui Marson (Meuse) (2). Ce nom de lieu est dérivé, soit du gentilice Marcius, soit du gentilice Martius étudiés p. 270-275 à propos du nom de lieu *Marciacus*. Il y a une commune de Marson dans le département de la Marne ; son nom est le même que celui d'une commune de Marçon du département de la Sarthe. On trouve deux hameaux de Marçon dans le Loir-et-Cher, un dans la Haute-Loire ; deux hameaux de Marson dans la Dordogne et le Maine-et-Loire.

Mucio, -*onis* était, en 862, le nom d'une *curtis* qui appartenait à l'abbaye de Saint-Martin de Tours (3). Ce nom de lieu paraît dérivé du gentilice Mucius, illustré par une famille romaine qui y joignait le surnom de Scaevula et qui fournit cinq consuls à la république, de l'an 175 à l'an 95 avant J.-C. Tout le monde connaît le nom du héros légendaire Mucius Scaevula, fabriqué au second ou au premier siècle avant notre ère pour faire remonter aux premiers temps de Rome la gloire de cette puissante famille (4). Ce nom fut en Gaule celui d'un personnage moins important ; on conserve, au musée de Genève, une tuile sur

---

(1) Aug. Bernard, *Cartulaire de Savigny*, t. I, p. 877.
(2) Liénard, *Dictionnaire topographique de la Meuse*, p. 142.
(3) Mabille, *La pancarte noire*, p. 224 ; cf. p. 159, n° 161 et p. 65, 66.
(4) Sur la *gens* Mucia, voyez Pauly, *Real-Encyclopaedie*, V, p. 178-190.

laquelle ou a lu la marque du fabricant Q. Mucius Anteros (1). Mussey (Meuse), Mussey (Haute-Marne) ; les trois communes de Mussy (Côte-d'Or, Saône-et-Loire et Aube) sont peut-être d'anciens * *Muciacus*.

* Pontio, *-onis* doit être l'orthographe primitive du nom de lieu écrit *Poncio* dans un pouillé du diocèse d'Autun que M. Aug. Bernard attribue au onzième siècle (2). Ce serait aujourd'hui Poisson (Saône-et-Loire). C'est un dérivé du gentilice Pontius étudié p. 295-297 à propos de son dérivé *Ponciacus*. Poisson (Saône-et-Loire), n'est pas le seul exemple de *Pontio* que nous trouvions en France. Le département de la Haute-Marne nous offre trois exemples de la variante Poinson et un exemple du dérivé Poinsenot. Poinçon (Côte-d'Or) ne diffère des précédents que par une fantaisie orthographique. Le nom des deux communes de Ponson (Basses-Pyrénées), *Ponzo* au douzième siècle, diffère des précédents en ce que l'*i* du suffixe n'a pas exercé d'action sur la première syllabe (3).

* Quinctio, *-onis* est le nom antique dont un diminutif nous est offert par un texte de la fin du onzième siècle : à l'ablatif *Quincioneto* (4). Le nom de Quinson (Basses-Alpes) a la même origine. On a parlé du gentilice Quinctius p. 155-156, à propos du dérivé *Quintiacus*.

Samnio, à l'ablatif *Samnione*, est une *villa* placée dans le *pagus Avinionensis* par une charte de l'abbaye de Cluny en 958 (5). Ce nom de lieu est dérivé du gentilice Samnius attesté par deux inscriptions d'Espagne (6).

---

(1) *C. I. L.*, XII, 5679, 58.
(2) *Cartulaire de Savigny*, t. II, p. 1052, col. 2.
(3) Raymond, *Dictionnaire topogr. des Basses-Pyrénées*, p. 137.
(4) Guérard, *Cartulaire de Saint-Victor de Marseille*, t. I, p. 388.
(5) Bruel, *Recueil des chartes de Cluny*, t. II, p. 152.
(6) *C. I. L.*, II, 1044, 1237.

*Tullio écrit *Tollio*, dans une charte de la fin du onzième siècle, est aujourd'hui Touillon (Côte-d'Or) (1). C'est un diminutif du gentilice Tullius. Tullius est un gentilice romain que tout le monde connait puisqu'il a été celui de Cicéron. Cicéron, comme on le sait, était un homme nouveau. Mais cela n'empêche pas qu'il ait existé une *gens Tullia* qui était patricienne. C'est à elle qu'appartient M. Tullius Longus, consul l'an 254 de Rome avant J.-C., 500; et dix-huit ans avant le consulat de Cicéron, 63, les honneurs consulaires avaient été obtenus par M. Tullius Decula, 81 avant J.-C. Ce gentilice fut porté en Gaule par Q. Tullius Cicero, qui fut lieutenant de César dans la guerre contre les Gaulois pendant trois ans, de 54 à 52 avant J.-C. Quelques Gaulois durent probablement à son influence la dignité de citoyen romain et de là, en Gaule, la fréquence du gentilice Tullius que nous rencontrons dans des inscriptions. Le musée de Lausanne possède une dédicace à la Victoire, par Nitiogenna Tullia (2); Nitiogenna est un *cognomen* d'origine gauloise associé au gentilice romain. On a trouvé : à Antibes, l'épitaphe de Tullius Valerius, gravée par les soins de Tullius Primus son fils (3) ; à Béziers, l'épitaphe de Tullia Avia (4) ; à Narbonne, celles de Tullia Capella (5) et de L. Tullius Felix (6) ; à Lyon, celle de M. Tullius Thermianus (7).

Touille (Haute-Garonne) est probablement une ancienne *villa Tullia*. Thuilley (Meurthe-et-Moselle) paraît identique au *Tulliacus* d'une charte du roi de Germanie, Louis IV l'enfant, pour l'abbaye Saint-Evre de Toul en 906 (8). Quel-

---

(1) Garnier, *Nomenclature historique*, p. 130, n° 525; cf. p. 202 sous le même numéro.
(2) *C. I. L.*, XII, 162.
(3) *Ibid.*, XII, 228.
(4) *Ibid.*, XII, 4249.
(5) *Ibid.*, XII, p. 852, n° 4960.
(6) *Ibid.*, XII, n° 5969.
(7) Boissieu, *Inscriptions antiques de Lyon*, p. 101. Sur la *gens* Tullia, voyez Pauly, *Real-Encyclopaedie*, t. VI, p. 2181-2244.
(8) Dom Bouquet, IX, 372 a.

ques années après, le même nom est écrit d'une façon plus conforme à la prononciation *Tuilliacum villam*, dans un diplôme de l'empereur Othon I, pour l'abbaye de Saint-Mansuy de Toul (1).

VENCIO, *-onis*, à l'ablatif *Vencione*, est le nom d'une localité où l'abbaye de Saint-Victor de Marseille avait un serf en 814 (2). Ce nom de lieu est dérivé du gentilice Vencius étudié, p. 336-337, à propos du dérivé *Vinciacus*.

APPENDICE. — *Noms de lieux en* -io, -onis, *dérivés de gentilices en* -ius *au moyen du suffixe* -o, -ionis, *dans les documents contemporains de l'empire romain.*

AVENNIO, nom de la ville d'Avignon, doit s'écrire avec deux *n* comme l'atteste une inscription conservée au musée de Nimes, qui nous offre le dérivé *Avenniens[es]* (3), d'accord avec une inscription de Riez qui est mutilée et où on n'aperçoit qu'un fragment du second *n* (4); comme l'a fait observer M. Hirschfeld (5), on trouve le double *n* chez Mela (6), chez Pline (7), chez Ptolémée (8). Ce nom n'est pas d'origine celtique comme M. Hirschfeld suppose (9); c'est un dérivé en *-o*, *-onis* du gentilice Avennius attesté par une inscription de Rome (10), où ce gentilice est écrit deux fois; cette inscription est l'épitaphe de L. Avennius Rufus, gravée sur un monument dressé par ordre du fils du mort; et les noms du fils, comme les noms du père, sont écrits sur ce monument.

---

(1) Dom Bouquet, IX, 389 d.
(2) Guérard, *Cartulaire de Saint-Victor de Marseille*, t. II, p. 638.
(3) *C. I. L.*, XII, p. 837, n° 3275.
(4) *Ibid.*, XII, 366.
(5) *Ibid.*, XII, p. 130.
(6) Livre II, § 75; édit. Teubner-Frick, 1880, p. 45, l. 1.
(7) Livre III, § 36; édit. Teubner-Ianus, t. I, p. 130, l. 20.
(8) Livre II, c. 10, § 8; édit. Didot-Müller, t. I, p. 243, l. 4.
(9) *C. I. L.*, XII, p. 130, col. 2.
(10) *Ibid.*, VI, 12807.

Il y a en France d'autres Avignon dont il faut dire un mot ici quoiqu'ils soient mentionnés pour la première fois dans des textes beaucoup moins anciens que lorsqu'il s'agit du chef-lieu du département du Vaucluse. Une bulle du pape Grégoire VII, en 1079, qui contient l'énumération des propriétés de l'abbaye Saint-Victor de Marseille, mentionne un monastère de Sainte-Marie *de Avinione* dans le diocèse d'Albi (1) ; nous retrouvons ce monastère, en 1113, dans une bulle du pape Pascal II (2), et en 1135, dans une bulle du pape Innocent II (3). Une autre abbaye de Sainte-Marie *de Avinione* dans le diocèse d'Antibes est mentionnée dans la bulle de Grégoire VII, précitée (4). Il y a aujourd'hui, en France, une commune d'Avignon (Jura), et deux communes d'Avignonet (Haute-Garonne et Isère).

CABELLIO, *-onis* est le nom de la ville de Cavaillon (Vaucluse). L'orthographe de ce nom, telle que nous la donnons ici, est attestée par plusieurs inscriptions romaines, comme l'a établi M. Hirschfeld (5) ; c'est l'orthographe de Pline (6) et de Ptolémée (7). L'orthographe *Caballio* dans les manuscrits de Strabon est le résultat d'une assimilation de la première syllabe à la seconde ; cette assimilation se faisait déjà dialectalement dans les premiers temps de l'empire romain, comme l'atteste une inscription du musée de Mayence (8) ; elle a prévalu dans la prononciation moderne Cavaillon. *Cabellio* est dérivé du gentilice Cabellius attesté par une inscription de Troesmes (9) et qui paraît une variante de Capellius conservé par une inscription de Rome (10).

---

(1) *Cartulaire de Saint-Victor de Marseille*, p. 219.
(2) *Ibid.*, p. 239.
(3) *Ibid.*, p. 222.
(4) *Ibid.*, p. 219.
(5) *C. I. L.*, XII, p. 136.
(6) Pline, l. II, § 36.
(7) Ptolémée, l. II, c. 10, § 8 ; édit. Müller, t. I, p. 244, l. 2.
(8) Brambach, 1203.
(9) *C. I. L.*, III, 6179.
(10) *Ibid.*, VI, 14379.

LIVRE II. CHAPITRE VIII. APPENDICE.

Divio -*onis*, — avec une variante orthographique *Dibio*, à l'ablatif *Dibione*, dans une inscription romaine (1), — chez Grégoire de Tours *Castrum Divionense* (2), *Divione* (3), *locus Divionensis* (4), est un dérivé du gentilice *Divius*. On a trouvé à Grenoble une dédicace à Mercure, par L. Divius Rufus (5). D'autres exemples de ce gentilice ont été recueillis dans d'autres parties de l'empire romain en Italie (6), et hors d'Italie (7).

Elusio, -*onis* est le nom d'une station romaine connue par l'*Itinéraire de Bordeaux à Jérusalem*. Suivant M. Longnon, c'est Font-d'Alzonne, commune de Montferrand (Aude) (8). *Elusio* est dérivé du gentilice Elusius connu par une inscription de Capoue (9); c'est l'épitaphe de l'affranchi M. Elusius. Elusius paraît dérivé d'*Elusa*, forme antique du nom d'Eause (Gers).

Arausio, Orange (Vaucluse) (10), peut être ajouté à cette liste. Ce nom de lieu dérive d'un gentilice *Arausius, dérivé lui-même du nom d'homme gaulois Arausa que nous a conservé une inscription d'Espagne (11).

---

(1) Desjardins, *Géographie historique de la Gaule romaine*, t. I, p. 417. M. Lejay, *Inscriptions antiques de la Côte-d'Or*, p. 237-238, révoque en doute l'authenticité de cette inscription.
(2) *Hist. Franc.*, l. II, c. 23; édit. Arndt, p. 86, l. 25.
(3) *Ibid.*, l. II, c. 32, p. 94, l. 7.
(4) *Ibid.*, l. III, c. 19, p. 129, l. 9.
(5) *C. I. L.*, XII, 2222.
(6) *Ibid.*, IX, 3717, 3718, 3719, 6347.
(7) *Ibid.*, III, 6257.
(8) *Itinéraire d'Antonin*, p. 551, l. 5. *Atlas historique de la France*, p. 28.
(9) *C. I. L.*, X, 4119.
(10) E. Desjardins, *Géographie de la Gaule d'après la Table de Peutinger*, p. 330. *C. I. L.*, t. XII, p. 152.
(11) *C. I. L.*, II, 2633.

CHAPITRE IX.

EXEMPLES AU MOYEN AGE DE NOMS DE LIEUX QUI OFFRENT LA DÉSINENCE -olus ET QUI ONT ÉTÉ FORMÉS EN DÉVELOPPANT A L'AIDE DU SUFFIXE -lo- UN THÈME NOMINAL EN -o-, -ia-, -io-.

SOMMAIRE :

§ 1. Le mot dont dérive le nom de lieu en -o-lus est un nom commun. — § 2. Le mot dont dérive le nom de lieu en -o-lus est un nom propre. — gentilice ou *cognomen*, — en -*ius*.

§ 1ᵉʳ. — *Le mot dont dérive le nom de lieu en* -o-lus *est un nom commun.*

Parmi les noms en -*o-lus* quelques-uns sont des dérivés primaires de noms communs ; tel est le FORNOLUS VILLA, mis en Limousin par une charte de l'année 631 (1), et par un diplôme du roi Dagobert I, en 636 (2) ; c'est un diminutif du substantif latin *furnus* « four. »

Le suffixe -*o-lus* est d'un emploi assez fréquent comme suffixe secondaire ; il sert à former des diminutifs des nombreux noms de lieux en -*aria* que nous offre la géographie de la France et qui sont à proprement parler des noms communs féminins identiques à la forme féminine d'adjec-

(1) Pardessus, *Diplomata*, t. II, p. 10.
(2) Pardessus, *ibid.*, t. II, p. 42.

tifs en -*arius*, dérivés eux-mêmes des noms communs. Tels sont :

Apiar[i]olas, Acherolles, lieu dit de la commune Theury-Achères (Eure-et-Loir) (1) ; c'est un diminutif d'*Apiarias*, Achères, même commune (2). On trouve un autre *Apiarias* près d'Avignon, dans une charte de l'année 1010 (3). Le nom de lieu *Apiaria* existait déjà sous l'empire romain : il faut écrire avec un seul *p* le nom de lieu de Mésie, que les éditeurs de l'*Itinéraire d'Antonin* ont cru devoir écrire avec deux *p*, *Appiaria* (4), à cause de la *gens* Appia et de la *via Appia* avec lesquelles il n'a aucune relation. *Apiaria* est un endroit où il y a des abeilles, *apes*, au singulier *apis*.

Favariolas, dans un diplôme de l'année 690 (5), aujourd'hui Faverolles-la-Campagne (Eure) (6) ; *Favairolas* dans le Gévaudan, aux termes de deux chartes du commencement du onzième siècle (7), et les nombreux Faverolles épars dans le reste de la France : Aisne, Cantal, Côte-d'Or, Eure-et-Loir, Indre, Marne, Haute-Marne, Orne, Somme, etc., sont autant de diminutifs d'un antique *Fabaria*, substantif identique au féminin de l'adjectif *fabarius*, dérivé de *faba*, « fève ; » et les Favières d'Eure-et-Loir, Meurthe-et-Moselle, Seine-et-Marne, Somme, etc., sont des pluriels de *Fabaria*.

Juncariolas est en 814, le nom d'une localité où l'abbaye de Saint-Victor de Marseille avait des colons (8). C'est la forme la plus ancienne du nom de lieu qui est devenu Jon-

---

(1) Longnon, *Polyptyque de Saint-Germain*, p. 122.
(2) *Ibid.*, p. 126.
(3) Guérard, *Cartulaire de Saint-Victor de Marseille*, t. I, p. 215.
(4) Page 222, l. 5.
(5) Tardif, *Monuments historiques*, p. 21, col. 1.
(6) Blosseville, *Dictionnaire topographique de l'Eure*, p. 82.
(7) Doniol, *Cartulaire de Brioude*, p. 315, 336.
(8) Guérard, *Cartulaire de Saint-Victor*, t. II, p. 641.

cherolles dans la Haute-Vienne. C'est en même temps un diminutif du nom de lieu *Juncaria* qui, dans l'*Itinéraire d'Antonin*, désigne une station romaine d'Espagne, près des Pyrénées (1). On ne trouve pas ce mot employé comme adjectif, mais il a été tiré du nom commun *juncus* « jonc » et on le reconnaît aujourd'hui dans les nombreux Jonchère ou Jonchères, Jonquière ou Jonquières, de France.

LINARIOLAS, dans un diplôme du milieu du huitième siècle (2), nous offre la forme la plus ancienne du nom de lieu français assez répandu, Lignerolles (Allier, Côte-d'Or, Eure, Indre, Orne, etc...). C'est un diminutif de *Linarias*, qu'on trouve, par exemple, dans un diplôme de l'année 799 (3). *Linarias* est la forme la plus ancienne du français Lignières, plus commun encore : Aube, Cher, Indre-et-Loire, Loir-et-Cher, Meuse, Sarthe, Somme, etc., et ce substantif est le féminin de l'adjectif latin *linarius*, dérivé de *linum*, « lin. »

NOGARIOLAS, mentionné dans une charte du commencement du neuvième siècle (4), est un diminutif du nom de lieu écrit *Nucerias*, en 928, dans une charte de l'abbaye de Cluny (5), et dont le *Cartulaire de Conques* nous offre une forme masculine, de *Nogario*, au onzième siècle (6), *Nogeir* au douzième siècle (7). *Nucerias* et *Nogario* ou *Nogeir* sont identiques l'un à la forme féminine, l'autre à la forme masculine d'un adjectif *nucarius*, dont les auteurs latins classiques n'offrent pas d'exemple, mais qui a été formé comme les précédents et qui dérive du substantif latin *nux*, *nucis*, « noix. »

---

(1) Pages 390, l. 3; 397, l. 8.
(2) Tardif, *Monuments historiques*, p. 45, col. 1.
(3) Tardif, *ibid.*, p. 73, col. 2.
(4) Mabille, *La pancarte noire*, p. 230.
(5) Bruel, *Recueil des chartes de Cluny*, t. I, p. 335.
(6) Page 307.
(7) Page 387.

§ 2. — *Le mot dont dérive le nom de lieu en* -o-lus *est un nom propre,* — gentilice *ou* cognomen, — *en* -ius.

D'autres noms de lieux en -*o-lus* sont des diminutifs de gentilices.

Ainsi, dans le nom de la *vallis* Aviniolensis, au comté de Fréjus (1), dans une charte de l'année 1030, on peut reconnaître un dérivé du gentilice *Avennius*, dont il a été question plus haut, p. 518, au sujet du nom de la ville d'Avignon.

La localité appelée Braciolis dans une charte de l'année 866 (2), et *Braciolas* dans un document postérieur (3), porte un nom qui est un diminutif du gentilice Braccius, étudié plus haut, p. 352.

Une *villa* Carenciolas, en Autunois, est mentionnée, en 936, par une charte de Cluny (4). Son nom est un diminutif du gentilice *Carantius*, dont on a parlé ci-dessus, p. 132, 134.

Cairolus pour *Cariolus* est, en 917, le nom d'une *villa* dans laquelle on reconnaît Queiroles (Corrèze) (5). C'est un diminutif du gentilice *Karius*, dont l'existence en France est attestée par plusieurs inscriptions (6). De là un dérivé, *Cariacus*, qui explique le nom de la commune de Chéry-lez-Pouilly (Aisne), et peut-être celui de Chéry (Cher).

Graniolus, dans un titre de l'abbaye de Saint-Germain

---

(1) Guérard, *Cartulaire de Saint-Victor de Marseille*, t. I, p. 592.
(2) Deloche, *Cartulaire de Beaulieu*, p. 11.
(3) *Ibid.*, p. 271.
(4) Bruel, *Recueil des chartes de Cluny*, t. I, p. 431.
(5) Deloche, *Cartulaire de Beaulieu*, p. 222.
(6) *C. I. L.*, XII, 2982, 3243, 4062.

d'Auxerre *Graniolo* à l'ablatif en 864 (1), et un autre *Graniolus* en Périgord dans le *Cartulaire de l'abbaye de Conques* (Aveyron), à la fin du onzième siècle : *Castello de Graniolo* (2), *Castellum de Graniol* (3) sont des diminutifs du gentilice Granius, étudié déjà, p. 247.

Mariolas est le nom d'une *villa* où Arnulf, duc de Bourgogne, avait des biens qu'il donna, en 706, à l'abbaye des Saints-Apôtres, depuis de Saint-Arnoul, de Metz (4). Le même nom de lieu est mentionné dans une charte fausse de son père Drogon pour la même abbaye (5). *Mariolas* est un diminutif féminin d'un gentilice, Marius, d'où *Mariacus* dont il a été question plus haut, p. 275-276.

Matriolas est le nom de Marolles-sur-Seine (Seine-et-Marne), dans une charte de Louis le Débonnaire (829) (6) et dans le *Polyptyque de Saint-Germain des Prés* (7) ; la même localité est mentionnée avec une orthographe moins archaïque, *Madriolas*, dans un diplôme de Charlemagne, en 786 (8). Une église *de Matriolis* figure, au douzième siècle, dans les titres de l'abbaye de Saint-Jean-de-Sens (9) ; il s'agit, paraît-il, de Marolles-sous-Lignières (Aube). Il y a, en France, quatorze communes du nom de Marolles. Elles sont situées dans les départements suivants : Aube, Calvados, Eure-et-Loir, Loir-et-Cher, Marne, Oise, Sarthe, Seine-et-Marne, Seine-et-Oise. *Matriolae*, qui explique Marolles, est un dérivé de Matrius, gentilice dont on a parlé ci-dessus, page 280, au sujet du dérivé *Matriacus*.

---

(1) Quantin, *Cartulaire de l'Yonne*, t. I, p. 88.
(2) Ed. de G. Desjardins, p. 281.
(3) *Ibid.*, p. 286.
(4) Pardessus, *Diplomata*, t. II, p. 276.
(5) *Ibid.*, p. 214.
(6) R. de Lasteyrie, *Cartulaire général de Paris*, p. 48.
(7) Edition Longnon, p. 47.
(8) Tardif, *Monuments historiques*, p. 65, col. 2.
(9) Quantin, *Cartulaire de l'Yonne*, t. I, p. 290, 502.

MERCURIOLUS est un nom de lieu mentionné, en 808, dans une charte de l'abbaye de Saint-Martin de Tours (1). Il s'agit de Mequeroil, dans l'île Saint-Côme (Indre-et-Loire) (2). Un autre *Mercuriolus*, noté *Mercoriolo*, apparaît, en 924, dans le *Cartulaire de Conques* (Aveyron) (3). *Mercuriolus* est dérivé de Mercurius, *cognomen* étudié plus haut, page 447.

SCOTIOLAE doit être la forme primitive du nom de la localité appelée *Escozolas*, en 936, dans deux chartes de l'abbaye de Cluny (4). L'orthographe plus archaïque *Scotiolas* nous est offerte, dans la seconde moitié du même siècle, par une autre charte de la même abbaye (5). C'est peut-être la même localité qui est appelée, à l'ablatif, *Scociolis* dans un diplôme faux du roi Gontran en faveur de l'abbaye de Saint-Marcel de Châlon-sur-Saône (6). *Scotiolae* est un diminutif de Scotius, dont on s'est déjà occupé plus haut, p. 412-413. Si nous admettons une hypothèse très vraisemblable de M. Longnon (7), *Scotiolae* aurait été une dépendance d'Ecuisses (Saône-et-Loire), qui serait un ancien *Scotiae*.

SOLIOLUS est, en 878, le nom d'un *locus* où étaient situées des manses données à l'abbaye de Beaulieu; c'est aujourd'hui Soulliol, commune de Frayssinhes (8). Le gentilice Sollius ou Solius a été déjà cité, p. 328-329, à propos de son dérivé *Soliacus*.

VALENTIOLA, aujourd'hui Valensolle (Basses-Alpes), est

---

(1) Mabille, *La pancarte noire*, p. 184, n° 117.
(2) *Ibid.*, p. 228.
(3) G. Desjardins, *Cartulaire de Conques*, p. 7.
(4) Bruel, *Recueil des chartes de Cluny*, t. I, p. 435, 439.
(5) Bruel, *ibid.*, t. II, p. 6.
(6) Pertz, *Diplomata*, p. 129, l. 21.
(7) *Examen géographique*, p. 34.
(8) Deloche, *Cartulaire de Beaulieu*, p. 84, 383.

probablement la localité mentionnée sous le nom de *Valentiola* ou *Valenciola*, au dixième siècle, dans plusieurs chartes de l'abbaye de Cluny (1). *Valentiola* est un dérivé du gentilice Valentius, qu'on trouve quelquefois dans les inscriptions. Ainsi, on a découvert près de Novare le monument élevé sur la tombe de T. Valentius père, de T. Valentius fils et d'une sœur de ce dernier, par Valentia, fille du premier, sœur des deux autres (2). On conserve encore à Vérone l'épitaphe de L. Valentius Eutychus (3).

Ce gentilice a donné naissance, en France, à trois autres dérivés : * *Valentiacus*, aujourd'hui Valençay (Indre) ; *Valentianae*, aujourd'hui Valenciennes (Nord), et * *Valentio, -onis*, aujourd'hui Valençon, nom de deux hameaux : Allier et Pas-de-Calais. Les rois mérovingiens et, après eux, les Carlovingiens eurent un palais à Valenciennes (Nord) (4).

(1) Bruel, *Recueil*, t. I, p. 119; t. II, p. 367; t. III, p. 80, etc.
(2) *C. I. L.*, V, 6591.
(3) *Ibid.*, V, 2791.
(4) Mabillon, *De re diplomatica*, 3ᵉ édit., t. I, p. 346.

CHAPITRE X.

DE LA DÉSINENCE -*o-iolum*, -*o-ialum*, -*o-giolum*, -*o-gilum*, -*o-gelum*, -*o-ilum*, -*o-lium*, EN FRANÇAIS MODERNE -*euil*, DIALECTALEMENT -*eil*.

Sommaire :

§ 1. Les noms de lieu en -*o-iolum* nous offrent la forme familière en bas latin de noms composés gaulois dont les deux termes étaient 1° ordinairement un *cognomen* d'origine gauloise ou latine ; 2° toujours le nom commun gaulois *magus*, « champ ; » exemples de noms en -*o-tolum* dont on a trouvé la notation primitive et solennelle en -*magus*. — § 2. Liste alphabétique de noms de lieu en -*o-iolum* pour lesquels on n'a pas trouvé le primitif en *magus*, bien que ce primitif en *magus* ait dû exister, et qui tous dérivent de *cognomina*.

§ 1ᵉʳ. — *Les noms de lieu en* o-iolum *nous offrent la forme familière en bas latin de noms composés gaulois dont les deux premiers termes étaient :* 1° *ordinairement un* cognomen *d'origine gauloise ou latine ;* 2° *toujours le nom commun gaulois* magus « *champ ;* » *exemples de noms en* -o-iolum, *dont on a trouvé la notation primitive et solennelle en* -magus.

Dans la désinence -*o-iolum* dont la représentation graphique est très variée et dont le son s'est modifié par la suite des siècles, il y a deux éléments à distinguer : *o* est la finale d'un thème par lequel le mot commence ; *iolum*, qui termine le mot, est un suffixe qui apparaît, pour la première fois, vers la fin de l'empire romain, dans une lettre de saint Paulin de Nole à Ausone :

<small>Cumque Maro-ialicis tua prodigis otia thermis (1).</small>

On sait que Paulin de Nole vécut de 353 à 431. Mais le vers dont il s'agit est bien antérieur à 431, puisqu'il est adressé à Ausone, qui mourut en 390. Il a donc été écrit avant la fin du quatrième siècle. C'est la date du plus ancien exemple que nous ayons trouvé de la désinence dont il s'agit ici, *-o-ialum*, notation basse d'un primitif *-o-iolum*.

On suppose généralement que cette désinence est celtique. Cette doctrine est inadmissible, puisqu'on n'a pas d'exemple de cette désinence antérieurement à la fin du quatrième siècle, et qu'on ne la trouve pas dans les dialectes néo-celtiques. *O-ialum*, mieux *o-iolum*, est une désinence hypocoristique ou familière néo-latine à l'aide de laquelle on a formé des diminutifs de certains noms de lieux. Ces noms de lieux avaient, en général, pour premier terme, un nom propre d'homme, *cognomen* ou nom pérégrin, — quelques-uns avaient peut-être pour premier terme un nom commun ou un adjectif, — tous avaient pour second terme, le gaulois *-magus*, « champ. » *Magus* a été remplacé par la désinence *-iolum* empruntée aux noms de lieu en *-iolus* dérivés de gentilices en *-ius*. C'est un phénomène grammatical identique à celui qui a produit le suffixe *-iacus* des noms de lieux tels que *Teodeberc-iacus*, de Theodeberethus. Dans la désinence *-o-iolum*, le second *o* étant atone, a pris un son indéterminé *a* ou *i* avant de tomber ; de là les notations *-oialum*, *-ogilum* ; dans *-ogilum*, *g* est la notation d'un *i* consonne.

Revenons à Maro-ialum. C'est, en français moderne, Mareuil ou Mareil. Nous avons débuté par un exemple de ce

---

<small>(1) Poème X, vers 243 ; chez Migne, *Patrologia latina*, t. LXI, col. 458.</small>

nom de lieu emprunté à saint Paulin de Nole. Il y en a de nombreux exemples dans d'autres documents. Ainsi, Mareuil (Loir-et-Cher) est appelé *Maroialus* (1), vers la fin du huitième siècle, dans un diplôme de Charlemagne pour Saint-Martin de Tours. De *Maroialus* dérive *Maroialensis* chez Grégoire de Tours (2) ; Grégoire de Tours (3) mentionne une *Maroialensis villa*, qui doit être un des deux Mareil du département de la Sarthe. Un diplôme de Charles le Chauve, en 862, place une *villam Marogilum* dans le pays de Meaux ; c'est aujourd'hui Mareuil (Seine-et-Marne) (4). Un autre *Marogilum* apparaît dans le *Polyptyque de Saint-Germain des Prés*, où il est noté à l'ablatif, *Maroilo* (5), *Mairoilo* (6) ; c'est Mareil-sur-Mandre (Seine-et-Oise). Il y a, en France, six communes de Mareil situées dans les départements de la Sarthe et de Seine-et-Oise, et treize communes de Mareuil (Aisne, Charente, Cher, Dordogne, Loir-et-Cher, Marne, Oise, Seine-et-Marne, Somme, Vendée). Inutile de parler des hameaux.

Mareil et Mareuil sont le même dérivé d'un *cognomen* latin d'origine gauloise, Marus, qui veut dire « grand. » Marus, ou mieux *maros* en gaulois, est un adjectif, et nous n'en avons d'exemple, en Gaule, que dans les composés, comme Indutio-marus, Illio-marus, Soli-marus, etc. Mais on a relevé plusieurs exemples de cet adjectif employé comme surnom ou nom d'homme dans des inscriptions d'Italie : C. Ignatius Marus (7), C. Pontius Mari f. (8), M. Ofasius Firmus Marus (9).

---

(1) Dans l'édition donnée par Dom Bouquet, V, 737 c, on a imprimé *Mazoyalus*; c'est une faute rectifiée par Mabille, *La pancarte noire*, p. 228; cf. 151 et 69.
(2) *Historia Francorum*, livre VII, c. 12; édit. Arndt, p. 297, l. 15.
(3) Livre X, c. 5; édit. Arndt, p. 413, l. 22.
(4) Tardif, *Monuments historiques*, p. 119, col. 1.
(5) Edit. Longnon, p. 280.
(6) *Ibid.*, p. 284.
(7) *C. I. L.*, IX, 652.
(8) *Ibid.*, 1015.
(9) *Ibid.*, X, 6565.

Du *cognomen* ou nom pérégrin Marus ou Maros on a formé le nom de lieu *Maro-magus*, nom d'une ville de Grande-Bretagne qui nous est connue par l'anonyme de Ravenne (1). *Maroialum* ou mieux *Maroiolum* en est un diminutif. Il tient lieu d'un trop long * *Maromagulum*.

Pour les exemples suivants, nous prendrons l'ordre alphabétique.

Le nom de lieu de Gaule *Argento-magus* (2), champ dit d'Argentos, du nom d'un ancien propriétaire, aurait donné régulièrement le diminutif *Argento-magulum* ; à ce diminutif fut substitué * ARGENTO-IOLUM ; * *Argentogelum*, Argenteuil, d'où le dérivé *Argentogelensis*, en 769 (3).

Les Chasseneuil de la Charente, de l'Indre, de la Vienne et de la Haute-Vienne sont d'anciens * CASSINO-IOLUM pour *Cassino-magulum*, comparez *Cassino-magus* « Chassenon, » *Casino-mago* dans la *Table de Peutinger* (4).

NOVIOLIUM, à l'ablatif *Noviolio*, Nueil (Maine-et-Loire), dans un diplôme de l'année 690 (5), tient lieu d'un plus ancien *Novio-iolum*, *Novio-ialum* pour *Novio-magulum*, comparez *Noviomagus*, Noyon (6).

RADOLIUM, aujourd'hui Reuil (Seine-et-Marne) (7), est un ancien *Ratu-iolum* pour * *Ratu-magulum*, comparez le nom de lieu *Ratumacos* pour *Ratu-magos*, *Ratu-magus* ; *Ratumacos* est fourni par une monnaie (8).

---

(1) Edition Pinder et Parthey, p. 434, l. 8.
(2) Mieux *Arganto-magus*, *Table de Peutinger*. E. Desjardins, *Géographie de la Gaule d'après la Table de Peutinger*, p. 272.
(3) Tardif, *Monuments historiques*, p. 52, col. 1. Cf. Guérard. *Cartulaire de Notre-Dame de Paris*, t. I, p. 95, 100, 101.
(4) Desjardins, *Géographie de la Gaule d'après la Table de Peutinger*, p. 369.
(5) R. de Lasteyrie, *Cartulaire de Paris*, p. 18.
(6) *Itinéraire d'Antonin*, p. 362, l. 3.
(7) *Chronique d'Aimoin* et *Vie de saint Aile*, chez Dom Bouquet, III, 138 e, 513 a.
(8) A. de Barthélemy, dans la *Revue celtique*, t. IX, p. 33.

Rueil (Seine-et-Oise), Rioilum dans un diplôme de Louis le Débonnaire en 817 (1), tient lieu d'un plus ancien *Rigo-iolum, *Rigo-ialum, d'où l'adjectif noté à l'accusatif singulier Rigoialinsim chez Grégoire de Tours (2). Rigo-ialum est le diminutif de Rigo-magus, qui est le nom primitif Remagen (Prusse rhénane) (3), de la ville de Riom (Puy-de-Dôme) (4), et qui signifie « champ du roi. »

Le Vaudreuil (Eure), appelé Rodolium au onzième siècle (5), est un ancien *Roto-iolum pour *Roto-magulum ; comparez Roto-magus (Rouen).

Senogalum, à l'ablatif Senogalo, nom d'un locus d'Auvergne dans l'aicis Brivatensis, aux termes d'une charte de l'année 821 (6), est un équivalent de *Seno-ialum pour Seno-iolum. *Seno-ialum tient lieu de *Senomagulum, diminutif de Seno-magus, nom de lieu connu par la Table de Peutinger (7). La forme moderne du diminutif est en français Seneuil, nom de hameaux de la Charente, de la Dordogne, du Doubs et de la Haute-Loire (8).

Vendoilo, à l'ablatif, est en 1115, le nom de la commune de Vendeuil (Aisne) (9). On a trouvé le même nom de lieu écrit Vendoil en 1147 (10). C'est un ancien *Vindo-iolum pour

---

(1) Dom Bouquet, VI, 505 e.
(2) Historia Francorum, livre IX, c. 13; édit. Krusch, t. I, p. 370, l. 3.
(3) E. Desjardins, Géographie de la Gaule d'après la Table de Peutinger, p. 53.
(4) Rigomagensis, bonne orthographe, alterne, chez Grégoire de Tours, avec l'orthographe corrompue Ricomagensis, édit. Arndt, p. 751, l. 26; p. 768, l. 1, etc.
(5) Blosseville, Dictionnaire topographique de l'Eure, p. 227.
(6) Doniol, Cartulaire de Brioude, p. 143.
(7) E. Desjardins, Géographie de la Gaule d'après la Table de Peutinger, p. 53.
(8) E. Desjardins, Géographie de la Gaule d'après la Table de Peutinger, p. 276.
(9) Guérard, Cartulaire de Notre-Dame de Paris, t. I, p. 307.
(10) Matton, Dictionnaire topographique de l'Aisne, p. 285.

* *Vindo-magulum*. Comparez *Vindo-magus* nom d'une ville des *Volcae Arecomici* dans la Gaule Narbonnaise chez Ptolémée (1).

Ne considérons pas la création des noms hypocoristiques en *-o-iolum*, -euil, comme un phénomène phonétique ; c'est un fait morphologique ; les noms de lieux celtiques ou gallo-romains terminés par les deux syllabes *magus*, étaient des composés de deux termes, comme la plupart des noms d'hommes germaniques. Ces derniers ont laissé tomber le second terme dans les noms hypocoristiques en *-o -onis ;* tel est *Fritha-reiks*, « roi de la paix, » aujourd'hui Friedrich, que nous écrivons Frédéric, en français Ferry et dont la forme familière était au huitième et au neuvième siècle Fritto, Friddo, aujourd'hui Fritz. *Argento-iolum*, plus tard *Argentogelum*, *Argentoilum*, Argenteuil ; *Vindo-iolum*, plus tard *Vendoialum*, *Vendoilum*, Vandeuil, nous mettent en présence d'un phénomène analogue.

L'accent, dans le celtique primitif, ne frappait pas la syllabe initiale comme dans *Frithareiks*, *Friddo* ; dans les composés gaulois dont le second terme est *magus*, la syllabe tonique était la finale du premier terme. Ainsi dans *Cassino-magus*, Chassenon, l'accent était placé sur la syllabe nó, le second terme *magus* était atone. Dans l'hypocoristique *Cassino-iolum, Chasseneuil, l'accent reste sur la syllabe no comme dans *Cassino-magus*.

Parmi les noms de lieux en *-euil*, dont nous avons donné déjà la liste, Argenteuil dérive du nom d'homme *Argentos*, déjà étudié (2) ; Vandeuil vient de Vindos, le Find irlandais, et dont le féminin est Vinda, exemples : Ulpia Vinda (3), Vinda nom pérégrin d'une femme (4). Le nom de *Vindo-bona*, Vienne (Autriche), peut s'expliquer par un

---

(1) Livre II, ch. x, § 6. Edition Didot-Müller, p 241, l. 5.
(2) Voyez ci-dessus, p. 491.
(3) *C. I. L.*, III, 4110.
(4) *Ibid.*, III, 5663 ; cf. VII, 509 et X, 4963.

nom d'homme Vindos. Vindos a donné les dérivés : Vindius gentilice qui a pénétré dans les fastes consulaires avec M. Vindius Verus, l'an 138 de notre ère, et qui est attesté par plusieurs inscriptions ; Vindillus, *cognomen* et nom pérégrin conservé par deux inscriptions (1); Vindonius, gentilice de Vindonia Vera, dans une inscription du Norique (2). De Vindonius vient *Vindonissa*, nom primitif de Windisch, en Suisse, et de plusieurs petites communes de France : deux Vendenesse (Saône-et-Loire), deux Vandenesse (Côte-d'Or, Nièvre), etc.

Dans *Rigo-magus* « champ du roi » *rigo-* est un nom commun.

Nueil, Seneuil sont des dérivés de *novios* et de *senos*, peuvent signifier ou « champ nouveau, » « champ vieux » ou « champ de Novios » « champ de Senos, » car les adjectifs novios et senos ont été aussi des noms d'hommes.

§ 2. — *Liste alphabétique de noms de lieu en* o-iolum *pour lesquels on n'a pas trouvé de primitif en* magus, — *bien que ce primitif en* magus *ait dû exister*, — *et qui tous dérivent de* cognomina.

BAROLIA est, en 1063, le nom de Bareil, commune de Chalonnes (Maine-et-Loire) (3). C'est un ancien *Baro-iola*, dérivé d'un thème Baro-, employé comme *cognomen* au féminin dans une inscription de Narbonne, où il est le surnom d'une affranchie (4). Le masculin Barus apparaît dans une inscription de Cilli, en Styrie, l'antique Celeia ; on y trouve les noms de M. Licovius Barus réunis à ceux d'autres membres de la même famille, qui paraît avoir été gauloise (5). Barus donna un dérivé, Baro, qu'on rencontre à la fois dans la Gaule transalpine et dans la Gaule cisalpine.

---

(1) *C. I. L.*, III, 4767 ; V, 5818.
(2) *Ibid.*, III, 5098.
(3) Port, *Dictionnaire historique de Maine-et-Loire*, t. I, p. 206.
(4) *C. I. L.*, XII, 4966.
(5) *Ibid.*, III, 5265.

Ainsi, on a trouvé à Embrun l'épitaphe de L. Vestonius Baronis filius, qui est aujourd'hui conservée à l'évêché de Gap (1); dans les environs de Como, une dédicace à des divinités, par Valerius Baronis filius (2); sur les bords du lac Majeur, l'épitaphe de Novellius Baro (3); à Ivrée, celle de C. Attius Baro (4).

Bonogilum, à l'ablatif *Bonogilo*, est, dans deux diplômes, l'un de 832, l'autre de 862, le nom d'une localité où l'abbaye de Saint-Denis possédait un manse (5); c'est probablement Bonneuil (Seine-et-Oise); il s'agit probablement de la même localité dans un diplôme de l'empereur Lothaire, en 841, dont la date de lieu est ainsi conçue : *actum Bonoilo villa* (6). Il faut distinguer cette localité de Bonneuil-sur-Marne (Seine), dont est datée, en 811, une charte du comte Etienne, en faveur de l'évêché de Paris : *actum Bonoilo villa* (7). Le *Cartulaire de Saint-Victor de Marseille* nous fait connaître une autre localité de même nom : une charte du onzième siècle, contenue dans ce Cartulaire, a pour objet des biens situés au comté d'Uzès (Gard), *in villa quam nominant Bonoilo* (8).

* *Bono-iolus*, forme primitive, dérive du *cognomen* Bonus, étudié p. 469 à propos du dérivé *Bonacus*. Le nom de Bonneuil est assez répandu en France; outre les deux communes mentionnées plus haut, il y en a six de ce nom : deux dans l'Oise; une dans chacun des départements de la Charente, de l'Indre, de la Vienne; enfin une dans le Calvados, dont l'orthographe soi-disant étymologique nous offre l'explication populaire du mot : Bonn-œil. Le hasard de l'or-

---

(1) *C. I. L.*, XII, 91.
(2) *Ibid.*, V, 4450.
(3) *Ibid.*, V, 6645.
(4) Supplément au tome V du *C. I. L.*, n° 906.
(5) Tardif, *Monuments historiques*, p. 85, col. 2 et p. 119, col. 2.
(6) Tardif, *ibid.*, p. 94, col. 1.
(7) Robert de Lasteyrie, *Cartulaire de Paris*, p. 39.
(8) Guérard, *Cartulaire de Saint-Victor de Marseille*, t. II, p. 539.

dre alphabétique place Bonn-œil (Calvados) à côté de Bonn-œuvre (Loire-Inférieure), qui est probablement un ancien *Bono-briga, « forteresse de Bonus, » encore un exemple intéressant d'étymologie populaire. La prononciation moderne du primitif Bono-iolus n'a pas donné lieu aux mêmes rêveries étymologiques dans le département de l'Aisne ; là une *villa Bonogilus*, mentionnée par la *Vie de Louis le Pieux*, dite de l'Astronome, dans le récit des événements de l'année 834 (1), est devenue Bonneil (2).

Une localité appelée Bragogilo est mentionnée, en 697, dans une charte en faveur de l'abbaye de Limours (Seine-et-Oise) (3). Ce nom de lieu est dérivé du nom pérégrin Bracus, conservé par une épitaphe du Latium (4). Bracus avait une variante par double *c*, d'où les dérivés 1° Brackillo, nom d'un potier dont on a trouvé la marque à Londres (5) ; 2° Braccius, employé comme gentilice et étudié plus haut, page 352.

Britogilum, nom de Breteuil-sur-Noye (Oise), en 1031 (6), est un dérivé du nom pérégrin Brittus, dont le féminin Britta apparaît dans une inscription d'Espagne (7). On le retrouve dans une inscription de la Pannonie inférieure, qui est l'épitaphe de Ti. Claudius Valerius, fils de Brittus, décurion du deuxième escadron des Aravaci et originaire d'Espagne (8). Enfin, il se rencontre dans l'Italie du Nord : on a trouvé, près du lac de Garde, une dédicace aux fées masculines par un certain Staumus, fils de Vesumus Brittus (9).

---

(1) C. 51; Dom Bouquet, VI, 115 *b*.
(2) Matton, *Dictionnaire topographique de l'Aisne*, p. 33.
(3) Pardessus, *Diplomata*, t. II, p. 244.
(4) *C. I. L.*, XIV, 2345.
(5) *Ibid.*, VII, 1336, 175.
(6) Merlet, *Cartulaire de Notre-Dame de Chartres*, t. I, p. 88.
(7) *C. I. L.*, II, 1335.
(8) *Ibid.*, III, 3271.
(9) *Ibid.*, V, 5002.

CABROGILO est, dans deux chartes du commencement du dixième siècle (1), le nom d'une *villa* située près de Brioude (Haute-Loire). Le thème *cabro-*, dont ce nom de lieu dérive, s'offre ici avec une notation moderne pour *capro-*, plus ancien. C'est le thème du nom pérégrin Caper, attesté par une inscription de Dalmatie (2) et du *cognomen* Caper, qu'on croit avoir retrouvé dans une inscription de la vallée du Pô (3). La variante barbare Caprus, au nominatif, nous est offerte par une inscription de Canosa (4). Dans une inscription de Campanie, la forme féminine Capra est employée au masculin : L. Aninius Capra (5). Le seul personnage de quelque notoriété qui ait porté ce *cognomen* est le grammairien Flavius Caper, qui vivait vers la fin du premier siècle de notre ère, et dont on a deux petits traités, l'un *de orthographia*, l'autre *de verbis dubiis* (6).

CALOILI *villa*, dans une charte de l'année 1124 (7), est Chaillot, aujourd'hui compris dans l'enceinte de Paris. C'est un dérivé du nom pérégrin Calus, lu sur une marque de potier à Orange (8). On a trouvé, en Afrique, l'épitaphe de C. Claudius Calus (9). Ce *cognomen* est quelquefois identique à l'adjectif grec καλός, « beau. » Il a été surtout employé pour les femmes. Ainsi, les inscriptions de la Campanie nous offrent six exemples de femmes appelées Cale : à Antium, l'épitaphe de Junia Cale (10); à Pouzzoles, celle de l'esclave Cale (11); à Capoue, celle de Babullia Cale (12), etc.

(1) Doniol, *Cartulaire de Brioude*, p. 39, 60.
(2) *C. I. L.*, III, 2848.
(3) *Ibid.*, V, *supplementa italica*, fasc. I, 972.
(4) *Ibid.*, IX, 387.
(5) *Ibid.*, X, 6463.
(6) Teuffel, *Geschichte der römischen Literatur*, 3ᵉ édit., p. 798-799.
(7) Robert de Lasteyrie, *Cartulaire de Paris*, p. 221.
(8) *C. I. L.*, XII, 5686, 161.
(9) *Ibid.*, VIII, 6413.
(10) *Ibid.*, X, 6733.
(11) *Ibid.*, X, 2203.
(12) *Ibid.*, X, 4037.

Le nom primitif de Chelles (Seine-et-Marne), noté *Cala* dans le testament d'Erminthrude, vers 700 (1), et *Kala*, en 811, dans la donation du comte Etienne (2), n'est autre chose que la forme féminine du nom d'homme Calus, employé adjectivement : *Cala*, sous-entendu *villa*, ce qui veut dire non pas « belle ville, » mais « *villa* de Calus, » c'est-à-dire « propriété de Lebeau, » à moins qu'il n'y ait eu, à côté de l'adjectif grec, un mot gaulois de même son dont le sens nous échappe. Il a existé deux *Cala-dunum*, l'un en Espagne, l'autre en France, aujourd'hui Châlons (Mayenne) (3).

CANTOGILUM est le nom d'un bien donné en 936 à l'abbaye de Saint-Julien de Brioude (4). C'est probablement de la même localité qu'il est question au même siècle, dans les chartes de Cluny, sous le nom écrit à l'ablatif *Cantoiolo* (5) et *Quantoiolo* (6). L'abbaye qui s'y trouvait est appelée *Cantoiolense monasterium* dans une charte de l'année 1137 (7). C'est aujourd'hui Chanteuges (Haute-Loire). Ce nom de lieu est dérivé d'un nom barbare *Cantos, nécessaire pour expliquer le gentilice Cantius d'une inscription de Lyon qui est l'épitaphe d'Acutia Amatrix gravée par les soins de son mari C. Cantius Elventinus (8) ; Cantius veut dire « fils de Cantos. » Nous connaissons à Cantos deux autres dérivés : Canto et Cantaius, noms de potiers dont les marques sont conservées au musée Britannique (9). Cantos était un nom d'homme gaulois ; son thème, *Canto-*, se retrouve comme second terme dans le nom divin Avi-cantus con-

---

(1) Tardif, *Monuments historiques*, p. 33, col. 2.
(2) Tardif, *ibid.*, p. 811. Robert de Lasteyrie, *Cartulaire de Paris*, p. 39.
(3) Ptolémée, t. II, c. 6, § 38 ; édit. Didot-Müller, t. I, p. 162, l. 7. L. Maitre, *Dictionnaire topographique du département de la Mayenne*, p. 66.
(4) Doniol, *Cartulaire de Brioude*, p. 344.
(5) Bruel, *Recueil*, t. I, p. 532 ; t. II, p. 242, 239.
(6) *Ibid.*, t. II, p. 266.
(7) Chassaing, *Spicilegium Brivatense*, p. 13, 14.
(8) Boissieu, *Inscriptions de Lyon*, p. 501.
(9) *C. I. L.*, VIII, 1330, 8 et 1336, 225.

servé par une inscription de Nîmes (1), et dans le nom d'homme Viro-cantus qu'on a trouvé dans une inscription de Milan (2).

CAUCINOGILUM. Plusieurs chartes du cartulaire de Brioude (Haute-Loire), à la fin du neuvième siècle et au commencement du dixième, mettent dans la circonscription, *vicaria*, *aicis* ou *comitatus* dont Brioude était capitale, une *villa* appelée, au cas indirect, *Caucinogolo* (3), *Caucinogilo* (4), et par abus *Caucionogile* (5), *Cacinogilo* (6). Les deux dernières leçons doivent être corrigées l'une en *Caucinogile*, l'autre en *Caucinogilo*. Caucinus, d'où ce nom de lieu dérive, est un *cognomen* connu par une inscription de Madrid qui est l'épitaphe de L. Domitius Caucinus (7).

CAVENOILUS, nom de lieu mentionné dans une charte du roi de France Robert en faveur des religieuses d'Argenteuil (Seine-et-Oise), en 1004 (8), dérive du gentilice Cavenus dont on a vu plus haut, p. 458, le dérivé *Cavennacus*.

CORBOLIUS est le nom d'une ville, *oppidum*, dans une charte du roi Robert, en l'an 1000 (9) : *oppidum Corbolii*. Le même nom apparaît avec une légère différence d'orthographe dans une autre charte du même roi, en 1029 : *a castello Corboili* (10). Il s'agit de Corbeil (Seine-et-Oise). Ce nom de lieu dérive du nom d'homme pérégrin Corbus qu'on trouve dans une inscription du Norique (11). De Cor-

---

(1) *C. I. L.*, XII, 3077.
(2) *Ibid.*, V, 5883.
(3) Doniol, *Cartulaire de Brioude*, p. 102, 133.
(4) **Page 285.**
(5) **Page 173.**
(6) **Page 253.**
(7) *C. I. L.*, II, 3055.
(8) Guérard, *Cartulaire de Notre-Dame de Paris*, t. 1, p. 95.
(9) Tardif, *Monuments historiques*, p. 152, col. 1.
(10) *Ibid.*, p. 163, col. 1.
(11) *C. I. L.*, III, 6497.

bus est venu le dérivé Corbo dans une inscription de Pannonie, C. Fabius Corbo (1). Le nom pérégrin Corbus paraît avoir persisté en Gaule sous la domination franque : en 603 ou en 604, le roi Thierry II eut, d'une concubine, un enfant qu'on appela Corbus (2) ; Corbus fut mis à mort en 613 (3).

Curtogilo, au cas indirect, est le nom d'une *villa* située en Quercy, suivant une charte de l'abbaye de Beaulieu (Corrèze) (4). Ce nom de lieu est dérivé du *cognomen* Curtus, connu par une inscription d'Afrique (5).

Christoilo, à l'ablatif, est le nom d'une *villa* que met en Parisis un diplôme de Charles le Simple en 900 (6). Il s'agit de Créteil (Seine). Ce nom de lieu est dérivé du *cognomen* Chrestus, d'origine grecque, fréquent dans les inscriptions romaines, notamment en Gaule ; exemples : Numisius Chrestus, affranchi. à Fréjus (7) ; Q. Pacuius Chrestus (8), et Valeria Chreste (9), à Narbonne.

Ebrolio est à l'ablatif, au treizième siècle, le nom d'Ebreuil (Allier) (10). C'est le nom d'une abbaye fondée à la fin du dixième siècle. Il est dérivé du nom d'homme Eburus étudié plus haut, p. 168.

Germolio est, à l'ablatif, le nom d'une localité mentionnée plusieurs fois dans des chartes du onzième siècle, au cartulaire de l'abbaye de Conques (Aveyron) (11). Ce nom

---

(1) *C. I. L.*, III, 3776.
(2) Frédégaire, livre IV, c. 34 ; édit. Krusch, p. 130, l. 7-8.
(3) Frédégaire, livre IV, c. 42 ; édit. Krusch, p. 141, l. 24.
(4) Deloche, *Cartulaire de Beaulieu*, p. 219.
(5) *C. I. L.*, VIII, 5641.
(6) Robert de Lasteyrie, *Cartulaire de Paris*, p. 76.
(7) *C. I. L.*, XII, 264.
(8) *Ibid.*, 4322.
(9) *Ibid.*, 5194.
(10) Chassaing, *Spicilegium Brivatense*, p. 210.
(11) Desjardins, *Cartulaire de Conques*, p. 29, 167, 240.

de lieu est dérivé de Germus, *cognomen* dans une inscription romaine de Dalmatie qui est l'épitaphe de Sex. Gavilius Germus (1). Germus explique Germay (Haute-Marne).

Linogile, nom d'une *villa* cédée, à titre d'échange, par l'abbaye de Saint-Julien de Brioude (Haute-Loire) en 884 (2), dérive du *cognomen* Linus qu'on trouve de temps en temps dans les inscriptions romaines; il y en a un exemple à Narbonne, C. Valerius Linus (3); on en trouve aussi dans d'autres parties de l'empire romain : L. Titius Linus, à Trévise (4); T. Pullius Linus, à Este (5). On pourrait aussi expliquer *Linogilus* par le nom d'homme gaulois Licnos qui se trouve dans l'inscription gauloise d'Autun, et dans deux inscriptions romaines, l'une de Pola, en Istrie (6), l'autre de Gemona (7); dans ces deux derniers monuments Licnus est *cognomen*.

Petroilum est, en 1030, le nom de Preuil, commune de Nueil (Maine-et-Loire) (8). Le même nom de lieu désignant une localité différente est écrit à l'ablatif *Pedrolio*, vers l'an 1000, dans une charte de l'abbaye de Cluny (9); il s'agit probablement du Pérolet, commune de Loché (Saône-et-Loire); ce nom de lieu est noté d'une façon plus conforme à la prononciation, *Perroilo*, dans une charte contemporaine de la précédente (10). *Petroilum* vient du nom d'homme pérégrin Petrus, connu par des marques de potiers trouvées à Orange et à Die (11). La variante Petra est attestée par une

---

(1) *C. I. L.*, III, 3054.
(2) Doniol, *Cartulaire de Brioude*, p. 279.
(3) *C. I. L.*, XII, 5188.
(4) *Ibid.*, V, 2119.
(5) *Ibid.*, V, 2428.
(6) *Ibid.*, V, 21.
(7) *Ibid.*, V, 1818.
(8) Port, *Dictionnaire historique de Maine-et-Loire*, t. III, p. 184.
(9) Bruel, *Recueil*, t. III, p. 240. Chavot, *Le Mâconnais*, p. 218.
(10) *Ibid.*, p. 279.
(11) *C. I. L.*, XII, 5686, 686.

inscription du musée de Naples : M. Musidius Petra (1). Petrus est surtout fréquent dans les inscriptions chrétiennes.

Pinolio, à l'ablatif, est une ancienne notation du nom de Pineuilh (Gironde) (2). Ce nom de lieu est dérivé du *cognomen* Pinus, attesté par deux inscriptions romaines de Campanie; ce sont les épitaphes de C. Lollius Pinus (3) et de Q. Vilius Pinus (4). Pinus avait une variante Pina au masculin ; on a copié, à Brindes, l'épitaphe d'Octavius Pina (5). On trouve de Pina une variante par double *n* : L. Lollius Pinna, dans une inscription d'Afrique (6); Pinna, nom pérégrin dans une épitaphe de Campanie (7).

Ruscoialum, nom de lieu mentionné dans une charte de l'abbaye de Saint-Martin de Tours en 791 (8), dérive du nom pérégrin Ruscus. Ruscus nous est conservé par l'épitaphe gravée sur le monument funèbre que se fit élever de son vivant Cotula, fils de Ruscus (9).

Spinogilum (*cujus vocabulum est Spinogilum*), est le nom d'Epinay-sur-Orge (Seine-et-Oise), plus anciennement Epineil, dans un diplôme des empereurs Louis le Pieux et Lothaire pour l'abbaye de Saint-Germain-des-Prés en 829 (10). Dans le *Polyptyque de Saint-Germain des Prés* (11), ce nom de lieu a été écrit à l'ablatif *Ispinogilo*, corrigé ensuite en *Spinogilo*. Il dérive du nom d'homme Spinus attesté par une inscription de Nimes (12).

(1) *C. I. L.*, **X**, 3387.
(2) Gustave Desjardins, *Cartulaire de Conques*, p. xcvi.
(3) *C. I. L.*, **X**, 2663 a.
(4) *Ibid.*, **X**, 4911.
(5) *Ibid.*, IX, 155.
(6) *Ibid.*, VIII, 6783.
(7) *Ibid.*, X, 1944.
(8) Mabille, *La pancarte noire*, p. 232 ; cf. 151.
(9) *C. I. L.*, III, 5107.
(10) Robert de Lastoyrie, *Cartulaire de Paris*, p. 48.
(11) Edit. Longnon, p. 66.
(12) *C. I. L.*, XII, 3355.

TORNOLII, au génitif, est le nom d'un château et d'un village dans un document du milieu du treizième siècle (1). C'est aujourd'hui Tournoel (Puy-de-Dôme). Ce nom de lieu est dérivé du *cognomen* Turnus déjà étudié, page 179.

TUROLLIUM, nom du Toureil, commune du département de Maine-et-Loire; dans des documents du onzième siècle (2) dérive de Turrus, *cognomen* romain dont il a été question plus haut, page 441.

VAROIOL est le nom d'une paroisse mentionnée au onzième siècle dans le *Cartulaire de Conques* (Aveyron) (3). Il est dérivé du *cognomen* latin Varus rendu célèbre par la *gens* Quintilia (4).

VERNOLIUM ou *Vernoilium*, à l'ablatif *Vernolio* ou *Vernoilio*, est, à la fin du dixième siècle, le nom de Vernouillet, commune de Poissy (Seine-et-Oise), dans deux diplômes royaux (5). Une autre localité de même nom apparaît au même siècle dans deux chartes, l'une de l'abbaye de Cluny (6), l'autre de l'abbaye de Saint-Vincent de Mâcon (7) ; la notation *Vernulio* nous est offerte à la même époque par une charte de Cluny (8); il s'agit de Verneuil, commune de Charnay-lès-Mâcon (Saône-et-Loire). Vernoille-Fourrier (Maine-et-Loire), au douzième siècle *Vernolium*, nous offre une autre notation du même mot (9). Une troisième notation nous est offerte par les deux Verneil, l'un de Savoie, l'autre de la Sarthe. Verneuil est un nom de

---

(1) Chassaing, *Spicilegium Brivatense*, p. 56, 57, 59.
(2) Port, *Dictionnaire de Maine-et-Loire*, t. III, p. 605.
(3) Edition G. Desjardins, p. 173.
(4) Pauly, *Real-Encyclopaedie*, t. VI, p. 372-373.
(5) R. de Lasteyrie, *Cartulaire de Paris*, p. 88, 99.
(6) Bruel, *Recueil*, t. I, p. 604.
(7) Ragut, *Cartulaire de Saint-Vincent*, p. 153.
(8) Bruel, *Recueil*, t. II, p. 390.
(9) Port, *Dictionnaire de Maine-et-Loire*, t. III, p. 693, 694.

lieu très répandu en France ; il y a dix-neuf communes de ce nom réparties entre quatorze départements : Aisne, Allier, Charente, Cher, Eure, Indre, Indre-et-Loir, Marne, Meuse, Nièvre, Oise, Haute-Vienne, Seine-et-Marne, Seine-et-Oise. Nous ne parlons pas des hameaux.

Ce nom de lieu est un dérivé du *cognomen* Vernus attesté par les inscriptions ; exemple : en Espagne, L. Titius Vernus (1), Veranius Vernus (2), M. Atilius Vernus (3), D. Julius Vernus (4) ; en Italie, Aunatius Vernus (5), L. Volceius Vernus (6), L. Marius Vernus (7). Ce *cognomen* se trouve aussi en Gaule. On a trouvé à Saint-Michel d'Euzet (Gard) l'épitaphe de P. Sammius Vernus (8). Il pourrait bien se faire que les Vernon de l'Ardèche, de l'Eure et de la Vienne soient tous les trois d'anciens *Verno-magus*. De Vernus on a tiré un gentilice Vernius qui explique le nom de lieu *Verniacus* dans une charte du dixième siècle (9). *Vernolium* et de *Verniacus* viennent de noms d'hommes ; *Vernetum* dérive d'un nom d'arbre.

VEROLIAS est, au dixième siècle, suivant plusieurs chartes de Cluny (10), le nom d'une localité située en Mâconnais. Ce nom de lieu est dérivé du *cognomen* Verus qui est des plus communs ; pour la Gaule on en peut compter quarante exemples dans le tome XII du *Corpus inscriptionum Latinarum*, onze dans le recueil de Brambach.

De l'examen de ces noms de lieu on doit conclure que

---

(1) *C. I. L.*, II, 1306.
(2) *Ibid.*, 3050.
(3) *Ibid.*, 3695.
(4) *Ibid.*, 4574.
(5) *Ibid.*, V, 5972.
(6) *Ibid.*, IX, 2256.
(7) *Ibid.*, 4923.
(8) *Ibid.*, XII, 2730.
(9) Aug. Bernard, *Cartulaire de Savigny*, t. I, p. 185.
(10) Bruel, *Recueil*, t. II, p. 620, 635, 718.

la plupart des noms de lieux terminés par la désinence -*oiolum* ou par ses variantes dérivent de *cognomina*.

Nous placerons le dernier, malgré l'ordre alphabétique, un mot qui peut donner lieu à contestation :

ALTOGILUM, à l'ablatif *Altogilo*, est le nom d'Auteuil (Seine-et-Oise), dans le *Polyptyque de Saint-Germain des Prés* (1). Pour Auteuil, ancienne commune du département de la Seine, aujourd'hui réunie à Paris, on trouve, au douzième siècle, la notation *Altoilum* (2). Mais ces orthographes ne représentaient ni l'une ni l'autre au moyen âge la prononciation réelle de la première syllabe du mot qu'on prononce aujourd'hui Auteuil. Cette première syllabe, dès le douzième siècle, se prononçait comme aujourd'hui : cela est prouvé par la notation *Auteolum* (3). Dès l'époque où fut écrit le *Polyptyque de Saint-Germain des Prés*, c'est-à-dire dès la période carlovingienne, on prononçait déjà *au* la première syllabe de ce mot; bien plus, on ne l'a jamais prononcée autrement, et l'orthographe *al* a été inspirée par des savants heureux de montrer qu'ils n'ignoraient pas l'identité du français *haut* et du latin *altus*. Auteuil est la notation moderne d'un primitif *Aucto-iolum, Autto-ialum* dont le premier élément est le *cognomen* ou nom d'esclave latin Auctus (4).

Auctus veut dire acheté aux enchères. C'est donc, étymologiquement, un nom servile, et une fois devenus libres par l'affranchissement, d'anciens esclaves l'ont conservé : tels sont, dans des inscriptions de Narbonne, L. Baebius Auctus, D. Vleius Auctus (5).

Le *cognomen* Auctus avait une variante Autus, lisez Auttus avec assimilation du *c* au *t* suivant. On en trouve

---

(1) Edit. Longnon, p. 280, 283, 317.
(2) Robert de Lasteyrie, *Cartulaire de Paris*, p. 176.
(3) *Ibid.*, p. 451.
(4) De-Vit, *Onomasticon*, t. I, p. 573.
(5) *C. I. L.*, XII, 4358, 4495.

la forme féminine : dans une inscription d'Aquilée (1), où c'est un nom soit d'esclave, soit d'étrangère; dans une inscription d'Ostie, où Laberia Auta est une affranchie (2), dans une inscription de Baies (3), qui est l'épitaphe Julia Auta, originaire de Nuceria, aujourd'hui Nocera en Italie. Autus est employé comme gentilice dans une inscription de Vérone qui est l'épitaphe de C. Autus Narcissus (4).

Autus, Auta a donné plusieurs dérivés, tels sont : Auto, -onis, nom du père de Tertius Bresius, dans une inscription de *Bodinco magus*, aujourd'hui Monteu da Po, en Italie, sur les bords du Pô (5); et son dérivé Autonius qui est un gentilice dans une inscription de l'Italie méridionale (6); Auteius, employé comme gentilice dans une inscription du Latium (7); Autestius, gentilice dans une inscription de Nimes (8), enfin *Autessius qui doit avoir été un gentilice romain et qui explique à la fois la première partie du nom d'*Autessio-durum*, Auxerre, et le nom dérivé *locus Autessianus*, dans une charte de l'année 948, conservée aux archives de la cathédrale d'Asti (9). La notation *Olsiodra* par $l = u$ du nom d'Auxerre dans le livre d'Armagh, au neuvième siècle, explique l'orthographe *Altogilum* par $l = u$, du nom d'Auteuil, dans le *Polyptyque de Saint-Germain des Prés*. Toutefois le maintien du *t* dans Auteuil prouve que le *t* de ce mot était primitivement double : la forme primitive est *Auttoiolum* = *Auctoiolum*, tandis que dans *Autessio-durum*, Auxerre, le *t* étant simple est tombé.

---

(1) *C. I. L.*, V, 1637.
(2) *Ibid.*, XIV, 1215.
(3) *Ibid.*, X, 1981.
(4) *Ibid.*, V, 3500.
(5) *Ibid.*, V, 7480.
(6) *Ibid.*, IX, 2998.
(7) *Ibid.*, XIV, 2311.
(8) *Ibid.*, XII, 3462.
(9) *Historiae patriae monumenta*, *chartarum tomus primus*, col. 162 d.

CHAPITRE XI.

DU SUFFIXE -*iscus*.

SOMMAIRE :

§ 1. Le suffixe gaulois -isco-s. — § 2. Noms de lieux dérivés de gentilices romains à l'aide du suffixe gaulois -*isco-s* dans les textes du temps de l'empire romain. — § 3. Noms de lieu en -*iscus* d'origine romaine dans les documents du moyen âge. — § 4. Noms de lieu en -*iscus* d'origine germanique.

§ 1ᵉʳ. — *Le suffixe gaulois* -isco-s.

Les Gaulois ont eu un suffixe -*iscos*. C'est avec ce suffixe que paraît avoir été formé le nom du peuple gaulois des *Scordisci ;* ce nom semble dérivé de celui de la montagne appelée *Scordus* par Tite Live (1), dans le récit des événements des années 169 et 168 av. J.-C.; c'est probablement à tort que, dans les éditions des auteurs grecs, ce nom est écrit Σκάρδος, par exemple chez Polybe (2), chez Strabon (3) et chez Ptolémée (4) ; le *Scordus* est aujourd'hui le Schardag en Albanie. On attribue une origine analogue au nom des *Taurisci*, peuple des régions sud-ouest de l'empire d'Autriche ; ce nom serait dérivé de celui des montagnes dites *Tauern* en Tirol, en Carinthie et en Stirie.

---

(1) Livre XLIII, c. 20, et livre XLIV, c. 31.
(2) Livre XXVIII, c. 8, § 3; édit. Didot, t. II, p. 31.
(3) Livre VII, fragm. 10; édit. Didot, p. 275, l. 12, 13.
(4) Livre II, c. 16, § 1; édit. Didot, p. 303, l. 8.

Du suffixe *-isco-s* il y a un dérivé secondaire en *-on-* : *-isco*, *-isconis* dans les textes latins et dont un exemple paraît clair : c'est l'ancien nom de l'abbaye de Saint-Claude (Jura), *Condatisco*, dérivé de *condate* « confluent; » on trouve *Condatisco* chez Grégoire de Tours (1).

§ 2. — *Noms de lieux dérivés de gentilices romains à l'aide du suffixe gaulois* -isco-s *dans les textes du temps de l'empire romain.*

Des exemples, *Scordiscus*, *Tauriscus* et *Condatisco*, on conclura que les suffixes *-isco-s*, et *-isco*, *isconis* ont servi chez les Gaulois à former des termes géographiques dérivés de noms de lieux. Sous l'empire romain ces suffixes ont été employés pour créer des noms de lieux dérivés de noms de personne. Nous citerons *Petenisca*, *Vibiscus*, *Latisco* et *Lavisco*.

PETENISCA est, dans la *Table de Peutinger*, une station romaine de Suisse, entre Avenches et Soleure (2). *Petenisca*, probablement pour *Petinisca*, est un dérivé du gentilice Petinius, qu'on trouve en Italie dans deux inscriptions, l'une de Venosa (3), l'autre de Ligurie (4). Petinius paraît ne différer que par une variante orthographique de Petilius plus fréquent.

VIBISCUS (5), aujourd'hui Vevey, canton de Vaud, en Suisse, sur les bords du lac de Genève, est un dérivé du gentilice Vibius, porté à Rome par plusieurs consuls, le

---

(1) *Liber vitae patrum*, c. 2; édit. Krusch, p. 664, l. 33.
(2) Segment, III, 3. Cf. E. Desjardins, *Géographie de la Gaule d'après la Table de Peutinger*, p. 237.
(3) *C. I. L.*, IX, 422.
(4) *Ibid.*, V, 7739.
(5) *Itinéraire d'Antonin*, p. 352, l. 1. Dans la *Table de Peutinger*, segment III, 3, *Vivisco* à l'ablatif. Desjardins, *Géographie de la Gaule d'après la Table de Peutinger*, p. 240.

premier en l'an 43 avant notre ère. Ce gentilice fut très fréquent en Gaule sous l'empire romain. Les inscriptions de la Gaule Narbonnaise, réunies par M. Hirschfeld, mentionnent quarante-deux Vibius (1). Il y avait de ce nom une variante Vivius : quatre exemples nous en sont fournis par des marques de potiers trouvées à Annecy (Haute-Savoie), à Vienne (Isère) et à Sisteron (Basses-Alpes) (2).

Latisco, -onis, où saint Loup, évêque de Troyes, trouva un asile vers le milieu du cinquième siècle, suivant un biographe contemporain (3), est aujourd'hui le Mont-Lassois, *Mons Latisc[on]ensis*, près de Châtillon-sur-Seine (Côte-d'Or). Ce nom de lieu semble être un dérivé du gentilice Latius, au féminin Latia dans une inscription de l'Italie méridionale (4), au masculin Lattius avec deux *t* dans une inscription de Vienne (Isère) (5). On peut supposer que c'est un dérivé d'un thème gaulois *lati-*, peut-être identique au vieil irlandais *laith* « vaillant héros, » qui se trouve aussi dans les noms d'homme composés Es-cengo-lati-s, nom d'homme pérégrin dans une inscription d'Aubagne (Bouches-du-Rhône); Sego-lati-us, gentilice conservé par une inscription de Narbonne (6); peut-être dans *Are-late*, Arles.

Lavisco, -one est dans la table de Peutinger une station romaine entre Aoste (Isère) et Chambéry (7). Ce nom de lieu paraît dérivé du nom d'homme Lavius employé comme gentilice dans une épitaphe de Dacie (8) et dans la marque

(1) *C. I. L.*, XII, Index. Cf. Pauly, *Real-Encyclop.*, V, 2565-2575.
(2) *Ibid.*, XII, 5683, 314; 5686, 943, 944, 945. *Vivisci*, surnom qui distinguait des Bituriges Cubi, à Bourges, les Bituriges de Bordeaux, doit être un mot différent de *Vibiscus*, Vevey. Viviscus dérive probablement d'un thème *vivo-*, en gallois *gwiw*, en irlandais *fiu*, « apte, propre à, digne. »
(3) Dom Bouquet, I, 645 *a*.
(4) *C. I. L.*, X, 51.
(5) *Ibid.*, XII, 1974.
(6) *Ibid.*, XII, 602, 5127.
(7) *Table de Peutinger*, segment III, 1. E. Desjardins, *Géographie de la Gaule d'après la Table de Peutinger*, p. 389.
(8) *C. I. L.*, III, 1269.

d'une patère trouvée à Aquilée (1); dans ce dernier document il s'agit d'un individu appelé C. Lavius Summacus, qui était probablement gaulois.

Nous ne dirons rien de *Matisco*, Mâcon, où l'on reconnaît le même suffixe, mais qui est antérieur à la conquête romaine (2) et qui dérive d'un mot dont la valeur reste obscure.

Cette courte nomenclature empruntée aux textes contemporains de l'empire romain, peut être facilement augmentée en recourant aux documents du moyen âge. Toutefois, parmi les noms de lieux terminés en *-iscus*, ou en *escus* avec une variante orthographique sans importance, dans les chartes du moyen âge, il y a deux catégories à distinguer. Les uns dérivent de noms d'hommes usités sous l'empire romain, les autres de noms d'hommes germaniques introduits par la conquête barbare. Les noms de lieu en *-iscus* dérivés de noms germaniques d'hommes peuvent être germaniques tout entiers, et le suffixe *iscus* qui a servi à les former peut être d'origine germanique lui-même : nous distinguerons donc ces noms de lieux (§ 4) de ceux qui sont tirés de noms d'hommes usités antérieurement à la conquête germanique (§ 3); dans ceux-ci le suffixe *-iscus* paraît être, comme dans les mots étudiés au présent paragraphe, le suffixe gaulois que nous avons constaté au paragraphe premier, p. 547, dans des noms de lieux formés avant la chute de l'empire romain.

§ 3. — *Noms de lieux en* -iscus *d'origine romaine dans les documents du moyen âge.*

AMELESCA. C'est une localité qualifiée d'*appendaria* dans

---

(1) C. I. L., *Supplementa italica*, V, 1082, 232.
(2) Caesar, *De bello gallico*, l. VII, c. 90, § 7.

une charte du milieu du onzième siècle (1). Elle paraît avoir été située près de Salles-Courbatiès (Aveyron). *Amelesca*, pour *Amelisca*, est un dérivé d'Amelius, variante du gentilice Aemilius comme on a vu plus haut, p. 347, 348.

BARBARESCA est le nom d'une *villa* située en Mâconnais, comme nous l'apprend une charte de l'année 963, publiée par M. Bruel (2). Il faut en rapprocher le *Barbariscum [castrum]* d'un compromis entre les villes d'Alba et d'Asti en 1223 (3). *Barbaresca*, pour *Barbarisca*, est dérivé soit du gentilice Barbarius étudié plus haut, p. 402, soit du *cognomen* Barbarus qu'on a lu dans des inscriptions romaines de Narbonne (4), d'Aubagne (5) et de Fréjus (6).

CALISCUS est une localité placée en Lyonnais par un diplôme de l'empereur Charles le Gros en 885 (7), et par un diplôme du roi Louis l'Aveugle en 892 (8). La même localité est appelée *Calliscus* dans trois chartes du cartulaire d'Ainay, vers l'an 1000 (9), en 1003 (10) et en 1007 (11), et *Calescus (in villa de Calesco)* vers l'an 1000 (12). Ce nom de lieu peut dériver ou du gentilice Callius étudié p. 204, ou du *cognomen* Calus qui paraît d'origine grecque. En grec, c'est un adjectif qui veut dire beau; or cet adjectif a été employé comme nom d'homme latin, Calus (13), et surtout comme nom de femme ; exemple, les affranchies Romania

---

(1) G. Desjardins, *Cartulaire de Conques* (Aveyron), p. 32.
(2) *Recueil des chartes de l'abbaye de Cluny*, t. II, p. 250.
(3) *Historiae patriae monumenta, chartarum* t. I, col. 1273.
(4) *C. I. L.*, XII, 4661.
(5) *Ibid.*, XII, 604.
(6) *Ibid.*, XII, 268.
(7) *Cartulaire de Saint-Hugues de Grenoble*, p. 11.
(8) *Ibid.*, p. 73.
(9) Aug. Bernard, *Cartulaire de Savigny*, t. II, p. p. 595.
(10) *Ibid.*, p. 574.
(11) *Ibid.*, p. 579.
(12) Aug. Bernard, *Cartulaire de Savigny*, t. I, p. 223.
(13) De-Vit, *Onomasticon*, t. II, p. 76.

Cale dans une inscription de Die (1), Appia Cale dans une inscription de Novare (2); nous citerons encore Audasia Cale dans une inscription des environs de Milan (3); celle-ci était *ingenua* comme Albonia Cala dans une inscription de Chieri (4).

GALISCUS, nom de lieu mentionné en 739 dans le testament d'Abbon qui le met dans le pays de Gap (Hautes-Alpes) (5), peut dériver soit du gentilice Gallius, soit du *cognomen* Gallus. Le premier a été étudié p. 238-239. Le second est un *cognomen* fréquent à Rome au premier siècle avant notre ère et dans les siècles suivants. Ainsi C. Asinius Gallus fut consul l'an 8 avant J.-C. Plusieurs Gallus apparaissent dans les écrits de Cicéron, de Catulle, d'Ovide et de Properce, et les inscriptions de la Gaule nous offrent des exemples de ce *cognomen* : à Vienne (Isère), l'épitaphe d'A. Vinnius Gallus (6); à Grenoble celle de Sextilius Gallus (7).

LODISCUS est le nom d'une *villa* située dans la paroisse de Mornant (Rhône). Elle est mentionnée par le *Cartulaire de Savigny*, dans trois chartes du dixième siècle (8) et dans trois chartes des environs de l'an 1000 (9). Ce nom de lieu peut dériver du gentilice Lodius, attesté par plusieurs épitaphes qu'on a recueillies à Rome (10). On pourrait aussi l'expliquer par un *cognomen* Lautus, attesté par deux inscriptions d'Italie (11). Ce *cognomen* a une variante, Lotus,

---

(1) *C. I. L.*, XII, 1662.
(2) *Ibid.*, V, 5616.
(3) *Ibid.*, V, 5749.
(4) *Ibid.*, V, 7499. Cf. ci-dessus, p. 537.
(5) *Cartulaire de Saint-Hugues de Grenoble*, p. 39.
(6) *C. I. L.*, XII, 2032.
(7) *Ibid.*, XII, 2247.
(8) Ed. Aug. Bernard, p. 31, 202, 205.
(9) *Ibid.*, p. 210, 212, 277.
(10) *C. I. L.*, VI, 21165-21171.
(11) *Ibid.*, V, 1028; X, 2930.

qu'on rencontre dans deux inscriptions d'Italie (1). Le nom du potier Lottus, lu sur une amphore, à Vienne (Isère), peut être une variante de Lotus ou un mot différent (2).

MARINESCAE. Une charte du douzième siècle, conservée par le *Cartulaire de Conques* (3), parle d'un *locus de Marinescas*; c'est aujourd'hui Marinesques, commune de Naussac (Aveyron). *Marinescae* pour *Mariniscae peut venir du gentilice Marinius, étudié plus haut, p. 277, ou du *cognomen* Marinus, qui a donné naissance à ce gentilice.

MARTINESQUE, commune de Mouret (Aveyron), est une ancienne *villa* *Martinisca. Il y a un *lapsus calami* dans le passage où le *Cartulaire de Conques* (4) l'appelle *Martinex*. *Martinisca* peut dériver de Martinius, dont on s'est occupé ci-dessus, p. 279, ou du *cognomen* bien connu, Martinus, d'où vient ce gentilice (5).

MATRISCUS, mentionné en 884 dans un diplôme du roi Karloman (6), est un nom de lieu dérivé du gentilice *Matrius*, déjà étudié p. 280.

MAURISCA est une *colonica* qui appartenait à l'abbaye Saint-Victor de Marseille, au commencement du neuvième siècle (7). Une charte de 1038, concernant la même abbaye, parle du gué Maurisque, *de guado Maurisco* (8). En 879, une charte du *Cartulaire de Brioude* (9) mentionne une *vinea Maurisca*, située en Auvergne, *in vicaria Ambronensi*, c'est-à-

---

(1) *C. I. L.*, X, 1050, 6185.
(2) *Ibid.*, XII, 5683, 81.
(3) G. Desjardins, p. 395.
(4) Page 327.
(5) Sur le *cognomen* Martinus, voyez De-Vit, *Onomasticon*, t. IV, p. 380, 381.
(6) Quantin, *Cartulaire de l'Yonne*, p. 111.
(7) Guérard, *Cartulaire de Saint-Victor de Marseille*, t. II, p. 635.
(8) *Ibid.*, t. II, p. 597.
(9) Ed. Doniol, p. 276.

dire près de Saint-Germain-Lembron (Puy-de-Dôme). Le nom de lieu *Mauriscus* dérive soit du gentilice Maurius, sur lequel on peut voir ce qui a été dit plus haut, p. 281-282, soit du *cognomen* Maurus, dont Maurius dérive et dont il a été question déjà, p. 486.

RAMIGESCUS est le nom d'une localité du Cantal où il y avait une église, au XIe siècle (1), *de Ramigesco*. La variante *in Ramegesco* se trouve dans un texte de même date (2). Il s'agit d'une variante du gentilice ou *cognomen* romain Remigius, ou mieux Remedius, qu'a rendu célèbre un archevêque de Reims, 459-533.

On peut probablement placer dans cette nomenclature Romanèche (Saône-et-Loire), qui serait un ancien ROMANISCA ou ROMANISCAE : *cella sancti Petri de Romaniscas*, comme dit une charte de l'an 1120 (3), et il faudrait corriger en *Romanisca* le *Romanasca* du *Cartulaire de Saint-Vincent de Mâcon* (4). Dans le cas où l'orthographe *Romanasca* devrait être préférée, nous aurions là un témoin de la persistance du suffixe ligure *-ascus*, dans une région bien septentrionale. *Romanascus* serait dérivé du *cognomen* Romanus, fréquent dans les inscriptions romaines et dont on a cité, p. 487, quelques exemples empruntés à des inscriptions de la Gaule ; *Romaniscus* viendrait ou de ce *cognomen*, ou du gentilice Romanius, qui a été étudié plus haut, p. 303-304.

§ 4. — *Noms de lieu en* -iscus, *d'origine germanique.*

ATTANISCUS est le nom d'une localité que met dans le pays de Cavaillon, *in pago Cavellico*, le testament d'Abbon,

---

(1) G. Desjardins, *Cartulaire de Conques*, p. 45; cf. p. XCI.
(2) *Ibid.*, p. 274.
(3) Chavot, *Le Mâconnais*, p. 237.
(4) Edition Ragut, p. 114.

en 739 (1). Ce nom de lieu est dérivé d'un thème, *Attan-*, qui est ou la forme féminine du nom d'homme franc bien connu, Atto, Attonis, ou la forme masculine du même nom d'homme en gothique. Atto, Atta appartient à la classe nombreuse des noms hypocoristiques de personnes. On sait que les noms germaniques de personnes sont ordinairement composés de deux termes ; la langue familière supprime le second terme et le remplace par un suffixe qui appartient à la déclinaison faible.

AULBRANDISCUS. Un lieu appelé *appendaria Aulbrandisca* est mis en Auvergne, dans la viguerie de Brioude (Haute-Loire), par une charte de l'année 912 (2). Comparez le nom d'homme germanique Alt-brandus (3). Le premier terme de ce nom d'homme, *alt*, veut dire « vieux ; » le second terme, *brand*, « tison allumé, » en français, *brandon*.

Un clos AUTBERTESCUS apparaît dans une charte du Rouergue aux environs de l'an 1000 (4). Comparez le nom germanique d'homme, Autbertus (5). Le premier terme *aut*, plus anciennement *auda*, veut dire « richesse, bien ; » le second terme *berht*, « brillant. »

BELTEIRESCUS. Un certain Rigualdus *del Belteiresco* intervient dans une charte, en Rouergue, au milieu du X° siècle (6). Ce nom de lieu est dérivé d'un nom d'homme germanique, dont la plus ancienne forme a dû être *Balda-harias et qui est écrit Balterius dans la légende d'une monnaie mérovingienne (7), et Baldierus, dans le *Polyptyque de Saint-*

---

(1) *Cartulaire de Saint-Hugues de Grenoble*, p. 42.
(2) Doniol, *Cartulaire de Brioude*, p. 192.
(3) Longnon, *Polyptyque de l'abbaye de Saint-Germain des Prés*, p. 183 ; cf. Förstemann, *Personennamen*, 2° édition, col. 47.
(4) G. Desjardins, *Cartulaire de Conques*, p. 88.
(5) *Polyptyque de Saint-Germain des Prés*, p. 3 ; cf. Förstemann, p. 166.
(6) G. Desjardins, *Cartulaire de Conques*, p. 389.
(7) A. de Barthélemy, *Bibliothèque de l'Ecole des chartes*, t. XLII, p. 290.

LIVRE II. CHAPITRE XI. § 4.

Remy de Reims (1). Le premier terme de *Balda-harias veut dire « brave, » le second « armée. »

BORNONESCA, aujourd'hui Bournhounesque, commune de Nauviale (Aveyron), est mentionné vers le milieu du dixième siècle dans une charte de l'abbaye de Conques (2). Ce nom de lieu est dérivé du nom germanique hypocoristique Borno, dont des exemples ont été relevés par M. Förstemann (3).

DOMARIESCUS, nom d'une localité où, vers la fin du onzième siècle, l'abbaye de Conques avait des biens (4), est un dérivé du nom d'homme germanique Dom-[h]arius, dont M. Förstemann signale deux exemples dans les actes de deux conciles de Tolède, au septième siècle. Le nom de monétaire mérovingien, écrit Domaro sur une monnaie de Blois (5), doit probablement être corrigé en Dom-[h]ario. Des deux termes de Dom-harius, le premier paraît signifier « jugement, » le second veut dire « armée. »

ELDEGRIMISCUS est, en 963, dans le *Cartulaire de Brioude* (6), le nom d'un clos situé en Auvergne, au comté de Tallende (Puy-de-Dôme). La bonne orthographe de ce nom de lieu serait Hildi-grimmiscus, dérivé de *Hildi-grimmas, nom d'homme germanique noté Hilde-grimmus dans le *Polyptyque de Saint-Remy de Reims* (7). Le premier terme de ce mot veut dire « bataille, » et le second « cruel. »

FROTGARESC, nom de lieu mentionné au onzième siècle dans le *Cartulaire de Conques* (8), est dérivé du nom

---

(1) Publié par Guérard, p. 43.
(2) Desjardins, *Cartulaire de Conques*, p. 328.
(3) *Personennamen*, 2ᵉ édition, col. 276.
(4) Desjardins, *Cartulaire de Conques*, p. 81.
(5) A. de Barthélemy, *Bibliothèque de l'Ecole des chartes*, t. XLII, p. 293.
(6) Ed. Doniol, p. 124.
(7) Ed. Guérard, p. 51, 55; cf. Förstemann, col. 675.
(8) Ed. Desjardins, p. 307.

d'homme germanique Frot-garius (1). Ce nom aurait été, à l'époque mérovingienne, *Frodo-garius. La variante Frude-garius se trouve dans le *Polyptyque de Saint-Germain des Prés* (2). Le premier terme de ce composé est une variante franque du thème germanique *hrotha-*, « gloire, » dont la gutturale initiale *ch* peut, dans le dialecte mérovingien, être remplacée par *f*. Le second terme, noté *-garius* dans les textes latins, veut dire « désireux, avide de. » Ainsi, le sens du composé est « avide de gloire. »

Godinesca est un nom de lieu, dans une charte des environs de Rodez (Aveyron), seconde moitié du onzième siècle (3). Ce mot est dérivé du nom d'homme d'origine germanique écrit Godinus dans les textes latins du moyen âge, par exemple dans le *Polyptyque de Saint-Germain des Prés* (4).

Odalrigescus, dans une charte des environs de l'an 1000 (5), est le nom d'un manse, c'est-à-dire d'une petite ferme située dans le département de l'Aveyron et où, dit le rédacteur de la charte, habita Odalrigus.

Odal-rigus, mieux Odal-ricus, est un nom très fréquent dans le *Cartulaire de Conques*, où on l'écrit ordinairement Odol-ricus (6). Il est, au moyen âge, excessivement commun (7). Le premier terme en vieil allemand, *uodal*, signifie « domaine héréditaire et inaliénable d'une famille ; » le second terme, « roi, maître. » Ce composé existe encore en allemand ; il a perdu une syllabe, c'est Ulrich.

Rainaldescus est le nom d'un alleu dans une charte des

---

(1) Longnon, *Polyptyque de Saint-Germain des Prés*, p. 4 et 133.
(2) Édit. Longnon, p. 133.
(3) G. Desjardins, *Cartulaire de Conques*, p. 41.
(4) Édit. Longnon, p. 3, 4.
(5) G. Desjardins, *Cartulaire de Conques*, p. 146.
(6) Voyez l'*Index*, p. 486.
(7) Förstemann, *Personennamen*, 2ᵉ édition, col. 980-981.

environs de l'an 1000 pour l'abbaye de Conques (Aveyron) (1). *Rainaldescus* dérivé d'un nom d'homme germanique écrit Rainoldus dans le *Polyptyque de Saint-Germain des Prés* (2). Une forme plus complète, Ragenoldus, se trouve dans le même *Polyptyque* (3). Au sixième siècle, Grégoire de Tours écrivait Ragnovaldus (4). La notation complète aurait été *Ragino-valdus*; le premier terme veut dire « conseil, » et le second « puissant. » Le sens du tout paraît être « puissant par le conseil. »

Teudgariescus est le nom d'un manse au onzième siècle, dans le *Cartulaire de Conques* (5). La variante *Teutgairescus* est donnée par une charte de la même époque (6). Le nom d'homme dont ce nom de lieu dérive est écrit Teut-garius dans le *Polyptyque de Saint-Germain des Prés* (7). Le premier terme de ce composé est le germanique *theuda-*, « peuple ; » le second est un adjectif germanique qui veut dire « désireux, avide de. »

Unaldescus, nom d'un manse, apparaît au onzième siècle, dans le *Cartulaire de Conques* (8). Le nom d'homme dont ce nom de lieu dérive est écrit, dans les textes du moyen âge, ordinairement tantôt Unoldus, tantôt Unaldus. Le personnage le plus célèbre qui l'ait porté est un duc d'Aquitaine, mort en 774, et ainsi nommé dans les chroniques carolingiennes. Mais ce nom a été aussi donné à des gens moins illustres ; ainsi, le *Polyptyque de Saint-Germain des Prés* (9) parle d'un colon dont un enfant s'appelait Unoldus. Le *Po-*

---

(1) G. **Desjardins**, *Cartulaire de Conques*, p. 314.
(2) Edit. Longnon, p. 180.
(3) Page 8.
(4) *Historia Francorum*, livre VI, c. 12 ; livre VII, c. 10. Voir le texte et les variantes de l'édition Arndt, p. 257, l. 4 ; 296, l. 20.
(5) Ed. Desjardins, p. 144.
(6) Page 145.
(7) Edit. Longnon, p. 223.
(8) Pages 145 et 206.
(9) Edit. Longnon, p. 167.

lyptyque de Saint-Remy de Reims nous a conservé, pour ce nom d'homme, une orthographe plus archaïque, Unvaldus (1). L'orthographe mérovingienne complète de ce mot aurait été *Chuno-valdus. Le troisième continuateur de Frédégaire appelle Chuno-aldus le duc d'Aquitaine, dont nous avons parlé plus haut (2). Le premier terme de ce nom d'homme veut dire à la fois « Hun, » nom de peuple, et « géant ; » le second terme est le thème féminin germanique *valda*, « puissance, » en sorte que le composé signifie « celui qui a la puissance des géants » ou « des Huns. » On dit, en français, « fort comme un Turc. »

Dans tous ces dérivés en *-iscus* de noms propres d'hommes d'origine germanique, nous devons probablement reconnaître des adjectifs germaniques formés à l'aide du suffixe *-isca-s*, en allemand moderne *-isch*, comme *himmlisch*, « céleste, » de *Himmel*, « ciel ; » *kindisch*, « puéril, » de *Kind*, « enfant » (en anglais, *childish*, de *child*, qui est le même mot que *Kind*) ; *männisch*, en parlant d'une femme qui affecte les manières d'un homme, *Mann* ; *heidnisch*, « païen, » adjectif dérivé du substantif vieux germanique *Heidan*, conservé dans le dérivé *Heidentum*, « paganisme. »

On aurait tort de faire intervenir ici la langue grecque qui se sert du suffixe -ισκο-ς, -ίσκη pour former des diminutifs : ὀβελίσκος, « petite broche, » d'ὀβελός, « broche, » βολβίσκος, « ognon, » de βολβός, « ognon, » παιδίσκη, « petite fille, » de παῖς, παιδός, « enfant. » Les noms de lieu étudiés ici ne sont pas des diminutifs.

Le suffixe germanique *-isca-s* a pénétré dans quelques dialectes romans en Italie et dans le midi de la France où, comme dans les langues germaniques, il sert à créer des adjectifs dérivés de substantifs.

---

(1) Edition Guérard, p. 105, col. 2.
(2) Dom Bouquet, II, 458 c. Edition Krusch, p. 180, l. 7.

CHAPITRE XII.

LE SUFFIXE GAULOIS -*avo-s* DANS LES NOMS DE LIEUX PENDANT L'ANTIQUITÉ ET LE MOYEN AGE.

Sommaire :

§ 1. Le suffixe gaulois -*avo-s* noté -*avus* dans les textes latins. — § 2. Le suffixe -*avus* employé pour former des noms de lieux dérivés de gentilices romains. — § 3. Le suffixe -*avus* employé pour former des noms de lieu dérivés de *cognomina* romains.

§ 1ᵉʳ. — *Le suffixe gaulois* -avo-s, *noté* -avus *dans les textes latins.*

Avo-s est un suffixe gaulois qui a été employé pour la formation des noms de lieu ; ainsi *Llydaw*, nom gallois de la Bretagne continentale, et, probablement à l'origine, de toute la Gaule, suppose un primitif *litavos*, d'où le nom d'homme dérivé Litaviccus porté en 52 av. J.-C. par un gaulois noble de la cité des *Aedui* qui abandonna César pour se tourner du côté de Vercingétorix (1). Le nom des *Segusiavi*, peuple bien connu de la Gaule celtique sur le territoire duquel la colonie romaine de Lyon fut établie, est dérivé d'un thème *Segusio-* qu'on retrouve en Italie dans le nom de la ville de Suse, en Piémont : *Segusium* ou *Segusio*.

Les noms de lieu formés avec le suffixe -*avus* dans la période celtique n'étaient pas tous dérivés de noms d'hom-

---

(1) *Grammatica celtica*, p. 831 ; cf. César, *De bello gallico*, VII, 37-40, 54.

mes, c'est ainsi que le Talou, *pagus Tellaus*, à l'époque carlovingienne (1) pour *Tellavus ; le Vimeu, à l'époque mérovingienne *pagus Viminaus* (2) pour *Viminavus, tirent chacun leur nom de celui de la petite rivière qui l'arrose, la Telle pour le Talou, la Visme, *Vimina*, pour le Vimeu (3) ; de même le *pagus Masaus*, *Mosavus*, doit son nom à la Meuse, *Mosa* (4). Mais, sous la domination romaine, le suffixe -*avos* a aussi servi à former des dérivés de noms d'hommes, tant gentilices que *cognomina* ou noms pérégrins.

§ 2. — *Le suffixe* -avos, -avus *employé pour former des noms de lieu dérivés de gentilices romains.*

*Ambiliavus est la forme primitive du nom de la commune d'Ambillou (Maine-et-Loire); la notation *Ambilloum*, dans une charte du onzième siècle (5), est le résultat d'un essai malheureux fait par un scribe qui voulait latiniser un nom dont il ne connaissait que la prononciation usitée de son temps. Ce nom est dérivé du gentilice Ambilius connu par quelques inscriptions (6).

Ameliavus est le nom de Milhau (Aveyron), auon zième siècle dans les chartes de l'abbaye de Saint-Victor de Marseille (7) et de l'abbaye de Conques (8). Ce nom de lieu est dérivé d'Amelius, orthographe en bas latin du gentilice Aemilius étudié p. 348.

---

(1) Longnon, *Atlas historique de la France*, p. 98.
(2) Longnon, *Atlas historique de la France*, p. 127.
(3) La Telle est aujourd'hui la Béthune, arrondissement de Neufchâtel et de Dieppe (Seine-Inférieure). La Visme, arrondissement d'Abbeville (Somme), est un affluent de la Bresle qui sépare le département de la Somme de celui de la Seine-Inférieure.
(4) Longnon, *ibid.*, p. 132.
(5) Port, *Dictionnaire historique de Maine-et-Loire*, t. I, p. 16.
(6) De-Vit, *Onomasticon*, t. I, p. 252.
(7) Guérard, *Cartulaire de Saint-Victor de Marseille*, t. II, p. 201.
(8) G. Desjardins, *Cartulaire de l'abbaye de Conques*, p. 21.

§ 3. — *Le suffixe* -avus *employé pour former des noms de lieu dérivés de* cognomina *romains.*

ANTONNAVA ou *Antonavi*, aujourd'hui Antonaves (Hautes-Alpes) (1) est dérivé d'un *cognomen* *Antònus ou *Antunnus dont on n'a pas d'exemple, mais dont l'existence est prouvée par le dérivé *Antunnacus* (2), *Antonacus* (3), *Antonnacus* (4), aujourd'hui Andernach (Prusse Rhénane). Le cognomen *Antunnus a été aussi employé comme nom de lieu sans être développé à l'aide d'un suffixe : un lieu dit *Antunnus* était situé près d'*Octodurum*, aujourd'hui Martigny en Valais ; nous le savons par un diplôme de l'année 1011, dont une copie du douzième siècle a été conservée dans les archives de l'abbaye Saint-Maurice d'Agaune (5). Comparez *Antona*, en Italie, province de Massa.

*ANDELAVUS doit être la forme primitive du nom de lieu appelé *Andelaus* par Grégoire de Tours (6) et Frédégaire (7); c'est aujourd'hui Andelot (Haute-Marne) (8). Ce nom de lieu suppose un nom d'homme barbare *Andelus (9) ou *Andilus, d'où l'on a tiré, avec le suffixe *-acus*, le nom de lieu *Andelacus écrit *Andelagus* au neuvième siècle (10), *Andeleius*

---

(1) Roman, *Dictionn. topogr. du départ. des Hautes-Alpes*, p. 4.
(2) *Antennacus* chez Ammien Marcellin, livre XVIII, c. 2, § 4; éd. Teubner-Gardthausen, p. 147, l. 33; mais *Antunnaco*, *Itinéraire d'Antonin*, p. 254, l. 1.
(3) *Notitia dignitatum occidentis*, c. 39, éd. Boecking, t. II, p. 116, 117.
(4) Orelli-Henzen, n° 5236.
(5) *Historiae patriae monumenta.* Chartae, t. I, col. 391.
(6) *Historia Francorum*, IX, 20; édit. Arndt, t. I, p. 374, l. 27-28.
(7) IV, 38 ; édit. Krusch, p. 139, l. 6.
(8) Longnon, *Géographie de la Gaule au sixième siècle*, p. 371.
(9) Andelos, Ἀνδηλος, est, chez Ptolémée, l. II, c. 6, § 66 (éd. Didot-Müller, t. I, p. 189, l. 11), le nom d'une ville d'Espagne chez les Vascones ou chez les Varduli. De ce nom de lieu on a tiré le dérivé *Andelonensis* (*C. I. L.*, II, 2963).
(10) Testament d'Angésise, abbé de Fontenelle, cité par Blosseville, *Dictionnaire topogr. du département de l'Eure*, p. 5.

un peu plus tard (1). Il y eut d'abord deux bourgs voisins de ce nom dont la réunion a produit la commune des Andelys (Eure). Andelat (Cantal) paraît être aussi un ancien *Andelacus*.

Du nom barbare *Andelus ou *Andilus on a tiré un gentilice *Andilius, d'où est venu le nom de lieu dérivé *Andiliacus*; c'est la forme primitive du nom de sept communes de France : Andillac (Tarn); Andillé (Vienne) ; Andilly (Charente-Inférieure, Haute-Marne, Haute-Savoie, Seine-et-Marne).

Andillou, commune de Saint-Pellerin (Eure-et-Loir), doit être un ancien *Andiliavus dérivé du même gentilice avec le suffixe -*avus*.

Bellenavus est dans la chronique de Bèze (2), le nom de Belleneuve (Côte-d'Or). C'est un dérivé du nom d'homme gaulois écrit Bellinus dans les inscriptions. Trois de ces inscriptions trouvées à Vienne (Isère), sont des épitaphes gravées par les soins de l'affranchi Bellinus (3), de T. Servilius Bellinus (4), et de Valerius Bellinus (5). Une autre qui existe encore à Nimes est l'épitaphe de T. Messius Bellinus (6).

Canavi, dans les chroniques de Saint-Bénigne (7) et de Bèze (8), est le nom de Chenôve[s] (Côte-d'Or). Ce nom de lieu est dérivé du *cognomen* latin Canus usité dans plusieurs familles romaines. Ainsi Q. Gellius Canus était un des amis de Cicéron (9); Julius Canus fut condamné à

---

(1) *Vie de sainte Clotilde*, chez Krusch, *Scriptorum rerum merovingicarum*, t. II, p. 346, l. 32.
(2) Edit. Garnier, p. 255, 258.
(3) *C. I. L.*, XII, 1866.
(4) *Ibid.*, XII, 2002.
(5) *Ibid.*, XII, 2018.
(6) *Ibid.*, XII, 3748.
(7) Edit. Garnier, p. 92.
(8) *Ibid.*, p. 236.
(9) De-Vit, *Onomasticon*, t. III, p. 220.

mort par Caligula (1). Ce *cognomen* pénétra en Gaule. On conserve au musée d'Aix l'épitaphe de A. Cornelius Canus (2) ; on a trouvé à Genève celle de Valerius Kanus (3) ; on a recueilli à Narbonne et le musée de cette ville possède l'épitaphe de M. Annius Kanus (4). Une inscription découverte à Vienne (Isère) rappelle la mémoire du questeur Sex. Cœlius Canus, jugé digne d'obtenir la dignité de décurion (5). On trouve en France des tuiles et des vases de l'époque romaine avec la marque du fabricant écrit au génitif Cani ou Kani (6).

C'est de Canus que dérive le gentilice Canius, étudié plus haut, p. 210-211, à l'occasion du nom de lieu dérivé *Caniacus*.

La *villa* de MERLAUS, pour *Merulavus, aujourd'hui Merlau (Marne), est plusieurs fois mentionnée dans les chartes de l'abbaye de Saint-Martin de Tours à partir de l'année 878, où elle fut donnée à cette abbaye par le roi Louis le Bègue (7). Un autre *Merlaus* était situé dans le Mâconnais au dixième siècle, c'est aujourd'hui Merloux, commune de Saint-Point (Saône-et-Loire) (8).

*Merulavus est dérivé de Merula, *cognomen* latin usité dans une branche de la *gens* Cornelia; deux L. Cornelius Merula furent consuls à Rome sous la république, l'un en 193, l'autre en 87 avant J.-C. Ce *cognomen* pénétra en Gaule, témoin M. Sappius Merula, dont l'épitaphe a été recueillie à Nimes (9).

Le *cognomen* Merula a été employé comme nom de lieu. Le Mesle (Orne) est un ancien *Merula* (10).

---

(1) De-Vit, *Onomasticon*, t. III, p. 679.
(2) C. I. L., XII, 2777.
(3) *Ibid.*, XII, 2634.
(4) *Ibid.*, XII, 4585.
(5) *Ibid.*, XII, 5864.
(6) *Ibid.*, XII, 5079, 71 ; 5686, 43.
(7) Mabille, *La pancarte noire de Saint-Martin de Tours*, p. 228 ; cf. 177.
(8) Ragut, *Cartulaire de Saint-Vincent de Mâcon*, p. 58, 565.
(9) C. I. L., XII, 3873.
(10) Longnon, *Atlas historique de la France*, p. 189.

CHAPITRE XIII.

LE SUFFIXE GAULOIS -ico-s DANS LES NOMS DE LIEUX PENDANT L'ANTIQUITÉ ET AU MOYEN AGE.

SOMMAIRE :

§ 1. Le suffixe -ico-s en gaulois. — § 2. Le suffixe -ico-s ou -icus employé à former des noms de lieu dérivés de *cognomina* romains ou de noms pérégrins. — § 3. Le suffixe -icus employé à former des noms de lieu dérivés de *cognomina* latins en -anus qui eux-mêmes dérivent de gentilices en -ius.

§ 1er. — *Le suffixe* -ico-s *en Gaulois.*

Le suffixe gaulois -icus a servi, avant la conquête romaine, à former des noms de lieu qui n'ont pas des noms d'homme pour origine : tels sont : *Are-morici* qui veut dire « voisins de la mer, » *mori* ; *Avaricum* (Bourges), *Autricum* (Evreux), qui veulent dire « arrosé par l'*Avara*, » « par l'*Autura*, » aujourd'hui l'Evre et l'Eure ; on peut en rapprocher le nom de la *vallis Bebronica* (1), ou *Bevronica* (2), qui doit son nom à la Brevenne, *Bebronna* (3) (département du Rhône), celui du *pagus Uzeticus*, pour *Uceticus*, dérivé d'*Ucetia*, Uzès (Gard) (4).

(1) Auguste Bernard, *Cartulaire de Savigny*, p. 379.
(2) *Ibid.*, p. 3, 11.
(3) *Ibid.*, p. 219, 294, 300, 344, 347, 354.
(4) Molinier, *Géographie historique de la province de Languedoc*, col. 169, 170.

§ 2. — *Le suffixe* -ico-s, -icus *employé à former des noms de lieu dérivés de* cognomina *romains ou de noms pérégrins*.

Antérieurement au moyen âge, on a tiré de *cognomina* ou de noms pérégrins à l'aide du suffixe -*icus* un certain nombre de termes géographiques. Nous citerons d'abord les noms de lieu suivants : ils sont dérivés de noms d'hommes qui n'offrent pas la désinence -*ianus* :

Carantonicus, nom d'un *ager* situé dans le pays de Vienne (Isère). Une charte de l'année 928 nous apprend que cet *ager* comprenait la *villa Columberius* aujourd'hui Colombier-Sognieu (Isère) (1). Par une charte plus ancienne de près d'un siècle, mais dont l'orthographe est moins bonne, nous voyons que dans cet *ager*, nommé *Carentonicus*, avec *e* pour *a* dans la seconde syllabe, il y avait une *villa Carentennacus*, lisez *Carantonnacus*, aujourd'hui Charentonnay (Isère), *Carantonicus* et *Carantonnacus* dérivent tous les deux du nom d'homme Caranto, au génitif Carantonis, conservé par une inscription de Nimes ; cette inscription remonte au commencement du premier siècle de notre ère (2). *Carantonnacus* devait être le chef-lieu de l'*ager Carantonicus* qui comprenait en outre la *villa Columberius*. Il est intéressant d'observer que le nom de l'*ager* ait été formé à l'aide du suffixe -*icus* et le nom de la *villa* au moyen du suffixe -*acus* en faisant dériver les deux noms géographiques du nom du même propriétaire, Caranto. L'usage ordinaire dans les textes du moyen âge est de tirer le nom de l'*ager* de celui de la *villa* au moyen du suffixe latin -*ensis*, on aurait dit ainsi *ager Carantonnacensis*; la formation *Carantonicus* semble remonter à une époque où on parlait encore gaulois dans les environs de

---

(1) Voy. Chevalier, *Cartulaire de Saint-André-le-Bas*, p. 94, 330, 331.
(2) C. I. L., XII, 3802.

Vienne et où le suffixe latin -*ensis* n'était pas encore usité.

Cassinicus, dans une charte donnée en 1019 à Mâcon, en faveur de l'abbaye de Cluny (1). *Cassinicus* dérive de *Cassinus, *cognomen* dont on n'a pas trouvé d'exemple, mais dont l'existence est prouvée par le composé *Cassinomagus* (2), et qui est avec Cassius dans le même rapport que Maximinus avec Maximius, que Quintinus avec Quintius, que Messinus avec Messius, que Marcinus avec Marcius, que Marcellinus avec Marcellius, que Marinus avec Marius.

Catuicus est une *villa* placée dans le comté de Châlon-sur-Saône par une charte de 958 pour l'abbaye de Cluny (3). Ce nom de lieu est dérivé du nom d'homme gaulois Catus, « Bataille, » inscrit sur l'arc de triomphe d'Orange (4). Ce nom était de la quatrième déclinaison, tandis que le nom d'homme latin Catus est de la seconde. Un exemple intéressant de ces deux mots est donné par des marques de potier trouvées à Vienne (Isère). Dans la marque of(*ficina*) catus (5) nous reconnaissons le génitif du nom gaulois, et la marque ofic(*ina*) cati (6) nous offre le génitif du nom latin.

Silvanicus est le nom d'un *mansus* abandonné par l'abbaye de Savigny en échange de biens situés en Lyonnais; cet acte eut lieu en 947 (7). *Silvanicus* dérive de Silvanus, *cognomen* très répandu dans le monde romain. On le trouve par exemple dans la *gens* Licinia : Q. Licinius Silva-

---

(1) Bruel, *Recueil des chartes de l'abbaye de Cluny*, t. III, p. 742.
(2) *Cassinomago* dans la *Table de Peutinger*, aujourd'hui Chassenon (Charente) (E. Desjardins, *Géographie de la Gaule d'après la Table de Peutinger*, p. 276).
(3) Bruel, *Recueil*, t. II, p. 139.
(4) *C. I. L.*, XII, 1231, 7.
(5) *Ibid.*, XII, 5186, 207.
(6) *Ibid.*, XII, 5686, 206. Cf. ci-dessous, p. 580-581.
(7) Auguste Bernard, *Cartulaire de l'abbaye de Savigny*, t. I, p. 55.

nus fut *flamen Augusti* de l'Espagne citérieure, et son fils, qui porta les mêmes noms que lui, arriva au consulat l'an 106 de notre ère (1). On rencontre beaucoup d'exemples du *cognomen* Silvanus en Gaule : ainsi on a trouvé, dans la ville d'Arles, l'épitaphe de L. Hostilius Silvanus (2) ; une inscription de Narbonne a conservé les noms de C. Pellius Silvanus (3) ; le musée de cette ville possède l'épitaphe de M. Abillius Silvanus recueillie dans les remparts (4). Silvanus a été aussi employé comme nom pérégrin : on le voit par des inscriptions de Die (5), d'Aoste (6), de Marguerittes (Gard) (7), de la ville antique de *Sextantio*, près de Castelnau-le-Lez (Hérault) (8), etc.

* Urbanicus est l'orthographe primitive du nom de *villa* écrit *Orbanicus* dans le *Cartulaire de Brioude* ; il s'agit d'une localité située en Auvergne : une des chartes qui la mentionnent a été rédigée vers l'année 900 (9), l'autre au commencement du onzième siècle (10). Urbanus est un *cognomen* latin. Le grammairien Urbanus a été un des commentateurs de Virgile ; on croit qu'il écrivait au second siècle de notre ère (11). Dans le siècle suivant vivait Agricola Urbanus, consul en 234 (12). Ce *cognomen* a pénétré en Gaule : on a découvert à Nimes l'épitaphe de C. Attius Urbanus (13) ; à Narbonne, celles de : Coelia Urbana (14),

---

(1) De-Vit, *Onomasticon*, IV, 152.
(2) *C. I. L.*, XII, 810.
(3) *Ibid.*, XII, 4408.
(4) *Ibid.*, XII, 4541.
(5) *Ibid.*, XII, 1596.
(6) *Ibid.*, XII, 2394.
(7) *Ibid.*, XII, 3011 a.
(8) *Ibid.*, XII, 4213.
(9) Doniol, *Cartulaire de Brioude*, p. 152.
(10) Doniol, *ibid.*, p. 55.
(11) Teuffel, *Geschichte der römischen Literatur*, 3ᵉ édit., p. 798-799.
(12) Klein, *Fasti consulares*, p. 100.
(13) *C. I. L.*, XII, 3441.
(14) *Ibid.*, XII, 4709.

NOMS DE LIEU EN -ICUS.

Cupuia Urbana (1), Laelia Urbana (2), Pollia Urbana (3).

De ces noms de lieux dérivés de noms d'hommes on peut rapprocher les noms de *pagi*, dérivés de noms de peuples comme *Arvernicus* d'*Arverni* (4), *Catalaunicus* (5), de *Catalauni* pour un plus ancien *Catuellauni* (6) ; *Suessionicus* de *Suessiones* (7), *Vellavicus* de *Vellavi* (8), *Rutenicus*, d'où le français Rouergue, de *Ruteni* (9) ; *Santonicus* (10), *Santonica*, d'où le français Saintonge, de *Santones*.

On peut leur comparer *Arausici*, nom des habitants d'Orange (Vaucluse) dans la *Notitia provinciarum et civitatum Galliæ* (11). *Arausicus* vient non d'*Arausio*, Orange, mais directement du gentilice *Arausius, dont *Arausio* dérive, ou peut-être du primitif Arausa, dont *Arausius dérive lui-même comme on a vu p. 520.

§ 3. — *Le suffixe* -icus *employé à former des noms de lieu dérivés de* cognomina *en* -anus *qui eux-mêmes dérivent de gentilices en-* ius.

Parmi les noms de lieux en -*icus*, un certain nombre ont, avant cette désinence, les trois lettres *ian*, débris de deux autres suffixes ; et ils sont formés à l'aide d'un suffixe composé -*ianicus* où sont réunis les trois suffixes -*ia* ou -*ius*, -*anus*, -*icus*. En effet, le suffixe -*icus* a servi, dans le midi de la France, à créer des noms de lieu dérivés de surnoms qui offrent la désinence -*ianus* = *ia* + *anus*, ou

---

(1) *C. I. L.*, XII, 4756.
(2) *Ibid.*, XII, 4935.
(3) *Ibid.*, XII, 5061.
(4) Longnon, *Atlas historique*, p. 143.
(5) Longnon, *ibid.*, p. 122.
(6) Longnon, *ibid.*, p. 121.
(7) Longnon, *ibid.*, p. 120.
(8) Longnon, *ibid.*, p. 146.
(9) Longnon, *ibid.*, p. 144.
(10) Longnon, *ibid.*, p. 147.
(11) Longnon, *ibid.*, p. 15.

io + *anus*. Ces surnoms en *-ianus* peuvent se diviser en deux catégories : la première, dont nous ne citerons qu'un exemple, a une origine géographique ; la seconde vient de *cognomina* dérivés de gentilices en *-ius* à l'aide du suffixe *-anus*. Commençons par la première catégorie.

Du nom de lieu *Andusia*, conservé par une inscription du musée de Nîmes (1), et qui est aujourd'hui Anduze (Gard), on a formé un dérivé *Andusianus*, comme de *Roma*, *Romanus*, d'*Elusa*, *Elusanus* ; de là le dérivé *Andusianicus*, plus tard Andusenque, pays d'*Andusia*, au lieu de *Andusiensis*, comme on dit *Narbonensis* et *Nemausensis* (2).

La seconde catégorie est très considérable dans le midi de la France ; on pourrait en donner bien des exemples. Les surnoms en *-i-anus* d'où viennent des noms de lieu en *-icus*, et qui dérivent de gentilices en *-ius*, sont assez communs pour que nous puissions considérer leur existence comme démontrée dans le cas où, connaissant par des documents de l'époque romaine le gentilice correspondant, nous n'aurions trouvé, dans ces documents, aucun exemple du *cognomen* en *-i-anus ;* mais cette lacune se produit seulement pour quelques-uns des noms de lieu que nous allons citer.

Les noms de lieu en *-icus* venant de *cognomina* en *-i-anus* ne sont pas spéciaux à la France. Dans une charte de Ravenne, nous trouvons, au dixième siècle, un *fundus Flavianicus* (3). *Flavianicus* est dérivé du *cognomen* Flavianus, très fréquent dans le monde romain (4).

Passons aux documents français.

*Acutianicas a dû être originairement le nom de la *villa*

---

(1) *C. I. L.*, XII, 3362.
(2) *Andusianicus*, dérivé d'*Andusianus*, « habitants d'*Andusia*, » peut être comparé à *Rutenicus*, dérivé de Rutenus, nom de peuple gaulois. *Rutenicus* est identique au français Rouergue.
(3) Fantuzzi, *Monumenti Ravennati*, p. 63.
(4) De-Vit, *Onomasticon*, III, 80.

appelée *de Agusanicis* dans une charte de l'année 922, et qui est aujourd'hui Gusargues (Hérault) (1). Ce nom de lieu vient du *cognomen* Acutianus, dont on signale deux exemples (2); Acutianus dérive du gentilice Acutius dont on a parlé plus haut, p. 190.

*Albucianicas, au quatorzième siècle *villa de Albussanicis*, aujourd'hui Aubussargues (Gard) (3), dérive d'Albucianus, *cognomen* romain dont on a des exemples (4), et qui dérive lui-même du gentilice bien connu Albucius étudié p. 509.

Aurelianicus est, au dixième siècle, le nom d'une dépendance de la ville de Nimes : il faut probablement lire *Aurelianicas;* ce mot a été écrit, au quatorzième siècle, Aurelhargues (5). Aurelianus, dérivé d'Aurelius (p. 433), est un *cognomen* latin bien connu : il a été celui d'un empereur romain. Il a été aussi porté en Gaule par des hommes moins illustres, tels sont : Q. Curius Aurelianus, qui fit graver à Nimes l'épitaphe de son père (6), et L. Solicius Aurelianus, qui fit graver celle de sa femme à Fréjus (7). On peut citer aussi l'épitaphe de Nigidia Aureliana à Vienne (Isère) (8).

Bulianicus est le nom de Bouillargues (Gard), dans deux chartes, l'une du dixième, l'autre du onzième siècle (9). Ce mot doit être écrit avec deux *l*, et probablement être mis au féminin pluriel *Bullianicas*. Il dérive de *Bullianus

---

(1) Eugène Thomas, *Dictionnaire topographique de l'Hérault*, p. 80.
(2) De-Vit, *Onomasticon*, II, 50.
(3) Germer-Durand, *Dictionnaire topographique du Gard*, p. 14.
(4) De-Vit, *Onomasticon*, I, 199.
(5) Germer-Durand, *Dictionnaire topographique du Gard*, p. 163.
(6) *C. I. L.*, XII, 3201.
(7) *Ibid.*, XII, 264.
(8) *Ibid.*, XII, 1987.
(9) Germer-Durand, *Dictionnaire topographique du Gard*, p. 31.

que nous n'avons pas trouvé, mais qui dérive lui-même de Bullius, gentilice attesté par une inscription de Narbonne; dans cette inscription sont mentionnés Q. Bullius Fronto, L. Bullius, et une femme appelée Bullia (1).

*CANTILIANICUS, noté *Cantillanicus*, est le nom d'une petite circonscription géographique dite *aicis*, où était située une *villa Lamiacus* donnée à l'abbaye de Saint-Julien de Brioude (Haute-Loire), en 894 (2). *Cantilianicus* vient de *Cantilianus, surnom dérivé de Cantilius. Le gentilice Cantilius a été étudié plus haut, p. 376.

*CASSIANICAS est la forme antique qui explique le nom de Caissargues, commune de Bouillargues (Gard), qu'on trouve écrit *Caissanicus* au dixième siècle, *Caissanicis* au douzième (3). Ce nom de lieu est dérivé de Cassianus, *cognomen* latin très répandu (4), et dont les exemples ne sont pas rares en Gaule. On a trouvé à Carpentras l'épitaphe de L. Tettius Cassianus (5); à Uzès, celle de L. Baebius Cassianus (6); à Nimes, des épitaphes ont été gravées par les soins de M. Aurelius Cassianus (7) et de M. Cornelius Cassianus (8). A Caissargues (Gard), comparez Cassanigo, province de Ferrare, en Italie.

CAVILLIANICAS est la forme primitive du nom de Cavillargues (Gard), encore écrit *Cavilhanicae* en 1384 (9). C'est un dérivé du *cognomen* *Cavillianus, dont nous n'avons pas recueilli d'exemple, mais qu'on peut conclure du gen-

---

(1) *C. I. L.*, XII, 4664.
(2) Doniol, *Cartulaire de Saint-Julien de Brioude*, p. 115.
(3) Germer-Durand, *Dictionnaire topographique du Gard*, p. 41.
(4) De-Vit, *Onomasticon*, II, 157.
(5) *C. I. L.*, XII, 1208.
(6) *Ibid.*, XII, 2934.
(7) *Ibid.*, XII, 3457.
(8) *Ibid.*, XII, 3889.
(9) Germer-Durand, *Dict. top. du Gard*, p. 52.

tilice Cavillius, ou avec une seule *l*, Cavilius ; l'existence de ce gentilice est établie par des inscriptions (1).

CELSINIANICAS, aujourd'hui Sauxillanges (Puy-de-Dôme), nom d'une abbaye dont M. Doniol a publié le Cartulaire, dérive d'un *cognomen*, *Celsinianus, dérivé lui-même d'un gentilice, Celsinius, qui, à son tour, vient du *cognomen* Celsinus, tiré de l'adjectif *celsus* (2).

CODICIANICAS, *villa de Codicianicis* au douzième siècle, aujourd'hui Coussergues (Hérault) (3), vient d'un *cognomen* latin, *Coticianus ou *Codicianus, dérivé d'un gentilice, *Coticius ou *Codicius, dont il n'y a pas d'exemple, mais dont l'existence est prouvée par le nom de lieu *Codiciacus*, forme ancienne de Coucy (Aisne), douzième siècle (4).

*FIRMINIANICAS, en 1254 *Firminhanicae*, aujourd'hui Firminargues, commune de Montaren (Gard) (5), dérive de Firminianus, *cognomen* attesté par des inscriptions et par d'autres monuments écrits (6). Firminianus vient de Firminius, gentilice trouvé dans des inscriptions près de Cologne et de Coblentz (7), et dérive du *cognomen* Firminus ; c'est, en quelque sorte, un développement du gentilice Firmius. Il y eut à Rome, sous Tibère, un sénateur appelé Firmius Catus (8), et d'autres Firmius se rencontrent dans les inscriptions ; exemple : épitaphe de Firmia, gravée par les soins de T. Firmius Victor à Florian (Gard) (9) ; Firmia était fille de Firmius Blaesus, peut-être celui dont on a trouvé l'épitaphe à Nimes (10) ; épitaphe, à Nimes,

(1) De-Vit, *Onomasticon*, II, 187.
(2) De-Vit, *ibid.*, II, 202.
(3) Eugène Thomas, *Dictionnaire topographique de l'Hérault*, p. 53.
(4) Matton, *Dictionnaire topographique de l'Aisne*, p. 77.
(5) Germer-Durand, *Dictionnaire topographique du Gard*, p. 83.
(6) De-Vit, *Onomasticon*, III, 70.
(7) Brambach, 562, 745.
(8) Tacite, *Annales*, II, 27 ; IV, 31. De-Vit, *Onomasticon*, III, 70.
(9) *C. I. L.*, XII, 3037.
(10) *Ibid.*, XII, 3585.

de T. Firmins Marinus (1), qui avait fait graver dans la même ville l'épitaphe aujourd'hui perdue de son père Firmanus, fils de Firmus (2).

*MALLIANICA (*vallis*), *vallis Mallanica* en 1257 est la notation primitive du nom de Val-maillargues, commune de Grabels (Hérault (3). *Mallianica* dérive du cognomen Mallianus. L'épitaphe de Q. Aelius Mallianus se trouve à Aime (Savoie) (4). Mallianus dérive du gentilice Mallius, étudié p. 266-267, et qui a donné naissance, dans le département de l'Hérault, au nom de trois *Malliacus* aujourd'hui Maillac ou Mailhac, communes de Montpellier, La Salvetat et Saint-Pons (5).

*MARCELLIANICAS parait être la forme primitive du nom de deux localités appelées l'une aujourd'hui Marsillargues (Hérault) (6) ; l'autre Massillargues (Gard) (7). *Marcellianicas* vient de Marcellianus, qui dérive du gentilice Marcellius étudié p. 269. Le gentilice Marcellius a donné : dans le département du Gard, *Marcelliacus*, au dixième siècle *Marceglago*, plus tard Massillac, aujourd'hui détruit (8) ; dans le département de l'Hérault, *Marcellianus*, notation qu'on trouve encore au onzième et au douzième siècle, aujourd'hui Marseillan (9). Il y a quelques exemples du *cognomen* Marcellianus (10) : un appartient à la Gaule : T. Sallustius Marcellianus fit faire à sa mère un monument funèbre qui, découvert à Vaison, est aujourd'hui conservé au musée d'Avignon (11).

(1) *C. I. L.*, XII, 3358.
(2) *Ibid.*, XII, 3583.
(3) E. Thomas, *Dictionnaire topographique de l'Hérault*, p. 217.
(4) *C. I. L.*, XII, 120.
(5) E. Thomas, *Dictionnaire topographique de l'Hérault*, p. 103.
(6) E. Thomas, *ibid.*, p. 107.
(7) Germer-Durand, *Dictionnaire topographique du Gard*, p. 131.
(8) Germer-Durand, *ibid.*, p. 131.
(9) E. Thomas, *Dictionnaire topographique de l'Hérault*, p. 107.
(10) De-Vit, *Onomasticon*, IV, 320.
(11) *C. I. L.*, XII, 1395.

*Marianicas, vers 1050 *Maranigas*, aujourd'hui Meyrargues (Bouches-du-Rhône (1) ; en 1166 *villa de Mairanicis*, aujourd'hui Meyrargues, commune de Vendargues (Hérault), dérive du *cognomen* Marianus, fréquent chez les auteurs et dans les inscriptions (2). En Gaule, on peut signaler : L. Caecilius Marianus à Vienne (Isère) (3), et Sennius Marianus à Soyon (Ardèche) (4). Marianus dérive du gentilice bien connu Marius dont il a été déjà question p. 275.

*Marinianicas est devenu Mérignargues, commune de Nîmes (Gard) (5). Ce mot est dérivé du *cognomen* Marinianus, dont il y a des exemples chez les auteurs et dans les inscriptions. Deux Marinianus furent consuls l'un en 268, l'autre en 423 de l'ère chrétienne (6). Ce *cognomen* est dérivé du gentilice Marinius, dont on connaît des exemples en Gaule, et qui a été étudié plus haut, p. 277.

*Martinianicas est la forme primitive que suppose le nom moderne de Martignargues (Gard), au quatorzième siècle *Martinhanicae* (7). Le *cognomen* Martinianus, dont ce nom de lieu dérive. se rencontre souvent dans les textes historiques au quatrième et au cinquième siècle. Les inscriptions en fournissent aussi plusieurs exemples (8) ; quelques-uns de ces exemples appartiennent à la Gaule : Latinius Martinianus. *procurator Augusti*, Aime (Savoie) (9) ; Melius Martinianus dans une autre inscription de la même région (10). Ce *cognomen* est employé sans gentilice dans

---

(1) Guérard, *Cartulaire de Saint-Victor de Marseille*, p. 287, 879.
(2) De-Vit, *Onomasticon*, IV, 351.
(3) C. I. L., XII, 1912.
(4) *Ibid.*, XII, 2656.
(5) Germer-Durand, *Dictionnaire topographique du Gard*, p. 135.
(6) De-Vit, *Onomasticon*, IV, 353.
(7) Germer-Durand, *Dictionnaire topographique du Gard*, p. 124.
(8) De-Vit, *Onomasticon*, IV, 380.
(9) C. I. L., XII, 110.
(10) *Ibid.*, XII, 2378.

une inscription chrétienne de Vienne (Isère) (1); il est dérivé du gentilice Martinius étudié ci-dessus, p. 279.

* GALATIANICUS, écrit *Galacianicus* en 1007, *Galazanicus* en 1031, Galazanegues en 1219, aujourd'hui Galargues (Gard), notation qu'on trouve pour la première fois en 1226 (2), dérive du *cognomen* *Galatianus qu'on n'a pas signalé jusqu'ici ; mais Galatianus vient du gentilice ou *cognomen* Galatius dont on a un exemple (3), et qui est lui-même dérivé du nom de peuple Galata, employé comme *cognomen* (4). Polybe nous donne de Galata la variante Galatos qui était le nom d'un roi gaulois (5).

*PETRONIANICAS, appelé *Petroniacum* pour *Petronianicum* en 812 dans la copie, évidemment défectueuse, d'une charte; *Pedrognanicus*, en 931, est aujourd'hui Parignargues (Gard) (6). Ce mot dérive du *cognomen* Petronianus, dérivé lui-même du gentilice Petronius, un des plus fréquents qui existent (7), et assez répandu en Gaule (8).

* QUINTILIANICAS, au douzième siècle Quintilianegues, aujourd'hui Sainte-Croix-de-Quintiliargues (Hérault) (9), est un dérivé du *cognomen* romain Quintilianus qui, lui-même, vient du gentilice Quintilius. Ce gentilice est connu surtout par P. Quintilius Varus, consul l'an 13 avant J.-C., et qui périt avec ses légions dans une bataille contre les Germains en l'an 9 de notre ère; mais plusieurs autres Quintilius Varus l'avaient précédé dans les hautes charges de Rome ; déjà, en l'an 453 avant J.-C., Sextus Quintilius

---

(1) *C. I. L.*, XII, 2143.
(2) Germer-Durand, *Dictionnaire topographique du Gard*, p. 94.
(3) De-Vit, *Onomasticon*, III, 190.
(4) De-Vit, *ibid.*, III, 188.
(5) Polybe, l. II, c. XXI, § 5: éd. Didot, t. I, p. 83.
(6) Germer-Durand, *Dictionnaire topographique du Gard*, p. 159.
(7) Pauly, *Real-Encyclopaedie*, t. V, p. 1400-1410.
(8) *C. I. L.*, XII, p. 879, col. 1.
(9) E. Thomas, *Dictionnaire topographique de l'Hérault*, p. 175.

Varus avait été élevé au consulat (1). On trouve en Gaule quelques exemples du *cognomen* Quintilianus : à Nimes, Sabinius Quintilianus (2) ; à Vienne (Isère), Sextus Minnius Quintilianus (3) ; à Arles (Bouches-du-Rhône), M. Julius Quintilianus (4), etc. M. Fabius Quintilianus, le célèbre auteur de l'*Institutio oratoria*, était originaire d'Espagne.

*Sabinianicas, à l'ablatif *Savinanicis* en 1156, et *Savinnanicis* en 1174, aujourd'hui Savignargues (Gard) (5), dérive du *cognomen* Sabinianus. On a trouvé à Die (Drôme) l'épitaphe de M. Eutychius Sabinianus (6). Une inscription d'Andancette (Drôme) nous fait connaître les noms d'Alcius Sabinianus (7). Sabinianus vient de Sabinius, gentilice dont on a parlé déjà p. 126 (8).

*Silvinianicus, nom d'une *villa* située au comté de Brioude (Haute-Loire) : *villam meam quae vocatur Silvignanicus* (9), dérive du *cognomen* *Silvinianus, qui vient lui-même du gentilice Silvinius. Ce gentilice est attesté par une inscription de Savoie qui nous fait connaître les noms de Titus Silvinius Catullus (10), et par une inscription d'Aps (Ardèche), gravée par les soins de Silvinius Eutychianus (11) ; voyez aussi les inscriptions citées p. 325.

*Venerianicas, en 924 *villa Venerianicus*, aujourd'hui Vendargues, commune de Nimes (Gard) (12), dérive de

---

(1) Pauly, *Real-Encyclopaedie*, t. VI, p. 372.
(2) *C. I. L.*, XII, 3866.
(3) *Ibid.*, XII, 1871.
(4) *Ibid.*, XII, 893.
(5) Germer-Durand, *Dictionnaire topographique du Gard*, p. 234.
(6) *C. I. L.*, XII, 1615.
(7) *Ibid.*, XII, 1796.
(8) Sur le *cognomen* Sabinus, dont Sabinius dérive, voyez Pauly, *Real-Encyclopaedie*, t. VI, p. 626.
(9) Doniol, *Cartulaire de Brioude*, p. 301.
(10) *C. I. L.*, XII, 2425.
(11) *Ibid.*, XII, 2684.
(12) Germer-Durand, *Dictionnaire topographique du Gard*, p. 258-259.

*Venerianus, dérivé lui-même de Venerius, nom d'homme écrit deux fois dans une inscription de Narbonne qui date de l'an 445 de notre ère (1). Vandré (Charente-Inférieure) serait-il un ancien *Veneriacus?*

(1) *C. I. L.*, XII, 5336.

CHAPITRE XIV.

LE SUFFIXE GAULOIS -ssa DANS L'ANTIQUITÉ ET AU MOYEN AGE.

SOMMAIRE :

§ 1. Le suffixe gaulois -sso-s -ssa. — § 2. Noms de lieu dérivés de gentilices romains à l'aide du suffixe gaulois -ssa.

§ 1ᵉʳ. — *Le suffixe gaulois* -sso-s, -ssa.

Le gaulois possédait un suffixe -*sso*-, -*ssa*, dont le double *s* se rencontre précédé d'*a*, d'*e*, d'*i*, d'*u*, dans des noms d'hommes. Les inscriptions nous apprennent par exemple les noms d'hommes gaulois Tagassos, Lucressa, Magissa, Catussa (1). Le suffixe qui termine ces mots a été aussi employé pour former des noms de lieux ; quelques-uns ne paraissent pas dérivés de noms d'hommes ; tels sont par exemple le nom du mont Jura, *Jurassus*, et celui de la rivière *Dumnissus*, qui nous est connu par Ausone :

> Praetereo arentem sitientibus undique terris
> Dumnissum, riguasque perenni fonte Tabernas (2).

On peut croire, avec les auteurs de la *Grammatica Celtica*, que ces vers désignent un cours d'eau souvent à sec et

---

(1) *Grammatica celtica*, 2ᵉ édit., p. 786. Le poète Gergissus, cité en cet endroit d'après le grammairien Virgile, devient Gergesus dans l'édition de ce grammairien donnée chez Teubner par J. Huemer, p. 15, l. 15.

(2) *Mosella*, vers 7, 8.

non une ville comme l'admettent E. Desjardins (1), et M. Longnon (2). Ce nom de rivière est dérivé d'une variante *dumni-* du thème *dubno-s*, *dumno-s*, « profond. »

Ce procédé de formation apparaît clairement dans le nom d'homme gaulois Medu-ssa, que fournissent deux inscriptions, l'une des environs de Brescia (3), l'autre de la Valteline (4). Medu-ssa, comme le nom de la déesse Medu-na (5), est dérivé d'un thème *medu-*, « hydromel (6), » d'où le surnom gaulois Medu-genus, « fils de l'hydromel, » dans une inscription d'Espagne (7).

De même, le *cognomen* romain Catu-ssa, masculin, d'origine gauloise (8), paraît dérivé d'un thème *catu-* qui forme le premier terme 1° des noms de peuples *Caturiges* (9), *Catu-slogi* (10); *Catu-vellauni* (11); 2° du nom divin Catu-rix (12), un des surnoms du Mars gallo-romain; 3° des noms d'homme, Catu-gnatos (13), Catu-mandus (14), Catu-marus (15), Catu-volcus (16); ce thème a probablement

---

(1) *Géographie de la Gaule* d'après la *Table de Peutinger*, p. 116.
(2) *Atlas historique de la France*, texte, 1ʳᵉ livraison, p. 27.
(3) *C. I. L.*, V, 4278.
(4) *Ibid.*, V, 8896.
(5) Brambach, 709.
(6) En moyen irlandais, *mid* = *miud*, gén. *meda* (Windisch, *Irische Texte*, p. 689); en vieux cornique, *medu* (*Grammatica celtica*, 2ᵉ édit., p. 1079); en moyen breton, *mez* (*Catholicon* de Lagadeuc publié par Le Men, p. 151); en gallois, *medd*, d'où le dérivé breton *mezo*, gallois *meddw*, « ivre, » = * *meduo-s*. Cet adjectif a donné un verbe dénominatif dont l'infinitif est, en moyen breton, *mezviff*, en gallois, *meddvi*, « enivrer, » = * *meduimu-s* ou * *meduimo-s*.
(7) *C. I. L.*, III, 162.
(8) *Ibid.*, III, 5392. Orelli, 4803.
(9) César, *De bello gallico*, l. I, c. 10.
(10) Pline, livre IV, § 106.
(11) *C. I. L.*, VII, 863; cf. Forbiger, *Handbuch der alten Geographie*, t. III, p. 293.
(12) Brambach, 1588; Mommsen, *Inscriptiones helveticae*, 70.
(13) Dion Cassius, livre XXXVII, c. 47. Cougny, *Extraits des auteurs grecs*, t. IV, p. 228. Catu-gnatos commandait les troupes allobroges l'an 61 av. J.-C.
(14) Justin, livre XLIII, c. 5, § 5.
(15) *Catumarus* a été employé comme surnom dans la période romaine : *L. Sempronius Catumarus*, inscription de la Pannonie supérieure (*C. I. L.*, III, 4263).
(16) César, *De bello gallico*, l. V, c. 24, 25; l. VI, c. 31.

aussi fourni le second terme des noms d'hommes Vello-catus (1), Codda-catus (2). Enfin, employé seul et sans suffixe de dérivation, il a donné le nom d'homme Catus, inscrit sur des boucliers de chefs gaulois révoltés contre l'empereur Tibère, avec Julius Florus et Sacrovir, en l'an 21 de l'ère chrétienne. L'arc de triomphe d'Orange nous a conservé la reproduction de ces boucliers (3).

Ce thème *catu-* veut dire « bataille. » Le nom d'homme Bataille, qui exprime la même idée, se rencontre encore en France aujourd'hui ; et à côté du nom d'homme dérivé Catu-ssa, signifiant probablement « batailleur, » on peut placer plusieurs autres dérivés du même thème formés à l'aide de suffixes différents ; tels sont Catu-cus (4), Catu-ena (5), Catu-enus (6), Catu-rus (7), Catu-so (8), dont le sens probablement se rapprochait de celui de Catu-ssa.

§ 2. — *Noms de lieu dérivés de gentilices romains à l'aide du suffixe gaulois -ssa.*

Le gaulois avait donc un suffixe *-sso- -ssa* ; ce suffixe usité en gaulois à la fois pour former des noms d'hommes et pour former des noms de lieux, a été employé à l'époque gallo-romaine pour créer, à l'aide de gentilices, des noms de lieux nouveaux, qui se terminent en *-issa*, sous-entendu *villa* ou *domus*. Dans cette désinence, *i* est un débris du suffixe *-ius* caractéristique ordinaire des gentilices romains ; *ssa* est le nominatif singulier féminin du suffixe *-sso-*.

---

(1) Tacite, *Histoires*, livre III, c. 45.
(2) Dans une inscription de Besançon, Orelli, 2064.
(3) E. Desjardins, *Géographie de la Gaule romaine*, pl. XII. Comparez les moulages du musée de Saint-Germain.
(4) *C. I. L.*, VII, 1336, 265.
(5) *Ibid.*, II, 780.
(6) *Ibid.*, II, 431, 780, 865.
(7) *Ibid.*, II, 2903.
(8) **Mommsen**, *Inscriptiones helveticae*, 62.

CANTISSA est un nom de lieu qui apparaît plusieurs fois dans les cartulaires de Saint-Hugues de Grenoble. Les documents sont de la fin du onzième siècle et du commencement du douzième. L'orthographe la plus ancienne *Cantissa* (1), y alterne avec l'orthographe plus récente *Cantessa* (2), ou même *Chantessa* (3). Chantesse est une commune du département de l'Isère.

Cantissa dérive du gentilice Cantius, qui vient du *cognomen* Cantus. Le gentilice Cantius est fréquent dans les inscriptions de l'Italie du nord (4). On le trouve aussi dans les régions celtiques situées au nord des Alpes. Une inscription de Laybach, en Carniole, nous apprend les noms de L. Cantius Proculus et de L. Cantius Probatus (5). Dans un einscription des environs de Gratz en Styrie, on lit les noms de L. Cantius Secundus (6). Une épitaphe de Lyon a été gravée par l'ordre de C. Cantius Elvetinus (7). Dans une épitaphe d'Anglefort (Ain), Cantius est un surnom juxtaposé au gentilice Matussius (8). Dans une inscription de Paris, c'est le nom d'un personnage qui n'a pas de gentilice (9). Cantius = Cantio-s dérive de *canto-s*, adjectif gaulois qui paraît signifier « blanc (10). »

Canto-s, fréquent dans les composés, a fourni plusieurs dérivés outre Cantios. Tel est le *cognomen* Canto, -onis (11) auquel se rattache le nom de Chantonay (Haute-Saône et Vendée), et dont vient le dérivé Cantonius employé comme gentilice (12) ; tel est le gentilice Cantilius, conservé par une

---

(1) *Cartulaires de l'église cathédrale de Grenoble*, p. 127, 162, 163.
(2) *Ibid.*, p. 100, 196, 239.
(3) *Ibid.*, p. 100, 101.
(4) *C. I. L.*, V, index, p. 1108, col. 2.
(5) *Ibid.*, III, 3857.
(6) *Ibid.*, III, 5437, 5438.
(7) Boissieu, *Inscriptions antiques de Lyon*, p. 501.
(8) Allmer, *Inscriptions antiques de Vienne*, t. III, p. 319.
(9) Orelli, 5907.
(10) *Grammatica celtica*, 2ᵉ édit., p. 162, 857.
(11) *C. I. L.*, VII, 1330.
(12) *Ibid.*, III, 4838.

inscription d'Espagne (1), et qui explique le nom de Chantilly (Oise), de Chantillac (Charente), et de Cantillac (Dordogne).

VINDONISSA, aujourd'hui Windisch (Suisse), existait dès l'année 71 de notre ère. Il s'y trouvait, à cette date, un camp romain dont parle Tacite (2). Quelques années plus tard, en 79, les *vicani Vindonissenses* élevèrent un arc en l'honneur de Mars, d'Apollon et de Minerve (3). Des textes du moyen âge nous font connaître plusieurs localités du même nom; telle est *Vindonissa*, qu'en 977 un certain Manassès tenait à titre de précaire du chapitre de Reims (4); c'est aujourd'hui Vendresse (Ardennes). On peut citer aussi « Vandonesse, » ainsi appelée en 1287, aujourd'hui Vandenesse (Nièvre) (5); et *Vindonissa* qui, comme nous l'apprend Quicherat, est aujourd'hui Saint-Didier de Formans (Ain) (6). Vandenesse (Côte-d'Or), Vendenesse-lès-Charolles, et Vendenesse-sur-Arroux (Saône-et-Loire), sont également d'anciens *Vindonissa*; le nom du dernier a été écrit au onzième siècle *Vindenissa* (7) et *Vendonessa* (8).

Vindonissa est dérivé de Vindonius. Vindonius est un gentilice qui nous a été conservé par une dédicace au dieu Latobius dont l'auteur est Vindonia Vera; ce monument a été découvert en Styrie (9). Il faut probablement lire Vindonius le gentilice de T. Vindonus Ieranus, connu par une inscription du Piémont (10). Dans une inscription du grand

(1) A. Cantilius, *C. I. L.*, II, 2113. Cf. ci-dessus, p. 376.
(2) *Histoires*, liv. IV, c. 61 ; cf. Mommsen, *Inscriptiones helveticae*, 344.
(3) Mommsen, *Inscriptiones helveticae*, n° 245.
(4) *Appendicula historiae Flodoardi*, chez Migne, *Patrologia latina*, t. CXXXV, col. 415, où l'on a, par erreur, imprimé *Vindenissa*; cf. Longnon, *Étude sur les pagi de la Gaule*, 2ᵉ partie, p. 38.
(5) Soultrait, *Dictionnaire topographique du département de la Nièvre*, p. 187.
(6) *De la formation française des anciens noms de lieu*, p. 74.
(7) Auguste Bernard, *Cartulaire de l'abbaye de Savigny*, p. 1052, col. 2.
(8) *Ibid.*, p. 592.
(9) *C. I. L.*, III, 5098.
(10) *Ibid.*, V, 7228.

duché de Bade on a lu les noms de Gn. Vindonius Messor (1).

Vindonius est dérivé de Vindo, -onis, surnom d'origine gauloise, employé seul pour désigner des individus qui n'avaient point de gentilice, comme nous l'apprennent les noms d'Atressa, Vindonis filia, dans une inscription de Hongrie (2); de Boniata, Vindonis filia (3); de Vibenus, Vindonis filius (4), dans des inscriptions de Styrie. Vindo, -onis est lui-même dérivé d'un thème *vindo-* employé comme surnom, surtout au féminin. Une femme appelée Ulpia Vinda nous est connue par une inscription d'Esclavonie (5); Vinda Terti filia se rencontre dans une inscription d'Autriche (6); Numisia Vinda, dans une inscription de l'Italie méridionale (7). Dans une inscription d'Angleterre, Vinda est le nom d'un personnage dont le sexe est inconnu, et qui fait une dédicace à Mars (8). *Vindos* devient, en irlandais, *find*, plus tard *finn*; c'est un adjectif qui veut dire « blanc, » et par extension « beau » « bon ; » en même temps, c'est un nom propre porté par un héros épique et par divers personnages historiques (9).

L'ancien nom de la ville de Vienne, en Autriche, est *Vindo-bona*, composé de deux termes, dont le second signifie probablement « ville, » et a fourni, tant à l'Italie qu'à la Gaule, le dérivé bien connu *Bononia*. La question se pose de savoir si le premier terme est un adjectif se rapportant au second terme (10), ou s'il est un substantif complément déterminatif du second terme (11). Dans la première hypo-

(1) Brambach, *Inscriptiones rhenanae*, n° 1701.
(2) *C. I. L.*, III, 3380.
(3) *Ibid.*, III, 5076.
(4) *Ibid.*, III, 5105.
(5) *Ibid.*, III, 4110.
(6) *Ibid.*, III, 5663.
(7) *Ibid.*, X, 4969.
(8) *Ibid.*, VII, 509.
(9) Voyez O'Donovan, *Annals of the kingdom of Ireland by the four masters*, 1851, t. VII, p. 179, col. 2.
(10) Dans ce cas, *Vindo-bona* constituerait un composé déterminatif, comme dit Bopp, en sanscrit *karmadhâraya*.
(11) Dans ce cas, *Vindo-bona* serait un composé de dépendance, *tatpuruscha*.

thèse, *Vindo-bona* veut dire « la bonne » ou « la belle ville ; » dans le second il signifierait « ville de Vindos. » Le second sens s'accorde avec le sens probable d'*Augusto-bona*, ancien nom de Troyes (Aube), qui paraît signifier « ville d'Auguste ; » de *Julio-bona*, Lillebonne (Seine-Inférieure), qui semble vouloir dire « ville de Jules. »

VILLONISSA est le nom de Villenauxe (Aube) dans une charte de l'année 1153 ; on trouve ensuite *Vilonissa*, 1194 ; Velonasse, 1223 ; et des formes plus corrompues (1). *Villonissa* vient d'un gentilice Villonius dont la forme féminine se rencontre dans une inscription de Pavie (2), et dont la variante Vilonius a été relevée dans trois autres inscriptions de l'Italie septentrionale (4). Villonius dérive du nom pérégrin Villo, -onis, que nous a conservé la marque de potier VILLO FECIT, musée de Genève (4). Comparez le gentilice Villius, ci-dessus p. 336.

(1) Boutiot et Socard, *Dictionnaire topographique de l'Aube*, p. 183.
(2) C. I. L., V, 6438.
(3) *Ibid.*, V, 1949, 2092, 2136.
(4) *Ibid.*, XII, 5686, 935.

CHAPITRE XV.

LE SUFFIXE LIGURE -*ascus*, -*oscus*, -*uscus* DANS L'ANTIQUITÉ ET AU MOYEN AGE.

Sommaire :

§ 1. Le suffixe -*ascus*, -*asca* dans l'Italie du nord-ouest d'après les documents antérieurs au moyen âge. — § 2. Le suffixe -*ascus* employé à former des noms de lieu dérivés de gentilices romains dans l'Italie du nord-ouest d'après les documents du moyen âge. — § 3. Le suffixe -*ascus* employé à former des noms de lieux dérivés de *cognomina* romains dans l'Italie du nord-ouest d'après les documents du moyen âge. — § 4. Le suffixe -*ascus* et ses variantes -*oscus*, -*uscus* employés à former des noms de lieu dérivés de gentilices romains en Gaule d'après les documents du moyen âge. — § 5. Le suffixe -*ascus*, -*oscus*, -*uscus*, et son dérivé -*usco*, -*onis*, employés à former des noms de lieux dérivés de *cognomina* romains en Gaule d'après les documents du moyen âge.

§ 1er. — *Le suffixe* -ascus, -asca *dans l'Italie du nord-ouest, d'après les documents antérieurs au moyen âge.*

L'antiquité du suffixe ligure -*ascus* est établie par une inscription de l'an 113 av. J.-C. C'est un jugement arbitral portant délimitation entre les habitants de Gênes et leurs voisins les *Viturii Langenses*. Dans ce document sont mentionnées quatre rivières dont le nom se termine par la forme féminine du suffixe -*ascus* : *Vinelasca*, *Neviasca*, *Veraglasca* et *Tulelasca*. La forme masculine de ce suffixe nous est donnée par deux lieux dits que mentionne la table alimentaire de Véleia : *Areliascus* et *Caudalascus* (1).

---

(1) Col. 5, l. 20 ; édition E. Desjardins, p. xvii, li ; cf. Giovanni Flechia, *Di*

§ 2. — *Le suffixe* -ascus *employé à former des noms de lieu dérivés de gentilices romains dans l'Italie du nord-ouest, d'après les documents du moyen âge.*

Le suffixe -*ascus* n'est pas rare dans les chartes qui forment le tome Ier des *Historiae patriae monumenta*, publié à Turin en 1836. Parmi les noms de lieu ainsi terminés, certains peuvent être tout entiers ligures comme les noms de rivière cités plus haut; mais d'autres dérivent certainement tantôt de gentilices romains, tantôt de *cognomina* romains. De gentilices romains, viennent les suivants :

Ansasca (pour *Antiasca*) *vallis*, dans une charte d'Arnulfe, archevêque de Milan, 999 (1). Ce nom de lieu est dérivé d'un gentilice Antius, d'où vient aussi *Antiacus* (2).

Buriascus *curtis*, mentionné dans un diplôme de l'empereur Frédéric Barberousse, pour l'église cathédrale de Turin, en 1159 3), dérive du gentilice Burrius, dont on a réuni quelques exemples, et qui a donné son nom à la station romaine de Burrium, en Grande-Bretagne. Ce gentilice dérive du *cognomen* Burrhus, usité dans la *gens* Afrania et dans la *gens* Antistia. Comparez *Bur[r]iacus* (4).

Gragnasgus *locus* en 1191 (5), *Castellum Grignascum* en 1014 (6), dans des chartes obtenues par l'abbaye de Savigliano et par la cathédrale de Pavie, sont tous les deux des notations modernes d'un antique *Graniascus*, qui dérive du gentilice Granius, d'où aussi *Graniacus* et *Grinio* (7).

---

alcune forme locali dell' Italia superiore, dissertazione linguistica. Turin, 1871, p. 62 et suiv. — *C. I. L.*, t. I, p. 72; t. V, p. 888; t. XI, p. 215.

(1) Col. 329 *b*.
(2) Voyez ci-dessus, page 378-379; cf. De-Vit, *Onomasticon*, I, 344-345.
(3) Col. 816 *c*.
(4) Voyez ci-dessus, p. 203; cf. De-Vit, *Onomasticon*, I, 772.
(5) Col. 973 *c*, *d*.
(6) Col. 406 *d*.
(7) Voyez ci-dessus, page 247, 513; cf. De-Vit, *Onomasticon*, III, 271.

JULIASCUS *villa*, mentionné, en 1047, dans un diplôme de l'empereur Henri III pour le chapitre de Saint-Sauveur de Turin (1), dérive du gentilice Julius, d'où *Juliacus* (2).

LAGNASCHUS est le nom d'une *cortis*, en 1064, dans une charte obtenue par l'abbaye N.-D. de Pignerol (3). L'orthographe primitive est *Laniascus*, dérivé du gentilice Lanius, dont on a quelques exemples (4).

LISINIASCUS (pour *Liciniascus*) *locus*, en 1047, dans un diplôme impérial pour le chapitre Saint-Sauveur de Turin (5) dérive du gentilice Licinius, d'où *Liciniacus*, p. 255.

MALIASCUS, nommé aussi en 1047 par le même diplôme impérial, était l'endroit où se trouvait située l'église de Saint-Etienne : *Aecclesia Sancti Stephani in Maliasco* (6). Ce nom de lieu dérive du gentilice bien connu, Mallius, d'où *Malliacus*, p. 266-267.

PINARIASCHA, vallée où était une paroisse *plebs* donnée à l'abbaye de Cavour, en 1037 (7) ; *vallis Pinariasca*, en 1041 (8) et en 1159 (9), est un dérivé du gentilice Pinarius, un des plus illustres de Rome. P. Pinarius Mamercinus Rufus fut consul l'an 489 avant notre ère, L. Pinarius Mamercinus Rufus fut élevé à la même dignité en 472. P. Pinarius fut censeur en 430. Plusieurs Pinarius sont mentionnés dans les œuvres de Cicéron ; d'autres dans les inscriptions du temps des empereurs (10), exemple : C. Pinarius Albus, édile

---

(1) Col. 563 c.
(2) Sur Julius et *Juliacus*, voyez ci-dessus, p. 141-142.
(3) Col. 607 c.
(4) De-Vit, *Onomasticon*, IV, 36.
(5) Col. 563 b.
(6) Col. 563 b.
(7) Col. 515 c.
(8) Col. 541 a.
(9) Col. 816 c.
(10) Pauly, *Real-Encyclopaedie*, t. V, p. 1622 et suiv.

à Nîmes ; L. Pinarius Optatus, dont une inscription d'Aps (Ardèche), nous fait connaître les noms (1).

PLAUCIASCA pour *Plautiasca*, nom d'un *castrum*, dont est datée, en 1037, un diplôme de l'empereur Conrad II le Salique, pour l'abbaye Saint-Just de Suse (2), *Plosascum* en 1123 (3), dérive du gentilice Plautius, un des plus célèbres de Rome. C. Plautius Proculus fut consul en l'an 358 av. J.-C. ; C. Plautius Venno obtint la même dignité en 347 ; L. Plautius Venno, en 330 ; C. Plautius Decianus, en 329 ; M. Plautius Silvanus, l'an 2 avant J.-C., etc. (4).

RUVELIASCUS en 940 (5), *Ruviliascus* en 1010 (6) et en 1183 (7), dans des chartes de la cathédrale d'Asti, est aujourd'hui Revigliasco, qui tient lieu d'un antique *Rupiliascus*. Ce nom de lieu est dérivé du gentilice Rupilius. P. Rupilius, homme d'origine obscure, obtint à Rome les honneurs consulaires l'an 132 av. J.-C. P. Rupilius Rex, postérieur d'un siècle, doit, dans le monde littéraire, une certaine notoriété à une satire d'Horace qui est la septième du livre premier, et qui commence ainsi :

> Proscripti Regis Rupili pus atque venenum (8).

VENZASCUS pour *Venciascus*, en 1192, dans les archives de la ville de Verceil (9), dérive du gentilice Vencius. Une inscription, aujourd'hui détruite, de Die (Drôme), avait été gravée en l'honneur de Sextus Vencius Juventianus, prêtre d'Auguste, en reconnaissance de la libéralité dont il avait

---

(1) *C. I. L.*, XII, 2677, 3261.
(2) Col. 513 b.
(3) Col. 755 c.
(4) Pauly, *Real-Encyclopaedie*, t. V, p. 1721-1728.
(5) Col. 145 a.
(6) Col. 379 c.
(7) Col. 922 c.
(8) Sur les Rupilius, voyez Pauly, *Real-Encyclopaedie*, t. VI, p. 565-566.
(9) Col. 987 d.

fait preuve en donnant des spectacles au peuple des *Vocontii* (1).

§ 3. — *Le suffixe* -ascus *employé à former des noms de lieu dérivés de* cognomina *romains dans l'Italie du nord-ouest d'après les documents du moyen âge.*

En voici des exemples, empruntés comme les précédents au t. I des *Historiae patriae monumenta* de Turin.

CAVRASCUS (pour *Caprascus*), nom d'une *villa* en 1033, dans une charte du monastère de Saint-Etienne de Gênes (2), dérive du *cognomen* Caper. Le grammairien Flavius Caper, qui avait donné des leçons à un empereur, s'est amusé à rechercher dans les œuvres de Cicéron les passages où le grand orateur s'était servi du superlatif *piissimus*. L'intérêt de cette recherche tenait à ce que Cicéron avait soutenu, dans une de ses *Philippiques*, que le mot *piissimus*, employé par le triumvir Antoine, n'était pas latin (3).

CLAVASCUS, dans un diplôme de 1159, pour la cathédrale de Turin, est le nom d'une *curtis* (4). Il dérive du *cognomen* Clavus, porté par un personnage auquel fut adressé, en 230, un rescrit de l'empereur Alexandre-Sévère (5).

MARTIRIASCUS, en 1047, était une localité où se trouvait une *cortis* et une chapelle. Nous l'apprenons par un diplôme de l'empereur Henri III, pour le chapitre de Saint-Sauveur de Turin (6). Ce nom de lieu est dérivé du *cognomen* Mar-

---

(1) *C. I. L.*, XII, 1585. Cf. ci-dessus, p. 337, *Vinciacus* de Vintius.
(2) Col. 502 *a*.
(3) Teuffel, *Geschichte der römischen Literatur*, 3ᵉ édit., p. 801. De Caper est venu le gentilice Caprius, ci-dessus, p. 435, 436.
(4) Col. 816 *d*.
(5) Code Justinien, livre IX, t. xxxv, l. 2.
(6) Col. 563 *d*.

tyrius, dont on a des exemples dans des textes romains et qui y a été introduit par une influence chrétienne (1).

Novellasca est le nom d'une vallée dans une charte de Saint-Sauveur de Turin vers l'année 1120 (2), et dans un diplôme accordé par l'empereur Frédéric Ier à la cathédrale de Turin en 1159 (3). C'est un dérivé du *cognomen* Novellus très fréquent dans les inscriptions de la haute Italie et de la Gaule (4).

Quintascha est un endroit où se trouvait une église en 1190, comme on l'apprend par une charte de cette date concernant la ville de Verceil (5). Ce nom de lieu dérive du *cognomen* Quintus (6), qu'on trouve aussi employé comme nom pérégrin (7).

§ 4. — *Le suffixe* -ascus *et ses variantes* -oscus, -uscus, *employés à former des noms de lieu dérivés de gentilices romains en Gaule d'après les documents du moyen âge.*

Le suffixe -*ascus* a une variante -*oscus* qu'on trouve, en 1212, dans une charte de l'abbaye Saint-Just de Suse (8), où se rencontre deux fois le nom de lieu Canoscus, dérivé du *cognomen* latin Canus étudié plus haut (9).

En France le suffixe ligure -*oscus* a deux variantes : -*oscus* et *uscus*. Comme dans l'Italie du nord, il a servi à former des noms de lieux dérivés de gentilices romains et et de *cognomina* romains.

---

(1) De-Vit, *Onomasticon*, IV, 383.
(2) Col. 744 *d* ; cf. col. 816 *c*.
(3) Col. 816 *c*.
(4) Pauly, *Real-Encyclopaedie*, t. V, p. 715. — De là le gentilice Novellius, ci-dessus, p. 291.
(5) Col. 957 *b*.
(6) *C. I. L.*, XII, 4082.
(7) *Ibid.*, XII, 3856, 4210, 5424, etc. Cf. Quintius, d'où *Quintiacus*, p. 156.
(8) Col. 1187 *d*, 1188 *b*.
(9) Pages 471-472.

A. — *Le suffixe* -ascus *en Gaule.*

*Atisiascus est probablement la forme la plus ancienne du nom de la localité appelée à la fin du onzième siècle *Adisasgo* à l'ablatif dans le *Cartulaire de Conques*; elle était située près de Chaunhac, commune de Salles-Courbatiès (Aveyron) (1). *Atisiascus vient d'*Atisius*, gentilice connu par les inscriptions (2), et dont on trouve quelques exemples en Gaule : C. Atisius Secundus, Arles (3); C. Atisius Sedulus, Beaucroissant (Isère) (4); C. Atisius Paullinus, Saint-Aupre (Isère) (5), etc.

Bassiascus, écrit à l'ablatif *Basciasco* dans un acte de l'année 739, qui comprend cette localité dans une liste de noms de lieux situés dans le Viennois et dans le Lyonnais (6). Ce nom est dérivé du gentilice romain Bassius (7), qu'on trouve en Gaule dans une marque de potier (8), et dont on a parlé plus haut, p. 427.

Au ligure *Bassiascus*, noté *Basciascus*, on peut comparer le gaulois *Basciacus* pour *Bassiacus*, nom des communes de de Bessey-la-Cour et de Bessey-les-Cîteaux, dans des documents du dixième et du onzième siècle. Ces deux communes appartiennent au département de la Côte-d'Or (9). L'orthographe plus régulière *Bassiago* à l'ablatif se trouve, en 914, dans une charte conservée par le Cartulaire de Conques (Aveyron) (10). Des chartes du douzième siècle dans le *Cartulaire de Beaulieu* (Corrèze) nous offrent l'or-

---

(1) G. Desjardins, *Cartulaire de Conques*, p. 81, 429, 451.
(2) De-Vit, *Onomasticon*, I, 557.
(3) *C. I. L.*, XII, 764.
(4) *Ibid.*, XII, 2200.
(5) *Ibid.*, XII, 2203.
(6) *Cartulaire de Saint-Hugues de Grenoble*, p. 37.
(7) De-Vit, *Onomasticon*, I, 685.
(8) *C. I. L.*, XII, 5686, 122, 123.
(9) Garnier, *Nomenclature*, p. 78, 19.
(10) G. Desjardins, *Cartulaire de Conques*, p. 186.

thographe plus moderne *de Baissiaco* (1) et *de Baissaco* (2) ; il s'agit ici de Beyssac, commune de Strenquels (Lot) (3).

GRATIASCA, ainsi nommé dans une charte du onzième siècle (4), noté aussi à la même époque *Graciasca* (5), *Graziasca* (6), et *Grezasca* (7), ou *Grezascha* (8), aujourd'hui Gréasque (Bouches-du-Rhône), est un dérivé du gentilice Gratius étudié plus haut, p. 246, et qui a donné le nom de lieu dérivé gaulois *Gratiacus*.

B. — *Le suffixe* oscus *en Gaule*.

ALBARIOSCUS. Un document de l'année 739 met dans le pays d'Embrun une *colonica quae dicitur Albariosco* (9). Ce nom de lieu dérive d'un gentilice *Albarius, dont on n'a pas d'exemples dans les documents romains, mais dont l'existence peut être conclue de celle du gentilice Albarenius (10), dérivé d'*Albarenus, lequel suppose un parallèle *Albarius.

ALBIOSCUS est une localité ou l'abbaye de Saint-Victor de Marseille croyait avoir des colons en 814 (11). A la même date cette abbaye avait des colons dans un lieu appelé *Albianus* (12). *Albianus* est la forme romaine correspondant au ligure *Albioscus*. On a étudié plus haut la forme gauloise *Albiacus* et à cette occasion le gentilice Albius (13).

(1) 1118, Deloche, *Cartulaire de Beaulieu*, p. 64.
(2) 1112, Deloche, *ibid.*, p. 63.
(3) Deloche, *ibid.*, p. 370.
(4) Guérard, *Cartulaire de Saint-Victor de Marseille*, t. I, p. 155.
(5) Guérard, *ibid.*, p. 276.
(6) Guérard, *ibid.*, p. 159.
(7) Guérard, *ibid.*, p. 273, 274.
(8) Guérard, *ibid.*, p. 152, 153, 154.
(9) *Cartulaire de Saint-Hugues de Grenoble*, p. 39 ; cf. Pardessus, *Diplomata*, II, 372.
(10) De-Vit, *Onomasticon*, t. I, p. 194.
(11) Guérard, *Cartulaire de Saint-Victor de Marseille*, t. II, p. 637, n° 7.
(12) Guérard, *ibid.*, p. 643, n° 23.
(13) Page 190.

*Canioscus ou *Kanioscus* doit être l'orthographe primitive du nom du château appelé *Kagnosco* à l'ablatif latin, et Chainosc en langue vulgaire dans des chartes du onzième siècle, c'est aujourd'hui Saint-Jacques-de-Cagnosc, commune de Gonfaron (Var) (1). Ce nom de lieu est dérivé du gentilice romain Canius, étudié plus haut, p. 210, 211, au sujet de son dérivé gaulois *Caniacus*.

Catalioscus. Ce nom de lieu est écrit à l'ablatif *Cataliosco* dans une charte du onzième siècle conservée par le *Cartulaire de Saint-Victor de Marseille* (2). Il s'agit probablement d'une localité située dans les Bouches-du-Rhône. *Catalioscus* est dérivé du gentilice Catalius. On a trouvé à Tresques (Gard) l'épitaphe d'une femme appelée Catalia Servata (3). Ce gentilice est dérivé de Catalus, qui est à la fois un nom de peuple et un nom d'homme pérégrin (4).

Curioscus, aujourd'hui Curiusque, commune du Brusquet (Basses-Alpes), est mentionné à l'ablatif *Curiosco* dans la liste des terres où l'abbaye de Saint-Victor de Marseille avait des colons, en 814 (5). Ce nom de lieu dérive du gentilice romain Curius, illustré principalement par M.' Curius Dentatus, trois fois consul, 290, 275, 274 avant notre ère, enfin censeur en 272 (6). Il pénétra en Gaule, comme l'attestent à Vaison (Vaucluse), le fragment d'inscription : Sex. Curius (7), et à Nimes l'inscription gravée par les soins de Q. Curius Aurelianus (8).

Ce gentilice a dû avoir un dérivé gaulois *Curiacus* qui

---

(1) Guérard, *Cartulaire de Saint-Victor de Marseille*, t. I, p. 148 ; cf. t. I, p. 388 et t. II, p. 874.
(2) Tome I, p. 599.
(3) *C. I. L.*, XII, 2657.
(4) Voyez ci-dessus, p. 487-488.
(5) Guérard, *Cartulaire de Saint-Victor de Marseille*, t. II, p. 646, n° 53.
(6) De-Vit, *Onomasticon*, t. II. p. 517.
(7) *C. I. L.*, XII, 1407.
(8) *Ibid.*, XII, 3201.

est noté *Coriaco* au cas indirect dans un diplôme royal mérovingien du milieu du septième siècle (1). Les trois communes de Cuiry, situées dans le département de l'Aisne, doivent être d'anciens *Curiacus*.

*Flavioscus est probablement la forme primitive du nom de Flayosc (Var), écrite à l'ablatif, au onzième siècle, *Flaiosco* dans deux chartes conservées par le *Cartulaire de Saint-Victor de Marseille* (2), *Flaiossco* dans une autre (3), en langue vulgaire Flaiosc (4). La forme gauloise correspondante est *Flaiacus* = *Flaviacus, dans une charte du département de l'Yonne, en 1133 (5); *Flaiacus* est aujourd'hui Fley. Fley pour *Flaviacus* (Yonne), comme Flaiosc pour *Flavioscus* (Var), ont perdu un *v*; le même phénomène s'est produit dans le nom de Saint-Germer-de-Fly (Oise), et dans celui de Flagy (Jura), qui sont d'anciens *Flaviacus* (6). On a parlé plus haut (p. 234) du gentilice Flavius.

*Manioscus ou *Magnioscus doit être la forme primitive du nom de lieu appelé à l'ablatif *Mainosco* dans l'état des colons appartenant à l'abbaye de Saint-Victor de Marseille en 814 (7). On connaît quelques exemples du gentilice Magnius; nous l'avons étudié (p. 265) au sujet du nom de lieu *Magniacus*. Manius est le nom d'un potier dont on a trouvé la marque à Fréjus (8).

*Marcioscus doit être la forme primitive du nom de lieu écrit au cas indirect *Marzosco* dans une charte de l'année 970.

---

(1) Tardif, *Monuments historiques*, p. 13, col. 1.
(2) Guérard, *Cartulaire de Saint-Victor de Marseille*, t. I, p. 478, 513.
(3) Guérard, *ibid.*, t. II, p. 209.
(4) Guérard, *ibid.*, t. I, p. 498.
(5) Quantin, *Cartulaire de l'Yonne*, t. I, p. 292.
(6) Longnon, *Atlas historique de la France*, p. 180.
(7) Guérard, *Cartulaire de Saint-Victor de Marseille*, t. II, p. 650.
(8) *C. I. L.*, XII, 5686, 533.

Il s'agit d'une localité située dans le comté de Sisteron (Basses-Alpes) (1). On a étudié plus haut (p. 272-274), à propos du dérivé gaulois *Marciacus*, le gentilice romain Marcius, dont le ligure *Marcioscus* dérive également.

*Montioscus est probablement la notation primitive du nom de lieu appelé à l'ablatif, dans les chartes de Cluny, au dixième siècle, *Montiosco* (2), *Monciosco* (3), *Monzosco* (4). Ce nom de lieu dérive d'un gentilice Moncius (?), Montius (?) ou Muntius (?) que nous n'avons pas trouvé, mais qui explique le nom de lieu gaulois écrit à l'ablatif *Munciaco* dans un diplôme royal mérovingien du septième siècle (5). Mousson (Meurthe-et-Moselle), *Montionis* au génitif dans la période carlovingienne (6) nous offre un autre dérivé du même gentilice avec un suffixe différent.

Vilioscus, à l'ablatif *Viliosco* en 1038 (7), aujourd'hui Vilhosc (Basses-Alpes), est un dérivé du gentilice Villius (p. 336), bien connu dans l'histoire romaine (8), et qui a donné le dérivé gaulois *Villiacus*, d'où Villy (Yonne) (9). Villy-en-Trode et Villy-le-Maréchal (Aube) (10).

*Vitrioscus est la bonne notation du nom de lieu écrit à l'ablatif, *Vitrosco* dans trois chartes du dixième siècle (11). Aujourd'hui, pour désigner cette localité, on a substitué à la désinence ligure celle par laquelle le patois du pays re-

---

(1) Guérard, *Cartulaire de Saint-Victor de Marseille*, t. I, p. 591.
(2) Bruel, *Recueil des chartes de l'abbaye de Cluny*, t. II, p. 440.
(3) Bruel, *ibid.*, t. II, p. 414.
(4) Bruel, *ibid.*, t. III, p. 151.
(5) Tardif, *Monuments historiques*, p. 13.
(6) Lepage, *Dictionnaire topographique de la Meurthe*, art. Pont-à-Mousson, p. 110.
(7) Guérard, *Cartulaire de Saint-Victor de Marseille*, t. II, p. 65.
(8) Pauly, *Real-Encyclopaedie*, t. VI, p. 2611-2613.
(9) Quantin, *Dictionnaire topographique de l'Yonne*, p. 144.
(10) Boutiot et Socard, *Dictionnaire topographique de l'Aube*, p. 187.
(11) Chevalier, *Cartulaire de Saint-André-le-Bas*, p. 35, 36.

présente le suffixe gaulois *-acus*; l'ancien * *Vitrioscus* est aujourd'hui Vitrieu, commune de Vernioz (Isère). Vitrieu = *Vitriacus*. *Vitriacus* lui-même tient lieu d'un primitif *Victoriacus* venant du gentilice Victorius, comme on l'a montré plus haut (p. 334-335). * *Vitrioscus*, noté *Vitroscus*, est le successeur d'un plus ancien * *Victorioscus*.

§ 5. — *Les suffixes* 1° *-ascus, -oscus, -uscus,* 2° *-usco, -onis, employés à former des noms de lieux dérivés de* cognomina *romains en Gaule, d'après les documents du moyen âge.*

Les noms de lieux suivants ont été tirés en partie certainement, en partie probablement de *cognomina* romains, les uns d'origine latine, les autres d'origine barbare.

A. — *Le suffixe* -ascus *en Gaule.*

Canascus est une localité dans laquelle, en 911, l'abbaye de Saint-Julien de Brioude acquit une propriété (1). La situation précise de cette localité n'est pas déterminée ; mais il résulte du contexte qu'elle devait être située près de Brioude (Haute-Loire). *Canascus* est dérivé de Canus, *cognomen* latin dont on a quelques exemples : Q. Gellius Canus, ami de Cicéron ; M. Annius Kanus, dont l'épitaphe est conservée au musée de Narbonne (2).

B. — *Le suffixe* -oscus, -uscus *en Gaule.*

Artonoscus, à l'ablatif *Artonosco*, est un des noms de lieu mentionnés, en 739, dans le testament d'Abbon pour l'abbaye de Novalese (3). *Artonoscus* paraît avoir été situé dans le pays de Gap; ce nom est dérivé du *cognomen* Arto (4),

---

(1) Doniol, *Cartul. de Brioude*, p. 61.
(2) De-Vit, *Onomasticon*, III, 220. C. I. L., XII, 4585.
(3) *Cartulaire de Saint-Hugues de Grenoble*, p. 40.
(4) De-Vit, *Onomasticon*, I, 494.

dérivé lui-même d'Artos, « ours, » qui a été aussi employé comme nom d'homme. Artos est gaulois (1) ; son dérivé Arto, -onis, avec les désinences latines, ou Artu, Artunos, Artunnos, avec les désinences gauloises, a fourni à la géographie de la France un dérivé en -*acus* : c'est Arthonnay (Yonne), au onzième siècle *Artunnacus* (2).

BLANUSCUS, en Mâconnais, dans une charte de 938 (3) ; à l'ablatif *Blanusco* en 930 (4), *Blanosco* au onzième siècle (5), est aujourd'hui Blanot (Saône-et-Loire) (6). Ce nom de lieu dérive du nom servile Blanus, d'origine grecque et qui veut dire « chassieux (7). » De ce nom a été tiré un gentilice, Blanius, dont l'existence est démontrée par le nom de lieu *Blaniacus*. *Blaniacus* désigne, dans la *Chronique de Bèze*, Blagny (Côte-d'Or) (8).

BRANOSCUS, aujourd'hui Branoux, commune de Blannaves (Gard), était encore appelé à l'ablatif, au quatorzième siècle, *Branosco* et *Branasco* (9). Ce nom de lieu est dérivé du nom d'homme gaulois Branus ou Brannus, dont le sens primitif est « corbeau, » et dont on a déjà parlé plus haut, p. 399-400.

BRICOSCI, à l'ablatif *Bricoscis*, nom d'une localité située dans la vallée de Maurienne, en 739 (10), dérive du nom pérégrin Bricus par *i* long et un seul *c*, ou Briccus avec *i* bref et *c* double. Ce nom pérégrin est conservé par une

---

(1) Voy. ci-dessus, p. 383.
(2) Quantin, *Cartulaire de l'Yonne*, t. II, p. 27.
(3) Bruel, *Recueil des chartes de Cluny*, t. I, p. 469.
(4) Bruel, *ibid.*, p. 368.
(5) Bruel, *ibid.*, t. III, p. 797.
(6) Chavot, *Le Mâconnais*, p. 72.
(7) De-Vit, *Onomasticon*, t. I, p. 729.
(8) Garnier, *Nomenclature*, p. 41, n° 177 ; cf., du même auteur, l'édition de la chronique de Bèze, p. 235.
(9) Germer-Durand, *Dictionnaire topographique du Gard*, p. 35.
(10) *Cartulaire de Saint-Hugues de Grenoble*, p. 37.

marque de potier qu'on a trouvée à Vienne (Isère) (1). Briccus ou Bricus a donné le nom d'homme dérivé, Brico, au génitif Briconis, gravé sur une patère de bronze qu'on a découverte récemment près de Genève (2). De Briccus aussi vient le gentilice Briccius, attesté par une épitaphe que possède le musée de Narbonne (3). On a tiré de Briccius le nom de lieu gaulois *Bricciacus, d'où probablement : Brissac (Hérault), *Brissiacum* en 1189 (4) ; Brissy (Aisne), *Brissiacus* en 1123 ; Brixey-aux-Chanoines (Meuse), *Brisseium* en 1141 (5).

CAMBOSCUS, à l'ablatif *Cambosco*, est une *villa* située en Lyonnais, vers l'an 1000 (6) ; il s'y trouvait une église vers 1060 (7) ; c'est aujourd'hui Chambost-Longessaigne (Rhône) (8). *Camboscus* est dérivé du nom pérégrin Cambus, attesté par une marque de potier (9). Ce nom est d'origine gauloise ; c'est un adjectif qui veut dire « courbe ; » on en a tiré un nom d'homme, Cambius, d'où le dérivé géographique *Cambiovicenses* (10). Un autre dérivé géographique de Cambus est *Cambo* ou *Cambonum*, aujourd'hui le Chambon (Corrèze) (11) ; comparez *Cambonum*, nom d'une station romaine qui est aujourd'hui Le Bègue commune de La Beaume (Hautes-Alpes) (12).

*CAMULOSCUS, à l'ablatif *Camblosco*, en Sénonais, dans

---

(1) *C. I. L.*, XII, 141.
(2) *Ibid.*, XII, 5698, 4.
(3) *Ibid.*, XII, 4663.
(4) Eugène Thomas, *Dictionnaire topographique de l'Hérault*, p. 26.
(5) Liénard, *Dictionnaire topographique de la Meuse*, p. 26.
(6) Auguste Bernard, *Cartulaire de Savigny*, t. I, p. 267.
(7) Auguste Bernard, *ibid.*, p. 386.
(8) Auguste Bernard, *ibid.*, t. II, p. 1192.
(9) *C. I. L.*, XII, 5686, 163. Allmer et Dissard, *Trion*, t. II, p. 367.
(10) *Ibid.*, XII, 3503 ; *Table de Peutinger*, segment II, 4.
(11) Deloche, *Cartulaire de Beaulieu*, p. 90, 135, 372.
(12) Itinéraire de Bordeaux à Jérusalem publié à la suite de l'*Itinéraire d'Antonin*, p. 555, l. 2. — Cambo-, ci-dessus p. 181, est peut-être un nom d'homme dans le composé *Cambo-dunum*.

un diplôme de Charles le Chauve (1), aujourd'hui Champlost (Yonne), dérive du mot gaulois Camulus, usité à la fois comme nom divin et comme nom pérégrin (2). De Camulus on a tiré le gentilice Camulius, p. 353-354.

*CATHAROSCUS est probablement un dérivé d'un *cognomen*, Catharus, d'origine grecque. *Catharoscus* paraît plusieurs fois dans les chartes de l'abbaye de Saint-Victor de Marseille ; il est appelé, à l'ablatif, en 845, *Cadarosco villa* (3) ; en 1043, *villa Kadarosco* (4) ; en 1057, *Castro Kadarosco* (5), etc. Son nom persiste dans celui de la chapelle de Notre-Dame de Cadarot (6).

Le même nom d'homme, avec un suffixe gaulois, a donné, à Paris, le nom de lieu Charonne, anciennement *Cataronis potestas* (7), *Cadorona* (8).

*VENOSCUS, en langue vulgaire Venosc, vers 1100 (9), est aujourd'hui Venosc (Isère). C'est probablement un dérivé d'un *cognomen* *Venus, dont la variante masculine Vena sert de *cognomen* à C. Donnius dans les inscriptions d'un pont romain à Saint-Chamas (Bouches-du-Rhône) (10). On trouve la variante Venna, nom pérégrin d'une femme, dans une inscription de Briançon (11).

VINDAUSCA est l'orthographe la plus ancienne du nom de Venasque (Vaucluse), *Vennasca* au onzième siècle (12), *Ve-*

---

(1) Lalore, *Cartulaire de Montier-la-Celle*, p. 194.
(2) De-Vit, *Onomasticon*, t. II, p. 104. Cf. Chamblay (Jura, Eure-et-Loir, Indre).
(3) Guérard, *Cartulaire de Saint-Victor de Marseille*, t. I, p. 33.
(4) Guérard, *ibid.*, p. 226.
(5) Guérard, *ibid.*, p. 225.
(6) Guérard, *ibid.*, t. II, p. 852.
(7) Robert de Lasteyrie, *Cartulaire de Paris*, p. 99.
(8) Robert de Lasteyrie, *ibid.*, p. 107.
(9) *Cartulaire de Saint-Hugues de Grenoble*, p. 198.
(10) *C. I. L.*, XII, 647.
(11) *Ibid.*, XII, 95.
(12) Guérard, *Cartulaire de Saint-Victor de Marseille*, t. II, p. 6.

nasca au douzième (1). On lit *Vindausca* dans plusieurs manuscrits de la *Notice des provinces et cités de la Gaule* (2). On a tiré de Vindausca, sous l'empire romain, le gentilice dérivé Vindauscius, au féminin Vindauscia, dans deux inscriptions de Valence (Drôme) (3), et, au septième siècle, l'adjectif *Vindauscensis*, qualifiant le substantif *episcopus* (4). *Vindausca* paraît dérivé d'un nom pérégrin Vinda, masculin, variante de Vindos. On a parlé du nom pérégrin Vindos, ci-dessus, p. 584.

C. — *Suffixe* -usco, -usconis *en Gaule.*

TARUSCO, -*onis*, nom de Tarascon (Bouches-du-Rhône) chez Strabon (5) et chez Ptolémée (6), est aussi le nom de Tarascon (Ariége), si ce sont bien les habitants de Tarascon (Ariége) que Pline appelle *Taruscononienses* (7), lisez *Tarusconienses*. Ce nom offre un suffixe -*usco, -onis*, qui est un développement du suffixe -*usco-s*. Il dérive du nom d'homme gaulois Taro-s, que l'on peut conclure de *Taro-dunum*, aujourd'hui Zarten, grand duché de Bade (8) ; comparez les noms d'hommes galates Dejo-taros, Brogi-taros.

---

(1) Guérard, *Cartulaire de Saint-Victor de Marseille*, t. II, p. 225, 935.
(2) Longnon, *Géographie de la Gaule au sixième siècle*, p. 442.
(3) *C. I. L.*, XII, 1751, 1777.
(4) Longnon, *Géogr. de la Gaule au sixième siècle*, p. 442, note.
(5) Strabon, livre IV, c. I, § 3 et 12 ; éd. Didot, p. 148, l. 25 ; p. 155, l. 30.
(6) Ptolémée, livre II, c. 10, § 8 ; éd. Didot, t. I, p. 24, l. 4.
(7) Pline, livre III, § 37 ; *C. I. L.*, t. XII, p. 125.
(8) Ptolémée, livre II, c. XI, § 15 ; éd. Didot, t. I, p. 274, l. 7.

CHAPITRE XVI.

LE SUFFIXE LATIN *-arius* DANS LES NOMS DE LIEU PENDANT L'ANTIQUITÉ ET AU MOYEN AGE.

SOMMAIRE :

§ 1. Généralités. — § 2. Noms de lieu en *-arias* dérivés de noms de minéraux. — § 3. Noms de lieu en *-aria, -arias* dérivés de noms de végétaux. — § 4. Noms de lieu en *-aria, -arias, -arius*, dérivés de noms d'animaux. — § 5. Dérivés de noms d'hommes.

§ 1er. — *Généralités.*

Deux suffixes ont été employés pendant la période romaine pour créer des noms de lieux dérivés de noms communs, ce sont : 1° *-arius*, ou plus ordinairement au féminin singulier *-aria*, au féminin pluriel *-ariae, -arias*; en français, -ier, -ière, -ières ; — 2° *-étum*, en français -oy, ay. Dans ce chapitre on s'occupera du premier.

Il sert originairement à former des noms de lieux dérivés de noms de minéraux, de végétaux, d'animaux; dans la période franque et depuis, on s'en est servi pour former des noms de lieu dérivés de noms d'homme.

§ 2. — *Noms en* -arias, *dérivés de nom de minéraux.*

Sous l'empire romain on trouve un *vicus* AQUARIUS en Espagne, sur la route d'Astorga à Saragosse (1).

(1) *Itinéraire d'Antonin*, p. 439, l. 9.

AQUARIAS est le nom d'une *villa* mentionnée en 993 dans une charte de l'abbaye de Cluny (1). C'est aujourd'hui la Chapelle-sous-Brancion (Saône-et-Loire) (2). *Aquarias* est le nominatif accusatif pluriel féminin de l'adjectif *aquarius*, dérivé d'*aqua*, eau.

Le village appelé *Aquarias* au neuvième siècle doit son ancien nom à une source qui donne naissance à un ruisseau appelé aujourd'hui Naiguières, probablement pour En Aiguières (3), en sorte que l'ancien nom persiste encore aujourd'hui.

Sous l'empire romain FERRARIA, qui serait en français « La Ferrière, » est une localité de Sardaigne (4).

FERRARIAS est, au moyen âge, un nom de lieu très commun en France. Au neuvième siècle une *villa Ferrarias* appartenait à l'abbaye de Saint-Denis (5); cette *villa* est déjà nommée dans un diplôme de Dagobert Ier, en 628 (6). Du même roi est contemporaine la fondation de l'abbaye de *Ferrarias*, Ferrières (Loiret) (7). Vers 680, le testament de Vigile, évêque d'Auxerre, mentionne une *colonica Ferrarias* qui paraît être aujourd'hui Ferrières, commune d'Andryes (Yonne) (8); non loin de là était situé, en 833, un Vieux Ferrières, *Vetus Ferrarias* que nous fait connaître une charte d'un archevêque de Sens (9) et dont l'emplacement se trouve dans le même département (10). Au même siècle, il y avait en Rouergue une petite circonscription, *aicis*, appelée

---

(1) Bruel, *Recueil des chartes de Cluny*, t. III, p. 170.
(2) Chavot, *Le Mâconnais*, p. 93.
(3) Chavot, *ibid.*, p. 208.
(4) *Itinéraire d'Antonin*, p. 80, 1. 6.
(5) Charte de l'abbé Hilduin, en 832, et de Charles le Chauve, en 862. Tardif, *Monuments historiques*, p. 85, col. 1; p. 117, col. 2.
(6) Tardif, *Monuments historiques*, p. 5, col. 1.
(7) *Gallia christiana*, XII, 157.
(8) Quantin, *Cartulaire de l'Yonne*, t. I, p. 20; cf. *Dictionnaire topograp. de l'Yonne*, p. 51.
(9) Quantin, *Cartulaire de l'Yonne*, t. I, p. 41.
(10) Quantin, *Dict. top. de l'Yonne*, p. 51.

Ferrarias (1), c'est aujourd'hui La Ferrairie, commune de Conques (Aveyron) (2). *Ferraria* est le féminin de l'adjectif *ferrarius*, dérivé de *ferrum* « fer; » employé substantivement, il signifie mine de fer, et, avec ce sens, il appartient déjà à la langue de César. Le vainqueur des Gaulois constate leur habileté comme ingénieurs militaires, quand il s'agissait de pratiquer des galeries souterraines : c'est la conséquence de ce qu'il y a, dit-il, chez eux de grandes mines de fer, *magnae ferrariae* (3).

Gravières, nom d'une commune de l'Ardèche et de plusieurs hameaux, est une formation analogue.

Perrières, commune du Calvados, est un ancien *Petrarias* comme La Perrière, commune de la Côte-d'Or, une ancienne *Petraria*. La notation *Petraria* a été conservée par un titre de 1173 pour le hameau de La Perrière commune de Poiseul-la-Ville, même département (4). Il y a une variante masculine Perrier, commune du Puy-de-Dôme, Le Perrier, commune de la Vendée ; inutile de citer les hameaux. L'adjectif *petrarius* dérivé de *petra* « pierre, » n'appartient pas à la latinité classique ; elle connaît le dérivé *petrosus*, en français « pierreux, » qui a été remanié sous l'influence du substantif « pierre; » on devrait dire « perreux; » le masculin et le féminin de cet adjectif ont fourni deux noms de commune au département de l'Yonne ; Perreux-les-Bois et Perreuse. La dernière est appelée *Petrosa*, dans un acte de l'année 1172 (5). Il y a aussi une commune de Perreux dans le département de la Loire.

---

(1) Charte de mai, 887. G. Desjardins, *Cartulaire de Conques*, p. 99; cf. décembre 933, *In vicaria Ferrariense, ibid.*, p. 139.
(2) G. Desjardins, *Cartulaire de Conques*, p. 460.
(3) *De bello gallico*, VII, 22, § 2.
(4) Garnier, *Nomenclature historique*, p. 130, n° 522.
(5) Quantin, *Dictionnaire topograph. du département de l'Yonne*, p. 97.

§ 3. — *Noms de lieux en -aria, -arias dérivés de noms de végétaux* (Cf. *-etum, aretum*, p. 616-634).

Nous commencerons par deux exemples qui datent de l'empire romain; l'un est *Juncaria*, dérivé de *juncus*, jonc; l'autre *Roboraria*, dérivé de *robur*, chêne.

JUNCARIA est sous l'empire romain une des stations de la route d'Italie en Espagne; elle est située au sud des Pyrénées, sur la frontière de la Gaule (1).

En 922, il y a dans le comté de Tallende (Puy-de-Dôme) une *villa* appelée *Juncherias* (2); on aurait dit plus anciennement *Juncarias*. Comparez Jonchères, commune du département de la Drôme, les deux communes de La Jonchère (Vendée et Haute-Vienne), etc., *Juncariolas*, p. 522, *Juncaretum*, p. 632.

ROBORARIA est une station d'Italie près de Rome (3); la forme française de ce mot serait Rouvrière; elle est inusitée; on a préféré en Gaule la variante *Roboretum* dont il sera question plus loin, p. 625.

D'après les textes du moyen âge, nous citerons les noms en *-arias* suivants qui, comme les deux précédents, dérivent de noms de végétaux.

ALNARIAS, situé dans le pays de Blois et dans la *condita Cabrinacensis*, aujourd'hui Cheverny (Loir-et-Cher); nous l'apprenons par un diplôme de l'année 841 (4). *Alnarias* est dérivé d'*alnus*, « aune, » et devrait donner un dérivé

---

(1) *Itinéraire d'Antonin*, p. 390, l. 3.
(2) Doniol, *Cartulaire de Brioude*, p. 294.
(3) *Itinéraire d'Antonin*, p. 305, l. 9.
(4) Martene, *Thesaurus anecdotorum*, t. I, col. 32. Mabille, *La pancarte noire*, p. 81.

« Aunières » ou « les Aunières, » mais nous ne connaissons pas d'exemple de cette formation ; le français a préféré le dérivé *Alnetum* dont il sera question plus loin, p. 616.

AD AVENARIAS est le nom d'un *locus* mentionné vers l'année 1100 dans une charte de l'évêché de Grenoble (1). C'est aujourd'hui Les Avenières, commune importante du département de l'Isère. Il y a en France quelques hameaux du même nom (Loire, Mayenne, Haute-Savoie, Yonne). Inutile de dire que ce nom dérive du latin *avena*, « avoine, » d'où l'adjectif *avenarius*, employé par Pline le naturaliste, et qui veut dire « relatif à l'avoine. »

BUXARIAS, du latin *buxus*, « buis, » est mentionné en 862 dans un diplôme de Charles le Chauve pour l'abbaye de Saint-Martin de Tours : c'est aujourd'hui La Bussière, commune d'Athée (Indre-et-Loire) (2). Ce nom, écrit *Buscerias* et *Busserias* dans les chartes de Cluny au neuvième et au dixième siècle (3), désigne la localité qui est aujourd'hui Bussières (Saône-et-Loire) (4). Une charte du dixième siècle nous offre l'orthographe *Buxerias* ; il s'agit d'une *villa* située en Forez ; c'est aujourd'hui Bussières (Loire) (5). Il y a, de ce nom de lieu, une variante qui prend le singulier *Buxaria* à la fin du onzième siècle dans les titres de la cathédrale de Grenoble (6) ; la formation française correspondante, et qui désigne aujourd'hui la même localité, est La Buissière (Isère). Cf. *Buxetum*, p. 617.

CANAVARIAS est, dans une charte mérovingienne, une localité de l'Orléanais (7) ; dans une charte de Saint-Martin

---

(1) *Cartulaire de Saint-Hugues de Grenoble*, p. 127.
(2) Mabille, *La pancarte noire*, p. 220 ; cf. p. 159 et 65.
(3) Bruel, *Recueil*, t. II, p. 730 ; t. III, p. 339, 664.
(4) Chavot, *Le Mâconnais*, p. 85.
(5) Auguste Bernard, *Cartulaire de Savigny*, t. I, p. 247 ; t. II, p. 1111.
(6) *Cartulaire de Saint-Hugues de Grenoble*, p. 121, 187.
(7) Pardessus, *Diplomata*, t. II, p. 144.

de Tours, à la fin du neuvième siècle, c'est une dépendance de Blévy (Eure-et-Loir) (1). *Canavarias* tient lieu d'un plus ancien *Cannabarias* dérivé de *cannabis* ou *cannabus*, « chanvre. » Tout le monde connaît le français Chenevières, nom de quatre communes et de treize hameaux.

* CASTANEARIAS, du latin *castanea*, « châtaignier, » est écrit *Castanerias* dans une charte de 996 pour l'abbaye d'Ainay à Lyon; cette localité était située en Lyonnais, dans le territoire de la *villa Marcilliacus*, aujourd'hui Marcilly-d'Azergues (Rhône) (2).

* JUNIPERARIA, du latin *juniperus*, « genévrier, » est la forme antique du nom de lieu écrit *Genebreira* en 1118, *Genebreria* et *Genebraria* vers l'an 1000 (3), La Genevrière, commune de Saint-Chamant (Corrèze). Cf. ci-dessous, p. 622.

LINARIAS est une localité située *in pago Adratinse*, c'est-à-dire en Artois, aux termes d'un diplôme de l'abbaye de Saint-Denis, qui date de l'année 799 (4). Deux autres localités de même nom sont mentionnées dans les titres de l'abbaye de Saint-Martin de Tours, l'une en 862, l'autre en 905; la première est aujourd'hui Linières-Bouton (Maine-et-Loire) (5), la seconde est Lignières, commune de Veigné (Indre-et-Loire) (6). Il y avait en Auvergne, au dixième siècle, une *villa Linaria* où était situé un bien donné à l'abbaye de Cluny (7). Vers la même époque il se trouvait en Forez une *villa* appelée à l'ablatif *Linaris*, et dans laquelle était située une propriété donnée à l'abbaye de Savigny (8). Tous ces noms de lieu sont dérivés du latin

---

(1) Mabille, *La pancarte noire*, p. 221; cf. p. 180.
(2) Auguste Bernard, *Cartulaire de Savigny*, t. II, p. 641, 845.
(3) Deloche, *Cartulaire de Beaulieu*, p. 69, 137, 144.
(4) Tardif, *Monuments historiques*, p. 73.
(5) Port, *Dictionnaire historique de Maine-et-Loire*, t. II, p. 519.
(6) Mabille, *La pancarte noire*, p. 227; cf. p. 183, n° 113
(7) Bruel, *Recueil des chartes de Cluny*, t. I, p. 168.
(8) Auguste Bernard, *Cartulaire de Savigny*, t. I, p. 9.

linum, « lin. » La langue latine connait le dérivé *linarius*, dont le masculin désigne l'ouvrier qui travaille le lin, et dont le féminin désigne l'endroit où le lin est mis en œuvre. Le terme géographique *Linarias* veut dire « terres qui produisent du lin »; Lignères, Lignières ou Linières est un nom de lieu très répandu. Cf. *Linariolas,* p. 523.

RAVERIAS pour *Raparias,* du latin *rapa* ou *rapum,* « rave, » est le nom de Ravières, commune de Saint-Martin-la-Sauveté (Loire), dans plusieurs chartes de l'abbaye de Savigny au dixième et au onzième siècle (1). Ravières (Yonne) est probablement aussi un ancien *Raparias :* dans le testament de l'abbé Widerad, en 721, *Ribarias* est écrit par erreur pour *Rabarias* (2).

ROSARIAS, pour *Rausarias*, vient du germanique *raus*, « roseau, » conservé en gothique, mais devenu, en allemand, *rohr.* On trouve *Rosarias*, au onzième siècle, dans une charte de l'abbaye de Conques (Aveyron) (3); il s'agit de Rosières, commune de Noailhac (Aveyron). En 974, une charte de Cluny mentionne une *villa Roserias* en Châlonnais (4). Rosières ou Rozières est un nom de lieu très fréquent en France. Comparez *Rausetum,* p. 629.

SEGALARIAS pour *Secalarias*, du latin *secale,* « seigle, » est un nom de lieu, en 1001, dans une charte de l'abbaye de Saint-Victor de Marseille (5); c'était dans le voisinage de Nans (Var).

SPICARIAS, dans deux diplômes de l'abbaye de Saint-

---

(1) Auguste Bernard, *Cartulaire de Savigny,* t. I, p. 67, 84, 369.
(2) Voy. Quantin, *Dictionnaire topographique de l'Yonne,* p. 106.
(3) G. Desjardins, *Cartulaire de Conques,* p. 159.
(4) Bruel, *Recueil des chartes de Cluny,* t. II, p. 446.
(5) Guérard, *Cart. de Saint-Victor de Marseille,* t. I, p. 97.

Martin de Tours, désigne une étendue de terrain aujourd'hui comprise dans la ville de Tours (1). C'est un dérivé du latin *spica*, « épis. »

Violarias, du latin *viola*, « violette, » désigne, en 946, une localité de la *vicaria Chiriacensis* ; le chef-lieu de cette vicairie est Saint-Beauzire (Haute-Loire) (2). La langue latine possède un adjectif *violarius*, dont le neutre *violarium* est employé par Virgile et Ovide avec valeur de substantif et veut dire « endroit où viennent des violettes : »

... irriguumque bibant *violaria* fontem (3).

Quelques-uns des noms géographiques en *aria*, *arias* présentent une difficulté : ce sont ceux dans lesquels le dérivé en *-arius* désigne en français le végétal même, et non le terrain où le végétal étend ses racines : nous citerons le français noyer = *nucarius*, de *nux*, *nucis*. Comment expliquerons-nous le nom de Noyers (Yonne)? Sera-ce par *nucarios*, accusatif pluriel de *nucarius*, « noyer, » ou par *Nucarias* (4), « lieux plantés de noyers? » La bonne explication est, je crois, la seconde, en dépit de l'orthographe, mais l'autre serait possible : ainsi il y a en France beaucoup de localités appelées Fresne, le Fresne, Fresnes ou les Fresnes, à côté de Fresnières = *Fraxinarias* et de Fresnoi = *Fraxinetum* (p. 621). Les noms de lieu Bruyère et Bruyères, *Brocaria* (5), *Brogaria* (6), *Brugaria* (7), *Brogarias* (8), peuvent donner lieu à la même difficulté.

---

(1) Mabille, *La pancarte noire*, p. 235 ; cf. 151, 159.
(2) Doniol, *Cartulaire de Brioude*, p. 288. Houzé, chez Doniol, *Cartulaire de Sauxillanges*, p. 689.
(3) *Géorgiques*, l. IV, v. 32.
(4) Cf. *Nogariolas*, p. 523 ; *Nucaretum*, p. 633.
(5) 670-671, chez Tardif, *Monuments historiques*, p. 15, col. 2.
(6) 797, chez Tardif, *ibid.*, p. 72, col. 2.
(7) XIe siècle, G. Desjardins, *Cartulaire de Conques*, p. 296.
(8) 768, Tardif, *Monuments historiques*, p. 52, col. 1.

§ 4. — *Noms en* -aria, -arias, -arius, *dérivés de noms d'animaux.*

Appiaria, qu'il faut corriger *Apiaria*, est le nom d'une station romaine de Mésie (1); *Apiaria* veut dire « endroit où il y a des abeilles, » *apes*, et n'a aucun rapport avec le gentilice Appius, étudié p. 94. En France, au neuvième siècle, *Apiarias*, dans le *Polyptique de Saint-Germain des Prés*, désigne Achères, commune de Theuvy-Achères (Eure-et-Loir) (2). Un autre *Apiarias* était situé près d'Avignon en 1010 (3). Les localités nommées Achères (Cher, Seine-et-Marne, Seine-et-Oise), doivent être d'anciennes *Apiarias*. Cf. *Apiariolas*, p. 522.

Asinarias, d'*asinus*, « âne, » est devenu en français « Asnières. » On voit un lieu dit *Asinarias* en 814, dans la liste des colons de l'abbaye de Saint-Victor de Marseille (4). *Asinerias* se trouve, en 1011, dans une charte de Saint-Julien de Brioude (Haute-Loire) (5); *Asnerias*, dans une charte des environs de l'an 1000, désigne une *villa* du Lyonnais (6); c'est une localité du Mâconnais dans une charte qui se place en 1017 et 1025 (7). Asnières est un nom de lieu très répandu en France : des communes de ce nom se trouvent dans les départements de l'Ain, du Calvados, de la Charente, de la Charente-Inférieure, de la Côte-d'Or, de l'Eure, de la Sarthe, de la Seine, de Seine-et-Oise, de la Vienne et de l'Yonne.

Caponarias, dérivé de *capo*, « chapon, » est la forme

---

(1) *Itinéraire d'Antonin*, p. 222, l. 5.
(2) Longnon, *Polyptyque de Saint-Germain des Prés*, p. 126.
(3) Guérard, *Cartulaire de Saint-Victor de Marseille*, t. I, p. 215.
(4) Guérard, *ibid.*, t. II, p. 638.
(5) Doniol, *Cartulaire de Brioude*, p. 110.
(6) Bruel, *Recueil des chartes de Cluny*, t. III, p. 536.
(7) Bruel, *ibid.*, p. 736.

ancienne du nom de la *villa* appelée au onzième siècle *Caponerias* (1), et *Capponerias* (2). La Chaponnière est le nom de quatre hameaux (Cher, Eure-et-Loir, Isère, Loiret). La bonne orthographe *Caponarias* a été conservée par une charte du neuvième siècle (3).

CERVARIA est, vers l'an 1000, le nom de Servières, commune de Joursac (Cantal) (4). Il y a en France deux communes de Servières (Corrèze et Lozère), plus huit hameaux de même nom : Ardèche, Cantal, Corrèze, Creuse, Haute-Loire, Puy-de-Dôme. Une orthographe plus régulière Cervières, est observée pour les noms de deux communes (Hautes-Alpes (5) et Loire); comparez le français cerf, du latin *cervus*.

*COLUBRARIA, du latin *coluber*, « couleuvre, » est la notation ancienne du nom de la localité appelée au onzième siècle *de Colobreria* (6), *Colubreriae* (7), *de Colobraria* (8); il s'agit de Collobrières (Var); c'est un chef-lieu de canton; un autre Collobrières, dans la Lozère, est un simple hameau.

COLUMBARIUS, « pigeonnier, de *columba*, est par exception masculin; il a ce genre dans la bonne latinité; il le conserve ordinairement au moyen âge. Ainsi *Columbarius*, vers 1035, est le nom de Collemiers (Yonne) (9). M. Deloche a eu raison d'écrire *Columbarius* au nominatif le nom de Colom-

---

(1) Auguste Bernard, *Cartulaire de Savigny*, t. I, p. 361, n° 700; p. 683, n° 177.
(2) Aug. Bernard, *ibid.*, t. I, p. 423, n° 806.
(3) Chevalier, *Cartulaire de Saint-André le Bas*, p. 217.
(4) G. Desjardins, *Cartulaire de Conques*, p. 274, 451, 504.
(5) Le nom de Cervières (Hautes-Alpes) paraît avoir été originairement au singulier *Cervaria, Cerveria*. Roman, *Dictionnaire topographique des Hautes-Alpes*, p. 26.
(6) Guérard, *Cartulaire de Saint-Victor de Marseille*, t. I, p. 470.
(7) Guérard, *ibid.*, p. 475.
(8) Guérard, *ibid.*, p. 481.
(9) Quantin, *Cartulaire de l'Yonne*, t. I, p. 41. Dans un diplôme de 853, *ibid.*, p. 65, *Columbarium* est à l'accusatif.

bier, commune de Turenne (Corrèze), bien que dans les textes publiés par lui ce nom n'apparaisse jamais qu'à l'ablatif *Columbario* (1). Colombey (Meurthe-et-Moselle), *capella in Colombario* en 836, *ecclesia in Colombario* en 870 (2), s'explique de la même façon. Dès le dixième siècle l'*a* du suffixe devient *e* dans ce mot, comme l'atteste, en 926, le *Columberium castrum* d'une charte de Saint-Martin de Tours; il s'agit de Colombiers (Vienne) (3).

*Leporaria, de *lepus, leporis*, « lièvre, » est écrit *Leperaria*, en 814, dans la liste des colons de l'abbaye de Saint-Victor de Marseille (4).

Luparias, de *lupus*, « loup, » est écrit *Luperias* au milieu du onzième siècle dans une charte de l'abbaye de Saint-Victor de Marseille (5); il s'agit, semble-t-il, d'une localité située près de Tarascon (Bouches-du-Rhône). Mais pour le nom de Puyloubier (Bouches-du-Rhône), *Podium luparium* l'*a* persiste quelquefois assez tard : *Podium luparium* en 1040 (6), *de Podio lupario* 1044 (7), à côté de *Podio luperio* 1046 (8).

Porcarias, de *porcus, porc*, est mentionné dans un diplôme de Charlemagne pour l'abbaye de Saint-Benoît d'Aniane (Hérault); c'est aujourd'hui Porquières (Hérault), emplacement d'un hameau détruit (9).

Soricarias, dérivé de *sorex, soricis*, « souris, » est le nom

---

(1) 893, *Cartul. de Beaulieu*, p. 194, 928, *ibid.*, p. 80; vers 971, *ibid.*, p. 92.
(2) Lepage, *Dictionnaire topographique de la Meurthe*, p. 34.
(3) Mabille, *La pancarte noire de Saint-Martin de Tours*, p. 223; cf. Redet, *Dictionnaire topographique de la Vienne*, p. 130.
(4) Guérard, *Cartulaire de Saint-Victor de Marseille*, t. II, p. 641.
(5) *Villa Luperias*; Guérard, *ibid.*, t. I, p. 211.
(6) Guérard, *ibid.*, t. I, p. 22.
(7) Guérard, *ibid.*, p. 47.
(8) Guérard, *ibid.*, p. 144.
(9) Eugène Thomas, *Dictionnaire topographique de l'Hérault*, p. 149; cf. Teulet, *Layettes du trésor des chartes*, t. I, p. 5, col. 1.

d'une *villa* située au comté d'Apt (Vaucluse), comme nous l'apprend une charte du douzième siècle émanée de Maiol, abbé de Cluny (1). Un hameau du département de la Sarthe s'appelle aujourd'hui les Souricières.

* VULPECULARIAS de *vulpecula*, diminutif de *vulpes*, « renard, » est noté *Vulpeglarias*, en 814, dans la liste des colons de l'abbaye de Saint-Victor de Marseille (2) ; on trouve *Vulpilarias* au milieu du onzième siècle dans une charte de l'abbaye de Conques (Aveyron) (3) ; ce nom est devenu, dans le nord de la France, Goupillières, nom de quatre communes (Calvados, Eure, Seine-et-Oise, Seine-Inférieure), et de plusieurs hameaux. La variante Volpilière est le nom de deux hameaux (Lozère, Puy-de-Dôme).

§ 5. — *Noms en* -aria, -arias, *dérivés de noms d'hommes*.

Au moyen âge l'usage commença de former des noms de lieu en *-arius* en les dérivant de noms d'homme. Cet usage a persisté dans la période moderne. Ce genre de formation se rencontre quelquefois dans l'est de la France. Ainsi, dans le département de l'Aube: Allibaudières, en 1131 *Libauderie* (4), est un ancien *Leudobaldarias, dérivé du nom d'homme franc *Leudo-baldus* ; La Guillotière, qui apparaît au seizième siècle, est un dérivé moderne du nom d'homme Guillot. *Balderias*, dans le pays d'Avallon (Yonne), à la fin de la période mérovingienne (5), pourrait sembler dérivé d'un nom d'homme Baldus. Mais *Balderias* = *Baldo-charias*

---

(1) Bruel, *Recueil des chartes de Cluny*, t. II, p. 165. La leçon *Soricorias*, admise dans le texte, paraît moins bonne que la leçon *Soricarias* rejetée en note.
(2) Guérard, *Cartulaire de l'abbaye de Saint-Victor de Marseille*, t. II, p. 653.
(3) Gustave Desjardins, *Cartulaire de Conques*, p. 222.
(4) Boutiot et Socard, *Dictionnaire topographique du département de l'Aube*, p. 2.
(5) Pardessus, *Diplomata*, t. II, p. 400. Quantin, *Cartulaire de l'Yonne*, t. II, p. 2.

[*villas*] et veut dire *villae* de Baldo-charius. Le procédé de dérivation, qui consiste à faire du suffixe *-aria*, *-arias* la désinence d'un nom propre d'homme, est surtout répandu dans l'ouest de la France, comme on peut s'en assurer en consultant les répertoires topographiques des départements d'Eure-et-Loir, de l'Eure, de la Mayenne et du Calvados. Ces formations sont généralement modernes ; il serait intéressant de chercher à déterminer la date où elles ont commencé. A en juger par les *Gesta pontificum Cenomannensium* (1) et par les *Gesta domni Aldrici* (2), documents qui contiennent un grand nombre de noms de lieu et qui remontent au neuvième siècle, il n'y aurait pas eu dans le Maine à cette époque des noms de lieu en *-aria*, *-arias* dérivés de noms d'homme.

(1) Mabillon, Vetera analecta, in-8°, t. III, p. 50-274. Cauvin, *Géographie ancienne du diocèse du Mans*, dans le volume intitulé *Institut des provinces de France, Mémoires*, 2ᵉ série, t. I, p. I-LII.

(2) Baluze, *Miscellanea*, t. III, p. 1-178. Migne, *Patrologia latine*, t. CXV, col. 29-103. Une nouvelle édition pourvue d'un index a été publiée en 1889 à Mamers, chez G. Fleury et A. Dangin, par MM. R. Charles et L. Froger.

CHAPITRE XVII.

LE SUFFIXE LATIN -*etum* DANS LES NOMS DE LIEU PENDANT L'ANTIQUITÉ ET AU MOYEN AGE.

SOMMAIRE :

§ 1. Généralités. — § 2. Noms communs en -*etum* dérivés de noms latins de végétaux et qui ont été employés comme nom propres de lieux. — § 3. Dérivés en -*etum* de noms de végétaux qui ne sont pas latins. — § 4. Dérivés en -*etum* de noms communs qui ne désignent pas des végétaux. — § 5. Dérivés en -*aretum*.

§ 1ᵉʳ *Généralités.*

Le suffixe -*etum* sert en latin classique à former des noms communs de lieux. Ces noms sont en règle générale dérivés de noms de végétaux. Ces végétaux peuvent être de grande taille, *quercetum*, chez Varron et chez Horace, de *quercus*, « chêne pédonculé ; » *castanetum*, chez Columelle, de *castanea*, « châtaignier ; » ils peuvent être de toute petite dimension : *juncetum*, chez Varron, de *juncus* « jonc. »

Dans les auteurs que nous citons, *quercetum*, *castanetum*, *juncetum* sont non pas des noms propres, mais des noms communs; ils désignent tout endroit peuplé de chênes pédonculés, de châtaigniers, de joncs. Mais, dès le temps de la république romaine et de l'empire romain on a commencé à employer comme noms propres les noms communs en -*etum* : *Lauretum*, de *laurus*, « laurier, » est un quartier de

Rome chez Varron et chez Pline l'ancien ; *Pinetum* de *pinus*, « pin, » *Roboretum* de *robur, roboris* « chêne rouvre, » sont plus tard des stations romaines d'Espagne (1).

Voici quelques exemples de noms propres géographiques en *-etum* dans les textes du moyen âge.

Nous les répartirons en quatre sections ; la première sera consacrée aux dérivés de mots latins, la seconde aux dérivés plus récents formés avec des noms de végétaux qui ne sont pas latins, la troisième aux dérivés qui ne viennent pas de noms de végétaux, la quatrième aux noms de lieux formés avec le suffixe composé *aretum*, où sont réunis les deux éléments *-arius* et *-etum*. Ces quatre sections formeront les paragraphes 2-5 du présent chapitre.

§ 2. — *Noms communs en* -etum *dérivés de noms latins de végétaux et qui ont été employés en France comme noms propres de lieu.*

Albucetum du latin *albucum* (2), « asphodèle » (sorte de lys), est en 1060 le nom d'une localité voisine de Rioms (Drôme) (3).

*Alnetum du latin *Alnus*, « aune, » est écrit *Alnido* dans deux diplômes carlovingiens, en 832 (4) et en 862 (5) ; *Alnidum* dans le *Polyptyque de Saint-Germain des Prés* (6), *Alnedum* en 1004 dans un diplôme du roi Robert (7), etc. Dans ces documents il s'agit d'Aunay-sous-Auneau (Eure-et-Loir) ; d'Aunay-sous-Crécy, même département, enfin d'un autre Aunay ou Aulnay, situé soit dans le département de la Seine soit en Seine-et-Oise. Cf. *Alnarias*, p. 605.

---

(1) *Itinéraire d'Antonin*, p. 422, l. 7, 8.
(2) Pline, *Histoire naturelle*, l. XXI, § 109 ; l. XXVI, § 21.
(3) Guérard, *Cartulaire de Saint-Victor de Marseille*, t. II, p. 73.
(4) Tardif, *Monuments historiques*, p. 85, col. 1.
(5) Tardif, *ibid.*, p. 117, col. 2.
(6) Édition Longnon, p. 98 ; cf. p. 114.
(7) Guérard, *Cartulaire de N.-D. de Paris*, t. I, p. 94.

Alnetum, nom de lieu très répandu, a donné en France deux formes : l'une est Aulnay, Aunay, Aunai, Launay avec un *é* final = *é[tum]* dans la dernière syllabe ; l'autre Aulnois, Aulnoy, Aunois, Launois, Launoy, avec *oi* final = *é[tum]* ; la première forme est spéciale aux environs de Paris et à la région du nord-ouest, la seconde à la région du nord-est. Plus au sud on a préféré au mot *aune*, tiré du latin, le mot *verne* qui est d'origine gauloise ; de là Vernet dans la région provençale, ailleurs Vernay, Vernois, p. 630.

*BETULLETUM (1) vient de *betulla*, « bouleau, » mot d'origine gauloise mais adopté par la langue latine comme Pline l'atteste (2). *Betulletum* est écrit : *Bedolitum* dans une charte de l'abbaye de Saint-Denis en 832 (3), *Bidolidum* dans le *Polyptyque de Saint-Germain des Prés* (4) ; on écrit aujourd'hui Boulaie, Boulay, Boulaye, Boulois, Bouloy. C'est un nom de lieu très commun.

BUXETUM est un mot dont on trouve des exemples comme nom commun dans la bonne latinité (5) ; il vient de *buxus*, « buis ; » il est écrit *Buxsito* en 691, dans un diplôme du roi Clovis III (6) où il s'agit de Boissy-l'Aillerie (Seine-et-Oise). Dans un acte de l'année 811 on trouve la notation *Buxidus* (7) qui est reproduite dans un acte de 847 (8), dans ces deux documents il est question de Boissy-Saint-Léger (Seine-et-Oise). *Buxido* à l'ablatif dans le *Polyptyque de Saint-Germain des Prés* paraît désigner Boissy-Maugis

---

(1) Ce nom a conservé son double *l* dans un acte de l'Italie du Nord-Ouest en 1019 : *Cum silvis Bedolletum* (*Historiae patriae monumenta*, t. I, col. 429 a).
(2) *Histoire naturelle*, l. XVI, §§ 74, 176, 209.
(3) Tardif, *Monuments historiques*, p. 85, col. 2.
(4) Edition Longnon, p. 100.
(5) Martial, II, 14, 15 ; III, 57 (58), 2.
(6) Tardif, *Monuments historiques*, p. 23, col. 1.
(7) Tardif, *ibid.*, p. 74, col. 2.
(8) Tardif, *ibid.*, p. 101, col. 1.

(Orne) (1). En 946, *Buxidus*, dans une charte d'Hugues l'abbé, duc de France, est Bucy-Saint-Liphard (Loiret) (2). *Villa Buxiti* en Lyonnais, suivant une charte de 960 (3), reste indéterminé, comme *villa Buxida* en Mâconnais, dans une charte de 987-988 (4). La notation *Busitt* avec *i* et dentale sourde se rencontre trois fois, au onzième siècle, dans le *Cartulaire de Landévennec* (5); elle y désigne des localités situées en pays breton, dans le département du Finistère : une dans la commune de Briec, une autre dans celle de Pleyben, la troisième dans une situation indéterminée. *Busitt* est un nom latin qui, au onzième siècle, survivait encore à la conquête bretonne.

L'*e* long primitif de *Buxetum* persiste et ne se change pas en *i*, en 814, dans l'état des colons de Saint Victor de Marseille, où est mentionnée une *colonica in Buxeto* (6), et dans une charte de 1029 où il est question d'un château appelé *Boxetum* (7), c'est le Boisset, commune de Saint-Martin de Castillon (Vaucluse) (8). Le même phénomène se produit dans un diplôme de Charles le Chauve en 861, où *Buxedus* est Pont-de-Bossay (Indre-et-Loire) (9). On trouve une *villa Buxedo* à l'ablatif, dans une charte de Cluny vers l'an 1000 (10). En 1046, *Buxeti Castrum* est Bussy-Albieux (Loire) (11). Une charte de l'année 949 nous donne déjà la forme méridionale moderne Bois[s]et, c'est le nom d'une *villa* située au comté de Brioude (Haute-Loire) (12). On écrit aujourd'hui Boisset, c'est un nom de

---

(1) Longnon, dans son édition de ce document, p. 164, 175.
(2) Merlet, *Cartulaire de N.-D. de Chartres*, t. I, p. 75; t. II, p. 243.
(3) Aug. Bernard, *Cartulaire de Savigny*, t. I, p. 215.
(4) Bruel, *Recueil des chartes de Cluny*, t. III, p. 15.
(5) *Documents inédits, Mélanges*, t. V, p. 556, 566, 569.
(6) Guérard, *Cartulaire de Saint-Victor de Marseille*, t. II, p. 646, n° 61.
(7) Guérard, *ibid.*, t. I, p. 445.
(8) Guérard, *ibid.*, t. II, p. 849.
(9) Mabille, *La pancarte noire de Saint-Martin de Tours*, p. 220; cf. p. 159.
(10) Bruel, *Recueil des chartes de Cluny*, t. III, p. 341.
(11) Aug. Bernard, *Cartulaire de Savigny*, t. I, p. 378; t. II, p. 1111.
(12) Doniol, *Cartulaire de Brioude*, p. 103.

lieu fréquent dans le midi de la France. On le trouve dans le Gard (1), dans l'Hérault (2), le Cantal, la Loire, etc.; on peut en rapprocher la notation Boissey (Ain, Calvados, Eure); quant à Boissy par *y* final, c'est le nom de huit communes du département de Seine-et-Oise ; on le rencontre aussi dans la Seine-et-Marne, la Marne, l'Oise, l'Eure, l'Eure-et-Loir, l'Orne, le Loiret. Cf. *Buxarias*, p. 606.

CASTANETUM, qu'on trouve déjà comme nom commun chez Columelle, c'est-à-dire au premier siècle de notre ère (3), vient du latin *castanea*, « châtaigne » et « châtaignier. » *Castanetum* est la forme classique du nom de la *villa Castanito* près d'Etampes, mentionnée dans un document mérovingien vers la fin du septième siècle (4). Généralement, dans ce mot, l'*e* du suffixe est conservé dans les documents latins. Dans les titres de la cathédrale de Paris, *Castanedum* en 795 (5), en 829 (6), en 850 (7), en 982 (8), *Castenedum* en 984 (9), est aujourd'hui Châtenay (Seine-et-Oise). Chastenay (Yonne) est appelé à l'ablatif *Castaneto* dans quatre documents du neuvième siècle (10). *Castanedo* à l'ablatif, *Castanedum* à l'accusatif, sont au dixième siècle le nom de Châtenay, commune de Sancé (Saône-et-Loire) (11). La forme provençale moderne de ce nom de lieu est Castanet (Aveyron, Haute-Garonne, Hé-

---

(1) Germer-Durand, *Dict. top. du Gard*, p. 29.
(2) E. Thomas, *Dict. topogr. de l'Hérault*, p. 21.
(3) Un exemple de ce mot comme non propre de lieu habité en Italie nous est fourni, en 1159, par un titre de l'archevêché de Turin : *Curtem de Castenelo* (*Historiae patriae monumenta*, t. I, col. 816 d).
(4) Tardif, *Monuments historiques*, p. 21.
(5) Guérard, *Cartulaire de Notre-Dame de Paris*, t. I, p. 240.
(6) Guérard, *ibid.*, p. 322.
(7) Guérard, *ibid.*, p. 251.
(8) Guérard, *ibid.*, p. 275.
(9) Guérard, *ibid.*, p. 221.
(10) 1°, 2° 864 (Quantin, *Cartulaire de l'Yonne*, t. I, p. 88, 92) ; 3° 884 (*ibid.* p. 110) ; 4° 886 (*ibid.*, p. 116).
(11) Bruel, *Recueil des chartes de Cluny*, t. II, p. 25 ; Ragut, *Cartulaire de Saint-Vincent de Mâcon*, p. 7, 32, 120; cf. Chavot, *Le Mâconnais*, p. 103.

rault, Tarn, Tarn-et-Garonne), etc. Dans la région intermédiaire, Charente, Charente-Inférieure, Creuse, Dordogne, etc., on trouve Châtenet, Chastenay; dans le nord:
1° Châtenay, Chastenay avec *ay* final = *é[tum]*(Seine, Seine-et-Oise, Eure-et-Loir, Seine-et-Marne, Haute-Marne, Yonne, Saône-et-Loire, Ain, Isère); 2° Châtenois (Jura, Haute-Saône, Vosges), ou Châtenoy (Loiret, Seine-et-Marne, Saône-et-Loire), avec la désinence *oi* = *é[tum]*.

*Cepetum, du latin *cepa*, « oignon, » est noté *Ceped*, au onzième siècle, dans une charte de l'abbaye de Conques (Aveyron) (1); c'est aujourd'hui Cépet (Haute-Garonne) (2). *Cepidum*, à l'ablatif *Cepido*, est, au dixième siècle, un hameau près de Chartres (Eure-et-Loir) (3). Aujourd'hui, dans le nord de la France, Cepoix (Loiret) et Chepoix (Oise), sont probablement d'anciens *Cepetum*. Spay (Sarthe), Spoy (Aube), Spoy (Côte-d'Or), ont la même origine. Le dernier est le *Cypetum* de la *Chronique* de Bèze (4).

Coryletum, mot employé comme nom commun par Ovide (5), dérive du latin *corylus*, « coudrier, » *Coryletum* est devenu par métathèse de l'*r* dans le *Polyptyque de Saint-Germain des Prés*, *Colridum* : c'est le nom de Coudray-sur-Seine (Seine-et-Oise) (6), et du Coudray, commune de Senantes (Eure-et-Loir) (7). Le Coudray est un nom de commune et de hameau très répandu en France; on trouve aussi le féminin La Coudraie.

*Fagetum, du latin *fagus*, « hêtre, » est noté à l'ablatif *Fagito* dans la liste des colons de l'abbaye de Saint-Victor

---

(1) G. Desjardins, *Cartulaire de Conques*, p. 62-63.
(2) G. Desjardins, ibid., p. cv.
(3) L. Merlet, *Cartulaire de Notre-Dame de Chartres*, t. I, p. 80.
(4) Garnier, *Nomenclature historique*, p. 37, n° 163; cf. ci-dessus, p. 406-407.
(5) Ovide, *Fastes*, II, 587.
(6) Longnon, *Polyptyque de Saint-Germain des Prés*, p. 256.
(7) Longnon, ibid., p. 126.

de Marseille en 814 (1); dans le même siècle, une charte de Brioude (Haute-Loire) constate la donation d'un bien situé dans une *villa* dite *Mediano Fagido* (2). *Fagetum* est devenu, dans le nord et le centre de la France, Fay, nom de lieu très répandu; dans le midi, Faget (Haute-Garonne, Gers), etc.

* Fraxinetum, du latin *fraxinus*, « frêne, » est noté *Fraxnido*, au neuvième siècle, dans deux chartes de l'abbaye de Saint-Denis (3); il s'agit de Fresnay-l'Evêque (Eure-et-Loir). Au douzième siècle, dans les titres de Notre-Dame de Chartres, apparaît l'orthographe savante *Fraxinetum* (4). Les chartes de Brioude nous offrent *Fragsineto* en 893 (5), *Fraxenetum* au onzième siècle (6); les chartes de Cluny, *Fraxenedum* au dixième siècle (7), *Frasnedo* en l'an 1000 (8); les chartes de Saint-Victor de Marseille à la fin du dixième siècle, dans le courant du onzième : *de Fraxeneto* (9), *in Fraxeneto* (10), *terra... Fraxenetum* (11). Dans le nord de la France, ce nom de lieu, très commun, s'écrit aujourd'hui Frenay, Freney, Fresnay, Fresney; il y a une variante Fresnois, Fresnoy. Dans le midi on a Fraissinet, Frayssinet, Freycenet, Freyssenet.

* Gentianetum, du latin *gentiana*, « gentiane, » est écrit *Gentianedo* dans une charte de l'année 971. C'est le nom

---

(1) Guérard, *Cart. de Saint-Victor de Marseille*, t. II, p. 641, n° 22.
(2) Doniol, *Cartulaire de Brioude*, p. 245.
(3) L'une de 832, Tardif, *Monuments historiques*, p. 85, col. 1; l'autre de 862, *ibid.*, p. 117, col. 2.
(4) L. Merlet, *Cart. de N.-D. de Chartres*, t. I, p. 123, 170.
(5) Doniol, *Cartulaire de Brioude*, p. 218.
(6) Doniol, *ibid.*, p. 337.
(7) Bruel, *Recueil des chartes de Cluny*, t. I, p. 561.
(8) Bruel, *ibid.*, t. III, p. 579.
(9) Guérard, *Cart. de Saint-Victor de Marseille*, t. I, p. 104 (993 ?); t. I p. 24 (1003).
(10) Guérard, *ibid.*, t. I, p. 579 (1069).
(11) Guérard, *ibid.*, t. I, p. 581 (1058).

d'une *villa* située dans la vicairie de Rageade (Cantal) (1).

*Genistetum, dérivé du latin *genista*, « genet, » est à l'ablatif *Ginestedo* dans l'état de colons de l'abbaye Saint-Victor de Marseille en 814 (2) ; *Genestedo* en 917, dans une charte de l'abbaye de Beaulieu (3), où il est question d'une localité située près de Rouffiac (Cantal) (4). Génetay (Eure, Sarthe, Seine-Inférieure), est une prononciation française du latin *Genistetum*.

*Juniperetum, du latin *juniperus*, « genévrier » (cf. p. 607), est noté, au féminin, *Genevreta*, vers la fin du dixième siècle, dans une charte de l'abbaye lyonnaise d'Ainay (5). Telle est l'origine du nom des deux communes de La Genevraie (Orne), de La Genevraye (Seine-et-Marne). Le genre primitif persiste dans le nom de *villa* écrit à l'ablatif *Genebreto* en 984, par un notaire de l'archevêque de Vienne (Isère) (6). A comparer le nom de la commune de Genevray (Haute-Saône). Le nom de quelques hameaux a la même origine.

Lauretum, mot employé déjà par Varron, au Ier siècle avant notre ère (7), dérive du latin *laurus*, « laurier. » On rencontre deux fois ce nom de lieu au dixième siècle dans les chartes de l'abbaye Saint-Victor de Marseille (8) ; il s'agit d'une localité située près de Marseille. Une *villa de Laureto*, dont on a une mention en 1115, est aujourd'hui Lauret, commune de Sauteyrac-Lauret-et-Aleyrac (Hérault) (9). Il y a une commune de Lauret dans les Landes, des hameaux

---

(1) Doniol, *Cartulaire de Brioude*, p. 196 ; cf. Longnon, *Atlas historique*, p. 195.
(2) Guérard, *Cartul. de Saint-Victor de Marseille*, t. II, p. 651.
(3) Deloche, *Cartulaire de Beaulieu*, p. 223.
(4) Deloche, *ibid.*, p. CLXIX, 382.
(5) Aug. Bernard, *Cartulaire de Savigny*, t. II, p. 581.
(6) Abbé Chevalier, *Cartulaire de Saint-André-le-Bas*, p. 247.
(7) *De lingua latina*, IV, 32.
(8) Guérard, *Cartulaire de Saint-Victor de Marseille*, t. I, p. 32, 40.
(9) A. Thomas, *Dict. top. de l'Hérault*, p. 90.

de Lauret dans le Gers et la Gironde ; leur nom est le même que celui du *Lauretum* situé à Rome sur le mont Aventin.

Un *fundo Laurito*, avec *i* = *è*, est mentionné dans une charte de Ravenne, contemporaine de l'archevêque Sergius, 748-769 (1). Mais l'*e* est conservé, en 1169, dans un titre de la cathédrale d'Asti, où ce mot est écrit *Laureto* (2), et dans d'autres documents piémontais du onzième et du douzième siècle où on trouve la notation *Loreto* (3).

NUCETUM, mot déjà employé comme nom commun par Stace au premier siècle de notre ère, et, après lui, par Tertullien, dérive du latin *nux, nucis*, « noix, noyer. » *Nucetum* devient *Nocito*, à la fin du septième siècle, dans deux diplômes mérovingiens (4); il s'agit de Noisy-sur-Oise (Seine et-Oise). Noisy-le-Sec (Seine), apparaît au neuvième siècle sous le nom de *Nucitum* (5). L'*e* persiste dans la notation *Nocetus* en 811 (6), mais la langue usuelle a changé le suffixe, *Nocetus* est devenu Noiseau = *Nucellus* ; c'est une commune du département de Seine-et-Oise. Il y a aujourd'hui, dans Seine-et-Oise, trois communes de Noisy; on en trouve deux dans Seine-et-Marne. Cf. *Nogariolas*, p. 523; *Nucarias*, p. 609; *Nucaretum*, p. 633.

OLIVETUM, déjà employé comme nom commun par Cicéron, dérive du latin *oliva*, « olive » et « olivier. » On trouve ce mot désignant un lieu dit dans la liste des

---

(1) Fantuzzi, *Monumenti Ravennati*, p. 15.
(2) *Historiae patriae monumenta*, t. I, col. 855 a.
(3) *Ibid.*, t. I, col. 400 b, 825 b, 914 b.
(4) 1° *Villa Nocito*, en 692, chez Tardif, *Monuments historiques*, p. 25, col. 2 : trois exemples ; — 2° *Nocito*, en 697, *ibid.*, p. 31, col. 2 ; — 3° Dans le premier de ces deux diplômes : *Villa Nocita* une fois.
(5) 1° En 832, Tardif, *Monuments historiques*, p. 85, col. 2 ; 2° en 862, *ibid.*, p. 119, col. 2.
(6) Tardif, *Monuments historiques*, p. 74, col. 2 ; cf. Guérard, *Cartulaire de N.-D. de Paris*, t. I, p. 290.

colons de l'abbaye de Saint-Victor de Marseille en 814 (1).

PINETUM est employé par Ovide comme nom commun avec le sens de « bois de pins. » *Pinetum*, en latin, est aussi un nom propre ; il désigne, nous l'avons déjà vu, une station romaine d'Espagne (2). Dans une charte de Cluny, en 909, il est question d'une *villa Pineta* située au comté d'Aix (Bouches-du-Rhône) (3) ; c'est peut-être la Pinède, commune d'Istres, arrondissement d'Aix. Une *Pinetus villa* apparaît au même siècle dans deux chartes de Savigny, c'est Pinay (Loire) (4). En 1081, un *castrum Pinetum* est Pinet, commune d'Eyzin (Isère) (5). Au quatorzième siècle, *la Pineda* est le nom de La Pénide, commune de Saint-Just (Haute-Loire) (6).

POMETUM, dérivé de *pomus*, « pommier, » est employé comme nom commun par Palladius, au cinquième siècle. Dans une charte de Cluny, en 984, *Pomedo* à l'ablatif désigne une *villa* du pays d'Autun (7) ; c'est peut-être le Pomoy, commune de Roussillon (Saône-et-Loire). Il y a un autre Pomoy dans la Haute-Saône. Plus au midi, on trouve Pomet ; par exemple, dans les Hautes-Alpes, c'est la notation moderne du nom de la localité où était située, vers 1100, l'église *de Pometo* (8). Cf. *Pomaretum*, p. 633.

*PRUNETUM, de *prunus*, « prunier, » est noté *Prunidum* au huitième siècle, dans un document où ce mot désigne Prény (Meurthe-et-Moselle) (9). Cette notation, qui remplace

---

(1) Guérard, *Cartulaire de Saint-Victor de Marseille*, t. II, p. 634.
(2) *Itinéraire d'Antonin*, p. 422.
(3) Bruel, *Recueil des chartes de Cluny*, t. I, p. 117.
(4) Aug. Bernard, *Cartulaire de Savigny*, t. I, p. 32, 233; t. II, p. 1136.
(5) Abbé Chevalier, *Cartulaire de l'abbaye Saint-André-le-Bas*, p. 197.
(6) Chassaing, *Spicilegium Brivatense*, p. 328, 708.
(7) Bruel, *Recueil des chartes de Cluny*, t. II, p. 696.
(8) Roman, *Dict. topog. des Hautes-Alpes*, p. 115.
(9) Pardessus, *Diplomata*, t. II, p. 399; Lepage, *Dictionnaire topogr. de la Meurthe*, p. 113.

par *i* l'*e* du suffixe, se trouve aussi dans la *Chronique de Saint-Bénigne de Dijon* (1) ; là *Prunidum* représente Prenois (Côte-d'Or). L'*e* persiste dans la notation *Prunetum* d'une charte d'Alcuin, pour l'abbaye de Cormery ; il s'agit probablement de Prunay-Belleville (Aube) (2). Il y a en France huit communes de Prunay (Aube, Eure-et-Loir, Loir-et-Cher, Marne, Seine-et-Oise) ; une commune de Prunoy (Yonne). Dans le midi, le *t* se maintient ; il y a quatre communes de Prunet (Ardèche, Cantal, Haute-Garonne, Pyrénées-Orientales).

ROBORETUM, de *robur*, « chêne rouvre, » est déjà un nom propre de lieu dans l'*Itinéraire d'Antonin*. Dans un diplôme mérovingien de l'année 717, ce nom est écrit *Roverito* à l'accusatif ; il désigne une forêt située près de Paris (3). En 832 et en 862, *Ruberido* est compris dans la liste des *villae* qui appartiennent à l'abbaye de Saint-Denis (4). *Rubridum*, avec chute de la voyelle médiale, se trouve ailleurs (5). Dans ces exemples, l'*e* primitif du suffixe est noté *i* ; il persiste dans les suivants : *Rovereto*, *Roveredo*, en 814, est l'orthographe que nous offre la liste des colons de Saint-Victor de Marseille (6) ; Rouvray (Yonne) est appelé, à l'ablatif, *Roboreto* dans deux diplômes carlovingiens, 884, 886 (7) ; dans le *Cartulaire de Brioude* (Haute-Loire), en 943, il est question d'une *villam quae dicitur Rovereto* (8). La forme moderne est : 1° Rouvray, nom de deux communes du département d'Eure-et-Loir, et de cinq autres dans les départements de la Côte-d'Or, de l'Eure, du Loiret, de la Seine-Inférieure et de l'Yonne ; 2° il y a huit communes

---

(1) Edition Garnier, p. 29.
(2) Mabille, *La pancarte noire*, p. 231 ; cf. p. 153.
(3) Tardif, *Monuments historiques*, p. 42, col. 1.
(4) Tardif, *ibid.*, p. 85, col. 1 ; p. 117, col. 2.
(5) Pardessus, *Diplomata*, t. II, p. 35.
(6) Guérard, *Cartulaire de Saint-Victor de Marseille*, t. II, p. 634, 850.
(7) Quantin, *Cartulaire de l'Yonne*, t. I, p. 111, 117.
(8) Doniol, *Cartulaire de Brioude*, p. 300.

de Rouvroy : Aisne, Ardennes, Marne, Haute-Marne, Oise, Pas-de-Calais, Somme; et deux de Rouvrois (Meuse), sans compter les hameaux. Cf. *Roboraria*, p. 605.

*SALICETUM, plus régulièrement formé que le *salictum* des auteurs classiques latins, et que le *salicetetum* des Pandectes, est dérivé de *salix*, « saule. » Il explique le *Saocitho* d'un diplôme mérovingien du septième siècle (1); le *de Salcido* du *Polyptyque de Saint-Germain des Prés*, dans une addition écrite au dixième siècle. La localité moderne que ce dernier document désigne est Saussay, commune du département d'Eure-et-Loir (2). L'*e* du suffixe -*etum* reparaît dans une charte qui, en 979, met en Lyonnais la *villa quae vocatur Salicetus* (3). De *Salicetum* vient aujourd'hui le nom des communes de Saulcy (Aube et Vosges), Sauchy (Pas-de-Calais), Saussey (Côte-d'Or et Manche), Sauchay (Seine-Inférieure). Parmi les hameaux, nous citerons ceux qui nous offrent les variantes : Saussoy (Seine-et-Marne et Yonne), Sausset (Ariège, Bouches-du-Rhône, Hautes-Pyrénées). La Saussaye (Eure, Seine-et-Marne), représente un primitif, *Saliceta.

L'idée qui a fait créer ces noms de lieux est exprimée autrement par le nom de la station romaine *ad Salices*, en Mésie (4).

SPINETUM, de *spina*, « épine, » est employé comme nom commun par Virgile :

Nunc virides etiam occultant spineta lacertos (5).

La variante *Spinito*, à l'ablatif, est conservée par le *Po-*

---

(1) Tardif, *Monuments historiques*, p. 17, col. 1.
(2) Longnon, *Polyptyque de Saint-Germain des Prés*, p. 39. Merlet, *Dict. top. d'Eure-et-Loir*, p. 171.
(3) Aug. Bernard, *Cartulaire de Savigny*, t. I, p. 119.
(4) *Itinéraire d'Antonin*, p. 227, l. 1.
(5) *Eclogue* II, v. 9.

lyptyque de Saint-Germain des Prés (1). Mais il y a des exemples de *Spinetum*, par exemple dans une charte du onzième siècle, qui concerne Epinay, commune de La Chapelle du Genêt (Maine-et-Loire) (2).

*Tilietum, de *tilia*, « tilleul, » est noté, à l'ablatif, *Tillido* dans deux chartes du neuvième siècle, qui concernent la cathédrale d'Autun (3). Il y avait, au même siècle, dans le diocèse du Mans, un *Tillidi monasterium* (4), et aussi, à la même époque, Pépin II, roi d'Aquitaine, disposait de biens situés en Limousin, *in Telido villa* (5) ; ce dernier paraît être aujourd'hui un des hameaux de Teillet, situés dans le département de la Corrèze. Les communes de Tilloy (Marne, Pas-de-Calais, Somme) sont probablement d'anciens *Tilietum* ; mais les Tilly et Tillay peuvent être aussi bien d'anciens *Tilliacus* que d'anciens *Tilietum*. Il est difficile de les distinguer quand on n'a pas à sa disposition des textes antérieurs au milieu du onzième siècle. Ce sujet a été traité, p. 373.

Tremuletum, de *tremula*, sous-entendu *populus*, « tremble, » à l'ablatif : *Trimlido* dans une charte de 832 pour l'abbaye de Saint-Denis (6) ; *de Tremoledo*, au douzième siècle, dans une charte de l'abbaye de Conques (7). La forme moderne de ce nom de lieu est Tremblay, nom de communes situées dans les départements de l'Eure, d'Eure-et-Loir, d'Ille-et-Vilaine, de Maine-et-Loire et de Seine-et-Oise. On trouve, dans les Ardennes et dans la Haute-Saône, la variante Tremblois. Tremilly (Haute-Marne) a une tout autre

---
(1) Edition Longnon, p. 359.
(2) Port, *Dictionnaire de Maine-et-Loire*, t. II, p. 111.
(3) Charmasse, *Cartulaire de l'église d'Autun*, p. 30, 33. Le savant auteur croit qu'il s'agit de Tilenay (Côte-d'Or) (p. 391). C'est impossible.
(4) Dom Bouquet, t. V, p. 768 c ; t. VI, p. 585 b, 701, col. 3.
(5) Deloche, *Cartulaire de Beaulieu*, p. 17.
(6) Tardif, *Monuments historiques*, p. 86, col. 1.
(7) G. Desjardins, *Cartulaire de Conques*, p. 373.

origine : c'est un ancien *Tremelliacus* dérivé du gentilice Tremellius, dont l'histoire romaine nous offre quelques exemples (1).

*Ulmetum, dérivé d'*ulmus*, « orme, » est noté à l'ablatif *Ulmido*, dans le *Polyptyque de Saint-Germain des Prés;* la forme moderne correspondante est Osmoy, nom d'une commune du département de Seine-et-Oise (2). Ce mot avait une variante féminine, *Ulmeta;* on la voit écrite *Ulmita* dans une charte de Ravenne qui date, au plus tard, du dixième siècle ; c'est le nom d'un *fundus* (3). La même variante féminine se retrouve notée *Ulmeta*, en 1057, dans une charte de Saint-Victor de Marseille (4). La forme ordinaire de ce nom de lieu est aujourd'hui, en France, Ormoy, nom de communes dans les départements d'Eure-et-Loir, de la Haute-Marne, de l'Oise, de la Haute-Saône, de Seine-et-Oise et de l'Yonne.

§ 3. — *Dérivés en -etum de noms de végétaux qui ne sont pas latins.*

Casnetum de *casnus*, « chêne » est à l'ablatif *Casneto* dans une charte de la première moitié du douzième siècle où ce mot désigne Chêne-Arnoult, commune du département de l'Yonne (5). Une charte de l'année 1012, conservée par la chronique de Saint-Bénigne de Dijon (6), nous a conservé la notation plus ancienne et moins savante *Casnedum*. La forme moderne est : Chesnay, nom d'une commune du département de Seine-et-Oise; Chesnois, nom d'une commune des Ardennes; Chesnoy, nom de hameaux (Loiret,

---

(1) Pauly, *Real-Encyclopaedie*, t. VI, p. 2085-2086.
(2) Longnon, *Polyptyque de Saint-Germain des Prés*, p. 337.
(3) Fantuzzi, *Monumenti Ravennati*, t. I, p. 19.
(4) Guérard, *Cartulaire de Saint-Victor de Marseille*, t. I, p. 77.
(5) Quantin, *Cartulaire de l'Yonne*, t. I, p. 466, 579.
(6) Edition Garnier, p. 100; cf. Garnier, *Nomenclature*, p. 34, n° 148.

Nièvre, Seine-et-Marne). Il y a aujourd'hui, dans l'Italie du nord, province de Côme, un hameau de Casneda et un hameau de Casnedo.

*Rausetum, du germanique *raus*, « roseau, » conservé en gothique, mais en allemand *rohr*. Cf. *Rausarias*, p. 608. Vers 751, *Rausedo* est le nom d'un *locus* appartenant à l'abbaye de Saint-Denis (1). Dans les documents postérieurs, la diphtongue *au* est remplacée par la voyelle *o* et le *t* classique est substitué au *d*, qui représente la prononciation de l'époque mérovingienne. C'est ainsi que dans des chartes du neuvième, du dixième et du onzième siècle, telles du moins que nous les a conservées le *Cartulaire de Notre-Dame de Paris*, Rosoy-en-Brie (Seine-et-Marne) est appelé *Rosetum* (2). On trouve aussi la variante *Rosetus* dans une charte originale de l'année 1025 (3); dans une bulle de l'année 1156, les mots *abbatia de Roseto* désignent une abbaye située à Rosoy-le-Jeune, commune d'Ervauville (Loiret) (4). Le nom de Rosoy s'écrit tantôt avec *s*, tantôt avec *z*; il y a quatre communes de Rosoy, deux dans l'Oise, une dans la Haute-Marne, une dans l'Yonne et cinq communes de Rozoy, trois dans l'Aisne, une dans le Loiret et l'autre dans Seine-et-Marne. Les noms des deux communes de Rosey (Haute-Saône et Saône-et-Loire) et les cinq communes de Rosay (Eure, Jura, Marne, Seine-et-Marne, Seine-Inférieure) peuvent avoir la même origine.

Vernetum, du gaulois *vernos*, « aune (p. 617), » donne *villa de Vernedo*, en Forez, dans une charte du onzième siècle (5). Un manse de *Verneto* apparaît à la fin du onzième siècle, dans une charte de l'abbaye de Con-

---

(1) Tardif, *Monuments historiques*, p. 45, col. 2.
(2) Guérard, *Cartulaire de Notre-Dame de Paris*, t. I, p. 275, 289, 321.
(3) Tardif, *Monuments historiques*, p. 162, col. 1.
(4) Quantin, *Cartulaire de l'Yonne*, t. I, p. 538, 590.
(5) Aug. Bernard, *Cartulaire de Savigny*, t. I, p. 369.

ques (1), son nom est écrit *Vernedo* dans un document un peu postérieur (2); il s'agit du Vernet, commune de Nauviale (Aveyron); c'est l'orthographe méridionale. Dans le département de la Côte-d'Or, Vernois est la notation de l'antique *Vernetum* (3). Il y a deux communes de Vernois dans le département de la Côte-d'Or, on en compte trois dans le Doubs, une dans le Jura, une autre dans la Haute-Saône. Il y a une commune de Vernay (Rhône); les communes de Vernet se trouvent dans l'Allier, les Basses-Alpes, l'Ariège, la Haute-Garonne, la Haute-Loire, le Puy-de-Dôme et les Pyrénées-Orientales.

§ 4. — *Dérivés en -etum de noms communs qui ne désignent pas des végétaux.*

CORTILETUM, dérivé du bas latin *cortile*, « jardin, » dérive lui-même de *cors*, *cortis*, « ferme. » Des biens donnés à l'abbaye de Cluny, en 974, étaient situés en Autunois, *in villa Curtilido* (4).

ESSARETUM est un mot de fabrication récente, tiré du français *Essart*, *Essarts*, terrain défriché dont le *t* ne se prononce pas. Du latin *ex-sartum*, viendrait *exartetum*. *Essaretum* était, au douzième siècle, le nom latin d'*Essarois*, commune du département de la Côte-d'Or (5).

FONTANETUM dérive de *fontana*, qui est originairement le féminin de l'adjectif *fontanus*, dérivé de *fons* « source. » Cet adjectif est déjà employé par Ovide :

   ... Ora fontana reclusi (6).

(1) G. Desjardins, *Cartulaire de Conques*, p. 108.
(2) G. Desjardins, *ibid.*, p. 346.
(3) Garnier, *Nomenclature*, p. 55, n° 238.
(4) Bruel, *Recueil des chartes de Cluny*, t. II, p. 461.
(5) Garnier, *Nomenclature*, p. 141, n° 572.
(6) *Fastes*, I, 269.

Fontaine en français, *fontana* en italien, sont des substantifs. Aussi le mot *Fontanetum* ne se rencontre pas seument en France. On le trouve en l'an mil, dans une charte de l'empereur Otton III pour l'église de Verceil (1); dans les archives de la ville de Verceil, on voit apparaître comme témoins en 1182 et en 1192, *Nicolaus de Fontaneto* (2); en 1192, il y est question d'un certain *Bartholomeus de Fontaneto* (3); la même année *Nicolaus de Fontaneto* était consul à Verceil (4). En France, ce nom de lieu est très commun; au septième siècle la fondatrice de l'abbaye de Bruyères-le-Châtel (Seine-et-Oise) donne à cette abbaye : *locello cognomenante Funtaneto* (5). *Fontanetum*, dans un diplôme de Charles le Chauve en 845, est Fontenay (Calvados) (6). Au dixième siècle une bulle, en faveur de Notre-Dame de Paris, mentionne, parmi les propriétés de cette église, *Fontenetum*, qui est aujourd'hui Fontenay-sous-Bois (Seine) (7); en effet, en 887, Eudes, comte de Paris, avait restitué à l'église Notre-Dame les biens que ses ancêtres y avaient usurpés : *ex villa Fontaneto* (8). Une autre notation représente par *i* la voyelle du suffixe : *Fontanido* en 832 et en 862, dans deux chartes de l'abbaye de Saint-Denis (9); il s'agit de Fontenay-les-Louvres (Seine-et-Oise). On trouve, au même siècle, la même notation : *in Fontanido*, dans le *Polyptyque de Saint-Germain des Prés*; elle désigne Fontenay-Mauvoisin (Seine-et-Oise) (10). Au dixième siècle, l'église cathédrale Notre-Dame de Chartres avait des biens *in Fontinido* (11), c'est-à-dire à Fontenay-

---

(1) *Historiae patriae monumenta. Chartarum* t. I, col. 338 c.
(2) *Ibid.*, col. 912 b, 982 c.
(3) *Ibid.*, col. 985 b.
(4) *Ibid.*, col. 989 d, 990 b.
(5) Tardif, *Monuments historiques*, p. 16, col. 1.
(6) Tardif, *ibid.*, p. 98, col. 2.
(7) Guérard, *Cartulaire de Notre-Dame de Paris*, t. I, p. 221.
(8) Guérard, *ibid.*, t. I, p. 298.
(9) Tardif, *Monuments historiques*, p. 85, col. 1; p. 117, col. 2.
(10) Longnon, *Polyptyque de Saint-Germain des Prés*, p. 322.
(11) Merlet, *Cartulaire de Notre-Dame de Chartres*, t. I, p. 80.

sur-Eure (Eure-et-Loir) (1). Il y a eu France trente communes du nom de Fontenay : sept autres communes ont conservé la notation *oi* de l'*e* long du suffixe, ce sont deux Fontenois (Haute-Saône) et cinq Fontenoy (Aisne, Meurthe-et-Moselle, Vosges et Yonne). Il y a aujourd'hui, en Italie, trois hameaux de Fontanedo, l'un dans la province de Côme, les deux autres dans celle de Massa.

§ 5. — *Dérivés en* -aretum.

Ce suffixe est le résultat de la combinaison des deux suffixes *-arius* et *-etum*. Cette combinaison appartient à la basse latinité, et date probablement d'une époque où l'adjectif dérivé en *-arius* était arrivé à désigner l'arbre qui produisait le fruit dont le mot simple était le nom. On a dit *ficaretum* quand *ficarius* était le nom du figuier. Antérieurement, on se servait du mot *ficetum*, dérivé de *fica*, pour désigner un terrain planté de figuiers.

FICARETUM est un mot qu'on ne trouve pas seulement en France ; il était usité en Italie au dixième siècle, comme l'atteste une charte de Ravenne, où est mentionné un fonds de terre borné *fundo Ficareto* (2). En l'an 1001, dans une charte de l'abbaye de Saint-Victor de Marseille, il est question d'un lieu dit *in Figaredo* (3). Il y a un hameau de Figaret dans les Alpes-Maritimes, un château de Figaret dans le Gard. Ficareto est aujourd'hui un nom de hameau en Italie, province de Pérouse.

JUNCARETUM. L'abbaye de Conques a possédé, au diocèse de Montauban, une église de la Madeleine *de Juncaretis* (4). C'est par *Juncaretum* que s'explique le nom des hameaux

---

(1) Merlot, *Cartulaire de Notre-Dame de Chartres*, t. III, p. 261-262.
(2) Fantuzzi, *Monumenti Ravennati*, t. I, p. 10.
(3) Guérard, *Cartulaire de Saint-Victor de Marseille*, t. I, p. 97.
(4) G. Desjardins, *Cartulaire de Conques*, p. CIV.

de Joncherais et Joncheray (Maine-et-Loire) (1) et de Joncheray (Sarthe). Comparez *Juncaria*, p. 605.

*Nucaretum, dérivé de *nucarius, qui dérive lui-même de *nux*, « noix, noyer, » apparaît, au dixième siècle, sous la forme basse *Nogaredum*; il s'agit de Norroy (Meurthe-et-Moselle) (2). Une charte de 1080 mentionne une paroisse de Saint-Paul *de Nogareto*, aujourd'hui de Noyarey (Isère) (3). Le féminin *Nogareda* désigne une propriété située en Quercy et donnée à l'abbaye de Conques, au onzième siècle (4). *Nogareda* est la forme latinisée corespondant au moderne Nogarède, nom de quatre hameaux : Ariège, Aude, Haute-Garonne, Tarn. Du neutre vient le masculin Nogaret, nom d'une commune de la Haute-Garonne et de trois hameaux : Alpes-Maritimes, Lot-et-Garonne, Lozère. Il y a, en Italie, quatre hameaux de Nogaredo, et le *Dizionario geografico postale* offre trois exemples de la variante Nogaré. Cf. *Nogariolas*, p. 523; *Nucarias*, p. 609; *Nucetum*, p. 623.

*Pomaretum, dérivé de *pomarius, « pommier, » est écrit à l'ablatif *Pomerido* au neuvième siècle, dans le *Polyptyque de Saint-Germain des Prés*; c'est le hameau, aujourd'hui détruit, de Pommeray, commune de Gâtelles (Eure-et-Loir) (5). Ce mot a une forme féminine *Pomareda* qu'on trouve vers l'an 1000 dans le cartulaire de Conques; il s'agit de la Pomarède, commune d'Espeyrac (Aveyron) (6). Cette forme féminine explique les noms des communes de la Pommeraie (Vendée), de la Pommeraye (Calvados), de la Pommeraye-sur-Loire (Maine-et-Loire) et des nombreux hameaux appelés la Pommeraie ou la Pommeraye. *Pomaretum* a donné Pommeray, nom de hameaux : Eure-et-Loir, Nièvre,

---

(1) Port, *Dictionnaire historique de Maine-et-Loire*, t. II, p. 409.
(2) Lepage, *Dict. top. de la Meurthe*, p. 103.
(3) *Cart. de Saint-Hugues de Grenoble*, p. 147, 538.
(4) G. Desjardins, *Cart. de Conques*, p. 33.
(5) Edition Longnon, p. 182.
(6) G. Desjardins, *Cartulaire de Conques*, p. LXX, 387.

Orne, Sarthe. La variante *Pomaritum*, qui a certainement existé à l'époque mérovingienne ou vers la fin de l'empire romain, est conservée intacte par le nom de deux communes des Côtes-du-Nord, Pommerit-Jaudy et Pommerit-le-Vicomte. Comparez *Busitt*, cité plus haut, p. 618.

Pometum, p. 624, est d'une latinité plus ancienne que *Pomaretum*.

APPENDICE.

SUPPLÉMENT AUX CHAPITRES III, IV ET V DU LIVRE PREMIER.

§ 1ᵉʳ. — *Population de la Gaule barbare au moment de sa conquête par César.*

Au chapitre III, section II, § D, page 54, on a constaté que dans l'armée envoyée par les Gaulois au secours de Vercingétorix, pendant le siège d'Alésia, on comptait trente et un fantassins pour un cavalier; ce chiffre peut donner une idée approximative de la proportion qui existait en Gaule entre la classe dominante, *equites*, et la classe inférieure, qui fournissait les fantassins. Il est peut-être possible de traiter la question plus complètement.

A l'époque de César, il était admis à Rome, qu'en moyenne, dans une population quelconque, le nombre des combattants était égal au quart du chiffre total. Le chiffre total de la cavalerie que les *equites* gaulois pouvaient mettre sur pied, quand eut lieu la grande insurrection de l'année 52, s'élevait à quinze mille hommes : c'était tout l'effectif possible, *omnes equites* (1). Il se suit de là que la population aristocratique de la Gaule barbare se montait au total, femmes, enfants, vieillards compris, à soixante mille âmes environ.

Quel était le chiffre de la population inférieure? On ne peut le déterminer avec certitude. M. Julius Beloch, dans son savant ouvrage sur la population du monde gréco-ro-

---

(1) *De bello gallico*, l. VII, c. 64, § 1.

main qui a paru à Leipsig en 1886, évalue la population de la Gaule barbare, au moment de la conquête, à 3,390,000 habitants (1). Il fonde principalement son calcul sur l'énumération détaillée par peuple des contingents convoqués pour délivrer Vercingétorix assiégé dans Alésia.

L'année dernière, au moment où l'impression du présent volume était déjà commencée, M. Levasseur a fait paraître le tome premier du savant ouvrage intitulé : *La population française, histoire de la population avant 1789 et démographie de la France comparée à celle des autres nations au dix-neuvième siècle*. Il arrive à un chiffre un peu plus élevé que M. Julius Beloch, environ 6,000,000 d'âmes ; il le conclut de données empruntées à Diodore de Sicile et du chiffre des contingents belges que César prétend lui avoir été opposés pendant la campagne de l'année 57 (2).

Si l'on considère comme exact le chiffre donné par M. Beloch, on en tirera la conséquence que l'aristocratie gauloise formait le cinquante-sixième de la population. Si l'on donne la préférence au résultat adopté par M. Levasseur, on admettra que l'aristocratie formait seulement le centième de la population totale. Dans l'armée de secours, il y avait un cavalier pour trente et un fantassins, mais on aurait tort de conclure de là que la même proportion se retrouvait dans la population. Vercingétorix avait dit qu'il était plus habile de réunir beaucoup de cavaliers pour couper les vivres à César que d'assembler un grand nombre de fantassins pour livrer une bataille rangée (3).

Ces observations, que nous ne pouvions faire avant la publication du livre de M. Levasseur, sont un complément indispensable du chapitre III, section II.

Il est essentiel aussi d'en tenir compte si l'on veut apprécier à leur juste valeur les renseignements que nous avons réunis sur l'état de l'agriculture en Gaule au § 1er du chapitre IV, page 68 et suivantes. Suivant M. Beloch, la densité de la population dans la Gaule barbare était de

---

(1) *Die Bevœlkerung der griechisch-römischen Welt*, p. 460.
(2) *La population française*, t. I, p. 99-101.
(3) *De bello gallico*, l. VII, c. 64, § 2.

6 habitants 3/10 par kilomètre carré, tandis qu'elle est aujourd'hui de 83, soit treize fois plus forte. Il résulterait de là que la surface cultivée dans la Gaule barbare à l'époque de César aurait été tout au plus le treizième de ce qu'elle est aujourd'hui, car on ne devait évidemment labourer que les meilleures terres et de longues jachères devaient largement compenser l'insuffisance des fumures. Si l'on accepte la doctrine de M. Levasseur, la population devait être de 12 habitants par kilomètre carré, c'est-à-dire à peu près le septième de celle qui existe aujourd'hui ; par conséquent, l'étendue du sol labouré chaque année n'aurait pas dépassé le septième de ce qu'elle est actuellement.

§ 2. — *Date du partage du sol entre les particuliers en Irlande.*

On a dit au chapitre V, § 2, page 101, que les Gaulois n'ont pas apporté en Italie la notion de la propriété individuelle du sol, quand ils ont passé les Alpes, vers l'an 400 avant notre ère, et qu'ils paraissent avoir été encore étrangers à cette notion (en Italie) à la fin du troisième siècle avant Jésus-Christ, environ cent cinquante ans avant César.

On peut ajouter que la littérature irlandaise a conservé le souvenir du partage le plus ancien du sol irlandais entre les habitants. Ce partage date du septième siècle de notre ère et des deux rois suprêmes Diarmait et Blathmac, qui régnèrent conjointement de 654 à 665 ; alors chaque homme d'Irlande reçut trois fois neuf sillons, c'est-à-dire neuf sillons de marais, autant de terre, autant de bois (1). Jusqu'à l'avènement de ces deux princes, dit un texte épique, les chars de guerre purent sans obstacle parcourir les campagnes de l'Irlande ; il n'y avait nulle part une limite de champ, on n'y rencontrait ni mur, ni haie, ni fossé (2).

Il y a donc sur ce point concordance entre le droit le plus ancien des Celtes d'Irlande et le droit le plus ancien des Celtes d'Italie.

---

(1) Préface à l'hymne de Colman, chez Whitley Stokes, *Goidelica*, 2ᵉ édit., p. 121, l. 16-22.
(2) *Compert Conculainn*, § 2 ; chez Windisch, *Irische Texte*, t. I, p. 136, l. 11-14.

ADDITIONS DIVERSES AUX LIVRES I ET II.

A. — Au sujet de l'impôt foncier et personnel établi par Auguste et dont il a été question page 7, on peut faire observer qu'il atteignait les Gaulois des cités alliées et libres, exemptes d'impôt dans le système de Jules César. Les résultats politiques de cette révolution financière sont étudiés dans un savant travail de M. P. Viollet qui paraîtra dans les *Mémoires de l'Académie des inscriptions et belles-lettres*.

B. — Des chartes du *Cartulaire de Brioude*, publiées par M. Doniol, sont souvent citées avec des dates précises à partir de la page 350. Ces dates sont empruntées à un mémoire de M. Bruel qui a paru dans la *Bibliothèque de l'Ecole des chartes*, 6ᵉ série, t. II, p. 445 et suiv., sous ce titre : *Essai sur la chronologie du Cartulaire de Brioude*.

C. — On a dit, page 462, qu'un gentilice Nertius a dû exister, mais que jusqu'ici on n'en a pas trouvé d'exemple. M. Allmer, *Trion*, p. 211, a publié l'épitaphe de C. Nertius Censorinus avec les observations suivantes : « Nertius apparaît pour la première fois à Lyon comme gentilice, mais s'est déjà montré comme *cognomen*. Peut-être est-ce un nom gaulois latinisé ; une inscription de Bordeaux fait connaître une femme appelée « Nerta, fille de Canto-senus. » Nertius paraît signifier « fils de Nertos, » et Nertos n'est autre chose que le masculin du nom commun neutre *nerto-n*, « force, » qui a dû exister en gaulois.

D. — A *Carnacus*, p. 488-489; comparez *Carnanus*, nom d'une *curtis* : *Curtem de Carnano*, dans un diplôme de l'empereur Frédéric Iᵉʳ, pour la cathédrale de Milan, en 1149 (*Historiae patriae monumenta. Chartarum* t. I, col. 816 a).

ERRATA. P. 210, l. 24, *au lieu de* Chennay, *lisez* Channay.
P. 374, l. 23, *effacez* : en abrégeant son *a*.

INDEX ALPHABÉTIQUE

DES

NOMS DE LIEU ANCIENS [1]

SOIT DE L'ANTIQUITÉ, SOIT DU MOYEN AGE

Les chiffres précédés d'un astérisque * renvoient à la page où l'on trouvera le plus important des articles ; les noms de peuples sont distingués par l'emploi des petites capitales ; les noms du moyen âge sans terminaison latine sont imprimés en italiques.

Aballo, -onis, 153.
Abodiacum, Abuzaco, 161.
Acaunum, 153, 178.
Acciacus, 188.
Achiniagas, 187.
Aciacus, 187.
Acilianus, 127, 129.
Aconiaca finis, 189.
Aculia, 376.
Acutiacus, 345.
Acutior (curtis), 345.
Adisasgo (cas indirect), 592.
Admagetobriga, 186.
Aduatuca, *oppidum et castellum* des Eburones, 87.
ADUATUCI, leurs *oppida*, 82.
AEDUI dépouillés par Arioviste, 20 ; — *foederati*, 29, n., 32 ; — leurs clients, 31, 35, 105 ; — leurs sujets, 32 ; — ménagés par César, 38 ; — leurs vergobrets, 44 ; — leurs *principes*, 45, 46 ; — leur sénat, 50 ; — leur froment, 72 ; — leurs champs, 77 ; — leurs *oppida*, 82 ; — 39, n. 1.
Aemilianus, 127, 129.
Aemilius pons, 346.

Afragnio (cas indirect), 349.
Afranianus, 127, 129, 349.
Agaunum, 178.
Agedincum, *oppidum* des Senones, 89.
Agolas, 507.
Aguciacus, 189.
Aguliacus, 377.
Agusanicis (de), 571.
Aguzor (de Monte), 345.
ALAMANNI, 413, 414.
Albania (in territorio), 377.
Albaniani, 155.
Albariosco (cas indirect), 593.
Albiacus, 190.
Albianis, 421 ; Albianus, 191, 593.
Albigensium (civitas), 378.
Albinas, 507.
Albiniacus, 191.
Albiniani, 155, 191.
Albiodurum, xii ; Albioderum, 186.
Albioscus, 593.
Albucennacus, 457.
Albucetum, 616.
Albucianus, 571.
Albucio, -onis, 509.
Albussanicis (de), 571.

---

[1] Cet index et les deux suivants ont été dressés par M. Dottin.

INDEX ALPHABÉTIQUE

Alesia, approvisionnements pendant le siège, 71; — *urbs* et *oppidum* des Mandubii, 81, 87; — 635.
Aliacus, 192.
Aliodrensis (pagus), 186.
ALLOBROGES, clients des *Arverni*, 33; — leurs *principes*, 46, 47; — leurs *vici*, 78.
Alnarias, 605.
Alnido (*pour* Alnetum), 616.
Alsiacus, 193.
Altogilo (*pour* Altoiolum), 545.
Ambaciensim (vicum), 443.
AMBARRI, leurs *oppida*, 84.
Ambasciacus, 445.
Ambasia, 443.
AMBIANI, leur froment, 73; — 39, n. 1.
AMBIBARII, 39, n. 1.
AMBILIATI, 39, n. 1.
AMBIVARETI, sujets des *Aedui*, 32; — leur froment, 74.
Ambronensi (in vicaria), 553.
Ambrosio, *cas indirect* d'Ambrosius (Mutatio), 445.
Ambrussum, 445.
Amelesca, 550, 551.
Ameliavus, 561.
Amelio (in), 347.
Amiliacum, 348.
Ammonias, 431.
Ammoniacus, 432.
Ancia, 378.
Anciacum, 379.
Andecamulenses, 355, 388.
Andelagus, 562.
Andelaus, 562.
Andelos (*nominatif singulier*), 562, n. 9.
Andematunnum, 388.
ANDES, leur froment, 72; — 39, n. 1.
Andiacus, 193.
Andusia, 570.
Andusianicus, 570.
Anicianum, 350.
Aniciorum (villa), 345.
Anicius (fundus), 345; Anicius (locus), 349.
Anisiacus, *193, 345, 350.
Ansasca, 587.
Ansoaldo-villare, VII.
Antennacus, 457.
Antistiana, 375.
Antoniacus, 11, 139, * 351.

Antonianus, 98, 128, 129, 139, 351.
Antonio (villa), *cas indirect*, 350.
Antonnava, 173, *562.
Antunnacus, 150, 172, * 562.
Apiarias, 522, *610.
Apiar[i]olas, 522.
Appiacus, 193.
Appianus, 128, 129.
Appiaria, 610.
Appiliacus, 195.
Apponiacus, 195.
Aquae Sextiae, 320.
Aquarius vicus, 602.
Aquilianis, 421.
Arausici, 569.
Arausio, -onis, *520, 569.
Archiniacus, 196.
Arcia (prope), 382.
Arciacus, 384.
Arc[i]onem, *accusatif*, 509.
Arduinna, forêt divinisée, 74.
Arelate, 549.
Areliascus, 586.
Aremorici, 565.
Argantomagus, X, 494, 531.
Argentogelum, 531, 533.
Argentomagensis, 494.
Argentorate, 493.
Argentoratus, 492.
Aria (monasterium), 379.
Ariaco (in), 381.
Arriaca, 161, 375, *381.
Arriana (insula), 381.
Arsuniacus, 157.
Artedunus, 383.
Artenacus, 456.
Arthmael (plebs), 387.
Artiaca, 159, 375, *383.
Artigeni (fundi), 398, 504.
Artiliacus, 196, 387.
Artobriga, 382.
Artodunum, XII.
Artona (vico), 495.
Artonacus, 494.
Artonosco, *cas indirect*, 597.
Artunnacus, *494, 598.
ARVERNI, leur prépondérance en Celtique, 30; — leurs clients, 33; — leurs sujets, 34; — ménagés par César, 38; — *liberi*, 38; — leurs forêts, 75; — leurs *oppida*, 84; — 39, n. 1; 569.

Arvernicus (pagus), 569.
Ascio (villa), *cas indirect*, 351.
Asinarias, 610.
Aspernaico (parrochia de), 462.
Ateias, 433.
Athanacus, 490.
Atilianus, 128, 129.
ATREBATES élevés au rang de peuple libre par César, 37; — leurs rois, 43; — 39, n. 1.
Attaniscus, 554.
Attiniacus, 197.
Augusta Suessionum, 422.
Augustobona, 585.
Augustobriga, 154, 383.
Augustodunum, 154, 383.
Augustodurum, 154.
Augustomagus, 154.
Augustonemetum, 154.
Augustoritum, 154.
Aulbrandisca (appendaria), 555.
AULERCI Brannovices, sujets des *Aedui*, 32; — rendus indépendants par Auguste, 39; — 400.
AULERCI Cenomanni, 39, n. 1.
AULERCI Eburovices, leur sénat, 50; — leurs *oppida*, 80, 84; — 39, n. 1.
Auliacus, 198.
Aunedonnacus, 150, *172.
Aurelia (via), 347; Aurelias, 433.
Aureliacus, 145, *434.
Aurelianicus, 571.
Aurelianus, 128, 145, 434; Aureliani (fundi), 412; Aurelianorum civitas, 422.
Auria (vallis), 426.
Auriacus, 198, 426.
Auriis, 426.
Autbertescus, 555.
Autessianus, 546.
Autessiodorum, 546.
Autricum, 151, 165.
Autura, 151, 565.
Avara, 151, 565.
Avaricum, situé dans un pays fertile, 72; — *urbs* et *oppidum* des *Bituriges*, 81, 84; — respecté par Vercingétorix, 121; — 151, 565.
Avenacus, 453, 454.
Avenarias, 606.
Avenna, 463.

Avennacus, 453.
Avennio, -onis, 518, cf. 653, n.
Aventicum, 510.
Aviciacus, 171.
Aviniolensis (villa), 524.
Avinione (de), 519.
Avitacus, 135, 145, 150, 167, *170.
Avitiacus, 138.
Ayllone (prioratus de), 509.
Azeracus, 468.

Baddane-curtis, VIII.
Bagacus, 150, 173, n. 2.
Baissiaco, *cas indirect*, 593.
Balbiacus, 198.
Balderias, 613.
Barbairanum, 402.
Barbaresca, 551.
Barbaria (in), 402.
Barbariacus, 165, 403.
Barbariana, 165, 375, 402.
Barbarione (villa), 510.
Barberias (villa), 434.
Bardomagus, 167.
Barolia, 534.
Basciacus, 592.
Basciasco, *cas indirect*, 592.
Basiliaca, 199.
Basiniacus, 200.
Bassiacus, 427.
Bassiago, 592.
Bassiana, 375: Bassianis, 421; Bassianus, 427.
Bassiis (villa), 427.
Bassiniacus, 200.
Baudechisilo-vallis, VIII, 12, 97.
Bebronica (vallis), 565.
Bebronna, 565.
Becciacus, 342.
Bedolitum, 617.
Bedolletum, 617, n. 1.
Belenatensis (villa, mons), 179, 181.
Beleno castro, *cas indirect*, 179.
Belesma, 181.
BELGAE se révoltent contre César, manquent d'approvisionnements, 71; — leur arrivée en Gaule, 119.
Belgica (Gallia), 29.
Beliniacus, *343, 418.
Belisama (baie), 181.
Belisma, 181.

Bellenavus, 563.
BELLOVACI, clients des *Aedui*, 35; — leur sénat, 51; — leurs forêts, 74; — leurs champs, 77; — leurs *oppida*, 84; — leurs *aedificia*, 91; — 39, n. 1.
Belna, villa, 179.
Belteiresco (de), 555.
Benácus, 134, 135, 136, 178.
Berberensis (pagus), 258.
Bessenacus, 457.
Bibracte, lieu de réunion du sénat des *Aedui*, 50; — *oppidum* des *Aedui*, 82, 151.
Bibrax, *oppidum* des *Remi*, 88, 151.
Bissiacus, 458.
BITURIGES, clients des *Aedui*, 31; — leurs forêts, 75; — leurs *oppida*, 81, 84; — leurs *aedificia*, 91; — 39, n. 1.
Blaciacus, 200.
Blandiacus, 163.
Blandiana, 163.
Blaniacus, 418, *598.
Blanusco, *cas indirect*, 598.
Blanziacus, 163.
Blesensis, Blezis, 505.
Bodincomagus, 153, 546.
Bodincus, 153.
Boii, clients des *Aedui*, 31; — s'établissent sur le territoire des *Aedui*, 76, 104, 108; — leur *oppidum*, 85; — 39, n. 1.
Bonago (ecclesia de), 469.
Bonogilum, 535.
Bornaco, *cas indirect*, 496, 497.
Bornonesca, 556.
Boutenachus, 458.
Bracciacus, 352.
Braccio (locellus), 352.
Braciacus, 352.
Braciolis, 524.
Braniacus, 400.
Brannogenium, 398.
Brannovices (Aulerci), 400.
BRANNOVII, sujets des *Aedui*, 32.
Brannus (villa), 500.
Branodunum, 399.
Branosco, *cas indirect*, 598.
Bratuspantium, *oppidum* des *Bellovaci*, 84.
Brecheniauc, 137.
Brenacus, 496.
Brennaco, *cas indirect*, 495.
Bretiniacus, 201.
Bricoscis, 598.
Brignum, 511.
Brinnaco, *cas indirect*, 495.
Brissiacus, 599.
Britannia, l'agriculture, 77; — les *oppida*, 79.
Britinniacus, 201.
Britogilum, 536.
Brittannaicus, 488.
Brittiacus, *Brithiac*, 138.
Briva Isarae, 153.
Brivate, 153.
Brivodurum, 153.
Brocaria, 609.
Brugaria, 609.
Buciacus, 202.
Buduc (*Les*), 177.
Bulianicus, 571.
Bullione, 511.
BURGUNDI (prise de possession des biens immobiliers par les), 21, 22.
Buriaca, 203.
Buriascus, 587.
Burnomus, 497.
Busitt, 177, 618.
Buxarias, 606.
Buxedus, 618; Buxido, 617, 618; Buxsito, 617.

Cabannacus, 475.
Cabannaria, 475.
Cabardiacus, 157.
Cabellio, -onis, 519.
Cabillonum, *oppidum* des *Aedui*, 81, 83, 151.
Cabrias (vico), 434.
Cabriniacensis condita, 435.
Cabrogilo pour Cabroiolum, 537.
Cadarosco, *cas indirect de* Cadaroscus, 600.
Cadenas, 466.
Cadiacense (in agro), 437.
Cadiano, *cas indirect de* Cadianus (mutatio), 437.
Cadias (villa), 437.
Cadolaico, *cas indirect*, 470.
Cadomus, 405.
Cadoniacus, 203.
Cadugio, *cas indirect*, 405.

Caduliacus, 214.
CADURCI, sujets des *Arverni*, 34; — leurs forêts, 75; leurs *oppida*, 85; — 39, n. 1.
Caduscia, 403.
Caecilianus, 128.
Caecilius vicus, 346.
Caedraco, *cas indirect*, 497.
CAEROSI, clients des *Treveri*, 36.
Caesarobriga, 383.
Caesarodunum, 154, 383.
Caesaromagus, 154.
Cair Caratauc, 137, n. 1.
Caissanicus, 572.
Cala (villa), 538.
Caladunum, 538.
Calagum, 204.
Calciacus, 204, 429.
Caldio, -onis, 511.
CALETES, Caleti, 39, n. 1, 428.
Caleziis (villa), 428.
Caliace, 204.
Calidianus, 128.
Caliniacus, 205.
Caliscus, 551.
Caloili villa, 537.
Calviacus, 205.
Calziacus, 429.
Camaracus, 150, *171, 512.
Camariacus, 171.
Cambariacus, 206.
Cambiacus, 206.
Cambidobrense (monasterium), 181.
Cambidonno *pour* Cambi-dunum, 181.
Cambiovicenses, 599.
Camblosco, *cas indirect*, 599.
Cambo, -onis, 599.
Cambodunum, 154, 599, n. 12.
Cambonum, 599.
Cambosco, *cas indirect*, 599.
Cambrione, 511.
Cameracum, 171.
Camiliacus, 207.
Camilliacus, 162.
Camilliana, 162.
Camliacus, 207.
Campania (*ager publicus* de), 24.
Campaniacus, 138, *208.
Campanianus, 210.
Campilias, 438.
Campiniacus, 208.

Camuliacus, 343.
Camulio (ecclesia de), 353.
Camulodunum, 154, 354.
Canascus, 597.
Canavi, 563.
Caniacus, 210.
Canianus, 211.
Canoscus, 591.
Cantilia, 375.
Cantilianensis (vicaria), 376.
Cantillanicus, 376, *572.
Cantissa, 582.
Cantium, 179.
Cantobennicus, 179.
Cantogilum, 538.
Caponarias, 611.
Capriniacus, 435, 436.
Captunnaco, 472.
Caranciagus, 211.
Carantiacus, 146.
Carantiniacus, 146.
Carantomagus, x, 167, 181.
Carantonicus ager, 566.
Carbantia, 153.
Carbantorigum, 153.
Carbonacus, 474.
Carenciolas, 524.
Carendenacus, 458.
Carentennacus (villa), 566.
Carisiacus, 212.
Carnacus, 488, 638.
Carnano (de), 638.
CARNI, 489.
CARNUTES sont *foederati*, 29 n., 32; — clients des Remi, 33; — leur sénat, 51; — leurs forêts, 75; — leurs *vici*, 79; — leurs *oppida*, 80, 86; — 39, n. 1.
Carpentorate, 153.
Carraciacus, 213.
Casinianus, 165.
Casneto, *de* Casnetum, 628.
Cassiacus, 143.
Cassianus, 128, 143.
Cassinicus, 567.
Cassinomagus, 531, 533, 567.
Castanedum, 619.
Castanerias, 607.
Castaneto, *de* Castanetum, 619 et n. 3.
Castanito, *de* Castanetum, 619.
Castellio, -onis, 364.

Castellucius, 363.
Catalacense (in villa), 487.
Catalaunicus (pagus), 569.
Catalense (in aice), 500.
CATALI, 488.
Cataliosco, *cas indirect*, 594.
Catenacensis (vicaria), 456.
Catiacus, 213.
CATUELLAUNI, sujets des *Lingones*, 29 n. ; — rendus indépendants par Auguste, 39; — 404, 569. Voyez Catuvellauni.
Catuiaca, 405.
Catuicus, 567.
Catulense ministerium, 470, *500, 501.
Catulliacus, XVIII, *214, 470.
CATURIGES, XI, 404. 580.
Caturigomagus, XI.
Catusagus, 474.
Catusanianos, 421.
Catusiacus, 405.
CATUSLOGI, 404, 580.
CATUVELLAUNI, 580. V. *Catuellauni*.
Cauciacus, 215.
Caucinogilo *pour* Caucinoiolum, 539.
Caucius (villa), 357.
Caudalascus, 586.
Caudiacus, 158.
Cauliaca, 216.
Causiacus, 216.
Cautiacus, 215.
Cavanarias, 606.
Cavannacus, 474, 475.
Cavenas, 464.
Cavennacus, 458.
Cavenoilus, 539.
Cavilhanicae, 572.
Cavrascus, 590.
Cedraco, *cas indirect*, 497.
Cedros, 497.
Celsiacus, 217.
Celsinianicus, 573.
Celtica (Gallia), 29.
Celtus (villa), 501.
Cenabum, *oppidum* des Carnutes, 80, 81, 86; — 412, 422.
Centulio, *cas indirect* (campus), 353.
Ceped, 620.
Cepetum, 406.
Cepido *pour* Cepetum, 620.
Cervaria, 611.

CEUTRONES, sujets des *Nervii*, 36.
Chalianus, 205.
Childriciaecas, XVII.
Chrausobaci (villa), 204.
Christoilo, 540.
Cipia (villa), 406.
Cipidus, 407.
Cipiliacus, 217.
Cisomagus, 182.
Clamenciacus, 218.
Clariacensis (terminus), 218.
Claudiomagus, X, 155.
Clavascus, 590.
Clipiacus, 218, 219.
Clippiacus, 11, 218, 219.
Clodia (via), 347.
Clodiana, 375 ; Clodianis, 421.
Cocciacus, 220.
Coctiacus, 221.
Codiciacus, 573.
Codicianicis (de), 573.
Coeliobriga, 383.
Colonia Agrippina, 142.
Colridum, 620.
Colubreriae, 611.
Columbarius, 611, 612.
Columberius (villa), 566.
Comariago, *cas indirect*, 357.
Comario (in), 357.
Comiacus, 221.
Communacensis ager, 475.
Condate, 153.
Condatisco, -onis, 548.
Condatomagus, 153.
CONDRUSI, clients des *Treveri*, 36, 167 et n. 6, 231.
Copta (villa), 505.
Corbiniacus, 432, 498.
Corbio, -onis, 498.
Corbolii (oppidum), 539.
Corbonacus, 497.
Corcione, 512.
Coriaco, *cas indirect*, 595.
Cornelianus, 128, 358.
Cornelio, -onis. Cf. Cornilio, 358.
Corniliacus, 358.
Cornilio (mansus de), 357.
Cornilio, -onis, 512.
Cortennacus, 458.
Cosenacensis ager, 459.
Cotonaco (in villa), 498.

DES NOMS DE LIEU ANCIENS. 645

Crisciacus, 222.
Crispiacus, 223.
Crispiana, 375.
Crispiniacus, 224.
Cronia, 407.
Croniacus, 224.
Cruce, 370.
Cubtus, 506.
Cunnacus, 150, 173 n. 2.
Cupedenses, 508.
Curcedonus, 512.
Curciacus, 225.
Curcianus, 226.
Curennus, 464.
Curiosco, *cas indirect*, 594.
CURIOSOLITES, leur froment, 72; — leurs *oppida*, 86; — 39, n. 1.
Cursiacus, 225.
Curtilido *pour* Curtiletum, 630.
Curtiodunum, xii.
Curtogilo *pour* Curtoiolum, 540.
Cusiacus, 226.

Daccognaca, xvii.
Dalmaciacus, 339.
Dalmatianus, 340.
Darabennenses, 465.
Darentiaca, 375.
Decetia, lieu de réunion du sénat des Aedui, 50.
Deobrigula, 154.
Derventione, 153.
Desia (in), 407.
DIABLINTES, 39, n. 1.
Dibione, 520.
Disciacu, 227.
Disiacus, 227, 409.
Ditiagus, 227.
Divione, 520.
Divodurum, 154, 412, 423.
Divona, 154.
Dociacus, 228.
Domariescus, 556.
Domicianus, 230.
Domitiacus, 229.
Domitiana, 375; Domitianus, 128.
Donnobriga, xiii.
Drusciacus, 230.
Drusomagus, 167.
Dubrum, 178.
Dumnissus, 579.

Durocortorum, *oppidum* ou *vicus* des Remi, 88.

Eboracus, 169.
Eboriacus, 168.
Eborolacense (praedium), 499.
Ebrauc, 137.
Ebredenensis, 169, n.
Ebrolio, *pour* Eburoiolum, 540.
Eburacus, *137, 145, 167, 169.
Eburobriga, xi, 169, 383.
Eburodunum, xi, 169.
Eburomagus, 167, 168.
EBURONES, clients des *Treveri*, 36; — leurs rois, 43; — leur froment, 74; — leurs *vici*, 78; — leurs *oppida*, 87; — leurs *aedificia*, 92; — 39, n. 1.
Eburovices (Aulerci), 400.
Elariacus, 249.
Eldegrimiscus, 556.
ELEUTETI, sujets des *Arverni*, 34.
Elusa, 520, 570.
Elusanus, 570.
Elusio, -onis, 520.
Ennianus, 128.
Epiacum, 162.
Eporedia, 153.
Epponiacus, 196.
Ermoniace, 248.
Escozolas, 526.
Escutiaco (villa), *cas indirect*, 413.
Essaretum, 630.
ESUBII, leur froment, 72; — leurs *oppida*, 87; — 39, n. 1.
Everdunensis, 169, n.
Evrogilum, 499.

Fabianus, 128, 438.
Fabias, 438.
Fagito, *de* Fagetum, 620.
Favariolas, 522.
Fedonnacus, 455.
Fedentiacus, 340.
Ferraria, 603.
Fibianus, 232.
Ficaretum, 632.
Fidiacus, 231.
Figiacus, 232.
Figlinae, 153.
Firminhanicae, 573.
Flaciacus, 232.

Flacianus, 233.
Flaiacus, 595.
Flaiosco, *cas indirect*, 595.
Flaminia (via), 347.
Flavia Constantia, 422.
Flaviacus, 233.
Flavianicus, 570.
Flavianus, 235.
Flaviniacus, 235.
Flavinianus, 98, 236.
Flaviobriga, 383.
Flesccach, 175.
Floriacus, 163, *236.
Floriana, 163.
Fontanetum, 630, 631.
Fornolus villa, 521.
Fraxenetum, 621.
Fraxnido, *de* Fraxinetum, 621.
Frontennacus, 459.
Frotgaresc, 556.
Furianus, 128.
Fusciacus, 237.

Gabali, sujets des *Arverni*, 34 ; — indépendants depuis Auguste, 39.
Gabriacum, 436.
Gabromagus, 153.
Gabrosentum, 153.
Gaillo, -onis, 513.
Galacianicus, 576.
Galiacus, 238.
Galiscus, 552.
Gaudiacus, 239, 240.
Gavre, 436.
Gebriacus, 436.
Geidumni, sujets des *Nervii*, 36.
Gellianus, 128.
Geminiacus, 159.
Geminianus, 159.
Genava, 151.
Genebraria, 607.
Genevreta, 622.
Geniciacus, 241.
Genistedo, *de* Genistetum, 622.
Gentianedo, *de* Gentianetum, 621.
Gentiliacus, 242.
Gergovia, *urbs* et *oppidum* des *Arverni*, 81, 84.
Germanayum, 244.
Germani recherchent les champs des Gaulois, 75, 76.

Germaniacus, 242.
Germanicomagus, xi.
Germiniacus, 242.
Germolio, *de* Germoiolus, 540.
Gessiacus, 244.
Gibriacus, 436, 437.
Gobannium, 153.
Godinesca, 557.
Gorgobina, *oppidum* des *Boii*, 85.
Graciacus, 245.
Graciasca, 246.
Gragnasgus, 587.
Graniacensis, 247.
Granianus, 128, 248.
Graniolus, 524.
Gratiacus, 245.
Gratiasca, 246, *593.
Gresilia, 409.
Griniacus, 247.
Grinio, -onis, 513.
Grudii, sujets des *Nervii*, 36.
Grussius (villa), 358.
Guariacus, 338. Voyez Wariacus.
Gundulfi (villa), vi.

Helvetii compris dans la Celtique, 29 ; — brûlent leurs récoltes, 71 ; — leurs *vici*, 78 ; — leurs *oppida*, 80, 81, 87 ; leurs *aedificia*, 90 ; — leur émigration, 102, 103, 119 ; — 39, n. 1 ; 166.
Helvii, leur *princeps*, 49.
Hermerago (villa), *cas indirect*, 490.
Hermomacum, 160.
Hicio, *cas indirect*, 359. Voyez Icio.
Hileriacus, 249.
Hispania, 410.

Iciacus, 148.
Icio (villa), *cas indirect*, 359.
Iciodurum, xii, 148, 182, 360.
Iciomagus, xi, 148, 360.
Ingenio (ecclesia de), 361.
Isarnodori, *génitif*, 184.
Isernodero, pour Isarnodurum, 184.
Issiacus, 360.
Iturobriga, 441. Voyez Turobriga.

Jocundiacus, 250.
Jove (de monte), 448.
Jovenciacum, 252.
Juliacus, x, 141.

DES NOMS DE LIEU ANCIENS. 647

Julianus, 128, 142.
Juliascus, 588.
Juliobona, 585.
Juliobriga, 383.
Juncaretis, 632.
Juncaria, 523, *605.
Juncariolas, 522.
Junianus, 128.
Jurassus, 579.
Juvenciacum, 251.
Juventianus, 252.
Juviniacus, 252.

Kadaliacus, 488.
Kaer-Caradauc, 137, n. 1.
Kagnosco, *cas indirect*, 594; Kagnoscus, 211.
Kenpeniac, 138, 210.

Lagnaschus, 588.
Lamiacus (villa), 572.
Lanceum (villa), 361.
Lanciacus, 362.
Lancione (in), 362, *513.
Landericiacus, 145.
Lantennacus, 460.
Lanterinaco, *cas indirect*, 460, n. 1.
Latcio, -onis, 514.
Latiniacus, 97, *144.
Latinianus, 128, 144.
Latisco, -onis, 549.
Lauretum, 615, 622, 623.
Lavisco -onis, 549.
Lemonum, *oppidum* des *Pictones*, 88.
Lemovices, leur *princeps*, 49; — 39, n. 1.
Lenione, 514.
Lentia, 460.
Lentiacus, 362.
Lentiliacus, 362.
Leperaria, 612.
Leuci, leur froment, 73.
Levaci, sujets des *Nervii*, 36.
Lexovii, leurs vergobrets, 44, 45; — leur sénat, 50; — leurs *oppida*, 80, 87; — 39, n. 1.
Liberago (colonia in), 478.
Liberdunum, 479.
Liberodunum, XIII.
Licaniacensis, 255.
Licinianus, 128, 155, 257.
Liliacus, 257.

Linarias, 607.
Linariolas, 523.
Lingones, sont *foederati*, 29, n., 32; — leur froment, 72; — 39, n. 1.
Linogile, 541.
Lipidiacus, 258.
Lisigniae, 257.
Lisiniaca, 255.
Lisiniae, 257; Lisinias, 439.
Lisiniascus, 588.
Litanobriga, 154.
Livia (villa), 410.
Liviana, 155.
Liziniacus, 254.
Loccis, 363.
Lodiscus, 552.
Lucaniacus, 136, 160, et n. 8.
Luccas, 363.
Lucennacus, 455.
Luciacus, 258.
Lucianus, 261.
Luciliacus, 261.
Lucilianus, 128.
Lucio, -onis, 515.
Luco, *cas indirect*, 363.
Lucretius pagus, 346.
Luganiensi (in vicaria), 365.
Lugudunum, 152.
Luliacus, 262.
Luparias, 612; Luparium (podium), 612.
Lupiacus, 263.
Lupianus, 264.
Lutetia, *oppidum* des *Parisii*, 88.
Luteva, 507.

Madriacensis (pagus), 276, *280.
Madriniacus, 366.
Madronio (in villa), 365.
Magniacus, 264.
Magontia, 417, 418.
Magontiacus, 417.
Mainosco, *cas indirect*, 595.
Mairilacus, 481.
Maisiracum, 479, 480.
Malapacios (fundos), 421.
Maliascus, 588.
Mallanica (vallis), 574.
Malliacus, *266, 574.
Mallianus, Malliana, 267, 375.
Manciacus, 268.

648   INDEX ALPHABÉTIQUE

MANDUBII, leurs *oppida*, 87.
Manlianus, 128.
Maranigas, 575.
Marceglago, *cas indirect*, 574.
Marcelliacenses, 268.
Marcellianus, Marcelliana, 375, 574.
Marcellus (vicus), 501.
Marcennacus, 454.
Marcia (villa), 411.
Marciacus, 270.
Marciana, 274; Marcianas, 274; Marcianum, 275.
Marciliacus, 145, *269.
Marcilianus, 128, 145, 270.
Marcilliacus, 145, *268, 269, 607.
Marcio (in villa), 365.
Marcomagus, XI.
MARCOMANNI, 413, 414.
Marcomannia, 414.
Marcus (locus), 502.
Mariacus, 275.
Marianus, Mariana, 128, 375.
Marinescae, 553.
Mariniacus, 164, *276.
Mariniani, 164.
Mariolas, 525.
Marogilum, 530.
Maroialicis (thermis), 529, 530.
Maromagus, 531.
Martiacus, 271.
Martianum, 275.
Martinhanicae, 575.
Martiniacus, XVII, 278.
Martionis (villa), 515.
Martiriascus, 590.
Marzosco, *cas indirect*, 595; Marzoscus, 275.
Masaus (pagus), 561.
Masciacus (villa), 97.
Maslaco, *cas indirect*, 481.
Massolacus, 482.
Matisco, -onis, 550.
Matriolas, 525.
Matriscus, 553.
Mattiacum, 161.
Matucaium, 153.
Mauriacus, *281, 290.
Maurinciagus, 340.
Maurisca, 553.
Mazerago (de), 479.
MEDIOMATRICI, 39, n. 1.

MELDI, sujets des *Suessiones* rendus indépendants par Auguste, 39.
Melliacus, 282.
Melodunum, *oppidum* des *Senones*, 89.
MENAPII, leurs champs, 74, 77; — leurs forêts, 74; — leurs *vici*, 78; — leurs *aedificia*, 90, 92; — 39, n. 1.
Mercoria, 446, 447; Mercorius (villa), 446.
Mercuriolus, 526.
Mercurius mons, 448.
Merlaus, 564.
Merula, 564.
Meseriacum, 165, n.
Metenacus, 425.
Metiosedum, *oppidum* des *Senones*, 89.
Metis, 423.
Metsiacus (villa), 425.
Metti (fundi), 412; Mettis, 423.
Micerianus, 165.
Miliacus, 282.
Minatiacus, 159.
Mogontiacus, 417, 418.
Monciaco, *cas indirect*, 596.
Monciosco, *cas indirect*, 596.
Montaniacus, 284.
Montanianus, 286.
Montiniacus, 284.
Montionis, 596.
Morennum, 464.
Morentiae, 341.
Morinciaca, 340.
MORINI, sujets des *Atrebates*, 37; — affranchis par Auguste, 40; — leurs forêts, 74; — leurs champs, 77; — leurs *vici*, 78; — leurs *aedificia* 92; — 39, n. 1.
Morlacas, 486.
Mosa, 561.
Mosavus (pagus), 561.
Mosomagus, 153.
Mucianus, 128.
Mucio-curtis, 515.
Mulciacum, 287.
Munatianus, 128.
Musciacus, 286.

NAMNETES, 39, n. 1; 166.
Narbonensis, 570.
Narianos (fundos), 421.
Nasium, 374.

Nemausensis, 570.
Nemetacum, 183; Nemetacus, 397, n. 3.
Nemetocenna, 152, 397.
Nemetodorum, 183.
Nemptodurus, 183.
Nerciacus, 462, 638.
Neri (Aquis), 346.
Neriomagienses, 346.
Neriomagus, x, 155; 346.
Nertennaco (de), 461.
NERVII, leurs sujets, 36; — leur sénat, 51, 52; — leurs forêts, 74; — leurs champs, 77; — leurs *oppida*, 88; — 39, n. 1.
Neviasca (fluvius), 586.
Niriacus, 155, 346.
NITIOBROGES, 39, n. 1.
Nobellasca, 591.
Nobiliacus, 291.
Nocito, 623.
Nogareda, 633.
Nogareto, de Nucaretum, 633.
Nogariolas, 523.
Noniacus, 287.
Novaliacus, 292.
Noviacum (castrum), 288.
Noviliacus, 290.
Novilliacus, 290.
Noviodunum, *oppidum* des *Aedui*, 81, 83; — *oppidum* et *urbs* des *Bituriges*, 84; — *oppidum* des *Suessiones*, 89; — étymologie, 152.
Noviolio, de Novioiolum, 531.
Noviomagus, 154, 531.
Nucerias, 523.
Numerianus, 128.

Octavianus, 128.
Octodurum, Octodurus, *vicus* des *Veragri*, 78, 562.
Udalrigescus, 557.
Olivetum, 623-624.
Olsiodra, 546.
Orbana (villa), 506.
Orbaniacus, 158.
Orbanicus, 568.
OSISMI, 39, n. 1.

Pacciani, 164; Paccianus, 164.
Paciacus, 164.
Paderni (villa), 482.

PAEMANI, clients des *Treveri*, 36.
Papia (castrum), 411.
Papirianus, 128.
PARISII, clients des *Aedui*, 31; — leurs *oppida*, 88; — 39, n. 1.
Paternacus, 482.
Paterniacus, 483.
Patornoga, 482.
Patriciacus, 341.
Pauliacus, 138, *160.
Pavia, 412.
Paxiacum, 164.
Petenisca, 548.
Petraria, 604.
Petreio (villa), 440.
Petriacensis ager, 440.
Petrignas, 439.
Petroilum, 541.
Petronianicum, 576.
Petronianus, 128.
Petronutius, 364.
Petrosa, 604.
PETRUCORII, 39, n. 1; 166.
Piciacus, 292.
PICTONES, leurs *oppida*, 88; — 39, n. 1.
Pinariascha, 588.
Pinetum, 616, *624.
Pinna, 542.
Pinolio, de Pinoiolum, 542; — 39, n. 1.
Piper, 484.
Piperacus, 483.
Pisciacus, 293.
Pisiniacum, 157.
Pisuniacus, 157.
Plauciasca, 589.
PLEUMOXII, sujets des *Nervii*, 36.
Pociacus, 293.
Podentiacus, 293.
Pomareda, 633.
Pomedo, de Pometum, 624.
Pomerido, de Pomaretum, 633.
Pometum, *624, 634.
Pompelacum, 294.
Pomponianus, 367.
Pomponius (fiscus), 366.
Ponciacus, 295.
Poncianus, 297.
Poncio, -onis, 516.
Pontianus, 296.
Pontiliacus, 297.
Pontilianus, 297.

Porcarias, 612.
Posthimiagus, 297.
Postumiacus, 297.
Premiacus, 300.
Primiacus, 299.
Prisciacus, 300.
Prisciniacus (villa), 97, *301.
Priscio (villa), cas indirect, 368.
Propertianus, 128.
Prunaco, cas indirect, 491.
Prunidum, 624.
Prunuc (Terra an), 176.
Puzenaco, 484.
Puzinnaco, 484.

Quinciacus, 157.
Quincioneto, 516.
Quintascha, 591.
Quintiacus, 156.
Quintiacus-Aurelianus (fundus), 96.
Quintiano, 421 ; Quintianis, 421 ; Quintianus, 157.
Quintilio (ecclesia de), 368.

Rainaldescus, 557.
Ramigescus, 554.
Rattenuc (Les), 176.
Ratumacos, 531.
RAURICI, leurs oppida, 88 ; — 39, n. 1.
Rausedo, de Rausetum, 629.
Raverias, 608.
REDONES, 39, n. 1.
Regniaco (de), 393.
REMI sont foederati, 29, n. ; — leurs clients, 33 ; — sujets des Suessiones, se révoltent, 35 ; — leurs principes, 47 ; — leur sénat, 51 ; — leur froment, 73 ; — leurs forêts, 74 ; — leurs champs, 77 ; — leurs vici, 78 ; leurs oppida, 88 ; — leurs aedificia, 92 ; — 39, n. 1.
Ribarias, 608.
Ricciacus, 160.
Ricomagensis (vicus), 179.
Rigoialensim, 532.
Rigomagus, 532, 534.
Rioilum, 532.
Ritumagus, 153.
Roboraria, 605.
Roboretum, 605, 616.
Rodolaigas (terminus), 489.

Rodolium, 531, 532.
Roflacus, 306.
Roliacus, 308.
Roma, 570.
Romagnanus, 303.
Romanacus, 486, 487.
Romanasca, 554.
Romaniacus, 303.
Romaniscas, 554.
Romiliacus, 304.
Rominiacus, 303.
Romula (villa), 506 ; Romulas, 508.
Rosarias, 608.
Rosetum, 629.
Rotomagus, 532.
Roverito, de Roboretum, 625.
Rubridum, 625.
Ruffiacus, 305.
Ruflacus, 305.
Ruiliacus, 308.
Rulliacus, 307.
Rumeliacus, 304.
Rumiliacus, 304.
Ruscoialum, 542.
RUTENI, 34, 39, n. 1, 569.
Rutenicus (pagus), 569, 570, n. 2.
RUTULI, 489.
Ruveliascus, 589.

Sabiacus, 309.
Sabiniacus, 126, 127.
Saciacus, 309-310.
Salices (ad), 626.
Salicetus, 626.
Salodurum, 173, n. 2.
Salomacus, 173, n. 2.
Salviacus, 311.
Salviniacus, 312.
Samnione, 516.
Sansiacus, 313.
Santianae, 313.
SANTONES, 39, n. 1, 569.
Santonicus (pagus), 569.
Saocitho, de Salicetum, 626.
Sarmasias, 414.
SARMATAE, 413, 414.
Sarmisoliae, 414.
Saviacus, 309.
Savinnnicis, 577.
Saviniaco (in villa), 98, n.
Savinianum, 98, n.

Scociacus, 413.
SCORDISCI, 547.
Scordus (mons), 547.
Scotia (villa), 412.
Scotiolas, 526.
Secundiaca, 313.
Securiacus, 314.
Sedegenacus, 499.
Segalarias, 608.
SEGUSIAVI, sujets des *Aedui*, 32; — rendus indépendants par Auguste, 39; — leur nom, 560.
Segusium, 560.
Selvaniacus, 322.
Sen-dûn, 152.
Sen-mag, 154.
Senogalo, *de* Senoiolum, 532.
Senomagus, 154, 532.
SENONES, clients des *Aedui*, 31; — leurs rois, 41; — leurs forêts, 75; — leurs *oppida*, 88; — leur assemblée, 114; — 39, n. 1.
Sentiacus, 315.
Sentianus, 315.
SEQUANI dépouillés par Arioviste, 20, 76. 105; — clients des *Arverni*, 33; leur froment, 72; — leurs forêts, 75; — s'emparent des champs des *Aedui*, 76; — leurs *oppida*, 89; — leur pays d'origine, 120; — 39, n. 1.
Servilianam (ad villam), 375.
Sessiacus, 319, 320.
Severiacus, *316-318, 465.
Sexciacensis, 319.
Sextantio, -onis, 568.
Siliacus, 321.
Silianus, 322.
SILVANECTES, sujets des *Suessiones*, affranchis par Auguste, 39.
Silvaniagus, 322.
Silvanicus, 567.
Silviacus, 323.
Silvignanicus, 577.
Silviniacus, 325.
Silvinianus, 325.
Simplicciacus, 325.
Simpliciacus, 326.
Siverianis (in), 422.
Sociacus, 326.
Solemniacus, 327.
Solemnis (villa), 502.

Solemnius (fiscus), 370.
Solia, 415.
Soliacus, 328.
Solicia (vicus), 415.
Solimariaca, 146, 159.
Soliolus, 526.
Solius (locus), 370.
Sollemniacus, 327.
Sollemniis, 429.
Solmeriacus, 159, n. 9.
Solocensis (pagus), 415.
Solonacus, 150, *172.
SONTIATES, leurs *oppida*, 89.
Soricarias, 612.
Sparnacus, 462.
Spernacus, 462.
Spicarias, 608.
Spinetum, 626, 627.
Spinogilum, 542.
Statianus, 128.
Stratoburgum, 492.
SUESSETANI, 498.
SUESSIONES, leur prépondérance, 30, 35, 36; — leur lutte avec les *Remi*, 35, 39; — leurs sujets, 34, 39; — leurs rois, 43; — leurs champs, 76; — leurs *oppida*, 81, 89; — 39, n. 1, 569.
Suessionicus (pagus), 569.
Sumelocenna, 397.
Superiacus, 318.

Tamnach, 174.
Tarodunum, 601.
Tarusco, -onis, 601.
Taruscononiensos, 601.
Tarvannensis, 465.
Tarvenna, 465.
Tarvisium, 466.
Tauriacus, 329.
Tauricciacus, 331.
Tauriniacus, 332.
Taurinianus, 333.
TAURISCI, 547.
Taurisiacus, 332.
Telido, *de* Tilietum, 627.
Tellaus pagus, 561.
Teodeberciacus, XVIII, 145.
Terciacus, 372.
Tercio (in villa), 370.
Terentianos (fundos), 421.
Teudgariescus, 558.

INDEX ALPHABÉTIQUE

Teutobodiaci, 392.
Tharawanninsis, 465.
Tiberiacus, 159.
Ticinum, 412.
TIGURINI, leurs forêts, 75.
Tilia, 416.
Tilietum, 373.
Tilius (villa), 372.
Tilliacus, 373, 627.
Tillido, *de* Tilietum, 627.
Togiáciae, 136.
Tollio, -onis, 517.
Torennam castrum, 442.
Tornagus, 503.
Tornolii, génitif, 543.
Tornomagus, 170.
Tremoledo, *de* Tremuletum, 627.
Trevennaco (finis de), 461.
TREVERI, leurs clients, 36; — leurs *principes*, 46, 47; — leurs forêts, 74; — 39, n. 1.
TRICASSES, sujets des *Lingones*, 29, n.; rendus indépendants par Auguste, 39.
Trimlido, *de* Tremuletum, 627.
Trociacus, 409.
Tuilliacum, 518.
Tulelasca, 586.
Tullum, 374, 504.
Turenna, 463.
Turibriga, 441.
Turicensis, 441.
Turiliacus, 333.
Turissa, 441.
Turnacus, 150, 167, 170, 364, *503.
Turnis (in villa), 503.
Turnucium (villam), 364.
Turnus (villa), 503.
Turo, *cas indirect*, 441.
Turobriga, 441.
Turollium, 543.
TURONI, 39, n. 1.
Turrias (in castro), 440.

Ucetia, 565.
Ulmeta, 628.
Ulmido, *d'*Ulmetum, 628.
Unaldescus, 558.
Uriacus, 399.
Uromagus, 399.
Ursiliacus, 387.
Uxellodunum, *oppidum* des *Cadurci*, est compris dans la clientèle. de Lucterius, 58, 85; — approvisionnements de cette ville, 71; — 152.
Uzeticus (pagus), 565.

Vadoni-mons, IX.
Valentianae, 526.
Valentiniacus, 165.
Valentinianus, 165.
Valentiola, 526.
Valeria (via), 347.
Valeriacus, 145.
Valeriana, 375; Valerianus, 128, 145.
Valeris, 429, 430.
Valliano, 98, 99.
Varcia, 166.
Variana, 375, 421; Varianis, 421.
Varoiol, 543.
Vasillus (villa), 503.
Vassiacus, 333.
Vauro, *de* Vaurus ou Vaurum, 349.
Velatudurum, XI.
Veleia (Table alimentaire de), 127-129.
VELIOCASSES, 39, n. 1.
Vellaunodunum, *oppidum* des *Senones*, 89, 152.
VELLAVI, sujets des *Arverni*, 34; — affranchis par Auguste, 39; — 569.
Vellavicus (pagus), 569.
Velleianus, 128.
Vencione, 518.
Vendecia (villa), 416.
Vendoilo, *de* Vindoiolus, 532, 533.
VENELLI, 39, n. 1.
Venerianicus, 577.
VENETI, leur sénat, 50; — leur froment, 72; — leurs champs, 77; — leurs *oppida*, 90.
Vennasca, 600.
Venzascus, 589.
Veraglasca (fluvius), 586.
VERAGRI, leurs *vici*, 78.
Verneto, 629; Vernetum, 544.
Verniacus, 544.
Vernolio, *de* Vernoiolum, 543.
Verolias, 544.
Vesontio, -onis, *oppidum* des *Sequani*, 89.
Vibianus, 128, 129.
Vibiscus, 548.
Victoriacus, 334.

Victriacum, 335.
Victuriacon, 334, n.
Viliacus, 336.
Vilianus, 336.
Vilioscus, 336, 596.
Villiacus, 596.
Villonissa, 585.
Viminaus (pagus), 561.
Vinciacus, 336.
Vindausca, 600.
Vindiacensis, 337.
Vindiciacus, 337, 416.
Vindobona, 584.
Vindobriga, xiii.
Vindomagus, 533.
Vindonissa, 534, 583.
Vinecia (villa), 416.
Vinelasca (fluvius), 586.

Violarias, 609.
* Viriacensis ager, 454.
Virianus, 128.
Visilia, 417.
Visiliaco (villam), 417.
Vitlena (villa), 466.
Vitrosco, *de* Victorioscus, 596.
Vitudurum, xi.
Viturii Langenses, 586.
Vivisci (Bituriges), 549, n. 2.
Vivisco, *cas indirect*, 548, n. 5.
Volcae Arecomici, leur migration, 119 (1).
Vulpeglarias, 613.

Wariacus, 338. Voyez Guariacus.
Woeduc (vicarium), 177.

(1) Quand j'ai exposé la doctrine soutenue dans ce passage, je ne connaissais pas encore les conclusions que M. Hirschfeld tire de la lecture proposée par lui pour l'inscription 1028 du tome XII du *Corpus inscriptionum latinarum*. Cette inscription, trouvée à Avignon, mentionnerait un préteur des *Volcae Arecomici*; le pouvoir de ce préteur se serait étendu au territoire d'Avignon, c'est-à-dire sur la rive gauche du Rhône. M. Hirschfeld croit que cette inscription est antérieure à l'empire romain, et probablement contemporaine de la dictature de César, 48-44 av. J.-C. (*C. I. L.*, XII, p. 346, 381).

INDEX ALPHABÉTIQUE

DES

NOMS DE LIEU MODERNES

Achères, 522, *610.
Acherolles, 522.
Achey, 195.
Achy, 195.
Acigné, 187.
Aguisy, 189.
Aiguillan, 377.
Aiguillanes, 377.
Aiguillon, 377.
Aiguisy, 190.
Aillac, 193.
Ailly, 192.
Ainay, 490.
Aire-sur-la-Lys, 379.
Aix (Pas de-Calais), 351.
Aix-en-Provence, 320.
Albagnac, 378.
Albi, 378.
Albiac, 190.
Albignac, 192.
Albussac, 509.
Alençon, 514.
Allemagne, 413, 415.
Allibaudières, 613.
Alzonne (Font d'), 520.
Ambazac, 445.
Ambillon, 561.
Amboise, 443.
Ameugny, 432, 433.
Amillis, 349.
Amilly, 348, 349.

Amognes (Saint-Jean aux), 432, 433.
Ance, 378.
Ancey, 379.
Ancy, 379.
Andelat, 563.
Andelot, 562.
Andelys (Les), 563.
Andernach, 172, 562.
Andillac, 563.
Andillé, 563.
Andillon, 563.
Andilly, 563.
Andusenque, 570.
Anduze, 570.
Angeac, 193.
Angers, xii.
Anis (Mont), 350.
Anisy, 350.
Anizy, 193.
Ansac, 379.
Ansan, 379.
Ansauvilliers, vii.
Anse, 378.
Anthenay, 457.
Antogné, 351.
Antogny, 140, 351.
Antoigné, 140.
Antoigny, 140.
Antoingt, 350.
Antona, 562.

Antonaves, 173, 562.
Antony, 11, 140, 351.
Apilly, 195.
Apoigny, 196.
Arçay, 383.
Arces, 382.
Archignat, 196.
Arciat, 384.
Arcieux, 384.
Arcis-sur-Aube, 383.
Arçon, 510.
Arcy, 383, 384.
Argentay, 491.
Argenteuil, 531, 533.
Argenton, X, 494.
Argentré, 493.
Arjac, 381.
Arles, 549.
Arras, 183, 397.
Arsac, 384.
Arsague, 384.
Artenac, 456.
Artenay, 456.
Arthenac, 456.
Arthenas, 456.
Arthonnay, 495, 598.
Arthun, xii, 383.
Artonne, 495.
Arzac, 384.
Arzaga, Arzago, 384.
Asellac, 467.
Asnières, 610.
Assé*, 187, 383.
Athée, 401, 433.
Athies, *402, 433.
Attigny, 198.
Aubagne, 377.
Aubagnan, 377.
Aubagnat, 378.
Aubiac, 190.
Aubiat, 190.
Aubignan, 192.
Aubigné, 192.
Aubigney, 192.
Aubigny, 191, 192.
Aubussargues, 571.

Aubusson, 509.
Aulnay, 172, *616, 617.
Aulnois, 617.
Aulnoy, 617.
Aunay, 616, 617.
Aunois, 617.
Aureilhan, 145.
Aureillac, 145.
Aurelhargues, 571.
Auriac, 427.
Aurillac, 145, 434.
Auteuil, 545.
Autun, 154.
Auxerre, 546.
Avallec, 176.
Avallon, 153.
Avançon, 510.
Avanton, 510.
Avenay, 453.
Avenche, 510.
Avène, 463.
Avenières (Les), 606.
Avensac, 510.
Avensan, 510.
Averdon, 169, n.
Avessac, Avizac, 138.
Avignon, 518, 653, n.
Avignonet, 519.
Avrolles, xi, 169.
Aydat, 145.
Aygu (N.-D. d'), 153.
Azerat, 468.

Banazlec, 176.
Barbayrac, 402.
Barberey, 165, *403.
Barbières, 434.
Barbirey, 403.
Bareil, 534.
Barnay (Le), 496.
Bassigny, 200.
Baugy, 199.
Bayeux, 154.
Beaune, 179.
Beauvais, 154.
Bègue (Le), 599.

Beligneux, 343.
Belleneuve, 563.
Belligné, 343.
Berbirey, 165.
Bernac, 496.
Bernay, 496.
Berny, 495.
Berthenay, 488.
Bessay, 342.
Bessenay, 458.
Bessey, 592.
Bethencourt, viii.
Beuzec, 138, 177.
Beyssac, 593.
Billancourt, 12.
Bissy, 458.
Blacy, 201.
Blagny, 598.
Blandy, 163.
Blangy, 163.
Blanot, 598.
Blanzac, 163.
Blanzat, 163.
Blanzay, 163.
Blanzy, 163.
Blesmes, 181.
Blevec (Le), 176.
Bligny, *343, 418.
Blismes, 181.
Blois, 505.
Boisset (Le), 618.
Boissey, 619.
Boissy, 617, 619.
Bonac, 469.
Bonnac, 469.
Bonnat, 469.
Bonnay, 469.
Bonneil, 536.
Bonneuil, 535, 536.
Bonnœil, 535, 536.
Bonnœuvre, 536.
Bossay (Pont de), 618.
Bougival, viii, 12.
Bouillargues, 571.
Boulaie, 617.
Boulay, 617.
Boulaye, 617.
Boulois, 617.
Bouloy, 617.
Bourges, 151, 565.
Bournac, 497.
Bournan, 497.
Bournay (Saint-Jean de), 496.
Bournhounesque, 556.
Boussy, 202.
Boutenac, 458.
Bracy, 352.
Bragny, 400.
Braisne, 400.
Brandon, 400.
Branoux, 598.
Bras d'Asse, 352.
Brassac, 352.
Brenac, 496.
Brenat, 495, 496.
Brenay, 495.
Brené, 496.
Brenna, 496; Brenno, 496.
Breteuil, 536.
Brethenay, 488.
Bretigney, 202.
Bretigny, 202.
Brevenne (rivière), 565.
Briare, 153.
Briec, 138.
Brignac, 496.
Brigné, 496.
Brignon, 510.
Brioude, 153.
Brissac, 599.
Brissy, 599.
Brixey, 599.
Bruguec, 176.
Brünn, 169.
Bucey, 202.
Bucy, 202, 618.
Buissière (La), 606.
Bulhon, 511.
Burey, 203.
Bury, 203.
Busit, 177.
Bussière (La), 606.

INDEX ALPHABÉTIQUE

Bussières, 606.
Bussy, 202.

Cabriac, 435.
Cadarot (N.-D. de), 600.
Cadola, 501.
Cagnosc (Saint-Jean de), 211, 594.
Cahors, 154.
Caissargues, 572.
Cambon, 181.
Cambrai, 512.
Campagnac, 210.
Campagnan, 210.
Campelles (Saint-Etienne de), 438.
Campénéac, 210.
Campigny, 210.
Canac, 472.
Cantillac, 369, 376, 583.
Cantilly, 376.
Capdenac, 473.
Carancy, 146.
Carency, 211.
Carennac, 458.
Carnac, 489.
Casneda, 629 ; Casnedo, 629.
Cassago, 143.
Cassanigo, 572.
Castanet, 619.
Caugé, 158.
Caugy, 158.
Caujac, 158.
Caux, 428.
Cavagnac, 475.
Cavaillon, 519.
Caverzago, 157.
Cazillac, 488.
Cepet, 406, 620.
Cepoix, 620.
Cepoy, 406.
Cervières, 611.
Cessey, 320.
Cessieu, 320.
Cessy, 320.
Chabriac, 435.

Chabris, 434.
Chacé, 213.
Chaillac, 204.
Chaillé, 204.
Chailley, 204.
Chaillot, 537.
Chailly, 204, 470.
Chalias, 205.
Chalnac, 472.
Chalon-sur-Saône, 83.
Châlons-sur-Marne, 404.
Châlons (Mayenne), 538.
Chalus, 363.
Chambéry, 206.
Chambly, 207.
Chambon (Le), 599.
Chambost-Longessaigne, 599.
Chamilly, 162.
Chamolay, 356.
Chamouillac, 356.
Chamouille, 356.
Chamouillet, 356.
Champagnac, 210.
Champagnat, 209, 210.
Champagné, 208, 210.
Champagneux, 210.
Champagney, 210.
Champagny, 210.
Champigné, 210.
Champigny, 208, 210.
Champillet, 438.
Champlost, 600.
Chanac, 471, 472.
Chanat, 471.
Chaney, 472.
Channay, 210, 638.
Chantelle, 375-376.
Chantesse, 582.
Chanteuges, 538.
Chantillac, 376, 583.
Chantilly, *376, 583.
Chantonay, 582.
Chaource, 403.
Chapelle sous Brancion (La), 603.
Chaponnière (La), 611.

Charancey, 146.
Charancieu, 146, 211.
Charantigny, 146.
Charcé, 213.
Charencey, 211.
Charency, 146, 212.
Charensat, 212.
Charentay, 212.
Charentonnay, 566.
Chargnac, 489.
Chargnat, 489.
Charnay, 488, 489.
Charny, 489.
Charonne, 600.
Chassé, 143.
Chasseneuil, 531, 533.
Chassenon, 531, 567, n. 2.
Chassey, 143.
Chassiecq, 143.
Chassieu, 143.
Chassigneu, 165.
Chassigny, 165.
Chassy, 143.
Chastelux, 364.
Chastenay, 619, 620.
Châtenay, 619, 620.
Châtenet, 620.
Chatenois, 620.
Châtenoy, 620.
Châtillon, 364.
Chaudion, 511.
Chaulhac, 217.
Chaussy, 216.
Chavagnac, 475.
Chavagné, 475.
Chavagnieu, 475.
Chaversey, 158.
Chelieu, 214.
Chelles, 538.
Chelsey, 429.
Chemilla, 162.
Chemillé, 162, 207.
Chemilli, 162.
Chemilly, 162.
Chêne-chenu, 466.
Chenevières, 607.

Chenove, 472, 563.
Cheny, 210.
Chepoix, 620.
Cherancé, 146.
Cherencé, 146.
Chéry, 524.
Chesnay, 628.
Chesnois, 628.
Chesnoy, 628.
Chessy, 143.
Cheu, 405.
Cheverny, 435, 605.
Chevery, 435.
Chevinay, 458.
Chevregny, 436.
Chevresis, 158.
Chevrey, 435.
Chevry, 435.
Chigné, 210.
Choilley, 217.
Choisey, 216.
Choisies, 216.
Choisy, 215, 216.
Chorges, xi, 404.
Chouilly, 216, 217.
Choussy, 216.
Chouzé, 216.
Chouzy, 216.
Ciran, 182.
Civrac, 318.
Civray, 318.
Civrieux, 318.
Civry, *318, 465.
Clapiers, 220.
Cleppé, 220.
Clérieux, 218.
Clermont-Ferrand, 154.
Clichy, 11, 218, 219.
Clignancourt, 12.
Clion, x.
Colchester, 354.
Collemiers, 611.
Collobrières, 611.
Cologne, 142.
Colombey, 612.
Colombier, 611, 612.

Colombier-Saugnieu, 566.
Colombiers, 612.
Comeré, 357.
Comiac, 222.
Commiers, 357.
Communay, 476.
Congé, 148, 222.
Congis, 148.
Corbeil, 539.
Corbeny, 497.
Corbigny, 498.
Corenc, 464.
Corneilhan, 358.
Corneilla, 358.
Corneillan, 358.
Cornil, 357.
Cornillac, 358.
Cornille, 357.
Cornillé, 358.
Cornillon, 512.
Cossé, 220.
Cotte, 505.
Cottiennes (Alpes), 499.
Coucy, 573.
Coudraie (La), 620.
Coudray (Le), 620.
Courçais, 225.
Courçay, 225.
Courchon, 512.
Courçon, 512.
Courcy, 226.
Courson, xii, 512.
Courtenay, 458.
Coussergues, 573.
Coutances, 422.
Crannach, 175.
Cransac, 211.
Cranton, x, 167.
Crécy, 222.
Crépigny, 224.
Crépy, 223.
Crespian, 223.
Crespigny, 224.
Cressac, 223.
Cressey, 223.
Cressy, 223.

Créteil, 540.
Crognac, 225.
Crogny, 224, 402.
Croix-Nord, 370.
Cuinchy, 156.
Cuincy, 156.
Cuiry, 595.
Cuisy, 227.
Cuizy, 227.
Curçay, 225.
Curiusque, 594.
Cusey, 227.
Cuzac, 227.

Daumazan, 340.
Deneuvre, xiii.
Derrien (La Roche-), 398.
Dicy, 409.
Dijon, 520.
Dizy, 227, 409.
Dompnac, 477.
Donzac, 230.
Donzacq, 230.
Donzy, 230.
Doucey, 229.
Doucy, 229.
Doussay, 228, 229.
Douvres, 178.
Douzy, 229.
Drenek, 176.
Drishaghaun, 174.
Droussac, 230.

Eause, 520.
Ebreuil, 499.
Ecosse, 14.
Ecuisse, 526.
Eguilly, 377.
Embrun, 169.
Engins, 361.
Epagne, 410.
Epagny, 410.
Epinay, 542, 627.
Epiniac, 410.
Espagnac, 410.
Essarois, 630.

Eure (rivière), 151, 565.
Evre (rivière), 151, 565.
Evreux, 565.
Evry, 169.

Fabiano, 438, n. 9.
Fage, 439.
Faget, 621.
Fajac, 439.
Faverolles, 522.
Favières, 522.
Fay, 621.
Fenay, 455.
Ferrairie (La), 604.
Ferrières, 603.
Fézensac (Vic-de-), 340.
Ficareto, 632.
Figaret, 632.
Figeac, 232.
Firminargues, 573.
Flacé, 233.
Flacey, 233.
Flacy, 233.
Flagy, 595.
Flaugeac, 235.
Flaujac, 235.
Flaviac, 235.
Flavignac, 236.
Flavigny, 235, 236.
Flavy, 235.
Flayosc, 595.
Flesccach, 175.
Fleuré, 237.
Fleurey, 236, 237.
Fleurian, 237.
Fleurieu, 163.
Fleurieux, 163, 237.
Fleury, 163, 237.
Fley, 595.
Floirac, 163, 237.
Florian, 237.
Fly (Saint-Germer de), 595.
Foissac, 238.
Foissiat, 238.
Foissy, 237, 238.
Fontanedo, 632.

Fontenay, 631, 632.
Fontenois, 632.
Fontenoy, 632.
Fragny, 349.
Fraissinet, 621.
Frayssinet, 621.
Frenay, 621.
Freney, 621.
Fresnay, 621.
Fresne, 609.
Fresnes, 609.
Fresney, 621.
Fresnières, 609.
Fresnois, 609, 621.
Fresnoy, 621.
Freycenet, 621.
Freyssenet, 621.
Fronsac, 459, n. 10.
Frontenac, 459.
Frontenas, 459.
Frontenay, 459.
Fuissé, 238.

Gabriac, 436.
Gaillac, 239.
Gaillon, 513.
Galargues, 576.
Gemigny, 159.
Genetay, 622.
Genève, 151.
Genevraie (La), 622.
Genevray, 622.
Genevraye (La), 622.
Genevrière (La), 607.
Genissac, 242.
Genissieux, 241.
Gensson, 513.
Gentilly, 242.
Germagnat, 244.
Germagny, 244.
Germay, 541.
Germenay, 244.
Germenay, 244.
Germignac, 244.
Germigney, 244.
Germigny, 242, 243, 244.
Gesvres, 436.

Gevrey, 436.
Geyssans, 245.
Gissac, 245.
Gissey, 244, 245.
Gondreville, vi.
Gouezec, 138, 177.
Goules, 507.
Goupillières, 613.
Gragnague, 248.
Gravières, 604.
Grazac, 246.
Grazay, 245, 246.
Grignan, 248.
Grignon, 513.
Grigny, 248.
Gréasque, 246, 593.
Gresillac, 410.
Gresillé, 410.
Gressey, 246.
Gressy, 246.
Grésy, 246.
Greux, 358.
Grézac, 246.
Grézian, 247.
Grézieu, 246.
Grézieux, 245.
Guéry, 339.
Guillotière (La), 613.
Gusargues, 571.

Halphen, 155, 191, 421.
Herry, 381.
Heyrieux, 381.

Irlande, 13, 14, 637.
Is-en-Basigny, 361.
Is-sur-Tille, 359.
Isernore, 184.
Issac, 361.
Isse, 361.
Issé, 361.
Issoire, xii, 148, 182, 360.
Issy, 148, 360.
Ivry, 169.
Izeure, 360.
Izeures, xii, 148, 182, 360.

Jailly, 239.
Jallieu, 239.
Jansac, 513.
Jansiac, 513.
Janson, 513.
Janzé, 251.
Jeugny, 253, 254.
Joncherais, 633.
Joncheray, 633.
Jonchère, 523.
Jonchère (La), 605.
Jonchères, 523, 605.
Joncherolles, 522, 523.
Jonquière, 523.
Jonquières, 523.
Jonzac, 251.
Jonzieux, 251.
Jouaignes, 253, 254.
Jouancy, 252.
Joué, 239, 241.
Jouet, 240, 241.
Jouey, 241.
Jouy, 240, 241.
Juillac, 141.
Juillan, 142.
Juillé, 141.
Juilley, 141.
Juilly, 141.
Julhans, 142.
Juliers, 141.
Jullians, 142.
Jullié, 141.
Jully, 141.
Jumigny, 159.
Juvigné, 254.
Juvignies, 254.
Juvigny, 252, 254.

Kempeniac, 138.
Kent, 179.

Lançon, 362, 513, 514.
Langres, 388.
Lans, 361.
Lantenay, 460.
Lanthenay, 460.

Lantignie, 362.
Lantillac, 362.
Lantilly, 362.
Lanzac, 362.
Larrey, 249.
Lassois (Mont), 549.
Lasson (La Chapelle), 514.
Launay, 617.
Launois, 617.
Launoy, 617.
Lauret (Sauteyrac), 622.
Lavaur, 349.
Leacach, 175.
Légé, 411.
Leignon, 514.
Lembron(Saint-Germain),254, 554.
Lentigny, 362.
Lentilliac, 362.
Lentilly, 362.
Lésignat, 256.
Lésigné, 256.
Lésigny, 255, 256.
Leuilly, 263.
Lézignan, 257.
Lézignieux, 256.
Lézinnes, 257, 439.
Ligeay, 411.
Liguères, 608.
Lignerolles, 523.
Lignières, 523, 607.
Lilhac, 258.
Lillebonne, 585.
Lilly, 258.
Limoges, 154.
Linières, 607.
Linz, 460.
Liverdun, xiii, 479.
Livré, 479.
Livry, 479.
Llydaw, 560.
Loches, 363.
Lodève, 507.
Lœuilly, 263.
Loucé, 260.
Louchy, 264.

Loupiac, 264.
Loupian, 264.
Louppy, 264.
Luçay, 260.
Lucé, 259, 260.
Lucenay, 455.
Lucey, 259, 260.
Luchy, 259, 261.
Luçon, 515.
Lucy, 261.
Lugan, 365.
Lusignan, 155, 257.
Lussac, 258, 261.
Lussan, 261.
Lussat, 261.
Lusson, 515.
Lux, 363.
Luynes, 266.
Luzillat, 262.
Luzillé, 261.
Luzinay, 455.

Macon, 550.
Magnac, 266.
Magnan, 266.
Magné, 266.
Magnien, 266.
Magnieu, 266.
Magny, 265, 266.
Mailhac, 267, 574.
Maillac, 574.
Maillane, 267.
Maillé, 266, 267.
Mailley, 267.
Mailly, 267.
Maincy, 268.
Mainz, 418.
Mairé, 276.
Mairy, 276.
Maixe, 275, 411.
Maizeray, 480.
Malay, 482.
Mancey, 268.
Mancy, 268.
Manhac, 266.
Maray, 276.

Marçay, 274.
Marcé, 274.
Marcello, 502.
Marcenat, 454.
Marcenay, 454.
Marcenet, 454.
Marcey, 274.
Marchiennes, 274.
Marciac, 274.
Marcieu, 274.
Marcieux, 274.
Marcillac, 146, 269.
Marcillat, 146, 269.
Marcillé, 146, 268.
Marcilly, 146, 269.
Marcilly d'Azergues, 607.
Marc-la-Tour, 502.
Marçon, 515.
Marcoux, 446.
Marcy, 274.
Mareil, 529, 530.
Mareuil, 529, 530.
Marey, 276.
Mariac, 276.
Marigna, 278.
Marignac, 164, 277.
Marignana, 164.
Marignane, 164.
Marignano, 164.
Marigné, 164, 278.
Marigneu, 164.
Marignier, 278.
Marigny, 164, 277, 278, 366.
Marillac, 482.
Marinesques, 553.
Marmagne, 413, 414.
Marmogen, xi.
Marnay, 278 n., 366.
Marolles, 281, 525.
Marsac, 271, 274.
Marsan, 275.
Marsannay, 454.
Marsas, 270, 274.
Marsat, 270.
Marseillan, 270, 274.
Marsillargues, 594.

Marsilly, 269.
Marson, 515.
Martigna, 279.
Martignac, 280.
Martignargues, 575.
Martignas, 279.
Martignat, 279.
Martigné, 279.
Martigny, 278, 280.
Martigny-en-Valais, 562.
Martinesque, 553.
Mary, 280.
Massillac, 574.
Massillargues, 574.
Mauriac, 281, 282, 290.
Mauriat, 282.
Maurisque, 553.
Maxey, 274.
Mayence, 418.
Maynal, 425.
Mayrinhac, 278 n.
Mazerac, 480.
Mazeray, 480.
Meilhac, 283.
Meillac, 283.
Meilly, 283.
Mequeroil, 526.
Mercey, 271.
Mercœur, 446, 447.
Mercurago, 447, n. 7.
Mercurey, 447.
Mercurio, 446, n. 7.
Mercury, 447.
Mercy, 274.
Méré, 280.
Mérey, 276, 280.
Mérignac, 278.
Mérignargues, 575.
Mérignas, 278.
Mérignat, 278.
Mérigny, 278.
Merlau, 564.
Merloux, 564.
Merrey, 281.
Merry, 281.
Méry, 276.

Merzé (Saint-Jean de), 270.
Meslay, 481.
Mesle, 564.
Messay, 425.
Metti, 425.
Metz, 154, 423, 425 n. 6.
Meuse, 561.
Meyrargues, 575.
Mezeray, 480.
Mezeriat, 481.
Miceriac, 165.
Milhac, 283.
Millac, 284, 348.
Millau, 153.
Milly, 284.
Miserey, 165.
Misery, 165.
Missery, 165.
Missiriac, 165.
Moiré, 282.
Moirey, 281, 282.
Moiry, 282.
Moissac, 286, 287.
Moissat, 286, 287.
Moissey, 287.
Moissieu, 287.
Moissy, 287.
Montagna, 285.
Montagnac, 285.
Montagnat, 285.
Montagne, 284, 285.
Montagney, 285.
Montagnieu, 285.
Montagny, 285.
Montegiove, 448.
Montegiovi, 448.
Montenay, 285.
Monteu da Po, 546.
Montignac, 284, 285.
Montigné, 284, 285.
Montigny, 285.
Montluçon, 515.
Montmagny, 266.
Montmorency, 340.
Morancé, 341.
Morancez, 341.

Morancy, 340.
Moreac, 282.
Morenchies, 341.
Morey, 282.
Morlaye (La), 486.
Mory, 281, 282.
Moussac, 287.
Moussey, 287.
Mousson, 596.
Moussy, 287.
Mouzon, 153.
Mussey, 516.
Mussy, 516.

Naiguières, 603.
Neris, x, 155, 346.
Neufvy, 289.
Neuillac, 292.
Neuillay, 292.
Neuillé, 292.
Neuilli, 292.
Neuilly, 292.
Neulliac, 292.
Neuvilley, 292.
Neuvilly, 292.
Neuvy, 289.
Nevers, 83.
Nevy, 289.
Nissan, 350.
Nogaré, 633.
Nogarède, 633.
Nogaredo, 633.
Nogaret, 633.
Nogna, 288.
Noiseau, 623.
Noisy, 623.
Nouaillé, 292.
Noyers, 609.
Noyon, 531.
Nueil, 531, 534.
Nuillé, 292.
Nully, 292.

Orange, 520, 569.
Orbiguy, 158.
Orçay, 385.

Orléans, 412, 422.
Orlhac, 145, 434.
Orlhaguet, 434.
Orliac, 434.
Orliaguet, 434.
Orly, 145, 434.
Ormoy, 628.
Orry, 198.
Orsay, 385.

Pacé, 164.
Pachan, 412.
Paché, 412.
Pacy, 164.
Pagney, 483.
Pagny, 483.
Paissy, 164.
Parcay, 342.
Parcé, 341, 342.
Parcey, 342.
Parcy, 342.
Parthenay, 491.
Passy, 164.
Payerne, 483.
Pebrac, 483.
Pécy, 293.
Peillac, Poliac, 138.
Pénide (La), 624.
Percey, 342.
Percy, 342.
Pernay, 482.
Pérolet (Le), 541.
Perrecy, 341.
Perreuse, 604.
Perreux, 604.
Perrier (Le), 604.
Perrière (La), 604.
Perrières, 604.
Pessac, 293.
Pessat, 293.
Petrigniano, 439, n. 5.
Petrognano, 439, n. 6.
Pibrac, 483.
Pinay, 624.
Pinède, 624.
Pinet, 624.

Pineuilh, 542.
Piney, 157.
Pissy, 293.
Pizy, 293.
Ploermel, 387.
Poinchy, 297.
Poinçon, 516.
Poincy, 297.
Poinsenot, 516.
Poinson, 516.
Poisson, 516.
Poivre, 484.
Pomarède, 633.
Pomet, 624.
Pommeraie (La), 633.
Pommeray, 633.
Pommeraye (La), 633.
Pommerit, 634.
Pomoy (Le), 624.
Pompejac, 295.
Pompiac, 295.
Pompignac, 367.
Pompignan, 367.
Pompogne, 367.
Poncé, 295, 297.
Poncey, 294, 297.
Ponsan, 296.
Ponson, 516.
Pontailler, 297.
Pontiacq, 297.
Pontoise, 153.
Pontpoint, 366.
Porquières, 612.
Potangey, 297.
Pouançay, 294.
Pouancé, 294.
Poznac, 484.
Prangey, 299.
Précey, 301.
Précigné, 302.
Précy, 300, 301.
Prenois, 625.
Prény, 624.
Pressac, 301.
Pressagny, 301, 302.
Pressignac, 302.

DES NOMS DE LIEU MODERNES.

Pressigny, 301, 302.
Pressy, 301.
Prétieux, 301.
Preuil, 541.
Preyssac, 301.
Prignes, 439.
Pringy, 300.
Prissé, 300.
Prunay, 625.
Prunet, 625.
Prunoy, 625.
Puy (Le), 350.
Puyloubier, 612.

Quantilly, 369.
Queiroles, 524.
Quelennec, 176.
Quellenec, 176.
Queudes, 508.
Quierzy, 212.
Quincay, 156.
Quincé, 156.
Quincey, 156.
Quincié, 156.
Quincieu, 156.
Quincieux, 156.
Quincy, 156.
Quinsac, 156.
Quinsaines, 157.
Quinson, 516.
Quintillargues (Ste-Croix de), 576.

Radepont, 153.
Ravières, 608.
Regney, 393.
Regny, 393.
Reignac, 393.
Reignat, 393.
Reigny, 393.
Remagen, 532.
Remeréville, 490.
Remilly, 304, 305.
Résigny, 255, 256.
Reuil, 531.
Reuilly, 304.

Revigliasco, 589.
Rignac, 393.
Rigné, 393.
Rigneux, 393.
Rigny, 393.
Riom, 179, 532.
Roffey, 307.
Roilly, 308.
Romagnat, 303, 304.
Romagné, 304.
Romagnieu, 304.
Romagny, 304.
Romanêche, 554.
Romeny, 303.
Romigny, 304.
Romillé, 305.
Romilly, 305.
Rosey, 629.
Rosières, 608.
Rosoy, 629.
Rottenburg, 397.
Rouen, 532.
Rouergue, 569, 570, n. 2.
Rouffiac, 305, 307.
Rouffy, 307.
Rouillac, 308.
Rouillé, 309.
Rouilly, 307, 309.
Roumigny, 303.
Roumoules, 508.
Rouvray, 625.
Rouvrois, 626.
Rouvroy, 626.
Rozières, 608.
Rozoy, 629.
Ruffec, 307.
Ruffey, 305, 307.
Ruffiac, 306, 307.
Ruffieu, 307.
Ruffieux, 307.
Ruillé, 309.
Rully, 309.
Rumigny, 304.
Rumilly, 305.

Sacé, 311.

Sacey, 311.
Saché, 309.
Sachy, 309.
Sacy, 311.
Sagy, 309.
Saint-Apollinaire, 377.
Saint-Bonnet, 179.
Saint-Claude, 548.
Saint-Denis, xviii, 214.
Saint-Eny, 461, n. 2.
Sainte-Sévère, xi.
Saint-Julien près Cazillac, 446.
Saint-Maurice en Valais, 153, 178.
Saint-Ulphas, 193.
Saintonge, 569.
Salviac, 312.
Sansac, 313.
Sansais, 313.
Sansan, 313.
Sanssac, 313.
Sanssat, 313.
Santenay, 460.
Sanxay, 313.
Sanzay, 313.
Sanzey, 313.
Sauchay, 626.
Sauchy, 626.
Saugey, 312.
Saujac, 312.
Saujat, 311.
Saulcy, 626.
Sausay, 326.
Saussaye (La), 626.
Sausset, 626.
Saussey, 626.
Saussoy, 626.
Sauviac, 312.
Sauvian, 312.
Sauviat, 312.
Sauvignac, 312.
Sauvigney, 312.
Sauvigny, 312.
Sauxillanges, 573.
Savigna, 126.
Savignac, 126, 322.

Savignargues, 577.
Savignat, 126.
Savigné, 126.
Savigneux, 126.
Savigny, 126.
Savy, 309.
Schardag, 547.
Séchy, 407.
Secondigné, 314.
Secondigny, 314.
Segonzac, 314.
Selvigny, 325.
Seneuil, 532, 534.
Senlis, 154.
Sepian, 407.
Sermizelles, 414.
—Sermaise, 413, 414.
Sermoise, 413, 414.
Servais, 323.
Servières, 611.
Séverac, 318.
Sevignac, 126.
Sevigny, 126.
Sevrai, 318.
Sevrey, 318.
Sevron, 465.
Sevry, 318.
Sexey, 320.
Shannon, 152.
Silhac, 322.
Sillé, 322.
Silley, 322.
Silli, 322.
Silly, 322.
Sincey, 316.
Sinzig, 315.
Sissy, 320.
Sivry, 318, 465.
Soissons, 422.
Soisy, 327.
Solesmes, 370.
Sommeré, 169, n. 9.
Sonnay, 172.
Souillac, 328, 329.
Souillaguet, 329.
Souillé, 328, 329.

Souilly, 329.
Soulaines, 429, 431.
Soulliol, 526.
Soulosse, 415.
Souricières (Les), 613.
Spay, 407, 620.
Spernec, 176.
Spoy, 405, 620.
Strasbourg, 492.
Sully, 328, 329.
Suse, 560.

Talou, 561.
Tamnach, 174.
Tarascon, 601.
Tauern, 547.
Tauriac, 330.
Taurignan, 333.
Taurinya, 333.
Teil (Le), 416.
Teillet, 627.
Telle (rivière), 561.
Tersac, 372.
Terssac, 372.
Terzé, 372.
Theil, 416.
Thil, 372.
Thilly, 373.
Thoiré, 330.
Thoiry, 330.
Thoré, 330.
Thorey, 331.
Thorigné, 332.
Thorigny, 332.
Thoury, 330.
Thuilley, 517.
Thuré, 331.
Thurey, 331.
Thury, 331.
Tilenay, 627, n. 3.
Tillay, 373. 627.
Tillé, 373.
Tillet, 372.
Tilly, 627.
Tonnerre, xii.
Torcé, 331.

Torcieu, 331.
Torciac, 331.
Torcy, 331.
Torigny, 333.
Torniac, 503.
Tornaco, 503.
Tornago, 503.
Tornano, 503.
Tornay, 503.
Torsac, 331.
Torxé, 331.
Touche (La), 499.
Touille, 517.
Touillon, 517.
Toul, 504.
Tour (La), 503.
Toureil, 543.
Tourliac, 333.
Tourly, 333.
Tournac, 364.
Tournai, 170.
Tournay, 364, 503.
Tournhac, 364.
Tourniac, 364.
Tournoel, 543.
Tournon, xii, 170.
Tourny, 364, 503.
Tours, 154.
Tours-sur-Marne, 503.
Toury, 331.
Tremblay, 627.
Tremblois, 627.
Tremilly, 627.
Tressé, 372.
Trévise, 466.
Trocy, 409.
Troussey, 409.
Troyes, 585.
Turenne, 442.
Turenno, 442, n. 7.
Turiano, 440, n. 5.
Turro, 441, n. 12.

Ury, 399.
Usson, xi, 148. 360.
Uzès, 565.

Vairé, 339.
Valençay, 527.
Valenciennes, 527.
Valençon, 527.
Valensolle, 526.
Valentigney, 165.
Valentigny, 165.
Vallery, 145, 431.
Valléry, 145.
Vallières, 430, 431.
Valmaillargues, 574.
Vandenesse, 534, 583.
Vandœuvre, xiii.
Vandré, 578.
Vassel, 503.
Vassy, 333.
Vaudemont, ix.
Vaudreuil (Le), 532.
Vayrac, 339.
Velleret, xi.
Venasque, 600.
Vendargues, 577.
Vendenesse, 534, 583.
Venderesse, 583.
Vendeuil, 532, 533.
Vendeuvre, xiii.
Vendresse, 583.
Venissieux, 417.
Venizy, 417.
Vennecy, 417.
Venosc, 600.
Vernay, 617, 630.
Verneil, 543.
Vernet (Le), 617, 630.
Verneuil, 543.
Vernoil, 543.
Vernois, 617, 630.
Vernon, 544.

Vernouillet, 543.
Verry, 339.
Véry, 339.
Vevey, 548.
Vichy, 408.
Vienne, 584.
Vilhosc, 336, 596.
Villenauxe, 585.
Villesèque, 497.
Villy, 336, 596.
Vimeu, 561.
Vincey, 337.
Vincy, 336, 337.
Vindecy, 337.
Vindey, 338.
Vinezas, 417.
Viré, 454.
Visiago, 417.
Visille, 417.
Visme (rivière), 561.
Vitrac, 335.
Vitray, 335.
Vitré, 335.
Vitreux, 335.
Vitrey, 336.
Vitrieu, 597.
Vitry, 334, 336.
Volpilière, 613.

Windisch, 534, 583.
Winterthur, xi.

York, 137, 145, 169.
Yssac, 148.
Yverdun, xi, 169.
Yzernay, 499.

Zarten, 601.

INDEX ALPHABÉTIQUE

DES

NOMS DE PERSONNES

Abudius, 161.
Accius, 188.
Acer, 469.
Acilius, 127.
Aconius, 189.
Aculenus, 377.
Aculinus, 377.
Aculla, 507.
Acutianus, 571.
Acutius, 190, 345, 571.
Adbogius Coinagi f., 166.
Adbucillus, *princeps* des Allobroges, 46.
Aegus, Allobroge, reçoit en présent des champs pris sur l'ennemi, 20.
Aemilius, 127, 348.
Aenus, 394.
Afranius, 127, 349.
Albanius, 155, 377.
Albarenius, 593.
Albinius, 155, 191.
Albinus, 507.
Albius, xii, xiii, 186, 190, 378, 421, 593.
Albucius, 457, 509, 571.
Alfenius, 452.
Alfenus, 449, 452.
Alfius, 449.
Allius, 192, 509.
Alsius, 193.
Altbrandus, 555.
Ambacthius, 443.
Ambactus, 444, 445.
Ambilius, 561.
Ambiorix, son *aedificium*, 91 ; — sa *villa*, 95.

Ambrosius, 445, 446.
Amelius, 347, 551, 561.
Ammonius, 432.
Amonius, 432.
Anaugen, 392.
Andarta, 388.
Andecamulos, 355.
Andecumborius, 147.
Andius, 193.
Anicius, 194, 345, 350.
Annibal, brûle les *villae*, 93.
Ansoaldus, vii.
Antius, 379, 457, 587.
Antonius, 128, 140, 350.
Antullus, 172.
Apillius, 195.
Aponius, 196.
Appalius, 195.
Appia, 522 ; Appius, 128, 194, 610.
Apponius, 195.
Aquilius, 421 ; cf. 377.
Aquinius, 187.
Aqulius, 377.
Arduinna, 354.
Argant, 492.
Argantan, 492.
Arganthael, 492.
Argantlouuen, 492.
Argantlon, 492.
Argantmonoc, 492.
Argantos, x, xiii.
Argatân, 492.
Argentillus, 494.
Argentos, 531, 533.
Argiotalus Smertulitani f., 166.

INDEX ALPHABÉTIQUE

Ariovistus, ses acquisitions de territoires, 20, 21, 22, 76, 106.
Arquinius, 196.
Arrenia, 452.
Arrenus, 450, 452.
Arrius, 161, 380, 450.
Arsenius, 157.
Arsinius, 157.
Artaio (Mercurio), 389.
Artanius, 383.
Artenna, 452, 456.
Arthbiu, 385, 386.
Arthmael, 385, 386.
Arthuuiu, 385, 386.
Articnos, 382, 390, 399.
Artidius, 383.
Artilius, 196, 383.
Artinus, 383.
Artio (déesse), 389.
Artius, 159, 382, 452, 510.
Arto, 495, 597.
Artos, XII, XIII, 382, 598.
Ascius, 352.
Asellus, 467, 468.
Asprenas, 462, n. 3.
Asprenus, 462.
Asprius, 462.
Astius, 352.
Ateius, 402.
Athanas, 490.
Athanasios, 490.
Atilius, 128.
Atinius, 197.
Atisius, 592.
Atteius, 402, 433.
Attenius, 198, 453.
Attennius, 453.
Attius, 453.
Atto, 555.
Auctus, 545.
Aufidenus, 450.
Aufidius, 450.
Aulenus, 450.
Aulius, 198, 450.
Aura, 426.
Aurelianus, 571.
Aurelius, 128, 145, 433, 571.
Aurelus, 426.
Auria (gens), 198.
Auriknus, 426.
Aurius, 426.

Autbertus, 555.
Autestius, 546.
Auto, 546.
Autonius, 546.
Autus, 545.
Avena, 450, 454.
Avenia, 452.
Avennius, 452, 518, 524.
Aventia (Dea), 510.
Aventius, 510.
Avenus, 450, 452, 454, 463.
Avicantus, 538.
Avitianus, 171, n. 3.
Avitius, 138, 171.
Avitus, 145, 170.
Avius, 450.

Babidenus, 450.
Babidius, 450.
Babrenus, 450.
Babrius, 450.
Baddo, VIII.
Badegysilus, VIII.
Badigysilus, VIII.
Balbius, 199.
Baldierus, 555.
Baldus, 613.
Balterius, 555.
Barbarius, 165, 402, 510, 551.
Barbarus, 551.
Bardos, 167, 168.
Baro, 534, 535.
Barus, 534.
Basilius, 199.
Bassinius, 200.
Bassinus, 200.
Bassius, 421, 427, 592.
Bassus, 200.
Batechisilus, VIII.
Baudegisilus, Baudegysilus, VIII.
Beccus, 342.
Belenos, Belenus, 179, 180, 343, 418.
Beliniccus, 418.
Belinos, 179, 180.
Belisama (Dea), 181, 394.
Belismius, 394.
Bellinus, 180, 563.
Bernhard, 386.
Bernrich, 386.
Bero, 388.
Bessius, 458.

Bisena, 450.
Bisius, 450.
Bituitus, roi des *Arverni*, 41.
Blaesus, 505.
Blandius, 163.
Blanus, 598.
Blathmac, 637.
Blatius, 201.
Blattius, 201.
Boduogenus, 391.
Bonus, 469, 535.
Borno, 556.
Boutius, 458.
Braccius, 352, 524.
Brachan, 137.
Brannus, 500, 598.
Branus, 598.
Brena, 496.
Brenia, 496.
Brennus, 496.
Briccius, 599.
Briccus, 598.
Brigantia, 419.
Brigit, 419.
Brinnius, 496, 511.
Britanius, 201.
Brittius, 138.
Brittus, 536.
Brogitaros, 601.
Buccius, 202.
Bucia, 202.
Budien, 392.
Buduc, 177.
Bullius, 511, 572.
Burius, 203.
Burnus, 497.
Burrhus, Burrus, 349, 587.
Burrius, 587.

Cabarsus, 157.
Cabellius, 519.
Cadius, 437.
Caecilius, 128, 346.
Caepio, 406.
Caepius, 406.
Caesennius, 452.
Caesenus, 450, 452.
Caesius, 450.
Caetennius, 453.
Caetia, 453.
Cairolus, 524.

Calcius, 204.
Calenius, 452.
Calenus, 450, 452.
Caleti (deo Mercurio), 428.
Caletinus, 428.
Caletiu, 429.
Caletius, 428.
Calicius, 204.
Calidenus, 450.
Calidius, 128, 450, 511.
Calinius, 205.
Calius, 204, 450.
Callinius, 205.
Callius, 204.
Calus, 537, 551.
Calvenus, 450.
Calvius, 205, 450.
Camarus, 171.
Cambarius, 206, 511.
Cambius, 206, 599.
Cambus, 599, cf. n. 12.
Camilius, 207.
Camillius, 162, 207, 208.
Cammarius, 171, 512.
Cammarus, 512.
Campanius, 138, 209.
Campilius, 438.
Campylius, 438.
Camulacus, 177.
Camulates, 356.
Camulatius, 356.
Camulatus, 356.
Camulinius, 356.
Camulius, 207, 343, 353, 356, 419, 600.
Camullius, 353.
Camulogenus, 355, 391.
Camulognata, 355.
Camulos (Mars), 353, 354.
Camulus, 355, 389, 419, 600.
Canenus, 450.
Canius, 210, 450, 564.
Cantaber, 485.
Cantaius, 538.
Cantilius, 376, 572, 582.
Cantius, 582.
Canto, 582.
Cantonius, 582.
Cantosenus, 638.
Canus, 471, 563, 591, 597.
Capellius, 519.
Capor, 590.

Capito, 473.
Capitu, 473.
Caprius, 435.
Caproniae, 435.
Caprus, 537.
Carantinius, 146.
Carantius, 146, 211, 458, 524.
Caranto, 566.
Carantos, x, xiii, 211.
Carantus, 167.
Caratius, 213.
Carbo, 474.
Carisius, 212.
Carnius, 489.
Carvilius, 147.
Cassianus, 572.
Cassius, 128, 143, 567.
Casticus, séquane, prétendant à la royauté, 41.
Catalius, 594.
Catalus, 487, 500, 594.
Cataronis potestas, 600.
Catenius, 457.
Catgen, 392.
Cathal, 488.
Catharus, 600.
Catius, 213, 457, 466.
Catlinus, 470.
Catonius, 203.
Cattaus Bardi f., 166.
Cattos, vergobret des *Lexovii*, 45.
Catucus, 581.
Catuena, 581.
Catuenus, 581.
Catugnatos, 580.
Catulla, xviii; Catullus, 470.
Catullius, xviii, 214, 470.
Catulus, 470, 501.
Catumandus, 580.
Catumarus, 580.
Caturix, 580.
Caturus, 581.
Catus, 404, 567, 581.
Catusanianus, 474.
Catusius, 405.
Catuso, 405, 581.
Catussa, 404, 474, 579, 580.
Catussius, 403, 404.
Catuvolcus, 405, 580.
Caucinus, 539.
Caucius, 215, 357.

Caudius, 158.
Caulius, 216.
Causia, 216.
Cautius, 215, 357.
Cavannus, 475.
Cavarinus, sénon, frère de Moritasgus, 41, 114.
Cavilius, 573.
Cavillius, 573.
Cavinnius, 475.
Cavinus, 475.
Cavius, 458.
Cedrus, 497.
Celsinius, 573.
Celsinus, 573.
Celsius, 217.
Celtillus, arverne, accusé de prétendre à la royauté, 41, 49, n.
Centullius, 353.
César fait partager l'*ager publicus* de Campanie, 24.
Cevrennus, 465.
Charisius, 212.
Childericus, xvii.
Chramnus, 388.
Chrestus, 540.
Chronia, 407.
Chunoaldus, 559.
Cingetorix, *princeps* des *Treveri*, 46.
Cipellius, 217.
Cipius, 218, 406.
Cisiacus, 183.
Cisionia, 183.
Cisius, 183.
Cissus, 182.
Civilis, ses *villae*, 94.
Clarianus, 218.
Clarius, 218.
Claudius, x, xiii.
Clavus, 590.
Clementius, 218.
Clepius, 220.
Cleppius, 220.
Clippiana, 220.
Clodius, 421.
Cocceius, 221.
Coccius, 221.
Coddacatus, 581.
Commius, roi des *Atrebates*, 37, 43, 147, 221.
Commius, 222.

Communis, 476.
Condraussius, 231.
Congen, 398.
Connius, 173, n. 2.
Constance Chlore, 106.
Convictolitavis, vergobret des *Aedui*, 45, 49, n., 50, 147.
Corbis, 498.
Corbo, 498, 540.
Corbus, 498, 539, 540.
Cornelius, 128, 358, 512.
Cosius, 459.
Cottius, 499.
Cotto, 498.
Cottos, 498.
Cotus, éduen, 49, n., 50.
Crispinius, 224.
Crispius, 223.
Critognatus, arverne (discours de), 75, 79.
Crixsius, 222.
Cronius, 224, 407.
Cunobelinos, 354.
Cupitus, 506, 508.
Curius, 464, 594.
Curtius, XII, XIV, 225, 459, 512.
Curtus, 540.
Cusius, 226.

Dacco, XVII.
Dalmatius, 339.
Dannotalicnos, 390.
Deccius, 228.
Decius, 227, 408.
Dejotaros, 601.
Dergen, 397.
Diarmait, 637.
Διογένης, 391.
Divitiacus, 177.
Divius, 520.
Divogenus, 391.
Doccius, 228.
Docius, 228.
Domarius, 556.
Dominus, 477.
Domitius, 128, 229.
Domna, 477.
Donnos, XIII.
Donnotaurus, *princeps* des *Helvii*, 49.
Dotius, 228.
Dottius, 228.

Drausius, 231.
Drausus, 167, 231.
Drusius, 231.
Drussius, 231.
Drusus, 167, 231.
Druticnos, 390.
Dubrien, 392.
Dubroc, 177.
Dumnacus, 177.
Dumnorix, *princeps* des *Aedui*, 42, 45; — prend à ferme les impôts, 119.

Eburius, 168 et n. 10.
Eburos, Eburus, XI, XIII, 137, 145, 168, 499, 540.
Elusius, 520.
Eniboudius, 394.
Enicenius, 394, n. 6.
Enigenus, 394, 420.
Enignus, 394, n. 6.
Ennius, 128.
Eporedorix, *princeps* des *Aedui*, 45, 49, n.
Eppius, 162.
Equonius, 196.
Esunertos, 408.
Esus, 419.
Esuvius, 419.
Excengolatis, 549.

Fabius, 128, 438.
Fadenus, 450.
Fadius, 450.
Fidenius, 455.
Fidentius, 340.
Fidius, 231, 455.
Find, 533, 584.
Firminianus, 573.
Firminius, 573.
Firmius, 573.
Flaccius, 232.
Flavianus, 570.
Flavinius, 235.
Flavius, 234, 595.
Flavus, 234.
Florius, 163, 237.
Fouscius, 238.
Frédéric, 533.
Frithareiks, 533.
Fritto, 533.
Fritz, 533.

INDEX ALPHABÉTIQUE

Frontia, 459.
Frotgarius, 557.
Frudegarius, 557.
Furius, 128.
Fuscius, 238.

Gaberia, 436.
Galata, 576.
Galatius, 576.
Galatos, 576.
Galba, roi des *Suessiones*, 42.
Gallius, 238, 513, 552.
Gallus, 552.
Gavedius, 241.
Gavennius, 453.
Gavidius, 240.
Gavius, 453.
Gellius, 128.
Geminius, 159.
Genicius, 241.
Gentilius, 242.
Gentius, 513.
Genucius, 241.
Gorgissus, 579, n. 1.
Germanicus, XI, XIV.
Germanius, 243.
Germanus, 244.
Germus, 541.
Gessius, 244.
Godinus, 557.
Gracchus (Ti.), lois agraires, 23.
Gracilius, 409, 410.
Gracius, 246.
Graecus, 485.
Granius, 128, 247, 513, 525, 587.
Gratius, 245, 246, 593.
Grusius, 359.
Guerngen, 397.
Guidgen, 397.
Guillot, 613.
Gundulfus, VII.

Harmonius, 248.
Hermeros, 490.
Ἑρμογένης, 391.
Hermonius, 160.
Hilarius, 249.
Hildegrimmus, 556.
Hoiarn, 184.
Hoiarngen, 392.

Iantumarus, Andedunis f., 166.
Iarnán, 184.
Iarnoc, 177.
Iccianus, 360
Iccius, XI, XII, 147, 148, 182, 359.
Illiomarus, 530.
Indutiomarus, *princeps* des Treveri, 46, 530.
Ingenius, 361.
Isarn, 185.
Isarninus, 185.
Isarnus, 184.
Isserninus, 184.
Italus, 485.

Jucundius, 250.
Julius, X, 128, 141, 142, 588.
Junius, 128.
Juvenius, 253.
Juventius, 251.
Juvinius, 253.

Kadius, 437.
Kalinis, 205.
Kanus, 471, 564.
Karius, 524.

Laelius, 257.
Laenius, 514.
Lancidena, 450.
Lancidius, 450.
Lancius, 361.
Landericus, 145.
Lanins, 588.
Lantia, 361, 514.
Latinius, 128, 144.
Latius, 549.
Lattius, 514, 549.
Lautus, 552.
Lavius, 549.
Lentidius, 361.
Lentinus, 361.
Lentius, 361, 460, 514.
Lepidius, 258.
Lepidus, 258.
Leudobaldus, 613.
Liber, XIII, XIV, 478.
Liberius, 479.
Licinius, 128, 255, 439.
Lienos, 541.
Ligus, 485.

DES NOMS DE PERSONNES.

Linus, 541.
Liscus, vergobret des *Aedui*, 45.
Litaviccus, 560.
Litogenos (génitif), 391.
Litugenus, 391.
Livius, 155. 410, 411.
Locharnach, 177.
Lodius, 552.
Lollius, 263.
Loppius, 264.
Lottus, 553.
Lotus, 552.
Lucanius, 160, 365.
Luccius, 260, 363.
Luccus, 363.
Lucenius, 455.
Lucilius, 128, 261.
Lucius, 259, 515.
Lucressa, 579.
Lucretius, 346.
Lucterius, 147.
Lugus (dieu), 152.
Lutevus, 507.

Macer, 480.
Macerius, 480.
Mac-Mahon, 389, 398.
Maecena, 450.
Maecius, 450.
Maelius, 282.
Magissa, 579.
Magnius, 265, 595.
Malius, 267.
Mallianus, 574.
Mallius, 267, 574, 588.
Mandubratius, 147.
Manius, 595.
Manlius, 128.
Mantius, 268.
Marcellianus, 574.
Marcellinus, 567.
Marcellius, 128, 145, 269, 527, 574.
Marcellus, 269, 501, 502.
Marcona, 451, 454.
Marcilius, 128.
Marcinus, 567.
Marcius, 271, 305, 411, 451, 515, 567, 596.
Marcus, xi, xiv, 271.
Marianus, 575.
Marilio, 482.
Marillina, 482.

Marillus, 481.
Marinianus, 575.
Marinius, 164, 277, 553, 575.
Marinus, 553, 567.
Marius, 128, 275, 525, 567, 575.
Marsus, 485.
Martinianus, 575.
Martinius, 279, 553, 576.
Martinus, 279, 553.
Martius, 273, 515.
Martyrius, 591.
Marullus, 481.
Marus, 530.
Maryllus, 481.
Masclus, 481.
Masculus, 481.
Massula, 482.
Matrinius, 278, n. 366.
Matrius, 280, 525, 553.
Matronia, 366.
Mattius, 161.
Matuccius, 400.
Matuconi (génitif), 390.
Matucius, 400.
Matuco, 400.
Matuconius, 400.
Matucus, 400.
Matugenia, 390.
Matugenos, 390, 398.
Matunus, 388.
Matuus, 400.
Maurentius, 282, 340.
Maurinus, 282.
Maurius, 281, 405, 486, 554.
Maurulus, 486.
Maurus, 486, 554.
Maximinus, 567.
Maximius, 567.
Medugenus, 392, 580.
Meduna, 580.
Medussa, 580.
Melius, 283.
Mercurius, 178, 447, 526.
Merula, 564.
Messenius, 452.
Messenus, 451.
Messinus, 567.
Messius, 451, 567.
Metius, 424.
Mettius, 424.
Mettus, 423.

678 INDEX ALPHABÉTIQUE

Minatius, 159.
Moenicaptus, 420.
Moenius, 420.
Mogetiana, 420.
Mogetius, 420.
Mogonti (datif), 418.
Mogontia (dea), 419.
Mogontinius, 418.
Mollicius, 287.
Montanius, 284.
Montanus, 285.
Moritasgus, roi des *Senones*, 41.
Mucius, 128, 515.
Munatius, 128.
Mustius, 286.

Nammeius, 147.
Nasellius, 374.
Nasennius, 374, 453.
Nasia, 374.
Nasica, 374.
Nasidius, 374.
Nasius, 453.
Naso, 374.
Nasonius, 374.
Nassius, 374, 453, n. 6.
Nemetocena, 397.
Nemetogena, 397.
Nerius, x, 155, 346.
Nerta, 638.
Nertius, 638.
Nevet, 183.
Nimet, 183.
Nitiogenna, 397.
Nonius, 288.
Noricus, 485.
Novellius, 291.
Novellus, 591.
Novius, 289.
Numerius, 128.
Numisenus, 451.
Numisius, 451.

Octavianus, 392.
Octavius, 128.
Odolricus, 557.
Ollovico, roi des *Nitiobroges*, 40.
Orbius, 158.
Orgetorix, son procès, 41, 56, 114; — ses *clientes*, 57, 65.

Paccius, 164.
Pache, 412.
Pacius, 164.
Papirius, 128.
Papius, 411.
Parthenus, 491.
Paternius, 483.
Paternus, 482.
Patricius, 341.
Paucius, 293.
Paulius, 138, 160.
Paullius, 160.
Petilius, 548.
Petinius, 548.
Petreius, 440.
Petrinianus, 439.
Petro, 364.
Petronianus, 576.
Petronius, 128, 439, 576.
Petrus, 541.
Phryne, 491.
Pinarius, 588.
Pinus, 542.
Piper, 483.
Piperas, 484.
Piperculus, 483.
Piperolus, 483.
Pisinius, 157.
Pisonius, 157.
Pitius, 292.
Plautius, 589.
Pompeius, 294, 440.
Pomponenus, 451.
Pomponius, 366, 367, 440, 451.
Pontennius, 453.
Pontilius, 297.
Pontius, 295, 453, 516.
Postumius, 298.
Primius, 299.
Priscinius, 302.
Priscius, 301, 368.
Priscus, 301.
Propertius, 128.
Prune, 491.
Pudentius, 294.
Pusinnus, 484.

Quinctilius, 368, 369.
Quinctius, 156, 516.
Quintilianus, 576, 577.
Quintilius, 369, 576.

DES NOMS DE PERSONNES.

Quintinus, 567.
Quintius, 156, 421, 567.
Quintus, 591.

Ragenoldus, 558.
Ragnovaldus, 558.
Rainoldus, 558.
Raucillus, allobroge, reçoit en présent des champs pris sur l'ennemi, 20.
Rectugenus, 391.
Remedius, 554.
Remigius, 554.
Rena, 393.
Rennius, 393, 420.
Rhenus (dieu), 393.
Rhodanus, Rodanus, 393, n. 6.
Riccius, 160.
Romanius, 303, 487, 554.
Romanus, 487, 554, 570.
Romilius, 305.
Romulius, 305.
Romulus, 506, 508.
Ruffianus, 307.
Ruffius, 307.
Rufius, 306.
Rufus Coutusuati f., 166.
Rullius, 308.
Rupilius, 589.
Ruscus, 542.

Sabinianus, 577.
Sabinius, 126, 127, 577.
Sabinus, sa *villa*, 94 ; — 126.
Sabius, 309.
Sacciarius, 310.
Saccius, 310, 320.
Sacco, 310.
Sacconius, 310.
Saccus, 310.
Sacrovir, sa *villa*, 94, 96.
Salenus, 451.
Salius, 451.
Salvidenus, 451.
Salvidius, 451.
Salvinius, 312.
Salvius, 311.
Samnius, 516.
Sanctius, 313.
Sapius, 309.
Sarenus, 451.
Sarius, 451.

Satrenius, 452.
Satrenus, 451, 452.
Satrius, 451.
Scotius, 412, 526.
Scottus, 413.
Secundinius, 314.
Secundius, 314.
Securius, 314.
Sedulius, *princeps* des *Lemovices*, 49; — 147, 148.
Segolatius, 549.
Senachus, 177.
Sentius, 313, 315, 460.
Septimenus, 451.
Septimius, 451.
Severius, 317, 465.
Severus, 317.
Sextius, 319.
Silius, 321.
Silvanius, 323.
Silvanus, 567, 568.
Silvinius, 325, 577.
Silvius, 324.
Simplicius, 326.
Soccius, 327.
Socius, 326.
Solemnius, 328.
Solicius, 415.
Solimarius, 146, 160.
Solimarus, 530.
Solius, 328, 370, 415.
Sollemnis, 502.
Sollemnius, 328, 370, 429.
Sollius, 328, 329, 526.
Sollos, 172.
Solo, 172.
Sosius, 327.
Spanius, 410.
Spartacus brûle les *villae*, 93.
Spinus, 542.
Statius, 128.
Sumeli, 397, n. 5.
Superius, 319.

Tagassos, 579.
Tarvacus, 466.
Tarvius, 466.
Tarvos, 466.
Tasgetius, roi des *Carnutes*, rétabli par César, 41, 147.
Tauricius, 331.

Taurinius, 332.
Taurius, 330.
Tertius, 371.
Tettenius, 453, n. 8.
Tettennius, 453.
Tettius, 453.
Teutgarius, 558.
Teutomatus, roi des Nitiobroges, 40.
Theodeberethus, 145.
Theudeberethus, xviii.
Tiberius, 159.
Tilius, 416.
Tillius, 373.
Togia, 136.
Totatigens, 390.
Toutatis, 390.
Toutissicnos, 390.
Trebellenus, 451.
Trebellius, 451.
Trebius, 461.
Tremellius, 628.
Troccius, 408.
Trouces, 408.
Troucillus, 408.
Tullius, 517.
Tullus, 504.
Turaius, 441.
Turelius, 333, 440.
Turellius, 333, 440.
Turenne, 442.
Turennus, 442, 463.
Tureus, 441.
Turillius, 333.
Turius, 440, 441, 463.
Turnus, xii, 170, 503, 543.
Turo, 441.
Turrina, 442.
Turrio, 442.
Turrus, 441, 543.
Tuscus, 485.

Ulrich, 557.
Umbrenus, 451.
Umbrius, 451.
Unoldus, 558.
Unvaldus, 559.
Urbanus, 506, 568.
Uri (filia), 399.
Urogenius, 398.
Urogenonertus, 398.
Ursius, 385.

Ursus, 384, 385.

Valentinius, 165.
Valentius, 527.
Valerius, 128, 145, 430.
Valetiacus, vergobret des Aedui, 45, 177.
Varenius, 452.
Varenus, 451, 452.
Varius, 338, 421, 451.
Varus, 543.
Vassetius, 334, n. 1.
Vassillius, 334, n. 1, 504.
Vassillus, 504.
Vassius, 333.
Vassorix, 504.
Veladus, xi.
Velleius, 128.
Vellocatus, 581.
Vena, 600.
Vencius, 337, 518, 589.
Venerius, 578.
Venna, 600.
Vepus, 408.
Vercingetorix proclamé roi, 42; — nombre des cavaliers de son armée, 53, 635, 636; — ses clientes, 57, 65.
Vernus, 544.
Vertiscus, princeps des Remi, 47.
Verucloetius, 147.
Verus, 544.
Vesennius, 453.
Vesenus, 451, 452.
Vesius, 451.
Vettonius, 452.
Vettonus, 451, 452.
Vettius, 451.
Vibenna, 452.
Vibius, 128, 452, 548.
Vicrena, 451.
Vicrius, 451.
Victorius, 334, 597.
Villius, 336, 585, 596.
Villo, 585.
Villonius, 585.
Vilonius, 585.
Vinda, 533, 584, 601.
Vindauscius, 601.
Vindicia, 416.
Vindicius, 337.
Vindillus, 534.

Vindius, 338, 534.
Vindo, 584.
Vindonius, 534, 583.
Vindos, XIII, 601.
Vinicius, 416, 417.
Vintius, 336.
Vipius, 408.
Virdumaros, 393.
Viridomarus, *princeps* des *Aedui*, 45, 49, n.
Virius, 128.
Virocantus, 539.

Visellius, 417.
Vitellius, 466.
Vitulius, 466.
Vitullius, 466.
Vitus, XI.
Viviscus, 549, n. 2.
Vivius, 549.
Volussena, 451, 452.
Volussenius, 452.
Volussius, 451.

Woeduc, 177.

NOTA

Les doctrines énoncées aux chapitres III, V et VII du livre II pourraient donner lieu d'ajouter quelques noms à cette liste alphabétique, en fournissant une explication nouvelle de quelques-uns des noms de lieux étudiés dans le chapitre Ier du même livre. En effet, *Eporedia*, en Italie, pourrait être une notation abrégée pour *Eporedio-briga*, « château d'Eporedios. » Eporedios veut dire *equorum domitor*, « dompteur de chevaux; » mais il ne se suit point de là qu'Eporedia fût « la ville des bons dompteurs de chevaux » comme on pourrait le conclure de ce que dit Pline, livre III, § 123 (voyez ci-dessus, p. 153). De même, *Carbantia* (même page) peut tenir lieu d'un plus ancien *Carbantio-briga* et signifier « forteresse de Carbantius, » nom d'homme dérivé de *carbanton*, variante gauloise du latin *carpentum*, « char. » *Gobannium* équivaudrait à *Gobannio-dunum* et serait la « forteresse de Gobannius, » etc.

INDEX ALPHABÉTIQUE

DES

FINALES DE NOMS DE LIEU ANCIENS

Cet index comprend : 1° les seconds termes des noms composés ; 2° les suffixes tels qu'ils se rencontrent et sans distinction des éléments dont ils sont formés.

-a (nominatif singulier), 505-507, 538, 564. — *Voyez* -ia.
-acus, xvi, 134-139, 149, 150, 167-178, 467-499, 503, 512, 541, 583, 598. — *Voyez* -iacus.
-anicus. — *Voyez* -ianicus.
-anus, 127, 129, 155, 638. — *Voyez* -ianus.
-aretum, 632-634.
-aria (nominatif féminin singulier, 605, 607, 609, 610, 611, 612.
-arias (nominatif-accusatif féminin pluriel), 602-614.
-ariolas (nominatif-accusatif féminin pluriel), 522-523.
-arius, 602, 611.
-as (nominatif-accusatif féminin pluriel), 507, 508. — *Voyez* -ias.
-asca, -ascus, 246, 586-593, 597. — *Voyez* -iasca, -iascus.
-assus, 579.
-ate, 153, 179, 181.
-atus ? — *Voyez* -ate.
-ava, 562. — *Voyez* -iavus.
-avi, 562, 563. — *Voyez* -iavus.
-avus, 173, 560-564.

Bona, 155 n., 397, 533, 584, 585.
Bria. — *Voyez* Briga.
Briga, xi, xiii, xiv, xv, 154, 167, 169, 186, 382, 383, 441, 536.
Brigula, 154.
Brium. — *Voyez* Briga.

Caium, 153.
Cenna, 152, 397.
Cortis, vi, viii, ix, xiv, xv.
Curtis, viii. — *Voyez* Cortis.

Derum. — *Voyez* Durum.
Dobrum. — *Voyez* Dubrum.
Donnus, Donus. — *Voyez* Dunum.
Dorum. — *Voyez* Durum.
Drum. — *Voyez* Durum.
Dubrum, 181.
Dunum, xi, xii, xiii, xiv, xv, xvi, 152, 154, 167, 169, 181, 383, 388, 389, 399, 400, 479, 512, 601.
Durum, xi, xii, xiv, xv, 148, 153, 154, 182-186, 360, 412, 546.

-ena, -enna, 463-466.
-enacus, -ennacus, 425, 426, 449-462.
-enas, 464, 466.
-enna, 442, 463-466.
-ennio, -ennionis, 518.
-ennus, 464-465.
-esca, *pour* isca, 551, 557.
-escae, *pour* iscae, 553.
-escus, *pour* iscus, 554-558.
-essa, 579, 582. — *Voyez* -issa.
-etum, 177, 202, 373, 406, 407, 615-634.

-i (génitif singulier), 346.
-i (nominatif pluriel), 398, 504, 505.
-ia (nominatif singulier féminin), 153, 347, 356, 360, 367, 375-421, 443, 460, 517.
-iaca, 375, 381, 405. — *Voyez* -iacus.
-iacus, x, xvi, xvii, xviii, 126, 127, 149-151, 155-165, 169, 171, 173, 178, 187-343, 345, 348, 349, 350, 351, 352, 356, 357, 358, 360, 361, 362, 366, 367, 369, 370, 372, 373, 376, 377, 379, 381, 383, 384, 385, 387, 393, 394, 400, 403, 405, 407, 409, 410, 411, 412, 413, 416, 417-421, 426, 427, 429, 431, 432, 434, 435-437, 438, 439, 440, 445, 447, 458, 459, 462, 471, 479, 481, 482, 483, 489, 496, 509, 516, 517, 518, 529, 544, 563, 583, 592, 594, 595, 596, 597, 598, 599, 627.
-iae. — *Voyez* -ias.
-iana, 375, 381, 402, 420, 421, 427.
-ianicas (nominatif-accusatif pluriel), 576-578.
-ianicus, 376, 569-578.

-ianis (datif-ablatif pluriel), 421, 422, 427.
-ianus, 127-129, 139, 143, 144, 145, 155, 157, 159, 162-165, 191, 205, 210, 211, 223, 226, 230, 232, 233, 235-237, 245, 247, 248, 252, 257, 261, 266, 267, 270, 275, 276, 278, 286, 312, 313, 322, 333, 336, 340, 345, 349, 350, 351, 358, 367, 377, 379, 402, 407, 412, 437, 438, 593.
-ias (nominatif-accusatif féminin pluriel), 431-441.
-iasca, 586-589.
-iascus, 586-589.
-iavus, 349, 561, 563.
-ica, -icum, -icus, 151, 179, 441, 510, 565-578.
-iis (ablatif pluriel), 421-431.
-inae, 153.
-inio, -inionis, 519.
-inna, 442.
-io, -ionis, 153, 358, 498, 509-520, 596.
-iola (nominatif singulier féminin), 526.
-iolas (nominatif-accusatif féminin pluriel), 281, 522-526.
-iolis (datif-ablatif pluriel), 524.
-iolus, 524, 526.
-iorum (génitif pluriel), 345.
-ioscus, 211, 275, 336, 593, 597.
-is (nominatif singulier), 502.
-is (datif-ablatif pluriel), 421-431, 505.
-isca, 548, 553.
-isco, -isconis, 549, 550.
-iscus, 547-559.
-issa, 441, 534, 579, 581-585.
-issus, 579.
-ium, -ius, 153, 275, 346-374, 405, 445-448.

Late, 549.

Magus, x, xi, xii, xiv, xv, xvi,
148, 153, 154, 155, 167, 170,
173 note, 179, 182, 186,
360, 494, 497, 531-534, 567.
Mons, vi, ix, xiv, xv, 448.

Nemetum, 154.
-num, 178. — *Voyez* -onum.

-o, -onis, 153, 510, 600. — *Voyez* -io, -ionis.
-ogilum, 499, 538-546.
-oialum, 528-546.
-oilum, 528-546.
-olium, 528-546.
-olus, 521. — *Voyez* -iolus.
-ona, 600.
-onum, 151, 599.
-opera, xiii, n. 7. — *Voyez* Briga.
-orate, 153.
-orum (génitif pluriel), 345.
-os (accusatif pluriel), 497.
-oscus, 597-600. — *Voyez* -ioscus (1).

Rate, 493.
Ratum, 492, 493.
Ratus, 492, 497.
Rigum, 153.
Ritum, 154.

Sentum, 153.
-ssa, -ssos, 579-585.

-uceus, 364.
-ucia, 364.
-ucius, 363-365.
-um (nominatif singulier neutre), 374, 504.
-us (nominatif singulier masculin), 496, 500-504.
-usca, 600.
-usco, -usconis, 601.
-utius, 364.

Vallis, vi, viii, ix, xiv, xv.
-vices, -vicenses, 400, 599.
Villa, vi, ix, xiv, xv.
Villare, vi, vii, ix, xiv, xv.

(1) L'avenir résoudra la question de savoir si j'ai eu raison de considérer comme ligures les suffixes -oscus, -uscus, -usco, -usconis, comme le suffixe -ascus

TABLE DES MATIÈRES

Préface. . . . . ı

LIVRE PREMIER.

RECHERCHES SUR L'ORIGINE DE LA PROPRIÉTÉ FONCIÈRE EN FRANCE.

CHAPITRE PREMIER.

NOTIONS GÉNÉRALES SUR L'HISTOIRE DE LA PROPRIÉTÉ FONCIÈRE EN FRANCE.

§ 1er. — Conquête de la Gaule par les peuples gaulois. . 3
§ 2. — Le sol conquis est réparti entre les peuples conquérants; il devient propriété d'Etat, l'aristocratie se le partage ensuite et en jouit à titre précaire. . . . 4
§ 3. — La conquête romaine, le cadastre d'Auguste, ses effets sur la propriété foncière. 6
§ 4. — Origine de la commune rurale en France. . . 10
§ 5. — La propriété foncière en France d'Auguste à nos jours. 12

CHAPITRE II.

RAPPORT DE LA PROPRIÉTÉ FONCIÈRE AVEC LA SOUVERAINETÉ DANS LE DROIT PUBLIC DE ROME ET DES GERMAINS. L'*ager publicus* ET LES LOIS AGRAIRES A ROME AVANT CÉSAR ET DE SON TEMPS.

§ 1er. — La notion de la propriété foncière dans la France moderne. Autre manière de concevoir la propriété foncière soit dans l'ancienne France, soit hors de France : le domaine éminent, le domaine utile. . 15

§ 2. — Le droit de souveraineté comprend-il le droit de propriété? La réponse à cette question en droit public, romain et germanique. La *deditio*; Arioviste et les Burgundes. 17
§ 3. — L'*ager publicus* romain et les lois agraires. . . . 22

CHAPITRE III.

LA GAULE BARBARE AU MOMENT DE SA CONQUÊTE PAR CÉSAR. INÉGALITÉ DES PEUPLES ET DES HOMMES.

SECTION PREMIÈRE.

Les peuples, distingués en *principes* et en *clientes*. . . 28

SECTION II.

Les hommes. 40
   A. — Rois. 40
   B. — Magistrats et *principes*. 43
   C. — Sénats. 50
   D. — *Equites*. 52
   E. — *Clientes*. 54
   F. — La féodalité française repose sur le principe de la propriété individuelle du sol, et ce principe n'existe pas chez les Celtes. 59
   G. — La féodalité celtique dans l'antiquité. . . 62

CHAPITRE IV.

L'AGRICULTURE ET LES LIEUX HABITÉS DANS LA GAULE BARBARE AU MOMENT DE SA CONQUÊTE PAR CÉSAR.

§ 1er. — L'agriculture. 68
§ 2. — Les lieux habités. 77
   A. — *Vici*. 77
   B. — *Oppida*. 79
   C. — *Aedificia*. 90

CHAPITRE V.

PREUVE DU CARACTÈRE PRÉCAIRE DE LA POSSESSION DU SOL PAR

LES PARTICULIERS DANS LA GAULE BARBARE, AU MOMENT OU
CÉSAR EN FIT LA CONQUÊTE (58-51 av. J.-C.).

§ 1er. — Position de la question. 99
§ 2. — La propriété foncière individuelle n'existait pas encore chez les Gaulois d'Italie à la fin du troisième siècle avant Jésus-Christ. 100
§ 3. — La propriété foncière individuelle est inconciliable avec l'émigration des *Helvetii* l'an 58 avant Jésus-Christ. 102
§ 4. — La propriété foncière individuelle est inconciliable avec l'établissement des *Boii* dans le territoire des *Aedui*. 104
§ 5. — L'absence de propriété foncière individuelle en Gaule explique le système particulier de communauté entre époux que César constate chez les Gaulois. . . 108
§ 6. — Objection tirée d'un passage de César où il est question de la juridiction des druides. 111
§ 7. — CONCLUSION. L'*ager publicus* romain et l'*ager publicus* gaulois. La propriété bâtie en Gaule pendant la guerre de la conquête. 118

LIVRE II.

RECHERCHES SUR L'ORIGINE DES NOMS DE LIEUX HABITÉS EN FRANCE.

CHAPITRE PREMIER.

ORIGINE DES NOMS DE LIEUX HABITÉS EN FRANCE. — PRINCIPES GÉNÉRAUX APPUYÉS PRINCIPALEMENT SUR DES TEXTES CONTEMPORAINS DE LA RÉPUBLIQUE ET DE L'EMPIRE ROMAIN.

§ 1er. — La propriété du sol devient individuelle. Les *fundi* dans la Gaule romaine. Le *fundus Sabiniacus*. . 125
§ 2. — Les noms de *fundi* formés à l'aide du suffixe latin *-ānus* dans la « Table alimentaire de *Veleia*. » 127
§ 3. — Les noms d'hommes en Gaule après la conquête. 129
§ 4. — Les noms de *fundi* en *-ānus* dans la Table ali-

mentaire auxquels correspondent des noms de *fundi* gallo-romains dérivés des mêmes gentilices, mais avec le suffixe gaulois -*ácus*.. 134

§ 5. — Les noms de *fundi* dérivés de gentilices romains chez les populations celtiques sont postérieurs à la conquête romaine. 146

§ 6. — Quatre espèces de noms de lieux habités en Gaule chez César. 151

§ 7. — Cinq espèces de noms de lieux habités dans les pays celtiques suivant les documents du temps de l'empire romain.. 152

§ 8. — Le suffixe -*ácus* placé à la suite de gentilices romains pour former des noms de lieux dans les documents du temps de l'empire romain. 156

§ 9. — Comparaison entre les noms de lieux formés en France à l'aide du suffixe -*ácus* et quelques noms de lieux en -*ánus* dans diverses parties de l'empire romain. 162

§ 10. — Noms de *fundi* formés à l'aide de surnoms dans les pays celtiques au temps de l'empire romain. . . 166

§ 11. — Examen de la question de savoir s'il y a eu en France des noms de lieux en -*ácus* dérivés de noms communs. 173

§ 12. — Etude sur divers noms de lieu d'origine celtique qui n'offrent pas le suffixe -*ácus* et qui apparaissent pour la première fois dans les documents du moyen âge. 178

CHAPITRE II.

EXEMPLES EN FRANCE, AU MOYEN AGE, DE NOMS DE *fundi* FORMÉS PLUS ANCIENNEMENT A L'AIDE DE GENTILICES ROMAINS EN -*ius* ET DU SUFFIXE -*acus*.

Achiniagas, 187.
Aciacus, 187.
Aconiaca, 189.
Acutiacus, 189.
Albiacus, 190.
Albiniacus, 191.
Aliacus, 192.

Alsiacus, 193.
Andiacus, 193.
Anisiacus, 193.
Appiacus, 194.
Appiliacus, 195.
Apponiacus, 195.
Archiniacus, 196.

Artiliacus, 196.
Attiniacus, 197.
Auliacus, 198.
Auriacus, 198.
Balbiacus, 198.
Basiliaca, 199.
Bassiniacus, 200.
Blaciacus, 200.
Britinniacus, 201.
Buciacus, 202.
Buriaca, 203.
Cadoniacus, 203.
Calciacus, 204.
Caliace, 204.
Caliniacus, 205.
Calviacus, 205.
Cambariacus, 206.
Cambiacus, 206.
Camiliacus, 207.
Camilliacus, 207.
Campaniacus, 208.
Caniacus, 210.
Caranciagus, 211.
Carisiacus, 212.
Carraciacus, 213.
Catiacus, 213.
Catulliacus, 214.
Cauciacus, 215.
Cauliaca, 216.
Celsiacus, 217.
Cipiliacus, 217.
Clamenciacus, 218.
Clariacus, 218.
Clippiacus, 218.
Cocciacus, 220.
Comiacus, 221.
Crisciacus, 222.
Crispiacus, 223.
Crispiniacus, 223.
Croniacus, 224.
Curciacus, 225.
Cusiacus, 226.
Ditiagus, 227.
Dociacus, 228.
Domitiacus, 229.
Drusciacus, 230.
Fidiacus, 231.
Figiacus, 232.
Flaciacus, 232.
Flaviagus, 233.
Flaviniacus, 235.

Floriacus, 236.
Fusciacus, 237.
Galiacus, 238.
Gaudiacus, 239.
Geniciacus, 241.
Gentiliacus, 242.
Germaniacus, 242.
Gessiacus, 244.
Graciacus, 245.
Graniacensis finis, 247.
[H]ermoniace, 248.
[H]elariacus, 249.
Jocundiacus, 250.
Juvenciacum palacium, 251.
Juviniacus, 252.
Liziniacus, 254.
Liliacus, 257.
Lipidiacus, 258.
Luciacus, 258.
Luciliacus, 261.
Luliacus, 262.
Lupiacus, 263.
Magniacus, 264.
Malliacus, 266.
Manciacus, 268.
Marcelliacus, 268.
Marciacus, 270.
Mariacus, 275.
Mariniacus, 276.
Martiniacus, 278.
Matriacus, 280.
Mauriacus, 281.
Melliacus, 282.
Montiniacus, 284.
Musciacae, 286.
Noniacus, 287.
Noviacum castrum, 288.
Novilliacus, 290.
Piciacus, 292.
Pociacus, 293.
Podentiacus, 293.
Pompeiacum castrum, 294.
Ponciacus, 295.
Pontiliacus, 297.
Posthimiagus, 297.
Primiacus, 299.
Prisciacus, 300.
Prisciniacus, 301.
Romaniacus, 303.
Romiliacus, 304.
Rufiacus, 305.

TABLE DES MATIÈRES.

Rulliacus, 307.
Sabiacus, 309.
Saciagus, 309.
Salviacus, 311.
Salviniacus, 312.
Sansiacus, 313.
Secundiaca, 313.
Securiacus, 314.
Sentiacus, 315.
Severiacus, 316.
Sexciacus, 319.
Siliacus, 321.
Silvaniacus, 322.
Silviagus, 323.
Silviniacus, 325.

Simplicciacus, 325.
Sociacus, 326.
Sollemniacus, 327.
Soliacus, 328.
Tauriacus, 329.
Tauricciacus, 331.
Tauriniacus, 332.
Turiliacus, 333.
Vassiacus, 333.
Victoriacus, 334.
Villiacus, 336.
Vinciacus, 336.
Vindiciacus, 337.
Wariacus, 338.

APPENDICE A.

Noms de lieux en -acus *dérivés de* cognomina *latins en* -ius.

Dalmatiacus, 339.
Fidentiacus, 340.

Maurentiacus, 340.
Patriciacus, 341.

APPENDICE B.

Noms de lieux en -acus *dérivés de gentilices perdus.*

Becciacus, 342.

Beliniacus, 343.

CHAPITRE III.

EXEMPLES, AU MOYEN AGE, DE NOMS DE *fundi* IDENTIQUES A DES GENTILICES ROMAINS EN -*ius*.

§ 1ᵉʳ. — Généralités. Gentilices romains en -*ius* employés substantivement au génitif, avec un sens géographique, sous l'empire romain et au moyen âge; gentilices en -*ius* employés adjectivement, avec un sens géographique, dans les textes contemporains de l'empire romain. 344

§ 2. — Gentilices romains en -*ius* employés adjectivement au masculin singulier, avec sens géographique, dans les textes du moyen âge. 347

Aemilius, 347.
Afranius, 349.
Anicius, 349.
Antonius, 350.

Ascius, 351.
Braccius, 352.
Centulius, 353.
Camulius, 353.

Caucius, 357.
Comarius, 357.
Cornelius, 357.
Grussius, 358.
Iccius, 359.
Ingenius, 361.
Lancius, 361.
Lucius, 362.
Lucanius, 365.
Marcius, 365.
Matronius, 365.
Pomponius, 366.
Priscius, 367.
Quintilius, 368.
Sollemnius, 369.
Solius, 370.
Tertius, 370.
Til[l]ius, 372.
Nasium, 373.

§ 3. — Gentilices romains en -*ius* employés adjectivement avec un sens géographique au féminin singulier. 375

Cantilia, 375.
Aculia, 376.
Albania, 377.
Albia, 378.
Antia, 378.
Ar[r]ia, 379.
Artia, 381.
1° Etymologie du nom de lieu Artia; c'est un gentilice dérivé d'Artos, « Ours, » 382.
2° De l'idée religieuse associée au mot Artos. Les animaux divins, 387.
3° Noms d'hommes composés dont le second terme est genos : Matugenos, Arti-genos, etc., 389.
4° Les noms propres d'hommes identiques à ceux d'animaux divinisés : Uro-s, Branno-s, Matu-s et leurs dérivés, 399.
5° Objection tirée de la phonétique :

ar notation d'r voyelle, 401.
Atteia, 401.
Barbaria, 402.
Catussia, 403.
Cepia, 406.
Cronia, 407.
Decia, 407.
Gracilia, 409.
Hispania, 410.
Livia, 410.
Marcia, 411.
Papia, 411.
Scotia, 412.
Solia, 415.
Solicia, 415.
Tilia, 416.
Vindicia, 416.
Vinicia, 416.
Visellia, 417.
Magontia, Moguntiacus, 417.

§ 4. — Gentilices romains en -*ius* employés adjectivement avec sens géographique au datif-ablatif pluriel en -*iis* ou en -*is* = -*iis*. 421

Mettis, 423.
Auriis, 426.
Bassiis, 427.
Caletiis, 427.
Solicnniis, 429.
Valeriis, 429.

§ 5. — Gentilices romains en -*ius* employés adjectivement avec sens géographique au nominatif-accusatif pluriel féminin. 431

Ammonias, 431.
At[t]eias, 433.
Aurelias, 433.
Barbarias, 434.

Caprias, 434.
Cadias, 437.
Campilias, 438.
Fabias, 438.

Licinias, 439.
Petrinias, 439.
Turrias, 440.

APPENDICE. — Les *cognomina* en *-ius* employés adjectivement comme noms de lieu. 442

Ambactia, 443.
Ambrosius, 445.

Mercurius, 446.

CHAPITRE IV.

EXEMPLES, AU MOYEN AGE, DE NOMS DE LIEUX EN *-acus* DÉRIVÉS ANTÉRIEUREMENT DE GENTILICES ROMAINS EN *-enus*.

§ 1er. — Les gentilices romains en *-enus*. 449
§ 2. — Les noms de lieux en *-acus* dérivés de gentilices romains en *-enus* qui se rencontrent dans les inscriptions ou dont on trouve un dérivé dans les inscriptions; 1re section, caractérisée par le doublement de l'*n* du suffixe *-enus*. 453

Avennacus, 453.
Marcennacus, 454.

Lucennacus, 455.
Fidennacus, 455.

§ 3. — Les noms de lieux en *-acus*, dérivés de gentilices romains en *-enus*, qui se rencontrent dans les inscriptions ou dont on trouve un dérivé dans les inscriptions; 2e section, caractérisée par l'*n* non doublée du suffixe *-enus*. 456

Artenacus, 456.

Catenacensis vicaria, 456.

§ 4. — Les noms de lieux en *-acus*, dérivés de gentilices romains en *-enus*, dont les inscriptions n'ont conservé d'autre trace que le gentilice en *-ius* correspondant. . 457

Albucennacus, 457.
Antennacus, 457.
Bessenacensis ager, 457.
Boutenachus, 458.
Carendenacus, 458.
Cavennacus, 458.
Cortennacus, 458.

Cosenacus, 459.
Frontennacus, 459.
Lentennacus, 460.
Sentennacus, 460.
Trebennacus, 461.
Nertennacus, 461.
Aspernacus, 462.

CHAPITRE V.

EXEMPLES, AU MOYEN AGE, DE NOMS DE LIEU IDENTIQUES A DES GENTILICES ROMAINS EN -*enus*.

§ 1er. — Noms de lieux identiques à des gentilices romains en -*enus* précédemment étudiés. 463

Avenna, 463. Cavenas, 464.
Turenna, 463.

§ 2. — Noms de lieux identiques à des gentilices romains en -*enus* dont on ne connaît que les parallèles en -*ius*. 464

A. — Sont masculins singuliers :

Curennus, 464. Severennus, 465.
Maurennus, 464.

B. — Sont féminins singuliers les suivants :

Tarvenna, 465. Vitulena, 466.

C. — Est au féminin pluriel :

Catenas, 466.

CHAPITRE VI.

EXEMPLES, AU MOYEN AGE, DE NOMS DE LIEUX EN -*acus* DÉRIVÉS ANTÉRIEUREMENT DE *cognomina* ROMAINS.

§ 1er. — *Cognomina* romains d'origine latine. . . . 467

Asellacus, 467. Dominacus, 477.
Aceracus, 468. Liberacus, 478.
Bonacus, 469. Maceracus, 479.
Catulacus, 470. Masculacus, 481.
Canacus, 471. Mairilacus, 481.
Capitônacus, 472. Massolacus, 482.
Carbonacus, 474. Paternacus, 482.
Catusagus, 474. Piperacus, 483.
Cavannacus, 474. Pusinnacus, 484.
Communacus, 475.

§ 2. — *Cognomina* romains avec sens ethnographique. . 484

Maurulacae, 486. Britannacus, 488.
Romanacus, 486. Carnacus, 488.
Catalacus, 487. Rutulacae, 489.

TABLE DES MATIÈRES.

§ 3. — *Cognomina* romains d'origine grecque.. . . . . **489**

Athanacus, 490.   Prunacus, 491.
Hermeracus, 490.   Parthenacus, 491.

§ 4. — *Cognomina* romains d'origine barbare.. . . . . **491**

Argentacus, 491.   Corbonacus, 497.
Artonacus, 494.   Cottonacus, 498.
Brennacus, 495.   Eburulacus, 499.
Burnacus, 496.   Isarnacus, 499.
Cedracus, 497.   Sedegenacus, 499.

CHAPITRE VII.

EXEMPLES, AU MOYEN AGE, DE NOMS DE LIEUX IDENTIQUES A DES *cognomina* ROMAINS.

§ 1er — *Cognomina* romains employés au masculin singulier. **500**

Brannus, 500.   Marcus, 502.
Catalus, 500.   Sollemnis, 502.
Catulus, 500.   Turnus, 503.
Celtus, 501.   Vassillus, 503.
Marcellus, 501.   Tullum, 504.

§ 2. — *Cognomina* romains employés au masculin pluriel. **504**

Artigeni, 504.   Blaesi, 504.

§ 3. — *Cognomina* employés au féminin singulier. . . **505**

Cupita, 505.   Urbana, 506.
Romula, 506.   Luteva, 507.

§ 4. — *Cognomina* employés au féminin pluriel.. . . . **507**

Acullas, 507.   Cupitas, 508.
Albinas, 507.   Romulas, 508.

CHAPITRE VIII.

EXEMPLES, AU MOYEN AGE, DE NOMS DE LIEUX EN -*i-o*, -*i-onis*, FORMÉS ANTÉRIEUREMENT A L'AIDE DE GENTILICES EN -*ius* ET DU SUFFIXE -*o*, *onis*.

Albucio, 509.   Avençon, 510.
Aillon, 509.   Barbario, 510.
Arcio, 509.   Brignon, 510.

Bullio, 511.
Caldio, 511.
Cambrio, 511.
Cornelio, 512.
Curtio, 512.
Gaillon, 513.
Gentio, 513.
Grinio, 513.
Lantio, 513.
Latio, 514.

Lenio, 514.
Lucio, 515.
Marcio, 515.
Mucio, 515.
Poncio, 516.
Quinctio, 516.
Samnio, 516.
Tullio, 517.
Vencio, 518.

APPENDICE. — Noms de lieux en -*io*, -*ionis* dérivés de gentilices en -*ius* au moyen du suffixe -*o*, -*onis*, dans les documents contemporains de l'empire romain. . 518

Avennio, 518.
Cabellio, 519.
Divio, 520.

Elusio, 520.
Arausio, 520.

CHAPITRE IX.

EXEMPLES, AU MOYEN AGE, DE NOMS DE LIEUX QUI OFFRENT LA DÉSINENCE -*olus*, ET QUI ONT ÉTÉ FORMÉS EN DÉVELOPPANT, A L'AIDE DU SUFFIXE *lo*- UN THÈME NOMINAL EN -*o*-, -*ia*-, -*io*-.

§ 1er. — Le mot dont dérive le nom de lieu en -*olus* est un nom commun. 521

Fornolus, 521.
Apiar[i]olas, 522.
Favariolas, 522.

Juncariolas, 522.
Linariolas, 523.
Nogariolae, 523.

§ 2. — Le mot dont dérive le nom de lieu en -*olus* est un nom propre, — gentilice ou *cognomen*, — en -*ius*. 524

Aviniolensis vallis, 524.
Braciolis, 524.
Carenciolas, 524.
Cairolus, 524.
Graniolus, 524.
Mariolas, 525.

Matriolas, 525.
Mercuriolus, 526.
Scotiolae, 526.
Soliolus, 526.
Valentiola, 526.

CHAPITRE X.

DE LA DÉSINENCE -*o-iolum*, -*o-ialum*, -*o-giolum*, -*o-gilum*, -*o-glum*, -*o-ilum*, -*o-lium*, EN FRANÇAIS MODERNE -*euil*, DIALECTALEMENT -*eil*.

§ 1er. — Les noms de lieu en *o-iolum* nous offrent la forme familière, en bas latin, de noms composés gaulois dont les deux termes étaient : 1° ordinairement un *cognomen* d'origine gauloise ou latine; 2° toujours le nom commun gaulois *magus* « champ; » exemples de noms en *o-iolum*, dont on a trouvé la notation primitive et solennelle en *-magus*.......... 528

Maro-ialum, 529.
  Argentoiolum, 531.
Cassinoiolum, 531.
Noviolium, 531.
Radolium, 531.

Rioilum.
Rodolium, 532.
Senogalum, 532.
Vendoilo, 532.

§ 2. — Liste alphabétique de noms de lieu en *-o-iolum* pour lesquels on n'a pas trouvé de primitif en *magus*, bien que ce primitif en *magus* ait dû exister, et qui tous dérivent de *cognomina*........... 534

Barolia, 534.
Bonogilum, 535.
Bragogilo, 536.
Britogilum, 536.
Cabrogilo, 537.
Caloili villa, 537.
Cantogilum, 538.
Caucinogilum, 539.
Cavenoilus, 539.
Corbolius, 539.
Curtogilo, 540.
Christoilo, 540.
Ebrolio, 540.

Germolio, 540.
Linogile, 541.
Petroilum, 541.
Pinolio, 542.
Ruscoialum, 542.
Spinogilum, 542.
Tornolii, 543.
Turollium, 543.
Varoiol, 543.
Vernolium, 543.
Verolias, 544.
  Altogilum, 545.

CHAPITRE XI.

DU SUFFIXE *-iscus*.

§ 1er. — Le suffixe gaulois *-isco-s*.......... 547
§ 2. — Noms de lieux dérivés de gentilices romains à l'aide des suffixes gaulois *-isco-s* et *-isco, -onis* dans les textes du temps de l'empire romain........ 548

Petenisca, 548.
Vibiscus, 548.

Latisco, -onis, 549.
Lavisco, -onis, 549.

§ 3. — Noms de lieux en *-iscus* d'origine romaine dans les documents du moyen âge.......... 550

Amelesca, 550.
Barbaresca, 551.
Caliscus, 551.
Galiscus, 552.
Lodiscus, 552.
Marinescue, 553.

Martinesque, 553.
Matriscus, 553.
Maurisca, 553.
Ramigescus, 554.
Romanisca, 554.

TABLE DES MATIÈRES.

§ 4. — Noms de lieu en *-iscus* d'origine germanique. . 554

Attaniscus, 554.
Aulbrandiscus, 555.
Autbertescus, 555.
Belteirescus, 555.
Bornonesca, 556.
Domariescus, 556.
Eldegrimiscus, 556.

Frotgaresc, 556.
Godinesca, 557.
Odalrigescus, 557.
Rainaldescus, 557.
Teudgariescus, 558.
Unaldescus, 558.

CHAPITRE XII.

LE SUFFIXE GAULOIS *-avo-s* DANS LES NOMS DE LIEU PENDANT L'ANTIQUITÉ ET AU MOYEN AGE.

§ 1er. — Le suffixe gaulois *-avos*, noté *-avus* dans les textes latins. 560
§ 2. — Le suffixe *-avus* employé pour former des noms de lieu dérivés de gentilices romains.. 561

Ambiliavus, 561.   Ameliavus, 561.

§ 3. — Le suffixe *-avus* employé pour former des noms de lieu dérivés de *cognomina* romains. 562

Antonnava, 562.   Canavi, 563.
Andelavus, 562.   Merlaus, 564.
Bellenavus, 563.

CHAPITRE XIII.

LE SUFFIXE GAULOIS *-icos* DANS LES NOMS DE LIEUX PENDANT L'ANTIQUITÉ ET AU MOYEN AGE.

§ 1er. — Le suffixe *-icos* en gaulois. 565
§ 2. — Le suffixe *-icos*, *-icus* employé à former des noms de lieu dérivés de *cognomina* romains ou de noms pérégrins. 566

Carantonicus, 566.   Silvanicus, 567.
Cassinicus, 567.   Urbanicus, 568.
Catuicus, 567.

§ 3. — Le suffixe *-icus* employé à former des noms de lieu dérivés de *cognomina* en *-anus* qui eux-mêmes dérivent de gentilices en *-ius*. 569

Acutianicas, 570.   Aurelianicus, 571.
Albucianicas, 571.   Bulianicus, 571.

Cantilianicus, 572.
Cassianicas, 572.
Cavillianicas, 572.
Celsinianicas, 573.
Codicianicas, 573.
Firminianicas, 573.
Mallianica, 574.
Marcellianicas, 574.
Marianicas, 575.

Marinianicas, 575.
Martinianicas, 575.
Galatianicus, 576.
Petronianicas, 576.
Quintilianicas, 576.
Sabinianicas, 577.
Silvinianicus, 577.
Venerianicas, 577.

CHAPITRE XIV.

LE SUFFIXE GAULOIS -*ssa* DANS L'ANTIQUITÉ ET AU MOYEN AGE.

§ 1er. — Le suffixe gaulois -*sso-s*, -*ssa*. 579
§ 2. — Noms de lieu dérivés de gentilices romains à l'aide du suffixe gaulois -*ssa*. 581

Cantissa, 582.
Vindonissa, 583.

Villonissa, 585.

CHAPITRE XV.

LE SUFFIXE LIGURE -*ascus*, -*oscus*, -*uscus* DANS L'ANTIQUITÉ ET AU MOYEN AGE.

§ 1er. — Le suffixe -*ascus*, -*asca* dans l'Italie du nord-ouest, d'après les documents antérieurs au moyen âge. 586
§ 2. — Le suffixe -*ascus* employé à former des noms de lieu dérivés de gentilices romains dans l'Italie du nord-ouest, d'après les documents du moyen âge. . 587

Ansasca, 587.
Buriascus, 587.
Gragnasgus, 587.
Juliascus, 588.
Lagnaschus, 588.
Lisiniascus, 588.

Maliascus, 588.
Pinariascha, 588.
Plauciasca, 589.
Ruveliascus, 589.
Venzascus, 589.

§ 3. — Le suffixe -*ascus* employé à former des noms de lieu dérivés de *cognomina* romains dans l'Italie du nord-ouest d'après les documents du moyen âge. . 590

Cavrascus, 590.
Clavascus, 590.
Martiriascus, 590.

Novellasca, 591.
Quintascha, 591.

§ 4. — Le suffixe -*ascus* et ses variantes -*oscus*, -*uscus* employés à former des noms de lieu dérivés de gentilices romains en Gaule d'après les documents du moyen âge. 591

    A. — Le suffixe -*ascus* en Gaule. 592

Atisiascus, 592.   Gratiasca, 593.
Bassiascus, 592.

    B. — Le suffixe -*oscus* en Gaule. 593

Albarioscus, 593.   Manioscus, 595.
Albioscus, 593.   Marcioscus, 595.
Canioscus, 594.   Montioscus, 596.
Catalioscus, 594.   Vilioscus, 596.
Curioscus, 594.   Vitrioscus, 596.
Flavioscus, 595.

§ 5. — Les suffixes 1° -*ascus*, -*oscus* 2° -*usco* -*onis* employés à former des noms de lieux dérivés de *cognomina* romains en Gaule, d'après les documents du moyen âge. 597

    A. — Suffixe -*ascus* en Gaule. 597

Canascus, 597.

    B. — Suffixe -*oscus*, -*uscus* en Gaule. 597

Artonoscus, 597.   Camuloscus, 599.
Blanuscus, 598.   Catharoscus, 600.
Branoscus, 598.   Venoscus, 600.
Bricosci, 598.   Vindausca, 600.
Camboscus, 599.

    C. — Suffixe *usco*, *onis* en Gaule. 601

Tarusco, 601.

CHAPITRE XVI.

LE SUFFIXE LATIN -*arius* DANS LES NOMS DE LIEU PENDANT L'ANTIQUITÉ ET AU MOYEN AGE.

§ 1ᵉʳ. — Généralités. 602
§ 2. — Noms en -*arias*, dérivés de noms de minéraux. . 602

Aquarias, 603.   Gravières, 604.
Ferrarias, 603.   Perrières, 604.

§ 3. — Noms en -*aria*, -*arias* dérivés de noms de végétaux. 605

Juncaria, 605.
Roboraria, 605.
Alnarias, 605.
Ad Avenarias, 606.
Buxarias, 606.
Canavarias, 606.
Castanearias, 607.

Juniperaria, 607.
Linarias, 607.
Raverias, 608.
Rosarias, 608.
Segalarias, 608.
Spicarias, 608.
Violarias, 609.

§ 4. — Noms en -*aria*, -*arias*, -*arius* dérivés de noms d'animaux. 610

Appiaria, *lisez* Apiaria, 610.
Asinarias, 610.
Caponarias, 610.
Cervaria, 611.
Colubraria, 611.
Columbarius, 611.

Leporaria, 612.
Luparias, 612.
Porcarias, 612.
Soricarias, 612.
Vulpecularias, 613.

§ 5. — Noms en -*aria*, -*arias* dérivés de noms d'hommes. 613

CHAPITRE XVII.

LE SUFFIXE LATIN -*etum* DANS LES NOMS DE LIEU PENDANT L'ANTIQUITÉ ET AU MOYEN AGE.

§ 1ᵉʳ. — Généralités. 615

§ 2. — Noms communs en -*etum* dérivés de noms latins de végétaux et qui ont été employés en France comme noms propres de lieu. 616

Albucetum, 616.
Alnetum, 616.
Betulletum, 617.
Buxetum, 617.
Castanetum, 619.
Cepetum, 620.
Coryletum, 620.
Fagetum, 620.
Fraxinetum, 621.
Gentianetum, 621.
Genistetum, 622.
Juniperetum, 622.

Lauretum, 622.
Nucetum, 623.
Olivetum, 623.
Pinetum, 624.
Pometum, 624.
Prunetum, 624.
Roboretum, 625.
Salicetum, 626.
Spinetum, 626.
Tilietum, 627.
Tremuletum, 627.
Ulmetum, 628.

§ 3. — Dérivés en -*etum* de noms de végétaux qui ne sont pas latins. 628

Casnetum, 628.
Rausetum, 629.

Vernetum, 629.

§ 4. — Dérivés en -*etum* de noms communs qui ne désignent pas des végétaux.. 630

Cortiletum, 630.   Fontanetum, 630.
Essaretum, 630.

§ 5. — Dérivés en -*aretum*. 632

Ficaretum, 632.   Nucaretum, 633.
Juncaretum, 632.   Pomaretum, 633.

APPENDICE. 635
SUPPLÉMENT AUX CHAPITRES III, IV ET V DU LIVRE Ier.. . 635
§ 1er. — Population de la Gaule barbare au moment de sa conquête par César.. 635
§ 2. — Date du partage du sol entre les particuliers en Irlande.. 637
ADDITIONS DIVERSES. 638
ERRATUM. 638

INDEX ALPHABÉTIQUE DES NOMS DE LIEU ANCIENS. . . . 639

INDEX ALPHABÉTIQUE DES NOMS DE LIEU MODERNES. . . 655

INDEX ALPHABÉTIQUE DES NOMS DE PERSONNES. 671

INDEX ALPHABÉTIQUE DES FINALES DE NOMS DE LIEU ANCIENS. 683

CORRECTION

Page 637, lignes 17 et 18, *au lieu de* qu'ils paraissent avoir été encore étrangers, *lisez* qu'elle paraît avoir été encore étrangère.

ERNEST THORIN, ÉDITEUR

EXTRAIT DU CATALOGUE DES OUVRAGES DE FONDS :

BENOIST (A.), professeur à la Faculté des lettres de Toulouse. — *De la syntaxe française cntre Palsgrave et Vaugelas*. 1 vol. grand in-8°. 6 »

CAGNAT (R.), prof. au Collège de France. — *Cours d'épigraphie latine*. 2ᵉ édition, entièrement refondue et accompagnée de planches et de figures. 1 vol. gr. in-8° raisin. 12 »

CHAIGNET (Ad.-Ed.), recteur à Poitiers. — *Théorie de la déclinaison des noms en grec et en latin d'après les principes de la philologie comparée*. In-8°. 4 »

CROISET (Alf. et Maurice). — *Histoire de la littérature grecque*, par M. Alfred Croiset, membre de l'Institut, professeur à la Sorbonne, et M. Maurice Croiset, professeur à la Faculté des lettres de Montpellier. 5 vol. in-8°.
Les deux premiers volumes sont en vente. Prix de chaque volume : 8 fr.

DEJOB (C.), professeur au Collège Stanislas, docteur ès lettres. — *Marc-Antoine Muret. Un professeur français en Italie dans la seconde moitié du seizième siècle*. 1 vol. in-8°. 7 50

DELOUME (Ant.), professeur à la Faculté de droit de Toulouse. — *Les manieurs d'argent à Rome. Étude historique*. 1 fort volume in-8°. 9 »

DUCHESNE (l'abbé L.), membre de l'Institut. — *Les origines du culte chrétien. Étude sur la liturgie latine avant Charlemagne*. 1 vol. in-8°. 8 »

ERNAULT (Em.), professeur à la Faculté des lettres de Poitiers. — *Le mystère de sainte Barbe*, tragédie bretonne, texte de 1557, publié avec trad. française, introduction et dictionnaire étymologique du breton moyen. 1 vol. in-4°. 24 »
Ouvrage couronné par l'Institut de France.

FAVÉ (général), membre de l'Institut. — *L'Empire des Francs depuis sa fondation jusqu'à son démembrement*. 1 fort vol. grand in-8° raisin. 15 »

GASQUY (A.). — *Cicéron jurisconsulte*. 1 vol. in-8°. 5 »

GRAUX (Ch.). — *Mélanges Graux. Recueil de travaux d'érudition classique dédié à la mémoire de Charles Graux*. 1 fort vol. in-8° avec planches. 50 »

HOCHART (P.). — *Études d'histoire religieuse*. 1 vol. gr. in-8° avec figures. 8 »
— *De l'authenticité des annales et des histoires de Tacite* (Ouvrage accompagné des photographies de cinq pages des manuscrits de Florence, et de 68 lettres de Poggio Bracciolini). 1 vol. gr. in-8° raisin.

LACOUR-GAYET (G.). — *Antonin le Pieux et son temps. Essai sur l'histoire de l'empire romain au milieu du deuxième siècle (138-161)*. 1 fort vol. gr. in-8°. 12 »

LOISEAU (A.). — *Histoire de la langue française, ses origines et son développement jusqu'à la fin du seizième siècle*. 2ᵉ édit. 1 vol. gr. in-18 jésus (ouvrage couronné). 4 50
— *Histoire de la littérature portugaise, depuis ses origines jusqu'à nos jours* (ouvrage couronné). 2ᵉ édit. 1 vol. in-12. 3 50

POIRET (Jules). — *Horace. Étude psychologique et littéraire*. 1 vol. in-18 jésus. 3 50

RIEMANN (O.), maître de conférences à l'École normale supérieure. — *Études sur la langue et la grammaire de Tite-Live*. 2ᵉ édition. 1 vol. grand in-8°. 9 »

SIDOINE-APOLLINAIRE. — *Ses œuvres* (texte latin), publiées par E. Baret, inspecteur général. 1 fort vol. gr. in-8° raisin. 16 »

SUMNER-MAINE (H.), membre de l'Institut. — *Histoire des institutions primitives*. 1 vol. in-8°. 10 »
— *L'ancien droit et la coutume primitive*. 1 vol. in-8°. 10 »
— *Études sur l'histoire du droit* (Les communautés de village, etc.). 1 vol. in-8°. 12 »
— *Essais sur le gouvernement populaire*. 1 vol. in-8°. 7 50
— *Le droit international* (La guerre). 1 vol. in-8°. 7 50

THOMAS (Em.), professeur à la Faculté des lettres de Lille. — *Scoliastes de Virgile. Essai sur Servius et son commentaire sur Virgile*, etc. 1 vol. in-8°. 8 »

www.ingramcontent.com/pod-product-compliance
Lightning Source LLC
Chambersburg PA
CBHW071702300426
44115CB00010B/1285